ISBN 978-0-331-86654-4
PIBN 11043339

1 MONTH OF
FREE
READING

at

www.ForgottenBooks.com

By purchasing this book you are eligible for one month membership to ForgottenBooks.com, giving you unlimited access to our entire collection of over 1,000,000 titles via our web site and mobile apps.

To claim your free month visit: www.forgottenbooks.com/free1043339

English
Français
Deutsche
Italiano
Español
Português

www.forgottenbooks.com

Mythology Photography **Fiction**
Fishing Christianity **Art** Cooking
Essays Buddhism Freemasonry
Medicine **Biology** Music **Ancient
Egypt** Evolution Carpentry Physics
Dance Geology **Mathematics** Fitness
Shakespeare **Folklore** Yoga Marketing
Confidence Immortality Biographies
Poetry **Psychology** Witchcraft
Electronics Chemistry History **Law**
Accounting **Philosophy** Anthropology
Alchemy Drama Quantum Mechanics
Atheism Sexual Health **Ancient History**
Entrepreneurship Languages Sport
Paleontology Needlework Islam
Metaphysics Investment Archaeology
Parenting Statistics Criminology
Motivational

L. C. card, 11—35001

———

For Sale by the
Superintendent of Documents
Government Printing Office
Washington, D. C.

———

Price, $1.00

PREFATORY NOTE

The Library of Congress, as a rule, collects by purchase neither arrangements for orchestra, nor overtures, etc., detached from dramatic works which it possesses in full score, nor (at least not systematically as yet) first editions of scores contained in "complete works," and it collects the orchestra parts of works which exist in score, only, if, as in the case of Beethoven's symphonies, the orchestra parts are of importance for purposes of textual comparison. The practice of publishing the scores of orchestral music (instead of merely the parts) did not, generally speaking, take root until about 1830. Consequently, if we disregard the modern historical publications and editions of complete works, the collections of the Library of Congress embrace almost exclusively orchestra music in parts as published until about 1830 and in score as published after this date.

The earlier period is not yet sufficiently represented to warrant its inclusion in a catalogue which is expected to possess permanent value without being subject to considerable modifications in the near future. On the other hand, the gaps in the collection of scores have become comparatively so insignificant that their gradual disappearance will no longer substantially affect the character of the collection. It was therefore considered wisest to publish only the catalogue of scores at the present time, excluding even such works in the modern concert repertory which, to this day, are not accessible except in parts. Once the collection of orchestra parts of older music shall have been developed systematically, so far as the amazing scarcity of the material permits such a development, a catalogue of it will be published including in supplement those scores which have accrued to the Library of Congress after July 1. 1911, either through copyright, purchase, or otherwise.

It will be noticed that the main entry has been made under composers in the order of opus numbers, or, when these do not exist, in the numerical order of "First," "Second," "Third" symphony, etc., or alphabetically by title. This arrangement by composers is followed by a systematic arrangement of brief entries by classes. This scheme has been preferred to main entry by classes, because experience has shown that the interest in a particular composer is decidedly greater than that in a particular class. To the composer arrangement and

3

the arrangement by classes has been added an index to specific titles, such as "Tod und Verklärung." It need hardly be mentioned that such titles as "Second symphony," having no meaning in themselves, do not appear in this title index.

It should also be understood that the systematic arrangement by classes follows the classification adopted by the Library of Congress without any attempt at reconciliation of possible differences of opinion as to whether a particular orchestral work should be classed as a symphony or a symphonic poem or even as a mainly instrumental choral work. Furthermore, the user of the catalogue will do well to keep in mind that the systematic arrangement by classes includes only the classes designated in our scheme of classification as orchestral (M 1001–1249) and not also minute analytical entries by class (symphonies, overtures, etc.) for the contents of a complete edition of a composer's works. Nor will such a detailed analysis be found in the first part of this catalogue in the arrangement by composer, because it really goes without saying that Beethoven's "complete works" also contain his symphonies, overtures, concertos, etc.

Finally, whenever a score showed a copyright date, this date was adopted (e. g. ° 1900), whether the composition was actually registered in the Library of Congress for copyright or not. This rule could apply, of course, only to scores published during the past twenty years. The bulk of the scores were undated, but an attempt has been made to date their publication at least approximately. The dates are based mainly on Hofmeister, on the "Bibliographie Musicale Française," on the British Museum accession catalogue, on Thematic catalogues, or similar bibliographic tools and on a comparison of the publishers' plate numbers.

O. G. SONNECK
Chief of the Division of Music

HERBERT PUTNAM
 Librarian of Congress
  Washington, D. C., December, 1911

CONTENTS

Abaco, Evaristo Felice dall', 1675–1742.

Ausgewählte werke des kurfürstlich bayerischen concert-
meisters Evaristo Felice dall' Abaco (1675–1742). Erster
theil. Eingeleitet und herausgegeben von Adolf Sandberger.

*Leipzig, Breitkopf & Härtel, 1900. LIX, 177 p. fol. (D.
d. T. in Bayern, 1. jahrg., 1. t.)*

   p. 126–177: 4 numbers from Abaco's op. 2 "Concerti a quatro da
   chiesa" [1712/1714] for string orchestra.

              M2.D4

Abert, Johann Joseph, 1832.[1]

Columbus. Musikalisches seegemaelde in form einer sinfonie für grosses orchester componiert . . . von J. J.
Abert. Op. 31 . . .
*Mainz, B. Schott's söhne, [1865]. Publ. no. 18049. 1 p. l.,
197 p. 4°.*

              M1001.A14

Concert-ouverture (E dur) für orchester componirt von
J. J. Abert. Partitur . . .
*Leipzig, [etc.], Robert Seitz, [1872]. Publ. no. R. S. 307.
1 p. l., 75 p. 4°.*

              M1004.A147

Frühlings-sinfonie für orchester von J. J. Abert. 1. Frühlingserwachen . . . 2. Jung frühling . . . 3. Lenz
und liebe . . . 4. Frühlings sieg . . .
*Leipzig [etc.], Breitkopf & Härtel, [1894]. Publ. no. Part.[2]
B. 859, Orch. B. 621/622. 1 p. l., 148, [2] p. fol.*

              M1001.A17

Präludium und fuge von Joh. Seb. Bach und choral von
Abert für orchester eingerichtet von J. J. Abert. Partitur. . . .
*Berlin, Ries & Erler, [1872]. Publ. no. R. 1437 E. 55 p.
4°.*

              M1060.B236A2

. . . Sinfonie in C moll für grosses orchester componirt
von J. J. Abert. Partitur. . . .
*Mainz, B. Schott's Söhne [etc], [1871]. Publ. no. 20323.
1 p. l., 224 p. 4°.*

              M1001.A144

---

[1] According to the Musikbuch aus Oesterreich, 1910, he died 1902.

[2] Under date of Aug. 8, 1911, the firm of Breitkopf & Hartel informed the Library of Congress that they
founded their Partitur Bibliothek 1893, with approximately 900 numbers. These were of course mostly
earlier works, the plates being renumbered as part of the new Partitur Bibliothek. It should be noted,
however, that Nos. 847 (Reinecke's Prologus solemnis), 849, 850, etc., were copyrighted in 1894.

Achineli, Antonio.

> Pasionaria. Vals-polka dedicada al Sr. D. Ildefonso de Toledo, Capitan de musica, por Antonio Achineli.
>
> Unpaged autograph band score. obl. 8°.
>
>   M1248.A188

Adam, Adolphe (Charles), 1803–56.

> Der toreador. Buffo-oper in zwei akten von T. Sauvage. Deutsche übertragung von René Schickele und Franz Rumpel. Musik von Adolf Adam. Für die deutsche bühne neu bearbeitet und erstmalig in scene gesetzt von Maximilian Moris. Deutsche uraufführung komische oper—Berlin, April 1909. Zwischenspiel.
>
> *Berlin, Harmonie, [etc.], ᶜ1909. Publ. no. 292. 1 p. l., 117–144 p. fol.*
>
>   M1505.A2T5

Adelburg, August, ritter von, 1830–73.

> Aux bords du Bosphore. Symphonie-fantasie pour grand orchestre composée . . . par . . . le Chevalier A. d'Adelburg. Œuv. 9.
>
> *Vienne, A. O. Witzendorf, [1860]. 132 p. fol.*
>
>   M1001.A34

Akimenko, Fedor Stepanovich, 1876–

> . . . Poème lyrique pour grand orchestre composé par Th. Akimenko. Op. 20. Partition d'orchestre . . .
>
> *Leipzig, M. P. Belaïeff, 1903. Publ. no. 2434. 73 p. 4°.*
> Cover title in Russian.
>
>   M1002.A31

Albeniz, Isaac, 1860–1909.

> Catalonia. Suite populaire pour orchestre en trois parties. No. 1. Par I. Albeniz. Part. d'orch.
>
> *Paris, A. Durand & fils, [1899]. Publ. no. D. & F., 5629. 58 p. fol.*
>
>   M1003.A33

Alberstoetter, Carl.

> . . . Concertstück (Ballade) für harfe mit orchesterbegleitung von Carl Alberstoetter. Partitur . . .
>
> *Bayreuth, Carl Giessel, jr. [etc.], ᶜ1900. Publ. no. 174. 26 p. fol.*
> Cover title.
>
>   M1036.A33

Albert, Eugen d', 1864–

> . . . Concert (H moll) in einem satz für pianoforte mit orchester von Eugen d'Albert. Op. 2. Partitur . . .
>
> *Berlin & Posen, Ed. Bote & G. Bock [etc.], [1884]. Publ. no. 12943. 141 p. fol.*
>
>   M1010.A5   Op. 2

Albert—Continued.

Symphonie (F dur) für grosses orchester von Eugen d'Albert. Op. 4.
Berlin & Posen, Ed. Bote & G. Bock [etc.], [1886]. Publ. no. 13085. 1 p. l., 137 p. fol.

M1001.A333

. . . Ouverture für grosses orchester zu Grillparzer's "Esther" von Eugen d'Albert. Op. 8 . . . Partitur . . .
Berlin & Posen, Ed. Bote & G. Bock, [1888]. Publ. no. 13289. 72 p. 4°.

M1004.A333E6

. . . Zweites concert (E dur) für pianoforte mit orchester von Eugen D'Albert. Op. 12. Orchester-partitur.
Berlin & Posen, Ed. Bote & G. Bock, ᶜ1893. Publ. no. 13758. 58 p. fol.

M1010.A5 Op. 12

. . . Concert, C-dur für violoncello mit begleitung des orchesters oder des pianoforte componirt von Eugen d'Albert. Op. 20. Orchester-partitur . . .
Leipzig, Rob. Forberg, ᶜ1900. Publ. no. 5428. 55 p. fol.

M1016.A34

Gernot. Oper in drei aufzügen. Dichtung von Gustav Kastropp. Musik von Eugen d'Albert.
Leipzig [etc.], Breitkopf & Härtel, ᶜ1897. v. 1: ·Publ. no. 21849. 18 p. v. 2: Publ. no. Part. B. 1116. 31 p. fol.

Vol. 1. Overture—1st act. Vol. 2. Overture—2d act. Vol. 3. Missing.

M1004.A333G3

Ghismonda. Oper in drei aufzügen (mit benutzung des dramatischen gedichts von Immermann) von Eugen d'Albert. Einleitung zum dritten aufzug. Partitur . . .
Leipzig [etc.], Breitkopf & Härtel, ᶜ1897. Publ. no. Part. B. 958. 11 p. fol.

M1004.A333G4

Kain. Musikalische tragödie in einem aufzuge. Dichtung von Heinrich Bulthaupt. Musik von Eugen d'Albert. Vorspiel für grosses orchester. Partitur . . .
Berlin, Ed. Bote & G. Bock, ᶜ1901. Publ. no. 15307. 47 p. fol.

M1004.A333K1

Albert—Continued.

Der rubin. Musikalisches märchen in zwei aufzügen mit benutzung des gleichnamigen märchen-lustspiels von Fr. Hebbel von Eugen d'Albert. . . . Vorspiel. Partitur . . .

Leipzig [etc.], Breitkopf & Härtel, ᶜ1894. Publ. no. Part. B. 853. 32 p. fol. (Breitkopf & Härtel's Partitur-Bibliothek. no. 853.)

M1004.A333R9

Albrechtsberger, Johann Georg, 1736–1809.

. . . Instrumentalwerke. Bearbeitet von Oscar Kapp.

Wien, Artaria & Co., 1909. XII, 123 p. port. fol. (D. d. T. in Oesterreich, 16. jahrg., 2. t.)

> Contains "Sinfonia C dur" [1768] and "Sinfonia concertino D dur."

M2.D36

Alder, Richard Ernest, 1853–1904.

Les almées. Mélopée orientale pour piano. Ernest Alder . . . Partition d'orchestre . . .

Paris, Enoch frères & Costallat [1891]. Publ. no. E. F. & C. 1788. 1 p. l., 27 p. fol.

M1045.A37A5

Aléxéyev, K.

. . . Menuet pour orchestre composé par K. Aléxéyeff· Partition. . . .

Moscou, P. Jurgenson [etc], [1904]. Publ. no. 28590. 19 p. 4°.

M1049.A42

Alfano, Franco.

. . . Il principe Zilah. Sunto dell' atto II. Istrumentazione di Giovanni Pennacchio.

Milano [etc.], G. Ricordi, ᶜ1910. Publ. no. 113026. 1 p. l., 54 p. fol. (Biblioteca dei corpi di musica, Serie XXIII, N. 295.)

> Band score.

M1268.A378

. . . Risurrezione. Fantasia . . . ᐧ Istrumentazione di Giovanni Pennacchio. (Atto I . . . Atto II . . .)

Milano [etc.], G. Ricordi & C., ᶜ1906. Publ. nos. 110881, 111440. 2 v. fol. (Biblioteca dei corpi di musica, Serie XIX, N. 247; Serie XX, N. 259.)

> Cover title. Band score.

M1268.A388

Alfano—Continued.

Sinfonia in mi (in quattro tempi) per orchestra di Franco Alfano. Partitura . . .

Milano, G. Ricordi & C. [etc.], ᶜ1910. Publ. no. 113583. 259 p. fol.

Cover title.

M1001.A363

Suite romantica in quattro parti per grande orchestra di Franco Alfano. Parte I. Notte adriatica. Parte II. Echi dell' Appennino. Parte III. Al chiostra abbandonato. Parte IV. Natale campano. Partitura . . .

Milano, G. Ricòrdi & C. [etc.], ᶜ1910. Publ. no. 112980. 1 p. l., 120 p. fol.

M1003.A38

Alfredy, C.

. . . Joachim Albrecht Marsch . . . komponiert von C. Alfredy. Op. 204. Partitur.

Berlin, Paul Koeppen [etc.], ᶜ1904. Publ. no. P. K. 369. 18 p. fol.

Caption title.

M1046.A392J7

Alfvén, Hugo, 1872–

Zweite symphonie (in D-dur) für grosses orchester von Hugo Alfvén. Op. 11.

Mainz, B. Schott's söhne, [1901]. Publ. no. 26854. 211 p. fol.

M1001.A392

. . . Midsommarvaka. Svensk rhapsodi för stor orkester af Hugo Alfvén. Op. 19. Orkester-partitur . . .

Kjobenhavn & Leipzig, Wilhelm Hansen, [1908]. Publ. no. 13974. 1 p. l., 66 p. fol. (Wilhelm Hansen edition, 1209.)

M1045.A39M4

Allen, Paul Hastings.

Piccola suite per istrumenti ad archi.

Firenze, G. Mignani, ᶜ1907. 19 p. 8°.

M452.A428

Alnaes, Eyvind.

Variations symphoniques sur un thème original pour orchestre par Eyvind Alnaes. Op. 8. Partition.

Copenhague & Leipzig, Wilhelm Hansen, [1905]. 58 p. 4°. (Wilhelm Hansen ed. 910.)

M1003.A35

Alter reitermarsch "Prinz von Coburg" eingerichtet von Georg Thouret. Partitur.

Leipzig [etc.], Breitkopf & Härtel, ᶜ1898. 2 p. l., 2 p. fol. (Musik am preussischen hofe . . . hrsg. von Georg Thouret. No. 15.)

M2.M9

Altpreussischer kavalleriemarsch "Backhof-kürassier" 1783, neuinstrumentirt von E. Ruth. Partitur.

Leipzig [etc.], Breitkopf & Härtel, ᶜ1898. 2 p. l., 4 p. fol. (Musik am preussischen hofe . . . hrsg. von Georg Thouret. No. 16.)

M2.M9

Alvars, Elias Parish, 1808-1849.

Grand marche von Elias Parish Alvars für harfe solo mit orchesterbegleitung eingerichtet von Ludwig Richter. Partitur . . .

Bayreuth, Carl Giessel, jr. [etc.], ᶜ1902. Publ. no. 307. 36 p. fol.

Cover title.

M1036.A47

Amberg, Johan.

. . . Mazurek pour piano avec accompagnement d'instruments à cordes par Johan Amberg. Partition . . .

Copenhague & Leipzig, Wilhelm Hansen, [1903]. Publ. no. 13244. 25 p. fol.

M1105.A45

Ambrosio, Alfred d'.

. . . Quatre pièces d'orchestre. A. Andantino. B. Paysanne. C. Ronde des lutins. D. Tarantelle. Par Alfred d'Ambrosio. Op. 3. Partition . . .

Nice, Paul Decourcelle, ᶜ1897. Publ. no. P. D. 416 (A)-(D). p. 15, 11, 30, 31. 4°. 1 v.

M1045.A496Q8

. . . Canzonetta pour violon avec accompagnement de quintette ou piano par A. d'Ambrosio. Op. 6 . . . Partition . . .

Nice, Paul Decourcelle [etc.], ᶜ1898. Publ. no. P. D. 476. 3 p. fol.

Cover title.

M1105.A49

Romance pour violon avec accompagnement d'orchestre par A. d'Ambrosio . . . Partition . . . [Op. 10.]

Nice, Paul Decourcelle [etc.], ᶜ1899. Publ. no. P. D. 513. 11 p. fol.

Cover title.

M1012.A49 Op. 10

Ambrosio—Continued.

. . . Mazurka pour violon avec accompagnement d'orchestre ou de piano par A. d'Ambrosio. Op. 11 . . . Partition. *Nice, Paul Decourcelle [etc.], ᶜ1899. Publ. no. P. D. 549. 19 p. fol.*

M1012.A49 Op. 11

. . . Aria pour violon avec accompagnement de piano par Alfred d'Ambrosio. Op. 22 . . . Partition . . . *Nice, Paul Decourcelle [etc.], ᶜ1903. Publ. no. P. D. 763. 13 p. fol.*
> Cover title.

M1012.A49 Op. 22

. . . Concerto en si mineur (H moll) pour violon avec accompagnement d'orchestre ou de piano par A. d'Ambrosio. Op. 29 . . . Partition d'orchestre . . . *Nice, Paul Decourcelle [etc.], ᶜ1904. Publ. no. P. D. 767. 107 p. 4°.*

M1012.A49 Op. 29

Feuilles éparses par A. d'Ambrosio. Op. 33 . . . Pour orchestre: No. 1. Nocturne. No. 2. Gavotte et musette. No. 3. Intermezzo. No. 4. Valse. *Nice, Paul Decourcelle, ᶜ1906. Publ. no. P. D. 860, 1–4. 4 v. fol.*

M1003.A496

En badinant. (Spass!) Scherzino pour instruments à cordes par A. d'Ambrosio. Partition . . . *Nice, Paul Decourcelle [etc.], ᶜ1896. Publ. no. P. D. 400. 3 p. fol.*
> Cover title.

M1145.A49

Hersilia. Suite d'orchestre. I. Introduction . . . II. Larghetto . . . III. Scherzino . . . IV. Danse des naiades. V. Valse des sirènes. VI. Ronde fantasque. A. d'Ambrosio. Partition d'orchestre. . . . *Nice, Paul Decourcelle, ᶜ1905. Publ. no. P. D. 810. 124 p. 4°.*

M1003.A499

. . . Rêve. Traum! par A. d'Ambrosio. Pour instruments à cordes: Partition. . . . *Nice, Paul Decourcelle [etc.], ᶜ1898. Publ. no. 491. 6 p. fol.*
> Cover title.

M1145.A496

André, Johann Anton, 1775–1842.

> Ouverture für orchester "Die Hussiten vor Naumburg" von A. André. [Op. 36.] Partitur.
>
> *Offenbach a/M., bei Joh. André [1876]. Publ. no. 11795. 57 p. 4°.*
>
> Cover title.
>
> M1004.A55H9

Anger, Louis.

> Concert-ouverture für grosses orchester componirt . . . von Louis Anger. Partitur. Op. 5 . . .
>
> *Leipzig, F. Whistling [etc.], [ca. 1845]. Publ. no. 628. 50 p. 4°.*
>
> M1004.A587

Anrooij, P   G   van.

> Piet Hein. Hollandsche rhapsodie voor groot orkest met gebruikmaking van J. J. Viotta's liedje der Zilvervloot van P. G. van Anrooij. Partituur . . .
>
> *Middelburg, A. A. Noske, [etc.], [191–]. Publ. no. A. A. N. 82a. 63 p. fol.*
>
> M1045.A6

Ansorge, Conrad (Eduard Reinhold), 1862–

> Orpheus. Eine dramatische symphonie in 3 theilen von Conrad Ansorge. 1893.
>
> *n. i.   1 p. l., [193] p.*
>
> M1001.A622

Antipov, Constantin, 1859–

> Allegro symphonique pour orchestre par C. Antipow. Op. 7. Partition d'orchestre . . .
>
> *Leipzig, M. P. Belaieff, 1890. Publ. no. 262. 68 p. 4°.*
>
> Cover title in Russian. Illuminated title page.
>
> M1045.A633A7

Anzures, Juan B.

> "Virginia." Gavota. Juan B. Anzures.
>
> *Mss.   6; [4] p. obl. 4°.*
>
> Caption title.
>
> M1048.A63

Arends, H.

> Suite du ballet "Salammbô" pour orchestre. 1. Introduction. 2. Grand adagio. 3. Danse des serpents. 4. Scène d'amour. 5. "Moloch" (Extase divine). 6. Danse des prêtresses divines. 7. Danse des kabires. 8. Danse de la tristesse. 9. Danse de Salammbô au voile de Tanite. 10. Danse des guerriers gaulois. 11. Danse libyenne. 12. Marche. Musique de H. Arends. Partition d'orch.
>
> *Moscou-Leipzig, P. Jurgenson, [1910]. Publ. no. 34190. 162 p. 4°.*
>
> M1003.A63

Arensen, Adolf.

Menuett und habanera für streichorchester componirt von Adolf Arensen. Partitur. . . .
Leipzig und Hamburg, Fritz Schuberth, jr., ᶜ1893. Publ. no. 2009a. 6 p. fol.
Cover title.

M1145.A67

Arensky, Antony Stepanovich, 1861–1906.

. . . Concert für pianoforte mit begleitung des orchesters componirt von Anton Arensky. Op. 2. Neue ausgabe mit fingersatz und vortragsbezeichnungen versehen von Paul Pabst. . . . Partitur. . . .
Hamburg und Leipzig, D. Rahter, [1897]. Publ. no. 918. 127 p. 4°.

M1010.A68 Op. 2

. . . Symphonie No. 1 en si mineur pour grand orchestre composée par Antoine Arensky. Œuvre 4.
Moscou, P. Jurgenson, [1884]. Publ. no. 6168. 145 p. 4°.

M1001.A68

Suite pour orchestre. No. 1. Variations sur un thème russe. No. 2. Air de danse. No. 3. Scherzo. No. 4. Basso ostinato. No. 5. Marche. Par A. Arensky. Op. 7. Partition . . .
Moscou-Leipzig, P. Jurgenson [etc.], [1909]. Publ. no. 31478. 127 p. 4°.

M1003.A652

. . . Intermetstso dlîà orkestra sochinenie. A. Arenskago. Op. 13 . . .
Moskva, P. Iügenson, [1892]. Publ. no. 17502. 15 p. 4°.
Cover and title page in Russian.

M1045.A68116

Silhouettes (2ᵐᵉ suite) pour deux pianos à 4 mains. Composées par A. Arensky. Op. 23. . . . Partition.
Moscou, P. ·Jurgenson, [1897]. Publ. no. 20423. 77 p. 4°.
Cover title.

M1003.A654

. . . 3ᵐᵉ suite (variations) pour 2 pianos à 4 mains instrumentée par l'auteur. Thème. Variations. I. Dialogue. II. Valse. III. Marche triomphale. IV. Menuet (XVIII siècle). V. Gavotte. VI. Scherzo. VII. Marche

Arensky—Continued.

funèbre. VIII. Nocturne. IX. Polonaise. Composée
par A. Arensky. Op. 33. Partition d'orchestre . . .
Moscou, P. Jurgenson, [1895]. Publ. no. 19240. 73 p. 4°.

M1003.A656

Fantaisie sur des chants épiques russes, chantés par I. T.
Riabinine pour piano avec accompagnement d'orchestre
par A. Arensky. Op. 48 . . .
Moscou, P. Jurgenson, [1900]. Publ. no. 24982. 50 p. 4°.

M1010.A68 Op.48

Suite pour grand orchestre tirée du ballet "Nuit d'Egypte."
No. 1. Ouverture. No. 2. Danse d'Arsinoé et des
esclaves (3). No. 3. Danse des juives (7). No. 4.
Danse des ghazies (9). No. 5. Charmeuse des serpents
(10). No. 6. Pas de deux. Valse (11) .No. 7. Entrée
solennelle d'Antoine (6). De A. Arensky, Op. 50a.
Moscou, P. Jurgenson, [1902]. 117 p. fol.

M1003.A66

. . . Concerto (A-moll) pour violon avec accompagnement
d'orchestre ou piano par A. Arensky. Op. 54. Partition d'orchestre . . .
*Moscou [etc.], P. Jurgenson, [1902]. Publ. no. 26799.
71 p. 4°.*

M1012.A68 Op. 54

. . . Einleitung zur oper Nal und Damajenti. Musik von
A. Arensky . . .
*Moskau, etc., P. Jurgenson, [1900]. Publ. no. 24966. 37 p.
fol.*
        Preceded by Russian title.

M1004.A624N3.

Un songe sur le Volga. Ouverture par A. Arensky . . .
*Moscou, P. Jurgenson, [ca. 1890]. Publ. no. 14708. 33 p.
4°.*
        Title page in French and Russian.

M1004.A62455

. . . Variations sur un thème de P. Tschaïkowsky (Op.
54, no. 5 . . .) pour orchestre à cordes (tirés du quatuor
op. 35a) par A. Arensky. Partition. . . .
*Moscou-Leipzig, P. Jurgenson [etc], [1904]. Publ. no. 29821.
14 p. 4°.*

M1103.A42 ˙

Arlberg, (Georg Ephraim) Fritz, 1830-1896.
. . . I Skogen. Tondikt foer orchester af Fritz Arlberg.
Op. 10.
Stockholm, 1877. 28 p. ˙4°. (Musikaliska Konstfoereningen.)
M1002.A723 Op. 10

Armstrong, William Dawson, 1868-
From the old world. Overture. Wm. D. Armstrong.
*New York, Breitkopf & Härtel, ᶜ1909. Publ. no., NY. 336.
21 p. fol.*
Cover title.
M1004.A739F8

Arnold, George.
. . . L'armée belge. Marche militaire. Musique de Geo.
Arnold. [Op. 12, No. 9]. . . . Pour musique militaire.
Bruxelles, Breitkopf & Haertel, ᶜ1909. 13 p. 4°.
M1247.A75

. . . Romance. George Arnold. Op. 13, No. 4.
*Bruxelles, Breitkopf & Härtel, ᶜ1910. Publ. no., B. 443.
19 p. 4°.*
Caption title.
M1012.A75 Op. 13 No. 4

Arnold, Yourij von, 1811-1898.
. . . Overture zu Alex. Puschkin's drama: "Boris Godunow," von Yourÿ von Arnold . . . Partitur . . .
Leipzig, Gustav Heinze, [1864]. Publ. no., A. 1. 33 p. 4°.
German title followed by Russian title.
M1004.A761B7

Artcibouchev, Nikolaĭ Vasil'evich, 1858-
Polka caractéristique pour orchestre par Nicolas Artciboucheff. Op. 4. Partition d'orchestre . . .
Leipzig, M. P. Belaieff, 1890. Publ. no. 292. 21 p. 4°.
M1048.A78

. . . Valse-fantasia pour orchestre par N. Artciboucheff.
Op. 9. Partition d'orchestre . . .
Leipzig, M. P. Belaieff, 1897. Publ. no. 1411. 23 p. fol.
M1049.A784

. . . Variations sur un thème russe.
See this under title.
M1003.V29

73914˚—12——2

Ascolese, Raffaele.
"   . . Ricordo della banda del 4° fanteria. Marcia del maestro Cav. Raffaele Ascolese. Partitura per banda . . .
Firenze, A. Forlivesi & C. [etc.]. 10 p. fol.
Cover title. Gift of the publisher, 1910.

M1247.A8E

Assmayr, Ignaz, 1790–1862.
Sinfonie (in B) für das ganze orchester. Componirt . . . von Ignatz Assmayr. Partitur. . . .
Wien, Tobias Haslinger's Witwe u. Sohn, [ca. 1850]. Publ. no. T. H. 9530. 169 p. fol.

M1001.A77

Attrup, Karl, 1848–1892.
Romanze für violine mit orchester von Carl Attrup. Op. 18
Partitur.
Berlin, N. Simrock, 1888. Publ. no. 8887. 30 p. 4°.

M1012.A88 Op. 18

Aubert, Louis.
Fantaisie pour piano et orchestre. Op. 8 . . .
Paris, A Durand & fils, °1908. Publ. no. D. & F. 7161.
1 p. l., 64 p. fol.

M1010.A89 Op. 8

Aulin, Tor, 1866–
. . . Meister Olof (Mäster Olod). Suite in 5 sätzen für grosses orchester nach Aug. Strindbergs gleichnamigem drama von Tor Aulin. Op. 22. Satz I. Der reformator . . . Satz II. Sein weib und kind . . . Satz III. In der stadtkirche . . . Satz IV. Am totenbette der mutter . . . Satz V. Das fest am Norreport . . . Orchester-partitur . . .
Leipzig, Jul. Heinr. Zimmermann, °1909. 111 p. 4°.

M1003.A924

Austin, Ernest.
. . . The vicar of Bray. Variations for string orchestra composed by Ernest Austin. (Op. 35.) Score.
London, Novello & Co., Limited, [etc.], °1911. Publ. no.
13397. 1 p. l., 26 p. fol.
"First performed at the Queen's Hall Promenade Concerts, 1910."

M1103.A935

Averkamp, Anton, 1861-

Elaine und Lancelot. Symphonische ballade von Anton Averkamp.. Op. 7. Orchesterpartitur . . .

Bayreuth, Carl Giessel junior, [1898]. Publ. no. 217. 51 p. fol.

M1002.A953

Bach, Carl Philipp Emanuel, 1714–1788.

Concerto a cembalo concertato, 2 violini, viola e basso (Potsdam 1748).

See Instrumentalkonzerte deutscher meister. p. 62–102.

M2.D39

Concerto, in partitur, a 5, Cembalo concertato, duo violini, viola e basso di P. E. Bach.

Mss. 1 p. l., 55 p. fol.

Score. In A minor. Wotquenne Them. Verz., No. 26.

M1010.A2B13W26

Konzert (a-moll) für klavier und streichorchester von Philipp Emanuel Bach. Für den praktischen gebrauch eingerichtet von Georg Amft. Orchester-partitur . . .

Leipzig, C. F. Kahnt Nachfolger, ᶜ1905. Publ. no. 4509. 1 p. l. 61 p. fol.

M1105.B16

Sinfonia. C. Ph. Emanuel Bach . . . [D major].

Leipzig, Breitkopf & Härtel [etc.], [1893]. Publ. no. Part. B. 1. 1 p. l., 26 p. fol.

Caption title.

Not the first issue.

M1001.B142 No. 1

Symphonie in E-moll (Componirt 1756) von C. Ph. E. Bach. Partitur.

Transcript 1908. 27 p. fol.

Wotquenne Them. Verz., no. 117.

M1001.B15 No. 5

4 orchester-sinfonien componirt 1776 von Carl Philipp Emanuel Bach. Nach der in der königl. Bibliothek zu Berlin befindlichen originalhandschrift des componisten . . . No. 1–3.

Leipzig und Berlin: C. F. Peters, [1861]. Publ. nos. 4270, 4285, 4295. 3 v. 37, 28, 33 p. 8°.

No. 4 missing.

M1001.B14

Bach, Johann Sebastian, 1685–1750.

Johann Sebastian Bach's werke. Herausgegeben von der Bach-gesellschaft zu Leipzig.

Bach, J. S.—Continued.

Leipzig, Breitkopf & Härtel, [1851–1900]. 59 v. fol.
> See jahrg. 31¹: Overtures (5).
> 17: Concertos for several instruments.
> 17, 21², 31², 43¹: "Clavier-Concerte."
> 21¹: Violin concertos.

> **M3.B11**

. . . Joh. Seb. Bach's werke. Nach der ausgabe der Bachgesellschaft . . .

*Leipzig, Breitkopf & Härtel, [1901–]. fol. (Veröffentlich-
ungen der Neuen Bachgesellschaft.)*
> In course of publication.
> See jahrg. VIII, v. 1: Violinkonzert No. 2 in E dur.
> IX, v. 3: Brandenburgisches Konzert No. 3.
> X, v. 2: Brandenburgisches Konzert No. 1.

> **M3.B12**

Bourrée en La mineur de J. S. Bach. Transcription pour
orchestre par F. A. Gevaert.

*[Paris, A. Durand & fils, 1875.] Publ. no. D. S. & Cie. 2132.
7 p. 8°.*

> **M1060.B22G3**

Brandenburgisches Konzert, Nos. 1 and 3. Partitur.
(bearbt. v. Max Seiffert).
> See his Werke: Veröffentlichungen der Neuen Bachgesellschaft,
> Jahrgang X, Heft 2 and IX, 3.

> **M3.B12**

Choral-variation "Wachet auf, ruft uns die stimme" aus
der kantate Nr. 140. Joh. Seb. Bach. Arrangiert von
Granville Bantock.

*Leipzig, Breitkopf & Härtel, [1909]. Publ. no. Part. B.
2136. 1 p. l., 8 p. fol.*
> Caption title.
> Breitkopf & Härtels partitur-bibliothek.

> **M1060.B232B2**

Concert en Ut majeur pour trois clavecins avec deux
violons, viola et basse par Jean Sebast. Bach. Première
édition, soigneusement revue, métronomisée, enrichie de
notes sur l'exécution et accompagnée d'une préface par
Fréd. Conr. Griepenkerl sen.

*Leipzig, C. F. Peters [etc], [1850]. Publ. no. 3292. 1 p. l.,
47 p. fol.*
> First edition.
> Added title-page reads: "Compositions pour le piano-forte sans
> et avec accompagnement par Jean Sebastien Bach . . .
> Œuvres complettes. Liv. XIV. Adoptées au Conservatoire
> de Musique de Leipzig."
> On p. 3 "Vorrede" . . . "Préface." Dated "Leipzig, im März
> 1850." German and French text.

> **M3.3.B23**

Bach, J. S.—Continued.

Concert in F dur. Für den concertgebrauch eingerichtet von Felix Mottl. Partitur.

Leipzig, Breitkopf & Härtel, 1901. 53 p. fol.

For violin and orchestra. Joh. Seb. Bach's werke, No. 6.

M1012.B12

. . . Fugue in D major from the organ works of J. S. Bach. Adapted for string orchestra by J. Lewis Browne.

Cincinnati [etc.], The John Church Co., c1900. Publ. no. 13377-18. 8 p. fol.

Cover title.

M1160.B15

Gavotte en Ré mineur de J. S. Bach. Transcription pour orchestre par F. A. Gevaert.

[Paris, A. Durand et fils, 1875.] D. S. & Cie. 2131. 6 p. 8°.

M1060.B222G3

Hirtenmusik aus dem "Weihnachts-oratorium" von Joh. Sebastian Bach nach der bearbeitung von Robert Franz. Orchester-partitur. . . .

Leipzig, F. E. C. Leukart, [1885]. Publ. no. F. E. C. L. 3561. 18 p. fol.

M2005.B123

. . . Konzert-D-moll für klavier & streichorchester, von Johann Sebastian Bach. Freie bearbeitung von Ferruccio B. Busoni. Partitur . . .

Leipzig [etc.], Breitkopf & Härtel, c1899. 51 p. fol. (B. & H.'s partitur-bibliothek 1510.)

M1105.B164

. . . Ouverture in D dur für 2 violinen, viola, bass, 3 oboen, fagott, 3 trompeten und pauken. Partitur. . . .

Leipzig, Breitkopf & Härtel, [1901]. Publ. no. Part. B. 1366. 1 p. l., 30 p. fol. (Johann Sebastian Bach's werke. Für orchester. Gesammtausgabe für den praktischen gebrauch . . . No. 4).

M1003.B11

Ouverture ou Suite en Ré majeur pour 2 violons, viola, basse, timballes, 3 hautbois, basson, 3 trompettes composée par Jean Sebastian Bach publiée pour la première fois par F. A. Roitzsch. No. 4.

Leipzig, C. F. Peters, [1881]. Publ. no. 6494. 30 p. fol. (Edition Peters No. 2068).

First edition.

On p. 3 "Vorwort," signed "F. A. Roitzsch. Leipzig, 1881."

M3.3.B23

Bach, J. S.—Continued.

Präludium für die orgel von Joh. Seb. Bach. Für grosses
orchester bearbeitet von Bernh. Scholz. Partitur. . . .
*Leipzig u. Winterthur, J. Rieter-Biedermann [etc], 1874.
Publ. no. 790. 43 p. 4°.*

M1060.B228S4

Präludium und fuge von Joh. Seb. Bach und Choral von
Abert für orchester eingerichtet von J. J. Abert. Partitur. . . .
*Berlin, Ries & Erler, [1872]. Publ. no. R. 1437 F. 55 p.
4°.*

M1060.B236A2

Premier concerto pour violino piccolo, 3 hautbois et deux
cors de chasse avec accompagnement de 2 violons, alto,
violoncelle et basse composé par Jean Sebastien Bach.
*Leipzig, C. F. Peters [etc], [1850]. Publ. no. 3301. 2 p. l.,
30 p. fol. (Edition Peters no. 261).*
> On p. 3 "Préface du 1er concerto." German and French text.
> First edition.
>
> Is first number of "Six concertos composés par Jean Sebastien
> Bach publiés pour la première fois d'après les manuscrits
> originaux par S. W. Dehn." This title-page and preface
> precede the title-page of the "Premier concerto."

M3.3.B23

Sarabande. Extraite de la 3me suite anglaise pour clavecin
de J. S. Bach. Transcription pour violon avec accompagnement d'orchestre ou de piano par C. Saint-Saëns.
Partition d'orchestre. . . .
*Paris, Durand & Schoenewerk, [1889]. Publ. no. 4126.
1 p. l., 12 p. 4°.*

M1012.S152

Sechstes Brandenburgisches konzert für 2 violas da braccio,
2 violas da gamba, violoncello und bass von Joh. Seb.
Bach. Neu bearbeitet von Felix Mottl.
*Leipzig, C. F. Peters, [1908]. Publ. no. 9361. 37 p. fol.
(Edition Peters, No. 3182.)*

M1040.B22M5 No. 6

. . . Siciliano nach Joh. Seb. Bach für orchester oder für
eine solo-violine mit orchester oder klavierbegleitung von
August Wilhelmj. Für orchester. Partitur. . . .
Berlin, Schlesinger, [etc.] [188–] Publ. no. S. 7677. 7 p. 4°.

M1012.W6985

Bach, J. S.—Continued.

Siciliano nach Joh. Seb. Bach für orchester oder für eine solo-violine mit orchester oder klavier-begleitung von August Wilhelmj. Für violine mit orchester. Partitur. *Berlin, Schlesinger (Rob. Lienau), [188-]. Publ. no. 7677. 7 p. fol.*

The accompaniment for the piano is printed below the score.

M1012.W6986

Sicilienne de J. S. Bach. Extraite de la sonate en Mi♭ pour flûte et clavecin. Transcription pour orchestre par F. A. Gevaert. *[Paris, A. Durand et fils, 1875.] D. S. & Cie. 2133. 4 p. 8°.*

M1060.B226G3

. . . Suite aus den orchesterwerken von Joh. Seb. Bach mit ausgeführtem continuo zum konzertvortrage bearbeitet von Gustav Mahler. I. Ouverture. II. Rondeau und badinerie. III. Air. IV. Gavotte No. 1 und 2. Orchester-partitur . . . *New York, G. Schirmer [etc.], ᶜ1910. Publ. no. 21792. 1 p. l., 37p. fol.*

M1003.B11M3

. . . Suite in C dur. Zum konzertvortrag eingerichtet von Felix Weingartner. Partitur. *Leipzig, Breitkopf & Härtel, ᶜ1905. Publ. no. Part. B. 1907. 22 p. fol.* Cover title.

M1003.B11W3

Suite in D-dur (Ouverture, Air, Gavotte, Bourrée und Gigue) für orchester componirt von Joh. Seb. Bach. Neue ausgabe. Für die aufführungen im Gewandhause zu Leipzig genau bezeichnet u. herausgegeben von Ferdinand David. Die clarinetten und die drei trompeten auf den für die jetzigen instrumente nicht ausführbaren Bach'schen trompeten, für die aufführungen im Gewandhause zu Leipzig arrangirt von Felix Mendelssohn-Bartholdy. Partitur. . . . *Leipzig, Barthol f Senff [etc], [1866]. Publ. no. 473. 27 p. fol.*

M1003.B11D3

Toccata für die orgel componirt von J. S. Bach für grosses orchester eingerichtet von H. Esser. Partitur. . . . *Mayence, B. Schott's Söhne [etc], [185-]. Publ. no. 12681. 1 p. l., 45 p. 4°.*

M1060.B234E7

Bach, J. S.—Continued.

Violinkonzert No. 2 in E dur (Bearb. von Max Seiffert). *See* his Werke, Veröffentlichungen der neuen Bachgesellschaft, Jahrg. VIII, 1.

Bach, Otto, 1833–1893.

Grosser heroischer marsch (Op. 66. A-moll) für das piano-forte von Franz Schubert, bearbeitet für grosses'orchester von O. Bach. Partitur. . . .

Mainz, B. Schott's Söhne [etc], [1875]. Publ. no. 21578. 1 p. l., 50 p. 4°.

M1060.S384

Bach, Wilhelm Friedemann, 1710–1784.

Sinfonia. Zur geburtsfeier Friedrichs des Grossen kompo-niert von Wilhelm Friedemann Bach. [. . . zum ersten male herausgegeben von Erich Prieger].

Köln a. Rhein, Joh. Franz Weber G. m. b. H., c 1910. Publ. no. E. P. 14. X, 14 p. 4°.

On p. [iii]-x bibliographical and biographical notes by "Emil Prieger, Bonn, im November, 1910:" "Die sinfonie und kan-tate zur geburtsfeier Friedrich des 'Grossen . . .," "Die handschriftliche vorlage und die ausgabe . . .," "Aus Friede-mann Bachs leben . . ." "Ausgaben der werke . . ."

M1004.B145

Baerenfels, Konrad von.

Serenade (in 3 sätzen). Konrad von Baerenfels.

Hannover, Louis Oertel [etc.], [1897]. 42 p. fol.

Caption title.

M1003.B14

Bagrinoffsky, M.

. . . Aus russischen märchen. Miniatures fantastiques für orchester. Partition . . .

Moscou, A. Gutheil, [etc.], c1910. Publ. no. A. 9062 G. 1 p. l. 43 p. fol.

M1002.B14

Baille, Gabriel.

. . . Prélude-fugue. Op. 96. Pour orchestre par Gabriel Baille . . .

[Paris], Enoch & cie, [1899]. Publ. no. E. et C. 4129. 23 p. 8°.

M1045.B24P8

Balakirev, Mily Alexeivich, 1837–1910.

. . . Concerto pour piano et orchestre par Mili Balakirew. . . . Partition d'orchestre. . . .

Leipzig [etc.], Jul. Heinr. Zimmermann, c 1911. Publ. no. Z. 5022. 1 p. l., 164 p. fol.

Cover title. Title-page in Russian.

M1010.B32

Balakirev—Continued.

2me symphonie (en ré mineur) pour grand orchestre composée par Mili Balakirew . . . Partition d'orchestre . . .
Leipzig, Jul. Heinr. Zimmermann, ^c*1909. Publ. no. Z. 4636.
2 p. l., 171 p. 4°.*
Cover title.

M1001.B173

Islamey. Fantaisie orientale pour piano por Mili Balakirew. Instrumentée pour grand orchestre par Alfred Casella. Partition d'orchestre . . .
Leipzig, D. Rahter [etc.], [1908]. Publ. no. 32464. 67 p. fol.
Dedication reads: "Cette nouvelle version d'"'Islamey," etc.,
and is dated, Paris, 1908.

M1010.B17

. . . Ouverture pour orchestre sur un thême de marche espagnole par Mili Balakirew [op. 6]. Partition d'orchestre . . .
*St. Pétersbourg, W. Bessel & cie, [1888]. Publ. no. 2127.
91 p. 4°.*
Cover title. Title page in Russian. According to the prefatory
note, composed 1857, but reorchestrated and finished 1886.

M1004.B161E8

. . . Ouverture pour orchestre sur un thème de marche espagnole par Mili Balakirew. . . .
Leipzig, Jul. Heinr. Zimmermann, [etc.], ^c*1907. Publ. no.
Z. 4436. 1 p. l., 85 p. 4°.*
"Revidiert von Wilh. Dugge."

M1004.B161E9

. . . Ouverture pour orchestre sur trois thèmes russes par M. Balakirew.
Moscou, P. Jurgenson [1882]. Publ. no. 4627. 37 p. 4°.
Cover title.

M1004.B161R9

. . . Russia. Poëme symphonique pour orchestre par M. Balakirev.
*St. Petersburg, [etc.], W. Bessel & cie, [1891]. Publ. no. 2688.
1 p. l., 69 p. 4°.*
Cover title.

M1002.B165

. . . Russia. Poëme symphonique pour orchestre par Mili Balakirew. . . .
Leipzig, Jul. Heinr. Zimmermann, [etc.], ^c*1907. Pub. no. Z.
4439. 1 p. l., 72 p. 4°.*

M1002.B167

Balakirev—Continued.

Simfonīā C dur dīā gol'shago orkestra. Milīā Balakirew . . .
S. Peterburg-Moskov, fŪliĕ Genrikh Tsimmerman, [1898].
Publ. no. Z. 2944. 1 p. l., 222 p. 4°.

M1001.B171

Thamar. Poême symphonique pour orchestre d'après une
poésie de Mich. Lermontow composé pʳʳ Mili Balakirew.
Partition.
Moscou, P. Jurgenson, [1884]. Publ. no. 5893. 177 p. 4°.
Cover title.

M1002.B171

Bantock, Granville, 1868–
. . . Dante and Beatrice. Poem for orchestra by Gran-
ville Bantock. Full score.
Leipzig [etc], Breitkopf & Härtel, ᶜ1911. Publ. no. Part.
B. 2193. 91 p. fol. (Breitkopf & Härtels partitur-
bibliothek).

M1002.B217

Elegiac poem for violoncello and orchestra by Granville
Bantock . . .
London, Joseph Williams, New York, G. Schirmer, ᶜ1908.
1 p. l., 11 p. fol.

M1016.B22

English scenes . . . Suite. No. 1. Pastorale . . . No. 2·
Romance . . . No. 3. Intermezzo . . . No. 4. Benedictus . . . No. 5. Hornpipe . . . Full score . . . [Gran-
ville Bantock.]
Wien, Bosworth & Co. [etc.], ᶜ1904. Publ. no. B. & Co.
5618. 1 p. l., 100 p. 4°. (Bosworth edition No. 469.)

M1003.B214

Helena. Variationen für orchester über das thema H. F. B.
von . . . Granville Bantock. Partitur . . .
Leipzig, Breitkopf & Härtel, ᶜ1901. 1 p. l., 98 p. fol.
(Breitkopf & Härtel's partitur-bibliothek. No. 1634.)

M1003.B212

Old English suite. Arranged for small orchestra by Granville Bantock. Full score.
London, Novello & Co. Ltd. [etc.], ᶜ1909. Publ. no. 13087.
8, [2], 55, [3], 8 p. 4°.

M1160.B2205

Bantock—Continued.

The Pierrot of the minute. A comedy overture to a dramatic phantasy of Ernest Dowson by Granville Bantock.
Leipzig, Breitkopf & Härtel, ᶜ1909. Publ. no. Part. B. 2119. 1 p. l., 54 p. fol.
Cover title.

M1004.B219P46

Sapphic poem for violoncello and orchestra composed by Granville Bantock. Full score.
London, Novello & Co. Ltd. [etc.], ᶜ1909. 1 p. l., 48 p. Publ. no. 12772. fol.

M1016.B226

Sappho. Prelude for orchestra to Sappho, nine fragments for contralto by Granville Bantock. Partitur . . .
Leipzig, etc., Breitkopf & Härtel, ᶜ1906. Publ. no. Part. B. 1968. 43 p. fol.

M1004.B219S3

. . . The witch of Atlas (after Shelley). Tone-poem (no. 5) for orchestra by Granville Bantock . . .
London, Novello & co., ltd. [etc.], ᶜ1903. 48 p. fol.

M1002.B219

Bargiel, Woldemar, 1828–1897.

Ouverture zu Prometheus für grosses orchester componirt von Woldemar Bargiel. Op. 16. Partitur . . .
Leipzig, Breitkopf & Härtel, [1865]. Publ. no. 10659. 1 p. l., 84 p. 4°

M1004.B251P9

Ouverture zu einem trauerspiel für grosses orchester componirt von Woldemar Bargiel. Op. 18 . . .
Leipzig, Bartholf Senff, [1859]. Publ. no. 238. 65 p. 4°.

M1004.B251T8

Ouverture zu Medea für grosses orchester von Woldemar Bargiel. Op. 22. Partitur . . .
Leipzig, F. E. C. Leuckart, [1873]. Publ. no., F. F. C. L. 1596. 73 p. 4°.
"Neue revidirte Ausgabe."

M1004.B251M3

Trois danses allemandes pour orchestre par Woldemar Bargiel. Op. 24 . . .
Leipzig, J. Rieter-Biedermann, [1869]. 63 p. 4°.

M1047.B25T8

Bargiel—Continued.

Symphonie in G für orchester von Woldemar Bargiel. Op. 30. Neue revidirte ausgabe. Partitur.

Leipzig, Breitkopf & Härtel, [1880]. Publ. no. 15643. 1 p. l., 200 p. 4°.

M1001.B25

. . . Adagio. Op. 38.

Leipzig, Breitkoff & Härtel, [1871]. 11 p. fol.
 Concert piece for 'cello and orchestra.

M1016.B25

Intermezzo. W. Bargiel. Op. 46.

Leipzig, Breitkopf & Härtel, [1893]. Publ. no. Part. B. 264. 34 p. 4°.
 Cover title. First published 1880.

M1045.B251I6

Barnekow, Christian, 1837–

. . . Idyllen für streichorchester von Christian Barnekow. Op. 29. Partitur. . . .

Kjøbenhavn & Leipzig, Wilhelm Hansen [etc], [1911]. Publ. no. 14756. 43 p. fol. (Wilhelm Hansen edition No. 1345).
 Date of composition "(1910)" follows name of composer in caption title.

M1145.B22

Barnett, John Francis, 1837–

. . . Zwei stücke für streichorchester . . . [No. 1. Pensée mélodique. No. 2. Gavotte].

Leipzig, Breitkopf & Härtel, c1899. 9 p. fol. (B. & H.'s partitur bibliothek 1372.)
 Cover title.

M1145.B26

Barth, Richard, 1850–

. . . Romanze für violine mit begleitung des orchesters componirt von Richard Barth Op. 3. Partitur . . .

Leipzig u. Winterthur, J. Rieter-Biedermann [etc.], 1874. Publ. no. 783. 15 p. fol.

M1012.B28 Op. 3

Barthélemy, R.

. . . Fantasia! Marcia. Instrumentazione di David Bolognesi.

Milano, G. Ricordi & C. [etc.], c1904. Publ. no. 109783. 1 p. l., 17 p. fol. (Biblioteca dei corpi di musica, Serie XVIII. N. 235.
 Cover title. Band score.

M1260.B288

Barthélemy—Continued.

... Tarentelle napolitaine. Istrumentazione di Ezio Ba-
roncini ...
*Milano, C. Ricordi & C. [etc.], ᶜ1910. Publ. no., 113611.
1 p. l., 22 p. fol. (Biblioteca dei corpi di musica. Serie
XXIV. N. 307.)*
Cover title.

M1258.B298

Bartmuss, Richard, 1859–
Concert (Es dur) für orgel und orchester (mit chor ad
libitum) komponiert von ... Richard Bartmuss. Op.
25. Partitur. ...
*Delitzsch, Reinhold Pabst [etc], [1899]. Publ. no. B. P. 267.
.1 p. l., 39 p. fol.*

M1005.B28

Concert (No. 2) G moll für orgel mit orchester componirt
von ... Rich. Bartmuss. Op. 33. Orgel-partitur ...
*Leipzig, Gebrüder Hug & Co., ᶜ1901. Publ. no. 3286/3287.
45 p. fol.*

M1005.B28

Bartók, Béla, 1881—
... Rhapsodie pour le piano et l'orchestre. Partition
d'orchestre.
Budapest et Leipsic, Rózsavölgyi & Cie, ᶜ1910. 60 p. fol.
Composer's name at head of title. In the caption title: "Op. 1."

M1010.B34

Bass, Roderich.
Ballade symfonique von Roderich Bass. Orchester-Par-
titur ...
Wien, "Mozarthaus" [etc.], [1908]. 19 p. fol.

M1045.B317B3

Polonaise de concert von Roderich Bass. Orchester-partitur ...
Wien, "Mozarthaus" [etc.], [1908]. 26 p. fol.

M1047.B317P7

Bassermann, Ernst.
Ouverture für orchester von Ernst Bassermann. Partitur ...
*Leipzig & Brüssel, Breitkopf & Härtel, [1884]. Publ. no.
16507. 51 p. fol.*

M1004.B319

Baumann, Pierre.
Symphonie pour grand orchestre ... par Pierre Baumann.
Paris, Troupenas et cie [etc.], [185-]. 2 p. l., 185 p. fol.

M1001.B32

Baussnern, Waldemar von, 1866–

　　Champagner. Eine ouvertüre für grosses orchester von Waldemar von Baussnern. Partitur . . .

　　Berlin, N. Simrock, ᶜ1904. Publ. no. 12009. 67 p. 4°.

　　　　　　　　　　　　　　　　M1004.B35C4

Bazzini, Antonio, 1818–1897.

　　Francesca da Rimini. Poëme symphonique de A. Bazzini. Opus 77. Partition d'orchestre.

　　Berlin, Adolphe Fürstner (C. F. Meser), [1889]. 69 p. fol.

　　　　　　　　　　　　　　　　M1002.B364

　　Re Lear. Overtura di Antonio Bazzini. Partitura d' orchestra con illustrazione de B. Gamucci . . .

　　Firenze, G. G. Guidi, 1874. Publ. no. 2488. 3 p. l. 74 p. 8°.

　　　　　　　　　　　　　　　　M1004.B364R3

　　Saul. Overtura d' introduzione alla tragedia d' Alfieri per orchestra composta da Antonio Bazzini. Partitura . . .

　　Milano, [etc.], G. Ricordi & c. Publ. no. z 100223 z. 75 p. fol.

　　　　　　　　　　　　　　　　M1004.B364S4

　　Saul. Overtura d'introduzione alla tragedia d'Alfieri. Antonio Bazzini. Instrumentazione di Albino di Janni.

　　Milano: G. Ricordi & C. Publ. no. 100744. 1 p. l., 58, [2], 4 p. 4°. (Biblioteca dei Corpi di musica civili e militari . . . Serie XI, No. 155.)

　　　　Caption title. Band score.

　　　　　　　　　　　　　　　　M1255.B368

Beach, Mrs. Henry Harris Aubrey, 1867–

　　Symphonie (Gaelic) in E moll für grosses orchester componirt von Mrs. H. A. Beach. Op. 32. Partitur.

　　Leipzig, Arthur P. Schmidt [etc.], ᶜ1897. Publ. no. S436. 220 p. 4°.

　　　　　　　　　　　　　　　　M1001.B365

　　. . . Concerto for pianoforte and orchestra by Mrs. H. H. A. Beach. Op. 45. Orchestral score.

　　Mss. 141 p. fol.

　　　　　　　　　　　　M1010.B36 Op.45 Case

Beaumont, Alex. S.

　　Divertimento for horn (or 'cello) and strings [by] Alex. S. Beaumont.

　　London, Charles Woolhouse, ᶜ1907. 7 p. fol.

　　　　Caption title.

　　　　　　　　　　　　　　　　M1105.B37

Beck, Franz, 1730–1809.

Sinfonia a 8 op. 4¹ (1733) D dur. Franz Beck.

See Sinfonien der pfalzbayerischen schule (Mannheimer symphoniker) II, 2. p. 109–146.

M2.D4

Becker, Albert (Ernst Anton), 1834–1899.

. . . Concertstück für violine und orchester componirt von Albert Becker. Op. 66. Partitur . . .

Leipzig, Breitkopf & Härtel [etc.], ʿ1893.ʿ Publ. no. 20275. 31 p. fol.

M1012.B39 Op. 66

. . . Adagio (in E dur, Nr. 3) für solo-violine und orchester componirt von Albert Becker. Op. 70. Partitur . . .

Leipzig, [etc.], Breitkopf & Härtel, ʿ1893. Publ. no. 20315. 11 p. fol. ·

M1012.B39 Op. 70

Becker, Reinhold, 1842–

Sinfonie C dur für grosses orchester von Reinhold Becker. Op. 140. Partitur . . .

Leipzig, F. E. C. Leuckart, [1907]. 160 p. fol.

M1001.B39

Beer, Max Joseph, 1851–1908.

Abendmusik (Serenade) für streichorchester, 2 hörner und pauken componirt von Max Josef Beer. Op. 54. I. Alla marcia. II. Largo. III. Andante e interludium. V. Finale (Alla marcia) . . . Partitur.

Mainz, B. Schott's söhne [etc.], [1898]. Publ. no. 26359. 29 p. fol.

M1103.B39 Op. 54

Beer-Walbrunn, Anton, 1864–

Deutsche suite (vorspiel, elegie, lied, einleitung und reigen) für grosses orchester von Anton Beer-Walbrunn. Opus 22. Partitur.

Leipzig, C. F. Peters, [1901]. Publ. no. 8737. 1 p. l., 76 p. fol. (Edition Peters No. 3023.)

M1003.B415

Beethoven, Ludwig van, 1770–1827.

Ludwig van Beethoven's werke. Vollständige kritisch durchgesehene überall berechtigte ausgabe . . .

Leipzig, Breitkopf & Härtel, [1864–1867, 1888]. 41 v. fol.

See Serie   I: Symphonies. 3 v.

  II: Marches, dances, etc.

  III: Overtures.

  IV: Violin and orchestra.

  IX: Piano and orchestra. 2 v.

  XXV, Supplement: Orchestral compositions printed for the first time, as "Zwei märsche für militärmusik," "Marsch," "Polonaise und écossaise für militärmusik."

M3.B41

Beethoven—Continued.

Collection complète des symphonies de L. v. Beethoven pour orchestre . . . No. 1, en ut majeur. No. 2, en ré majeur. No. 3, héroïque en mi bémol. No. 4, en si bémol. No. 5, en ut mineur. No. 6, pastorale en fa. No. 7, en la majeur. No. 8, en fa majeur. No. 9, première partie, en ré mineur. No. 9, deuxième partie, avec chœur.

[Paris], Mme. Ve. Launer. Publ. no. Ve. L. 5573-9. 10 v. 4°.

M1001.B4L3

. . . Symphonien von L. van Beethoven. N. 1, in C-dur, Op. 21. N. 2, in D-dur, Op. 36. N. 3, (Eroica), in Es-dur, Op. 55. No. 4, in B-dur, Op. 60. N. 5, in C-moll, Op. 67. N. 6 (Pastorale) in F-moll, Op. 68. N. 7, in A-dur, Op. 92. N. 8, in F-dur, Op. 93. N. 9, in D-moll Op. 125.

Leipzig, G. Ricordi & co. [etc.], [1909 or 1910]. Publ. nos. 112601-9. 9 v. 8°. (Orchester-partituren in modernem schlüsselsystem von Umberto Giordani.)

M1001.B4G5

Mars funebru.
    See Ivanovici, I. Marsuri funebre.

Andante con variaciones de la sonata en La (obra 47) para piano y violin de Beethoven. Arreglado para orquesta [!], por J. de Monasterio. (Madrid Abril de 1873).
Autograph. 63 p. fol.

ML96.M

. . . Das scherzo aus Beethovens C-moll sinfonie. [Op. 67]. Zur veranschauligung des satzbaues neu notiert von Victor Bendix. Partitur.

Kjøbenhavn & Leipzig, Wilhelm Hansen [etc], [1911]. Publ. no. 14788. 35 p. 4°. (Wilhelm Hansen edition. No. 1327).
    On p. 3–5 "Vortwort" signed "V. B." and dated "Kopenhagen, Juni 1910."

M1001.B41 No. 5B

Ouverture No. 2 für grosses orchester zu der oper Leonore von L. van Beethoven. Partitur. Neue vervollständigte ausgabe. [op. 72ª].

Leipzig, Breitkopf & Härtel, [185-]. Publ. no. 8910. 1 p. l., 88 p. 4°.
    Full score ed. with editorial pref. by Otto Jahn.

M1004.B4L3

Beethoven—Continued.

Fünftes concert für das pianoforte von L. van Beethoven. Dem erzherzog Rudolph gewidmet. Op. 73. Componirt im jahre 1809.

Leipzig, Breitkopf & Härtel, [1893]. Publ. no. Part. B. 417. 1 p. l., 88 p. fol. (Breitkopf u. Härtel Partitur-Bibliothek, 417.)

> Caption title. Not the edition of 1857.

M1010.B41 Op. 73

Siebente grosse sinfonie in A dur von Ludwig van Beethoven. 92tes. werk. Vollständige Partitur.

Wien, S. A. Steiner und comp., [1816]. Publ. no. 2560. 2 p. l., 224 p. 8°.

> First edition. Nottebohm: Them. Verz., 2e. Auflage, p. 89.

M3.3.B42 Op. 92

Grosse ouverture in C dur . . . von Lud. van Beethoven. 115tes. werk. Partitur.

Wien, S. A. Steiner & Comp., [1825]. Publ. no. S.u.C: 2682. 1 p. l., 43 p. fol.

> First edition.

M3.3.B42. Op. 115

Grosse ouverture (in Es) zu König Stephan. Geschrieben zur eröffnung des theaters in Pesth von Ludw. van Beethoven. 117tes. Werk. Partitur.

Wien, Tobias Haslinger, [1826]. Publ. no. S. u. C. 4691. 1 p. l., 48 p. fol.

> First edition. Nottebohm: Them. Verz., 2e. Auflage, p. 112.

M3.3.B42 Op. 117

Sinfonie mit schluss-chor über Schillers ode "An die Freude" für grosses orchester, 1 solo- und 4 chor-stimmen componirt . . . von Ludwig van Beethoven. 125tes werk.

Mainz und Paris, B. Schott's söhne, [1826]. Publ. no. 2322. 226 p. fol.

> P. 1 preceded by a "Subscribentenverzeichniss" (2 p.). First edition.

M3.3.B42 Op. 125

Symphonie nach dem Cis-moll-quartett Op. 131 von Ludwig van Beethoven für grosses orchester eingerichtet von Karl Müller-Berghaus. Partitur.

Hamburg, Hugo Pohle, [1884]. Publ. no. H. P. 566. 101 p. fol.

> Title-page bears autograph dedication of Karl Müller-Berghaus, dated "Hamburg 1884."

M1060.B422

Beethoven—Continued.

>Ouverture in C.   Componirt im jahr 1805.   Zur oper: Leo-
>nore von Ludw. van Beethoven.   138tes. Werk.   Aus
>dem nachlass.   Partitur . . .
>*Wien, Tobias Haslinger, [1832].   Publ. no. 5141.   1 p. l.,
>48 p.   fol.*
>>First edition.   Nottebohm: Them. Verz., 2e. aufl., p. 131.
>>>M3.3.B42   Op. 138

Beliczay, Julius von, 1835–1893.

>Sérénade en ré mineur pour instruments à cordes de Jules
>de Beliczay.   Op. 36.   Partition.   . . .
>*Paris, V. Durdilly & Cie, [187–?].   Publ. no. V. D. et Cie
>3041.   40 p.   4°.*
>>Cover title.
>>>M1103.B43

Bendel, Franz, 1833–1874.

>Sechs deutsche märchenbilder componirt von Franz Bendel.
>Op. 135.   Nr. 1. Frau Holle.   . . . Nr. 2. Schneewitt-
>chen.   . . . Nr. 3. Aschenbrödel.   . . . Nr. 4. Die Bremer
>stadtmusikanten.   . . . Nr. 5. Rothkäppchen.   . . . Nr.
>6. Hans im glück.   . . .

>*Hamburg, Hugo Pohle, [1877].   Publ. nos. H. P. 301, 408,
>404, 410.   4 v.   53, 49, 35, 21 p.   fol.*
>>"Für orchester bearbeitet von Karl Müller-Berghaus."
>>Nos. 1 and 4 not published for orchestra.
>>Nos. 2 and 5 have imprint of "Schweers & Haake in Bremen,"
>>succrs. to Hugo Pohle.
>>>M1060.B458M8

Bendix, Victor Emanuel, 1851–

>Fjoldstigning—Zur höhe . . . Symphonie pour orchestre
>par Victor E. Bendix.   Op. 16.   Partition d'orchestre . . .
>*Copenhague, Wilhelm Hansen, [ca. 1890].   1 p. l., 192 p.   fol.*
>>>M1001.B46

>Sommerklänge aus Süd–Russland.   2te.   sinfonie von
>Victor Bendix.   Op. 20.   Partitur.
>*Kopenhagen & Leipzig, Wilhelm Hansen, [1894].   189 p.
>fol.*
>>>M1001.B462

>Symphonie Nr. 3 (A-moll) für orchester von Victor Bendix.
>Op. 25.   Partitur.
>*Kopenhagen & Leipzig, Wilhelm Hansen, [1895].   164 p.
>fol.*
>>>M1001.B464

Bendl, Karel, 1838-1897.

   ... Südslavische rhapsodie ... für grosses orchester ... von ... Karel Bendl. Op. 60. Partitur ...
Berlin, N. Simrock, ᶜ1896. Publ. no. 10638. 142 p. 4°.
                   M1045.B45888

Benedict, *Sir* Julius, 1804-1885.

   ... Overture to Shakespeare's play The Tempest ... Composed by Sir Julius Benedict.
London, Enoch and Sons, [187-?]. Publ. no. E. S. 2 p. l., 63 p. 4°.
    In caption title: "Op. 77."
                   M1004.B463T4

Sinfonie für grosses orchester componirt von Julius Benedict. Op. 101 ...
Berlin, Schlesinger (Rob. Lienau), [1874]. Publ. no. S. 6857. 2 p. l., 183 p. 4°.
                   M1001.B47

Bennett, *Sir* William Sterndale, 1816-1875.

Ouverture zu Lord Byron's dichtung Parisina componirt von William Sterndale Bennett. Op. 3 ...
Leipzig, Fr. Kistner, [1875]. Publ. no. 4549. 66 p. 4°.
                   M1004.B477P4

Die najaden. Ouverture für grosses orchester componirt und der Königl. Academie der Musik in London zugeignet von Willm. Sternd. Bennett. Partitur ... [Op. 15].
Leipzig, bei Fr. Kistner, [ca. 1840]. Publ. no. 1380. 33 p. 4°.
                   M1004.B477N3

Die waldnymphe. Ouverture für grosses orchester componirt ... von W. Sterndale Bennett. Op. 20.
Leipzig, Fr. Kistner, [1860]. Publ. no. 2486. 91 p. 4°.
                   M1004.B477W3

Fantasie-ouverture zu Thomas Moore's Paradies und Peri für grosses orchester von William Sterndale Bennett. Op. 42 ...
Leipzig, Fr. Kistner, [1870]. Publ. no. 3503. 80 p. fol.
                   M1004.B477P3

Sinfonie G moll für grosses orchester componirt von William Sterndale Bennett. Op. 43 ...
Leipzig, Fr. Kistner [etc.], [1872]. Publ. no. 3802. 167 p. 4°.
                   M1001.B48

Bergé, Irénée.

Nocturne pour quatuor à cordes, harpe et flûte solo. Irénée Bergé.

Paris, Alphonse Leduc, ᶜ1902. Publ. no. A. L. 10,626. 7 p. 4°. (Bibliothèque Leduc: Collection d'œuvres pour orchestre publiées en partition.)

Caption title.

M1145.B49

Berger, Wilhelm, 1861–1911.

. . . Symphonie in B dur. Op. 71.

Leipzig, Breitkopf & Haertel, ᶜ1899. Publ. no. Part B. 1431. 198 p. fol.

Cover title.

M1001.B496

Variationen und fuge über ein eigenes thema für grosses orchester von Wilhelm Berger. Op. 97. Partitur.

Leipzig, F. E. C. Leuckart, ᶜ1909. Publ. no. F. E. C. L. 6463. 112 p. fol.

M1003.B49V3

Berlioz, (Louis) Hector, 1803–1869.

Hector Berlioz werke. Herausgegeben von Ch. Malherbe und F. Weingartner . . .

Leipzig etc., Breitkopf & Härtel, 1900. fol.

In course of publication.

See bd. 1–3: "Symphonien."
    4–5: "Ouverturen."
    6: "Kleinere instrumentalwerke."
    18: "Bearbeitungen," containing as n. 7 C. M. von Weber's "Aufforderung zum tanz."

M3.B51

Grande ouverture de Waverley . . . composée par Hector Berlioz. Op. Ier. Partition . . .

Paris, Richault & cie, [183–]. Publ. no. 5637. R. 1. p. l., 50 p. fol.

First edition.

M3.3.B5 Op.1

Grande ouverture des Francs Juges par Hector Berlioz. Grande partition . . . Oeuv. 3 . . .

Paris, Richault et cie, [1839]. Publ. no. 2162. R. 1 p. l., 52 p. fol.

First edition.

M3.3.B5 Op.3

Grande ouverture du Roi Lear. Tragédie de Shakspeare, . . . composée par Hector Berlioz. Oeuvre 4e. Partition.

Berlioz—Continued.

*Paris, Richault et cie, [1840].   Publ. no. 14009. R.   1 p. l.,
83 p.   fol.*
> First edition.
>   **M3.3.B5   Op.4**

. . . Rêverie & caprice pour violon avec accompagnement
d'orchestre ou piano.   Op. 8.   Partition d'orchestre. . . .
*Paris, Costallat & Cie.   Publ. no. 6297r.   1 p. l., 13 p.
fol.*
> Name of composer at head of title.
> From the plates of the first edition 184- with new title-page.
>   **M1012.B47**

Le carnaval romain.   Ouverture.   H. Berlioz.   [op. 9].
*Paris, Brandus et cie, [1844].   Publ. no. M. S. 4019.   53 p.
fol.   (Ouvertures et morceaux divers à grand orchestre
(Répertoire des Sociétés Philharmoniques) . . .)*
> Caption title.
> From the plates of the first edition.
>   **M3.3.B5   Op.9   B**

Episode de la vie d'un artiste.   Symphonie fantastique en
cinq parties . . . par Hector Berlioz.   Op. 14.   Partition . . .
*Paris, Maurice Schlesinger [etc.] [ca. 1845].   Publ. no. M. S.
4208.   2 p. l.   127 p.   fol.*
> First edition.   Date of publication not mentioned by Malherbe
> and Weingartner.   Prod'homme gives 1846 as date of publi-
> cation by Richault.
>   **M3.3.B5   Op. 14**

. . . Symphonie fantastique.   . . .   Op. 14.
*Leipzig, Breitkopf & Haertel, ᶜ1900.   Publ. no. H. B. 1.
1 p. l.   150 p.   fol.*
>   **M1001.B53**

Trauer—und triumph-symphonie für grosses militär—orchester mit streichinstrumenten und einem chor ad libitum
componirt . . . [von] H. Berlioz.   Op. 15 . . .
*Leipzig, Breitkopf & Härtel, ᶜ1900.   Publ. no. H. B. 2.
1 p. l., 76 p.   fol.*
> Caption title.
>   **M1254.B523**

Harold en Italie.   Symphonie en 4 parties avec un alto principal . . . par Hector Berlioz.   Op. 16.   Grande
partition . . .

Berlioz—Continued.

*Paris, Mce. Schlesinger, Brandus et cie succrs. [etc.]. Publ.
no. B. et Cie 4782 bis. 1 p. l., 115 p. fol.*

> First edition, date of publication not mentioned by Malherbe and
> Weingartner, nor by Prod'homme, but must have been after 1846.
>
> **M3.3.B5 Op. 16**

Ouverture du Corsaire par Hector Berlioz. Oeuvre 21.
Grande partition.
*Paris, S. Richault, [1855]. Publ. no. 11276. R. 1 p. l.,
64 p. 4°.*

> First edition.
>
> **M3.3.B5 Op.21**

Benvenuto Cellini. Opera en 3 actes. Ouverture. H.
Berlioz. [op. 23].
*Paris, Maurice Schlesinger, [1839]. Publ. no. M. S. 2807.
1 p. l., 52 p. fol. (Ouvertures et morceaux divers a grand
orchestre (Répertoire des Sociétés Philharmoniques) . . .)*

> Capt. title. First edition. The imprint on cover title reads: G.
> Brandus, Dufour et cie.
>
> **M1012.B59 Op.**

(Fausts verdammung, Op. 24.) Ungarischer marsch . . .
Sylphen-tanz . . . Tanz der irrlichter . . .
*Leipzig, Breitkopf & Härtel, [etc.], ᶜ1900. 3 v. Publ. nos.
Part. B. 1631–33. fol.*

> **M1534.B**

Marche marocaine composée pour le piano par Leopold de
Meyer et instrumentée à grand orchestre avec une coda
nouvelle par Hector Berlioz. Grande partition.
*Vienne, A. Diabelli et comp, [1846]. Publ. no. D. et C. No.
8302. 35 p. fol.*

> Instrumentated in April 1845.
>
> **M3.3.B51M3**

Marche Troyenne. Tiréé de l'opéra Les Troyens à Carthage.
Poème et musique de Hector Berlioz. . . . Arrangée
pour orchestre seul et développée pour les concerts par
l'auteur. Grande partition.
*Paris, Choudens fils, [189–?]. Publ. no. A. C. 1220. 1 p.l.,
52 p. fol.*

> From the plates of the first issue, [188–?].
>
> **M1075.B52T8**

Bernard, (Jean) Emile (Auguste), 1843–1902.
  . . . Beatrice (d'après Dante). Ouverture symphonique.
Emile Bernard. Op. 25. Partition . . .

Bernard—Continued.

Paris, Ancne. maison Mackar & Noël, A. Noël, succr. [188-?]
Publ. no. F. M. 892, (1), 63 p. 4°.

M1004.B52B3

. . . Concerto pour le violon avec accompagnement d'or-
. chestre par E. Bernard. Op. 29. Partition . . .
Berlin, Ries & Erler, [1886]. *Publ. no. R. 2761 E. 86 p.
fol.*

"Nouvelle édition."

M1012.B51 Op. 29

Fantaisie pour piano et orchestre par E. Bernard. Op. 31.
Partition . . . d'orchestre . . .
. *Berlin, Ries & Erler,* [1888]. *Publ. no. R. 4186 E. 150 p.
fol.*

M1010.B51 Op. 31

Divertissement pour instruments à vent, 2 flûtes, 2 haut-
bois, 2 clarinettes, 2 bassons et 2 cors, par Emile Bernard.
Op. 36 . . .
Paris, A. Durand & fils, [189-]. *1 p. l., 76 p. 4°.*

M1245.B548

. . . Nocturne pour piano et orchestre, par Émile Bernard.
Op. 51. Partition d'orchestre . . .
Lyon, Janin frères; Paris, E. Gallet, [etc., etc.], *1902. 39 p.
4°.*

M1010.B53 Op. 51

Bernn, Alex.

. . . La danse du faune et du satyre. (Scène pittoresque)
(d'après une gravure de l'école flamande) pour grand
orchestre par Alex. Bernn. Partition d'orchestre . . .
(Op. 60.)
Paris, E. Demets, c1909. *Publ. no. F. 1405 D. 18 p. fol.*
Cover title.

M1002.B53

. . . Le massacre de Wassy (1562). Drame symphonique
(en trois parties) pour grand orchestre par Alex. Bernn.
1ère. partie. No. 1. La veille du massacre. No. 2. Sérénade et le couvre-feu. (1er. Intermède.) 2ème. partie. No. 3. L'Arrivée du Duc de Guise. No. 4. La ronde
des ribaudes. (2ème. Intermède.) 3ème. partie. No. 5.
Le drame: (provocation—dispute—massacre.) (Op. 46.)
*Chez l'Auteur à Wassy (Hte. Marne). Publ. no. 5. 2 p. l.,
pl., [1], 179 p. fol.*

Presentation copy with the composer's autograph. Dedication
dated "Wassy, le 1er août 1905."

M1002.B535

Berwald, Franz, 1796–1868.

Konzert Cis moll (Komponiert 1820) für violine mit orchester oder klavierbegleitung von Franz Berwald. Op. 2. Revidiert von Henri Marteau. . . . Partitur . . .

Leipzig, Jul. Heinr. Zimmermann [etc.], ᶜ*1911. Publ. no., Z. 4958. 1 p. l., 73 p. 4°.*

M1012.B59 Op.2

Symphonie G moll ("Symphonie sérieuse") för orchester af Franz Berwald. Partitur.

Stockholm, Abr. Hirsch, [1885]. 1 p. l., 167 p. 4°.

M1001.B55

Beuger, Otto.

Souvenir du bal. Intermezzo pour instruments à cordes par Otto Beuger. Partition . . .

Magdeburg, Otto Wernthal [etc.], ᶜ*1896. Publ. no. O. W. 159. 3 p. 4°.*

Cover title.

M1145.B56

Billi, Vincenzo.

Nymphes et faunes. Danse champêtre. Vincenzo Billi, Op. 190. Istrumentazione di Francesco Ambroso . . .

Milano, G. Ricordi & C., ᶜ*1910. Publ. no. t. 112771 t. 17 p. fol. (Biblioteca popolare pei corpi di musica e fanfare, piccola partitura.)*

Caption title.

M1262.B598

Fête au village. Morceau. Istrumentazione di Francesco Amoroso . . . Vincenzo Billi. Op. 201.

Milano: C. Ricordi & C., ᶜ *1910. Publ. no. z 112772 z 27 p. fol. (Biblioteca populare pei corpi di musica e fanfare.)*

Caption title.
Band score.

M1258.B568

Lilas blancs. Valse lente. Vincenzo Billi. Op. 202. Istrumentazione di Francesco Ambroso.

Milano, G. Ricordi & C., ᶜ*1910. Publ. no. s 112773 s. 18 p. fol. (Biblioteca popolare · pei corpi di musica e fanfare, piccola partitura.)*

Caption title.

M1266.B598

Bird, Arthur, 1856–

. . Eine carneval-scene von Arthur Bird. Op. 5. Partitur . . .

Breslau, Julius Hainauer, [etc.], ᶜ*1887. Publ. no. J. 2940 H. 46 p. fol.*

M1045.B618C3

Bird—Continued.

. . . Gavotte für streichorchester von Arthur Bird. (Aus Op. 7.)

Heilbronn a/N., C. F. Schmidt [etc], [1899]. Publ. no. G. F. S. 1860. 6 p. fol. (Cefes-edition).

Caption title.

On cover: "Werke für streichquartett, streichquintett, streichorchester in einfacher und mehrfacher besetzung ausführbar. Serie II."

M1145.B622

Sinfonie für grosses orchester A dur componiert von Arthur Bird. Op. 8 . . . Partitur . . .

Breslau, Julius Hainauer,[etc.], ᶜ1888. Publ. no. J. 2887 H. 67 p. fol.

M1001.B615

. . . Dritte kleine suite für grosses orchester von Arthur Bird. Op. 32. Partitur . . .

Boston & Leipzig, Arthur P. Schmidt, ᶜ1892. Publ. no. S. 199. 88 p. fol.

M1003.B51

Valse menuet für streichorchester komponiert von Arthur Bird. Op. 39, No. 2. Partitur . . .

Berlin, Paul Koeppen, [etc.], ᶜ1903. Publ. no. P. K. 246. 5 p. fol.

M1145.B62

Bischoff, Hermann.

Symphonie in E dur für grosses orchester von Hermann Bischoff. Op. 16. Partitur . . .

Leipzig, F. E. C. Leuckart, [1907]. Publ. no. F. E. C. L. 6014. 1 p. l., 235 p. fol.

M1001.B623

Bittner, Julius, 1874–

Der musikant. Zwei akte. Text und musik von Julius Bittner. . . . Vollständige orchester-partitur. . . . Serenade für kleines orchester. Partitur. . . .

Mainz, B. Schott's Söhne [etc], ᶜ1911. Publ. no. 29220. 1 p. l., 6 p. fol.

M1003.B624

Der musikant. Zwei akte. Text und musik von Julius Bittner. . . . Vollständige orchester-partitur—Vorspiel. Partitur. . . .

Mainz, B. Schott's Söhne [etc], ᶜ1911. Publ. no. 29219. 1 p. l., 8 p. fol.

M1004.B624M3

Bizet, (Alexandre César Léopold) Georges, 1838–1875.
> . . . Patrie. Ouverture dramatique pour grand orchestre
> par Georges Bizet [Op. 19]. Partition . . .
> *Paris, Choudens, [1874]. 59 p. 4°.*
>> **M1004.B629P2**

> Petite suite d'orchestre Jeux d'enfants. No. 1. Marche
> . . . No. 2. Berceuse . . . No. 3. Impromptu . . .
> No. 4. Duo . . . No. 5. Galop . . . Par Georges
> Bizet. Op. 22. Partition d'orchestre . . .
> *Paris, A. Durand & fils. Publ. no. D. S. & Cie. 2942.*
> *1 p. l., 55 p. 4°.*
>> From the plates of the first ed., 1882.
>> **M1003.B534**

> . . . L'Arlésienne. Drame en 3 actes de Alphonse Daudet.
> Musique de Georges Bizet. Partition d'orchestre.
> *Paris, Choudens fils. Publ. no. A. C. 6647, 2542. 1 p. l.,*
> *56 p. 4°.*
>> "1re suite d'orchestre." From the plates of the first ed., 187–.
>> **M1003.B53**

> . . . L'Arlésienne. Deux suites de concert pour piano.
> Par Georges Bizet. Édition . . . pour orchestre.
> *Paris, Choudens fils. Publ. no. C. 4703. 1 p. l., 64 p.*
> *4°. (Collection des œuvres posthumes de Georges Bizet, 2me*
> *suite.)*
>> From the plates of the first ed., 187–.
>> **M1003.B532**

> Roma. 3me suite de concert pour orchestre par Georges
> Bizet. [Œuvre posthume]. Partition . . .
> *Paris, Choudens fils. Publ. no. A. C. 4571. 1 p. l., 147 p.*
> *4°.*
>> From the plates of the first ed., 187–.
>> **M1003.B536**

> Scènes bohémiennes de La jolie fille de Perth. Pour orches-
> tre. Georges Bizet. Partition d'orchestre . . .
> *[Paris, Choudens Père et fils], [1882]. Publ. no. A. C.*
> *5463. 1 p. l., 56 p. 4°.*
>> **M1003.B538**

Blättermann, Heinrich.
> Ouverture über Niederländische volksweisen für orchester
> von Heinrich Blättermann. Partitur. . . .
> *Hannover, Louis Oertel [etc], [189–]. Publ. no. L. 4416 O.*
> *36 p. fol.*
>> **M1004.B538**

Blair, Hugh, 1864–
> Adoramus te. Prelude for orchestra. Composed by Hugh
> Blair. Full score.
> *Novello and Co., ltd., New York, H. W. Gray co., ᶜ1907.*
> *20 p. fol.*
>
> M1045.B635A2

Blasser, Gustav.
> Suite für orchester komponirt von Gustav Blasser. Opus
> 76. Präludium. Ballade. Tambourin. Intermezzo.
> Gavotte. Finale. Partitur . . .
> *Offenbach a/Main, Johann André, [1893]. Publ. no. André*
> *13916. 1 p. l., 71 p. 4°.*
>
> M1003.B54

Blech, Leo, 1871–
> . Die nonne. Symphonische dichtung für grosses Orchester
> angeregt durch das gleichnamige gedicht von Otto Julius
> Bierbaum von Leo Blech. Op. 6 . . .
> *Aachen, Th. Naus (Léon Naus), ᶜ1898. Publ. no. 183.*
> *47 p. fol.*
>
> M1002.B64

> Waldwanderung. Stimmungsbild für orchester von Leo
> Blech. Op. 8. Partitur . . .
> *Mainz, B. Schott's söhne, [etc.], [1902]. Publ. no. 27032.*
> *1 p. l., 33 p. fol.*
>
> M1045.B645W3

Bleichmann, ĬŪlĭĭ Ivanovich, 1868–
> 2me suite pour orchestre. No. 1. Intermezzo . . . No. 2.
> Valse des dryades. No. 3. Dans les champs . . . No. 4.
> Danse russe. No. 5. Cortège héroique. Composée par
> J. Bleichmann. Op. 38. Partition.
> *Moscou, P. Jurgenson, [etc.], [1905]. Publ. no. 28916. 119*
> *p. 4°.*
>
> M1003.B564

Bleyle, Karl, 1880–
> Symphonie. F dur. Für grosses orchester. Komponiert
> von Karl Bleyle. Op. 6 . . .
> *Leipzig, Fr. Kistner, ᶜ1907. Publ. no. 10146. 118 p. fol.*
> M1001.B647

> . . . Flagellantenzug . . . Tondichtung für grosses orches-
> ter von Karl Bleyle. Op. 9 . . .
> *Leipzig, Fr. Kistner, ᶜ1908. Publ. no. 10222. 55 p. fol.*
> M1002.B65

Bleyle—Continued.

Konzert in C dur für violine und orchester von Karl Bleyle
Op. 10. Partitur . . .
*Leipzig, Breitkopf & Härtel, ᶜ1910. Publ. no. Part. B. 2158.
72 p. fol.*

M1012.B65 Op. 10

Gnomentanz für grosses orchester von Karl Bleyle. Op. 16.
Partitur . . .
Leipzig, Fr. Kistner, ᶜ1910. Publ. no. 10404. 43 p. fol.

M1047.B635

Bloch, Josef, 1862–

. . . Suite für streichorchester von Josef Bloch. Op. 6.
Partitur . . .
*Berlin, Ries & Erler, [1895]. Publ. no. R. 6112 E. 28 p.
fol.*

M1103.B65 Op. 6

II. suite für streichorchester von Jos. Bloch. Op. 10. Partitur . . .
*Berlin, Ries & Erler [1896]. Publ. no. R. 6161 E. 39 p.
fol.*

M1103.B65 Op. 10

Ungarische rhapsodie für grosses orchester von Josef Bloch.
Op. 31.
*Leipzig, Hermann Seeman nachf., [1901]. Publ. no. H. S. N.
165. 43 p. fol*

M1045.B651U7

. . . Suite idyllique pour petit orchestre composée par
Joseph Bloch. Op. 35. Partition . . .
*Budapest, Charles Rozsnyai [1909?]. Publ. no. R. K. 381.
61 p. fol. (Edition Charles Rozsnyai, No. 381.)*

M1003.B582 Op. 26

. . . Airs Hongrois. Op. 49. . . . Pour violon avec accompagnement d'orchestre . . .
*Budapest, Charles Rozsnyai, [1910]. Publ. no. R. K. 485.
28 p. fol. (Edition Charles Rozsnyai No. 485).*
Cover title. Name of composer at head of title.

M1012.B67 Op. 49

. . . Ouverture solennelle en Fa-majeur pour grand orchestre
composée pour l'inauguration du nouveau palais de
l'académie royale hongroise de musique à Budapest par
Joseph Bloch. Œuvre 57. Partition . . .

Bloch—Continued.
*Budapest, Charles Rozsnyai, ͨ1910. Publ. no. R. K. 400.
51 p. fol. (Edition Charles Rozsnyai No. 400.)*
Not a copyright deposit.

M1004.B651

Blockx, Jan, 1851-
Danses flamandes (Vlaamsche dansen) pour grand orchestre
par Jan Blockx. Op. 26. Partition d'orchestre . . .
*Paris, Heugel & Cie., ͨ1898. Publ. no. H et Cie. 18868-
18872. 5 parts. fol.*

M1047.B656D3

Carnaval de "Princesse d'auberge," Herbergprincess. [By
Jan Blockx.]
*Paris, Heugel & Cie., ͨ1904. Publ. no. H. & Cie., 21979.
63 p. fol.*
Caption title.

M1070.B65H3

Kermesse flamande extraite de Milenka. Ballet-pantomine
en un acte et deux tableaux. (a) Kermesse. (b) Danse
des sabots. (c) Entrée des rhétoriciens. (d) Scène
d'amour. (e) Entrée des Zingaris. Par Jan Blockx. La
partition d'orch. . . .
*Bruxelles, Schott Frères, [etc], [188-]. Publ. no. S. F. 4019 l.
75 p. 4°.*

M1524.B65M5

Procession et bénédiction de la mer. Du drame lyrique La
fiancée de la mer. Jan Blockx.
*Paris, Heugel & Cie., ͨ1904. Publ. no. H. & Cie., 21959.
30 p. fol.*
Caption title.

M1505.B67F5

. . . Triptyque symphonique. a. Jour des morts. b. Noël.
c. Pâques . . .
*Bruxelles, Schott Frères, [1905]. Publ. no. S. F. 5167. 59
p. 4°.*

M1002.B655

Blon, Franz von, 1861-
Darf ich bitten ? . . . May I have the pleasure. Kleines
ball-intermezzo. Franz von Blon. Op. 105.
*Leipzig, Jul. Heinr. Zimmermann, ͨ1910. Publ. no. Z. 4811.
7 p. 4°.*
Caption title. For string orchestra.

M1145.B65D3

Blum, Karl Ludwig, 1786–1844.

　. . . Grosser tusch und fanfaren beim vorzeigen der schilde
aus der musik zum turnier auf .dem hoffeste "Der
zauber der weissen rose" veranstaltet in Postsdam am 13.
Juli 1829.　Herausgegeben von Georg Thouret.　Neuinstrumentirt von Adolph Schinck.　Partitur.
*Leipzig [etc.], Breitkopf & Härtel, ᶜ1897.　Publ. no. 21671.
unpaged.　fol.*
　　Cover title.

　　　　　　　　　　　　　　　　　　　M1258.B658

Blumenfeld, Félix Mikhailovich, 1863–

　Allegro de concert (en La majeur) pour piano et orchestre
composé par Félix Blumenfeld.　Op. 7 . . .
Leipzig, M. P. Belaïeff, [1888].　1 p. l., 88 p.　4°.

　　　　　　　　　　　　　　　　M1010.B65　Op. 7

　"A la mémoire des chers défunts."　Symphonie (en ut)
pour grand orchestre.　Op. 39.　Partition d'orchestre . . .
Leipzig, M. P. Belaïeff 1909.　Publ. no. 2780.　111 p.　fol.
　　Cover title in Russian and German.

　　　　　　　　　　　　　　　　M1001.B66　Op. 39

Blumer, Theodor.

　Karnevals-episode.　Für orchester.　Komponiert von Theodor Blumer Jun.　Op. 22.
Leipzig, Fr. Kistner, ᶜ1907.　55 p.　fol.

　　　　　　　　　　　　　　　　　M1045.B658K3

　. . . Erlösung.　Tondichtung für grosses orchester.　Op.
24.　Partitur . . .
*Leipzig, Otto Junne [etc.], ᶜ1909.　Publ. no. O. J. 4454.
99 p.　fol.*

　　　　　　　　　　　　　　　　　M1002.B658E6

Bobinski, Heinrich Antonovich, 1861–

　Concerto (Mi-mineur) pour piano avec accompagnement
d'orchestre composé par H. Bobinski.　Op. 8.　Partition
d'orchestre . . .
*Moscou-Leipzig, P. Jurgenson [etc.], [1901].　Publ. no. 26130.
143 p.　4°.*

　　　　　　　　　　　　　　　　M1010.B66　Op. 8

Boccherini, Luigi, 1743–1805.

　Menuet du quintette No. 11.　Boccherini.　En partition.
*Paris, Durand, Schoenewerk et Cie, [ca1877].　Publ. no. D. S.
et Cie 2318.　4 p.　4°.*
　　Caption title.

　　　　　　　　　　　　　　　　　M1145.B662

Boehe, Ernst, 1880–

Aus Odysseus fahrten. 4 episoden für grosses orchester gesetzt von Ernst Boehe. Op. 6. I. Ausfahrt und schiffbruch . . . II. Die insel der Kirke . . . III. Die klage der Nausikaa . . . Partitur . . .

Leipzig, L. Staackmann, ᶜ1903. Publ. nos. W. 3 St.; W. 26 St.; W. 23 St. 3 v. fol.

Vol. 4 missing.

M1002.B66

Taormina. Tondichtung für grosses orchester von Ernst Boehe. Orchesterpartitur . . . Op. 9.

Leipzig, Rob. Forberg, ᶜ1906. Publ. no. 6000. 79 p. fol.

M1002.B671

Symphonischer epilog zu einer tragödie für grosses orchester von Ernst Boehe. Op. 11. Partitur.

Wien [etc.], Schuberthaus-verlag, ᶜ1909. Publ. no. 140. 50 p. fol.

M1004.B66457

Boehm, Adolph P. d. 1911.

. . . Haschisch. Für grosses orchester. Ein fantastisch sinfonischer traum. Partitur. . . . (Op. 25).

Leipzig, Otto Junne, ᶜ1910. Publ. no. O. J. 4977. 1 p. l., 67 p. fol.

Name of composer at head of title.

M1002.B675H3

Böhme, (August Julius) Ferdinand, 1815–1883.

Dramatische ouverture (No. 9) für grosses orchester componirt von Ferdinand Böhme. Op. 40. Partitur . . .

Leipzig, F. E. C. Leuckart, [1876] Publ. no. F. E. C. L. 2796. 99 p. 4°.

M1004.B671

Boekelmann, Bernardus, 1838–

. . . Ballabile composé pour l'orchestre par Bern. Boekelman. Op. 3. Partitur . . .

New York, Edward Schuberth & Co., ᶜ1888. Publ. no. B. B. 2. 38 p. 4°.

M1045.B671B2

In der einsamkeit für streichorchester componirt von Bern. Boekelman. Op. 7. Partitur.

New York, Edward Schuberth & Co., ᶜ1888. Publ. no. B. B. 4. 6 p. 8°.

Label of Fritz Schuberth, Jr., Leipzig und Hamburg pasted over imprint.

Not a copyright deposit.

M1145.B665

48 LIBRARY OF CONGRESS

Boëllmann, Léon, 1862–1897.

Variations symphoniques pour violoncelle solo et orchestre ou piano par L. Boëllmann. Op. 23. Partition d'orchestre.

Paris, Durand & Fils, [1895]. Publ. no. D. & F. 4648. 75 p. 4°.

M1016.B671

Symphonie en fa majeur par L. Boëllmann. Op. 24. . . . Part. d'orchestre.

Paris, A. Durand et fils, [1896]. Publ. no. D. & F. 5031. 1 p. l., 149 p. 4°.

M1001.B671

Fantaisie dialoguée pour orgue et orchestre par L. Boëllmann. Op. 35. Partition d'orchestre . . .

Paris, A. Durand & Fils, [1897]. Publ. no. D. & F. 5252. 1 p. l., 37 p. fol.

M1005.B67

Gavotte pour piano par L. Boëllmann, Partition d'orchestre . . .

Paris, J. Hamelle [ca. 1890]. Publ. no. J. 2368 H. 23 p. 4°.

M1048.B67

Bölsche, Franz, 1869—

Ouverture zu Hebbel's "Judith" für orchester componirt . . . von Franz Bölsche. Op. 14. Partitur . . .

Leipzig, Karl Buselmeier, [1895]. Publ. no. K. B. 33. 43 p. fol.

M1004.B674J9

Bohlmann, Theodor Heinrich Friedrich, 1865–

. . . Lyrisches tongedicht für grosses orchester . . . Partitur.

Cincinnati, The Willis Music Co. [etc.], ᶜ1910. 44 p. fol.

Name of composer at head of title, which is also given in English ("Lyric tone-poem") and French.

M1002.B679

Bohm, Karl, 1844–

. . . Petite bijouterie. Valse pour quatuor à cordes et contrebasse par Carl Bohm. Op. 337. Partition . . .

Berlin & Posen, Ed. Bote & G. Bock, ᶜ1890 by O. B. Boise. Publ. no. 13464. 4 p. fol.

Cover title.

M1145.B67

Boijen, O. Bouwens van der.
    Myrtale. Suite d'orchestre. No. 1. Andante non troppo.
    2. Vivace. 3. Andantino con moto. 4. Allegretto rustico.
    O. Bouwens van der Boijen. Partition d'Orchestre.
    Paris, O. Bouwens van der Boijen, ᶜ*1907. 50 p. 4°.*
                         M1003.B64

Boisdeffre, (Charles Henri) René de, 1838-1906.
    Au bord d'un ruisseau. Sérénade champêtre. Pour orchestre.
    René de Boisdeffre. Op. 52.
    Paris, J. Hamelle, [1898]. Publ. no. J. 4213 H. 21 p. 4°.
                         M1045.B682A7

    Rêverie pour viole d'amour, ou violon; ou alto, ou violon-
    celle avec accompagnement d'instruments à cordes et de
    harpe ou de piano par René de Boisdeffre. Op. 55 . . .
    Paris, J. Hamelle, [1899?] Publ. no. J. 3641 bis. H.
    5 p. 4°.
                         M1105.B68

Bolck, Oskar, 1837-1888.
    Ouverture zur oper "'Gudrun" für grosses orchester com-
    ponirt von Oskar Bolck. Op. 50. Partitur . . .
    Leipzig, E. W. Fritzsch, [1876]. Publ. no. E. W. F. 282 L.
    27 p. obl. 4°.
                         M1004.B687G9

Bolzoni, Giovanni.
    . . . Dafne e Cloe. Bozzetto campestre per piccola orches-
    tra, op. 99 . . .
    Milano, G. Ricordi & C., [etc.], ᶜ*1907. Publ. no. 111887.*
    20 p. 4°.
                         M1045.B694D2

    . . . Al castello medioevale. Iᵃ serenata per piccola or-
    chestra di Giovanni Bolzoni. Partitura . . .
    Milano, G. Ricordi & C. Publ. no. 52103. 22 p. 4°.
    Cover title.
                         M1003.B66

    Melanconia campestre. Bozzetto per piccola orchestra di
    Giovanni Bolzoni. Partitura . . .
    Milano, Ricordi, [etc.]. Publ. no. 51842. 1 p. l, 22 p. 4°.
                         M1045.B694M4

    . . . Les petits musiciens. Marcietta per pianoforte . . .
    Banda (Piccola partitura). Istrumentazione di Anacleto
    Loschi . . .
    Milano, G. Ricordi & C. [etc.], ᶜ*1907. Publ. no. 111765.*
    13 p. fol.
                         M1260.B695

Bonis, Mel.

. . . Danse sacrée pour orchestre par Mel. Bonis . . . La
partition . . .
*Paris, Alphonse Leduc, ᶜ1898. Publ. no. A. L. 9923. 12 p.
4°.*
M1047.B715D3

. . . Suite en forme de valses pour orchestre. I. Ballabile.
II. Interlude et valse lente. III. Scherzo valse. Par
Mel. Bonis. Partition.
*Paris, Alphonse Leduc, ᶜ1898. 1 p. l., 23 p. Publ. no.
A. L. 9917. 4°. (Bibliothèque Leduc, No. 331.)*
M1003.B67

Bonvin, Ludwig, 1850—

. . . Drei tonbilder für grosses orchester componirt von
Ludwig Bonvin. Op. 12. 1. In gehobener stimmung-
Elevation. 2. Verlangen—Desire. 3. Verhaltene weh-
muth bei fröhlichem feste—Suppressed sadness at the
joyous feast. Partitur.
*Leipzig, etc., Breitkopf & Härtel, ᶜ1893. Publ. no. 19797.
39 p. fol.*
M1003B.68D6

Ballade für grosses orchester von Ludwig Bonvin. Op. 25.
Partitur . . .
*Leipzig, [etc.], Breitkopf & Härtel, ᶜ1897. Publ. no. Part.
B. 968. 29 p. fol.*
M1045.B723B3

Festzug (Cortège de fête) (Festival procession) für grosses
orchester componirt von Ludwig Bonvin. Op. 27. Partitur . . .
*Leipzig, [etc.], Breitkopf & Härtel, ᶜ1896. Publ. no. Part. B.
935. 31 p. fol.*
M1046.B723F4

. . . Erinnerungen. Reminiscences.—Souvenirs. Op. 31.
Partitur.
*Leipzig, [etc.], Breitkopf & Härtel, ᶜ1898. Publ. no, Part. B.
1141. 19 p. fol.*
Cover title.
M1045.B723E7

Symphonie in G moll. Ludwig Bonvin. Op. 67.
*Leipzig, [etc.], Breitkopf & Härtel, ᶜ1902. 1 p. l., 102 p. fol.
(Breitkopf & Härtel's partitur-bibliothek. 1713.)*
M1001.B723

Bonvin—Continued.

. . . Zwei symphonische Sätze. Op. 71.

Leipzig, Breitkopf & Härtel, ᶜ1905. Publ. no. Part. B. 1787.
1 p. l., 72 p. fol.
Cover title.

M1045.B723Z7

Borch, Gaston, 1871–.

. . . Suite norvégienne. A day in the mountains. Orchestral suite by Gaston Borch, Op. 22. Full score . . .

London, Augener & co. [1899]. Publ. no. 11313. 24 p. fol.
(Augener's edition, no. 7012a.)
Hofmeister bd. XI has "Lyrische stückchen" as op. 22.

M1003.B71

Élégie. For violin & orchestra by Gaston Borch. [Op. 101].
Full score . . .

London, Augener Ltd., ᶜ1907. Publ. no. 13490. 15 p. fol.
Cover title.

M1012.B726

Bordes, Charles, 1863–1909

Danses béarnaises pour orchestre p. Ch. Bordes (Op. 11).

Paris, Lissarrague. 48 p. 4°.

M1047.B72

Bordier, Jules, 1846–

. . . Adieu suprême! Poème symphonique. Partition d'orchestre . . . (Op. 34).

[Paris], E. Baudoux & Cie., [1890]. Publ. no. E. B. et Cie.,
140. 2 p. l., 23 p. 4°.

M1002.B74

. . . Suite fantaisiste pour violon et orchestre par Jules Bordier. Op. 40. No. I. Air d'église. No. II. Menuet. polomaise. La suite complète violon et orchestre en partition. . . .

Paris, Richault & Cie, [1892]. Publ. no. 19460 (1-2).
59 p. 4°.
Composer's autograph presentation copy to "Marsick . . . 1893."

M1012.B729

Hora rumanesca. Air valque . . . Orchestre par Jules Bordier.

Paris, Durand Schoenewerk & Cie., [1881]. Publ. no. D. S.
& Cie., 2920. 8 p. 4°.

M1045.B729H7

Scherzo oriental pour piano & orchestre par Jules Bordier.
Partition d'orchestre . . .

Paris, G. Hartmann & Cie [ca. 1889]. Publ. no. G. H. &
Cie., 1942. 1 p. l., 32 p. 4°.

M1010.B73

Bordier—Continued.

. . . Souvenir de Budapesth.   Danses hongroises.   Orchestrées par Jules Bordier.   Partition.   . . .
*Paris, Richault et Cie, [1884].   Publ. no. 16916 R.   47 p.
4°.*
                                                    M1047.B729

Borgström, Hjalmar.

. . . Romanze (E dur) für violine mit begleitung des
orchesters oder des pianoforte componirt von Hjalmar
Borgström.   Op. 12.   Partitur . . .
Leipzig, Fr. Kistner, ᶜ1901·   Publ. no. 9428.   35 p.   4°.
                                                M1012.B75 Op. 12

Borodin, Alexander Porphyrievich, 1834–1887.

. . . Deux sinfonies composées par A. Borodine.   ¹· en Mi
b majeur . . .   2. en Si mineur . . .
*St. Petersburg, chez B. Bessell & Cie [1873 or 1874].   Publ.
no. 388.   1 p. l., 161 p.   4°.*
>   The French preceded by the Russian title. The L. of C. does
>   not have the second symphony in this, the first edition publ.
>   ca. 1877.
                                                    M1001.B737

Deuxième symphonie (Si mineur) pour orchestre par A.
Borodine.   Edition redigée par N. Rimsky-Korsakoff et
A. Glazounoff.
*St. Pétersbourg, W. Bessel & Cie., [188-].   Publ. no. 671.
156 p.   4°.*
>   Reissued from the plates of the first ed., ca. 1877.
                                                    M1001.B739

Deux parties de la 3me symphonie inachevée en la mineur
par A. Borodine.   Terminée et instrumentée par A.
Glazounow.
Leipzig, M. P. Belaieff, [1889].   Publ. no. 126.   75 p.   4°.
                                                    M1001.B742

. . . Petite suite.   1. Au convent.   2. Intermezzo.   3. Mazurka rustique.   4. Mazurka.   5. Rêverie.   6. Sérénade.
7. Finale (Scherzo-nocturne-scherzo).   Composée par A.
Borodine.   Instrumentée par A. Glazounow (1889).
Partition d'orchestre.
*St. Petersbourg, W. Bessel et Cie [etc], [1897].   Publ. no.
3202.   95 p.   4°.*   M1003.B725

. . . Eine steppenskizze aus Mittel-Asien für orchester
componirt von A. Borodin.   Partitur . . .
Leipzig, M. P. Belaieff, [1890].   Publ. no. 220.   17 p.   fol.
>   German title preceded by Russian.
                                                  M1002.B7448S

Bossi, (Marco) Enrico, 1861–

. . . Concert (A moll) für orgel, streichorchester, vier hörner und pauken, von M. Enrico Bossi. Op. 100. Partitur . . .
Leipzig, J. Rieter-Biedermann, ᶜ*1900. Publ. no. 2354. 1 p. l. 71 p. fol.*
M1105.B74

Ultimo canto. Pensée musicale pour orchestre par M. Enrico Bossi. Tiré de l'op. 109. Partition . . .
Leipzig, J. Rieter-Biedermann, ᶜ*1904. Publ. no. 2506. 19 p. 4°.*
M1045.B745U6

. . . Hochzeits-marsch. Marcia nuziale für orgel von M. Enrico Bossi. Op. 110, No. 4. Für orchester bearbeitet von Karl Müller-Berghaus. Partitur . . .
Leipzig, Bartholf Senff, ᶜ*1897. Publ. no. 2373. 19 p. fol.*
M1060.B74

. . . Suite. Praeludium—Fatum—Kermesse für grosses orchester von M. Enrico Bossi. Op. 126. Partitur . . .
Leipzig, J. Rieter-Biedermann, ᶜ*1904. Publ. no. 2490. 66 p. fol.*
M1003.B75

. . . Intermezzi Goldoniani.—No. 1. Preludio e minuetto. No. 2. Gagliarda. No. 3. Coprifuoco . . . No. 4. Minuetto e musetta. No. 5. Serenatina. No. 6. Burlesca—für streichorchester von M. Enrico Bossi. Op. 127. Partitur . . .
Leipzig, J. Rieter-Biedermann, ᶜ*1905. Publ. no. 2549. 51 p. 4°.*
M1145.B74

. . . Konzertstück in C moll für orgel, streichorchester, zwei kornette in B, eine trompete in F, zwei hörner in F, drei posaunen, eine basstuba, zwei pauken und eine tiefe glocke in C (oder tamtam), Op. 130, von M. Enrico Bossi. Partitur . . .
Leipzig, J. Rieter-Biedermann, ᶜ*1908. Publ. no. 2649. 55 p. fol.*
M1105.B742

. . . Tema e variazioni per grande orchestra. Di M. Enrico Bossi. Op. 131.
Leipzig, J. Rieter-Biedermann, ᶜ*1908. Publ. no. 2490. 99 p. fol.*
M1003.B752

Bossi, Renzo, 1883-
 . . . Sinfonia in La minore per orchestra di Renzo Bossi-
 Op. 11. Partitura . . .
 Lipsia, J. Rieter-Biedermann. ͨ1909.   1 p. l.   159 p. fol.
                                               M1001.B77 Op. 11

Bourgault-Ducoudray, Léon Albert, 1840–1910
 Menuet pour orchestre par L. A. Bourgault-Ducoudray.
 Op. 3.
 Paris, Félix Mackar, [1879]   Publ. no. F. M. 361.   15 p.
 4°.
     Caption title.
                                               M1049.B77

 Le carnaval d'Athènes.   Danses grecques par Bourgault-
 Ducoudray.   Partition . . . d'orchestre . . .
 Paris, Choudens, ͨ1900.   Publ. no. A. C. 11720.   66 p. fol.
                                               M1003.B774

 Deuxième gavotte [par] L. A. Bourgault-Ducoudray.
 [Paris], Henri Heugel, [188-].   Publ. no. H. 8522.   11 p.
 obl. 4°.
                                               M1048.B77

 L'enterrement d'Ophélie.   Pièce pour orchestre par L.-A.
 Bourgault-Ducoudray.   Partition . . .
 Paris, C. Joubert, [&c.] [ca. 1900?].   Publ. no. Ph. M. et cie.
 13,224.   11 p. fol.
                                               M1045.B772E7

 . . . Rapsodie cambodgienne par L. A. Bourgault-Ducoudray.   Grande partition d'orchestre . . .
 Paris, Henri Heugel, [1890].   Publ. no. H. 6671.   1 p. l.,
 93 p. fol.
                                               M1002.B77

Bradsky, Wenzel Theodor, 1833–1881.
 [Medea.   Drama v. Conrad.   Einleitung.   Orch. Part. u.
 St.]
 Mss. 21 p. fol.
                                               M1004.B79M3

Braga, Fr.
 . . . Marionnettes.   Gavotte pour instruments à cordes.
 Fr. Braga.
 Paris, Alphonse Leduc, ͨ1895.   Publ. no. A. L. 9496.   4 p.
 4°.
     Caption title.
                                               M1145.B8

Brahms, Johannes, 1833–1897.

Serenade (D dur) für grosses orchester componirt von Johannes Brahms. Op. 11. Partitur . . .
Berlin, N. Simrock [1861]. Publ. no. 5361. 1 p. l., 217 p. 4°.

M1003.B81 Op. 11

Concert für das pianoforte mit begleitung des orchesters componirt von Johannes Brahms. Op. 15. Partitur.
Leipzig, J. Rieter-Biedermann, [1861]. Publ. no. 815. 1 p. l., 171 p. 4°.

M1010.B8 Op. 15

Serenade für kleines orchester (Blasinstrumente, bratschen, violoncelli u. bässe) von Johannes Brahms. Op. 16. Neue, vom autor revidirte ausgabe. Partitur . . .
Berlin, N. Simrock, [1875]. Publ. no. 6129. 65 p. fol.

M1003.B81 Op. 16

Variationen über ein thema von Jos. Haydn für orchester von Johannes Brahms. Op. 56a. Partitur.
Berlin, N. Simrock, [1874]. Publ. no. 7395. 83 p. 4°.
Cover title.

M1003.B81 Op. 56a

Symphonie (C moll) für grosses orchester von Johannes Brahms. Op. 83. Partitur.
Berlin, N. Simrock, 1877. 100 p. fol.

M1001.B32

Zweite symphonie (D dur) für grosses orchester von Johannes Brahms. Op. 73. Partitur.
Berlin, N. Simrock, [1878]. 71 p. fol.

M1001.B822

. . . Concert für violine mit begleitung des orchesters von Johannes Brahms. Op. 77. Partitur.
Berlin, N. Simrock, 1879. Publ. no. 8133. 208 p. 4°.

M1012.B81 Op. 77

Akademische fest-ouverture von Johannes Brahms. Op. 80. Partitur . . .
Berlin, N. Simrock, [1881]. Publ. no. 8187. 71 p. 4°.
Cover title.

M1004.B813A5

Tragische ouvertüre von Johannes Brahms. Op. 81. Partitur . . .
Berlin, N. Simrock, [1881]. Publ. no. 8189. 69 p. 4°.
Cover title.

M1004.B813T7

Brahms—Continued.

. . . Concert (No. 2, B dur) für pianoforte mit begleitung des orchesters von Johannes Brahms. Op. 83. Partitur.
Berlin, N. Simrock, 1882. Publ. no. 8263. 159 p. fol.
M1010.B8 Op. 83

Dritte symphonie (F dur) für grosses orchester von Johannes Brahms. Op. 90. Partitur.
Berlin, N. Simrock, 1884. 109 p. fol.
M1001.B824

Vierte symphonie (E moll) für grosses orchester von Johannes Brahms. Op. 98. Partitur.
Berlin, N. Simrock, 1886. 113 p. fol.
M1001.B826

Concert für violine und violoncell mit orchester von Johannes Brahms. Op. 102. Partitur.
Berlin, N. Simrock, [etc]. 1888. Publ. no. 8964. 130 p. fol.
M1040B.82

Intermezzo von Johannes Brahms. Op. 117 No. 1. Für orchester eingerichtet von Paul Klengel. Partitur . . .
Berlin, N. Simrock, ᶜ1893. Publ. no. 9938. 7 p. 4°.
M1045.B814I7

. . . Symphonien. Mit einführungen von Arthur Smolian. Band I, Symphonie No. 1 (C moll). Symphonie No. 2 (D dur). Band II, Symphonie No. 3 (F dur). Symphonie No. 4 (E moll).
Leipzig, Ernst Eulenberg, [ᶜ1900]. 2 v. 12°.
Vol. I has the composer's portrait.
M1001.B8

Ungarische tänze für orchester gesetzt von Johannes Brahms. No. 1, 3, 10. Partitur . . .
Berlin, N. Simrock, [1874]. Publ. no. 7455. 1 p. l., 60 p. 4°.
M1060.B8

Ungarische tänze für orchester . . . von Johannes Brahms . . .
Berlin, N. Simrock. 4 v. 4°.
Heft 1. Nos. 1, 3, 10 gesetzt von Johannes Brahms, [1874].
2. Nos. 2 und 7, instrumentirt von Andreas Hallén, [1894].
3. No. 11 bis 16, bearbeitet von Albert Parlow, [1881].
4. No. 17 bis 21, bearbeitet von Anton Dvořák, [1881].
M1060.B81

Brahms—Continued.

Grosse fantasie über weisen von Johannes Brahms für orchester von W. Weide. Partitur. . . .
Berlin, N. Simrock G. m. b. H. [etc], ᶜ1911. Publ. no. 12765. 100 p. 4°.

M1060.W42

Brambach, (Kaspar) Joseph, 1833–1902.

Tasso. Concert-ouvertüre für orchester componirt von C. Jos. Brambach. Op. 30.
Berlin, Otto Wernthal, [1874]. Publ. no. 9. 76 p. 4°.

M1004.B825T2

Ouverture zur oper "Ariadne" von C. Jos. Brambach. [Op. 57.] Partitur . . .
Leipzig, Fr. Kistner, [1886]. Publ. nos. 6575, 6737. 34 p. fol.

M1004.B825A8

Brancaccio, Carlo.

Preludio per orchestra di Carlo Brancaccio. Op. 1. Partitura . . .
Leipzig, [etc.], Breitkopf & Härtel, ᶜ1903. Publ. no. Part. B. 1777. 20 p. fol.

M1004.B827P8

Brandts-Buys, Jan.

Konzertstück (Des dur) für pianforte und orchester . . . von Jan Brandts Buys. Op. 3. Partitur . . .
Leipzig, Aug. Cranz, [etc.], [1901]. Publ. no. C. 39332. 27 p. fol.

M1010.B99 Op. 3

Meeressang. De zang der zee für orchester von Jan Brandts-Buys. Op. 4. Partitur . . .
Hamburg, [etc.], Aug. Cranz, [1896]. Pub. no. A. C. 38400. 35 p. fol.

M1002.B992M4

Suite pour instruments à cordes, harpe et cor par Jan Brandts Buys. Op. 7. Partition d'orchestre . . .
Hambourg, Aug. Cranz, [etc.], [1896]. Publ. no. C 39121. 19 p. fol.

M1103.B97 Op. 7

Karneval-ouverture für grosses orchester von Jan Brandts Buys. Op. 12. Partitur . . .
Leipzig, Aug. Cranz, [etc.], [1899]. Publ. no. C. 39330. 39 p. fol.

M1004.B992K4

Brandts-Buys—Continued.

Konzert für klavier mit orchester-begleitung von Jan
Brandts Buys. Op. 15. Partitur . . .

Berlin, Schlesinger' (Rob.Lienau) [etc.], [1900]. Publ no.
S. 8998. 1 p. l., 98 p. fol.

M1010.B99 Op. 15

Brase, Fritz.

. . . Suite (C moll) Aus meiner heimath . . . in vier
sätzen für orchester von Fritz Brase. Op. 11. Partitur . . .

Berlin, Otto Wernthal, ᶜ1903. Publ. no. O. W.1558. 146 p.
4°. (Edition Wernthal, No. 1558.)

M1003.B83

Brauer, Max, 1855–

Suite (E moll) für streichorchester. 1. Praeludium. 2.
Bourrée. 3. Andante. 4. Menuett. 5. Rondo. Von
Max Brauer. Op. 14. Partitur.

Leipzig, Rob. Forberg, [1892]. Publ. no. 28. 42 p. 4°.

M1103.B82 Op. 14

Braunfels, Walter, 1882–

. . . Symphonische variationen über ein altfranzösisches
kinderlied für grosses orchester. Op. 15. Partitur.

Leipzig, D. Rahter, ᶜ1909. Publ. no. 3807. 87 p. 4°.

M1045.B82 Op. 15

. . . Serenade Op. 20 für kleines orchester. Partitur.
. . .

Berlin, Ries & Erler, ᶜ1911. Publ. no. R. 8535 E. 62 p.
fol.

Name of composer at head of title.

M1003.B833

Brecher, Gustav, 1879–

Aus unserer zeit. Eine symphonische fantasie nach versen
von John Henry Mackay für grosses orchester von Gustav
Brecher. Op. 2. Partitur.

Leipzig, [etc.], Jul. Heinr. Zimmermann, [1897]. Publ. no.
2526. 86 p. fol.

M1002.B829A8

Bree, Jean Bernard van, 1801–1857.

Allegro für vier streich-quartetten (8 violinen, 4 altos & 4
violoncello's). Zum ersten male aufgeführt im Caecilia-
concerte zu Amsterdam den 19ten. November 1846. Componirt von J. B. van Bree. Nachgelassenes werk. Partitur.

Amsterdam, Theune & Co., [etc.], [1858]. Publ. no. T. C.728.
52 p. 4°.

M1145.B832

Brewer, Alfred Herbert, 1865–
Age and youth. A. Herbert Brewer.
[*London*], *Novello & Co., Ltd*, [*1910?*]. *Publ. no. 12941.*
49 p. fol.

M1002.B845

Spring-time. Idyl for small orchestra by A. Herbert
Brewer. Full score . . .
London & New York, Boosey & co., ᶜ1903. Publ. no.
H. 3996. 10 p. fol.

M1045.B84787

Brink, Jules ten, 1838–1889.
. . . 1ère suite d'orchestre (en sol) par Jules ten Brink.
Grande partition d'orchestre . . .
Paris, Félix Mackar, [*188–*]. *Publ. no. F. M. 439. 1 p. l.,*
145 p. 4°.

M1003.B835

Brockway, Howard A., 1870–
. . . Cavatina für die violine mit streich-orchester, zwei
hörnern u. einer clarinette componirt von Howard
Brockway. Op. 13. Violine mit orchester, partitur . . .
Berlin, Schlesinger, ᶜ1895. Publ. no. S. 8589 A. 7 p. 4°.

M1105.B85

Sylvan suite for orchestra. (Op. 19) Orchestral score.
New York, G. Schirmer, [*1900*]. *63 p. fol.*

CONTENTS: 1. At midday. 2. Will o' the wisps. 3. Dance of
the sylphs. 4. At midnight. 5. At daybreak.

M1003.B84

Broekhoven, John A., 1852–
Columbia, an overture dedicated to a people which through
simplicity and strength gained its freedom and liberty,
by John A. Broekhoven. Orchestral score.
Cincinnati, [etc.], The John Church co., ᶜ1899. 73 p. fol.

M1004.B866306

Bronsart von Schellendorf, Hans, 1830–
Concert für pianoforte mit begleitung des orchesters componirt . . . von Hans von Bronsart. Op. 10. Partitur . . .
Leipzig, E. W. Fritzsch, [ca. 1870]. Publ. no. E. W. F.
220 L. 71 p. obl. 4°.

M1010.B86 Op. 10

. . . Frühlings-fantasie für orchester von Hans von Bronsart. Op. 11. Partitur.
Leipzig, Breitkopf & Härtel, [*1880*]. *Publ. no. 15310.*
1 p. l., 108 p. fol.

M1002.B87

Broustet, Édouard, 1836–

> Scènes fantaisistes. Suite d'orchestre par E. Broustet.
> Op. 65. No. 1. Habanera. No. 2. Noël. No. 3.
> Chanson bohémienne. No. 4. Saltarella. Partition . . .
> *Milan, Edition Ricordi, [etc]. 4 v. in 1. 16, 19, 6, 32 p.
> fol.*
>> Cover title.
>>
>> **M1003.B85**
>
> Passe-pied pour petit orchestre par E. Broustet. Parti-
> tion d'orchestre . . .
> *[Paris, E. Baudoux & cie., 1895]. Publ. no. E. B. et Cie.
> 166. 11 p. 4°.*
>> **M1047.B87P3**

Broutin, Clément.

> Danse israélite [op. 5]. Clément Broutin.
> *Paris, H. Lemoine, [ca. 1890]. Publ. no. 8545 H. 23 p.
> fol.*
>> **M1047.B88 D3**
>
> . . . 1ère suite pour orchestre par Clément Broutin. Op. 9.
> No. 1. Pastorale. No. 2. Scherzo-valse. No. 3. Canta-
> bile. No. 4. Finale-polonaise . . .
> *Paris, Lemoine & fils, [ca. 1890]. Publ. no. HL. 9119.
> 1 p. l., 89 p. fol.*
>> **M1003.B86**
>
> Ouverture triomphale. Clément Broutin. Op. 13.
> *Paris, H. Lemoine, [ca. 1890]. Publ. no. 8948 H. 39 p.
> fol.*
>> Caption title.
>>
>> **M1004.B87**
>
> Suite familière par Clément Broutin. Orchestrée par
> Charles Levadé. 1. Petite fugue. 2. Douce réunion,
> violon et violoncelle duo. 3. Sérénité, harpe et quin-
> tette à cordes. 4. Minauderies, clarinette solo. 5.
> Promenade.
> *Paris, Henry Lemoine & cie., [1909]. Publ. no. 20466 HL.
> 1 p. l., 23 p. fol.*
>> **M1003.B862**

Bruch, Max, 1838–

> . . . Concert für die violine (Vorspiel, adagio und finale)
> componirt von Max Bruch. Op. 26. Partitur . . .
> *Leipzig, C. F. W. Siegel [etc.], [187–]. Publ. no. 5801.
> 1 p. l. 120 p. 4°.*
>> Originally published by Cranz, Bremen, 1868.
>>
>> **M1012.B88 Op. 26**

Bruch—Continued.

Sinfonie (Es-dur) (I. Allegro maestoso. II. Scherzo. III. Grave und finale) für grosses orchester componirt von Max Bruch. Op. 28.

Leipzig, C. F. W. Siegel, [187-]. Publ. no. 5804. 1 p. l. 214 p. 4°.

First publ. 1870 by Cranz of Bremen.

M1001.B882

. . . Zweite sinfonie (F moll) für grosses orchester componirt von Max Bruch. Op. 36. Partitur . . .

Berlin, N. Simrock, [1870]. Publ. no. 7068. 1 p. l. 228 p. 4°.

M1001.B884

. . . Romanze für violine mit orchester von Max Bruch. Op. 42. Partitur.

Berlin, N. Simrock, [1874]. Publ. no. 7449. 49 p. 4°.

M1012.B88 Op. 42

. . . Zweites concert für die violine mit begleitung des orchesters von Max Bruch. Op. 44. Partitur . . .

Berlin, N. Simrock [etc.], 1878. Publ. no. 8013. 132 p. 4°.

M1012.B88 Op. 44

. . . . Fantasie (Einleitung-adagio-scherzo-andante-finale) für die violine mit orchester und harfe unter freier benutzung schottischer volksmelodieen componirt von Max Bruch. Op. 46. Partitur.

Berlin, N. Simrock, 1880. Publ. no. 8176. 109 p. fol. ·

M1012.B88 Op. 46

Kol Nidre. Adagio für violoncell mit orchester und harfe nach hebräischen melodien von Max Bruch, op. 47. Partitur.

Berlin, N. Simrock, 1881. Publ. no. 8226. 33 p. 4°

M1016.B885

Symphonie No. 3 (E dur) für orchester componirt von Max Bruch. Op. 51. Partitur . . .

Leipzig und Brüssel, Breitkopf & Haertel, [1887]. Publ. no. 17661. 1 p. l. 161 p. fol.

M1001.B886

. . . Canzone für violoncell mit orchester- oder pianoforte-begleitung von Max Bruch. Op. 55. Partitur. . . .

Leipzig [etc], Breitkopf & Härtel, [1891]. Publ. no. 19136. 27 p. fol. (Breitkopf & Härtel's partitur-bibliothek).

At foot of p. 3 "Ausgegeben 1891."

M1016.B881

Bruch—Continued.

Adagio nach keltischen melodien für violoncello mit begleitung des orchesters von Max Bruch. Op. 56. Partitur.
Berlin, N. Simrock, 1891.   Publ. no. 9476.   31 p.   4°.
M1016.B882

Adagio appassionato für violine mit begleitung des orches-
ters von Max Bruch.   Op. 57.   Partitur . . .
Berlin, N. Simrock, 1891.   Publ. no. 9512.   42 p.   4°.
M1012.B87 Op. 57

. . . Drittes concert für die violine mit begleitung des orches-
ters von Max Bruch.   Op. 58.   Partitur.
Berlin, N. Simrock, 1892.   Publ. no. 9562.   152 p.   fol.
M1012.B88 Op. 58

Ave Maria.   Concertstück für violoncell mit begleitung des
orchesters von Max Bruch.   Op. 61.   Partitur . . .
Berlin, N. Simrock, 1892.   Publ. no. 9686.   26 p.   4°.
M1016.B883

In memoriam.   Adagio für violine mit orchester von Max
Bruch.   Op. 65.   Partitur . . .
Berlin, N. Simrock, ͨ1893.   Publ. no. 9993.   35 p.   fol.
M1012.B88 Op. 65

Serenade (I. Andante con moto.   II. Alla marcia.   III.
Notturno.   IV. Allegro energico e vivace) für violine und
orchester von Max Bruch.   Op. 75.   Partitur . . .
Berlin, N. Simrock, ͨ1900.   Publ. no. 11437.   143 p.   fol.
M1012.B88 Op. 75

Suite für grosses orchester nach russischen volksmelodien
von Max Bruch.   Op. 79b.   Partitur . . .
*Berlin [&c], N. Simrock, ͨ1904.   Publ. no. 11993.   84 p.
fol.*
M1003.B87 Op. 79b

. . . Concertstück (Allegro appassionato und adagio) für
violine mit orchester von Max Bruch.   Op. 84.   Partitur
. . .
*Berlin-Leipzig, N. Simrock, [etc], ͨ1911.   Publ. no. 12792.
70 p.   fol.*
Not a copyright deposit.
M1012.B88 Op. 88

Bruckner, Anton, 1824-1896.

Erste symphonie (C moll) für grosses orchester componirt
von Anton Bruckner.   Partitur . . .
*Wien, Ludwig Doblinger, [1893].   1 p. l.   141 p.   Publ. no.
D. 1868.   fol.*
M1001.B89   No. 1

Zweite symphonie (C moll) für grosses orchester componirt
von Anton Bruckner.   Partitur . . .
*Wien, Ludwig Doblinger, [1892].   Publ. no. D. 1769.   128 p.
fol.*
M1001.B89   No. 2

III. symphonie in D-moll für grosses orchester componirt
von Anton Bruckner.   Partitur . . .
*Leipzig, Th. Rättig, [1885].   Publ. no. T. R. 165a.   171 p.
4°.*
M1001.B89   No. 3

Vierte (romantische) symphonie (Es dur) für grosses orchester von Anton Bruckner.   Partitur . . .
*Wien, Albert J. Gutmann [etc.], ᶜ1890.   Publ. no. A. J. G.
710.   99 p.   fol.*
M1001.B89   No. 4

Fünfte symphonie (B dur) für grosses orchester componirt
von Anton Bruckner.   Partitur . . .
*Wien, Ludwig Doblinger, [etc.], [1896].   Publ. no. D. 2080.
171 p.   fol.*
M1001.B89   No. 5

Sechste symphonie A dur für grosses orchester componirt
von Anton Bruckner.   Partitur . . .
*Wien, Ludwig Doblinger, [etc.], [1899].   Publ. no. D. 2300.
135 p.   fol.*
M1001.B89   No. 6

Siebente symphonie (E dur) für grosses orchester von Anton
Bruckner.   Partitur . . .
*Wien, Albert J. Gutmann. [etc.], ᶜ1885.   Publ. no. A. J. G.
576.   1 p. l., 97 p.   fol.*
M1001.B89   No. 7

Achte symphonie (C-moll) für grosses orchester von Anton
Bruckner.   Partitur . . .
*Wien, Carl Haslinger qdm. Tobias, [etc.], [1892].   Publ. no.
S. 8288.   3 p. l., 129 p.   fol.*
M1001.B89   No. 8

Bruckner—Continued.

Neunte symphonie für grosses orchester von Anton Bruckner, herausgegeben von Ferdinand Löwe. Partitur . . .
Wien, Ludwig Doblinger, [etc.], [1903]. Publ. no. D. 2895.
143 p. fol.

M1001.B89 No. 9

Brüggemann, Alfredo.

. . . La trilogia del Faust. II. Margherita prima parte dell'atto II e interludio. Istrumentazione di Pio Nevi.
*Milano, G. Ricordi & C. [etc.], ᶜ1910. Publ. no. 113612.
1 p. l., 63 p. fol. (Biblioteca dei corpi di musica. Serie XXIV. N. 308.)*
Cover title.

M1268.B898

Brüll, Ignaz, 1846–1907.

Erstes concert für das pianoforte mit begleitung des orchesters componirt von Ignaz Brüll. Op. 10. Partitur . . .
*Berlin & Posen, Ed. Bote & G. Bock, [&c.], [ᵒ1877]. Publ.
no. 11342. 1 p. l., 117 p. 4°.*

M1010.B88 Op. 10

Zweites concert für das pianoforte mit begleitung des orchesters componirt von Ignaz Brüll. Op. 24. Partitur . . .
*Berlin & Posen, Ed. Bote & G. Bock, [1877]. Publ. no.
11176. 140 p. 4°.*

M1010.B88 Op. 24

Im walde. Jagd-ouverture für orchester componirt von Ignaz Brüll. Op. 25. Partitur . . .
*Berlin und Dresden, Adolph Fürstner, [&c.], [1876]. Publ. no.
590. 59 p. 54°.*

M1004.B8815

Serenade für orchester von Ignaz Brüll. Op. 29. Partitur . . .
*Berlin & Posen, Ed. Bote & G. Bock, [&c.], [1877]. Publ.
no. 11404. 1 p. l., 119 p. 4°.*

M1003.B88 Op. 29

Sinfonie (E-moll) für grosses orchester von Ignaz Brüll.
Op. 31. Partitur . . .
*Berlin, Ed. Bote & G. Bock, [etc.], [1878]. Publ. no. 11922.
1 p. l., 169 p. 4°.*

M1001.B9

Serenade E dur für grosses orchester von Ignaz Brüll.
Op. 36. Partitur . . .
*Mainz, B. Schott's Söhne, [etc.], [1879]. Publ. no. 22822.
1 p. l., 109 p. 4°.*

M1003.B88 Op. 36

Brüll—Continued.

Ouverture zu Macbeth für grosses orchester componirt von Ignaz Brüll. Op. 46. Partitur . . .
Leipzig und Brüssel, Breitkopf & Härtel, [188-]. Publ. no. 16323. 1 p. l., 70 p. 4°.

M1004.B88M3

Tanz-suite aus der balletmusik: Ein märchen aus der Champagne von Ignaz Brüll. Op. 54. No. 1. Grande valse. No. 2. Introduction und tarantella. No. 3. Menuet. No. 4. La vendange . . . für orchester.
Berlin, Ed. Bote & G. Bock, [1887]. Publ. nos. 13239, 13242, 13245, 13248. 4 v. 1 p. l., 35, 19, 19, 35 p. 4°.

M1003.B88 Op. 54

Rhapsodie für pianoforte mit orchester begleitung von Ignaz Brüll. Op. 65. [Orchesterpartitur]
Wien, Ludwig Doblinger [Bernhard Herzmansky] [etc.], [1892]. Publ. no. D. 1727. 43 p. fol.

M1010.B88 Op. 65

Dritte serenade für orchester von Ignaz Brüll. Op. 67. Orch. partitur . . .
Leipzig, Max Brockhaus, [1893]. Publ. no. M. B. 1. 31 p. fol.

M1003.B88 Op. 67

Andante und Allegro. Concertstück für pianoforte mit begleitung des orchesters von Ignaz Brüll. Op. 88. Partitur . . .
Berlin, Ed. Bote & G. Bock, [1903]. Publ. no. 15513. 1 p. l., 68 p. fol.

M1010.B88 Op. 88

. . . Ouverture pathétique für grosses orchester. Orchester-Partitur . . . [Op. 98].
Wien & Leipzig, Adolf Robitschek, [1906]. Publ. no. A. R. 4120. 44 p. fol.

M1004.B88P3

. . . Drei intermezzi für orchester. No. 1. Scherzo. No. 2. Cavatine. No. 3. Marche fantastique. [Op. 99]. Orchester-Partitur . . .
Wien & Leipzig, Adolf Robitschek, [1906]. Publ. no. A. R. 4123. 61 p. fol.

M1045.B88I7

Brun, Georges.

 Calme du soir pour violoncelle avec accompagnement d'orchestre . . . Georges Brun. Op. 43 . . . Partition
d'orchestre . . .

 Paris, A. Z. Mathot, ᶜ1909. Publ. no. Z. 182 M. 4°.
M1016.B89

Bruneau, (Louis Charles Bonaventure) Alfred, 1857–

 . . . La belle au bois dormant; poème symphonique pour
orchestre par Alfred Bruneau. Partition d'orchestre . . .

 *Paris, Choudens, ᶜ1902. Publ. no. A. C. 12771. 1 p. l.
58, p. 4°.*
M1002.B894

 Romance pour cor et orchestre. Alfred Bruneau.

 *Paris, J. Hamelle, [ca. 1899]. Publ. no. J. 4227 H. p. 3–15.
4°.*

  Caption title, t. p. missing.
M1028.B8

Brunel, E.

 . . . En Orient. Impressions de voyage. Partition d'orchestre . . .

 *Paris, Costallat & Cie., ᶜ1909. Publ. no. 1428. 2 p. l.
99 p. fol.*
M1002.B91

Bryson, Ernest.

 . . . Daila. Fantasie for string orchestra by Ernest Bryson.
Allegro prestamente. Adagio con somma espressione.
Allegro ghiribizzoso. Full score . . .

 *London [etc.], Breitkopf & Härtel, ᶜ1909. Publ. no. L. 222.
1 p. l., 35 p. fol.*
M1145.B9

 . . . Symphony No. 1 in D for orchestra by Ernest Bryson.
Andante lento. Scherzo. Larghetto. Allegro molto.
Full score . . .

 *London [etc.], Breitkopf & Härtel, ᶜ1909. Publ. no. L. 210.
1 p. l. 130 p. fol.*
M1001.B92

 Voices. A study for orchestra by Ernest Bryson. Full
score. . . .

 *London, Breitkopf & Härtel, [etc.], ᶜ1911. Publ. no. L. 260.
27 p. fol. (Breitkopf & Härtel's Partitur-Bibliothek).*
M1002.B918

Bülow, Hans (Guido freiherr) von, 1830–1894.

Mazurka-fantasie für piano von Hans von Bülow. Op. 13.
Für orchester bearbeitet von Franz Liszt. Partitur.
Breslau, F. E. C. Leuckart (Constantin Sander), [1868].
Publ. no. F. E. C. L. 1982. 1 p. l., 48 p. 4°.
Breitkopf & Härtel's Liszt, Them. Verz., neue ausgabe, p. 8.
M3.3.L76I.b.6

Ballade für grosses orchester. Nach Uhland's dichtung:
Des sängers fluch. Componirt . . . von Hans von Bülow.
Op. 16. Partitur . . .
Berlin, C. F. Peters, [1863]. 60 p. 4°.
M1002.B9283

. . . Nirwana—orchester fantasie in ouvertüren—form von
Hans von Bülow. Op. 20 . . .
München, Jos. Aibl, [1881]. Publ. no. R. 2388ᵃ. 95 p. 4°.
M1002.B92N5

Vier charakterstücke. No. 1. Allegro risoluto. No. 2.
Notturno. No. 3. Intermezzo guerriero. No. 4. Fune-
rale. Für grosses orchester componirt . . . von Hans
von Bülow. Op. 23. Partitur . . .
Leipzig-Weimar, Robert Seitz, [1872]. Publ. no. R. S. 291,
294, 297, 300. 4 v. in 1. 4°.
M1045.B925V5

Ouverture aus der oper: Paris und Helena von Chr. Gluck
(1770) bearbeitet und herausgegeben von Hans von
Bülow. Orchesterpartitur . . .
Leipzig, C. F. Peters, [1864]. Publ. no. 4438. 1 p. l., 28 p.
4°.
M1004.G567P3

Büsser, Henri Paul, 1872–

À la villa Médicis; suite symphonique en trois parties. I.
La villa et les jardins. II. Un soir de mai au bois. III.
À San Gaetano. Conclusion. Par Henri Büsser. [Op. 4.]
Partition d'orchestre . . .
Paris, H. Lemoine & cie., ᶜ1901. Publ. no. 19129 H.
2 p. l. 127 p. fol.
M1003.B93

. . . Hercule au jardin des Hespérides; poème symphonique
par Henri Büsser. [Op. 18.] Partition d'orchestre . . .
Paris [etc.], H. Lemoine & Cie., 1901. Publ. no. H 19073.
2 p. l. 63 p. fol.
M1002.B96

Büsser—Continued.

Suite funambulesque, extraite de "Blanc et noir;" panto-
mime en un acte . . . Partition d'orchestre. H. Büsser.
Op. 20.
*Paris [etc.], H. Lemoine & Cie., [1901]. Publ. no. 17173 H.
111 p. 4°.*
Caption title.

M1003.B934

. . . Suite brève. Pour quintette à cordes, harpe, flute,
hautbois, clarinette, basson, cor, trompette, timbales et
triangle ad libitum par Henri Büsser, op. 26 . . . Partition d'orchestre . . .
*Paris, Henry Lemoine & cie., [etc.], ᶜ1908. Publ. no.
20394 H. 1 p.l., 67 p. 4°*

M1003.B936

. . . Petite suite par Henri Büsser. Partition d'orchestre . . .
*Paris, A. Durand & fils, [1898]. Publ. no. D. & F. 5434.
1 p. l., 47p. 4°.*

M1003.B932

Bull, Ole (Bornemann), 1810–1880.

Adagio religioso pour violon avec orchestre ou piano com-
posé par Ole Bull. O[p]. 1 . . .
*Hambourg & Leipzig, Schuberth & Comp [etc], [1843].
Publ. nos. 630, 631. 3, 16 p. fol.*
Score and "Violino principale" part, which is printed on the
inside pages of the cover.   **M1012.B93**

Bungert, August, 1846–

Torquato Tasso von W. von Goethe. Symphonische ouverture componirt für grosses orchester von Aug. Bungert.
Op. 14. Partitur . . .
*Mainz, B. Schott's söhne [etc.], [1886]. Publ. no. 23818.
1 p. l., 61 p. 4°.*

M1004.B93T5

Auf der Wartburg. Symphonisches gedicht für grosses
orchester componirt von August Bungert. Op. 29 . . .
Partitur . . .
*Berlin, Friedrich Luckhardt (New-York, G. Schirmer),
ᶜ1891. Publ. no. 23706. 51 p. 4°.*

M1002.B942

Bunning, Herbert, 1863–

Suite villageoise pour grand orchestre par Herbert Bunning.
Op. 45. Partition . . . No. I. Pastoral. II. Danse
des paysans. III. Idylle. IV. Fête de village . . .
*Hannover, Louis Oertel [etc.], [1896]. Publ. no. 2506a. 23 p.
fol.*

M1003.B95

Burck, Henry.

. . . Muttersegen. Wiegenlied.—Mother's blessing.—Lullaby—für grosses orchester von Henry Burck.
Berlin, E. Tiersch [etc.], ᶜ1910. Publ. no. E. T. 7. 10 p. fol.

M1045.B96

Burger, Max.

Sinfonietta für streichorchester komponiert von Max Burger. Op. 65. Partitur . . .
Berlin, Chr. Friedrich Vieweg, ᶜ1909. Publ. no. V. 873. 11 p. fol.

M1101.B95

Burgmein, J. [*pseud.*] *See* **Ricordi,** Giulio, 1840–

Burgmüller, Norbert, 1810–1836.

Sinfonie No. 1 (C moll) für orchester von Norbert Burgmüller. Op. 2. Partitur. (No. 2 der nachgelassenen werke.)
Leipzig, Fr. Kistner, [1864]. Publ. no. 2778. 240 p. 4°.

M1001.B95 No. 1

Ouverture für orchester von Norb. Burgmüller. Op. 5. No. 3 der nachgelassenen werke . . . Partitur . . .
Leipzig, Fr. Kistner, [1864]. Publ. no. 2784. 84 p. 4°.
Written for the unfinished opera Dionys.

M1004.B956

Sinfonie No. 2 (D-dur) in 3 sätzen für orchester von Norbert Burgmüller. Op. 11. (No. 4 der nachgelassenen werke.) Partitur.
Leipzig, Fr. Kistner, [1864]. Publ. no. 2805. 204 p. 4°.

M1001.B95 No. 2

4 entr' actes für orchester von Norb. Burgmüller. Op. 17. Partitur . . . (No. 8 der nachgelassenen werke.)
Leipzig, Fr. Kistner, [1865]. Publ. no. 2869. 1 p. l., 80 p. 4°.

M1004.B956Q9

Burmeister, Richard, 1860–

Die jagd nach dem glück. Symphonische fantasie für orchester von R. Burmeister. Partitur . . .
Berlin, Ries & Erler, [1893]. Publ. no. R. 5137 E. 1 p. l., 131 p. fol.
The 2d p. l. contains title and program in English as "The chase after fortune. Symphonic fantasy for orchestra."

M1002.B962J2

Busch, Carl, 1862–

. . . Amerikanisches volkslied "Old folks at home." Bearbeitet von Carl Busch. Partitur.
Leipzig, Breitkopf & Härtel, ᶜ*1897. 5 p. fol. (B. & H.'s partitur-bibliothek 967.)*
>Cover title.

M1160.F76

. . . Amerikanisches volkslied No. 2 "My old Kentucky home," für streich-orchester bearbeitet von Carl Busch. Partitur . . .
Leipzig, Breitkopf & Härtel, ᶜ*1907. Publ. no. Part. B. 2039. 5 p. fol.*
>Cover title.

M1160.F75

. . . Elegie. Op. 30 . . . Partitur . . .
Leipzig, [etc.], Breitkopf & Härtel, ᶜ*1899. Publ. no. Part. B. 1526. 5 p. fol. (B. & H.'s partitur-bibliothek 1526.)*

M1145.B97

. . . Prolog zu Tennyson's "The passing of Arthur." . . . Partitur . . .
Leipzig, etc., Breitkopf & Härtel, ᵒ*1899. Publ. no. Part. B. 1525. 33 p. fol.*

M1004.B977T3

Busi, Alessandro, 1833–1895.

. . . Elegia funebre per orchestra.
Bologna, L. Trebbi. Publ. no. N. 1555. 1 p. l., 44 p. fol.

M1045.B975E6

. . . Preludio sinfonico per grande orchestra.
Bologna, C. Venturi, [189–?] Publ. no. V 324 C. 27 p. 4°.
>Cover title.
>Name of composer at head of title.

M1004.B98

Busoni, Ferruccio (Benvenuto), 1866–

. . . Symphonische suite für orchester von Ferruccio B. Busoni. Op. 25. I. Praeludium. II. Gavotte. III. Gigue. IV. Langsames intermezzo. V. Alla breve . . . Partitur . . .
Leipzig, C. F. Kahnt Nachfolger, [1888]. Publ. no. 2020. 91 p. fol.

M1003.B97 Op. 25

Busoni—Continued.

. . . Concertstück, für pianoforte mit orchester componirt
von Ferruccio B. Busoni. Op. 31a. Ausgezeichnet mit
dem ersten Rubinstein-compositionspreis. Partitur . . .
*Leipzig, [etc.], Breitkopf & Härtel, ᶜ1892. Publ. no. 19291.
1 p. l., 60 p. fol.*

M1010.B97 Op. 31a

. . . Symphonisches tongedicht für orchester von Ferruccio
B. Busoni. Op. 32A. Partitur . . .
*Leipzig, [etc.], Breitkopf & Härtel, [1894]. Publ. no. 20312.
94 p. fol. (B. & H.'s partitur-bibliothek.)*

M1002.B97689

. . . Zweite orchestersuite (Geharnischte suite) von Fer-
ruccio Busoni. Op. 34A. (Komponiert 1895, umgear-
beitet 1903.) 1. Vorspiel . . . 2. Kriegstanz . . . 3.
Grabdenkmal . . . 4. Ansturm . . . Partitur.
*Leipzig, Breitkopf & Haertel, [etc.], ᶜ1905. Publ. no. Part.
B. 972. 1 p. l., 130 p. fol.*

M1003.B97 Op. 34A

. . . Konzert für die violine mit orchester von Ferruccio B.
Busoni. Op. 35a. Partitur. . . .
*Leipzig [etc], Breitkopf & Härtel, ᶜ1899. Publ. no. Part. B.
1407. 71 p. fol. (Breitkopf & Härtel's partitur-biblio-
thek).*
Not a copyright deposit.

M1012.B97

. . . Zwei heitere ouvertüren für orch. 1. Die entführung
aus dem serail, von W. A. Mozart, mit hinzugefügtem
konzertschluss von F. Busoni. 2. Lustspiel-ouverture.
Op. 38 (komponirt 1897, umgearbeitet 1904).
*Leipzig, Breitkopf & Härtel, ᶜ1904. Publ. no. Part. B. 1690
& 1691. 2 v. 32, 61 p. fol.*

M1004.B98929

Concerto [for piano and orchestra], F. B. Busoni. Op. 39.
*[Leipzig, Breitkopf & Härtel], [1906]. Publ. no. B. & H.
Part.-Bibl. 1949. 328 p. fol.*
Caption title; t. p. missing.

M1010.B97 Op. 39

. . . Orchester-suite aus der musik zu Gozzis märchendrama
Turandot. Op. 41 . . . Partitur . . .
*Leipzig, Breitkopf & Härtel, °1906. Publ. no. Part. B.
1976. 1 p. l., 135 p. fol.*

M1003.B97 Op. 41

Busoni—Continued.

... Berceuse élégiaque. Des mannes wiegenlied am sarge seiner mutter, poesie für sechsfaches streich-quartett mit sordinen; drei flöten, einer oboe, drei klarinetten, vier hörnern, gong, harfe und celesta ... Partitur ...
Leipzig, [etc.], Breitkopf & Härtel, ᶜ1910. Publ. no. Part. B. 2147. 1 p. l.,19 p. fol.

M1045·B982

... Ouverture zum Don Giovanni für die concert-aufführung nach der opernpartitur ergänzt von Ferruccio Busoni. 1787. 1908. Orchester-partitur. ...
New York, G. Schirmer [etc], ᶜ1911. Publ. no. 22287. 2 p. l., 29 p. fol.
> Name of composer at head of title. On 2nd p. l. a prefatory note in German and English, signed "Ferruccio Busoni. Rome, April 7, 1908."

M1004.M93D54

Caetani, Roffredo.

Intermezzo sinfonico per grande orchestra composto da Roffredo Caetani. Op. 2. Partitura.
Mayence B. Schott's söhne, [etc.,] [1894] Publ. no. 25178. 1 p. l., 71 p. fol.

M1045.C2116

Preludes symphoniques pour orchestre composés par R. Caetani. I. Mi-b-majeur (Op. 8). II. Ut-mineur (Op. 8.) III. La-mineur (Op. 8). IV. Mi-mineur (Op. 11). V. La-mineur (Op. 11). [Partition] ...
London, [etc.], Schott & Co. [190-?] Publ. nos. 26663, 1-3, 26904, 26905. 5 v. 1 p. l., 23, 45, 45, 61, 55 p. fol.

M1004.C128

Suite (en Si mineur) pour orchestre par Roffredo Caetani. Op. 10. Partition.
London, Schott & Co., [etc.], [1902]. Publ. no. 26906. 168 p. fol.

M1003.C12

Camondo, Isaac de, 1856?-1911.

Vers la montagne (Tyrol). Tableau symphonique pour orchestre d'instruments à cordes par I. de Camondo.
Paris, G. Astruc & Cie., [1905]. Publ. no. 19. 2 p. l., 56 p. fol.

M1102.C18

Campos, Aurelio M.

"Angelina." Mazurka. Musica: Aurelio M. Campos.
Mss. unpaged. fol.
> Cover title.

M1049.C19

Campos—Continued.

Conchita. Polka obligada a liva ò carrillon con accompañamiento de orcuesta. Aurelio M. Campos.

Mss. 11 p. fol.

M1048.C19

"Julia." Vals. Aurelio M. Campos.

Mss. unpaged. fol.

Cover title.

M1049.C194

Cannabich, Christian, 1731–1798.

Ouvertûre a 15. C dur. Christian Cannabich.

See Sinfonien der pfalzbayerischen schule (Mannheimer symphoniker) II, 2. p. 42–60.

M2.D4

Sinfonia a 12. B dur No. 5. Christian Cannabich.

See Sinfonien der pfalzbayerischen schule (Mannheimer symphoniker) II, 2. p. 3–41.

M2.D4

Canoby, G.

. . . Les violons au camp. Retraite (1646). Partition d'orchestre . . .

[Paris], *E. Baudouz & Cie [188-]. Publ. no. E. B. et cie. 46. 23 p. 4°.*

M1002.C28

Caplet, André.

. . . Children's corner (Le coin des enfants). Suite pour orchestre [par C. A. Debussy]. Transcription par André Caplet. Partition d'orchestre. . . .

Paris, A. Durand & fils (Durand et Cie), c1908–1911. 2 p. l., 80 p. fol.

M1003.D286

Casella, Alfredo.

Symphonie en Si mineur pour grand orchestre. Alfredo Casella. Op. 5.

n. i., c1906 by A. Z. Mathot. Publ. no. Z. 120 M. 2 p. l. 151 p. fol.

M1001.C337

Suite en Ut majeur pour grand orchestre composée par Alfredo Casella. Op. 13. Partition. . . .

Wien-Leipzig, "Universal-Edition" c1911. Publ. no. U. E. 3048. 99 p. fol.

Universal-edition No. 3048.

M1003.C337

Castillon, Alexis de, 1838–1873.

> . . . Concerto en ré majeur pour piano avec accompagne-
> ment d'orchestre par A. de Castillon. Op. 12. Partition
> d'orchestre.
>
> *Paris, G. Hartmann, [etc.], [187–]. 223 p. 4°.*
> Cover title.
>
> M1010.C35 Op. 12

Castro, Ricardo.

> . . . Menuet pour orchestre d'archets. (opus 23). Par-
> titur . . .
>
> *México, A. Wagner y Levien sucs., [etc.], c1908. 7 p. fol.*
> Œuvre posthume.
>
> M1145.C35

Cavos, Catterino, 1776–1840?

> . . . Preussischer armeemarsch nr. 20 (im langsamen
> schritt). Komponirt von Cavos, neuinstrumentirt von
> Theodor Kewitsch. Für infanterie-musik. Partitur.
>
> *Leipzig, [etc.], Breitkopf & Härtel, c1898. 2 p. l., 10 p. fol.
> (Musik am preussischen hofe . . . hrsg. von Georg
> Thouret. No. 17.)*
>
> M2.M9

> . . . Preussischer armeemarsch nr.20 (im langsamen
> schritt). Komponirt von Cavos, neuinstrumentirt von
> Theodor Kewitsch. Für kavallerie-musik. Partitur.
>
> *Leipzig, [etc.], Breitkopf & Härtel, c1898. 2 p. l., 10 p. fol.
> (Musik am preussischen hofe . . . hrsg. von Georg Thouret.
> No. 17.)*
>
> M2.M9

Cerquetelli, G.

> . . . Minuetto . . .
>
> *Milano, Carisch & Jänichen, [etc.], c1908. 7 p. 4°.*
> Composizioni per orchestra di soli instrumenti ad arco (Streich-
> orchester). 2 violins, viola, cello, & contrabass.
>
> M1145.C41

Chabrier, (Alexis) Emmanuel, 1841–1894

> . . . Bourrée fantasque pour le piano par Emmanuel Cha-
> brier. . . . Transcription pour orchestre par Félix Mottl.
> Partition. . . .
>
> *Paris, Enoch & Cie [etc], [1897]. Publ. no. E. & C. 3355.
> 1 p. l., 47 p. fol.*
>
> M1060.C44

> Danse slave. Le roi malgré lui, opéra-comique. Emma-
> nuel Chabrier.
>
> *Paris, Enoch fres. & Costallat, [1891]. Publ. no. E. F. &
> C. 1834. 43 p. 4°.*
> Caption title.
>
> M1047.C4

Chabrier—Continued.

. . . España. Rapsodie pour orchestre. Partition d'orchestre . . . [Par] Emmanuel Chabrier.

Paris, Enoch frères & Costallat, [ca. 1880]. Publ. no. E. F. & C. 891. 61 p. fol.

M1045.C429E8

Habanera. Transcrite et orchestrée par Emmanuel Chabrier.

Paris, Enoch frères et Costallat, [1889]. Publ. no. E. F. et C. 1564. 17 p. 4°.
Caption title.

M1047.C429H2

Joyeuse marche. Emmanuel Chabrier. Partition d'orchestre . . .

Paris, Enoch & Cie, [ca. 1890]. Publ. no. E. F. & G. 1730. 1 p. l. 31 p. fol.

M1046.C4

Suite pastorale pour orchestre. No. 1. Idylle. No. 2. Danse villageoise. No. 3. Sous bois. No. 4. Scherzo-valse. Par Emmanuel Chabrier. Partition d'orchestre . . .

Paris, Enoch & Cie., [etc.], [1897]. Publ. no. E. & C. 3201 (1). 66 p. fol.
Cover title.

M1003.C429

Trois valses romantiques . . . (Transcription pour grand orchestre par Félix Mottl.) Emmanuel Chabrier. Partition d'orchestre . . .

Paris, Enoch & Cie., [1900]. Publ. no. E. & C. 4213. 1 p. l., 85 p. fol.

M1060.C4

Chadwick, George Whitfield, 1854–

. . . Euterpe. Concert-overture for orchestra. Orchestral score . . .

New York, G. Schirmer, [etc.], °1906. Publ. no. 18209. 47 p. fol.

M1004.C432E9

Four symphonic sketches (Suite) by G. W. Chadwick. I. Jubilee. II. Noël. III. Hobgoblin. IV. A vagrom ballad.

Autograph full score in lead-pencil. I. mov.: 1–46 p. II. mov.: 47–63 p. III. mov.: 64–124 p. IV. mov.: 65–106. Autograph verses precede each movement. I. mov. dated: Dec. 1, 95. II. mov. dated: Nov. 21, 95. III. mov. dated: Feb. 10, 1904. IV. mov. dated: Febry 13, 96.
Gift of the composer.

M196.C

Chadwick—Continued.

. . . Symphonic sketches. Suite for orchestra. I. Jubilee.
II. Noël. III. Hobgoblin. IV. A vagrom ballad . . .
*New York, G. Schirmer, [etc.], ᶜ1907. Publ. no. 18211. 4 p.
l., 151 p. fol.*

           M1003.C432

. . . Melpomene. Dramatische ouverture für orchester
componirt von G. W. Chadwick. Partitur . . .
*Boston & Leipzig, Arthur P. Schmidt, ᶜ1891. Publ. no.
A. P. S. 2794. 55 p. 4°.*

           M1004.B432M3

. . . Sinfonietta in D major (in four movements) for
orchestra. Orchestral score.
*New York, G. Schirmer, ᶜ1906. Publ. no. 18210. 83 p.
fol.*

           M1001.C416

Symphony No. 2 (in B flat) by G. W. Chadwick. Op. 21.
*Boston, Arthur P. Schmidt & Co., ᶜ1888. Publ. no. A. P. S.
& Co. 1559. 216 p. 4°.*

           M1001.C412

Symphony in F (No. 3) by G. W. Chadwick.
*Boston, Arthur P. Schmidt, [etc.], ᶜ1896. Publ. no. A. P. S.
3765. 168 p. 4°.*

           M1001.C414

Chaminade, Cécile (Louise Stéphanie), 1861–

. . . Concertstück pour piano et orchestre par C. Chaminade. Op. 40. Partition d'orchestre . . .
*Paris, Enoch & Cie., [189-]. Publ. no. E. F. & C. 2276.
1 p. l., 67 p. fol.*

           M1010.C45 Op. 40

Callirhoë. Suite d'orchestre. 1. Prélude. 2. Pas du voile.
3. Scherzettino. 4. Pas des cymbales. Par C. Chaminade. Partition . . .
*Paris, Enoch & Cie., [1890] Publ. no. E. F. & C. 1733.
1 p. l., 83 p. fol.*

           M1003.C465

Charpentier, Gustave, 1860–

Impressions d'Italie. Suite pour orchestre. Sérénade. A
la fontaine. A Mules. Sur les Cimes. Napoli. Gve.
Charpentier. Partition d'orchestre.

Charpentier—Continued.

Paris, Heugel & Cie., [190-]. The first page contains the
publ. no. H. & Cie. 19733, the last H. & Cie. 19733 H.
On p. 9, 12–13, 16 it is H. T. 1082(1); on p. 29–32, 72–73,
etc., it is H. T. 1082. 158 p. fol.

Cover title. The bulk of the score without publ. no.
Not the first edition of 1892(?).

M1003.C48

Chausson, Ernest, 1855–1899.

Viviane. Poème symphonique pour orchestre de Ernest
Chausson. Op. 5. Partition d'orchestre . . .
Paris, LeBailly-O. Bornemann, successr., [1894]. Publ. no.
O. B. 4057. 2 p. l., 48 p. fol.
. `

M1002.C49

. . . La tempête. Musique de scène pour le drame de
Shakespeare. Traduction de Maurice Bouchor. No. 1.
Chant d'Ariel. No. 2. Air de danse. No. 3. Duo de
Junon et Cérès. No. 4. Danse rustique. No. 5. Chan-
son d'Ariel. Ernest Chausson. Op. 18. . . . Airs de
danse et danse rustique extraits. Pour grand orchestre,
partition. . . .
Paris, Le Bailly, O. Bornemann, succr., ᶜ1902. Publ. no.
O. B. 4568. 1 p. l., 31 p. fol.

M1515.C499

Symphonie en Si bémol majeur. Ernest Chausson. Op. 20.
Partition d'orchestre.
Leipzig, Belaieff, [etc.], [1890]. Publ. no. E. B. et Cie. 338.
2 p. l., 116 p. fol.

M1001.C49

Poème pour violin et orchestre. Op. 25. Ernest Chausson.
Leipzig, Breitkopf & Härtel. 56 p. fol.

Mss. copy. Purch. 1905.

M1012.C49A Op. 25

Poème pour violin et orchestre par Ernest Chausson. Op.
25 . . .
Leipzig, [etc.], Breitkopf & Härtel, ᶜ1907. Publ. no. Part.
B. 2051. 34 p. fol. (B. & H.'s part. B. 2051.)

M1012.C49 Op. 25

Chauvet, (Charles) Alexis, 1837–1871.

Deux pièces de A. Chauvet. Orchestrées par Georges
Marty. Partition d'orchestre.
Paris, Heugel & Cie., ᶜ1909. Publ. no. H. & Cie. 24230.
20 p. 4°.

Cover title.

M1060.C5

Chauvet, René.

... Danse basque variée.   Partition d'orchestre ...
Paris, Heugel & Cie., ᶜ*1910.   Publ. no. H. & Cie. 24646.*
37 p.   fol.
Cover title.

M1045.C5

Cherubini, (Maria) Luigi (Zenobio Carlo Salvatore), 1760–1842.

Concert-ouverture componirt für die philharmonische
gesellschaft zu London (im jahare 1815) von Luigi Cherubini. Bisher unveröffentlichtes nachgelassenes werk.
Herausgegeben von Friedrich Grützmacher. Orchester
partitur. ...
Leipzig, C. F. Kahnt Nachfolger, [*1892*].   *Publ. no. 3416.*
50 p.   fol.

M1004.C523C6

Ouverturen für orchester von L. Cherubini. No. 1. Ali
Baba. No. 2. Die Abenceragen. No. 3. Medea. No.
4. Der wasserträger. No. 5. Elise. No. 6. Faniska.
No. 7. Lodoiska. No. 8. Anacreon. No. 9. Der portugiesische gasthof. Partitur.
Leipzig, Breitkopf & Härtel, [*1877*].   *Publ. no. V. A. 212.*
532 p.   4°.

M1004.C52809

Symphonie von Cherubini. Partitur.
Transcript, 1908.   D major.

M1001.C523

Chevillard, (Paul Alexandre) Camille, 1859–

... Fantaisie symphonique pour grand orchestre par Ca-
mille Chevillard. Op. 10. Partition ...
Leipzig, [*etc.*], *Breitkopf & Härtel,* ᶜ*1901.   Publ. no. Part.*
B. 1612.   71 p.   fol.

M1045.C523F3

Chopin, Frydryk Franciszek, 1810–1849.

Friedrich Chopin's werke. Erste kritisch durchgesehene
gesammtausgabe. Herausgegeben von Woldemar Bargiel, Johannes Brahms, August Franchomme, Franz
Liszt, Carl Reinecke, Ernst Rudorff.
Leipzig, Breitkopf & Härtel, [*1878–80*].   *14 v.   fol.*
See bd. XII: "Concerte und concertstücke für pianoforte mit
begleitung des orchesters."

M3.C54

Variationen über "La ci darem la mano" für das pianoforte
mit begleitung des orchesters von Friedrich Chopin.
Op. 2 ...

Chopin—Continued.

[*Leipzig, Breitkopf & Härtel*]. *Publ. no. C. XII. 1 p. l., 38 p.*
Caption title.

M1010.C52 Op. 2

Erstes grosses concert für das pianoforte mit begleitung des orchesters von Friedrich Chopin. Op. 11. Revid. v. Carl Mikuli . . .
Leipzig, Breitkopf & Härtel, [1893]. Publ. no. 422. 1 p. l., 92 p. fol. (Breitkopf & Härtel's partitur-bibliothek, 422.)
Caption title.

M1010.C52 Op. 11

Grosse phantasie über polnische weisen für das pianoforte mit begleitung des orchesters von Friedrich Chopin. Op. 13 . . .
Leipzig, Breitkopf & Härtel, [187-]. Publ. no. C. XII, 3. 1 p. l., 34 p. fol. (Breitkopf & Härtel's partitur-bibliothek.)
Caption title.

M1010.C52 Op. 13

Krakowiak. Grosses concert-rondo für das pianoforte mit begleitung des orchesters von Friedrich Chopin. Op. 14 . . .
[*Leipzig, Breitkopf & Härtel.*] *[187-.] Publ. no. C. XII, 4. 1 p. l., 38 p. fol. (Breitkopf & Härtel's partitur-bibliothek.)*
Caption title.

M1010.C52 Op. 14

Zweites concert für das pianoforte mit begleitung des orchesters von Friedrich Chopin. Op. 21 . . .
Leipzig, Breitkopf & Härtel, [1893]. Publ. no. Part. B. 423. 1 p. l., 68 p. fol. (Breitkopf & Härtel's partitur-bibliothek, 423.)
Caption title.

M1010.C52 Op. 21

. . Second cencerto de Fr. Chopin. Op. 21. avec un nouvel accompagnement d'orchestre d'après la partition originale par Karl Klindworth. . . . Partition d'orchestre. . . .
Moscou, P. Jürgenson, [188-] Publ. no. 3945. 2 p. l., 163 p. 4°.

M1010.C52 Op. 21A

Chopin—Continued.

   . . . Andante und polonaise, Es dur.   Op. 22.   Instrumentiert von X. Scharwenka . . .

Leipzig, [etc.], Breitkopf & Härtel, ᶜ1902.   1 p. l., 54 p. fol. (B. & H.'s partitur-bibliothek, 1762.)

                                 M1060.C54

    Grosse brillante polonaise für das pianoforte mit begleitung des orchesters mit vorausgehendem Andante spianato für das pianoforte von Friedrich Chopin.   Op. 22 . . .

Leipzig, Breitkopf & Härtel, [1893].   Publ. no. Part. B. 427. 1 p. l., 27 p. fol.   (Breitkopf & Härtel's partitur-bibliothek, 427.)

     Caption title.

                           M1010.C52   Op. 22

    Suite pour orchestre.   4 morceaux: 1. Préambule . . . 2. Mazurka.   3. Intermezzo . . . 4. Finale . . . de Frédéric Chopin instrumentées par Mili Balakirew.   Partition d'orchestre . . .

Leipzig, [etc.], Jul. Heinr. Zimmermann, ᶜ1909.   Publ. no. Z. 4690.   2 p. l., 98 p.   4°.

                                   M1003.C55

   . . Chopiniana.   Suite pour grand orchestre composée de I. Polonaise, Op. 40; II. Nocturne, Op. 15; III. Mazurka, Op. 50; IV. Tarentelle, Op. 43, de Fr. Chopin, instrumentée par Alexandre Glazounow.   Op. 46.   Partition d'orchestre. . . .

Leipzig, M. P. Belaieff, 1894.   Publ. no. 869, 963. 99 p.   4°.

                           M1003.G51   Op.46

    Mars funebru.

     See Ivanovici, I. Marsuri funebre.

Cilea, Francesco, 1867–

   . . . Intermezzo.   "Adrienne Lecouvreur."   Francesco Cilèa.   Arranged by Adolf Schmid.

[London] Boosey & Co., ᶜ1905, by E. Ascherberg & Co.   Publ. no. H. 4666.   8 p.   4°.   (Boosey's new orchestral journal, No. 97.)

     Caption title.

                               M1060.C57

Claassen, Arthur, 1859–

   . . . "Sanssouci."   Menuett mit benutzung eines themas von Quanz für pianoforte zu zwei händen componirt von Arthur Claassen.   Ausgabe für orchester.   Partitur. . . .

Claassen—Continued.

> *Berlin, Friedrich Luckhardt [etc], ^c1890. Publ. no. F. L. 608. 5 p. 4°.*
>> In caption title: "Op. 1."
>> Not a copyright deposit.

M1160.C58

Clark, Frederick Scotson, 1840–1883.

> . . . Marche aux flambeaux. . . . Military band (Score)
> By Scotson Clark
> *London, Augener & Co., [189–]. Publ. 10185. 17 p. 4°. (Augener's edition No. 7025).*

M1247.C59S

Cleuver, J.

> . . . Suite G moll in vier sätzen für streichorchester komponiert von J. Cleuver. Partitur . . .
> *Hameln, H. Oppenheimer, ^c1904. Publ. no. H. O. 610. 24 p. fol.*

M1103.C63

Cleve, Halfdan, 1879–

> . . . Konzert für pianoforte mit begleitung des orchesters. (Op. 3) . . .
> *[Leipzig, Breitkopf & Härtel], [1903]. Publ. no. Part. B. 1736. 1 p. l., 152 p. fol. (Breitkopf & Härtel's partitur-bibliothek, 1736.)*
>> Caption title.

M1010.C63 Op. 3

> . . . Konzert No. 2 in B moll für pianoforte und orchester. Op. 6.
> *Leipzig, Breitkopf & Härtel [1904]. Publ. no. Part. B. 1850. 1 p. l., 97 p. fol.(Breitkopf & Härtel's partitur-bibliothek, 1850.)*
>> Cover title.

M1010.C63 Op. 6

> . . . Konzert No. 3 in Es dur für pianoforte und streichorchester. Op. 9.
> *Leipzig, Breitkopf & Härtel, ^c1907. Publ. no. Part. B. 2023. 75 p. fol. (Breitkopf & Härtel's partitur-bibliothek, 2023.)*
>> Cover title.

M1010.C63 Op. 9

Cliffe, Frederic, 1857–

> Symphony in C minor (No. 1) for full orchestra. Composed by Frederic Cliffe.
> *London, Novello & Co. Ltd., [etc.]. [1902]. Publ. no. 11530. 1 p. l., 187 p. fol.*

M1001.C631

Cohen, Joseph W.

Polish suite in A minor for orchestra by Joseph W. Cohen.
Op. ·3· No. 1. Prelude . . . No. 2. Intermezzo . . .
No. 3. Scena . . . No. 4. Finale . . . Full score . . .
London, Goodwin & Tabb, ᶜ1909. 1 p. l., 81 p. fol.
                                        M1003.C68

Cohen, Jules, 1830–1901.

Marche funèbre. Transcrite pour orchestre symphonique
par Léon Jehin. Partition . . .
Paris, E. Demets, ᶜ1906. Publ. no. E. 1155 D. 34 p. fol.
                                        M1046.C678M3

Cole, Rossetter Gleason, 1866–

. . . Ballade for violoncello and orchestra. (Op. 25.)
Orchestral score . . .
*New York, G. Schirmer, ᶜ1908. Publ. no. 19939. 18 p.
fol.*
        Name of composer at head of title.
                                        M1016.C69

Consolo, Frederigo, 1841–1906.

Aux bords du Nil. Mohadet (Racconto) F. Consolo.
Milano, [etc.], G. Ricordi & C. Publ. no. 51548. 26 p. 12°.
        Caption title.
                                        M1002.C755A8

Fantasia orientale. Adunanza e ragionamenti popolari
arabi. F. Consolo.
*Milano, Ricordi. 120 p. 8°.. (Biblioteca del sinfonista,
No. 51549.)*
        Caption title.
                                        M1045.C755

Conus, Georgïě Eduardovich, 1862–

Scènes enfantines. Suite pour orchestre et chœur [Op. 1]
Introduction. No. 1. Conte russe. No. 2. Jeu aux
petits chevaux. No. 3. Berceuse. No. 4. Caprice. No.
5. La vieille bonne. No. 6. Boîte à musique. No. 7. En
rêve. No. 8. Compassion. No. 9. Caresses d'enfant.
No. 10. Chanson comique. Variations (avec chœur) par
Georges Conus. [Op. 1]. Partition d'orchestre . . .
Moscou, P. Jurgenson [&c.], [1893]. 145 p. 4°.
                                        M1003.C765

. . . "La forêt bruisse." Tableau symphonique pour grand
orchestre d'après la légende de W. Korolenko. Partition. . . . 1909. . . . [Op. 30].
*Berlin [&] Moskau, Russischer Musikverlag [etc.], [1910].
Publ. no. R. M. V. 36. 61 p. fol.*
        Name of composer at head of title.
                                        M1002.C758F6

Conus, Julius, 1869–

. . . Concerto pour violon composé par Jules Conus. Partition d'orchestre . . .

Moscou-Leipzig, P. Jurgenson [*&c.*], [*189–*] *Publ. no. 21235. 65 p. 4°.*

M1012.C765

Converse, Charles Crozat, 1832–

Fest-ouverture componirt von Ch. Crozat Converse.

Autograph(?) *Mss. 80 p. fol.*

M1004.C765

Hail Columbia. Ouverture américaine pour grand orchestre par Charles Crozat-Converse. Partition . . .

Paris, P. Schott & Cie. [*etc.*]. *Publ. no. P. S. & Cie. 5359. 1 p. l., 58 p. fol.*

Composer's autograph presentation copy.

M1004.C77

Converse, Frederick Shepherd, 1871–

Festival of Pan. Romance for orchestra by F. S. Converse. Op. 9. Orchestra score . . .

Boston, G. Schirmer, jr., ᶜ1904. Publ. no. B. M. Co. 854. 76 p. fol.

Cover title.

M1002.C765

Endymion's narrative. For full orchestra. Composed by Frederick S. Converse. Op. 10. Full score.

New York, The H. W. Gray Co., ᶜ1909. 1 p. l., 98 p. fol.

M1002.C76

The mystic trumpeter. Orchestral fantasy after the poem by Walt Whitman. F. S. Converse. Op. 19.

New York, G. Schirmer, ᶜ1907. Publ. no. 18750. 81 p. fol.

M1002.C77

Cools, Eugène.

. . . Symphonie en Ut mineur par Eugène Cools. [Op. 59.] Partition d'orchestre.

Paris, Editions Schott Max Eschig, [*1909*] *3 p. l., 143 p. fol.*

Hofmeister 1909 gives this as Op. 59.

M1001.C774 Op. 59

Corder, Frederick, 1852–

Prospero. Concert overture for full orchestra by F. Corder . . . Full score.

London & New York, Novello, Ewer & co. [*&c.*] [*1888*]. *Publ. no. 7528. 1 p. l., 60 p. fol.*

M1004.C794

Corder—Continued.

. . . Elegy for twenty-four violins & organ by F. Corder. . . .

London, Novelle and co. ltd., [1910] Publ. no. Avison ed. 1 p. l., 12 p. fol. (Ch. Avison edition.)

At head of title: "In memoriam Victor Harris. d. April 18, 1908."

M1145.C79

Corelli, Arcangelo, 1653–1713.

. . . Concerti grossi con duoi violini, e violoncello di concertino obligati e duoi altri violini, viola e basso di concerto grosso ad arbitrio che si potranno radoppiare. In Roma 1712. 2 livres.

London, Augener & co. 2 v. Paged continuously; v. 1: 2 p. l., [1]—131 p.; v. 2: 1 p. l., 132–236 p. Publ. nos. 9444 & 9445. 4°. (Les œuvres de Arcangelo Corelli revues par J. Joachim & F. Chrysander. Livres IV, V.)

At head of title: Augeners edition no. 4936.

M2.D35

The score of the twelve concèrtos composed by Arcangelo Corelli. For two violins & a violoncello, with two violins more, a tenor & thorough bass for ripieno parts, which may be doubled at pleasure. . . . Vol. IId. The whole carefully corrected by several most eminent masters and revis'd by Dr. Pepusch.

London, John Johnson, [17—]. 3 p. l., 130 p. large fol.

M1040.A2C7

Cornelius, (Carl August) Peter, 1824–1874.

Der barbier von Bagdad. Komische oper in zwei aufzügen. Ouvertüre in H moll. Partitur . . .

Leipzig, Breitkopf & Härtel, ᶜ1904. Publ. no. P. C. 135. 2 p. l., 46 p. fol.

M1004.C812B2

Der barbier von Bagdad. Komische oper in zwei aufzügen . . . Ouvertüre in D dur. Neuinstrumentiert von Waldemar von Baussnern. Partitur . . .

Leipzig, Breitkopf & Härtel, [etc.], ᶜ1906. Publ. no. Part B. 1926. 62 p. fol.

M1004.C812B21

Coster, C. H.

Suite. Prélude, scherzo, intermezzo, marcia pour orchestre par C. H. Coster. Op. 14. Partition . . .

Paris, J. Hamelle [188-]. Publ. no. J. 1792. H. 1 p. l., 71 p. 4°.

M1003.C84

Cowen, Frederic Hymen, 1852–

... The butterfly's ball (Le bal des papillons). Concert overture for full orchestra composed by Frederic H. Cowen. Full score.
London, Novello & co., ltd., ᶜ1901. Publ. no. 11248. 84 p. fol.

M1004.C871B7

... Concertstück for piano and orchestra by Frederic H. Cowen. Full score . . .
London, Joseph Williams, [etc.], ᶜ1900. Publ. no. 13259. 107 p. 4°.

M1010.C87

Coronation march. Composed by Frederic H. Cowen. Full score.
London, [etc.], Novello & Co., ltd., ᶜ1902. 35 p. fol.

M1046.C874C7

Four English dances in the olden style. F. H. Cowen.
[London], Novello & Co., Ltd., ᶜ1901. Publ. no. 11121. 88 p. 4°.
> CONTENTS: No. 1. Stately dance. No. 2. Rustic dance. No. 3. Graceful dance. No. 4. Country dance.
> Caption title.

M1047.C874F7

... Indian rhapsody for orchestra composed by Frederic H. Cowen. Full orchestral score . . .
London & New York, Boosey & co., ᶜ1903. Publ. no. H. 4085. 78 p. fol.

M1045.C874I6

Minuet d'amour (Lover's minuet). From a suite of old English dances. (Second set.) Composed by Frederic H. Cowen. Arranged for small orchestra by Gustav von Holst. Full score.
London, Novello & Co., Ltd. [etc.], ᶜ1907. Publ. no. 12369. 1 p. l., 16 p. 4°.

M1060.C873

A phantasy of life and love. [Liebe und leben. Traum-phantasie für orchester]. [L'amour et la vie]. Orchestral poem by Frederick H. Cowen. Orchestral score . . .
London, Joseph Williams, ltd. [etc.], ᶜ1901. Publ. no. J. W. 8204. 114 p. 4°.
> Cover title.

M1002.C874

Cowen—Continued.

Reverie for orchestra composed by F. H. Cowen. Full score . . .

London, Novello & co. ltd. [*etc.*], *°1903. Publ. no. 11780. 18 p. fol.*

M1045.C874R4

[A suite of old English dances. 1. Maypole dance. 2. Peasants' dance. 3. Minuet d'amour. 4. Old dance with variations. Frederic H. Cowen.]

[*London*], *Novello & Co. Ltd.* [*°1906*]. *Publ. no. 12259. 115 p. fol.*
 Cover title.

M1003.C87

Symphonie C-moll (Scandinavische) [no. 3] für orchester componirt von Frederic H. Cowen. Partitur . . .

Wien, Albert J. Gutmann, [*etc.*], *°1884. Publ. no. A. J. G. 974. 76 p. fol. (Edition Gutmann, No. 457.)*

M1001.C87 No. 3

Symphony No. 4 (The Welsh) in B flat minor for orchestra by Frederic H. Cowen. Full score.

London, Novello, Ewer & co. 1 p. l., 88 p. fol.
 Composed expressly for the Philharmonic Society of London.

M1001.C87 No. 4

Symphony in F (No. 5) for full orchestra. Composed by Frederic H. Cowen. Full score.

London, Novello & Co. Ltd. [*etc.*], *°1906. Publ. no. 12189. 1 p. l., 175 p. fol.*

M1001.C87 No. 5

Idyllische symphonie No. 6 in E dur (The idyllic) für grosses orchester von Frederic H. Cowen. Partitur . . .

Leipzig, Breitkopf & Haertel, [*etc.*], *°1898. Publ. no. Part. B. 1117. 1 p. l., 153 p. fol.*

M1001.C87 No. 6

Two pieces for small orchestra. Composed by Frederic · Cowen. Childhood. No.1. (Lullaby). Girlhood. No.2.

[*London*], *Novello & co. ltd., °1903. 2 v. 6, 7–40 p. 4°.*
 Caption title.

M1045.C874T9

Waltz from The sleeping beauty for full orchestra. Composed by Frederic H. Cowen. Full score.

London, Novello and company limited [*etc.*], *°1900. Publ. no. 11058. 1 p. l., 36 p. fol.*

M1524.C

Cui, César Antonovich, 1835-

. . . Premier scherzo pour l'orchestre par César Cui. Op. 1. Partition d'orchestre . . .
St. Pétersbourg, W. Bessel & Cie., [1888]. *Publ. no. 2462. 37 p. 4°.*

M1045.C966P7

. . . Scherzo. No. 2. (A la Schumann.) [By] César Cui. Op. 2. 1857.
St. Petersbourg & Moscou, W. Bessel et Cie., [1904]. *Publ. no. 5365. 25 p. 4°.*
Caption title.

M1045.C966S2

. . . Tarantelle pour l'orchestre par C. Cui. [Op. 12.]
St. Pétersbourg, B. Bessel & cie, [&c.], [1882] *Publ. no. 782. 26 p. 4°.*

M1045.C966T3

" . . . Marche solennelle pour orchestre par César Cui. Op. 18 (1881) . . .
Hambourg, D. Rahter, [&c.], [1886]. *Publ. no. 2576. 71 p. 4°.*

M1046.C966M3.

Suite miniature (Tiré des 12 morceaux pour piano) par Caesar Cui. Op. 20. Edition pour orchestre par l'auteur. Petite marche. Impromptu. Cantabile. Souvenir douloureux. Berceuse. Scherzo rustique. Partition d'orchestre . . .
Berlin, Adolphe Fürstner (C. F. Meser), [1885]. *Publ. no. 1597. 32 p. 4°.*

M1003.C96

Suite concertante pour le violon avec accompagnement d'orchestre ou de piano par César Cui. Op. 25. Partition d'orchestre . . .
Leipzig, M. P. Belaieff, [&c.], [1886]. *Publ. no. 10. 1 p. l., 141 p. 4°.*

M1012.C96 Op. 25

Deux morceaux pour violoncelle avec accompagnement d'orchestre . . . par César Cui. Op. 36. 1886. Partition d'orchestre . . . No. 1. Scherzando. No. 2. Cantabile.
Hambourg, D. Rahter, St. Pétersbourg, A. Büttner [etc.], [1887]. *Publ. no. 2672. 47 p. 4°.*

M1016.C965

Cui—Continued.

Deuxième suite. Tema con variazioni, quasi ballata, scherzo, marcia pour orchestre par César Cui. Op. 38. Partition d'orchestre . . .

St. Pétersbourg, W. Bessel & Cie., [etc.], [1891]. Publ. no. 2422. 123 p. 4°.

M1003.C962

Quatrième suite, A Argenteau, pour orchestre par César Cui. Op. 40. No. 1. Le cèdre. 2. Sérénade. 3. La petite guerre. 4. A la chapelle. 5. Le rocher. Partition d'orchestre . . .

St. Pétersbourg, W. Bessel et Cie., [etc.], [1899]. Publ. no. 4275. 69 p. 4°.

M1003.C968

In modo populari. Petite suite No. 3. Pour orchestre par C. Cui. Op. 43. Partition d'orchestre . . .

Leipzig, M.P. Belaïeff, 1891. Publ. no. 414. 50 p. 4°.

M1003.C966

Trois scherzos pour orchestre . . . No. 2. F-dur . . . par C. Cui. Op. 32.

Moscou, J. Jurgenson [etc], [1910] Publ. no. 34584. 35 p. 4°.

No. 1, C dur and No. 3 C moll, not registered in Hofmeister as published.

M1045.C966T7

Bolero composta e dedicata alla Signora Marcella Sembrich da C. Cui. Partizione d'orchestre . . .

St. Petersbourg-Moscou, W. Bessel & cie., [1885?]. Publ. no. 2622. 23 p. fol.

M1049.C96

. . . Trois fragments symphoniques extraits du Flibustier. 1. Prélude . . . 11. Entr'acte . . . III. Danses . . . Partition d'orchestre.

Paris, Heugel et cie., ᶜ1896 [-1897]. Publ. nos. H. & C. 9868-70. 3 v. 1 p. l., 25, 18, 27 p. fol.

M1505.C

Cursch-Bühren, Franz Theodor, 1859–1908.

. . . Valse mignonne. Intermezzo componirt von Franz Theodor Cursch-Bühren. Ausgabe für streichorchester. Partitur . . .

Bremen, A. E. Fischer, [etc.], ᶜ1900. Publ. no. 3413. 6 p. fol.

Cover title.

M1145.C97

Cusins, *Sir* William George, 1833-1893.

Two concert overtures. 1. "Les travailleurs de la mer" (after Victor Hugo). 2. "Love's labour's lost" (after Shakespeare) composed by W. G. Cusins . . .

London, Stanley Lucas, Weber & co., [etc.] [188-]. 2 v. in 1. Publ. no. S. L. W., 667. Vol. 1: 2 p. l., 7 p. Vol. 2: 2 p. l., 75 p. 4°.

Presentation copies with composer's autograph .

M1004.C985T9

Czerny, Carl, 1791-1857.

Première grande sinfonie en Ut mineur pour 2 violons, alto, violoncello & basse, petite flute, 2 flutes, 2 hautbois, 2 clarinettes, 2 bassons, 4 cors, 2 trompettes, 3 timballes, 3 trombones et ophicleide composée . . . par Charles Czerny. Œuvre 780. Partition.

n. i. (Propriété du compositeur), [ca.1845]. 1 p. l., 184 p. 4.°

M1001.C991

Seconde grande sinfonie en Re majeur pour 2 violons, alto, violoncelle et basse, 2 flutes, 2 hautbois, 2 clarinettes, 2 bassons, 2 cors, 2 trompettes et 3 timballes (et 3 trombones ad libitum) composée . . . par Charles Czerny. Œuvre 781. Partition.

n. i. (Propriété du compositeur), [ca. 1845]. 1 p. l. 200 p.

M1001.C992

Dallier, H.

. . . 1ᵐ symphonie en Fa, op. 50. Partition d'orchestre . . .

Paris, E. Fromont, ᶜ1908. Publ. no. E. 2991 F. 2 p. l., 129 p. fol.

M1001.D147

Damrosch, Leopold, 1832-1885.

. . . Romanze A dur für die violine mit begleitung des orchesters oder pianoforte componirt von Leopold Damrosch. Op. 12. Partitur. . . .

Breslau, Theodor Lichtenberg [etc], 1870. Publ. no. T. L. 214. 11 p. fol.

M1012.D186

Fest-ouverture für grosses orchester von Leopold Damrosch. Op. 15. Partitur . . .

Breslau, Theodor Lichtenberg, [etc.], [1871]. Publ. no. L. 223. 1 p. l., 67 p. 4°.

M1004.D166

Damrosch—Continued.

. . . Concert für die violine mit begleitung des orchesters componirt von Leopold Damrosch. . . . Partitur.
Berlin & Posen, Ed. Bote & G. Bock, [1878]. Publ. no. 11972. 121 p. 4°.

M1012.D18

. . . Nachtgesang für die violine mit orchester oder pianoforte-begleitung componirt von Leopold Damrosch. Partitur. . . .
Mainz, B. Schott's söhne, [etc.], [1877]. Publ. no. 22206. 1 p. l., 39 p. 4°.

M1012.D184

Dancla, (Jean Baptiste) Charles, 1818–1907.

Air de danse et boléro, pour orchestre extraits de la scène dramatique à grand orchestre de Christophe Colomb. Charles Dancla.
Paris, Chatot-Mercier, [186–?]. Publ. no. E. C. 544. 15 p. 4°.
Caption title.

M1515.D

. . . Ouverture dramatique à grand orchestre par Charles Dancla. . . . Partition. . . .
Paris, Emile Chatot, [187–?]. Publ. no. E. C. 559. 1 p. l., 68 p. 4°.
At head of title: "Exécutée aux Concerts Populaires."
"N. B.—Il existe pour cette Ouverture une partie gravée de deux trompettes en Mib qui ne se trouvent pas sur la partition."

M1004.D17308

Dargomijsky, Alexander Sergeivich, 1813–1869.

. . . Cosatschoque. Fantaisie sur une danse cosaque composée pour l'orchestre par A. S. Dargomijsky.
Moskau: P. I. Jurgenson, [1867]. Publ. no. 332. 31 p. 4°.
Cover title. Cover and title pages in Russian.

M1045.D217C4

. . . Fantaisie-scherzo pour l'orchestre par A. Dargomyzhskii. Partition d'orchestre . . .
St. Petersbourg, W. Bessel et cie., [etc.], [187–]. Publ. no. 250. 53 p. 4°.
Preceded by Russian title.

H1045.D217F6

. . . Fantaisie sur des airs finlandais pour l'orchestre par A. Dargomijsky. Partition d'orchestre . . .
St. Petersbourg, B. Bessel & Cie., [187–]. Publ. no. 247. 45 p. fol.
Title preceded by Russian title.

M1045.D217F5

Darimont, Jean.
... Menuet par Jean Darimont. Op. 12 ... Orches-
tre ...
*Freiburg i. B., Carl Ruckmich, ᶜ1910. Publ. no. C. 271 R.
4 p. fol.*
Cover title.
M1049.D294M4

David, Félicien (César), 1810–1876.
Symphonie en Mi bemol composée pour orchestre par Féli-
cien David ...
*Paris, J. Meissonier et fils, [ca. 1840?]. Publ. no. J. M.
2360. 1 p. l., 96 p. fol.*
M1001.D24

David, Ferdinand, 1810–1873.
Am springquell. Characterstück für violine mit begleitung
des pianoforte componirt von Ferdinand David. (Nr. 6,
aus Dur und Moll, Op. 39.) Für violine und kleines
orchester bearbeitet von Philipp Scharwenka. Partitur ...
*Leipzig, Breitkopf & Härtel, [etc.], [1895]. Publ. no. Part. B.
913. 13 p. fol. (B. & H.'s partitur-bibliothek 913.)*
M1012.D24

Festmarsch für grosses orchester für das concert im Gewandhause zur feier der goldenen hochzeit ihrer Majestäten
des Königs Johann und der Königin Amalie von Sachsen
componirt von Ferdinand David. Op. 42. Partitur.
Leipzig, Fr. Kistner, [1873]. Publ. no. 3887. 24 p. fol.
M1046.D249

Davidov, Karl Julevich, 1838–1889.
... Konzert No. 3, D. Für violoncell mit orchester. ...
Leipzig, Fr. Kistner, [1908]. Publ. no. 10177. 138 p. 4°.
Preceding title: "Carl Davidoff. Orchester-partituren zu ...
Op. 18."
M1016.D26 Op. 18

... Die gaben des Terek. Sinfonisches bild für orchester
nach einer dichtung von Lermontoff componirt von C.
Davidoff. Op. 21. Partitur ...
*St. Petersburg, A. Büttner, [etc.], [1875]. Publ. no. 1466.
64 p. fol.*
German title preceded by Russian.
M1002.D249G2

... Ballade pour violoncelle avec orchestre. (Op. 25.)
Partition d'orchestre ...
Leipzig, Fr. Kistner, [1876]. Publ. no. 1623. 21 p. fol.
M1016.D26 Op. 25

Davidov—Continued.

Suite. Scene rustique. Quasi valse. Scherzo. Petite romance. Marche. Pour l'orchestre par Ch. Davidoff. Op. 37. Partition d'orchestre . . .

St. Pétersbourg, W. Bessel & Cie., [etc.], [188-]. Publ. no. 2004a-e. 116 p. 4°.

M1003.D24

Davies, Henry Walford, 1869–

Solemn melody for strings and organ composed by H. Walford Davies. Score.

London, Novello & co., ltd. [etc.], ᶜ1909. Publ. no. 13137. 1 p. l., 4 p. fol.

M1105.D2585

Davis, J. D.

Song of evening for string orchestra. Composed by J. D. Davis. Op. 42. Score.

London, Novello & Co., Ltd.,ᶜ1908. Publ. no. 12801. 9 p. fol.

M1145.D26

Debussy, Claude (Achille), 1862–

. . . Children's corner (Le coin des enfants). Suite pour orchestre. Transcription par André Caplet. Partition d'orchestre. . . .

Paris, A. Durand & Fils (Durand et Cie), ᶜ1908-1911. 2 p. l., 80 p. fol.

M1003.D286

. . . Cortège et Air de danse extrait de la cantate L'enfant prodigue. Partition d'orchestre . . .

Paris, A. Durand & Fils, ᶜ1906. Publ. no. D. & F. 6692. 1 p. l., 20 p. fol.

M1534.D

. . . Danses. I. Danse sacrée. II. Danse profane. Pour harpe chromatique avec acct. d'orchestre d'instruments à cordes. . . . Partition d'orchestre . . .

Paris, A. Durand & Fils, ᶜ1904. Publ. no. 6419. 1 p. l., 1.º p. fol.

M1105.D28

Iberia. "Images" pour orchestre no. 2 par Claude Debussy. Partition d'orchestre . . .

Paris, A. Durand & Fils, [etc.], ᶜ1910. Publ. no. D. & F. 7576. 1 p. l., 110 p. fol.

M1003.D28

Debussy—Continued.

La Mer. I. De l'aube à midi sur la mer. II. Jeux de vagues. III. Dialogue du vent et de la mer. Trois esquisses symphoniques . . . Partition d'orchestre . . .
Paris, A. Durand & Fils, ^c1905. Publ. no. D. & F. 6532. 2 p. l., 137 p. fol.

M1002.D28

Nocturnes. I. Nuages. II. Fêtes. III. Sirènes . . . [Par] Claude Debussy. Partition d'orchestre . . .
Paris, Eugène Fromont, [190–] Publ. no. E. 1415 F. 1 p. l., 11 p. fol.

M1003.D284

. . . Petite suite pour orchestre . . .
Paris, A. Durand & Fils, ^c1907. Publ. no. D. & F. 6922. 1 p. l., 70 p. fol.

M1003.D288

. . . Prélude à "L'après-midi d'un faune" (Eglogue de S. Mallarmé) Claude Debussy. Partition d'orchestre . . .
Paris, Eugène Fromont [1894?]. Publ. no. E. 1091 F. 31 p. fol.

M1004.D289P8

Rondes de printemps. "Images" pour orchestre no. 3 par Claude Debussy. Partition d'orchestre . . .
Paris, A. Durand & fils, [etc.], ^c1910. Publ. no. D. & F. 7387. 1 p. l., 56 p. fol.

M1003.D28

Degner, Erich Wolf, 1858–1908.

Ouverture für orchester und orgel componirt von E. W. Degner. Partitur . . .
Leipzig, J. Rieter-Biedermann, ^c1895. Publ. no. 2036. 42 p. fol.

M1005.D31

. . . Serenade für flöte, oboe, altoboe, clarinette, bassclarinette, fagott, 2 hörner und streichinstrumente. Partitur . . .
Leipzig, C. F. W. Siegel (R. Linnemann), [190—] Publ. no. 15002. 39 p. fol.
At head of title: Erich Wolf Degner ausgewählte werke.

M1003.D3

Dehaan, Willem, 1849–

. . . Zwei symphonische sätze für orchester. a. Fahrt zum Hades. b. Elysium. Componirt von Willem de Haan, Op. 14. Partitur . . .
Mainz, B. Schott's söhne [188–], Publ. no. 24562. 1 p. l., 27 p. fol.

M1045.D322Z9

Delaborde, Élie Miriam.

. . . Morceau romantique pour piano et orchestre d'instruments à cordes (double quatuor au minimum) par E. M. Delaborde. Op. 3. . . .

Paris, V. Durdilly, [188-?]. Publ. no. D. 4374. 40 p. fol.

Cover title.

M1010.D332

Deldevez, Edouard Marie Ernest, 1817–1897.

. . . Ouverture de concert. E. M. E. Deldevez. Op. 1. Partition.

Paris, Richault et Cie, [185-?]. Publ. no. D. 59. 1 p. l., 51 p. 4°.

Composed 1838, published before 1860.

M1004.D34508

. . . 1ère. symphonie de E. M. Deldevez. Op. 2. Partition.

Paris, Richault, [185-?]. Publ. no. D. 60. 1 p. l., 135 p. 4°.

Composed 1839, published before 1860.

M1001.D34

. . . Robert Bruce. Grande ouverture. Composée par E. M. Ernest Deldevez. Op. 3. Partition . . .

Paris, S. Richault, [185-?]. Publ. no. D. 61. 1 p. l., 60 p. fol.

Composed 1847, published before 1860.

M1004.D345R6

. . . 2e symphonie in stile maestoso par E. M. E. Deldevez. Op. 8. Grande partition . . .

Paris, S. Richault, [185-?]. Publ. no. D. 67. 1 p. l., 155 p. fol.

Finished 1855, published before 1860.

M1001.D341

Symphonie héroë-comique d'après le poème de Vert-Vert de Gresset, par E. M. E. Deldevez. No. 3. Op. 15.

Paris, S. Richault. Publ. no. D. 68. 2 p. l., 160 p. fol.

M1001.D343

. . . Ouverture de l'opéra Le violon enchanté. Musique de E. M. E. Deldevez. (Op: 20). Partition . . .

Paris, S. Richault, [185-?]. Publ. no. D. 62. 1 p. l., 49 p. fol.

Finished 1855, published before 1860.

M1004.D345V5

Deldevez—Continued.

Suite de pièces caractéristiques (Rêveries Dinnanaises) pour orchestre par E. M. E. Deldevez. (Op. 26bis.) Partition . . .

Paris, S. Richault, [*188–?*]. *Publ. no. D. 77. 1 p. l., iii,* [*1*], *91 p. fol.*

On p. i table of contents headed: "Une journie à Dinan—1871"; on p. iii short explanatory notes concerning the instrumentation.

M1003.D34

Suite de ballets pour orchestre par E. M. E. Deldevez. Op. 27. Partition . . .

Paris, S. Richault, [*188–?*]. *Publ. no. D. 80. 1 p. l., 184 p. fol.*

Caption titles of the single movements:

No. 1. La leçon de danse. (Scène tirée de Vert-vert, ballet en 3 actes, 1851.)

No. 2. Galop des fous. (La dansomanie à Bedlam.) Tiré du ballet: Lady Henriette—1844.

No. 3. Andante et intermezzo. (Tirée du ballet Eucharis 1844.)

No. 4. Bacchanale aux Flambeaux. (Tirée du ballet Eucharis 1844.)

No. 5. Entr'acte. Contredanse francaise. (Extrait du ballet Paquita 1846.)

No. 6. Pas des manteaux. Gitanos. (Tiré du ballet Paquita 1846.)

M1003.D342

Delibes, (Clément Philibert) Léo, 1836–1891.

[Jean de Nivelle] Acte II. Entr'-acte.

Paris, Heugel et fils, [*1890?*] *Publ. no. H. 6794. 5 p., paged 225–229. fol.*

The opera was first performed at Paris, 1880.

M1004.D353J4

Kassya, opéra en 4 actes: Tempo di Mazur—Entr'acte—prélude (acte II). 1er. tableau—Polonaise. 2e. tableau—Ballet.

[*Paris, Heugel et Cie.*] *Publ. no., H. et Cie. 9139. 4 v. p. 133–151, 293–300, 402–425, 443–494. fol.*

Four extracts from the full score. The opera was first performed at Paris, 1893.

M1505.D55K4

Lakmé. Airs de danse—Entr'acte (acte II). Entr'acte (acte III)

[*Paris, Heugel et Cie. 189–.*] *Publ. no. H. 7675. 3 v. p. 152–157, 208–245, 380–388. fol.*

Extracts from the full score of the opera, first performed at Paris, 1883.

M1505.D55L3

Delibes—Continued.

Le roi l'a dit. Opéra comique en 5 actes. Ouverture. Léo Delibes.

Paris, Henri Heugel, [1883]. *Publ. no. H. 7710.* 29 p. *p. t.* *fol.*

M1004.D353R5

Le roi s'amuse. (Scène du bal). Six airs de danse dans le style ancien composés pour le drame de Victor Hugo. 1. Gaillarde. 2. Pavan. 3. Scène du bouquet. 4. Les-quercarde. 5. Madrigal. 6. Passepied. . . . Musique de Léo Delibes. Suite d'orchestre. Partition.

Paris, Henri Heugel, 1884. Publ. no. H. 7644. 1 p. l., 52 p. *4°.*

M1003.D346

. . . Sylvia. Ballet. 1. Prélude. 2. Intermezzo et valse lente. 3. Pizzicati. 4. Cortège de Bacchus. Suite d' orchestre de Léo Delibes. Partition orchestre . . .

Paris, Heugel et fils, [ca. 1880]. *Publ. no. 6577* 1 p. l., 105 p. *4°.*

Cover title.

M1003.D348

Delius, Frederick, 1863–

Appalachia. Variationen über ein altes sklavenlied mit schlusschor für grosses orchester. Musik von Frederick Delius . . .

Berlin. Harmonie, ᶜ1906. *Publ. no. 170.* 100 p. *fol.*

M1002.D35

. . . Klavierkonzert mit orchester. Partitur.

Berlin, Harmonie [etc.], ᶜ1907. 61 p. *fol.*

M1010.D355

. . . Paris. Ein nachtstück (The song of a great city) für grosses orchester komponiert von Frederick Delius. Par-titur . . .

Leipzig, F. E. C. Leuckart, ᶜ1909. *Publ. no. F. E. C. L., 6320.* 66 p. *fol.*

M1045.D355P3

. . . Brigg Fair. An English rhapsody. Partitur. . . .

Leipzig, F. E. C. Leuckart, ᶜ1910. *Publ. no. F. E. C. L. 6511.* 39 p. *fol.*

Not a copyright deposit. In caption, p. 5. "1907," on p. 3 the poem in English and German. At head of title: "Fred-erick Delius. Orchester werke."

M1002.D35B8

Delius—Continued.

... A dance rhapsody. Partitur ...
*Leipzig, F. E. C. Leuckart, ᶜ1910. Publ. no. F. E. C. L.
6607. 40 p. fol.*
At head of title: "Frederick Delius. Orchesterwerke." In caption, p. 3, "1908." Not a copyright deposit.
M1045.D355D3

Delune, Louis, 1876–

... Variationen und fuge in altem style über ein thema
von G. F. Händel für streich-orchester, op. 7. Partitur.
*Bruxelles, Breitkopf & Härtel [etc], ᶜ1908. Publ. no. 7.
23 p. fol.*
M1145.D365

Dente, Joseph.

... Symfoni D moll komponerad för stor orkester af
Joseph Dente. Partitur.
*Stockholm, Musikaliska Konstföreningen, [1890]. Publ. no.
M. K. 47. 155 p. 4°.*
M1001.D42

Deswert, Jules, 1843–1891

... 1er concerto (Ré mineur) pour violoncelle avec ac-
compagnement d'orchestre ou de piano composé par
Jules de Swert, Op. 32. ...
*Mayence, Les fils de B. Schott [etc.], [187–]. Publ. no. 21282.
1 p. l., 61 p. 4°.*
M1016.D47

Deppe, Ludwig, 1828–1890.

Ouverture zu Th. Körner's Zriny für grosses orchester von
Ludwig Deppe. Op. 4. Partitur ...
*Berlin & Posen [etc.], Ed. Bote & G. Bock, [1877]. Publ.
no. 11413. 1 p. l., 47 p. 4°.*
M1004.D423Z8

Diemer, Louis, 1843–

Concert-stück pour violon et orchestre par Louis Diémer.
Op. 33. ... Part on d'orchestre. ...
*Paris, J. Hamelle, Ancienne maison J. Maho, [ca. 1895].
Publ. no. J. 3366 H. 55 p. fol.*
M1012.D45

Dietrich, Albert (Hermann), 1829–1908.

Sinfonie (in D-moll) für grosses orchester componirt von
Albert Dietrich. Op. 20. Partitur ...
*Leipzig und Winterthur, J. Rieter-Biedermann, [1870]. Publ.
no. 638. 1 p. l., 275 p. 4°.*
M1001.D566

Dietrich—Continued.

   . . . Normannenfahrt. Ouverture für grosses orchester von Albert Dietrich. Op. 26. Partitur . . .
Leipzig, und Winterthur, J. Rieter-Biedermann, [1872]. Publ. no. 694. 71 p. 4°.

                                M1004.D566N6

Einleitung u. Romanze. Concertstück für horn (od. violoncell) mit begleitung des orchesters (od. pianoforte) componirt von Albert Dietrich. Op. 27. Partitur . . .
Hamburg, Hugo Pohle, [1873]. Publ. no. H. P. 156. 37 p. 4°.

                                M1028.D56

Ouverture (C-Dur) für grosses orchester componirt von Albert Dietrich. Op. 35. Partitur . . .
Leipzig u. Winterthur, J. Rieter-Biedermann, [1882]. Publ. no. 1204. 35 p. fol.

                                M1004.D56609

Dittersdorf, Carl Ditters von, 1739–1799.

   Ausgewählte orchesterwerke von Carl Ditters von Dittersdorf. Zur centenarfeier des todestages Dittersdorfs 1799—31 October—1899 herausgegeben von Josef Liebeskind . . .
Leipzig, Gebrüder Reinecke, [1899]. Publ. no. G. 867R. 10 v. fol.

      I. Abtheilung. Die sechs vorhandene sinfonien nach Ovids Metamorphosen:
         Bd. I. Die vier weltalter. C dur.
           II. Der Sturz Phaëtons. D dur.
           III. Verwandlung Actaeons in einen hirsch G dur.
           IV. Die rettung der Andromeda durch Perseus F dur.
           V. Verwandlung der lykischen bauern in frösche A dur.
           VI. Die versteinerung des Phineus und seiner freunde D dur.
      II. Abtheilung . . .
         Bd. VII. Sinfonie F dur.
           VIII. Sinfonie Es dur.
           IX. Ouverture zu dem oratorium "Esther" F dur und: Musique pour un petit ballet en forme d'une contre—danse D dur.
           X. Divertimento: "Il combattimento dell' umane passioni D dur.

                                M1001.D614

Sinfonie in C dur von Carl von Dittersdorf für die akademischen orchesterconcerte in Leipzig eingericht et von Hermann Kretzschmar. Partitur . . .
Leipzig, Breitkopf & Haertel, ᶜ1896. Publ. no. Part. B. 938. 1 p. l., 39 p. fol.

                                M1001.D618

Dohnányi, Ernst von, 1877–

Concert (E moll) für pianoforte und orchester componirt von Ernst von Dohnányi. Op. 5. Partitur . . .
Wien, Ludwig Doblinger (Bernhard Herzmansky), [&c.], ᶜ1904. 122 p. fol.

M1010.D65 Op. 5

Symphonie in D-moll für grosses orchester von Ernst von Dohnanyi. [Op. 9.] Partitur . . .
London, Schott & Co., [etc], [1903]. Publ. no. 27233. 1 p. l., 181 p. fol.

M1001.D656

Konzertstück, D dur, für violoncell mit orchester von Ernst von Dohnányi, Op. 12. Partitur . . .
Wein, Ludwig Doblinger (Bernhard Herzmansky), [etc], ᶜ1906. Publ. no. D. 3466. 59 p. fol.

M1016.D656

Suite für orchester aus der pantomime "Der schleier der Pierrette" von Ernst von Dohnányi. Op. 18. Nr. 1. Pierrots liebesklage . . . Nr. 2. Walzer-Reigen . . . Nr. 3 Lustiger trauermarsch . . . Nr. 4. Hochzeitswalzer . . . Nr. 5. Menuett . . . Nr. 6. Pierrettens wahnsinns-tanz . . .
Leipzig: Ludwig Doblinger (Bernhard Herzmansky), ᶜ1910. fol.

L. C. has: Nr. 4. ᶜ1910. Also the complete score of the pantomime.

M1003.D6583

Donaudy, Stefano, 1879–

. . . Sperduti nel buio. Fantasia. Istrumentazione de Giovanni Pennacchio.
Milano, G. Ricordi & C., [etc], ᶜ1907. 50 p. fol. (Biblioteca dei corpi di musica. Serie XXI. N. 274.)
Band score.

M1258.D678

Donizetti, Gaetano, 1797–1848.

Mars funebru din opera "Don Sebastian".
See Ivanovici, I. Marsuri funebre.

Doppler, (Albert) Franz, 1821–1883.

. . . Neue ungarische tänze für das pianoforte zu vier händen von Heinrich Hofmann und Franz Doppler. Neue ausgabe. Heft I. No. 1–3. . . . Heft II. No. 4–6. . . . Heft III. No. 7–9. . . . Heft IV. No. 10–12. . . . Für orchester. Partitur. . . .
Berlin, Ries & Erler, [188–]. Publ. no. 108. 22 p. fol.
Only two numbers arranged for orchestra, numbered 1 and 2.

M1047.H713

Dorn, Heinrich (Ludwig Edmund), 1804–1892.

Ouverture zur oper "Die Nibelungen" für orchester von Heinrich Dorn. Partitur . . .

Berlin & Posen, Ed. Bote & G. Bock, [1885]. Publ. no. 3072. 54 p. 4°.

M1004.D713N4

Douglas, Shipley.

Grand selection—"Scotland for ever!" Selected & arranged by Shipley Douglas . . .

London & New York, Boosey & Co. ᶜ1907. 45 p. 4°. (Boosey & Co's brass & reed band journal.)

M1258.D738

Draeseke, Felix (August Bernhard), 1835–

Symphonie in G dur für orchester componirt von Felix Draeseke. Op. 12. Partitur. . . .

Leipzig, C. F. Kahnt, [etc.], [1873]. Publ. no. 1683. 1 p. l., 232 p. 4°.

M1001.D75

Symphonie (No. 2 F dur) für grosses orchester von Felix Draeseke. Op. 25. Partitur . . .

Leipzig, Fr. Kistner, [etc.], [1884]. Publ. no. 6449. 1 p. l., 177 p. fol.

M1001.D752

. . . Concert (Es dur) für pianoforte mit begleitung des orchesters von Felix Draeseke. Op. 36. Orchesterpartitur . . .

Leipzig, Fr. Kistner, [1887]. Publ. no. 7005. 139 p. fol.

M1010.D75 Op. 36

Symphonia tragica für grosses orchester componirt von Felix Draeseke. Op. 40. Partitur . . .

Leipzig, Fr. Kistner, [etc.], [1887]. Publ no. 7052. 179 p. fol.

M1001.D754

. . . Symphonisches vorspiel zu Calderon's "Das leben ein traum" für grosses orchester von Felix Draeseke. Op. 45. Partitur . . .

Leipzig, Fr. Kistner, [1884]. Publ. no. 7270. 67 p. fol.

M1004.D758L4

. . . Serenade (D dur) für orchester componirt von Felix Draeseke. Op. 49. Partitur . . .

Leipzig, Fr. Kistner, [1889]. Publ. no. 7273. 54 p. fol.

M1003.D75

Draeseke—Continued.

. . . Symphonisches vorspiel zu Heinrich von Kleist's "Penthesilea" für grosses orchester von Felix Draeseke. Op. 50. Partitur . . .
Leipzig, Fr. Kistner, [1889]. Publ. no. 7276. 72 p. fol.
M1004.D758P4

. . . Jubiläums-fest-marsch für grosses orchester von Felix Draeseke. Op. 54. Partitur . . .
Dresden, L. Hoffarth, [1892]. Publ. no. 665a. 47 p. fol.
M1046.D758J8

Jubel-Ouverture für grosses orchester . . . componirt von Felix Draeseke. Op. 65. Partitur . . .
Leipzig, etc., Breitkopf & Härtel, ᶜ1898. Publ. no. Part. B. 1140. 55 p. fol.
M1004.D758J9

Trauer-marsch für grosses orchester. Den in Africa gefallenen deutschen kriegern zum gedenken von Felix Draeseke. Op. 78. [79].
Leipzig, Rob. Forberg, ᶜ1907. Publ. no. 5961. 17 p. fol.
M1046.D758T8

Dresser, Anastasius W., 1845–1907.
Erste symphonie von A. W. Dresser. Op. 3. Partitur.
Leipzig, Heinrich Matthes, [1865]. Publ. no. 14. 1 p. l., 55 p. 4°.
M1001.D771

Dubois, (François Clément) Théodore, 1837–
. . . Adonis. Poëme symphonique en 3 parties. 1. La mort d'Adonis . . . 2. Déploration des nymphes . . . 3. Réveil d'Adonis . . . par Théodore Dubois . . .
Paris, Heugel & Cie., ᶜ1907. Publ. no. H. & Cie. 22414. 84 p. fol.
Cover title.
M1002.D815

Andante cantabile pour violoncelle avec accompagnement d'orchestre par Théodore Dubois. Partition d'orchestre . . .
Paris, Heugel & Cie., ᶜ1899. Publ. no. H. & Cie. 19682. 46 p. 4°.
M1016.D81

. . . Cavatine pour cor avec accompagnement de petit orchestre. Partition d'orchestre. . . .
Paris, Heugel & Cie, ᶜ1911. Publ. no. H. & Cie, 25020. 1 p. l., 11 p. 4°.
Name of composer at head of title.
M1024.D82

Dubois—Continued.

. . . Concerto pour violon avec accompagnement d'orchestre par Théodore Dubois. Partition d'orchestre . . .
Paris, Heugel et Cie., ᶜ1898. 1 p. l., 98 p. Publ. no. H. & Cie. 19006. fol.

M1012.D816

Deux petites pièces pour orchestre à cordes par Théodore Dubois. Partition d'orchestre . . .
Paris, Heugel et Cie., ᶜ1897. Publ. no. H. et Cie. 18810. 7 p. 4°.

M1145.D79

. . . Deux pièces en forme canonique pour hautbois, violoncelle et piano par Théodore Dubois . . . Avec accompt. de quatuor. . . .
Paris, Heugel & Cie., ᶜ(1900) 1901. Publ. no. H. et Cie. 20672. 9 p. fol.

M1105.D82

. . . Deux pièces pour violon avec accompagnement de piano. I. Andante. II. Scherzo-valse . . .   Par Théodore Dubois. Partition d'orchestre . . .
Paris, Heugel & Cie., ᶜ(1905) 1906. Publ. nos. H. & Cie. 22463, 22465. 2 v. 1 p. l., 19, 27 p. 4°.

M1012.D813

. . . Deux pièces pour violoncelle solo avec accompagnement de petit orchestre. I. Entr'acte—Rigaudon de Xavière . . . II. Esquisse. Partition d'orchestre . . .
Paris, Heugel & Cie., ᶜ1901. Publ. nos. H. & cie. 20716, 20714. 2 v. in 1. 8, 7 p. 4°.
     Name of composer at head of title.

M1016.D813

. . . 2me. concerto pour piano et orchestre par Théodore Dubois. Partition d'orchestre . . .
Paris, Heugel et Cie., ᶜ1897–1898. Publ. no. H. et Cie. 18848. 1 p. l., 120 p. fol.

M1010.D8 No. 2

. . . Deuxième suite pour instruments à vent. I. Ronde des archers. II. Chanson lesbienne. III. Petite valse. IV. Stella matutina. V. Menuet—par Théodore Dubois. La partition seule . . .
Paris, Alphonse Leduc [189–]. Publ. no. A. L. 9928. 2 p. l., 31 p. 4°
     (Bibliothèque Leduc, No. 334.)

M1203.D838

Dubois—Continued.

. . . Entr'acte-Rigaudon de Xavière pour quatuor ou
orchestre à cordes.   Partition . . .
*Paris, Heugel & Cie., ᶜ1909.   Publ. no. H. & Cie 24286.
4 p. 4°.*
Cover title.

M1160.D8

. . . Fantaisie pour harpe et orchestre par Théodore Dubois
Partition d'orchestre . . .
Paris, Heugel & Cie., ᶜ1903.   Publ. no. 21477.   70 p. fol.

M1036.D82

. . . Fantaisie triomphale for grand organ and orchestra
composed expressly for the inauguration of the Chicago
Auditorium by Th. Dubois . . . Orchestra score . . .
*Chicago, Clayton F. Summy, ᶜ1890.   Publ. no. 4.   1 p. l.,
32 p. fol.*

M1005.D81

La Farandole.   Ballet de l'opéra.   Suite d'orchestre.   1.
Les tambourinaires.   2. Les âmes infidèles.   3. La Pro-
vençale.   4. Sylvine.   5. Farandole fantastique.   Par
Théodore Dubois.   Partition d'orchestre . . .
*Paris, Henri Heugel, [1883].   Publ. no. H. 7809.   1 p. l.
81 p. 4°.*

M1003.D81F3

Intermède symphonique de Notre Dame de la Mer.
Poème légendaire de Théodore Dubois.   Partition d'orchestre . . .
*Paris. Heugel & Cie., ᶜ1901.   Publ. no. H. & Cie. 20392.
30 p. fol.*

M1045.D816N5

Méditation-Prière pour quatuor a cordes, hautbois, orgue et
harpe ou piano par Th. Dubois.   Partition . . .
*Paris, G. Hartmann & Cie [ca. 1899].   Publ. no. G. H. et
Cie. 1925.   1 p. l., 8 p. 4°.*

M1045.D816M4

Nocturne pour violoncelle avec accompagnement d'orchestre par Théodore Dubois.   Partition d'orchestre . . .
*Paris, Heugel & Cie, ᶜ1906.   Publ. no. H. & C. 22467.
1 p. l., 20 p. 4°.*

M1016.D815

Dubois—Continued.

. . . Ouverture de Frithjof . . . [No. 2] . . .   Théodore
Dubois.
*Paris, Heugel & Cie, c1894. Publ. no. H. & Cie. 9706.
43 p. fol.*

M1004.D816F7

Ouverture symphonique. [No. 3] [par] Théodore Dubois.
*Paris, Heugel & Cie, c1894. Publ. no. H. & Cie. 9709.
49 p. fol.*

M1004.D81689

Petits rêves d'enfants. Pour quatuor ou orchestre à cordes
par Théodore Dubois.
*Paris, Heugel & Cie, c1903. Publ. no. H. et Cie, 21772.
5 p. fol.*

M452.D816

Première suite pour instruments à vent. No. 1. Petite
mazurka. No. 2. Canzonetta. No. 3. Chaconne. Par
Théodore Dubois. Partition d'orchestre . . .
*Paris, Heugel & Cie., c1898. Publ. no. 19254. 3 v. in 1.
1 p. l., 21, 21, 21 p. 4°.*

M1203.D828

Suite miniature pour petit orchestre par Théodore Dubois.
Partition d'orchestre . . .
*Paris, Heugel et Cie., c1897. Publ. no. H. et Cie. 18807.
1 p. l., 31 p. 4°.*

M1003.D8185

. . . Suite villageoise . . . Partition d'orchestre . . .
*Paris, Heugel et Cie., c1894. Publ. no. H. & Cie. 9712.
1 p. l., 93 p. fol.*

M1003.D8186

Symphonie française . . .
*Paris, Heugel & Cie, c1908. Publ. no. H. & Cie. 23947.
195 p. fol.*

M1001.D817

Trois airs de ballet. I. Tempo di valzo. II. Allegretto.
III. Saltarello. Par Théodore Dubois. Partition
d'orchestre . . .
*Paris, Heugel et Cie [1894]. Publ. no. H. & Cie. 9715. 45 p.
fol.*

M1003.D81T6

Dubois—Continued.

... Trois petites pièces pour orchestre formant suite de concert par Th. Dubois. La partition ...

Paris, Alphonse Leduc [187-]. *Publ. no. A. L. 6746. 1 p. l., 31 p. 4°. (Bibliothèque-Leduc no. 73)*

M1045.D816T7

Xavière. Idylle dramatique en 3 actes de Th. Dubois: I. Entr'acte-Rigaudon. II. Danses cévenoles. III. Marche des batteurs.

Paris, Heugel & Cie, ᶜ1896. Publ. nos. H. & Cie. 9980, 9998, 9995. 3 v. 1 p. l., 7, 25, 20 p. fol.

M1505.D92X4

Du Bois, Léon, 1849- .

.. Aspiration. Adagio pour orchestre d'instruments à cordes. Leon Du Bois.

Liège, Ve. Léop. Muraille. Publ. no. 188-9. 9 p. 8°.

M1145.D815

Dukas, Paul, 1865-

Polyeucte. Ouverture pour la tragédie de Corneille par Paul Dukas. Partition d'orchestre ...

Paris, A. Durand & fils [etc.], ᶜ1910. Publ. no. D. & F. 7446. 47 p. fol.

Not a copr. deposit. Composed "1891"

M.1004.D87P5

Polyeucte. Ouverture pour la tragédie de Corneille par Paul Dukas ... Partition d'orchestre, format de poche ...

Paris, A. Durand & fils [etc.], ᶜ1910. Publ. no. A. D. & F. 7696. 47 p. 8°.

Not a copr. deposit.

M1004.D87P52

L'apprenti sorcier. Scherzo d'apres une ballade de Goethe par Paul Dukas. Partition d'orchestre ...

Paris, A. Durand & fils, [1897]. Publ. no. D. & F. 5302. 1 p. l., 74 p. fol.

M1002.D87

... Symphonie en Ut majeur. Partition ...

Paris, Rouart Lerolle & cie., [1908]. Publ. no.. R. L. & Cie. 4707. 1 p. l., 215 p. 8°.

M1001.D88

"The Duke of York's short troop." Bearbeitet von Adolph Reckzeh ... Full score for orchestra.

See Zwei altenglische short troops.

M2.M9

Duparc, Henri (Fouque), 1848–

. . . Aux étoiles. (Entracte pour un drame inédit). Partition . . .
Paris, Rouart, Lerolle & Cie., °*1911. Publ. no. R. L. 9679 & Cie. 19 p. 4°.*

Name of composer at head of title.

M1505.D94A8

. . . Lenore. Symphonische dichtung nach Bürger's ballade für orchester componirt von Henri Duparc. Partitur . . .
Leipzig, F. E. C. Leuckart, [*1884?*]. *Publ. no. F. E. C. L. 4794. 50 p. fol.*

M1002.D911L4

Dupont, Auguste, 1827–1890.

Concertstück (Ballade et minuetto-scherzo) pour piano avec accompagnement d'orchestre par Aug. Dupont. Op. 42 . . .
Mayence, Les fils de B. Schott, [*etc.*], [*1885*]. *Publ. no. 23043. 1 p. l., 49 p. fol.*

M1010.D93 Op. 42

Concerto (en Fa-min.) pour piano et orchestre par Auguste Dupont. Op. 49. Partition . . .
Mayence, B. Schott's söhne, [*etc*], [*1882*]. *Publ. no. 23285. 1 p. l., 163 p. 4°.*

M1010.D93 Op. 49

Rondes ardennaises pour orchestre par Auguste Dupont. Op. 59. Partition . . .
Leipzig, Aug. Cranz, [*etc.*], [*188–*]. *Publ. no. C. 40254. 63 p. fol.*

M1045.D938R7

Dupont, Gabriel, 1869–

. . . Le chant de la destinée.
Paris, Heugel & Cie., °*1908. Publ. no. H. et Cie. 23113. 59 p. fol.*

M1002.D93

Les heures dolentes. 1. a, Epigraphe. b, La mort rode. 2. Des enfants jouent au jardin. 3. Nuit blanche. Hallucinations. Partition d'orchestre. Gabriel Dupont.
Paris, Heugel & cie., °*1907. Publ. no. H. & Cie. 23793. 113 p. fol.*

M1003.D938

Duprato, (Jules) Laurent (Anacharsis), 1827–1892.
Symphonie en Si bémol majeur par J. Duprato.
Paris, V. Durdilly & Cie. [*1886*]. *Publ. no. V. D. et Cie. 759.*
2 p. l., 229 p. 4°.
Cover title.

M1001.D942

Duvernoy, (Victor) Alphonse, 1842–1907.
. . . Fantaisie. Pour piano et orchestre par Alphonse
Duvernoy . . . Partition d'orchestre . . .
Paris, Heugel & Cie., ᶜ1906. Publ. no. H. & Cie. 22645.
169 p. fol.
Cover title.

M1010.D96

Pièces orchestrales par Alphonse Duvernoy. 1. Moment
musical. 2. Marche funèbre. 3. Air de ballet. 4.
Scherzo symphonique. 5. Crépuscule. 6. Scherzettino.
Paris, Heugel & cie. [*1893*]. *Publ. nos. H. & Cie. 9154,*
9155, 9156, 9157, 9520, 9527. 6 v. in 1. 1 p. l., 15, 14,
23, 49, 15, 20 p. 4°.

M1045.D985P5

Dvořák, Antonin, 1841–1904.
Romanze für violine mit begleitung des orchesters von
Anton Dvořák. Op. 11. Partitur.
Berlin, N. Simrock, 1879. Publ. no. 8141. 55 p. 4°.

M1012.D97 Op. 11

. . . Serenade (E dur) für streich-orchester. Partitur.
(Op. 22) . . .
Berlin, Ed. Bote & G. Bock, [*1879*]. *Publ. no. 12137. 1 p. l.,*
48 p. fol.

M1103.D98 Op. 22

Ouverture de l'opéra Wanda par Anton Dvořák. Op. 25.
Partitur . . .
Leipzig, Aug. Cranz, [*etc.*], [*188–*]. *Publ. no. 35694. 41 p.*
fol.

M1004.D989W4

Concert für pianoforte und orchester von Anton Dvořák.
Op. 33. Partitur . . .
Breslau, Julius Hainauer, [*etc.*], [*1883*]. *Publ. no. J.*
2578H. 91 p. fol.

M1010.D98 Op. 33

Suite für das orchester componirt von Anton Dvořák.
Op. 39. Partitur . . .
Berlin, Schlesinger (Rob. Lienau), [*1881*]. *Publ. no. S. 7377.*
69 p. 4°.

M1003.D984

Dvořák—Continued.

Notturno für streichorchester componirt von Ant. Dvořák. Op. 40. Partitur . . .

Berlin, Ed. Bote & G. Bock, [1883]. Publ. no. 12838. 7 p. 4°.

Cover title.

M1145.D98

. . . Slavische rhapsodien für grosses orchester von Anton Dvořák. Op. 45. Partitur . . .

Berlin, N. Simrock, 1879. Publ. no. 8077. 63 p. fol.

M1045.D98884

Slavische tänze für orchester von . . . Ant. Dvořák. Erste sammlung (Op. 46 Heft 1, No. 1 bis 4) Zweite sammlung (Op. 46 Heft II, No. 5 bis 8) Dritte sammlung (Op. 72 Heft I, No. 1 bis 4) Vierte sammlung (Op. 72 Heft II, No. 5 bis 8) Partitur . . .

Berlin, N. Simrock, 1887. Publ. nos. 8050, 8051, 8786, 8788. 2 vols. 136, 110 p. 4°.

M1047.D9884

. . . Mazurek für violine mit begleitung des orchesters von Anton Dvořák. Op. 49. Partitur . . .

Berlin, N. Simrock, 1879. Publ. no. 8144. 27 p. 4°.

M1012.D97   Op. 49

. . . Concert für violine mit begleitung des orchesters von Anton Dvořák. Op. 53. Partitur.

Berlin, N. Simrock, 1883. Publ. no. 8329. 211 p. 4°.

M1012.D97   Op. 53

. . . Legenden für orchester von Anton Dvořák. Op. 59. Erste sammlung (No. 1–5) Zweite sammlung (No. 6–10). Partitur.

Berlin, N. Simrock, 1882. Publ. no. 8266–67. 2 v. in 1. 114, 101 p. 4°.

M1045.D988L3

Symphonie (D dur) für grosses orchester von Anton Dvořák. Op. 60. Partitur.

Berlin, N. Simrock, °1882. Publ. no. 8245. 140 p. fol.

M1001.D98

Mein heim. Ouvertüre für grosses orchester von Anton Dvořák. Op. 62. Partitur . . .

Berlin, N. Simrock, 1882. Publ. no. 8306. 69 p. 4°.

Cover title.

M1004.D989M3

Dvořák—Continued.

Scherzo capriccioso für grosses orchester von Anton Dvořák.
Op. 66. Partitur . . .
*Berlin, Ed. Bote & G. Bock, [1884]. Publ. no. 12893. 102
p. 4°.*

M1045.D98882

Husitska. Dramatische ouvertüre für grosses orchester
. . . von Anton Dvořák. Op. 67. Partitur . . .
Berlin, N. Simrock, 1884. Publ. no. 8445. 103 p. 4°.

M1004.D989H9

Symphonie (No. 2, D moll) für grosses orchester von Anton
Dvořák. Op. 70. Partitur.
Berlin, N. Simrock, [1885]. Publ. no. 8604. 139 p. fol.

M1001.D982

Symphonie (No. 3 F dur) für grosses orchester von Ant.
Dvořák. Op. 76. Partitur.
Berlin, N. Simrock, 1888. Publ. no. 8909. 82 p. fol.
Composed 1875 as Op. 24I

M1001.D984

Symphonische variationen über ein original-thema für
grosses orchester von Anton Dvořák. Op. 78. Partitur.
Berlin, N. Simrock, [1888]. Publ. no. 8860. 53 p. fol.
Cover title. Composed 1877 as op. 271

M1003.D988

Symphony No. 4 in G major for full orchestra. Composed
by Antonin Dvořák. (Op. 88.) Full score.
*London, Novello, Ewer & Co., [etc.], ᶜ1892. Publ. no. 9231.
1 p. l., 178 p. fol.*

M1001.D986

In der natur. "Vpřírodě." Ouvertüre für grosses orches-
ter von Ant. Dvořák. Op. 91. Partitur . . .
Berlin, N. Simrock, ᶜ1894. Publ. no. 10100. 91 p. 4°.
Cover title.

M1004.D989V3

Carneval. Ouvertüre für orchester von Ant. Dvořák. Op.
92. Partitur . . .
Berlin, N. Simrock, ᶜ1894. Publ. no. 10103. 82 p. 4°.

M1004.D989C2

Otello. Ouvertüre für grosses orchester von Ant. Dvořák.
Op. 93. Partitur . . .
Berlin, N. Simrock, ᶜ1894. Publ. no. 10106. 75 p. 4°.
Cover title.

M1004.D98905

Dvořák—Continued.

Rondo für violoncell mit begleitung des orchesters von Ant.
Dvořák. Op. 94. Partitur . . .
Berlin, N. Simrock, [1894]. Publ. no. 10109. 27 p. 4°.
                                        M1016.D986

Aus der neuen welt.   "Z nového světa."   Symphonie (No.
5, E moll) für grosses orchester von Anton Dvořák.   Op.
95.   Partitur . . .
Berlin, N. Simrock, °1894. Publ. no. 10139. 79 p. fol.
                                        M1001.D988

. . . Concert für violoncell mit begleitung des orchesters von
A. Dvořák. Op. 104. Partitur . . .
Berlin, N. Simrock, [1896]. Publ. no. 10548. 79 p. fol.
                                        M1016.D984

Der wassermann.   (Vodnik).   Symphonische dichtung nach
der volkssage von K. Jaromir Erben.   Op. 107.
Berlin, N. Simrock, 1896. Publ. no. 10724. 86 p. fol.
                                        M1002.D98W5

Die mittagshexe.   (Polednice).   Symphonische dichtung
nach der volkssage von K. Jaromir Erben für grosses orchester von Ant. Dvořák.   Op. 108.   Partitur.
Berlin, N. Simrock, °1896. Publ. no. 10726. 38p. fol.
With Der wassermann. Op. 107.
                                        M1002.D98W5

Das goldene spinnrad.   (Zlaty kolovrat).   Symphonische
dichtung nach der volkssage von K. Jaromir Erben für
grosses orchester von Ant. Dvořák.   Op. 109.   Partitur.
Berlin, N. Simrock. °1896. Publ. no. 10728. 86p. fol.
With Der wassermann. Op. 107.
                                        M1002.D98W5

Die waldtaube.   (The wild dove).   Symphonisches gedicht
nach der gleichnamigen ballade von K. Jaromir Erben.
Op. 110.
Berlin, N. Simrock, 1898. Publ. no. 11194. 59 p. fol.
                                        M1002.D

Heldenlied.   (Heroic song.)   Op. 111.
Berlin, N. Simrock, 1898. Publ. no. 11195. 87 p. fol.
                                        M1002.D98H3

Waldesruhe.   (Klid.)   Adagie für violoncell mit begleitung
des orchesters von Anton Dvořák . . .
Berlin, N. Simrock, °1894. Publ. no. 10112. 11 p. 4°.
                                        M1016.D99

Eckhold, Richard.
.. Concertstück für violine mit begleitung des orchesters (harfe ad libitum) oder des klaviers von Richard Eckhold. Op. 5. Partitur ...
Leipzig, Breitkopf & Härtel, [1883]. Publ. no. 16542. 11 p. 4°.

M1012.E19 Op. 5

Edwards, Julian, 1858–1910.
... Prelude to King René's daughter. Lyric drama by Julian Edwards.
Cincinnati, etc., The John Church co., ᶜ1895. Publ. no. 11374-15. 17 p. fol.

M1004.E262K5

Ehlert, Louis, 1825–1884.
Hafis-ouverture für orchester componirt von Louis Ehlert. Op. 21. Partitur ...
Breslau, F. E. C. Leuckart (Constantin Sander), [1857]. Publ. no. F. E. C. L. 1145. 2 p. l., 56 p. 4°.

M1004.E333H2

Ehrenberg, Carl.
... Nachtlied (nach Fr. Nietzsche) für violine und orchester von Carl Ehrenberg. Op. 14. Partitur.
Leipzig, F. E. C. Leuchart, ᶜ1911. Publ. no. F. E. C. L. 6697. 22 p. fol.
> On p. 2 the "Nachtlied" in Fr. Nietzsche's "Also sprach Zarathustra."
> Not a copyright deposit.

M1012.E33

Eichner, Ernst, 1740–1777.
Sinfonia a 8 (1771) op. 7 (op. 8). Ernst Eichner.
See Sinfonien der pfalzbayerischen schule (Mannheimer symphoniker) II, 2, p. 147–179.

M2.D4

Elgar, *Sir* Edward (William), 1857–
... The wand of youth, music to a child's play. (First suite.) Composed by Edward Elgar. Op. 1a ...
London, Novello & co., ᶜ1908. 2 p. l., 82 p. fol.

M1003.E42

... The wand of youth. Music to a child's play. (Second suite.) Composed by Edward Elgar. Op. 1b. Full score ...
London, Novello & Co., Ltd., ᶜ1908. Publ. no. 12729. 104 p. fol.

M1003.E423

Elgar—Continued.

. . . Mazurka for orchestra composed by Edward Elgar. (Op. 10, No. 1.) Full score.
London, Novello & Co., Ltd., [etc.], ^c1899. Publ. no. 10934. 1 p. l., 23 p. fol.

M1049.E41

. . . Serenade mauresque for orchestra. Composed by Edward Elgar. (Op. 10, No. 2.) Full score.
London, Novello & Co., Ltd., [etc.], ^c1899. Publ. no. 10935. 1 p. l. 24 p. fol.

M1003.E43

. . . Contrasts (The gavotte, A. D. 1700 & 1900) for orchestra composed by Edward Elgar. (Op. 10, No. 3.) Full score.
London, Novello & Co., Ltd., [etc.], ^c1899. Publ. no. 10936. 25 p. fol.

M1045.E41C7

Sursum corda (Elévation). Adagio solenne for strings, brass & organ composed by Edward Elgar. Op. 11. Score . .
Mayence, B. Schott's söhne, [etc.], [1902]. Publ. no. 26896. 1 p. l. 19 p. fol.

M1045.E41S7

Chanson de nuit for small orchestra composed by Edward Elgar. (Op. 15, No. 1.) Full score.
London, Novello & Co., Ltd., [etc.], ^c1901. Publ. no. 11257. 11 p. 4°.

M1045.E41C4

Chanson de matin for small orchestra composed by Edward Elgar. (Op. 15, No. 2) Full score.
London, Novello & co., ltd., ^c1901. Publ. no. 11258. 16 p. 4°.

M1045.E41C3

. . . Froissart. Concert overture for orchestra composed by Edward Elgar. (Op. 19.) Full score.
London, Novello & co., ltd., etc., ^c1901. Publ. no. 11191. 64 p. fol.

M1004.E412F8

. . . Serenade für streichorchester componirt von Edward Elgar. Op. 20. Partitur . . .
Leipzig, [etc.], Breitkopf & Härtel, ^c1893. Publ. no. 19877. 15 p. fol.

M1103.E42 Op. 20

Elgar—Continued.

Imperial march for full orchestra composed by Edward Elgar. (Op. 32) Full score . . .
London, [etc.], Novello & Co., Ltd., ᶜ1902. 19 p. fol.

M1046.E41I6

Triumphal march from Caractacus composed by Edward Elgar. [Op. 35.]
London, [etc.], Novello & Co., Ltd., ᶜ1905. 28 p. fol.

M1046.E41T8

Variations on an original theme for orchestra composed by Edward Elgar. (Op. 36) Full score.
London, Novello & Co., Ltd., [etc.], ᶜ1899. 1 p. l., 128 p fol.

M1003.E426

Variations on an original theme for orchestra composed by Edward Elgar. (Op. 36) Full score.
London, Novello & Co., Ltd., [etc.], ᶜ1899. 2 p. l., 128 p. 12°.
Student's edition.

M1003.E428

Intermezzo for small orchestra (Woodwind, drums, and strings) from the variations on an original theme composed by Edward Elgar. (Op. 36) Full score.
London, [etc.], Novello & Co., ltd., ᶜ1901. Paged 57–73. fol.

M1045.E41I7

. . . Pomp and circumstance. Military marches . . . by Edward Elgar. (Op. 39) Full orchestral score.
London, Boosey & Co., [1907]. 4 v. Publ. no. fol.
Library has:
No. 1 in D. ᶜ1902. 1 p. l., 26 p.
No. 2 in A minor. ᶜ1902. Publ. no. H. 3413. 1 p. l., 16 p.
No. 3 in C minor. ᶜ1905. Publ. no. H. 4643. 1 p. l., 32 p.
No. 4 in G. ᶜ1907. Publ. no. H. 5494. 27 p.

M1046.E41P6

. . . Pomp and circumstance. Military marches for full orchestra. No. 1 in D. No. 2 in A minor. No. 3 in C minor. No. 4 in G . . . by Edward Elgar, (Op. 39) . . .
London, [etc.], Boosey & co., ᶜ1907. Publ. no. H. 3413, H. 4643, H. 5494. 4 v. 26, 16, 32, 27 p. 8°.
Miniature edition.

M1046.E41P7

Elgar—Continued.

... Cockaigne. (In London town). Concert overture for
full orchestra. Composed by Edward Elgar. (Op. 40)
Full orchestral score ...
*London, Boosey & co., ᶜ1901. Publ. no. 101 H. 3239 70 p.
Publ. no. 101. fol.*

M1004.E41206

Dream children. (Charles Lamb). Two pieces for pianoforte or small orchestra by Edward Elgar. Op. 43.
Orchestral score. ·
*London, Joseph Williams, ltd., [etc.], ᶜ1902. Publ. no.
50779. 31 p. 4°.*

M1002.E41D7

Introduction and allegro for strings (quartet and orchestra)
composed by Edward Elgar. (Op. 47)
*London, Novello & co., ltd., [etc.], ᶜ1905. Publ. no. 12130.
1 p. l., 56 p. fol.*

M1105.E42

... In the South. (Alassio). Concert overture for orchestra composed by Edward Elgar. (Op. 50.)
*London, Novello & co., etc., ᶜ1904. Publ. no. 11990. 1 p. l.,
98 p. fol.*

M1004.E41215

Canto popolare. (In moonlight). Arranged for small
orchestra from the concert-overture In the South. (Op.
50) by Edward Elgar ...
*London, Novello & Co., Ltd., [etc.], ᶜ1905. Publ. no. 12037.
1 p. l., 11 p. fol.*

M1060.E42

Symphony for full orchestra composed by Edward Elgar.
Op. 55.
London, Novello & Co., ltd., ᶜ1908. 170 p. 8°.

M1001.E42

Elegy for strings composed by Edward Elgar. (Op. 58)
Score.
*London, Novello & Co., Ltd., [etc.], ᶜ1910. Publ. no. 13128.
1 p. l., 4 p. 4°.*

M1145.E4

... Concerto for violin and orchestra composed by Edward
Elgar. (Op. 61.)
London, Novello & Co., Ltd., ᶜ1910. 1 p. l., 99 p. 12°.

M1012.E41

Elgar—Continued.

Symphony No. 2 (in E flat) for full orchestra composed by Edward Elgar. (Op. 63).

London, Novello and Company, Limited, [etc], ᶜ1911. 2 p. l., 184 p. 8°.

M1001.E422

Serenade from "The wand of youth" (1st suite.) Composed by Edward Elgar. Arranged by John Pointer.

London, Novello & Co., ltd., ᶜ1910. Publ. no. 13063. 4 p. fol.

Caption title.

M1060.E43

Sérénade lyrique. Mélodie pour petit orchestre par Edward Elgar. Orchestral score. . . .

London, Chappell & Co., Ltd., [etc.], ᶜ1899, 1900. Publ. no. 20875. 19 p. fol.

Cover title.

M1003.E424

Ellerton, John Lodge, 1807–1873.

Wald-symphonie in D moll, No. 3, für grosses orchester componirt von J. L. Ellerton. Op. 120. Partitur.

Leipzig, Breitkopf & Härtel, [1861]. Publ. no. 10311. 3 p. l. 160 p. 4°.

M1001.E45

Elsenheimer, Nicholas J., 1866–

. . . Scherz und ernst. Eine unterhaltung zwischen herrn Pizzicato und fräulein Sordina. Eine komposition für streichorchester. . . . N. J. Elsenheimer.

Cincinnati, [etc.], John Church Co., ᶜ1894. Publ. no. 995–14 T. 4 p. fol.

Cover title.

M1145.E49

Enesco, Georges, 1882–

. . . Poème roumain. (Op. 1.) Pour orchestre. Partition d'orchestre . . .

Paris, Enoch & co., ᶜ1899. Publ. no. E. & C. 3638. 1 p. l., 140 p. fol.

M1002.E56

Enna, August, 1860–

Fantasie über themen der oper Cleopatra von August Enna. Für grosses orchester eingerichtet von Gustave Sandré . . . Partitur . . .

Leipzig, etc., Breitkopf & Härtel, ᶜ1896. Publ. no. Part. B. 937. 45 p. fol.

M1075.E77

Enna—Continued.

... H. C. Anderson. Eine festouvertüre.

Leipzig, Breitkopf & Härtel, c1905. Publ. no. Part. B.
1928. 47 p. fol.

M1004.E59H2

... Märchen. Symphonische bilder für orchester von
August Enna. Partitur ...

Leipzig, [etc.], Breitkopf & Härtel, c1905. Publ. no. Part. B.
1929. 126 p. fol.

M1002.E59

... Ouverture zu der oper Cleopatra von August Enna.
Ausgabe für den concertgebrauch. Partitur ...

Leipzig, [etc.], Breitkopf & Härtel, c1895. Publ. no. Part.
B. 929. 37 p. fol.

M1004.E59C5

... Ouverture zur oper Heisse liebe von August Enna.
Partitur ...

Leipzig, etc., Breitkopf & Härtel, c1903. Publ. no. Part. B.
1821. 32 p. fol.

M1004.E59H3

Das streichholzmädel. (The little match girl). Musikalisches
märchen von August Enna. Text nach N. G. Andersen
... Ouverture. Partitur ...

Leipzig, etc., Breitkopf & Härtel, c1900. Publ. no. Part. B.
1616. 23 p. fol.

M1004.E59S5

Erb, Maria Joseph, 1860–

... Suite (D moll), Praeludium—Gavotte—Canzone—
Marsch, für grosses orchester componirt von M. J. Erb.
Op. 29. Partitur ...

Leipzig, Gebrüder Reinecke [1893]. Publ. no. G. 124 R. 1
p. l., 43 p. fol.

M1003.E65

Erdmannsdörfer, Max (von), 1848–1905

Vorspiel zu Brachvogel's trauerspiel Narziss für orchester
componirt von Max Erdmannsdörfer. Op. 17. Partitur ...

Leipzig, Robert Seitz, [187–]. Publ. no. R. S. 408. 1 p. l.,
92 p. 4°.

M1004.E662N3

Ouverture zu Prinzessin Ilse für orchester componirt von
Max Erdmannsdörfer. Partitur. ...

Leipzig-Weimar, Robert Seitz, [1872]. Publ. no. R. S. 187.
3 p. l. 107 p. 4°.

On 3d p. l. the program.

M1004.E662P7

Erichs, H.

Rhapsodie hongroise. H. Erichs. Op. 241.
*Hannover, Louis Oertel [etc], [1906]. Publ. no. L. 2844 O.
43 p. fol.*
Caption title.

M1045.E68 Op. 241

Erkel, Ferencz, 1810–1893.

. . . Ouverture zur oper Hunyady László für orchester von
Franz Erkel. Partitur . . .
*Budapest und Leipzig, Rozsavölgyi & co., [1902]. Publ.
no. R & Co. 2822. 94 p. 4°.*

M1004.E694H9

Erlanger, Friedrich d', 1868–

Concerto pour violon avec accompagnement d'orchestre ou
de piano par Fr. d'Erlanger. Op. 17. Partition d'orchestre . . .
*Hambourg et Leipzig, D. Rahter, [1903]. Publ. no. 2048.
96 p. fol.*

M1012.E69 Op. 17

Andante symphonique pour violoncelle par Fr. d'Erlanger.
Op. 18. Partition d'orchestre. . . .
*Hamburg et Leipzig, D. Rahter, °1903. Publ. no. 2285. 31
p. fol.*
Cover title. Not a copyright deposit.

M1016.E69.

Ernst II, duke of Saxe-Coburg-Gotha, 1818–1893.

Ouverture zu Santa-Chiara. Grosse romantische oper in
drei aufzügen componirt von E. H. z. S. Partitur . . .
*Braunschweig, Henry Litolff, [etc.], [1856]. Publ. no. 1276.
56 p. 4°.*

M1004.E7283

Ertel, (Jean) Paul, 1865–

. . . Die tragödie des menschen. Eine symphonische
dichtung für grosses orchester und orgel in form eines
präludiums und einer tripelfuge nach drei cartons von
Sascha Schneider komponiert von Paul Ertel. Op. 9.
Partitur . . .
Leipzig, C. F. Kahnt, °1905. Publ. no. 4447. 70 p. fol.

M1002.E72T8

Belsazar. Sinfonische dichtung für grosses orchester von
Paul Ertel, Op. 12. Partitur . . .
Leipzig, D. Rahter, [1905]. Publ. no. 2587. 39 p. fol.

M1002.E72B4

Ertel—Continued.

Die nächtliche heerschau. Sinfonische dichtung für grosses orchester (nach dem gedicht des Ch. von Zedlitz) von Paul Ertel, Op. 16. Partitur . . .

Berlin, Ed. Bote & G. Bock, c1907. Publ. no. 15968. 1 p.l., 48 p. fol.

M1002.E72N2

. . . Hero und Leander. Des meeres und der liebe wellen. (Schiller-Grillparzer.) Sinfonische dichtung für grosses orchester. Partitur. . . . (Op. 20.)

Leipzig, Otto Junne [etc.], c1908. Publ. no. O. J. 4430. 1 p.l. 68 p. fol.

M1002.E72H5

Esser, Heinrich, 1818–1872.

Sinfonie in D moll für grosses orchester componirt . . . von Heinrich Esser. . . . 44tes werk.

Mainz, B. Schott's Söhne, [etc.], [185-.] Publ. no. 12985. 1 p. l., 183 p. 4°.

M1001.E78

. . . Suite in fünf sätzen für grosses orchester. No. 1. Introduction. No. 2. Andante pensieroso. No. 3. Scherzo. No. 4. Allegretto grazioso. No. 5. Finale. Von Heinrich Esser. Op. 70. Partitur . . .

Mainz, B. Schott's Söhne, [etc.], [1865]. Publ. no. 18280. 1 p. l., 184 p. 4°.

M1003.E78

. . . Suite No. 2 (A moll) in vier sätzen für grosses orchester. No. 1. Introduction. No. 2. Allegretto . . . No. 3. Thema con variazioni. No. 4. Finale. Von Heinrich Esser. Op. 75. Partitur . . .

Mainz, B. Schott's Söhne, [etc.], [1866]. Publ. no. 18801. 1 p. l., 163 p. 4°.

M1003.E782

Sinfonie (H moll) von Heinrich Esser. Op. 79. Partitur . . .

Mainz, B. Schott's Söhne, [etc.], [1870]. Publ. no. 20000. 2 p. l., 208 p. 4°.

M1001.E784

Faccio, Franco, 1840–1891.

Sinfonia in Fa di F. Faccio.

Mss., 190-. 1 v. unpaged. fol.

M1001.F138

Fairchild, Blair.

. . . East and West. Poème pour orchestre par Blair
Fairchild . . . Partition d'orchestre.
Paris, F. Durdilly, ᶜ*1908. Publ. no. C. 5921H. 1 p. l.,
30 p. fol.*

M1002.F165

Falchi, Stanislao, 1855–

. . . Giulio Cesare. Overtura alla tragedia di Shakespeare.
S. Falchi.
*Milano, [etc.], G. Ricordi & co. Publ. no. 51550. 1 p. l.,
55 p. 8°. (Biblioteca del Sinfonista.)*

M1004.F178G4

Fanchetti, G.

. . . Pizzicato-arabeske. (Op. 6.) Partitur . . .
Chemnitz, E. P. C. Langer, [etc.], ᶜ*1894. Publ. no. 4. 7 p.
fol.*

Cover title.

M1145.F22

Fauré, Gabriel (Urban), 1845–

Berceuse pour violon solo (ou violoncelle solo) avec accom-
pagnement d'orchestre par Gabriel Fauré. Op. 16 . . .
Paris, J. Hamelle, [188–]. Publ. no. J. 4297 H. 11 p. 4°.
Cover title.

M1012.F26 Op. 16

Romance sans paroles pour violoncello (ou violon) solo avec
accompagnement de petit orchestre, op. 17, No. 3. Partition . . .
Paris, J. Hamelle, [1898]. Publ. no. J. 3751 H. 15 p. 4°.

M1016.F26

Ballade pour piano par Gabriel Fauré, op. 19.
Paris, J. Hamelle, [1902]. Publ. no. J. 4663 H. 59 p. 4°.

M1010.F26 Op. 19

. . . Élégie pour violoncello et piano par Gabriel Fauré,
Op. 24 . . .
Paris, J. Hamelle, [1901]. Publ. no. J. 4718 H. 19 p. 4°.

M1016.F25

. . . Pavane pour orchestre et chœur (ad libitum) par
Gabriel Fauré. Op. 50 . . .
Paris, J. Hamelle, [1901]. Publ. no. J. 4727 H. 23 p. 4°.
Cover title.

M1048.F26

Fauré—Continued.

. . . Dolly. Op. 56. Suite orchestrée par H. Rabaud. Nos.
1. Berceuse. 2. Mi-a-ou. 3. Le jardin de Dolly. 4.
Kitty-valse. 5. Tendresse. 6. Le pas espagnol. Partition d'orchestre . . .
Paris, J. Hamelle, [1907]. Publ. no. J. 5466 H. 71 p. 4°.

M1060.F265

Pelleas et Mélisande. Suite d'orchestre tirée de la musique
de scène de Gabriel Fauré. Op. 80. No. 1. Prélude.
No. 2. Fileuse. No. 3. Molto adagio. Partition d'orch.
*Paris, J. Hamelle, [1901]. Publ. no. J. 4754 (2) H. 53
p. 4°.*

M1003.F265

Fechner, A. M.

. . . Marcia Savoia. Istrumentazione di Giovanni Pen-
nacchio.
*Milano, [etc.], G. Ricordi & C., ᶜ1903. Publ. no. 109171.
1 p. l., 12 p. fol. (Biblioteca dei corpi di musica, Serie
XVII, N. 227.)*
Cover title.

M1260.F298

Fehnenberger, J.

Symphonische ouverture (in modo d' una passacaglia quasi
fantasia) zu Joseph Viktor von Scheffel's dichtung Bergpsalmen . . . von J. Fehnenberger. Op. 2. Partitur.
Baden-Baden, Emil Sommermeyer, [1886]. 11 p. fol.
Hofmeister, bd. xi has "Werner's lieder" as op. 2.

M1004.F29B3

Ferrante, Vincenzo.

Fantasia una sera d'aprile 1906 a New York. La catas-
trofe di San Francisco. Omaggio a Sua Ecczz. Roessel-
vet, Presidente della Repubblica Argentina. [!!] Gra-
vina di Puglia. Maestro Vincenzo Ferrante.
Mss. 1 v. unpaged. obl. 8°.

M1045.F375F3

Ferroni, Vincenzo, 1858–

. . . Ariosto. Ouverture pour grand orchestre composée
par Vincenzo Ferroni. Op. 7. "Cette ouverture a
obtenu le premier prix avec la plus grande distinction au
concours de Laeken-Bruxelles." Partition. . . .
*Hannover, Louis Oertel [etc], [1903]. Publ. no. L. 2401 O.
42 p. fol.*
Cover title.
French followed by title in English and German.

M1004.F396A8

Ferroni—Continued.

... Rapsodie espagnole par Vincenzo Ferroni. Op. 8.
Partition. ...
*Hannover, Louis Oertel [etc], [1894]. Publ. no. L. 2457 O.
44 p. fol.* ·

M1045.F379 Op. 8

Fétis, François Joseph, 1784–1871.

Ouverture de concert à grand orchestre par F. J. Fétis.
Partition ...
*Brunswick, Henry Litolff, [etc.], [1856]. 2 p. l., 95 p. 4°.
(Edition no. 1235.)*

M1004.F425

1re symphonie à grand orchestre par Fr. Jos. Fétis.
Bruxelles, Schott Frères, [etc.], [1864]. 1 p. l., 196 p. 4°.

M1001.F41

Fibich, Zdeněk, 1850–1900. ·

Othello. Symfonická báseň pro velký orchestr složil ...
Zdenko Fibich. Op. 6.
*Náklad skladatele ... Selbstverlag. Auth. u. Truck Em.
Starý & Co. in Prag. 55 p. fol.*

M1002.F443

Nevěska Messinská (Die braut von Messina). Tragická
opera o 3 jednáních. Dle Schillerovy tragoedie ...
Napsal von Dor. O. Hostinský ... budbu složil ...
Zdeněk Fibich. Op. 18. I. Obraz: Smuteční pochod—
Trauermarsch. Partitura . .
*V Praze, Fr. A. Urbánek, [1885]. Publ. no. U. 168. 16 p.
fol.*
First performed at Prague, 1883.

M1505.F42N5

Ouvertura ... Noc na Karlštejně. Jar. Vrchlický. Une
nuit à Carlstein. ... Pour grand orchestre par Zdeněk
Fibich. Op. 26.
*V Praze, Fr. A. Urbánek, [1886]. Publ. no. U. 311. 53 p.
4°.*

M1004.F442N6

II. symphonie Es-dur pro velký orchestr. ... Složil ...
Zdeněk Fibich. Op. 38.
*Praze, Fr. A. Urbánek, ʿ1911. Publ. no. U. 1259. 175 p.
fol.*
On p. 3 the copyright date is given as 1910.

M1001.F445 Op. 38

Fibich—Continued.

V podvečer (Am abend) . . . Selanka pro orkestr složil
Zdenko Fibich. Op. 39.

V Praze, Fr. A. Urbánek, [1896]. Publ. no. U. 933. 47 p. 4°.

M1045.F443V7

Fielitz, Alexander von, 1860-

. . . Vier·stimmungsbilder . . . Op. 37.

*Leipzig, Breitkopf & Härtel, °1901. Publ. no. Part. B. 964.
1 p. l. 41 p. fol.*

Cover title. Composer's name at head of title.

M1045.F463V4

Fillmore, John Comfort, 1843-1898.

Indian fantasia, No. 1, for full orchestra. J. C. Fillmore.
Mss. 12 p. fol.

Copyright office stamp, July 30, 1890.

M1045.F48716

Filtz, Anton, ca. 1735-1760.

Sinfonia a 8. Anton Filtz, op. 2. V.
See Sinfonien der pfalzbayerischen schule (Mannheimer
symphoniker) I, 1. p. 155-175.

M2.D4

Sinfonia a 8. Anton Filtz, op. 2. VI.
See Sinfonien der pfalzbayerischen schule (Mannheimer
symphoniker) I, 1. p. 176-198.

M2.D4

Sinfonia a 8. Anton Filtz, Sinfonie périodique No. 2.
See Sinfonien der pfalzbayerischen schule (Mannheimer
symphoniker) I, 1. p. 135-154.

M2.D4

Sinfonia a 11. Anton Filtz, Sinf. périodique No. 10.
[D dur.]
See Sinfonien der pfalzbayerischen schule (Mannheimer
symphoniker). II, 1. p. 93-116.

M2.D4

Fischel, Adolf, 1810-

. . . Fest-ouverture für grosses orchester componirt von
Adolf Fischel. Partitur.
*Berlin & Posen, Ed. Bote & G. Bock [etc], [1881]. Publ. no.
12547. 53 p. fol.*

M1004.F529F4

Fischer, Johann Caspar Ferdinand, 1650–1746.

    Le journal du printems consistant en airs, balets à 5. parties, & les trompettes à plaisir . . . par Jean Gaspar Fischer . . . Œuvre premiere.

    Augsbourg, Kroniger, 1695.

            See Fischer, J. C. F. *and* Schmicorer, J. A.   Orchestermusik des XVII. jahrhunderts.

                              M2.D39

    . . . Präludium, aria und fuga. (Aus dessen neugesammelten werken ausgewählt und bearbeitet von Hugo Rahner). . . .

    Leipzig, [etc.], Breitkopf & Härtel, ᶜ1903. 15 p. fol. (B. & H.'s partitur-bibliothek, 1764.)

                              M1160.F52

Fischer, Johann Caspar Ferdinand, 1650–1746, *and* **Schmicorer**, J. A., *fl.* in the 17th c.

    Orchestermusik des XVII. jahrhunderts. I. Journal de printemps von Johann Caspar Ferdinand Fischer. II. Zodiacus von D. [!]. A. S.   Herausgegeben von Ernst von Werra.

    Leipzig, Breitkopf & Härtel, 1902. XVII, [5]–148 p., facsims. fol. (D. deutsch. T., 10. bd.)

        Complete reprint of the 8 suites in Fischer's "Journal" (1695), and of the 12 suites in J. A. S. "Zodiacus."

                              M2.D39

Fischer, Karl August, 1828–1892.

    In memoriam. Symphonie für orchester und orgel von Carl Aug. Fischer. Op. 28. Partitur . . .

    Leipzig, J. H. Robolsky, [1889]. 137 p. fol.

                            M1001.F532

    . . . Symphonie für orchester und orgel von Carl Aug. Fischer. Op. 30. Partitur.

    Dresden, L. Hoffarth, [1887]. 166 p. fol.

        Cover title.

                            M1001.F534

    . . . Künstler-carneval. (Ouverture, ball, marsch und finale.) Suite für grosses orchester componirt von Carl Aug. Fischer. Op. 31. Partitur.

    Leipzig, J. H. Robolsky, [1888]. Publ. no. E. S. 288. 283 p. 4°.

                            M1003.F52

    . . . Symphonisches tonstück für grosses orchester mit orgel von Carl Aug. Fischer. Op. 32. Partitur. . . .

    Leipzig, Verlag von J. H. Robolsky, [1889]. 44 p. fol.

                            M1005.F52

Fitelberg, Gregor, 1879–

Symphonie en Mi mineur pour grand orchestre composée
par G. Fitelberg. Op. 16. Partition . . .
Leipzig, Breitkopf & Haertel, [etc.], ᶜ*1905. Publ. no. Part.
B. 1905. 1 p. 140 p. fol.*

M1001.F54

. . . "Das lied vom falken" Tondichtung für grosses
orchester (nach Gorki) . . . Partitur . . . [Op. 18.]
Berlin, Albert Stahl, [etc.], [*1907*]. *41 p. fol.*
German title followed by Russian.

M1002.F546L5

Fitzenhagen, Wilhelm (Karl Friederich), 1848–1890.

. . . Resignation. Geistliches lied ohne worte für das
violoncell mit begleitung des orchesters von Wilhelm
Fitzhagen. Op. 8. Partitur.
Leipzig, Breitkopf & Härtel, [*1893*]. *Publ. no. 13483.
7 p. 4°.*
First published with publ. no. 13483 in 1874.

M1016.F56 Op. 8

Floersheim, Otto, 1853–

. . . Consolation. Symphonischer satz für streichorches-
ter, holzbläser und hörner. Partitur . . .
Leipzig, [etc.], *Breitkopf & Härtel,* ᶜ(*1897*) *1901. Publ. no.
Part. B. 1638. 1 p. l., 16 p. fol.*

M1145.F628C7

. . . Consolation. Symphonischer satz für streichorches-
ter, holzbläser und hörner. Partitur . . .
Leipzig, [etc.], *Breitkopf & Härtel,* ᶜ*1901. Publ. no. Part.
B. 1638. 1 p. l., 16 p. fol.*

M1102.F62

Suite miniature. Liebesnovelle . . . für grosses orchester
von Otto Floersheim. 1. Serenade . . . 2. Idylle . . .
3. Auf dem ball . . . 4. Geständnis . . . 5. Glücksrausch . . . 6. Brautzug . . . Partitur . . .
Leipzig, Breitkopf & Härtel, [etc.], ᶜ*1897. Publ. no. Part. B.
1112. 1 p. l., 53 p. fol.*

M1003.F61

Flon, Philippe.

. . . Riquet. Ballet en deux actes. Suite d'orchestre. 1.
Introduction et scène des fiancés. 2. Prélude du rêve
d'amour. 3. Scène et valse du rêve. 4. Les noces de
Riquet et Apothéose . . .
Paris, Heugel & Cie., ᶜ*1907. Publ. no. H. & Cie. 23428.
127 p. fol.*
Cover title.

M1003.F63

Floridia (-Napolino), Pietro, 1860–

... La colonia libera. Intermezzo. Istrumentazione di
Giovanni Pennacchio.
*Milano, [etc.], G. Ricordi & C., ᶜ1903. Publ. no. 108051.
1 p. l., 37 p. fol. (Biblioteca dei corpi di musica civili e
militari, Serie XVI, N. 212.)*
Band score. Cover title.

M1268.F638

Flotow, Friedrich, freiherr von, 1812–1883.

Ouverture für orchester zur oper Rübezahl von Fr. von
Flotow. Partitur.
*Offenbach a/M., Joh. André, [1875]. Publ. no. 11513.
1 p. l. 40 p. 4°.*
Cover title.

M1004.F641R8

Flügel, Gustav, 1812–1900.

Concert-ouverture No. 1. C moll für orchester componirt ... von Gustav Flügel. Op. 26. Partitur ...
1849.
*Leipzig, T. Trautwein (J. Guttentag). Publ. no. 275.
67 p. 4°.*

M1004.F64607

Foerster, Adolphe Martin, 1854–

... Thusnelda. Characterstück nach Karl Schäfer's gleichnamigem gedicht für grosses Orchester componiert von
Ad. M. Foerster. Op. 10.
*Leipzig, J. Rieter-Biedermann, [1881]. Publ. no. 1157.
19 p. fol.*

M1002.F654

... Dedication march for full orchestra. Composed for
the dedication of Carnegie Music Hall ... Pittsburg, Pa.
... Op. 43. Partitur ...
New York, [etc.], Breitkopf & Härtel, ᶜ1899. 45 p. fol.

M1046.F654D4

Förster, Alban, 1849–

Gedenkblatt für horn (oder violoncell) mit begleitung des
orchesters ... von Alban Förster. Op. 93. Partitur ...
Leipzig, D. Rahter, [1885]. Publ. no. 2436. 7 p. fol.

M1028.F65

Zigeuners haide-lied. [Op. 151.] Partitur ...
*Bayreuth, Carl Giessel junior (E. F. Steinacker, Leipzig),
ᶜ1900. Publ. no. 126. 15 p. fol.*

M1002.F659

Förster—Continued.

Erste symphonie (E-dur) für grosses orchester componirt von Alban Förster. Partitur . . .

Halle, a/S., Richter & Hopf, [1888]. Publ. no. 9. 1 p. l., 145 p. fol.

M1001.F652

. . . Festmarsch von Alban Foerster. Orchesterparti tur . . .

Bayreuth, Carl Giessel junior, ᶜ1900. Publ. no. 173. 23 p. fol.

M1046.F655F5

Förster, Christoph, 1693–1745.

. . . Suite mit ouvertüre in G dur für 2 violinen, viola und violoncell (Streichorchester). Christoph Förster (1693–1745). Bearbeitung von Hugo Riemann.

Leipzig, [etc.], Breitkopf & Härtel, [1906]. Publ. no. K. M. 1633/34. 15 p. fol. parts. ("Collegium musicum" . . . hrsg. von . . . Hugo Riemann. No. 22.)

M2.R5

Foerster, Josef B., 1869–

Meine jugend. Symphonisches stimmungsbild für orchester von Jos. B. Foerster. Op. 44 . . .

Wien, "Universal-edition" Aktiengesellschaft, [etc.], ᶜ1910. Publ. no. U. E. 2814. 1 p. l., 49 p. fol. (Universal-edition. No. 2814.)

M1002.F66 Op. 44

Der spielmann. Phantastisches ballet von Josef Foerster. Orchester-partituren: No. 1. Mazurka. No. 2. Violin-solo. No. 3. Scene und walzer. No. 4. I. Finale.

Wien, Th. Rättig, [1882]. Various pagination. fol.

M1003.F73

Foote, Arthur (William), 1853–

. . . Symphonischer prolog: "Francesca da Rimini" . . . für grosses orchester von Arthur Foote. Op. 24.

Boston & Leipzig, Arthur P. Schmidt, ᶜ1892. Publ. no. A. P. S. 2838. 79 p. 4°.

M1004.F671F8

. . . Serenade in E dur für streichorchester (Praeludium-Air-Intermezzo-Romanze-Gavotte) von Arthur Foote. Op. 25.

Boston & Leipzig, Arthur P. Schmidt, ᶜ1892. Publ. no. 2810. 27 p. 4°.

M1103.F68 Op. 25

Foote—Continued.

Suite in D moll für grosses orcnester von Arthur Foote Op. 36. Partitur . . .

Boston, Arthur P. Schmidt, [etc.], ᶜ1896. Publ. no. A. P. S. 4105. 168 p. 4°.

M1003.F668

. . . Suite in E dur (Praeludium—pizzicato und adagietto-fuge) für streich-orchester von Arthur Foote. Op. 63. Partitur . . .

Boston, [etc.], Arthur P. Schmidt, ᶜ1909. Publ. no. 8480. 30 p. 4°.

M1103.F68 Op. 63

Foroni, Jacopo, 1825–1858.

Tre ouvertures per grande orchestra di Jacopo Foroni. Partitura . . .

Milano, [etc.], G. Ricordi & C., [ca. 1845]. Publ. nos. T.22657 T., T. 22658 T., T. 22659 T. 3 v. 46, 55, 52 p. fol.

N. 1 in DO minore. N. 2 in MI minore. N. 3 in LA maggiore. 2d. Edizione.

M1004.F727T8

Forsyth, Cecil.

. . . Concerto (en Sol mineur) pour viola et orchestre ou piano par Cecil Forsyth . . . Partition d'orchestre . . .

London, Schott & Co., [etc.], [1910] Publ. no. 27459. 1 p. l., 128 p. fol.

"Allegro—Staubedruck."

M1014.F78

Fouque, (Pierre) Octave, 1844–1883.

Variations symphoniques sur un air béarnais. Introduction et thème. Andantino pizzicato. Danse rustique. Adagio, intermède et marche. Andante finale. Composée pour orchestre par Octave Fouque. Partition d'orchestre . . .

Paris, Heugel et Fils, [1881]. Publ. no. H. 7149. 1 p. l., 66 p. 4°.

M1003.F772

Fournier, Paul.

Toccata. Etude symphonique par Paul Fournier. (Op. 20.) Partition d'orchestre . . .

Paris, A. Durand & fils, [1900]. Publ. no. D. & F. 5669. 1 p. l., 39 p. fol.

M1045.F775T6

Franchetti, Alberto, Baron, 1860–

La figlia di Iorio. Fantasia. Atto 1. Istrumentazione di G. Pennacchio. [By] A. Franchetti.
Milano, G. Ricordi & c., ᶜ*1907. 66 p. fol.* (*Biblioteca dei corpi di musica. Serie XX, N. 265.*)

Band score.

M1268.F828

La figlia di Iorio. Fantasia. Atto .2. Istrumentazione di P. Nevi. [By] A. Franchetti.
Milano, G. Ricordi & c., [*etc.*], ᶜ*1907. 61 p. fol.* (*Biblioteca dei Corpi di musica. Serie XX, N. 266.*)

Band score.

M1268.F838

. . . Cristoforo Colombo. Preludio dell' epilogo. Istrumentazione di Giuseppe Mariani.
Milano, G. Ricordi & C., [*etc.*], ᶜ*1903. Publ. no. 109172. 1 p. l., 11 p. fol.* (*Biblioteca dei corpi di musica, Serie XVII, N. 228.*

Band score. Cover title.

M1268.F818

. . . Germania. Epilogo. Istrumentazione di David Bolognesi.
Milano, G. Ricordi & C., [*etc.*], ᶜ*1903. Publ. no. 109173. 1 p. l., 51 p. fol.* (*Biblioteca dei corpi di musica. Serie XVII, N. 229.*)

Band score. Cover title.

M1268.F848

. . . Germania. Fantasia. Istrumentazione di Giovanni Pennacchio.
Milano, G. Ricordi & C., [*etc.*], ᶜ*1903. Publ. no. 108053. 1 p. l., 54 p. fol.* (*Biblioteca dei corpi di musica civili e militari. Serie XVI, N. 214.*)

Band score. Cover title.

M1268.F878

. . . Germania di A. Franchetti. Intermezzo sinfonico. Istrumentazione di Pio Nevi.
Milano, G. Ricordi & C., [*etc.*], ᶜ*1903. Publ. no. 108601. 26 p. fol.* (*Biblioteca dei corpi di musica.*)

Band score. Cover title.

M1268.F868

Franchetti—Continued.

. . . Germania. Quadro II. Istrumentazione di Giovanni Moranzoni.

Milano, G. Ricordi & C., [etc.], ᶜ1903. Publ. no. 108052. 1 p. l., 51 p. fol. (Biblioteca dei corpi di musica civili e militari. Serie XVI, N. 213.)

Band score. Cover title.

M1268.F858

Nella foresta nera. Impressione sinfonica per orchestra. Partitura d' orchestre . . .

Milano, [etc.], G. Ricordi & c., ᶜ1900. Publ. no. 103580. 1 p. l., 27 p. fol.

M1002.F816

. . . Nella foresta nera. Impressione sinfonica. Istrumentazione di Alessandro Peroni.

Milano, G. Ricordi & C., [etc.], ᵇ1911. Publ. no. h.113616h. 1 p. l. 33 p. fol. (Biblioteca dei corpi di musica. Serie XXIV., N. 312.)

Band score. Cover title.

M1258.F738

. . . Il signor di Pourceaugnac. Fantasia. Istrumentazione di Giovanni Pennacchio.

Milano, G. Ricordi, [etc.], ᶜ1909. Publ. no. 112780. 1 p. l., 56 p. fol. (Biblioteca dei Corpi di musica. Serie XXII, N. 286.)

Band score. Cover title.

M1268.F888

Sinfonia in Mi minore per orchestra di Alberto Franchetti. Partitura . . .

Milani, G. Ricordi & C., [etc.]. Publ. no. 53580. 1 p. l., 104 p. fol.

M1001.F81

Franck, César (Auguste), 1822–1890.

Le Chasseur Maudit. Poème symphonique. Musique de César Franck.

Paris, Léon Grus [188-]. Publ. no. L. G. 3814. 83 p. fol.

Composed 1882.

M1002.F822

Les Djinns. Poème symphonique pour piano et orchestre. César Franck.

Paris, Enoch frères & Costallat, [1893]. Publ. no. E. F. & C. 2152. 1 p. l., 95 p. 4°.

Caption title.

M1010.F822

Franck, C.—Continued.

... Les Éolides. Poème symphonique. Partition d'orchestre ...

Paris, Enoch frères & Costallat, [1893]. . *Publ. no. E. F. & C. 2141. 67 p. 4°.*

M1002.F823

... Nocturne. No. 1. en Fa♯ mineur. No. 2 en Re♯ mineur (ton original). No. 2 bis en Mi♭ mineur (ton de l'orchestre). ... Poésie de L. de Fourcaud. Musique de César Franck. Partition d'orchestre. ...

Paris, Enoch & Cie [etc], ᶜ1900. Publ. no. E. & C. 5782. 15 p. 4°.

> Not a copyright deposit.
> Orchestration by J. Guy Ropartz.

M1060.F822

Psyche. Poëme symphonique pour orchestre et choeurs [par] César Franck.

Paris, Le Bailly (O. Bornemann Sucr.), ᶜ1900. Publ. no. 4289. 52 p. fol.

M1002.F826

Symphonie [en Re mineur] pour orchestre par César Franck ...

Paris, J. Hamelle [189–]. Publ. no. J. 3059 H. 1 p. l., 151 p. fol.

> Composed 1886-1888.

M1001.F822

... Variations symphoniques pour piano et orchestre. Partition d'orchestre ...

Paris, Enoch & cie. Publ. no. E. F. & C. 2164. 1 p. l., 87 p. 4°.

> Republished 1906 from the plates of Enoch frères and Costallat, 1893.

M1010.F826

Franck, Eduard, 1817–1893.

Fantasie für orchester componirt von Eduard Franck. Op. 16. Partitur.

Berlin, Schlesinger, [ca. 1845]. Publ. no. S. 3628. fol.

M1045.F825F3

Der römische carneval. Ouvertüre für grosses orchester von Eduard Franck. Op. 21. Partitur ...

Cöln, bei M. Schloss, [185–]. Publ. no. M. S. 146. 39 p. fol.

M1004.F815R7

Franck, E.—Continued.

Sinfonie A dur für grosses orchester von Eduard Franck. Op. 47. Partitur.

Berlin, T. Trautwein [1882]. Publ. no. T. T. 26. 203 p. 4°.

M1001.F84

Franck, Melchior, *d.* 1639, *and* **Hausmann,** Valentin, *d.* 1611?

. . . Ausgewählte instrumentalwerke. Herausgegeben von Franz Bölsche.

Leipzig, Breitkopf & Härtel, 1904. XV, [6]-174 p. facsims. fol. (D. deutsch. T., 16. bd.)

> Contains of Franck's compositions for orchestra: Complete reprint of his "Newe pavanen, galliarden vnnd intraden 1603; the 17 dances in his "Deutsche weltliche gesäng vnnd täntze," 1604; complete reprint of his "Neue musikalische intraden," 1608; the 6 galliardas in his "Flores musicales," 1610; the 1 dance in "Fasciculus quodlibeticus," 1611; 15 galliardas and courantes from "Recreationes musicae," 1614; the 10 intradas in "Newes liebliches musikalisches lust gärtlein," 1623.

> Contains of Hausmann's compositions for orchestra: 10 numbers from his "Neue artige vnd liebliche täntze," 1602; 8 numbers from his "Venusgarten," 1602; 15 numbers from his "Rest von polnischen vnd anderen täntzen," 1603; 8 numbers from his "Neue intrade," 1604; 6 numbers from his "Neue fünfstimmige paduane vnd galliarde," 1604.

M2D39

Franck, Richard.

Concert-ouverture (Wellen des meeres und der liebe) für grosses orchester componirt von Richard Franck. Op. 21. Partitur . . .

Berlin, Schlesinger, [1894]. Publ. no., S. 7794. 23 p. fol.

M1004.F825W3

Suite für orchester. 1. Praeludium. 2. Marsch. 3. Reigen. 4. Finale. Komponiert von Richard Franck. Op. 30. Partitur.

Berlin, Schlesinger (Rob. Lienau) [etc.], [1897]. Publ. no. S. 9789. 47 p. fol.

M1003.F824

Symphonische fantasie für grosses orchester komponiert von Richard Franck. Op. 31. Partitur.

Berlin, Schlesinger (Rob. Lienau), [1899]. Publ. no. S. 8823. fol.

> Hofmeister, bd. XI has the song "Das scheiden" as op. 31.

M1045.F84S9

Franck, R.—Continued.

Dramatische ouverture (C dur) für grosses orchester komponiert von Richard Franck. Op. 37. Partitur . . .
Berlin, Schlesinger (Rob. Lienau) etc., [1903]. Publ. no. S. 9240. 45 p. fol.·

            M1004.F825D7

Frank, L.

Fest-ouverture componirt zur doppelfeier der grosherzoglich badischen familie und II. KK. HH. dem Grossherzog und Grossherzogin Friedrich und Luise zu höchstderen silbernen hochzeit sowie S. K. H. dem Kronprinzen Gustav v. Schweden und I. G. H. der Prinzessin Victoria zu höchstderen vermählung im September 1881, in tiefster ehrfurcht gewidmet von L. Frank. Partitur. . . .
Dresden-N, J. G. Seeling, [1885]. 46 p. fol.
 Cover title.

            M1004.F829F4

Franke, Hermann, 1834–

Zwiegesang. Liebeslied für streichorchester componirt . . . von Hermann Franke. Op. 29, No. 3. Orchesterpartitur . . .
Breslau, C. F. Hientzsch, [1874]. Publ. no. C. F. H. 533. 7 p. 4°.
 Cover title.

            M1145.F82

Franko, Sam.

. . . Lullaby. Wiegenlied. Opus 3, No. 1. For string orchestra . . . Score . . .
New York, Edward Schuberth & Co. [etc.], ᶜ1901. Publ. no. 305. 7 p. fol.
 Cover title.

            M1145.F84

. . . Valse gracieuse. Opus 5. (For string orchestra . . . Score . . .
New York, Edward Schuberth & Co. [etc.], ᶜ1901. Publ. no. 306. 11 p. fol.

            M1145.F844

Franz, J. H. *see* Hochberg, Hans Heinrich XIV., Bolko, Graf von, 1843–

Freudenberg, Wilhelm, 1838–

. . . Ouverture und zwischenakts-musik zu Shakespeare's "Romeo und Julia" componirt von Wilh. Freudenberg. Op. 3. Partitur . . .
Leipzig, bei C. F. Kahnt, [1864]. Publ. no. 900. 186 p. 4°.

            M1004.F889R8

Freudenberg—Continued.

Abu Kaabs heimkehr und tanz der almeh's aus der oper: "Der Sankt Katarinentag in Palermo" von Wilhelm Freudenberg. Partitur . . .
Leipzig, Hug & Co., ^c1907. 35 p. fol.

M1505.F88983

. . . Idylle aus "Die pfahlbauer" . . .
Leipzig, Breitkopf & Härtel, [1881]. 11 p. 4°. (B. & H. Part.-Bibl. Kleinere orchesterwerke, No. 15773).

For small orchestra.

M1045.F88

Mondaufgang aus der oper "Marino Faliero" Wilhelm Freudenberg. Partitur . . .
Leipzig, Hug & Co., ^c1907. Publ. no. F. 20a. 1 p. l., 8 p. fol.

M1505.H889M3

Morgenaufgang und prozession. Ein sicilianisches stimmungsbild aus der oper: "Der Sankt Katerinentag in Palermo." Wilhelm Freudenberg. Partitur . . .
Leipzig u. Zürich, Hug & Co., ^c1907. 19 p. fol.

M1505.F88983

Ouverture für orchester "Die nebenbuhler." Oper in drei aufzügen von Wilhelm Freudenberg. Partitur.
Leipzig, Breitkopf & Härtel, [1881]. Publ. no. 15770. 1 p. l., 66 p. 4°. (Breitkopf & Härtel's partitur-bibliothek).
At foot of p. 1 "Ausgegeben 1881."

M1004.F889N3

. . . Tarantelle aus der oper "Das mädchen von Treppi" Wilhelm Freudenberg. Partitur . . .
Leipzig, Hug & Co., ^c1907. Publ. no. F. 21a. 1 p. l., 35 p. fol.

M1505.F889M2

Tarantelle für orchester aus "Die nebenbuhler." Oper in drei aufzügen von Wilhelm Freudenberg. Partitur.
Leipzig, Breitkopf & Härtel, [1881]. Publ. no. 15775. 60 p. 4°. (Breitkopf & Härtels partitur-bibliothek).

M1505.F889N4

Trauermarsch aus der oper: "Kleopatra" von Wilhelm Freudenberg. Partitur . . .
Leipzig, Hug & Co., ^c1908. 15 p. fol.

M1505.F889K5

Fried, Oskar, 1871–
    . . . Adagio und scherzo für blasinstrumente, zwei harfen
    und pauken . . . (Op. 2).
    *Leipzig, (etc.), Breitkopf & Haertel, [1905]. Publ. no. Part.
    B. 1846. 1 p. l., 58 p. fol. (B. & H.'s partitur-biblio-
    thek, 1846.)*

M1245.F89S

    Praeludium und doppelfuge für grosses streichorchester.
    Op. 10 von Oskar Fried. Partitur. . . .
    Breslau, Julius Hainauer [etc], [1902]. 12 p. fol.
        Cover title.

M1145.F89

Friedrich II. (der Grosse), King of Prussia, 1712–1786
    Concert I [-IV] für flöte, streichorchester und generalbass
    von Friedrich dem Grossen.
    *Leipzig, Breitkopf & Härtel [1893]. Publ. no. Part. B. 506.
    1 p. l., 93 p. fol.*
        Caption title.

M1105.F89

Frischen, Josef, 1863–
    . . . Herbstnacht. Ein stimmungsbild für grosses orchester
    nach Hebbels gleichnamiger dichtung komponiert von
    Josef Frischen. Op. 12. Partitur. . . .
    *Leipzig, Hermann Seemann Nachfolger, [1901]. Publ. no.
    H. S. N. 149. 27 p. fol.*

M1045.F92H4

    Ein rheinisches scherzo für grosses orchester komponiert von
    Josef Frischen. Op. 14. Partitur.
    *Leipzig, Verlag Hermann Seemann, [1901]. Publ. no.
    H. N. S. 150. 59 p. fol.*

M1045.F92B4

Frontini, F. Paolo, 1860–
    . . . Minuetto . . .
    *Milano, Carisch & Jänichen, [etc.], c1908. Publ. no. 11191J.
    7 p. 4°.*
        String orchestra.

M1145.F93

Fuchs, Robert, 1847–
    . . . Serenade (D-dur) für streichorchester componirt von
    Robert Fuchs. Op. 9. Partitur . . .
    Leipzig, Fr. Kistner [1874]. Publ. no. 4240. 45 p. 4°.

M1103.F95 Op. 9

Fuchs—Continued.

. . . Serenade (No. 2 C dur) für streichorchester componirt von Robert Fuchs. Op. 14. Partitur . . .
Leipzig, Fr. Kistner, [1876]. Publ. no. 4676. 40 p. 4°.
M1103.F95 Op. 14

. . . Serenade No. 3 (E moll) für streichorchester componirt von Robert Fuchs. Op. 21. Partitur . . .
Leipzig, Fr. Kistner, [187-]. Publ. no. 5020. 39 p. 4°.
M1103.F95 Op. 21

Symphonie (C dur) für grosses orchester von Robert Fuchs. Op. 37. Partitur.
Berlin, N. Simrock, 1885. Publ. no. 8502. 67 p. fol.
M1001.F952

Zweite symphonie, Es dur, für grosses orchester von Robert Fuchs. Op. 45. Partitur.
Berlin, N. Simrock, 1888. Publ. no. 8932. 67 p. fol.
M1001.F954

Serenade No. IV für streichorchester und 2 hörner von Robert Fuchs. Op. 51 . . . Partitur . . .
Leipzig, Josef Weinberger, ᶜ1892. Publ. no. J. W. 631. 27 p. fol.
M1103.F95 Op. 51

. . . Serenade (No. 5 D dur) für kleineres orchester (streich-quintett, 1 flöte, 1 oboe, 1 clarinette, 1 fagott u. 2 hörner) componirt von Robert Fuchs. Op. 53. Partitur . . .
Leipzig, C. Hofbauer, ᶜ1894. Publ. no. C. H. 256. 123 p. 4°.
M1003.F95 Op. 53

. . . Ouverture zu "Des meeres und der liebe wellen" von Fr. Grillparzer von Rob. Fuchs. Op. 59. Orchester partitur.
Leipzig, Josef Weinberger, ᶜ1897. Publ. no. J. W. 893. 30 p. fol.
M1004.F951M3

. . . Andante grazioso und capriccio für streichorchester von Robert Fuchs. Op. 63. Partitur. . . .
Wien-Leipzig, Adolf Robitschek, [1900]. Publ. no. A. R. 3472. 41 p. 4°.
M1145.F94

Fuchs—Continued.

Dritte symphonie (E dur) von Robert Fuchs. Op. 79 . . .
Orchester-partitur . . .

*Wien [etc.], Adolf Robitschek, [1907]. Publ. no. A. R. 4275.
131 p. fol.*

M1001.F956

Füllerkruss, Emil.

. . . Ein abend in Bellaggio. Walzeridylle für streichorchester componirt von Emil Füllerkruss. Op. 95.
Partitur. . . .

*Bremen, A. E. Fischer [etc.], ᵉ1902. Publ. no. 3462. 5 p.
fol.*

Cover title.

M1145.F95

Fumi, Vinceslao, 1823-1880.

La siesta de la señorita. Vinceslao Fumi.

*[Milano, G. Ricordi & C.] 4, 55 p. 8°. (Biblioteca del
sinfonista, No. 51551.)*

Caption title. For orchestra.

M1045.F97485

Il sogno di Gretchen. Fantasia romantica. V. Fumi.

*[Milano, G. Ricordi & C.] 4, 67 p. 8°. (Biblioteca del
sinfonista, No. 51552.)*

Caption title. For orchestra.

M1002.F978

Sinfonia romantica per grande orchestra composta . . . da
Vinceslao Fumi.

Firenze, G. Venturini. Publ. no. 570. 73 p. 4°.

Label of Carisch & Jänichen, Milano, pasted over original imprint.

M1001.F98

Fux, Johann Josef, 1660-1741.

. . . Mehrfach besetzte instrumentalwerke. Zwei kirchensonaten und zwei ouverturen (suiten).

*Wien, Artaria & C⁰., 1902. XI, 55 p. fol. (D. d. T. in
Österreich, 9. jahrg. 2. t.)*

Contains 2 sonatas and 2 suites for orchestra, edited by Guido
Adler.

M2.D36

Gabriel-Marie.

Deux morceaux de concert pour violon solo avec accompagnement d'un petit orchestre par Gabriel Marie. 1.
Insouciance. II. Allégresse. Chaque partition d'orchestre. . . .

*Bruxelles, Schott frères [etc]. 2 v. Publ. nos. S. F. 4613,
4614. 31, 31 p. 4°.*

Cover title.

M1012.G14

Gabriel-Marie—Continued.

... En rêve! Esquisse symphonique par Gabriel-Marie.
Partition d'orchestre. ...
*Paris, Costallat et Cie, 1897. Publ. no. 19748 R. 1 p. l.,
20 p. 4°.*

M1002.G118

Gade, Niels (Wilhelm), 1817-1890.
Nachklänge von Ossian. Ouverture. Niels W. Gade. Op. 1.
*Leipzig, [etc.], Breitkopf & Härtel [1893]. Publ. no. Part.
B. 193. 60 p. 4°*

Cover title. Composed 1840. First publ. about 1850, republished 1862, and reissued as above.

M1004.G123N2

Sinfonie für das grosse orchester componirt ... von Niels
Wilh. Gade. Op. 5. Partitur ...
*Leipzig, bei Fr. Kistner, [ca. 1845]. Publ. no. 1432. 1 p. l.,
183 p. 4°.*

M1001.G12 No. 1

Im hochland. Schottische ouverture für orchester von
Niels W. Gade. Op. 7. Partitur ...
*Leipzig, Fr. Kistner, [etc.], [1860]. Publ. no. 2487. 68 p.
4°.*

M1004.G123I4

Symphonie No. 2 für orchester componirt ... von Niels
W. Gade. Op. 10. Partitur.
*Leipzig, Breitkopf & Härtel, [185-]. Publ. no. 9033. 195 p.
4°.*

M1001.G12 No. 2

Dritte ouverture, für orchester von N. W. Gade. Op. 14.
Partitur.
Mss. 56 p. fol.

The score was published ca. 1855 by Breitkopf & Härtel.

M1004.G123D8

... Symphonie Nr. 3, A moll. Op. 15.
*Leipzig, Breitkopf & Härtel, [ca. 1845]. Publ. no. 7780.
1 p. l., 196 p. 4°.*

M1001.G12 No. 3

Sinfonie (No. 4, B dur) für orchester componirt ... von
Niels W. Gade. Op. 20. Partitur ...
*Leipzig, bei Fr. Kistner, [ca. 1845]. Publ. no. 1767. 1 p. l.,
120 p. 4°.*

M1001.G12 No. 4

Gade--Continued.

Symphonie No. 5 D moll für orchester . . . von Niels W.
Gade. Op. 25. Partitur . . .
*Leipzig, bei Breitkopf & Härtel [1853]. Publ. no. 8762.
1 p. l., 199 p. 4°.*
M1001.G12 No. 5

Sinfonie (No. 6, G moll) für orchester componirt . . . von
Niels W. Gade. Op. 32. Partitur.
Leipzig, Fr. Kistner, [1858]. Publ. no. 2306. 165 p. 4°.
M1001.G12 No. 6

Hamlet. Niels W. Gade. Op. 37.
*Leipzig, [etc.], Breitkopf & Härtel, [1893]. Publ. no. Part.
B. 192. 64 p. 4°.*
Caption title.
This overture was composed 1861, first publ. by Br. & H. in 1862,
and reissued as above.
M1004.G123H3

Michel Angelo. Concert-ouverture für orchester . . . von
Niels W. Gade. Op. 39. Partitur . . .
Leipzig, Fr. Kistner, [1862]. Publ. no. 2583. 53 p. 4°.
M1004.G123M4
. . . Symphonie Nr. 7, F dur. Op. 45.
*Leipzig, Breitkopf & Härtel, [1893]. Publ. no. Part. B. 21.
1 p. l., 251 p. 4°.*
Cover title.
Composed 1864, first publ. 1865, and reissued as above.
M1001.G12 No. 7

Sinfonie (No. 8 H moll) für orchester componirt . . . von
Niels W. Gade. Op. 47. Partitur.
Leipzig, Fr. Kistner, [1872]. Publ. no. 3835. 170 p. 4°.
M1001.G12 No. 8
Noveletten. Niels W. Gade. Op. 53.
*Leipzig [etc], Breitkopf & Härtel, [1893] Publ. no. Part. B.
366. 27 p. fol. (Partitur-bibliothek. Gruppe IV.
Streichmusik.)*
Caption title. The cover has correctly "Novelletten."
First publ. 1877.
M1145.G14

Sommertag auf dem lande [Fünf orchesterstücke]. Niels
W. Gade. Op. 55.
*Leipzig, Breitkopf & Härtel, [1893]. Publ. no. Part. B. 17.
1 p. l., 134 p. 4°.*
Caption title.
Composed 1879, first publ. 1881, and reissued 1893.
M1003.G122

Gade—Continued.

Koncert [for violin]. Niels W. Gade. Op. 56.
Leipzig, Breitkopf & Härtel, [1881]. Publ. no. 15890.
1 p. l., 171 p. 4°.
Caption title.

M1012.G18 Op. 56

. . . Novelletten (E dur, No. 2) für streichorchester von
Niels W. Gade. Op. 58. Partitur . . .
Leipzig und Brüssel, Breitkopf & Härtel, [1890]. Publ.
no. 18575. 1 p. l., 31 p. fol.

M1145.G142

Holbergiana. Suite für orchester von Niels W. Gade.
Op. 61. Partitur . .
Leipzig und Brüssel, Breitkopf & Härtel, [1886]. Publ. no.
17130. 2 p. l., 88 p. fol.

M1003.G124

Zwei lustspiel-ouverturen für orchester von Niels W. Gade.
No. 1. Mariotta. No. 2. Nordische sennfahrt. Partitur . . .
Kopenhagen & Leipzig, Wilhelm Hansen, [1889]. Publ.
no. 9690, 9877 2 v. in 1. 21, 33 p. fol.

M1004.123Z9

Gadsby, Henry Robert, 1842–1907.

. . . The forest of Arden. Intermezzo & Tantarra composed
for and dedicated to The Philharmonic Society by Henry
Gadsby. Full score.
London & New York, Novello, Ewer & co. [1886]. Publ.
no. 7255. 1 p. l., 34 p. fol.

M1002.G126

Galeotti, Cesare.

. . . Anton. Fantasia. Istrumentazione di Giovanni
Pennacchio.
Milano, G. Ricordi & C., [etc.], °1904. Publ. no. 109785.
1 p. l., 63 p. fol. (Biblioteca dei corpi di musica, Serie
XVIII, N. 237.)
Band score. Cover title.

M1268.G168

Galli, Amintore, 1845–

Manuale del capo-musica. Trattato di strumentazione per
banda . . . Opera illustrata di numerosi esempi in partitura e degli inni delle principali nazioni d' Europa . . .
Milano, G. Ricordi & C., [etc.], [1910?]
p. 239–249 a "Fugato," presumably by Amintore Galli; p. 250–
300 the band arrangements of the national hymns.

MT70.G14

Gandolfo, E.

Marche héroïque de Don Quichotte par E. Gandolfo . . .
Pour instruments à cordes. Partition . . .
*Nice, Paul Decourcelle, [etc.], ᶜ1892. Publ. no. 199. 3 p.
fol.*
Cover title.

M1145.G19

Ganne, Louis (Gaston), 1862–

. . . Deux danses. Louis Ganne. A. Danse persane.
B. Danse égyptienne.
*Paris, Enoch & Cie., ᶜ1898. Publ. no. E. & C. 3548.
24 p. 4°.*
Caption title.

M1047.G198D4

. . . Hans, il suonatore di flauto. Fantasia. Istru-
mentazione di Pio Nevi.
*Milano, G. Ricordi & C., [etc.], ᶜ1909. Publ. no. 112781.
1 p. l., 79 p. fol. (Biblioteca dei Corpi di Musica, Serie
XXII, N. 287.)*
Band score. Cover title.

M1268.G28

Hans, il suonatore di flauto. Overtura. Luigi Ganne.
Istrumentazione di Alessandro Peroni.
Milano, G. Ricordi & co., [etc.], ᶜ1908. 31 p. fol.
Band score. Caption title.

M1255.G28

Illys. Suite byzantine sur le ballet: La princesse au sabbat.
A. Cortège byzantin. B. Orientale. C. Nocturne. D.
Bacchanale. Par Louis Ganne. Partition d'orchestre.
*Paris, Costallat & Cie., ᶜ1910. Publ. no. Cos. & Cie.-1528-
Paris. 1 p. l., 61 p. fol.*

M1003.G2

. . . Menuet païen. Louis Ganne.
Paris, Enoch & Cie., ᶜ1898. Publ. no. 3550. 24 p. 4°.
Caption title.

M1049.G19

Nel Giappone. Ballo del coreografo Carlo Coppi. Gran
ballabile giapponese. Musica di Luigi Ganne. Istrumentazione di Ezio Baroncini.
*Milano, G. Ricordi & C., ᶜ1910. Publ. no. j 112769 j.
23 p. fol. (Biblioteca popolare pei corpi di musica e
fanfare, piccola partitura.)*
Caption title.

M1260.G232S

Ganne—Continued.

Nel Giappone. Ballo del coreografo Carlo Coppi. Gran marcia giapponese. Musica di Luigi Ganne. Istrumentazione di Ezio Baroncini.

Milano, G. Ricordi & C., °1910. Publ. no. h 112770 h. 25 p. fol. (Biblioteca popolare pei corpi di musica e fanfase, piccola partitura.)

Caption title.

M1260.G235

Garcin, Jules (Auguste), 1830–1896.

. . . Suite symphonique par Jules Garcin. Op. 25. Partition d'orchestre . . .

Paris, Durand & Schoenewerk, [1890]. Publ. no. D. S. 4216. 1 p. l., 88 p. 4°.

M1003.G22

Gaubert, Ph.

. . . Rhapsodie sur des thèmes populaires. I. Dans la montagne. II. Fête. Pour orchestre symphonique par Ph. Gaubert. Cette œuvre a été exécutée pour la première fois en Décembre 1908 aux Concerts Colonne sous la direction de M. Gabriel Pierné. Partition d'orchestre . . .

Paris, [etc.], Henry Lemoine & Cie., °1910. Publ. no. 20597. 1 p. l., 64 p. fol.

M1045.G264B4

Gauwin, Adolphe.

. . . Le vieux galant. Fantaisie-gavotte. Instrumentazione di Ezio Baroncini.

Milano [etc.], G. Ricordi & C., °1911. Publ. no. q. 113617 q. 1 p. l., .17 p. fol. Biblioteca: dei corpi di musica. Serie XXIV. No. 313.

Cover title.

M1264.G275

Gedalge, André, 1856–

. . . Concerto, Op. 16, pour piano avec accompagt. d'orchestre par André Gedalge. Partition d'orchestre . . .

Paris, Enoch & Cie., [etc.], °1899. Publ. no. E. & Cie. 4081. 1 p. l., 149 p. 4°.

M1010.G29 Op. 16

. . . 3me. symphonie (en Fa) en quatre parties. "Sans littérature, ni peinture." Partition d'orchestre . . . André Gedalge.

Paris, Enoch et Cie., [etc.], °1910. Publ. no. E. & C. 7170. 1 p. l., 175 p. fol.

M1001.G32 No. 3

Geisler, Paul, 1856–

Der rattenfänger von Hameln. Symphonische dichtung von Paul Geisler. Partitur : ; .

Berlin & Posen, Ed. Bote & G. Bock, [1881]. Publ. no. 12527. 35 p. fol.

M1002.G313

Till Eulenspiegel. Symphonische dichtung von Paul Geisler. Partitur . . .

Berlin & Posen, Ed. Bote & G. Bock, [&c.], [1881]. Publ. no. 12552. 55 p. fol.

M1002.G315

Gendt, Willem Merkes van.

Einsamkeit (Gedicht von Eichendorff). Tondichtung für grosses orchester von W. Merkes van Gendt. Op. 41. Partitur . . .

Dresden, Plötner & Meinhold, [1878] Publ. no. 8. 4°.
Incomplete.

M1002.G323E4

Begegnen der schiffe. Gedicht von Thomas Moore. Symphonische dichtung für grosses orchester componirt von W. Merkes van Gendt. Op. 44. Partitur . . .

Dresden, Plötner & Meinhold, [1880]. 38 p. 4°.

M1002.G323B4

Concert-ouverture für grosses orchester componirt von W. Merkes van Gendt. Op. 48. Partitur . . .

Stuttgart, G. A. Zumsteeg, [etc.], [1888]. 1 p. l., 51 p. 4°.

M1004.G325

Novelletten. Suite für grosses orchester von W. Merkes van Gendt. Op. 55.

Stuttgart, G. A. Zumsteeg, [189–]. Publ. no. G. A. Z. 995. 51 p. fol.

M1003.G326

Die jagd nach dem glück. Symphonische dichtung für grosses orchester nach dem gemälde von Henneberg componirt von W. Merkes van Gendt. Op. 58. Orchester-partitur . . .

Leipzig, Rob. Forberg, [1894]. Publ. no. 4780. 39 p. fol.

M1002.G323J2

Oranien 1584. Dramatische ouverture für grosses orchester von W. Merkes van Gendt. Partitur. . . .

Hannover, Louis Oertel, [1899]. Publ. no. L. 3414 O. 39 p. 4°.

M1004.G32508

Georges, Alexandre, 1850–
Prélude d'Axel. Drame de Villiers de L'Isle-Adam. Musique de Alexandre Georges. Partition d'orchestre . . .
[Paris], E. Baudoux et Cie., [1894] Publ. no. E. B. et Cie.
40. 27 p. 4°.
M1004.G351

Gerlach, Theodor, 1861–
Eine serenade. Sechs sätze für streichorchester von Theodor Gerlach. Op. 3. Partitur . . .
Leipzig und Brüssel, Breitkopf & Härtel [1886]. Publ. no.
17514. 1 p. l., 24 p. fol.
M1103.G37 Op. 3

German, Edward (*real name* James Edward German Jones), 1862–
Bourrée. Edward German.
[London], Novello & Co., Ltd., [etc.], c1902. 18 p. fol.
Caption title.
M1048.G37

Gigue. Edward German.
[London], Novello & Co., Ltd., [etc.], c1902. p. 19–41. fol.
Caption title.
M1049.G373

Gipsy suite. [By] Edward German. [No. 1. Valse melancolique. (Lonely life.) No. 2. Allegro di bravura. (The dance.) No. 3. Menuetto. (Love duet.) No. 4. Tarantella. (The revel.)]
[London] c1902 by Novello & Co., Ltd. 86 p. fol.
Caption title.
M1003.G373

[Masque from the music to As you like it, composed by Edward German. No. 1. Woodland dance. No. 2. Children's dance. No. 3. Rustic dance.]
London & New York, Novello, Ewer & Co., c1902. 51 p.
fol.
M1003.G371

Overture to Shakespeare's Richard III, for full orchestra composed by Edward German. Full score.
London, Novello and co., ltd. [&c.], [1902]. Publ no. 11378.
1 p. l., 46 p. fol.
M1004.G373R4

Pavane from the music to Shakespeare's Romeo and Juliet composed for the production of the play at the Lyceum Theatre, London, September, 1895, by Edward German. Full score.

German—Continued.

London, Novello and Company, Limited [etc], ͨ1902. 1 p. l., 16 p. fol.

M1515.G37R6

Prelude to Shakespeare's Romeo and Juliet composed for the production of the play at the Lyceum Theatre, London, September, 1895 by Edward German. Full score.

London, Novello and co. ltd., [&c.], ͨ1902. 1 p. l., 33 p., fol.

M1004.G373R6

Suite [from the music to] the Tempter. Overture, berceuse, bacchanalian dance for orchestra by Edward German. Orchestral score. . . .

London [etc], Edwin Ashdown (Limited), [1894?]. Publ. no. E. A. 30766. 1 p. l., 75 p. fol.

M1003.G379

Three dances from the music to Henry VIII. (No. 1. Morris dance. No. 2. Shepherds' dance. No. 3. Torch dance.)

[London] Novello & co., ltd., 1901. Publ. no. 11104. 51 p. fol.

M1515.G

Three dances Nell Gwyn composed by Edward German. Full score.

London, Chappell & Co., Ltd., ͨ1900. Publ. no. 21140. 57 p. fol.

> No. 1. Country dance. No. 2. Pastoral dance. No. 3. Merry-makers' dance.

M1047.G375T4

Valse gracieuse from the orchestral suite in D minor composed for the Leeds musical festival, 1895, by Edward German. Full score.

London, Novello & Co., Ltd [etc.], ͨ1902. 41 p. fol.

M1049.G377

Welsh rhapsody for full orchestra composed for the Cardiff Musical Festival, 1904, by Edward German. Full score.

London, Novello & co., ltd [etc.], ͨ1905. Publ. no. 12063. 86 p. fol.

M1045.G37W4

Gernsheim, Friedrich, 1839–

Waldmeisters brautfahrt. Ouverture für grosses orchester von Friedrich Gernsheim. Op. 13. Partitur . . .

Hamburg [etc.], Aug. Cranz, [187–]. Publ. no. 5634. 79 p. 4°.

M1004.G376W2

Gernsheim—Continued.

. . . Symphonie für grosses orchester von Friedrich Gernsheim. Op. 32. Partitur.

Berlin, N. Simrock, 1875. Publ. no. 7558. 1 p. l., 214 p. 4°.

M1001.G37 No. 1

Fantasiestück für violine mit begleitung des orchesters von Friedrich Gernsheim. Op. 33. Partitur . . .

Berlin, N. Simrock, [1876]. Publ. no. 7722. 38 p. 4°.

M1012.G37 Op. 33

Concert für violine mit begleitung des orchesters componirt von Friedrich Gernsheim. Op. 42. Orchester-partitur . . .

Leipzig u. Winterthur, J. Rieter-Biedermann, 1880. Publ. no. 1094. 47 p. fol.

M1012.G37 Op. 42

Symphonie (No. 2 Es dur) für grosses orchester componirt von Friedr. Gernsheim. Op. 46. Partitur . . .

Leipzig, J. Rieter-Biedermann, 1888. Publ. no. 1198. 84 p. fol.

M1001.G37 No. 2

Symphonie (No. 3 in C moll) für grosses orchester componirt von Friedr. Gernsheim. Op. 54. Partitur . . .

Leipzig, J Rieter-Biedermann, 1888. Publ. no. 1531. 90 p. fol.

Known also as the "Mirjam" symphony.

M1001.G37 No. 3

Symphonie (No. 4) für grosses orchester von Friedrich Gernsheim. Op. 62. Partitur.

Berlin, N. Simrock, ᶜ1896. Publ. no. 10620. 124 p. fol.

M1001.G37 No. 4

Concert. Für violoncello mit orchester oder pianoforte . . . komponiert von Friedrich Gernsheim. Op. 78 . . .

Leipzig, Rob. Forberg, ᶜ1907. Publ no 6001. 39 p. fol.

M1016.G37

. . . Zu einem drama. Tondichtung für grosses orchester von Friedrich Gernsheim. Op. 82. Partitur . . .

Berlin, Leipzig, N. Simrock, [etc.], ᶜ1910. Publ. no. 12659. 80 p. 4°.

M1002.G39Z7

Gernsheim—Continued.

Elohenu. Hebräischer gesang für violoncello mit begleitung von kleinem orchester . . . von Friedrich Gernsheim. Orchester-partitur.

Leipzig u. Winterthur, J. Rieter-Biedermann, 1881. Publ. no. 1170. 5 p. fol.

M1016.G375

Gevaert, François Auguste, 1828–1908.

Fantaisie sur des motifs espagnols par F. A. Gevaert. Partition d'orchestre . . .

Bruxelles, J. B. Katto, [etc.]. Publ. no. J. B. K. 2646. 1 p. l., 78 p. fol.

M1045.G4

Gigout, Eugène, 1844–

Méditation pour violon et orchestre par Eugène Gigout. Partition d'orchestre . . .

Paris, J. Hamelle [ca. 1890?]. Publ. no. J. 2072 H. 31 p. 4°.

M1012.G46

Gilbert, Henry Franklin Belknap, 1868–

. . . Two episodes for orchestra by Henry F. Gilbert. I. Legend. II. Negro episode. [Op. 2, No. 1 & 2.] Orchestral score . . .

Boston, H. F. Gilbert, °1897. Publ. no. H. F. G. 412, H. F. G. 312. 13, 12 p. 4°.

M1045.G464T9

Gillet, Ernest (Vital Louis), 1856–

Chanson du printemps. Ernest Gillet. Istrumentazione di Luigi Barrochet.

Milano, G. Ricordi e C., °1907. Publ. no. 111750. 22 p. fol.

Caption title. Band score.

M1258.G478

Dans la forêt (Im walde) par Ernest Gillet. Edited by C. Ugo of Jenny Lind, U. S. A. . . . Pour instruments à cordes. Partition . . .

Nice, Paul Decourcelle, [etc.], °1890. Publ. no. P. D. 153. 3 p. fol.

Cover title.

M1145.G47D3

Douce caresse par Ernest Gillet. Pour instruments à cordes. Partition . . .

Nice, Paul Decourcelle, [etc.], °1893. Publ. no. P. D. 251. 3 p. fol.

M1145.G47D7

Gillet—Continued.

En chevauchant (Spazier-ritt) par Ernest Gillet. Edited
by C. Ugo of Jenny Lind, U. S. A. . . . Pour instruments
à cordes. Partition . . .
Nice, Paul Decourcelle, [etc.], ᶜ*1890. Publ. no. P. D. 152.*
3 p. fol.
Cover title.

M1145.G47E6

Gracieuse. Gavotte. Ernest Gillet. Arrangement pour
instruments à cordes.
Milan, G. Ricordi, ᶜ*1899. Publ. no. 102264. 5 p. 4°.*
Caption title.

M1160.G47

Mes chers souvenirs par Ernest Gillet. Arrangement pour
instruments à cordes. Partition . . .
Milan, G. Ricordi & C., [etc.], ᶜ*1899. Publ. no. 102266.*
1 p. l., 10 p. 4°.

M1160.G472

. . . Passe-pied. Air dans le style ancien pour violoncelle
(ou violon) par Ernest Gillet. Edited by C. Ugo of Jenny
Lind, U. S. A. . . . Avec accompagnement de quintette.
Partition . . .
Nice, Paul Decourcelle, [etc.], ᶜ*1890. Publ. no. P. D. 131.*
3 p. fol.
Cover title.

M1105.G47

Patrouille enfantine (Die kinderpatrouille) par Ernest
Gillet. Edited by C. Ugo of Jenny Lind, U. S. A. . . .
Pour instruments à cordes. Partition . . .
Nice, Paul Decourcelle, [etc.], ᶜ*1890. Publ. no. P. D. 150.*
3 p. fol.

M1145.G47P3

La réponse du berger à la bergère. Gavotta. E. Gillet.
Istrumentazione di Alessandro Peroni.
Milano, G. Ricordi & Co., ᶜ*1909. Publ. no. 112759. 20 p.*
fol.
Caption title.

M1264.G488

. . . Séduction. Valse lente. Istrumentazione di Ezio
Baroncini.
Milano, [etc.], G. Ricordi & C., ᶜ*1906. Publ. no. 111448.*
1 p. l., 15 p. fol. (Biblioteca dei corpi di musica, Serie
XX, N. 267.)
Cover title. Band score.

M1266.G478

Gillet—Continued.

. . . Sommeil d'enfant par Ernest Gillet.   Pour instruments
à cordes.   Partition . . .
*Nice, Paul Decourcelle, [etc.], ᶜ1892.   Publ. no. P. D. 209.
3 p. fol.*
Cover title.

M1145.G4787

. . . Sous la coudraie (Nella boscaglia).   Scène champêtre.
Istrumentazione di Alessandro Peroni.
*Milano, G. Ricordi & C., [etc.], ᶜ1905.   Publ. no. 109175.
1 p. l., 13 p. fol.   (Biblioteca dei corpi di musica, Serie
XVII, N. 231.)*
Band score.   Cover title.

M1268.G488

La toupie.   Die schnurre.   Par Ernest Gillet.   Edited by
C. Ugo of Jenny Lind, U. S. A.   Pour instruments à
cordes.   Partition . . .
*Nice, Paul Decourcelle, [etc.], ᶜ1890.   Publ. no. 151.   3 p.
fol.*
Cover title.

M1145.G47T7

. . . Trois pièces pour piano.   No. 1. Les joyeuses fileuses.
No. 2. Clair de lune, aubade.   No. 3. Kermesse.   Chaque
pièce pour orchestre.   Partition d'orchestre.
*Paris, Heugel et Cie, ᶜ1893, 1894.   3 v.   Publ. nos. H. et
Cie 9557, 9583, 9605.   11, 9, 15 p.   fol.*
No. 1 is not a copyright deposit.
Name of composer at head of title.

M1060.G47

Gilse, Jan van.

. . . Variaties over een St. Nicolaasliedje voor klein orkest
gecomponeered door Jan van Gilse . . . Partituur . . .
*Middelburg, A. A. Noske, [1910].   Publ. no. A. A. N. 213.
1 p. l., 81 p. fol.*

M1003.G43

Gilson, Paul, 1865–

. . . Fanfare inaugurale pour grand orchestre par Paul
Gilson.   Partition . . .
*Leipzig, [etc.], Breitkopf & Härtel, ᶜ1896.   Publ. no. Part.
B. 916.   37 p.   fol.*

M1045.G489F3

Mélodies populaires transcrites pour orchestre d'instruments
à cordes par Paul Gilson.   I. Mélodies écossaises.   Partition . . .

Gilson—Continued.

*Leipzig, [etc.], Breitkopf & Härtel, ᶜ1895. Publ. no. Part.B.
915. 1 p. l., 17 p. fol. (B. & H.'s partitur-bibliothek 915.)*

M1103.G48

La mer. Esquisses symphoniques, d'après un poème de
Eddy Levis pour grand orchestre.
*Leipzig, Breitkopf & Härtel, 1892. Publ. no. 19740. 165 p.
fol.*

M1002.G48

. . . 3 pièces pour petit orchestre. i. Danse écossaise . . .
2. Rhapsodie écossaise . . . 3. Andante et presto
scherzando. La partition . . .
*Liége (Belgique), Veuve Léopold Muraille. Publ. no. 37-12.
24 p. 4°.*
Nos. 2 and 3 missing.

M1045.G489T8

Glaess, Alexander von.
Cantilene für violine mit orchesterbegleitung componirt von
Alexander von Glaesz. Op. 6. Ausgabe in partitur. . . .
*Dresden, Adolph Brauer, (F. Plötner), [188-] Publ. no. A.
558 B. 11 p. 4°.*

M1012.G52 Op. 6

Glaser, Sigmund.
Concerto pour violoncelle avec accompagnement d'orchestre . . . composé par Sigmund Glaser. Op. 8. Partition d'orchestre . . .
Moscou, P. Jurgenson, [etc.], [1870]. Publ. no. 691. 55 p. 4°.

M1016.G52 Op. 8

Glass, Louis (Christian August), 1864—
Sommerleben. (Sommerliv.) Suite für orchester von Louis
Glass. Op. 27. Partitur . . .
*Kopenhagen & Leipzig, Wilhelm Hansen, [1901]. Publ. no.
12802. 111 p. 4°. (Wilhelm Hansen Edition, No. 846.)*

M1003.G49

. . . Frühlingslied . . . für violoncell und orchester von
Louis Glass. Op. 31. Partitur . . .
*Kopenhagen & Leipzig, Wilhelm Hansen, ᶜ1903. Publ. no.
13242. 11 p. 4°. (Wilh. Hansen ed., 890.)*

M1016.G54 Op. 31

Glazounov, Alexandre Constantinovich, 1865–
. . . Première ouverture sur trois thèmes grecs pour grand
orchestre composée par Alexandre Glazounow. Op. 3.
Nouvelle edition revue et corrigée par l'Auteur. Partition d'orchestre . . .

Glazounov—Continued.

Leipzig, M. P. Belaieff, 1896. Publ. no. 1. 91 p. 4°.
Cover page in Russian.

M1004.G553P8

1ʳᵉ symphonie (Mi majeur) pour grand orchestre composée par Alexandre Glazounow. Op. 5. Nouvelle édition revue et corrigée par l'auteur. Partition d'orchestre.
Leipzig, M. P. Belaieff [1886?]. Publ. no. 4. 2 p. l., 231 p. 4°.
Cover title.

M1001.G52 No. 1

. . . Deuxième ouverture sur des thèmes grecs pour grand orchestre composée par Alexandre Glazounow. Op. 6. Partition d'orchestre . . .
Leipzig, M. P. Belaieff, [etc.], [1886]. Publ. no. 7. 119 p. 4°.
Cover title. Title page in Russian.

M1004.G553D4

Sérénade pour l'orchestre composée par Alexandre Glazounow. Op. 7. Partition d'orchestre . . .
Leipzig, M. P. Belaieff, 1886. Publ. no. 20. 26 p. 4°.

M1003.G51 Op. 7

À la mémoire d'un héros. Elégie pour grand orchestre composée par Alexandre Glazounov. Op. 8. Partition d'orchestre . . .
Leipzig, M. P. Belaieff, [1886]. Publ. no. 23. 45 p., 1 p. l. 4°.
Cover title in Russian.

M1002.G55A2

Suite caractéristique pour grand orchestre composée par Alexandre Glazounow. Op. 9. Partition d'orchestre . . .
Leipzig, M. P. Belaieff, 1887. Publ. no. 54. 196 p. 4°.

M1003.G51 Op. 9

2ᵐᵉ sérénade pour petit orchestre composée par Alexandre Glazounow. Op. 11. Partition d'orchestre . . .
Leipzig, M. P. Belaieff, 1888. Publ. no. 81. 19 p. 4°.

M1003.G51 Op. 11

. . . Poème lyrique. Andantino pour grand orchestre composé par Alexandre Glazounow. Op. 12. Partition d'orchestre . . .
Leipzig, M. P. Belaieff, [1888]. Publ. no. 84. 35 p. 4°.
Cover title in Russian.

M1002.G55P5

Glazounov—Continued.

... Stenka Rázine. Poème symphonique pour grand orchestre composé par Alexandre Glazounow. Op. 13. Partition d'orchestre ...

Leipzig, M. P. Belaieff, [1888]. Publ. no. 89. 3 p. l., 98 p. 4°.

Cover title in Russian and French.

M1002.G55S7

... Deux morceaux pour orchestre composés par Alexandre Glazounow. Op. 14. No. 1. Idylle. No. 2. Rêverie orientale. Partition d'orchestre ...

Leipzig, M. P. Belaieff, [1888]. Publ. no. 100. 31 p. 4°.

M1045.G55D3

2me symphonie en fa mineur pour grand orchestre par Alexandre Glazounow. Op. 16. Partition d'orchestre ...

Leipzig, M.P.Belaieff, [etc.], [1889]. Publ. no. 121. 1 p. l., 221 p. 4°.

M1001.G52 No. 2

... Mazurka pour orchestre par Alexandre Glazounow. Op. 18. Partition d'orchestre ...

Leipzig, M. P. Belaieff, [etc.], [1889]. Publ. no. 183. 51 p. 4°.

M1049.G552

... La forêt. Fantaisie pour grand orchestre composée par Alexandre Glazounow. Op. 19. Partition d'orchestre ...

Leipzig, M. P. Belaieff, 1889. Publ. no. 191. 2 p. l., 96 p. 4°.

Cover title in Russian and French.

M1002.G55F5

2 morceaux pour violoncelle avec accompagnement d'orchestre composés par Alexandre Glazounow (Op. 20) I. Mélodie. II. Sérénade espagnole. Partition d'orchestre ...

Leipzig, M. P. Belaieff, 1890. Publ. no. 209. 51 p. 4°.

M1016.G558

... Marche de noces pour grand orchestre composée par Alexandre Glazounow. Op. 21. Partition d'orchestre ...

Leipzig, M. P. Belaieff, [1890]. Publ. no. 212. 28 p. 4°.

Cover title in Russian.

M1046.G55M3

Glazounov—Continued.

... Une fête slave. Tirée du Quatuor slave. Op. 26. Esquisse symphonique pour grand orchestre par Alexandre Glazounow. Partition d'orchestre. ...
Leipzig, M. P. Belaieff, 1890. Publ. no. 336. 71 p. 4°.
In caption title: "Op. 26, No. 4."
On cover the Russian precedes the French title.

M1075.G55F4

... La mer. Fantaisie pour grand orchestre par Alexandre Glazounow. Op. 28. Partition d'orchestre ...
Leipzig, M. P. Belaieff, 1890. Publ. no. 302. 1 p. l., 90 p. fol.

M1002.G55M3

... Rhapsodie orientale pour grand orchestre par Alexandre Glazounow. Op. 29. Partition d'orchestre ...
Leipzig, M. P. Belaieff, 1890. Publ. no. 346. 122 p. fol.

M1003.G51 Op. 29

... Le Kremlin. Tableau symphonique en 3 parties pour grand orchestre par Alexandre Glazounow. Op. 30. Partition d'orchestre ...
Leipzig, M. P. Belaieff, 1892. Publ. no. 463. 117 p., supplement 4 p. fol.
Title page in Russian.

M1002.G55K5

... 3me symphonie ré majeur pour orchestre par Alexandre Glazounow. Op. 33. Partition ...
Leipzig, M. P. Belaieff, 1892. Publ. no. 500. 145 p. fol.

M1001.G52 No. 3

... Le printemps ... Tableau musical pour orchestre composé par Alexandre Glazounow. Op. 34. Partition d'orchestre ...
Leipzig, M. P. Belaieff, 1892. Publ. no. 510. 43 p. fol.
Cover title in Russian and French.

M1002.G55P7

Triumphal march on the occasion of the Worlds Columbian Exhibition in Chicago 1893. Composed for a grand orchestra with chorus (ad libitum) by Alexandre Glazounow. Op. 40. Full score ...
Leipzig, M. P. Belaieff, 1893. Publ. no. 739. 35 p. fol.
Cover title in Russian.

M1046.G55T6

Glazounov—Continued.

. . . Carnaval ouverture pour grand orchestre (avec orgue ad libitum) composée par Alexandre Glazounow. Op. 45. Partition d'orchestre . . .
Leipzig, M. P. Belaieff, 1894. Publ. no. 860. 59 p. fol.
Title page illustrated.　Cover title in Russian and French

M1004.G553C3

. . Chopiniana. Suite pour grand orchestre composée de I. Polonaise, Op. 40; II. Nocturne, Op. 15; III. Mazurka, Op. 50; IV. Tarentelle, Op. 43, de Fr. Chopin, instrumentée par Alexandre Glazounow. Op. 46. Partition d'orchestre . . .
Leipzig, M. P. Belaieff, 1894. Publ. no. 869, 963. 99 p. 4°.

M1003.G51　Op. 46

. . . Valse de concert pour grand orchestre composée par Alexandre Glazounow. Op. 47. Partition d'orchestre. . . .
Leipzig, M. P. Belaieff, 1894. Publ. no. 918. 46 p. fol.

M1049.G556

4ème symphonie en mi bémol pour grand orchestre composée par Alexandre Glazounow. Op. 48. Partition d'orchestre . . .
Leipzig, M. P. Belaieff, 1894. Publ. no. 976. 120 p. fol.

M1001.G52　No. 4

. . . Cortège solennel pour grand orchestre par Alexandre Glazounow. Op. 50. Partition d'orchestre . . .
Leipzig, M. P. Belaieff, 1895. Publ. no. 1028. 31 p. fol.
Caption title.

M1046.G55C5

. . . 2me valse pour grand orchestre composée par Alexandre Glazounow. Op. 51. Partition d'orchestre . . .
Leipzig, M. P. Belaieff, 1896. Publ. no. 1223. 55 p. 4°.

M1049.G558

Scènes de ballet. Suite pour grand orchestre composée par Alexandre Glazounow. Op. 52. Partition d'orchestre . . .
Leipzig, M. P. Belaieff, 1895. Publ. no. 1226, 1229. 143 p. fol.

M1003.G51　Op. 52

Glazounov—Continued.

. . . Fantasie pour grand orchestre composée par Alexandre
Glazounow. Op. 53. Partition d'orchestre . . .
Leipzig, M. P. Belaieff, 1896. Publ. no. 1253. 51 p. fol.
Illuminated title page. Cover title in Russian.

M1045.G55F3

Cinquième symphonie pour grand orchestre par Alexandre
Glazounow. Op. 55. Partition d'orchestre.
Leipzig, M. P. Belaieff, 1896. Publ. no. 1332. 145 p. fol.

M1001.G52 No. 5

Suite pour orchestre tirée du ballet "Raymonda" de
Alexandre Glazounow. Op. 57a. Partition d'orchestre . . .
*Leipzig, M. P. Belaieff, 1899. Publ. no. 1567, 1885, 1771.
108 p. fol.*

M1003.G51 Op. 57a

. . . Sixième symphonie en do mineur pour grand orchestre
composée par Alexandre Glazounow. Op. 58. Partition d'orchestre . . .
Leipzig, M. P. Belaieff, 1898. Publ. no. 1592. 121 p. fol.

M1001.G52 No. 6

L'hiver. Premier tableau du ballet "Les saisons" de
Alexandre Glazounow. Op. 67a. Partition d'orchestre.
. . .
*Leipzig, N. P. Belaieff, 1901. Publ. no. 2200.2338. 1 p. l.,
36 p. fol.*

M1002.G55H5

. . . Pas de caractère (Genre slave-hongrois) pour orchestre
par Alexandre Glazounow. Op. 68. Partition d'orchestre . . .
Leipzig, M. P. Belaieff, 1900. Publ. no. 2211. 15 p. fol.

M1047.G55P3

Intermezzo romantico pour grand orchestre composé par
Alexandre Glazounow. Op. 69. Partition d'orches-
tre . . .
Leipzig, M. P. Belaieff, 1901. Publ. no. 2218. 34 p. fol.
Cover title in Russian and French.

M1045.G55I5

Chant du ménestrel. Morceau pour violoncelle avec accompagnement d'orchestre ou de piano composé par Alexandre Glazounow. Op. 71.
Leipzig, M. P. Belaieff, 1901. Publ. no. 2250. 13 p. 4°.

M1016.G555

Glazounov—Continued.

. . . Ouverture solennelle pour grand orchestre par Alexandre Glazounow. Op. 73. Partition d'orchestre . . .
Leipzig, M. P. Belaieff, 1901. Publ. no. 2293. 74 p. 4°.
Cover title in Russian and French

        M1004.G55388

. . . Marche sur un thème russe pour grand orchestre composée par Alexandre Glazounow. Op. 76. Partition d'orchestre . . .
Leipzig, M. P. Belaieff, 1902. Publ. no. 2371. 35 p. 4°.
Cover title in Russian and French.

        M1046.G55M4

Septième symphonie en fa pour grand orchestre par Alexandre Glazounow. Op. 77. Partition d'orchestre . . .
Leipzig, M. P. Belaieff, 1902. Publ. no. 2401. 143 p. fol.

        M1001.G52 No. 7

Ballade pour grand orchestre composée par Alexandre Glazounow. Op. 78. Partition d'orchestre . . .
Leipzig, M. P. Belaieff, 1903. Publ. no. 2429. 38 p. fol.

        M1045.G55B2

Moyen-âge. Suite pour grand orchestre composée par Alexandre Glazounow. Op. 79. Partition d'orchestre . . .
Leipzig, M. P. Belaieff, 1903. Publ. no. 2439. 97 p. fol.

        M1003.G51 Op. 79

. . . Scène dansante pour grand orchestre composée par Alexandre Glazounow. Op. 81. Partition d'orchestre . . .
Leipzig, M. P. Belaieff, 1905. Publ. no. 2557. 43 p. fol.

        M1045.G55S3

Concerto (la) pour violon avec accompagnement d'orchestre composé par Alexandre Glazounow. Op. 82. Partition d'orchestre . . .
Leipzig, M. P. Belaieff, 1905. Publ. no. 2601. 66 p. fol.

        M1012.G53 Op. 82

. . . Huitième symphonie en mi♭ pour grand orchestre. Op. 83. Partition d'orchestre . . .
Leipzig, M. P. Belaieff, 1907. Publ. no. 2759. 179 p. fol.

        M1001.G52 No. 8

. . . Le chant du destin. Ouverture dramatique pour orchestre. Op. 84. Partition d'orchestre . . .
Leipzig, M. P. Belaieff, 1909. Publ. no. 2822. 55 p. fol.

        M1004.G55305

Glazounov—Continued.

Variations sur un thème russe . . .

See . . . Variations sur un thème russe pour grand orchestre . . .

· . . . Les vendredis. Polka pour orchestre d'archets par N. Sokolow, A. Glazounow et A. Liadow. Partition.
Leipzig, M. P. Belaïeff [etc.], 1899. Publ. no. 2006. 9 p. 4°.

On cover the Russian precedes the French title.

M1145.S712

Gleich, Ferdinand, 1816–1898.

. . . Symphonie in D dur für orchester componirt von Ferdinand Gleich. Op. 16. Partitur.
Leipzig, C. F. Kahnt, [1860]. Publ. no. 748. 2 p. l., 120 p. 4°.

M1001.G54

Gleitz, Karl, 1862–

. . . Irrlichter. Fantasie für pianoforte und orchester. Op. 9. Partitur . . .
Berlin, W. Groscurth, [1895]. Publ. no. G. 19. 91 p. fol.

M1010.G55 Op. 9

. . . Venus und Bellona. Sinfonische dichtung für grosses orchester. [Nach dem gemälde von P. Schobelt, Berliner National-Galerie.] Op. 10. Partitur . . .
Berlin, W. Groscurth, [1895]. Publ. no. 52 p. fol.

M1002.G557V4

. . . Joss Fritz. Sinfonische dichtung für grosses orchester. Op. 13. Partitur . . .
Berlin, W. Groscurth, [1896]. 80 p. fol.

M1002.G557J7

Pietà. Op. 16 N° 3.

"Stimmungsbild" for orchestra, printed on p. [56]–64 in "Künstlers erdenwallen. Ein lebensbild von Karl Gleitz. . . . Erster theil. Op. 16. Berlin, W. Groscurth, 1896."

ML410.G43

Glière, Reinhold Moritzovich, 1874–

. . . Symphonie (en mib) pour orchestre par R. Glière. Op. 8. Partition d'orchestre . . .
Leipzig, M. P. Belaïeff, 1905. Publ. no. 2543. 153 p. fol.

M1001.G565

Glinka, Mikhail Ivanovich, 1804–1857.

Caprice brillant sur le thème de la jota aragonesa pour grand orchestre composé par M. Glinka. Nouvelle edition revue et corrigée par N. Rimsky-Korsakow et A. Glazounow. Partition d'orchestre . . .
Leipzig, M. P. Belaieff, 1901. Publ. no. 3001. 61 p. 4°.

M1045.G56C3

"Glinkiana." Suite pour orchestre, composée des morceaux pour piano de M. Glinka, instrumentée par N. Kasanli. No. 1. Fugue à 2 sujets . . . No. 2. La séparation . . . No. 3. Thème écossais varié . . . Partition d'orchestre . . .
Moscou, P. Jurgenson, [etc.], [1908]. Publ. no. 32481. 59 p. 4°.
Cover title.

M1003.G53

Komarinskaja. Fantasie für orchester über zwei russische volkslieder Hochzeitslied und Tanzlied von M. I. Glinka.
Berlin, Schlesinger (Rob. Lienau) [etc]. Publ. no. S. 5431. 1 p. l., 40 p. 4°.

M1045.G56K34

Kamarinskala. Fantaisie sur deux airs russes pour orchestre composée par M. Glinka. Nouvelle édition revue et corrigée par N. Rimsky-Korsakow et A. Glazounow. Partition d'orchestre . . .
Leipzig, M. P. Belaieff, 1902. Publ. no. 3009. 33 p. 4°.
M1045.G56K3

Ouverture de l'opéra féerique Rouslane et Ludmila composée par M. I. Glinka. Editée et dédiée à Mr. H. Berlioz par la sœur du compositeur L. Schestakof. Partition.
Mayence, les fils de B. Schott [etc]. Publ. no. 15899. 66 p. 4°.

M1004.G561R6

Souvenir d'une nuit d'été à Madrid. Fantaisie sur des thèmes espagnols pour grand orchestre composée par M. Glinka. Nouvelle édition revue et corrigée par N. Rimsky-Korsakow et A. Glazounow. Partition d'orchestre . . .
Leipzig, M. P. Belaieff, 1901. Publ. no. 3005. 37 p. 4°.
M1045.G56S5

Valse-fantaisie pour orchestre composée par M. Glinka. Nouvelle édition revue et corrigée par N. Rimsky-Korsakow et A. Glazounow. Partition d'orchestre . . .
Leipzig, M. P. Belaieff, 1902. Publ. no. 3013. 42 p. 4°.
M1049.G59

Gluck, Christoph Willibald, ritter von, 1714–1787.

Ballet-musik aus "Paris und Helena " von Gluck.
*Leipzig, Breitkopf & Härtel, [1893]. Publ. no. Part. B. 279.
1 p. l., 21 p. fol. (Breitkopf & Härtels partitur-biblio-thek.)*
    Caption title.
    On p. 1. a prefatory note signed "Carl Reinecke. Leipzig im
    Mai 1875."
                                        M1075.G567

Ballet-suite. Balletstücke aus opern von Chr. W. Gluck
für orchester frei bearbeitet von Felix Mottl.
*Leipzig, C. F. Peters, [1900]. Publ. no. 8333. 43 p. fol.
(Edition Peters, No. 2901.)*
    On cover: Ballet-suite I.
                                        M1003.G56

Ouverture aus der oper: Paris und Helena von Chr. Gluck
(1770) bearbeitet und herausgegeben von Hans von
Bülow. Orchesterpartitur.
*Leipzig, C. F. Peters, [1864]. Publ. no. 4438. 1 p. l., 28 p.
4°.*
                                        M1004.G567P3

Ouverture zu Alceste von Chr. W. von Gluck. Zur auf-
führung im konzertsaal mit vortragsbezeichnungen u.
einem schluss versehen von Felix Weingartner. Partitur . . .
*Leipzig, [etc.], Breitkopf & Härtel, ᶜ1898. Publ. no.
Part. B. 1123. 27 p. fol.*
                                        M1004.G567A6

. . . Iphigénie en Aulide. Fin de Mozart. Partitur . . .
*Berlin, Ad. Mt. Schlesinger, [1876]. Publ. no. S. 4458. 1 p.
l., 22 p. 4°. (Ouvertures pour l'orchestre composées par
Chr. de Gluck . . . 11.)*
                                        M1004.G567I68

Ouverture zu der oper: Iphigenia in Aulis von Christoph
W. Gluck. Nach Rich. Wagner's Bearbeitung.
*Leipzig, [etc.], Breitkopf & Härtel, [1893]. Publ. no. Part.
B. 194. 35 p. fol.*
    Not the first ed.
                                        M1004.G567I7

. . . 1re. suite—Gluck. Danse des athlètes d'Elena e Paride
et d'Iphigénie en Aulide. Menuet d'Iphigénie en Aulide.
Passacaille d'Elena e Paride et d'Iphigénie en Aulide.
Partition. . . .

Gluck—Continued.

*Paris, A. Durand & Fils, [189–?]. Publ. no. D. S. et Cie.
2359. 1 p. l., 27 p. 4°.*

Score. Not the first edition of 187–.
At head of title: "Danses célèbres des fondateurs de l'opéra
français Lulli-Rameau-Gluck. Disposées en suites d'orchestre
par F. A. Gevaert."

M1003.G396

. . . 2e. suite—Gluck. Air d'Iphigénie en Aulide. Danse
des esclaves d'Iphigénie en Aulide. Tambourin d'Iphigénie en Aulide. Gavotte d'Armide. Grande chaconne
d'Iphigénie en Aulide & Orphée. Partition. . . .
*Paris, A. Durand & Fils, [189–?]. Publ. no D. S. et Cie.
2541. 1 p. l., 42 p. 4°.*

Score. Not the first edition of 187–.
At head of title: "Danses célèbres des fondateurs de l'opéra
français Lulli-Rameau-Gluck. Disposées en suites d'orchestre
par F. A. Gevaert."

M1003.G396

Godard, Benjamin (Louis Paul), 1849–1895.
Gavotte [par] B. Godard. Op. 16.
*Paris, Durand Schoenewerk et Cie., [1880]. Publ. no. D. S.
& Cie. 2780. 8 p. 4°.*

Caption title.

M1048.G58

Symphonie gothique pour orchestre par Benjamin Godard.
Op. 23. Partition . . .
*Mayence, Les fils de B. Schott [etc.], [1883]. Publ. no.
23587. 1 p. l., 45 p. fol.*

M1001.G57 Op. 23

Solitude. Benjamin Godard. Op. 27.
*Paris, Durand, Schoenewerk et cie., [1883]. Publ. no. D. S.
& cie., 3145. 6 p. 4°.*

Caption title.

M1045.G58S6

. . . Concerto romantique pour violon par Benjamin Godard.
Op. 35. Partition d'orchestre . . .
*Paris, Heugel & Cie., [188–]. Publ. no. G. H. 1384. 1 p. l.,
94 p. 4°.*

M1012.G59 Op. 35

Scènes poétiques par Benjamin Godard. Op. 46 . . .
No. 1. Dans les bois. No. 2. Dans les champs. No. 3.
Sur la montagne. No. 4. Au village . . . Partition.

Godard—Continued.

Berlin, Ed. Bote & G. Bock, [1880]. Publ. no. 12371. 43 p. fol.
> Cover title.
> Publ. by Brandus & Cie., Paris, 1880.
>
> M1003.G57 Op. 46

Kermesse. Benjamin Godard. Op. 51.
Paris, L. Grus, [187-?]. Publ. no. L. G. 3654. 41 p. fol.
> Caption title.
>
> M1045.G58K4

Symphonie en si ♭. Partition d'orchestre. Benjamin Godard. Op. 57 ...
Paris, Choudens père & fils, [188-]. Publ. no. A. C. 7589. 1 p. l., 131 p. 4°.
> M1001.G57 Op. 57

... Symphonie orientale. (Op. 84.) No. 1. Wüstenbild ... No. 2. Chinoiserie. No. 3. Im hamak ... No. 4. Der traum der Nikia... No. 5. Türkischer marsch ...
Berlin, Adolph Fürstner, [1884]. Publ. no. A. 2479 F. 1 p. l., 38 p. fol.
> Cover title.
>
> M1001.G57 Op. 84

Symphonie légendaire. Benjamin Godard. [Op. 99.] Suites d'orchestre. A. Au manoir. B. Mare aux fées. C. Dans la cathédrale. D. Dans la forêt. Partition ...
Paris, Choudens fils, [188-]. Publ. no. A. C. 7477. 1 p. l., 103 p. fol.
> M1003.G57 Op. 99

2e. scherzetto pour piano par Benjamin Godard. Op. 108 ...
Paris, A. Durand & fils, [1892]. Publ. no. D. & F. 4514. 11 p. 4°.
> Arranged for orchestra.
>
> M1045.G58D4

Menuet Pompadour. Benjamin Godard. Op. 119. Partition ...
Paris, J. Hamelle, [1903]. Publ. no. J. 3115. H. 7 p. fol.
> Not the first ed.
>
> M1049.G62

Impressions de campagne au printemps. Trois suites d'orchestre par Benjamin Godard. Op. 123. 1. Noce villageoise. 2. La source aux pervenches. 3. Valse au clair de lune. Les trois numéros réunis.

Godard—Continued.

Paris, Choudens fils [189–]. Publ. no. A. C. 9579. 1 p. l., 43 p. 4°.

> L. C. has also separate copy of no. 2. Hofmeister, 1898, gives Salut au printemps. Bluette pour piano, Leipzig, Forberg, as Op. 123.

M1003.G57 Op. 123

Scènes italiennes. No. 1. Sérénade florentine. [No. 2. Sicilienne. No. 3. Tarentelle.] Par Benjamin Godard. Op. 126. Partition d'orchestre . . .
Paris, A. Durand & fils, [1893]. Publ. nos. D. F. 4558, 4560, 4512. 1 p. l., 35, [5], 17, [5], 38 p. 4°.

M1003.G57 Op. 126

. . . Adagio pathétique (for violin & piano) arranged for grand orchestra by Ross Jungnickel. Score . . .
New York, G. Schirmer, [etc.], ᶜ1910. Publ. no. 22201. 1 p. l., 13 p. fol.

> At head of title: Benjamin Godard, Op. 128, No. 3.

M1060.G579

. . . 2ième. concerto (sol-mineur) pour violon avec accompagnement d'orchestre ou de piano par Benjamin Godard. Op. 131. Partition d'orchestre . . .
Berlin, Adolphe Fürstner, [1892]. Publ. no. A. 4431 F. 51 p. fol.

M1012.G59 Op. 131

Scènes écossaises. No. 1. Légende pastorale. [No. 2. Sérénade à Mabel. No. 3. Marche des Highlanders.] Benjamin Godard. Op. 138.
Paris, J. Hamelle, [189–]. Publ. no. J. 3595 H. 12, 8, 24 p. fol.

> Caption title.

M1003.G57 Op. 138

. . . En plein air. Suite de cinq morceaux pour violon avec accompagnement d'orchestre ou de piano par Benjamin Godard. Op. 145. No. 1. A l'ombre. No. 2. Sous la charmille. No. 3. En regardant le ciel. No. 4. Danse rustique. No. 5. La fée du hallier.
Berlin, N. Simrock, ᶜ1893. Publ. nos. 10017, 10019, 10021, 10023, 10025. 5 v. in 1 v. 7, 11, 7, 23, 23 p. 8°.

> Not a copyright deposit.

M1012.G59 Op. 145

Godard—Continued.

Fragments poétiques pour petit orchestre (Quatuor, 2 flûtes,
1 hautbois, 1 clarinette, 1 basson, 2 cors à pistons et 1
harpe). I. Depuis l'heure charmante (Lamartine). II.
Un soir nous étions seuls (A. de Musset). III. Elle est
jeune et rieuse (Victor Hugo). Partition d'orchestre . . .
*Paris, Heugel & cie., ᶜ1906. Publ. no. H. & Cie. 22415.
3 v. 29 p. each. fol.*

                                                                    M1002.G577

Le Tasse. Danse des Bohémiens par Benjamin Godard.
Partition d'orchestre . . .
*Paris, Heugel & cie. [190-]. Publ. no. H. & Cie. 23,904.
1 p. l., 19 p. fol.*
> Cover title.
> Hófmeister 1881 gives this as p. 39, published by Hartmann,
> Paris.

                                                                    M1047.G58T3

Goedicke, Alexander Fedorovich, 1877–
. . . Ouverture dramatique pour grand orchestre par
A. Goedicke. Op. 7. Partition . . .
*Moscou & Leipzig, P. Jurgenson, [1903]. Publ. no. 26986.
70 p. 4°.*

                                                                    M1004.G594

Concertstück für pianoforte mit orchesterbegleitung von A.
Goedicke. Op. 11. Partitur . . .
*Moskau-Leipzig, P. Jurgenson [etc.], [1903]. Publ. no. 25798.
73 p. 4°.*

                                                                M1010.G63 Op. 11

Symphonie No. 1 pour grand orchestre par A. Goedicke.
Op. 15. Partitur . . .
*Moscou [etc.], P. Jurgenson [1905]. Publ. no. 29691.
221 p. 4°.*

                                                                M1001.G59 No. 1

Symphonie pour grand orchestre A-dur. Op. 16. Partition . . .
*Berlin-Moskau, Russischer Musikverlag G. m. b. H., [1909].
Publ. no. R. M. V. 8. 1 p. l., 140 p. fol. (Edition russe
de musique Berlin Moscou).*

                                                                M1001.G59 No. 2

Göhler, (Karl) Georg, 1874–
. . . Erste sinfonie D moll. Partitur . . .
*Leipzig, [etc.], C. A. Klemm, ᶜ1902. Publ. no. G. G. 12.
1 p. l., 106 p.*
> Composer's name at head of title.

                                                                    M1001.G602

Goens, Daniel (François) van, 1858–1904.

Elégie pour violoncelle ou violon avec acct. de piano ou instruments à cordes par Daniel van Goens. Op. 10 . . .
Paris, J. Hamelle, [etc.], [ca. 1900]. Publ. no. J. 3953 H. 3 p. fol.

M1105.G59

. . . Deuxiéme concerto en ré pour violoncelle avec orchestre ou piano par Daniel van Goens. Op. 30. . . . Partition.
Nice, Paul Decourcelle [etc],]1903]. Publ. no. P. D. 720. 83 p. 4°.

M1016.G593

. . . Cantabile (Op. 34) [For violoncello with orchestra] Partitur . . .
Hamburg und Leipzig, D. Rahter [1903]. Publ. no. 2399. 11 p. fol.

M1016.G595

Saltarello pour violoncelle et orchestre par Daniel van Goens. Op. 35. Partition d'orchestre.
Mss. 28 p. fol.

M1016.G6

Goetz, Hermann, 1840–1876.

Sinfonie (in F dur) für grosses orchester componirt . . . von Hermann Goetz. Op. 9. Partitur . . .
Leipzig, Fr. Kistner, [1875]. Publ. no. 4561. 220 p. 4°.

M1001.G61

Frühlings-Ouverture für orchester componirt von Hermann Goetz. Op. 15. (No. 2 der nachgelassenen werke) Partitur . . .
Leipzig, Fr. Kistner, [1878]. Publ. no. 4884. 79 p. 4°.

M1004.G611F8

Concert (B dur) für pianoforte mit begleitung des orchesters componirt von Hermann Goetz. Op. 18. (No. 5 der nachgelassenen werke). Partitur . . .
Leipzig, Fr. Kistner, [1879]. Publ. no. 5431. 230 p. 4°.

M1010.G67 Op. 18

Concert (in einem satz) für violine mit begleitung des orchesters oder pianoforte componirt von Hermann Goetz. Op. 22. (No. 9 der nachgelassenen werke). Partitur . . .
Leipzig, Fr. Kistner, [1880]. Publ. no. 5627. 98 p. 4°.

M1012.G62 Op. 22

Goetz—Continued.

Ouverture zur oper Francesca von Hermann Goetz. Par-titur. . .

Leipzig, Fr. Kistner, [1878]. Publ. no. 5000, 5001. 1 p. l., 25 p. fol.

M1004.G611F6

Goetze, Heinrich, 1836–1906.

Zwei abendlieder für streich-orchester (Violine 1 & 2, viola, cello & basso) componirt von Heinrich Goetze. Op. 9. Partitur . . .

Berlin, Raabe & Plothow, [etc.], [1882]. Publ. no. R. 996 P. 3 p. fol.

M1145.G7

Serenade No. 1 in D moll für streichorchester, 2 violinen, viola, violoncell und bass von Heinrich Götze. Op. 22. Partitur . . .

Leipzig, Breitkopf & Härtel, [1883]. Publ. no. 16290. (B. & H. Part.-Bibl. Streichmusik, No. 16290.) 9 p. fol.

M1103.G7 Op. 22

Serenade No. 2 in G dur für streich-orchester, 2 violinen, viola, violoncell und bass von Heinrich Götze. Op. 23. Partitur . . .

Leipzig, Breitkopf & Härtel, [1883]. Publ. no. 16291. 13 p. fol. (B. & H. Part. Bibl., Streichmusik, No. 16291.)

M1103.G7 Op. 23

Goldmark, Carl, 1830–

Ouverture de Sakuntala pour orchestre par Carl Goldmark. Op. 13 . . . Partition . . . Nouvelle édition.

Londres, Paris, [etc.], Schott & 'Co· Publ. no. S. 1002. 81 p. 4°.

According to Hofmeister, this was published at Pest by Rózsavölgi ca. 1870.

M1004.G62183

. . . Scherzo für orchester von Carl Goldmark. Op. 19. Partitur . . .

Wien, J. P. Gotthard, [1870]. Publ. no. J. P. G. 75. 54 p. 4°.

M1045.G624 Op. 19

Ländliche hochzeit. Symphonie in 5 sätzen . . . für grosses orchester von C. Goldmark. Op. 26 . . . Parti-tur . . .

Mainz, B. Schott's söhne, [etc.], [1876]. 1 p. l., 180 p. 4°.

M1001.G62

Goldmark—Continued.

Concert für violine mit orchester-begleitung von Carl Goldmark. Op. 28. Partitur . . .

Bremen, Schweers & Haake. Publ. no. H. P. 419. 1 p. l., 105 p. 4°.

Published 1877 by Pohle, Hamburg.

M1012.G64 Op. 28

Ouverture Penthesilea . . . für orchester von Carl Goldmark. Op. 31 . . . Partitur . . .

Mainz, [etc.], B. Schott's Söhne, [1879]. Publ. no. 22831. 85 p. 4°.

"Penthesilea und Achilles—Das rosenfest—Kampf und tod."

M1004.G621P3

Zweite symphonie (Es-dur) für grosses orchester componirt von Carl Goldmark. Op. 35. Partitur.

Mainz, B. Schott's Söhne, [etc.], [1888]. Publ. no. 24592. 64 p. fol.

M1001.G622

Im frühling. Ouverture für orchester von Carl Goldmark. Op. 36. Partitur . . .

Mainz, [etc.], B. Schott's Söhne, [1889]. Publ. no. 24791. 25 p. fol.

M1004.G621I5

Ouverture zum Gefesselten Prometheus des Aeschylos für orchester componirt von Carl Goldmark. Op. 38.

Leipzig, Bartholf Senff, [1890]. Publ. no. 2094. 64 p. fol.

M1004.G621G3

Scherzo für orchester von Carl Goldmark. Opus 45. Partitur . . .

Leipzig, C. F. Peters, c1894. Publ. no. 7973. 31 p. fol. (Edition Peters, no. 2717.)

M1045.G624 Op. 45

Das heimchen am herd. Vorspiel zur 3ten Abtheilung. Carl Goldmark.

Leipzig, Breitkopf & Härtel, c1896. Publ. no. E. B. & Cie. 24 p. fol.

Cover title.

M1004.G621H3

Ouverture zu Sappho für orchester von Carl Goldmark. Partitur . . .

Berlin, N. Simrock, c1894. Publ. no. 10123. 95 p. 4°.

Hofmeister 1894 gives this as op. 44.

M1004.G621S4

Goldschmidt, Adalbert von, 1848–1906.

Helianthus von Adalbert von Goldschmidt. Waldfrauscene mit angefügtem schluss des III. aktes (für den konzert-vortrag eingerichtet). Partitur . . .
Leipzig, Breitkopf & Härtel, [etc.], ᶜ1896. Publ. no. Part B. 959. 1 p. l., 56 p. fol.

M1505.G

Steyrische tänze von Adalbert von Goldschmidt orchestrirt von H. Brune. Partitur.
Hannover, Arnold Simon, [etc], ᶜ1880. Publ. no. A. S. 141. 35 p. 4°.

Not a copyright deposit.

M1049.G65

Eine symphonische dichtung für grosses orchester von Adalbert von Goldschmidt. Partitur . . .
Leipzig, Breitkopf & Härtel, [1884]. Publ. no. 16309. 43 p. fol. (B. & H. Part.-bibl. 16309.)

M1002.G623

Goltermann, Georg (Eduard), 1824–1898.

Ouverture zu Waldmeisters brautfahrt (von O. Roquette) für grosses orchester componirt von Georg Goltermann. Op. 37.
Leipzig, bei C. F. W. Siegel, [1862]. Publ. no. 2134. 61 p. 4°.

M1004.G629W3

Adagio pour violoncelle avec accompagnement d'orchestre . . . par G. Goltermann. Op. 83. Partition . . .
Mayence, B. Schott's söhne, [etc.], [1877]. Publ. no. 22180. 12 p. 4°.

M1016.G63 Op. 83

. . . Élégie pour le violoncelle avec accompagnement d'orchestre . . . composé par George Goltermann. Op 88. Orch. partition . . .
Offenbach s/M., Joh. André, [etc.], [1878]. Publ. no. 12518. 28 p. 4°.

M1016.G63 Op. 88

. . . Festspiel-Ouverture für grosses orchester componirt von Georg Goltermann. Op. 94 . . . Partitur . . .
Mainz, B. Schott's Söhne, [etc.], [1881]. Publ. no. 23259. 69 p. 4°.

M1004.G629F3

Goodhart, Arthur M.
. . . Elegy for full orchestra and organ in memory of "John Oliver Hobbes," d. August 13, 1906. Composed by Arthur M. Goodhart . . . Full score.
Brighton, J. & W. Chester, [1909]. 1 p. l., 14 p. fol.

M1045.G662E7

Gotthard, Johann Peter, 1839– (*real name* Pazdírek).
Concert ouverture in D moll für orchester componirt von J. P. Gotthard. Partitur . . .
Wien, J. P. Gotthard, 1872. Publ. no. J. P. G. 285. 95 p. 4°.

M1004.G685C7

Gotthelf, Felix.
. . . Ein frühlingsfest. Symphonische phantasie für orchester von Felix Gotthelf. Op. 7 Partitur. . . .
Berlin, Ries & Erler, [1893]. Publ no. R. 5099 E. 71 p. fol.
Pasted over imprint label in ms. "Eigentum des componisten. Alle rechte vorbehalten."

M1045.G685 Op. 7

Gound, Robert.
Suite (A dur) für streichorchester componirt von Robert Gound. Op. 20. Partitur . . .
Leipzig, Fr. Kistner, [1896]. Publ. no. 8724. 51 p. 4°.

M1103.G73 Op. 20

Gounod, Charles (François), 1818–1893.
Marche funèbre d'une marionette. Ch. Gounod.
Paris, H. Lemoine, [1880]. Publ. no. 8148 H. 19 p. fol.
Caption title.

M1046.G711M3

Marche pontificale. Composée pour l'anniversaire du couronnement de sa sainteté Pie IX par Charles Gounod . . . Partition d'orchestre . . .
Paris, Choudens, père & fils [1872]. Publ. no. A. C. 1846. 9 p. fol.

M1046.G711M4

Marche religieuse à grand orchestre avec harpes principales par Charles Gounod. Partition . . .
Milan, G. Ricordi & c., [etc.] [187–?]. Publ. no. 67707. 1 p. l., 29 p. fol.

M1046.G711M45

Gounod—Continued.

. . . Marche religieuse (Marche festivale.) à grand orchestre par Charles Gounod. Partition. . . .
Mayence, B. Schott's Söhne [etc], [1878]. Publ. no. 22442. 1 p. l., 29 p. fol.

M1046.G711M47

Meditation pour violon solo et orchestre. Ch. Gounod. Partition . . .
Paris, Choudens fils. Publ. no. A. C. 2431. 1 p. l., 9 p. fol.
Published after 1888.

M1012.G713

. . . 1re. symphonie en Re majeur par Charles Gounod. Partition d'orchestre.
Paris, Colombier, [185–?]. Publ. no. C. 1874. 1 p. l., 156 p. 4°.

M1001.G68

Deuxième symphonie en Mi bémol par Ch. Gounod.
Paris, Choudens, [1869]. Publ. no. A. C. 248. 1 p. l., 251 p. fol.
Prod'homme and Dandelot give 1866.

M1001.G682

Gouvy, (Ludwig) Theodor, 1822–1898.

2ème. symphonie en Fa composée par Th. Gouvy. Partition. Oeuv: 12.
Paris, Richault [etc], [184–]. Publ. no. 7964 R. 1 p. l., 192 p. 4°. **M1001.G711**

Sinfonie No. 3. Th. Gouvy. Op. 20.
Transcript 1908. 143 p. obl. 4°.

M1001.G712

4e. symphonie en Ré mineur par Theodore Gouvy. Œuv. 25. Partition.
Paris, S. Richault. Publ. no. 7679 R. 1 p. l., 176 p. 4°.

M1001.G714

Schwedischer tanz (Danse suédoise) aus dem "Octett" für blasinstrumente von Theodor Gouvy Op. 71 bearbeitet von August Horn. Für streich-orchester. Partitur . . .
Leipzig, Fr. Kistner, [1882]. Publ. no. 6007. 11 p. fol.
Cover title.

M1060.G71983

Sinfonietta (D dur) für orchester componirt von Theodor Gouvy. Op. 80. Partitur . . .
Leipzig, Fr. Kistner, [1886]. Publ. no. 6931. 127 p. fol.

M1001.G717

Gouvy—Continued.

. . . Sérénade pour flûte, 2 violons, alto, violoncelle et contrebasse (ou flûte et orchestre d'instruments à cordes) par Théodore Gouvy. Op. 82. Partition . . .

Leipzig, Fr. Kistner, [1890]. Publ. no. 7957. 37 p. fol.

M662.G74

. . . Zweite serenade für flöte, zwei violinen, viola, violoncell und contrabass (oder flöte und streich-orchester) von Theodor Gouvy. Op. 84. Partitur . . .

Hamburg und Leipzig, D. Rahter, [etc.], [1892]. Publ. no. 46. 35 p. fol.

M662.G742

Symphonie en Sol mineur (G moll) pour grand orchestre par Th. Gouvy. Op. 87. Partition . . .

Leipzig [&c.], Breitkopf & Härtel, [1893]. Publ. no. 20081. 1 p. l., 206 p. 4°. (B. & H. Part.-Bibl. 20081.)

M1001.G719

Symphonische paraphrasen (Paraphrases symphoniques) für grosses orchester von Th. Gouvy. Op. 89. Partitur . . .

Leipzig, [etc.], Breitkopf & Härtel., ᶜ1899. Publ. no. Part. B. 1533. 51 p. fol.

M1002.G71

Grädener, Carl (Georg Peter), 1812–1883.

Sinfonie (C moll) für grosses orchester von Carl G. P. Grädener. Op. 25. Partitur . . .

Hamburg, Hugo Pohle, [1872]. Publ. no. H. P. 112. 2 p. l., 324 p. 4°.

M1001.G734

. . . Ouverture für grosses orchester zu Schiller's "Fiesco" von Carl G. P. Grädener. Op. 30. Partitur . . .

Hamburg, Hugo Pohle, [1873]. Publ. no. H. P. 134. 1 p. l., 104 p. 4°

M1004.G734F5

Grädener, Hermann (Theodor Otto), 1844–

. . . Capriccio für orchester von Hermann Grädener. Op. 4. Partitur.

Hamburg, Hugo Pohle, [1872]. Publ. no. H. P. 100. 1 p. l., 88 p. 4°.

M1045.G734C3

Sinfonietta für orchester componirt von Hermann Grädener. Op. 14. Partitur.

Wiener-Neustadt, Eduard Wedl, [etc.], 1881. Publ. no. E. W. W. N. 77. 1 p. l., 226 p. 4°.

M1001.G738

Grädener, H.—Continued.

. . . Eine lustspiel-ouverture für orchester von Hermann Grädener. Op. 28. Partitur. . . .

Wien, Albert J. Gutmann [etc], [1886]. Publ. no. A. J. G. 610. 72 p. 4°. (Edition Gutmann).

M1004.G737L8

Violin-konzert von Hermann Grädener. Partitur.
Transcript, 1907. 1 p. l., 86, 91 p. fol.

M1012.G75

Graener, Paul.

. . . Symphonietta für streichinstrumente und harfe komponiert von Paul Graener. Op. 27. Partitur.

Wien: " Universal-edition" aktiengesellschaft, [etc.], ᶜ1910. Publ. no. U. E. 2809. 36 p. fol. (Universal-edition. No. 2809.)

M1101.G82⁹ Op. 27

Grammann, Carl, 1842–1897.

. . . Festmarsch für grosses orchester event. mit zweitem orchester (orgel ad lib.) von Carl Grammann. Op. 1. Partitur . . .

Dresden, F. Ries, [1880]. Publ. no. 23. 35 p. fol.

Originally published by Kaibel of Lübeck as "Deutscher festmarsch 1870."

M1046.G736F5

Romanze und Scherzo für orchester componirt von Carl Grammann. Op. 17. Partitur . . .

Lübeck, F. W. Kaibel, [1877]. Publ. no. 51. 1 p. l., 66 p. 4°.

M1045.G745R7

. . . Aventiure. Sinfonie für grosses orchester componirt von Carl Grammann. Op. 31. Partitur . . .

Berlin, Hermann Erler, [&c.], [1880]. Publ. no. 700. 117 p. fol.

M1001.G746

Graupner, Christoph, 1687–1760.

Concerto a 3 flauti traversieri, 2 hautbois, 2 violini, viola e cembalo.

See Instrumentalkonzerte deutscher meister. p. 196–220.

M2.D39

Grawert, Th.

Wilhelmus von Nassauen. Armee-marsch III No. 122 über altniederländische kriegslieder. Th. Grawert. . . .

Mainz [etc], B. Schott's Söhne, ᶜ1911. Publ. no. 29296. 1 p. l., 16 p. fol.

Band score.
Caption title.

M1247.G778

Greef, Arthur de, 1862–
Ballade in form von variationen über ein flämisches volkslied für streichorchester von Arthur de Greef. Partitur.
Leipzig, C. F. Peters, [1890]. Publ. no. 7357. 15 p. fol.
(Ed. Peters No. 3162.)
M1103.G8

Gregoir, Edouard (Georges Jacques), 1822–1890.
Les croisades. Prise de Jerusalem par Godefroid de Bouillon. Anno 1099. Symphonie historique en quatre parties, composée par Edouard Gregoir jeune, . . . 1847.
Partition d'orchestre. Œuvre 50. 1re. partie. Le vœu des croisés, introduction et prière. 2de. partie. Le départ des croisés, marche militaire. 3me. partie. Invocation, solo de violoncelle. 4me. partie. Combat, Fanfare, Cavalerie, Cris des blessés, Le retour, Marche.
n. i. (Imp. & lith. de T. & D. Hemelsoet, Gand). 1 p. l.,
27 p. fol.
M1001.G822

Gretchaninov, Alexander Tiknovich, 1864–
Simfoniia H moll. A. Grechaninova. Op. 6. Partitura . . .
Moskva, A. Gutheil, [etc.], [190–]. Publ. no. A. 8327 G.
2 p. l., 140 p. fol.
M1001.G84

2me symphonie pour grand orchestre par A. Gretchaninow. Op. 27. Partition . . .
Moscou, chez A. Gutheil, [etc.], ᶜ1910. Publ. no. A. 9059 G.
1 p. l., 191 p. fol.
M1001.G842

Grétry, André Ernest Modeste, 1741–1813.
. . . Ouvertüre zur komischen oper L'épreuve villageoise. Für den konzertvortrag bearbeitet von Gustav F. Kogel. Partitur.
Leipzig, Breitkopf & Haertel, ᶜ1909. Publ. no. Part. B.
2041. 15 p. fol. (B. & H.'s partitur-bibliothek 2041.)
Cover title.
M1004.G82E5

Grieg, Edvard (Hagerup), 1843–1907.
Menuett. Edward Grieg. Bearb. v. Robert Henriques.
Leipzig, Breitkopf & Härtel, [1893]. Publ. no. Part B. 281.
1 p. l., 12 p. fol. (Breitkopf & Härtels partitur-bibliothek).
Caption title.
. . . On title-page: "Menuett aus der Sonate Op. 7."
M1060.G85H5

Grieg—Continued.

Im herbst. Concert-ouverture für grosses orchester von
Edvard Grieg. Opus 11.
Leipzig, C. F. Peters, [1888]. Publ. no. 7250. 59 p. fol.
(Edition Peters, No. 2431.)

M1004.G84815

. . . Concert für pianoforte mit begleitung des orchesters
von Edvard Grieg. Opus 16. Partitur.
Leipzig, C. F. Peters, [ca. 1887]. Publ. no. 7366. 85 p.
obl. 8°. (Edition Peters, No. 2485.)
First published 1875 by Fritzsch, Leipzig.

M1010.G84 Op. 16

. . . Zwei elegische melodien . . . für streichorchester componirt von Edvard Grieg. Op. 34. Partitur.
Leipzig, C. F. Peters, [1881]. Publ. no. 6493. 7 p. fol.
1. Hjertesår (Herzwunden). 2. Våren (Letzter frühling).

M1145.G84

Norwegische tänze von Edvard Grieg. Opus 35 für orches-
ter gesetzt von Hans Sitt.
Leipzig, C. F. Peters, [1891]. Publ. no. 7453. 71 p. fol.
(Editon Peters No. 2538).

M1047.G84N54

. . . Aus Holberg's zeit. Suite in alten style für streich-
orchester von Edvard Grieg. Op. 40 . . .
Leipzig, C. F. Peters, [1886]. Publ. no. 6887. 19 p. fol.
(Edition Peters, No. 1931.)

M1103.G84 Op. 40

Erste orchestersuite aus der musik zu "Peer Gynt" (Dramatische dichtung von H. Ibsen) zur concertaufführung
neu bearbeitet von Edvard Grieg. Op. 46. Partitur.
Leipzig, C. F. Peters, [1888]. Publ. no. 7188. 39 p. fol.
(Edition Peters, No. 2433.)

M1003.G846 No. 1

. . . Zwei melodien für streichorchester (nach eigenen liedern) von Edvard Grieg. Opus 53.
Leipzig, C. F. Peters, [1891]. Publ. no. 7628. 11 p. fol.
(Edition Peters, No. 2539.)
1. Norsk. 2. Det förste möde.

M1145.G845

Zweite orchestersuite aus der musik zu "Peer Gynt"
(Dramatische dichtung von H. Ibsen) zur concertaufführung neu bearbeitet von Edvard Grieg. Op. 55. Partitur.

Grieg—Continued.

Leipzig, C. F. Peters, [1893]. Publ. no. 7672. 57 p. fol.
(Edition Peters, No. 2662.)

M1003.G846 No. 2

Drei orchesterstücke (Vorspiel, Intermezzo, Huldigungs-
marsch) aus Sigurd Jorsalfar (Schauspiel von Björnson)
componirt und zur concertaufführung umgearbeitet und
vervollständigt von Edvard Grieg. Op. 56. Partitur.
Leipzig, C. F. Peters, ᶜ1893. Publ. no. 7802. 35 p. fol.

M1003.G848

. . . Zwei nordische weisen. 1. Im volkston . . . 2. Kuh-
reigen und bauerntanz . . . Für streichorchester von
Edvard Grieg. Op. 63. Partitur.
Leipzig, C. F. Peters, [1896]. Publ. no. 8238. 15 p. fol.
(Edition Peters, No. 2854.)

M1145.G849

. . . Symphonische tänze (über norwegische motive) für
grosses orchester von Edvard Grieg. Op. 64. Partitur . . .
Leipzig, C. F. Peters, [1898]. Publ. no. 8493. 119 p. fol.
(Edition Peters, No. 2858.)

M1047.G8489

Zwei lyrische stücke (aus Opus 68) von Edvard Grieg
für kleines orchester eingerichtet vom componisten.
1. Abend im hochgebirge für streichorchester, oboe und
horn. 2. An der wiege für streichorchester. Partitur.
Leipzig, C. F. Peters, [1900]. Publ. no. 8620. 9 p. fol.
(Edition Peters, No. 2927.)

M1145.G843

Trauermarsch zum andenken an Rikard Nordraak kom-
poniert von Edvard Grieg. Für orchester gesetzt von
Johan Halvorsen.
Leipzig, C. F. Peters, [1908]. Publ. no. 9171. 10 p. fol.
(Edition Peters, No. 3207.)

M1060.G85

Grill, Leo, 1846–

. . . Serenade in fünf sätzen für orchester—No. 1. Marcia,
allegro. No. 2. Andante con moto. No. 3. Allegro.
No. 4. Allegretto. No. 5. Finale. Introduction (mode-
rato) u. Allegro con brio—componirt von Leo Grill.
Op. 3. Partitur . . .
Leipzig, Fr. Kistner, [1873]. Publ. no. 3880. 201 p. 4°.

M1003.G858

Grill—Continued.

Ouverture (A moll) für grosses orchester componirt von Leo Grill. Op. 8. Partitur . . .

Leipzig, Fr. Kistner, [1873]. Publ. no. 3926. 74 p. 4°.

M1004.G858

Grimm, Julius Otto, 1827–1903.

. . . Träumerei für streichorchester. Op. 2, no. 3.

Leipzig, Breitkopf & Härtel, ᶜ1901. Publ. no. Part. B. 1662. 5 p. fol. (B. & H.'s partitur-bibliothek 1662.) ·

M1145.G87

. . . Suite in canonform für zwei violinen, viola, violoncell u. contrabass (orchester) componirt von Jul. O. Grimm, Op. 10 . . .

Leipzig, J. Rieter-Biedermann, [1866]. Publ. no. 132. 31 p. 4°.

M1103.G86   Op. 10

. . . Zweite suite in canonform für orchester componirt von Jul. O. Grimm. Op. 16. Partitur . . .

(Leipzig, J. Rieter-Biedermann, [1871]: Publ. no. 644. 1 p.l. 160 p. 4°.

M1003.G864

Zwei märsche für grosses orchester componirt von Jul. O. Grimm. Op. 17. Partitur. . . .

Leipzig u. Winterthur, J. Rieter-Biedermann, [1872]. Publ. no. 684. 1 p. l., 76 p. 4°.

M1046.G864

. . . Sinfonie für grosses orchester componirt von Julius O. Grimm. Op. 19 . . .

Leipzig u. Winterthur, J. Rieter-Biedermann, 1874. Publ. no. 780. 245 p. 4°.

M1001.G864

Suite (Nr. 3 in G moll) für streichorchester (zwei violinen, viola, violoncell u. contrabass) von Julius O. Grimm. Op. 25. Partitur . . .

Leipzig, [etc.], Breitkopf & Härtel, ᶜ1895. Publ. no. 910. 1 p. l., 19 p. fol. (B. & H.'s partitur-bibliothek 910.)

M1103.G86   Op. 25

Grossman, Louis, 1835–

Ukrainische Ouvertüre zu Anton Malczewski's dichtung "Maria" für grosses orchester von Louis Grossman. Partitur . . .

Leipzig, [etc.], Jul. Heinr. Zimmermann, [1899]. Publ. no. Z 2792. 85 p. fol.

M1004.G878M3

Grossman—Continued.
> . . . Werke für orchester. Andante symphonique. "Tene-
> broso" ballade. Pas serpentine (Schlangentanz). Aus-
> gabe für grosses orchester. . . .
> *Heilbronn, G. F. Schmidt [etc], ᶜ1904. Publ. nos. C. F. S.*
> *3065(7), 3068(9), 3071(2). 3 v. 27, 23, 19 p. fol.*
> *(Cefes edition).*
>> Name of composer at head of title.
>> Not a copyright deposit.
>>
>> M1045.G878

Grüters, August, 1841–1911.
> "Feenmährchen." Concertstück für orchester von Aug.
> Grüters.
> *Autograph. 55 p. fol.*
>> Caption title.
>> At head of title: "Un conte de fée, grand morceau d'orchestre,
>> par Aug. Grüters."
>> At end of score the original p. 55 is crossed out. It bears the note:
>> "Croyes, le 2 Mai 1867 1ᵐ moins 5 minutes du matin."
>>
>> ML96.G

Grützmacher, Friedrich (Wilhelm Ludwig), 1832–1903.
> Concert-ouverture für grosses orchester componirt von
> Friedrich Grützmacher. Op. 54 . . . Partitur . . .
> *Leipzig, bei C. F. Kahnt, [1864]. Publ. no. 973. 1 p. l.,*
> *93 p. 4°.*
>>
>> M1004.G886

Guglielmi, Pietro, 1727–1804.
> Debora e Sisara. Sinfonia. Del Sigr. D. Pietro Guglielmi.
> *Unpaged mss. obl. 8°.*
>> The opera was first performed at Naples Feb., 1788.
>>
>> M1004.A2G94

Guilmant, (Félix) Alexandre, 1837–1911.
> 2ème marche funèbre pour orchestre ou orgue et instru-
> ments à cordes . . . par Alexandre Guilmant (Op. 41).
> Partition . . .
> *Paris, P. Schott & Cie., [etc.], 1892. Publ. no. A. G. 80.*
> *15 p. 4°.*
>>
>> M1046.G962D5

> . . . Première symphonie pour orgue & orchestre par Alex.
> Guilmant. . . . Cette symphonie a été exécutée pour
> la 1re. fois le 22 Août 1878, aux Concerts du Palais du
> Trocadéro. Partition. Op. 42. . . .
> *Paris, A. Durand & Fils [etc], [189–?]. Publ. no. A. G. 29.*
> *1 p. l., 97 p. 4°.*
>> Not the first edition of 1879.
>>
>> M1005.G95 Op. 42

Guilmant—Continued.

. . . Adoration pour orgue et instruments à cordes par Alexandre Guilmant. Op 44. Partition . . .

Paris, A. Durand & Fils, [etc.], ᶜ1896. Publ. no. A. G. 91. 11 p. 4°.

M1105.G95

Marche-fantaisie sur deux chants d'église pour orgue, harpes et orchestre par Alexandre Guilmant. Op. 44. Partition.

Paris, Schott, (1886). Publ. no. A. G. 40. 40 p. 4°.

M1005.G95 Op. 44

Méditation sur le Stabat Mater pour orgue et orchestre par Alexandre Guilmant. Op. 63. Part. d'orchestre . . .

Paris, Schott, 1886. Publ. no. A. G. 42ᵃ. 16 p. 4°.

M1005.G95 Op. 63

. . . Marche elégiaque pour orgue, instruments à cordes et deux hautbois (ad libitum) par Alexandre Guilmant. Op. 74. Partition . . .

Paris, A. Durand & fils, [etc.], ᶜ1894. Publ. no. A. G. 82. 1 p. l., 8 p. 4°.

M1105.G954

. . . Allegro pour orgue et orchestre par Alexandre Guilmant. Op. 81. Partition . . .

Paris, A. Durand & fils, [etc.], ᶜ1896. Publ. no. A. G. 90. 1 p. l., 25 p. 4°.

M1005.G95 Op. 81

. . . Final alla Schumann pour orgue et orchestre par Alexandre Guilmant. Op. 83. Partition . . .

Paris, A. Durand & fils, [etc.], ᶜ1897. Publ. no. A. G. 93. 1 p. l., 33 p. 4°.

M1005.G95 Op. 83

Guiraud, Ernest, 1837–1892.

. . . Ouverture d'Arteveld par E. Guiraud. Op. 10. Partition d'orchestre . . .

Paris, A. Durand & fils. Publ. no. D. S. & Cie. 3028. 59 p. 4°.

From the plates of the first edition, 1882, published by Durand, Schoenewerk & Cie.

M1004.G965A8

. . . Caprice pour violon avec accompagnement d'orchestre ou de piano par Ernest Guiraud . . . Partition d'orchestre.

Guiraud—Continued.

Paris, A. Durand & fils. Publ. no. D. S. & Cie. 3377.
1 p. l., 57 p. 4°.

> From the plates of the first edition, published by Durand,
> Schoenewerk & Cie., 1884.
>
> **M1012.G96**

Chasse fantastique. Poème symphonique par E. Guiraud . . .
Paris, A. Durand & fils. Publ. no. D. S. 769. 71 p. 4°.

> Originally published by Durand & Schoenewerk et cie. 1887.
>
> **M1002.G965**

Danse persane. Air de ballet par E. Guiraud . . . Partition d'orchestre . . .
Paris, A. Durand & fils. Publ. no. D. S. & Cie. 2787.
2 p. l., 39 p. 4°.

> Originally published by Durand, Schoenewerk et cie. 1880.
>
> **M1047.G965D3**

2° suite d'orchestre en 4 parties. No. 1. Petite marche.
No. 2. Divertissement. No. 3. Rêverie. No. 4. Finale.
Par E. Guiraud. Partition d'orchestre . . .
Paris, Durand & Schoenewerk, [1886]. Publ. no. D. S.
3572. 1 p. l., 96 p. 4°.

> **M1003.G962**

Ouverture de Gretna-Green. Ballet de E. Guiraud. Partition d'orchestre . . .
Paris, G. Flaxland; Durand, Schoenewerk, succrs., [ca. 1870].
Publ. no. D. S. et Cie. 1603. 38 p. 4°.

> **M1004.G965G8**

Scène & valse du ballet Gretna-Green. Musique de E.
Guiraud. Partition d'orchestre . . .
Paris, A. Durand & fils [1881]. Publ. no. D. S. & Cie.
2836. 2 p. l., 40 p. 4°.

> **M1045.G9582**

. . . Suite d'orchestre en quatre parties. No. 1. Prélude.
No. 2. Intermezzo. No. 3. Andante. No. 4. Carnaval. Par. E. Guiraud. [Partition d'orchestre . . .]
Paris, A. Durand & fils, [1882]. Publ. no. D. S. & Cie.
1455. 1 p. l., 121 p. 4°.

> From the plates of the first ed., 1870.
>
> **M1003.G96**

Gurlitt, Cornelius, 1820–1901.

Victoria-ouverture für grosses orchester von C. Gurlitt. Op.
22. Partitur.

Hamburg, Aug. Cranz, [etc.]. Publ. no. 2731. 53 p. 4°.

M1004.G981V4

Sinfonietta für orchester. Op. 60, von Corn. Gurlitt.
Partitur . . .

Hamburg, Aug. Cranz, [etc.], [1877]. 1 p. l., 68 p. 4°.

M1001.G95

. . . Ouverture des Marionettes par Cornelius Gurlitt. Op.
105. Grand orchestre, partition. . . .

*London, Augener & Co., [1891]. Publ. no. 4240. 22 p.
fol. (Augener's edition, No. 7055a.)*

M1004.G981M4

"Commedietta" ouverture par Cornelius Gurlitt. Op. 137.
Grand orchestre, partition . . .

*London, Augener & Co.,[1891] Publ. no. 6396. 43 p. fol.
(Augener's ed., No. 7056a.)*

M1004.G98C5

Haan, Willem de. *See* Dehann.

Hadley, Henry Kimball, 1871–

Die vier jahreszeiten. (The four seasons.) Symphonie in
F moll, No. 2 für grosses orchester componirt von Henry
K. Hadley. Op. 30. Partitur.

*Boston, Arthur P. Schmidt, [etc.], ᶜ1902. Publ. no. A. P. S.
5681. 207 p. 4°.*

M1001.H132

. . . Symphonic fantasia for orchestra. (Op. 46) . . .

*New York, G. Schirmer, [etc.], ᶜ1907. Publ. no. 19456.
1 p. l., 59 p. fol.*

M1045.H131S9

. . . Salome. Tondichtung für grosses orchester nach Oscar
Wilde's trauerspiel von Henry Hadley. Op. 55. Partitur . . .

*Berlin, Ries & Erler, ᶜ1906. Publ. no. R. 8014 E. 86 p.
fol.*

M1002.H131

. . . The culprit fay. A rhapsody for grand orchestra after
Joseph Rodman Drake's poem. Score . . .

Hadley—Continued.

New York, G. Schirmer, [etc.], ⁰1910. Publ. no. 22151. 1
p. l., 59 p. fol.

> At head of title: Henry Hadley. Op. 62.

> **M1002.H131C8**

Händel, Georg Friedrich, 1685–1759.

Georg Friedrich Händel's werke. Ausgabe der Deutschen
Händelgesellschaft. (Herausgegeben   von   Friedrich
Chrysander.)

Leipzig, Stich und druck der gesellschaft, [1859–94, 1902].
99 v. fol.

> v. 100 "Thematic catalogue" not yet published.
>
> *See* bd. 47 and 48, 2. abt.: Overtures, concertos for orchestra,
> water-music, firework-music, etc. bd. 21 and 30: Concerti
> grossi. bd. 28 and 48, 1. abt.: Concertos for organ and orchestra.

> **M3.H3**

[The works of Georg Friederich Händel. Edited by Samuel
Arnold.]

n. i. [London, 1786–1797]. 27 v. fol.

> Six concertos, in score, for the organ or harpsichord, with accom-
> panyments for two violins, two hautboys, viola & violoncello
> . . . (Separate pagination for each concerto. Publ. nos. 121–
> 124.)
>
> Concertos &c. for the organ in score, now first published 1797 . . .
> (80 p. Publ. nos. 179–180).
>
> Concertos (commonly called the Hautboy concertos) for two
> violins, two hautboys, two German flutes, two tenors, two
> bassoons, two violoncellos, and a basso continuo, chiefly com-
> posed at Cannons, in the year 1720 and first published about
> the year 1729 . . . (100 p. Publ. nos. 172–174).
>
> Concertante in nine parts for two violins and a violoncello obli-
> gati, composed in the year 1738 . . . (45 p. Publ. nos. 98–99).
>
> Twelve grand concertos, in score, composed in the year 1737
> . . . (220 p. Publ. nos. 60–64).

> **M3.H21**

Concert D dur für streichorchester, 2 oblig. violinen, oblig.
violoncel. u. continuo von. G. F. Händel (componirt 1739).
Für den concertvortrag bearbeitet und genau bezeichnet
von Gustav F. Kogel.

Leipzig, C. F. Peters, [1897]. Publ. no. 8422. 31 p. fol.
(Edition Peters no. 2904.)

> **M1040.H13K7**

Concert D moll für streichorchester, 2 obligate violinen und
obligates violoncell von G. F. Händel (componirt 1739).
Für den concertvortrag bearbeitet und genau bezeichnet
von Gustav F. Kogel.

Händel—Continued.

> *Leipzig, C. F. Peters, [1893]. Publ. no. 7772. 23 p. fol.*
> *(Edition Peters no. 2694.)*
>
> M1040.H13K75

Concert (G-moll) (Larghetto affetuoso Fugato, Musette, Allegro molto vivace, Finale) für streichorchester, zwei obligate violinen und obligates violoncell von G. F. Händel. Für die aufführungen in den Gewandhaus-concerten und zum gebrauch beim Conservatorium der Musik zu Leipzig genau bezeichnet und mit einer schluss-cadenz versehen von Ferdinand David. Partitur.

> *Leipzig, Bartholf Senff [etc], [186-]. Publ. no. 515. 23 p. fol.*
>
> M1040.H13D3

. . . Concerti grossi. Auf grund von Fr. Chrysanders gesammtausgabe der werke Händels nach den quellen revidiert und für den praktischen gebrauch bearbeitet von Max Seiffert . . .

> *Leipzig, Breitkopf & Härtel, [etc.], 190- Publ. nos. H. W.*
> *1-21, [23]. 19 v.*
>   L. C. has Nos. 1-8, 10-14, 16-17, 20-23.
>
> M1040.H1284

Concerto grosso in C dur von G. F. Händel für den konzert-vortrag bearbeitet von Felix Mottl.

> *Leipzig, C. F. Peters [1909]. Publ. no. 9853. fol. (Edi-*
> *tion Peters, no. 3238.)*
>
> M1040.H13M5 No. 7

Konzert in F dur für zwei bläserchöre und streichorchester (Concerto a due cori), von G. F. Händel für den konzert-vortrag bearbeitet und genau bezeichnet von Gustav F. Kogel. Partitur . . .

> *Leipzig, Breitkopf & Härtel, [etc.], ᶜ1903. Publ. no. Part. B.*
> *1746. 1 p. l., 26 p. fol. (B. & H.'s partitur-bibliothek*
> *1746.)*
>
> M1105.H14K4

Larghetto für violine mit klavier oder orchesterbegleitung von Georg Friedrich Haendel bearbeitet von Jenő Hubay.

> *Leipzig: Jul. Heinr. Zimmermann, [etc.], ᶜ1908. Publ. no. 2.*
> *4607 a. 3 p. fol.*
>
> M1105.H14H7

. . . Orgel-konzerte. Auf grund von Fr. Chrysanders gesamtausgabe der werke Händels nach den quellen revidiert und für den praktischen gebrauch bearbeitet von Max Seiffert . . . Partitur . . .

Händel—Continued.

Leipzig, Breitkopf & Härtel. fol.

Library has:

No. 1. Op. 4, No. 1. ᵉ1903. *Publ. no. H. W. 28 1ᵃ. 2 p. l., 26 p.*
2. Op. 4, No. 2. ᵉ1904. *Publ. no. H. W. 28 2ᵃ. 2 p. l., 17 p.*
3. Op. 4, No. 3. ᵉ1906. *Publ. no. H. W. 28 3ᵃ. 1 p. l., 15 p.*
4. Op. 4, No. 4. ᵉ1904. *Publ. no. H. W. 28 4ᵃ. 2 p. l., 22 p.*
5. Op. 4, No. 5. ᵉ1905. *Publ. no. H. W. 28 5ᵃ. 2 p. l., 12 p.*
7. Op. 7, No. 1. ᵉ1911. *Publ. no. H. W. 28 7ᵃ. 1 p. l., 27 p.*
10. Op. 7, No. 4. ᵉ1906. *Publ. no. H. W. 28 10ᵃ. 1 p. l., 25 p.*

M1005.H13

Zweites concerto grosso in F dur von G. F. Händel auf
grund von Chrysander's ausgabe der Deutschen Händelgesellschaft für die Akademischen Orchesterconcerte in
Leipzig eingerichtet von Hermann Kretzschmar. Partitur . . .
*Leipzig, [etc.], Breitkopf & Härtel, ᵉ1898. Publ. no. Part. B.
944. 1 p. l., 25 p. fol. (B. & H.'s Partitur-bibliothek 944.)*

M1040.H13K52

Zwölf grosse konzerte für streichinstrumente von G. F.
Händel. Herausgegeben und mit einem vorwort versehen
von Georg Schumann. No. 1. G dur. No. 2. F dur.
No. 3. E moll. No. 4. A moll. No. 5. D dur. No. 6.
G moll. No. 7. B dur. No. 8. C moll. No. 9. F dur.
No. 10. D moll. No. 11. A dur. No. 12. H moll.
Leipzig, Ernst Eulenberg, [1906]. port. Various pag. 12°.

M1040.H1282

Haeser, Georg.

Zwei bagatellen von Georg Haeser. Op. 16. (Träumerei.
Ausblick.) Ausgabe für streichorchester. Partitur.
*Basel, Gebrüder Hug., [1909]. Publ. no. G. H. 4544 a/b. 5 p.
fol.*

M1145.H12

Haesche, W. E.

Forest idyl. Tone-poem for orchestra. Orchestral score . . .
*New York, G. Schirmer, ᵉ1906. Publ. no. 18077a. 31 p.
fol.*

M1002.H136

Hagelbauer, C. A.

Heinzelmännchen's brautfahrt. The goblins went a-wooing.
. . . Charakterstück. C. A. Hagelbauer.
Berlin, Otto Wernthal, ᵉ1902. Publ. no. 1411. 4 p. 4°.
• Caption title. For string orchestra.

M1145.H14

Hahn, Reynaldo, 1874–

... Pavane d' "Angelo" pour le drame de Victor Hugo par Reynaldo Hahn. Petit orchestre: (Grande et petite flûte, clarinette, guitarre, harpe ou piano, et quintette à cordes). Partition d'orchestre. ...

Paris, Heugel & Cie, ᶜ1909. Publ. no. H. & Cie. 24205. 11 p. 4°.

At head of title: "Théâtre Sarah-Bernhardt."

M1515.H2

Hallén, Andréas, 1846–

... Romanze für violine mit begleitung des orchesters componirt von Andréas Hallén. Op. 16. Orchester-partitur ...

Christiania, Carl Warmuths Musikverlag, [etc.[. Publ. no. C. W. 421a. 39 p. 4°.

Cover title.

M1012.H17 Op. 16

Rhapsodie (No. 1) für orchester componirt von Andréas Hallén, Op. 17. Partitur ...

Leipzig, Fr. Kistner, [1882]. Publ. no. 5900. 56 p. 4°.

M1045.H22

Rhapsodie No. 2 (Schwedische rhapsodie) für orchester componirt von Andréas Hallén, Op. 23. Partitur.

Berlin, Raabe & Plothow, [etc.]. [1883]. Publ. no. R. 1188 P. 95 p. 4°.

M1045.H222

... Die todteninsel. Sinfonische dichtung für grosses orchester componirt von Andréas Hallén. Op. 45. Partitur ...

Berlin, Raabe & Plothow, [1899]. Publ. no. 1388. 35 p. fol.

M1002.H184T7

... Gustaf Wasas saga. Suite für orchester. a) Das morgenroth der freiheit. b) Die vision. c) Aufruf zur wehr. d) Der einzug ... e) Per aspera ad astra. Componirt von Andréas Hallén Partitur ...

Berlin, Raabe & Plothow, [1897]. Publ. no. R. 1540 P. 70 p. fol.

M1003.H15

Sphärenklänge. Symphonische dichtung für grosses orchester komponiert von Andréas Hallén. Partitur.

Hannover, Louis Oertel, [etc.], [1909]. Publ. no. L. 5224 O. 31 p. 4°.

M1002.H18485

Halm, August.
Symphonie in D moll für streichorchester komponiert
von August Halm. Neudruck im auftrag der gesell-
schaft zur veröffentlichung der werke A. Halms. ...
Partitur ...
Stuttgart, G. A. Zumsteeg, 1910. 1 p. l., 27 p. fol.

M1101.H19

Halvorsen, Johan, 1864–
Andante religioso pour violon solo avec orchestre par
Johan Halvorsen. Partition ...
*Copenhague & Leipzig, Wilhelm Hansen, [1903]. Publ. no.
13243. 15 p. 4°. (Wilhelm Hansen edition No. 915.)*

M1012.H19

... Chant de la "Veslemy" (La jeune fille chante) par
Johan Halvorsen pour violon avec accompagnement
d'instruments à cordes. Partition et parties ...
*Kjøbenhavn & Leipzig, Wilhelm Hansen, [etc.], [1910].
Publ. no. 14532. 3 p. 4°.*
"Mosaique Nr. 4"

M1012.H194

Dramatische suiten für orchester von Johan Halvorsen ...
*Kopenhagen & Leipzig, Wilhelm Hansen, [1905]. In 1 v.
Various pag. fol. (Wilh. Hansen ed. No. 950, 922, 944,
1020, 1042, 1038, 1041, 1040, 1056, 1044, 1057.)*
CONTENTS: 1ste. suite, Opus 18. Tordenskjold. Drei stücke aus
der musik zu J. B. Bull's historischem schauspiel "Tordenskjold." I. Rigaudon. II. Krigsmarsch ... III. Sørgemarsch
... 2te. suite, Opus 17. Gurre. Fünf stücke aus der musik
zu Holger Drachmann's "Gurre." I. Aftenlandskab ...
Første møde ... II. Somernatsbryllup ... IIa. Introduction & serenade. III. Ve, Kong Volmer ... 3te. suite,
Opus 19. Kongen ... Drei stücke aus der musik zu Bjørn-
sterne Bjørnson's drama "Der König." I. Symphonisk intermezzo ... II. Hydrepigernes dans ... III. Elegie ...

M1003.H196

... Dramatiske suiter for orkester. Nr. IV. Fossegrimen
(Troldspil af Sigurd Eldegard). Op. 21. I. Fossegri-
men. II. Huldremóyarnes dans ... III. Bruremarsch
... IV. Melodrama og auds sang ... V. Fanitullen.
Partitur ...
*Kjøbenhavn & Leipzig, Wilhelm Hansen, [1907]. Publ. no.
13806. 1 p. l., 97 p. 4°. (Wilhelm Hansen, Edition No.
1156.)*

M1003.H198

Halvorsen—Continued.

Einzugsmarsch der Bojaren . . . für orchester von Johan Halvorsen. Orchester Partitur . . .
Kopenhagen & Leipzig, Wilhelm Hansen, [1895]. Publ. no. 11659. 27 p. fol.

M1046.H197E4

Rabnabryllaup uti Kraakjalund. Norwegische volksweise für streich-orchester bearbeitet von Johan Halvorsen. Partitur . . .
Christiania, Carl Warmuth, [1897]. Publ. no. C. W. 2177. 5 p. 4°.

M1145.H2

. . . Tanzscene aus "Königin Tamara." Orientalisches charakterstück für orchester von Johan Halvorsen. Partitur. . . .
Kopenhagen & Leipzig, Wilhelm Hansen, [1905]. Publ. no. 13561. 31 p. 4°.
Wilhelm Hansen edition, No. 1055.

M1047.H19X6

. . . Vasantasena. Suite für grosses orchester aus der musik zu dem altindischen schauspiel Vasantasena zur concertaufführung bearbeitet von Johan Halvorsen. Partitur.
Leipzig, C. F. Peters, ͨ1897. Publ. no. 8414. 60 p. fol. (Edition Peters, No. 2914.)

M1003.H192

Hamerik, Asger, (ritter von), 1843–

. . . Prélude du 4me acte de l'opera "Tovelille". Soir d'été dans les forêts. Scène d'amour. Musique de Asger Hamerik. Op. 12. Partitur . . .
Offenbach s/M, Jean André, [1875]. Publ. no. 11881. 12 p. 4°.

M1004.H214T6

Jüdische trilogie für Orchester componirt von Asger Hamerik. Op. 19. Partitur.
Leipzig, Breitkopf & Härtel, [1879]. Publ. no. 14999. 86 p. 4°.

M1002.H21

. . . Nordische suite. C dur. Op. 22.
Leipzig, Breitkopf & Härtel, [1893]. Publ. no. Part. B. 24. 1 p. l., 102 p. 4°. (Breitkopf & Härtel's partitur-bibliothek, No. 24.)
First publ. 1873.

M1003.H21 Op. 22

Hamerik—Continued.

2te Nordische suite für orchester componirt von Asger Hamerik. Op. 23. Partitur . . .
Offenbach a/M., Joh. André, [1875]. Publ. no. 11766. 1 p.l., 123 p. 4°.

M1003.H21 Op. 23

3te Nordische suite für orchester componirt von Asger Hamerik. Op. 24. Partitur . . .
Offenbach a/M., bei Joh. André, [1876]. Publ. no. 11978. 1 p. l., 120 p. 4°.

M1003.H21 Op. 24

Vierte Nordische Suite D dur für orchester von Asger Hamerik. Op. 25. Partitur.
Leipzig, Breitkopf & Härtel, [1877]. Publ. no. 14492. 212 p. 8°.

M1003.H21 Op. 25

. . . 5te Nordische suite A dur für orchester componirt von Asger Hamerik. Op. 26. Partitur . . .
Offenbach a/M., Joh. André, [1880]. Publ. no. 12783. 1 p.l., 152 p. 4°.

M1003.H21 Op. 26

. . . Concert romanze für violoncell und orchester od. pianoforte von Asger Hamerik. Op. 27. Pr. mit orchester. Part. . . .
Offenbach a/M., Joh. André, [188-]. Publ. no. 12695. 1 p. l., 28 p. 4°.

M1016.H22 Op. 27

Symphonie poétique No. 1 F dur (Fa, F maj.) pour orchestre par Asger Hamerik. Op. 29. Partition d'orchestre.
Offenbach a/M., Joh. André, [1882]. Publ. no. André 13059. 1 p. l., 160 p. 4°.

M1001.H21 No. 1

. . . Oper ohne worte . . . für das pianoforte componirt von Asger Hamerik. Op. 30 . . . Ausgabe für orchester.
Offenbach a/M., Joh. André, [1883]. Publ. no. André 13131. 1 p. l., 181 p. 4°.

M1003.H21 Op. 30

Symphonie tragique No. 2, C moll . . . pour orchestre par Asger Hamerik. Op. 32. Partition d'orchestre . . .
Offenbach s/M., Joh. André, [1884]. Publ. no. André 13183. 2 p. l., 207 p. 4°.

M1001.H21 No. 2

Hamerik—Continued.

Symphonie lyrique, No. 3, E dur . . . pour orchestre par
Asger Hamerik. Op. 33. Partition d'orchestre . . .
Offenbach, a/ Main, Johann André, [1882]. Publ. no. 13490.
2 p. l., 190 p. 4°.

           M1001.H21 No. 3

Symphonie majestueuse Ut majeur . . . No. 4. Asger Hamerik. Op. 35. Partition d'orchestre . . .
Offenbach s/ M., Jean André, [1891]. Publ. no. André 13946.
1 p. l., 183 p. 4°.

           M1001.H21 No. 4

Symphonie sérieuse Nr. 5 in G moll für orchester von Asger
Hamerik. Op. 36. Partitur . . .
Leipzig, Breitkopf & Haertel, [etc.], c1893. Publ. no. 19591.
163 p. fol.

           M1001.H21 No. 5

Symphonie spirituelle G dur, No. 6, für streichorchester
componirt von Asger Hamerik. Op. 38. Partitur . . .
Leipzig, [etc.], Breitkopf & Härtel, c1897. Publ. no. Part. B.
949. 35 p. fol. (B. & H.'s partitur-bibliothek 949.)

           M1101.H22

. . . Chor-symphonie (choral symphony) für orchester, chor
und mezzo-sopran solo von Asger Hamerik. No. 7. Opus
40. Partitur . . .
Offenbach a/ M und Leipzig, Johann André, [1908]. Publ. no.
André 16098. 92 p. fol.

           M1001.H21 No. 7

Hansen, Robert (Emil), 1860–

Symphonische suite für streichorchester und 2 hörner von
Robert Hansen. Op. 6. Partitur . . .
Kopenhagen & Leipzig, Wilhelm Hansen, [1892]. Publ. no.
11053. 59 p. 4°.

           M1103.H25 Op. 6

Hanssens, Charles Louis, 1802–1871.

Fantaisie a grand orchestre. Airs russes, etc., etc., par
Ch. L. Hanssens.
Bruxelles, Fievet et comp. 1 p. l., 38 p. obl. 8°.

           M1045.H242

Fantaisie à grand orchestre (Intermède) La Romanesca,
Danse du XVIe. siècle par Ch. L. Hanssens.
Bruxelles, Fievet et comp. 1 p. l., 16 p. obl. 8°.

           M1045.H246

Hanssens—Continued.

Fantaisie à grand orchestre sur des airs nationaux de tous pays, par Ch. L. Hanssens.

Bruxelles, Fievet et comp. 1 p. l., 74 p. obl. 8°

M1045.H241

Fantaisie à grand orchestre sur des airs populaires (Paterken langs den kant) La ronde des moines, MM. les étudiants s'en vont à la Chaumière, etc., etc., par Ch. L. Hanssens.

Bruxelles, Fievet et comp. 1 p. l., 58 p. obl. 8°.

M1045.H24

Fantaisie à grand orchestre sur Le doudou, par Ch. L. Hanssens.

Bruxelles, Fievet et comp. 1 p. l., 60 p. obl. 8°.

M1045.H243

1re. fantaisie à grand orchestre sur Le carnival de Venise, par Ch. L. Hanssens.

Bruxelles, Fievet et comp. 1 p. l., 46 p. obl. 8°.

M1045.H244

Harcourt, Eugène d', ca. 1855–

Aubade a ma fiancée [by] Eugène d'Harcourt.

Paris, F. Durdilly, ᶜ1907. Publ. no. C. H. 5713. 8 p. 4°.

M1045.H257A8

Symphonie néo-classique par Eugène d'Harcourt. Partition d'orchestre.

Paris, F. Durdilly, ᶜ1907. 1 p. l., 121 p. fol.

M1001.H25

Harder, Knud

Schwarzwälder zwischenklänge. Ein symphonisches intermezzo für streichorchester komponiert von Knud Harder. Partitur . . .

Strassburg i. E., Süddeutscher Musikverlag (G. m. b. H.), [etc.], [1910]. Publ. no S. M.– V. 256. 15 p. fol.

On p. 2 "Vorbemerkung . . . 1909 . . . enstanden . . . Uraufführung des Zwischenspiels . . . 12 Juni 1909 in Stuttgart-Cannstatt . . ."

M1145.H29

Harris, Clement.

. . . Festival march composed by Clement Harris. Full score.

London & New York, Novello, Ewer & Co., ᶜ1896. Publ. no. 10297. 36 p. fol.

M1046.H313F5

Hartmann, Emil, 1836–1898.

Nordische volkstaenze componirt von Emil Hartmann. Ausgabe A. für orchester. No. 1, Scherzo "Nordische volkstaenze" Op. 18. No. 2, Halling und menuet aus Op. 2. No. 3, Die erlenmädchen und die jäger "Scherzo," Op. 6a. No. 4, Alte erinnerungen "Menuet" Op. 6b. No. 5, Springtanz aus Op. 3 . . .
Berlin, Carl Simon, [1878]. Publ. nos C. S. 554A, 555A, 359. 3 v. 27, 47, 54 p. fol.

M1047.H33N7

. . . Concerto pour le violon avec accompagnement d'orchestre composé par Emil Hartmann. Œuv. 19. Partition.
Berlin, N. Simrock, [etc.], [1876]. Publ. no. 7828. 1 p. l., 51 p. 4°.

M1012.H33 Op. 19

. . . Eine nordische heerfahrt. (Les vikings.) Trauerspielouverture (Ouverture tragique) für grosses orchester componirt von Emil Hartmann. Op. 25. Partitur . . .
Kopenhagen & Leipzig, Wilhelm Hansen. Publ. no. 3627. 61 p. 4°.
Berlin, Simon, [1878].

M1004.H333N7

. . . Concerto pour violoncelle avec accompagnement d'orchestre ou de piano par Emil Hartmann. Op. 26. Partition. . . .
Leipzig, Fr. Kistner, [1880]. Publ. no. 5461. 76 p. 4°.

M1016.H33

Symphonie (Es dur) von Emil Hartmann. Op. 29 . . .
Berlin, Carl Simon, [1880]. Publ. no. 8023. 173 p. 4°.

M1001.H33

"En karnevalsfest." Ballet-divertissement for orchester af Emil Hartmann. Op. 32. Partitur . . .
Kjöbenhavn, Kongl. Hofmusikhdl., [etc.], [1884]. 123 p. fol.

M1003.H335

Fra riddertiden. Symfoni No. 2 (A moll) für orchester af Emil Hartmann. Op. 34. Partitur . . .
Kjöbenhavn, Kongl. Hofmusikhdl., [etc.], [1888?]. 140 p. fol.

M1001.H331

"Aus der ritterzeit." Symphonie No. 2 (A moll) für grosses orchester von Emil Hartmann. Op. 34. Partitur . . .
Hamburg, Max Leichssenring, [etc.], [1884]. 140 p. fol.

M1001.H332

Hartmann, E.—Continued.

. . . Hakon Jarl. Sinfonische dichtung von Emil Hartmann. Op. 40 . . .
Kopenhagen & Leipzig, Wilh. Hansen, [1887]. Publ. no.
9793. 113 p. 4°.

M1002.H33

. . . Symphonie No. 3 (D-dur) für grosses orchester komponirt von Emil Hartmann. Op. 42. Partitur . . .
Kopenhagen & Leipzig, Wilhelm Hansen, [1889]. Publ. no.
10262. 114 p. fol.

M1001.H334

Concerto pour piano avec accompagnement d'orchestre ou
d'un second piano par Emil Hartmann. Op. 47.
Mss. 152 p. fol.

M1010.H33 Op. 47

. . . Runenzauber. Oper in 1 akt (2 abtheilungen) nach
H. Hertz' "Svend Dyrings haus" von Emil Hartmann . . . [Orchester-Partitur] [Overture].
Leipzig, J. Schuberth & Co., [etc.], c1896. Publ. no. 6531.
48 p. fol.

M1004.H333R9

Hartmann, Johan Peter Emilius, 1805–1900.

. . . Ouverture Klein Kirsten (Liden Kirsten). Romantische oper von H. C. Andersen. Musik von J. P. E. Hartmann. Op. 44. Partitur . . .
Kopenhagen & Leipzig, Wilhelm Hansen, [1906]. Publ. no.
13717. 56 p. 4°. (Wilhelm Hansen edition no 1117.)

M1004.H334K6

Fest-klänge (Indledningsmusik til universitetets jubelfest
1879) für orgel und blechblasinstrumente von J. P. E.
Hartmann. Partitur . . .
Kopenhagen & Leipzig, Wilhelm Hansen, [1895]. Publ.
no. 11507. 23 p. 4°.

M1245.H338

Sørgemarsch. Trauermarsch af J. P. E. Hartmann ved
Thorvaldsens bibasttelze. Udgave A. Orgel, kornet, 3
basuner og gongong. Partitur . . .
Kjøbenhavn & Leipzig, Wilhelm Hansen, [1904]. Publ. no.
2068. 3 p. fol.

M1247.H338

Hartog, Eduard de, 1828–1909.

   . . . Esquisses caractéristiques pour orchestre. No. 1.
Marche scandinave (Skandinavischer marsch). No. 2.
Sevilliana. Air de ballet composée par Eduard de Hartog.
Op. 51. Partition . . .
Leipzig, F. E. C. Leuckart (Constantin Sander), [1883].
Publ. nos. F. E. C. L. 3649, 3647. 2 v. 49, 43 p. 4°.

                                 M1045.H335E8

   . . . Villanelle pour grand orchestre composée par Edouard
de Hartog. Op. 59. Partition . . .
Bruxelles, Schott frères, [etc.], [1887]. Publ. no. S. F. 3823.
54 p. 4°.

                                 M1045.H335V5

   . . . Ein mährchen (Conte d'autrefois.) Charakterskizze
(Esquisse caractéristique) für orchester von Eduard de
Hartog. Op. 62. Partitur . . .
Bruxelles, Schott frères, [etc.], [1889]. Publ. no. S. F. 3988.
27 p. 4°.

                                 M1002.H334M2

   . . . Momento capriccioso. Humoreske für orchester componirt von Eduard de Hartog. Opus 67. Partitur. . .
Bonn, Gustav Cohen, [1887]. Publ. no. 137. 21 p. fol.

                                 M1045.H335M6

Harty, Hamilton.

   . . . A comedy overture (Lustspiel ouverture) for orchestra
by Hamilton Harty. Op. 15. Full score . . .
Mayence, B. Schott's söhne, [etc.], ᶜ1909. Publ. no. 28528.
1 p. l., 51 p. fol.

                                 M1004.H36C5

Hasse, Johann Adolph, 1699–1783.

   Konzert für flöte, zwei violinen, viola und bass.
See Instrumentalkonzerte deutscher meister. p. 33–61.

                                 M2.D39

   . . . Zehn ausgewählte orchesterstücke für den praktischen
gebrauch herausgegeben von Georg Goehler. 1. Marsch
aus Artaserse. 2. Marsch aus Cleofide. 3. Gavotte aus
Piramo e Tisbe. 4. Bauerntanz aus Numa. 5. Ouverture
zu Piramo e Tisbe. 6–10. Balletmusik (II. akt) a. Piramo
e Tisbe.
Leipzig, C. A. Klemm, 1904. Publ. no. 1 p. l., 44 p. fol.

                                 M1000.H35

Hasse, Karl.

. . . Serenade für streichorchester von Karl Hasse. Op. 5. Partitur . . .

Leipzig, J. Rieter-Biedermann, ᶜ1909. Publ. no. 2720. 34 p. fol.

M1103.H35

Hausegger, Siegmund von, 1872–

Barbarossa. Symphonische dichtung in drei sätzen für grosses orchester von Siegmund von Hausegger. Partitur.

Berlin, Ries & Erler, [1901]. Publ. no. R. 7071 E. 185 p. fol.

M1002.H374

. . . Dionysische phantasie. Symphonische dichtung für grosses orchester von Siegmund von Hausegger. Partitur . . .

Berlin, Ries & Erler, ᶜ1902. Publ. no. R. 7210 E. 102 p. fol.

M1002.H376

. . . Wieland der schmied. Symphonische dichtung für grosses orchester von Siegmund von Hausegger. Partitur . . .

Berlin, Ries & Erler, ᶜ1904. Publ. no. R. 7593 E. 89 p. fol.

M1002.H37W3

Haussmann, Valentin, d. 1611[?].

. . . Ausgewählte instrumentalwerke. Herausgegeben von Franz Bölsche.

See Franck, Melchior, *d.* 1639 *and* Haussmann, Valentin, *d.* 1611 ?

. . . Ausgewählte instrumentalwerke. Herausgegeben von Franz Bölsche.

M2.D39

Haydn, (Franz) Joseph, 1732–1809.

Joseph Haydns werke. Erste kritisch durchgesehene gesamtausgabe . . .

Leipzig, etc., Breitkopf & Härtel, [1907–]. fol.

In course of publication.
See v. 1, 2, 3: Symphonies.

M3.H41

Symphonien von Joseph Haydn. Partitur. Erster band, No. 1–6. Zweiter band, No. 7–12.

Leipzig, Breitkopf & Haertel, [1879]. Publ. nos. V. A. 122, 123. 2 v. 1 p. l., 336 p., 1 p. l., 390 p. 4°.

M1001.H414

Haydn, J.—Continued.

Sinfonie. Joseph Haydn.

[*Offenbach a. Main, Johann André*], [*1863*]. *Publ. no.*
623. 59 p. 4°.

> Caption title.
>
> Title-page reads: "Joseph Haydn. Symphonien für orchester in
> partitur & stimmen. Original-ausgabe . . . No. 27. Op. 66,
> No. 1."

M1001.H416 No. 27

. . . Concert in D dur für violoncell und orchester von
Joseph Haydn. Bearbeitet, neu instrumentiert und mit
cadenzen versehen von F. A. Gevaert . . .

Leipzig, Breitkopf & Härtel, [&c.], [1893]. Publ. no. Part.
B. 501. 41 p. fol. (B. & H.'s Part. Bibl. 501.)

> First publ. 1890.

M1016.H414

Konzert in G dur für violine. Joseph Haydn.

Leipzig, Breitkopf & Härtel, ᶜ1909. Publ. no. Part. B. 2135.
1 p. l., 27 p. fol. (B. & H.'s partitur-bibliothek 2135.)

> Caption title.

M1012.H4 No. 2

Haydn, (Johann) Michael, 1737–1806.

. . . Instrumentalwerke I. Bearbeitet von Lothar Herbert
Perger.

Wien, Artaria & Co., 1907. XXIX, 124 p. port. fol.
(D. d. T. in Österreich, 14. jahrg., 2. t.)

> Contains 2 symphonies [Es dur, 1783 and C dur 1788], 6 menuets
> [1784], and "Türkischer marsch" [1795].

M2.D36

Symphonie (in C dur) für orchester von Michael Haydn.
Op. 1, Nr. 3. Partitur . . .

Leipzig, Breitkopf & Härtel, [etc.], [1895]. Publ. no. Part. B.
914. 2 p. l., 51 p. fol.

M1001.H435

Hegar, Friedrich, 1841–

Concert für die violine mit begleitung des orchesters oder
piano-forte componirt von Friedrich Hegar. Op. 3 . . .

Offenbach a/M, bei Joh. André, [1873]. Publ. no. 11332.
1 p. l. 80 p. 4°.

M1012.H46 Op. 3

. . . Fest-ouverture für grosses orchester componirt von
Friedrich Hegar. Op. 25. Orchester-part.

Leipzig und Zürich [etc.[, Gebrüder Hug & Co. [1897]. Publ.
no. C. H. 2255a. 74 p. 4°.

M1004.H43F4

Hegner, Anton, 1861–

. . . American festival overture for large orchestra. (Op.
47.) Orchestral score . . .

*New York, G. Schirmer, [etc.], 1910. Publ. no. 21735.
1 p. l., 55 p. fol.*

M1004.H45A5

Heidingsfeld, Ludwig, 1854–

. . . 2 zigeunertänze, B dur und G moll. Op. 3. . . .

*Leipzig, [etc.], Breitkopf & Härtel, [1893]. Publ. no. Part.
B. 284. 1 p. l., 43 p. 4°. (Breitkopf & Härtels
partitur-bibliothek).*

Name of composer precedes title.
From the plates of the edition of 1878.   .

M1047.H465

King Lear. Dramatische sinfonie in drei sätzen mit
bezug auf die Shakespeare'sche tragödie componirt
von Ludwig Heidingsfeld. Opus 8. I. Satz: König
Lear. II. Satz: Cordelia. III. Satz: a. Scene auf der
haide . . . b. Feierliche heldenmusik zum tode des
königs. Partitur. . . .

*Breslau, Julius Hainauer [etc.], [1887]. Publ. no. J. 3032
H. 123 p. fol.*

On cover autograph dedication by the composer.

M1001.H44

. . . Der todtentanz. Charakteristisches tongemälde für
grosses orchester von Ludwig Heidingsfeld. Op. 9. Partitur . . .

*Leipzig, Breitkopf & Härtel, [1878]. Publ. no. 14896. 40 p.
4°.*

M1002.H465T7

Heidrich, Maximilian.

. . . Variationen über ein kleines thema für orchester componirt von Maximilian Heidrich. Op. 1. Partitur.

Leipzig, Alfred Dörffel, 1886. Publ. no. 68. 1 p. l., 42 p. 4°.

M1003.H46

. . . Olympia. Concert-ouverture für grosses orchester von
Maximilian Heidrich. Op. 3. Partitur . . .

Leipzig, Alfred Dörffel [1887]. Publ. no. 100. 48 p. 4°.

M1004.H46506

Heim, Max.

Ernste klänge. Vorspiel zu einer trauerfeier für orchester
componirt von Max Heim. Op. 8. Orchesterpartitur...

*Bayreuth, Carl Giessel, jun., ᶜ1902. Publ. no. 326. 27 p.
4°.*

M1004.H467E8

Heimendahl, William (Edward), 1858–1910

. . . Intermezzo für grosses orchester componirt von W. Edward Heimendahl. Op. 9. Partitur.

Berlin, Friedrich Luckhardt, ᶜ1886. Publ. no. F. L. 50. 1 p. l., 57 p. fol.

"Repertoirestück von Theod. Thomas, New York." Not a copyright deposit.

M1045.H46716

Heinefetter, Wilhelm.

Concert-ouverture für grosses orchester componirt von Wilhelm Heinefetter. Op. 10. Partitur.

Berlin & Posen, Ed. Bote & G. Bock [etc], [1870]. Publ. no. 9166. 1 p. l., 126 p. 4°.

Composer's autograph presentation copy to "Martin Marsick . . . Berlin, 12, 1871."

M1004.H468C6

. . . Ouverture zu "Macbeth." Tragoedie von Shakespeare. Componirt für grosses ʻorchester von Wilhelm Heinefetter. Op. 13. Partitur . . .

Mainz, B. Schott's söhne, [etc.], [1869]. Publ. no. 19883. 87 p. 4°.

M1004.H468M3

Heinrich XXIV, Prinz Reuss, 1855–

Symphonie C moll für grosses orchester componirt von Heinrich XXIV. Prinz Reuss. Op. 10. Partitur . . .

Leipzig, Bartholf Senff, [1892]. Publ. no. 2225. 85 p. fol.

M1001.H46 No. 1

Dritte sinfonie (E-moll) von Heinrich XXIV, j. L. Prinz Reuss. Op. 28. Orchesterpartitur . . .

Bayreuth, Carl Giessel jr., ᶜ1907. Publ. no. 376. 111 p. fol.

M1001.H46 No. 3

Vierte sinfonie in A dur für grosses orchester von Heinrich XXIV, j. L. Prinz Reuss. Op. 30. Partitur . . .

Leipzig, F. E. C. Leuckart, [1907]. Publ. no. 6059. 81 p. fol.

M1001.H46 No. 4

Fünfte sinfonie in F moll für grosses orchester von Heinrich XXIV, j. L. Prinz Reuss. Op. 34. Partitur . . .

Leipzig, C. F. Kahnt Nachfolger, [1906]. Publ. no. 4688. 89 p. fol.

M1001.H46 No. 5

Heinrich XXIV—Continued.

Sechste sinfonie in Es dur für orchester von Heinrich XXIV, j. L. Prinz Reuss. Op. 36. Partitur.
Leipzig, C. F. Kahnt nachf., [1909]. Publ. no. 5449. 55 p. fol.

M1001.H46 No. 6

Henriques, Fini (Waldemar), 1867-

. . . Romanze für violine mit accompagnement von saiteninstrumenten von Fini Henriques. Op. 12. Partitur.
Kopenhagen & Leipzig, Wilhelm Hansen, [1896]. Publ. no. 11301. 17p. 4°.

M1105.H51

Suite (Fa majeur) Prélude-Intermezzo-Finale pour hautbois avec accompagnement d'instruments à cordes par Fini Henriques. Op. 13. Partition . . .
Copenhague & Leipzig, Wilhelm Hansen, [1896]. Publ. no. 11593. 17 p. fol.

M1105.H52

. . . Vølund. Suite for orkester af Fini Henriques. (1896.)
1. Livsdrømmen-Lebenstraum. 2. Alfedans-Elfentanz.
3. Vølunds klage-Vølundsklage. 4. Forspil-(Ouverture).
Partitur . . .
Kjøbenhavn & Leipzig, Wilhelm Hansen, [etc.], [1909]. Publ. nos. 13972a–d. 4 v. in 1. 21, 33, 9, 45 p. 4°. (Wilhelm Hansen edition nr. 1268–71.)

M1003.H48

Henriques, Robert.

. . . Aquarellen (1. Bei sonnenuntergang. 2. Gnomentanz.) Für orchester von Robert Henriques. Op. 2. Partitur . . .
Leipzig, Ernst Eulenberg, [1882]. Publ. no. E. E. 211. 59 p. 4°.

M1045.H52A3

Tarantelle für violoncello mit begleitung des orchesters . . . von Robert Henriques. Op. 10 . . . Orchester-partitur . . .
Leipzig, Ernst Eulenberg, [1888]. Publ. no. E. E. 547. 29 p. 4°.

M1016.H52 Op. 10

Henry, John Harold, 1870-

. . . Poème lyrique (Romance). J. Harold Henry. A. R. A. M.
[London] Bosworth & co., ᶜ1899. Publ. no. B. & Co. 3295. 27 p. 4°.
Caption title.

M1002.H52

Henschel, (Isidor) Georg, 1850–
> Serenade, Marcia, Andante, Scherzo und Finale für streich-
> orchester in canonform componirt von Georg Henschel.
> Op. 23.   Partitur.
> *Leipzig, Breitkopf & Härtel, [1874].   Publ. no. 13604. 38 p.*
> *4°.*
> **M1103.H52 Op. 23**

> Ballade pour violon avec accompagnement d'orchestre ou de
> piano composée . . . par   Georg   Henschel.   Op. 39.
> Partition d'orchestre . . .
> *Hamburg, D. Rahter, [etc.], [1885].   Publ. no. 2518.   55 p.   4°.*
> **M1012.H52 Op. 19**

Henselt, Adolph (von), 1814–1889.
> . . . Konzert.   F moll..   Op. 16 . . .   Partitur in Ab-
> schrift . . .
> *Mss. copy.   190 p.   fol.*
>> Printed title page "Werke von Adolph Henselt . . . Breitkopf
>> & Härtel, Leipzig, [etc.]"
> **M1010.H52 Op. 16**

Hentschel, Theodor, 1830–1892.
> Adagio (Melusine in ihrem bereiche) für grosses orchester
> aus der oper Die schöne Melusine (Die braut von Lusig-
> nan) von Theodor Hentschel.   Orchesterpartitur. . . .
> *Leipzig, Martin Oberdörffer [etc], [187–].   Publ. no. 1158.*
> *30 p.   4°.*
> **M1505.H52B82**

> Die schöne Melusine (Die braut von Lusignan).   Roman-
> tische oper in drei acten von Theodor Hentschel.   Rai-
> monds wanderung für grosses orchester bearbeitet von
> Richard Hofmann.   Partitur. . . .
> *Leipzig, Martin Oberdörffer [etc], [187–].   Publ. no. 1160.*
> *30 p.   4°.*
> **M1505.H52B8**

Hepworth, William, 1846–
> . . . Suite in 4 sätzen (Introduction und fuge, menuet, in-
> termezzo und finale) für orchester von William Hep-
> worth.   Op. 18.   Partitur . . .
> *Berlin, N. Simrock, [etc.], ᶜ1900.   Publ. no. 11405.   43 p.*
> *fol.*
> **M1003.H5**

Herbeck, Johann (Franz von), 1831–1877.
> . . . Tanz-momente für orchester componirt von Johann
> Herbeck.   Op. 14.   Partitur . . .
> *Wien, bei J. P. Gotthard, [1870].   Publ. no. 41.   44 p.   4°.*
> **M1003.H534**

Herbeck—Continued.

. . . Sinfonische variationen für orchester von Johann Herbeck . . . Partitur . . .

Wien, Friedrich, Schreiber [etc.], [1877]. Publ. no. F.S. 24087. 53 p. fol.

M1003.H53

Herbert, Victor, 1859–

. . . Zweites concert für violoncell und orchester von Victor Herbert. Op. 30 . . . Orchester partitur . . .

New York, Edward Schubert & Co. (J. F. H. Meyer) [&c.], ᶜ1898. Publ. no. E. S. & Co. 3426. 62 p. fol.

M1016.H537

Suite romantique. (I. Visions. II. Aubade. III. Triomphe d'amour. IV. Fête nuptiale) pour grand orchestre par Victor Herbert. Op. 31. Partition d'orchestre . . .

Berlin, N. Simrock, [etc.], ᶜ1901. Publ. no. 11527. 90 p. fol.

M1003.H537

. . . Irish rhapsody for grand orchestra. Score.

New York, G. Schirmer, [etc.], ᶜ1910. Publ. no. 21823. 54 p. fol.

M1045.H53716

Natoma. An opera in three acts. The book by Joseph D. Redding. The music by Victor Herbert. Published separately for orchestra. Prelude to Act III. For full orchestra. Score . . .

New York, G. Schirmer [etc], ᶜ1911. Publ. no. 22544. 1 p. l., 19 p. fol.

M1004.H536N30

Natoma. An opera in three acts. The book by Joseph D. Redding. The music by Victor Herbert. Published separately for orchestra: . . . Grand fantasia on the opera. For full orchestra arranged by Otto Langey. Score. . . .

New York, G. Schirmer [etc], ᶜ1911. Publ. no. 22626. 1 p. l., 51 p. fol.

M1060.H49

Hermann, Robert, 1869–

Concert-ouverture in D moll komponirt von Robert Hermann. Op. 4. Partitur . . .

Leipzig, Friedrich Hofmeister, [1896]. Publ. no. 8. 47 p. 4°.

M1004.H551

Hermann—Continued.

Symphonie in C dur No. 1 komponirt von Robert Hermann. Op. 7. Partitur . . .

Leipzig, Friedrich Hofmeister, [1896]. Publ. no. 7. 111 p. fol.

M1001.H551

Herold, Gustav.

Aennchens geburtstag. Ständchen. . . . G. Herold, Op. 249.

Hannover & London, Edition Louis Oertel, [1893]. Publ. no. L. 2144 O. 11 p. fol.

Caption title.

German followed by English title: "Little Anne's birthday." . . .

M1003.H561

[Hérold, Louis Joseph Ferdinand, 1791–1833.]

Fantasie sur Le Pré aux Clercs. Orchestre.

Unpaged mss. fol.

Anonymous score of potpourris on Herold's Pré aux Clercs.

M1075.P92

Hertzman, Frithjof.

Romance für violoncell oder violine od. flöte od. klarinette od. hoboe od. fagott solo mit begleitung von streich-orchester (2 violinen, viola, violoncell und bass ad lib.) oder orgel od. harmonium od. piano komponirt von Frithjof Hertzman. Op. 24. Ausgaben: 1. Solostimmen mit orchester . . .

Kopenhagen & Leipzig, Wilhelm Hansen, [1888]. Publ. no. 9338. 5 p. fol.

M1105.H576

Hervey, Arthur, 1855–

Two tone pictures. I. On the heights. 2. On the march. Arthur Hervey.

[London], Novello & co. ltd., ᶜ1903. Publ. no. 11685. 54 p. fol.

Caption title.

M1045.H575T8

. . . Youth. A concert overture . . . composed by Arthur Hervey.

London, Novello & Co., ltd., [etc.], ᶜ1903. 1 p. l., 83 p. fol.

M1004.H578Y8

Herzogenberg, Heinrich von, 1843–1900.

Odysseus. Symphonie für grosses orchester von Heinrich von Herzogenberg. Op. 16. 1. Die irrfahrten. 2. Penelope. 3. Die gärten der Circe. 4. Das gastmahl der freier. Partitur . . .
Leipzig, E. W. Fritzsch, [etc.], 1873. Publ. no. E. W. F. 230 L. 109 p. 4°. obl.

M1001.H58

Symphonie (C moll) für grosses orchester componirt von Heinrich von Herzogenberg. Op. 50. Partitur . . .
Leipzig, J. Rieter-Biedermann, [1885]. Publ. no. 1368. 73 p. fol.

M1001.H582

Symphonie (No. 2 in B dur) für grosses orchester componirt von Heinrich von Herzogenberg. Op. 7. Partitur . . .
Leipzig, J. Rieter-Biedermann, 1890. Publ. no. 1723. 73 p. fol.

M1001.H584

Hess, Karl, 1859–

. . . Fest-praeludium für drei trompeten, vier hörner, drei posaunen, contrabass, drei pauken und orgel oder für orgel allein von Carl Hess . . . Op. 27. Partitur, zugleich orgel, auch orgelsolostimme . . .
Leipzig, J. Rieter-Biedermann, 1904. Publ. no. 2518. 15 p. fol.
Autograph dedication on title-page.

M1005.H58

Hess, Ludwig, 1870–

Hans Memling's "Himmelskönig mit musicierenden engeln." Sinfonisches bild für grosses orchester von Ludwig Hess. Op. 16. Partitur . . .
Berlin, Ries & Erler, [1905]. Publ. no. R. 7734 E. 32 p. fol.

M1002.H595

Heuberger, Richard (Franz Joseph), 1855–

Nachtmusik für streichorchester von Richard Heuberger, Op. 7. Partitur.
Leipzig, Fr. Kistner, [1878]. Publ. no. 5064. 36 p. 4°.

M1145.H59

Variationen über ein thema von Franz Schubert für orchester von Richard Heuberger. Op. 11. Partitur . . .
Leipzig, Fr. Kistner, [1880]. Publ. no. 5517. 43 p. fol.

M1003.H592

Heuberger—Continued.

Ouverture zu Byron's "Kain" für grosses orchester componirt von Richard Heuberger. Op. 16. Partitur . . .
Leipzig, Fr. Kistner, [1883]. Publ. no. 6118. 83 p. 4°.

M1004.H592K3

Heymann,   *fl.* 18th cent.

Concerto per il fagotto. A 5 instromenti. Del Heymann.
Mss. [8] p. obl. 12°.
Concerto per il fagotto a 5 instr. Del Heymann.
Mss. [14] p. obl. 12°.
Caption titles.
The first concerto is in C minor, the second in B major.

M1026.H61   Case

. **Hiller,** Ferdinand (von), 1811–1885.

Ouverture D moll für orchester von Ferdinand Hiller. [Op.
32.] Partitur.
Transcript, 1908. 68 p. fol.

M1004.H65209

. . . Sinfonie (in E moll) für grosses orchester von Ferdinand Hiller. Op. 67 . . .
*Mainz, B. Schott's Söhne, [etc.], [1865]. Publ. no. 18034.
1 p. l., 266 p. 4°.*

M1001.H65

. . . Zweite concert-ouverture (in A dur) für grosses orchester componirt von Ferdinand Hiller. Op. 101.
*Mainz, B. Schott's söhne, [&c.], [1863]. Publ. no. 17441.
1 p. l., 61 p. 4°.*

M1004.H65229

Ouverture zu Demetrius von Schiller für grosses orchester
componirt von Ferdinand Hiller. Op. 145. Partitur . . .
Leipzig, Fr. Kistner, [1871]. Publ. no. 3736. 74 p. 4°.

M1004.H652D4

. . . Fantasiestück für violine mit begleitung des orchesters componirt von Ferdinand Hiller. Op. 152B. Partitur. . . .
Leipzig, Rob. Forberg, [1876]. Publ. no. 2162. 59 p. 4°.
Cover title.

M1012.H65   Op. 152b

Dramatische Fantasie (Sinfonischer Prolog) für grosses
orchester componirt von Ferdinand Hiller. Op. 166.
*Mainz, B. Schott's Söhne, [1874]. Publ. no. 21337. 132 p.
4°.*

M1002.H65

Hillmann, Karl.

Wiegenlied für streich-orchester (instruments à cordes) komponirt von Carl Hillmann. Op. 21. Für streich-orchester (in G dur). Partitur ...
Offenbach a/Main, Johann André, *1895. Publ. no. 14546. 3 p. fol.*
Cover title.

M1145.H652

Wiegenlied (Lullaby) komponiert von Carl Hillmann. Op. 21. ... Für streich-orchester mit flöte ad lib. Partitur ...
Offenbach a/Main, Johann André [etc.], *1901. Publ. no. 14546. 3 p. fol.*
Cover title.

M1145.H654

Hinton, Joseph.

... L'allegro. For string orchestra (timpani ad. lib.) Joseph Hinton. Op. 5.
Glasgow, J. H. Buckingham, *1908, by Joseph Hinton. 8 p. fol.*
Caption title; cover missing.

M1145.H67

Hochberg, Hans Heinrich XIV, Bolko, graf von, 1843–
Sinfonie C-dur für orchester componirt von J. H. Franz. (Graf Bolko von Hochberg). Op. 26. Partitur.
Berlin & Posen, Ed. Bote & G. Bock [etc], [189-]. Publ. no. 12097. 1 p. l., 175 p. 4°.

M1001.H682

Symphonie (E dur) componirt von Bolko graf von Hochberg (J. H. Franz). Op. 28. Partitur ...
Berlin, Raabe & Plothow (M. Raabe), [1892]. Publ. no. R. 1311 P. 1 p. l., 88 p. fol.

M1001.H682

Concert (C moll) für pianoforte mit begleitung des orchesters von Bolko graf von Hochberg. Op. 42. Partitur.
Berlin [etc.], N. Simrock, *1906. Publ. no. 12153. 97 p. fol.*

M1010.H68 Op. 42

Hofmann, Heinrich (Karl Johann), 1842–1902.
Drei characterstücke. No. 1. Ruhe im schatten einer ruine. No. 2. Ballade. No. 3. Im sonnenschein. Für orchester componirt von Heinrich Hofmann. Op. 15. Partitur ...

Hofmann—Continued.

> *Berlin & Posen Ed. Bote & G. Bock,* [*1874*]. *Publ. no.*
> *10392. 47 p. fol.*
>
> M1045.H695D6

Ungarische suite. Mit benutzung ungarischer national-
melodien für grosses orchester von Heinrich Hofmann.
Op. 16. Partitur . . .

> *Berlin, Ries & Erler,* [*&c.*] *Publ. no. 75. 47 p. fol.*
> Published 1873 by Hermann Erler.
>
> M1003.H695

Zwiegespräch und Karnevalsscene. Zwei stücke aus der
Italienischen liebesnovelle. Op. 19, für orchester von
Heinrich Hofmann. Partitur.

> *Leipzig, Breitkopf & Härtel,* [*etc.*], [*1893*]. *Publ. no. 15458.*
> *27 p. fol. (B. & H. Part. Bibl., No. 15458.)*
> First publ. 1880. Originally for piano-forte, 2 hds.
>
> M1045.H695Z9

Frithjof. Sinfonie für grosses orchester von Heinrich Hofmann. Op. 22. Partitur . . .

> *Berlin, Ries & Erler. Publ. no. 150. 1 p. l., 73 p. fol.*
> Originally published 1875 by Hermann Erler.
>
> M1001.H697

Eine schauspiel-ouverture für grosses orchester componirt
von Heinrich Hofmann. Op. 28. Partitur . . .

> *Berlin, Hermann Erler,* [*1875*]. *Publ. no. 194. 31 p. fol.*
>
> M1004.H695

. . . Concert für das violoncell mit begleitung des orchesters
componirt von Heinrich Hofmann. Op. 31 . . . Partitur.

> *Berlin, Hermann Erler,* [*&c.*], [*1876*]. *1 p. l., 43 p. fol.*
>
> M1016.H695

. . . Trauermarsch für grosses orchester componirt von
Heinrich Hofmann. Op. 38. Partitur. . . .

> *Berlin, Hermann Erler* [*etc*], [*1877*]. *Publ. no. 411. 29*
> *p. 4°*
>
> M1046.713T8

. . . Serenade für streichorchester und flöte oder solo-
sextett componirt von Heinrich Hofmann. Op. 65.
Partitur . . .

> *Leipzig, Breitkopf & Härtel,* [*1883*]. *Publ. no. 16406.*
> *1 p. l., 35 p. fol. (Part.-Bibl., 16406.)*
>
> M1103.H69 Op. 65

Hofmann—Continued.

. . . Serenade, D dur. Op. 72 . . .

Leipzig, [&c.], Breitkopf & Härtel, [1893]. Publ. no. Part.
B. 374. 27 p. fol. (Breitkopf & Härtel's Partitur-
Bibliothek, 374.)
    For string orchestra.
    First published 1884.

          M1103.H69 Op. 72

Melodie und gavotte für orchester componirt von Heinrich
Hofmann. Op. 76a. Partitur. . . .

Berlin, C. A. Challier & Co. [etc], [1886]. Publ. no. C. &
Co. 3191. 22 p. 4°.

          M1145.H73

Im schlosshof. Suite für orchester componirt von Heinrich
Hofmann. Op. 78. Partitur . . .

Leipzig und Brüssel, Breitkopf & Härtel, [1893]. Publ. no.
17206. 1 p. l., 106 p. fol. (B. & H. Part.-Bibl., 17206.)
    Originally published 1886.

          M1003.H693

Zweite serenade für streichorchester componirt von Heinrich
Hofmann. Op. 93. Partitur . . .

Berlin, C. H. Challier & Co., [1888]. Publ. no. C. & Co.
3283. 26 p. 4°.

          M1103.H69 Op. 93

Irrlichter und kobolde. Scherzo für orchester componirt
von Heinrich Hofmann. Op. 94. Partitur . . .

Leipzig & Brüssel, Breitkopf & Härtel, [1888]. Publ. no.
18097. 31 p. fol.

          M1045.H695I8

Concertstück für flöte und orchester oder pianoforte componirt von Heinrich Hofmann. Op. 98. Partitur . . .

Leipzig und Brüssel, Breitkopf & Härtel, [&c.], [1889]. Publ.
no. 1 p. l., 36 p. fol.

          M1020.H69

Huldigungsmarsch für orchester von Heinrich Hofmann.
Op. 128. Partitur . . .

Leipzig, [etc.], Breitkopf & Härtel, c1898. Publ. no. Part.
B. 1130. 27 p. fol.

          M1046.H713H9

Bilder aus Norden für grosses orchester mit benutzung norwegischer volksmelodien von Heinrich Hofmann. Partitur . . .

Berlin, Ries & Erler. Publ no. 303. 27 p. fol.
    Published 1876 by Hermann Erler.

          M1045.H695B4

Hofmann, Heinrich Karl Johan, 1842-1902, *and* Albert Franz **Doppler,** 1821-1883.

... Neue ungarische tänze für das pianoforte zu vier händen von Heinrich Hofmann und Franz Doppler. Neue ausgabe. Heft I. No. 1-3. ... Heft II. No. 4-6. ... Heft III. No. 7-9. ... Heft IV. No. 10-12. ... Für orchester. Partitur. ...

Berlin, Ries & Erler, [188-]. Publ. no. 108. 22 p. fol.
Only two numbers arranged for orchestra, numbered 1 and 2.

M1047.H713

Hofmann, Richard, 1844-

... Aus der jugendzeit (Op. 60) (Was mama spricht. Kleiner trotzkopf. Unter strenger begleitung. Am paradeplatz. Kleine erzählung. Beim einschlummern.) Suite für streichorchester. Partitur ...

Leipzig, C. F. W. Siegel (R. Linnemann), [1887]. Publ. no. 8348. 9 p. fol.

M1103.H72 Op. 60

Hohnstock, Karl, 1828-1889.

... Hail Columbia! Fest-ouverture für grosses orchester componirt von Karl Hohnstock. Op. 5. Partitur ...

Leipzig & New York, J. Schuberth & Co., [etc.], [1862]. Publ. no. 3677. 1 p. l., 76 p. 4°.

M1004.H71 Op. 5

Hol, Richard, 1825-1904.

... Symphonie in D moll für grosses orchester von Richard Hol. Op. 44. Partitur ...

Amsterdam, Th. J. Roothaan & Co.. 1868. Publ. no. 301. 1 p. l., 216 p. 4°.

M1001.H722

Erklärung. Op. 51 ...
Transcript, 1907. 60 p. fol.
Cover title.

M1045.H724

... Symphonie No. 3, B dur für grosses orchester von Richard Hol. Op. 101. Partitur ...

H. Rahr, Utrecht-Arnhem. 63 p. fol.

M1001.H724

Holbrooke, Joseph (Charles), 1878-

... Ulalume. Fourth poem for orchestra [after Edgar Allan Poe] by Josef Holbrooke. Op. 35. Full score.

London, Breitkopf & Härtel, c1909. Publ. no. Part. B. 2137. 2 p. l., 43 p. fol.
Cover title.

M1002.H724U5

Holbrooke—Continued.

. . . Three blind mice. Symphonic variations on an old
English air. For grand orchestra (Op. 37, No. 1). Full
score. . . .

London, Novello & Co. Limited, [190–]. 51 p. fol.
Name of composer at head of title.
"First performed at a Queen's Hall promenade concert by H. J.
Wood, November 9th, 1900."
M1003.H723

. . . Les hommages. Symphony No. 1 for grand orchestra
(Op. 40). I. Festiva . . . Hommage à Wagner. II.
Serenata. Hommage à Grieg. III. Elegiae poeme.
Hommage à Dvořák. IV. Introduction and Russian
dance. Hommage à Tschaïkowsky. Full orchestral
score. . . .

London, Novello & Co. limited, [190–]. 79 p. fol.
Name of composer at head of title.
M1001.H75 No. 1   .

. . . Queen Mab. Shakespeare poem No. 7 for grand orchestra and chorus (ad lib.) by Josef Holbrooke. Op. 45.
Performed at the Leeds Festival, 1904 . . . Partitur.

*Leipzig [etc.], Breitkopf & Härtel, ᶜ1904. Publ. no. Part B.
1692. 2 p. l., 100 p. fol.*
The English followed by German title.
English and German text.
Not a copyright deposit.
M1002.H724Q5

. . . Prelude to Dylan. A music drama in three acts.
Poem by T. E. Ellis. Arranged for the full score (Op.
53) . . .

*London, Boosey & co., [1910]. Publ. no. J. H. 4. 1 p. l.,
73 p. fol.*
M1002.H724D7

. . . The song of Gwyn ap Nudd. Poem for piano and
orchestra. (Poem by T. E. Ellis.) Full score . . .

*London, J. B. Cramer & co., ltd., ᶜ1909. Publ. no. J. H. 1.
2 p. l., 149 p. fol.*
Preceded by T. E. Ellis' poem.
At end: "Dec. 30, .08 Hornsey."
M1010.H73 Op. 52

Hollaender, Gustav, 1855–

. . . Zwei concertstücke für violine mit begleitung des
orchesters oder des pianoforte componirt von Gustav
Hollaender. Op. 16. 1. Romanze . . . No. 2. Tarantelle.

Hollaender—Continued.

Leipzig u. Winterthur, J. Rieter-Biedermann, 1883. Publ.
no. 1251, 1252. 2 v. 9, 15 p. fol.

. . . Concert für die violine mit begleitung des orchesters
componirt von Gustav Hollaender. Op. 52. Partitur . . .
Berlin, Ries & Erler, [1893]. Publ. no. R. 5189 E. 1 p. l.,
100 p. fol.
                        M1012.H73 Op. 52

. . . Andante cantabile für flöte mit begleitung des orchesters (oder des pianoforte) von Gustav Hollaender. Op.
60a. . . . Partitur . . .
Leipzig, [etc.], Jul. Heinr. Zimmermann, ᶜ1903. Publ. no.
Z. 3788. 18 p. fol.
    Cover title.
                        M1020.H66

. . . Violinkonzert No. 3 D moll mit begleitung des orchesters oder des klaviers komponiert von Gustav Hollaender. Op. 66. Orchester partitur . . .
Leipzig [etc.[, Jul. Heinr. Zimmermann, ᶜ1911. Publ. no. Z.
5025. 1 p. l., 162 p. 4°.
                        M1012.H73 Op. 66

Hollander, Benoit, 1853–
. . . Concert für die violine mit begleitung des orchesters
von Benoit Hollander. Op. 15. Partitur . . .
London, Phillips & Page [etc], ᶜ1896 by G. Schirmer Jr.,
Boston. Publ. no. 14. 63 p. fol.
    Not a copyright deposit.
    Over the imprint is pasted a label of "Grahame & Black, London."
                        M1012.H76 Op. 15

Holmès, Alfred, 1837–1876.
Liberté. 4e symphonie en ut mineur pour grand orchestre
par Alfred Holmès. Op. 44. Exécutée pour la première fois au concert du British Orchestral Society le 31
Mars 1875 à St. James Hall à Londres.
Paris, Hachette & Cie, ᶜ1903. Publ. no. H. 1731 & Cie.
137 p. fol.
    Not a copyright deposit.
                        M1001.H78

Holmès, Augusta (Mary Ann), 1847–1903.
Andromède. Poème symphonique. Augusta Holmès.
Partition d'orchestre. . . .

Holmès, A.—Continued.

Paris, Enich et Co. Publ. no. E. et C. 4460. 2 p. l., 83 d.
fol.

> On 2d p. l., "Andromède. Poème . . ." signed "Augusta
> Holmès."
>
> M1002.H743

Au pays bleu. Suite symphonique pour orchestre et voix
avec poème descriptif. 1. Oraison d'aurore. 2. En mer.
3. Une fête à Sorrente. Augusta Holmès . . . Part.
d'orch.
Paris, Heugel & cie [ca. 1900]. Publ. no. H. & Cie. 20343.
1 p. l., 85 p. fol.

> M1003.H745

. . . Irlande. Poème symphonique par Augusta Holmès . . .
Paris, Leon Grus, [1885]. Publ. no. L. G. 4382. 1 p. l.,
63 p. fol.

> M1002.H745

Holstein, Franz (Friedrich) von, 1826–1878.
Vorspiel zur oper: "Der erbe von Morley." Franz von
Holstein. Op. 30. Mit schluss von H. V. Dameck.
Leipzig, [etc.], Breitkopf & Härtel, °1903. Publ. no. Part.
B. 1727. 8 p. fol.

> M1004.H757E9

Frau Aventiure. Ouverture von Franz von Holstein. Op.
41. Erstes nachgelassene werk nach skizzen instrumentirt von Albert Dietrich. Partitur . . .
Leipzig u. Winterthur, J. Rieter-Biedermann, 1879. Publ.
no. 1073. 31 p. fol.

> M1004.D757F8

Holter, Iver, 1850–
St. Hans Kveld (Norwegischer hochsommerabend) Idylle
for strygeorkester . . . af Iver Holter. Op. 4. Partitur . . .
Christiania, Carl Warmuth, [etc.], [1882]. Publ. no. C. W.
803. 2 p. l., 23 p. 4°.

> M1102.H76

. . . Suite für orchester nach der musik zu Goethes schauspiel "Götz von Berlichingen" von Iver Holter. Op. 10.
Partitur . . .
Kopenhagen & Leipzig, Wilhelm Hansen, [1898]. Publ. no.
12111. 93 p. 4°.

> M1003.H78

Holzbauer, Ignaz Jacob, 1711–1783.

> Sinfonia a 10. Ignaz Holzbauer op. 4 (The periodical No.
> 29). [Es dur.]
> *See* Sinfonien der pfalzbayerischen schule (Mannheimer
> symphoniker). II, 1. p. 117–142.
>
> M2.D4

Horn, August, 1825–1893.

> Concert ouverture für grosses orchester componirt . . .
> von Aug. Horn. Op. 12. Partitur . . .
> *Bonn, [etc.], N. Simrock, [1860]. Publ. no. 6110. 56 p. 4°.*
>
> M1004.H813
>
> Ouverture für orchester zur komischen oper "Die nachbarn"
> von August Horn. Partitur . . .
> *Leipzig, Fr. Kistner, [1875]. Publ. no. 4314, 4364. 35 p. fol.*
>
> M1004.H816N2

Horn, Kamillo, 1860–

> Erste sinfonie in F moll für grosses orchester. Von Kamillo
> Horn. 40. werk.
> *Leipzig, C. F. Kahnt Nachfolger, ᶜ1908. Publ. no. 5409. 143
> p. fol.*
>
> M1001.H81

Horneman, Christian F. Emil, 1841–1906.

> Ouverture héroique (Heldenleben) pour grand orchestre
> composée par C. F. E. Horneman. Partition d'orch. . . .
> *Copenhague, Wilh. Hansen. Publ. no. 3637. 64 p. 4°.*
> Published 1881 by Thiemer, Hamburg.
>
> M1004.H815H3
>
> . . . Aladdin. Eine mährchen-ouverture für orchester
> componirt von C. F. E. Hornemann. Partitur . . .
> *Leipzig, Bartholf Senff, [1868]. Pub. no. 800. 80 p. 4°.*
>
> M1004.H815A6

Hoth, Georg.

> Suite im alten style für streich-orchester von Georg Hoth,
> Op. 6a. Partitur . . .
> *Hamburg und Leipzig, D. Rahter, [1893]. Publ. no. 525.
> 11 p. 4°.*
>
> M1103.H83 Op. 6a

Hubay, Jenö, 1858–

> . . . Scènes de la csárda (No. 2) pour violon avec accom-
> pagnement d'orchestre ou de piano par Jenö Hubay. Op.
> 13. . . . Partition d'orchestre.
> *Hambourg, Aug. Cranz, [etc.], [1896]. Publ. no. C. 38952.
> 29 p. fol.*
> Cover title.
>
> M1012.H87 Op. 13

Hubay—Continued.

... Poèmes hongrois (Nos. 1 et 6) pour violon. (Op. 27.)
Partition d'orchestre ...
*Paris, J. Hamelle, [1898]. Publ. no. J. 4182 H. 1 p. l.,
56 p. 4°.*
Cover title.

M1012.H87 Op. 27

... Impressions de la puszta ... 3 morceaux caractéristiques hongrois pour le violon avec accompagnement du
piano par Jenö Hubay. Op. 44. 1. La joie mêlée aux
larmes ... 2. Crépuscule ... 3. Les fileuses. Partitur ...
*Berlin, Ries & Erler, [1898]. Publ. no. R. 6534 E. 1 p.l.,
22. p. fol.*
Only "Les fileuses" has been published for violin and orchestra.

M1012.H87 Op. 44

... Scènes de la csárda. (No. 12 Picz tubiczám). Pour
violon avec accompagnement d'orchestre ou de piano par
Jenö Hubay. Op. 83. Partition ...
Leipzig, Fr. Kistner, [1900]. Publ. no. 9181. 23 p. fol.

M1012.H87 Op. 83

2ème concerto pour violon avec accompagnement d'orchestre par Jenö Hubay. Op. 90 ...
Paris, J. Hamelle, [1904]. Publ. no. J. 5046 H. 76 p. fol.

M1012.H87 Op. 90

... 3ème concerto pour violon avec accompagnement
d'orchestre par Jenö Hubay, op. 99. Partition d'orchestre ...
*Leipzig, Jul. Heinr. Zimmermann. [etc.], ᶜ1908. Publ. no.
Z. 4545. 1 p. l., 124 p. 4°.*

M1012.H87 Op. 99

Concerto all' antica. (No. 4) pour violon avec accompagnement d'orchestre par Jenö Hubay. Op. 101.
*Leipzig, Jul. Heinr. Zimmermann, ᶜ1908. Publ. no. Z. 4603.
66 p. 4°.*

M1012.H87 Op. 101

Huber, Hans, 1852–

Concert. Vorspiel, adagio, scherzo, finale, für das pianoforte
mit begleitung des orchesters componirt von Hans Huber.
Op. 36. Partitur.
*Leipzig, Breitkopf & Härtel, [1878]. Publ. no. 14838.
1 p. l., 140 p. 4°.*

M1010.H87 Op. 36

Huber—Continued.

Eine lustspiel-ouverture für grosses orchester componirt von
Hans Huber. Op. 50. Partitur.
*Leipzig, Breitkopf & Härtel, [1879]. Publ. no. 15200.
62 p. 4°.*

M1004.H878L9

Eine Tell-symphonie für grosses orchester componirt von
Hans Huber. Op. 63. Partitur . . .
*Leipzig u. Winterthur, J. Rieter-Biedermann, 1881. Publ.
no. 1154. 138 p. fol.*

M1001.H87 Op. 63

Sommernächte. Serenade in vier sätzen, Allegro molto
moderato-Scherzo-Adagio (Nocturno)-Finale (Allegro vivace) für grosses orchester von Hans Huber. Opus 86.
Partitur . . .
*Breslau, Julius Hainauer, [1886]. Publ. no. J. 2823 H.
141 p. 4°.*

M1003.H878

Symphonie E moll für orchester componirt von Hans
Huber. Op. 115. Partitur.
*Leipzig und Zürich, Gebrüder Hug & Co., [etc.], c1901.
Publ. no. G. H. 3306. 147 p. fol.*

M1001.H87 Op. 115

. . . Heroische symphonie, Op. 118. Partitur.
n. i., [c1908]. Publ. no. S. T. V. 1. 155 p. fol.
Name of composer at head of title.
On cover: "Schweizerische Nationalausgabe . . . Eigentum
des Schweizerischen tonkünstlervereins . . . Dépôts Hug &
Co., Zürich & Leipzig . . ."
In caption: "Sinfonie No. III (heroische) in C dur."

M1001.H87 Op. 118B

Römischer carneval. Humoreske nach Scheffel für grosses
orchester componirt von Hans Huber. Partitur . . .
Leipzig, Fr. Kistner, [1879]. Publ. no. 5129. 69 p. 4°.

M1002.H887R7

Symphonische einleitung zur oper Der Simplicius für
orchester von Hans Huber. Partitur . . .
Leipzig, Fr. Kistner, [c1899]. Publ. no. 9860. 62 p. fol.

M1004.H87S5

IIte serenade. (Winternächte) für orchester componirt
von Hans Huber. Partitur.
*Leipzig und Zürich [etc], Gebrüder Hug & Co. Publ. no.
G. H. 1942. 1 p. l., 148 p. 4°.*

M1003.H875

Huber, Joseph, 1837–1886.

. . . Erste sinfonie von Joseph Huber. Partitur.
Leipzig, Rob. Forberg, [1865]. Publ. no. 247. 1 p. l., 38 p.
4°.

M1001.H88

. . . Zweite sinfonie von Joseph Huber. Partitur.
Leipzig, Rob. Forberg, [etc.], [1865]. Publ. no. 258. 1 p. l.,
42 p. 4°.

M1001.H882

Durch dunkel zum licht. Sinfonie No. 3 (nach dem
gleichnamigen Lohmann'schen drama) von Joseph Huber.
Op. 10. Partitur.
Stuttgart, Theodor Stürmer, [etc.], [1876]. Publ. no. 207.
25 p. fol.

Cover title.

M1001.H87 Op. 10

Gegen den strom. Sinfonie No. 4 (nach dem gleichnamigen
Lohmann'schen drama) von Joseph Huber. Op. 12.
Partitur.
Stuttgart, Theodor Stürmer, [1879]. Publ. no. 221. 21 p.
fol.

Cover title.

M1001.H87 Op. 12

Huber, Walter,

Fantasie für harfe mit orchester. W. Huber. Op. 9.
Bayreuth, Carl Giessel jr., ᶜ1902. Publ. no. 317. 47 p.
fol.

Caption title.

M1036.H872

Meditation für orchester mit obligater violine und harfe.
W. Huber. Op. 10.
Bayreuth, Carl Giessel jr., ᶜ1902. Publ. no. 319. 22 p.
fol.

Caption title.

M1036.H874

Hübsch, Eduard A.

Himnul national pentru musica militară de Eduard A.
Hübsch . . . Op. 68. Aprobat cu ordin de ḑi N° 20 din
1862 januarie 22.
Bucuresci, Const. Gebauer, [186-]. 5 p. fol.

Cover title.

M1245.H888

Hüe, Georges (Adolphe), 1858–
>   Prélude de Rubezahl.   Légende symphonique en trois par-
>   ties.   Georges Hüe.
>   *Paris, Alphonse Leduc, [1887].   Publ. no. A. L. 7851.   15 p.*
>   *4°.*
>   Caption title.
>   **M1004.H89R7**

>   Rêverie pour petit orchestre par Georges Hüe . . .
>   *Paris, Alphonse Leduc, [188-].   Publ. no. A. L. 7690.*
>   *7 p.   4°.*
>   **M1045.H69R4**

>   Romance pour violon avec accompagnement d'Orchestre
>   par Georges Hüe . . .
>   *(Paris), E. Baudoux & cie., [1899].   Publ. no. E. B. & cie 379.*
>   *16 p.   4°.*
>   **M1012.H92**

>   Sérénade pour petit orchestre par Georges Hüe . . .
>   *Paris, Alphonse Leduc, [188-].   Publ. no. A. L. 7691.   1 p. l.,*
>   *7 p.   4°.*   .
>   **M1003.H89**

Hüllweck, Ferdinand, 1824–1887.
>   . . . Vier stücke. 1. Capriccio. II. Intermezzo. III.
>   Scherzoso. IV. Alla polacca. Für orchester von Ferdi-
>   nand Hüllweck. Op. 22. Partitur . . .
>   *Dresden, L. Hoffarth, [etc.], [1879].   Publ. no. 380.   43 p.   fol.*
>   At head of title: Dem Tonkünstler-verein zu Dresden gewidmet
>   zur 25 jährigen Jubelfeier (1854-1879).
>   **M1045.H899V5**

Hume, James Ord.
>   . . . Grand fantasia—Standard melodies of Hibernia.
>   (The traditional folk songs and dances of Ireland.)
>   Selected & arranged by J. Ord Hume.
>   *London [etc], Boosey & Co., [°1909].   Publ. no. H. 6353,*
>   *61 p.   4°.*
>   Band score.
>   Caption title.
>   **M1258.H9245**

>   . . . Manx national songs. Grand selection. (From the
>   Royal edition of Manx National songs.) Selected and
>   arranged by James Ord Hume.
>   *London and New York, Boosey & co., °1907.   Publ. no.*
>   *H. 5296.   35 p.   4°.   (Boosey & co.'s brass & reed band*
>   *Journal, No. 458.)*
>   Band score.
>   **M1258.H925**

Hummel, Ferdinand, 1855–

Assarpaï. Oper in drei aufzügen. . . . Musik von Ferdinand Hummel. Op. 65. Ouverture. Partitur . . .
Berlin, N. Simrock, [*1898*]. *Publ. no. 11069. 45 p. fol.*
M1004.H91A6

Huldigungsmarsch für grosses orchester komponiert von Ferdinand Hummel. Partitur. . . .
Leipzig, Ernst Eulenburg, [*1903*]. *Publ. no. E. E. 2563. 11 p. fol.*
Following composer's name in caption title: Op. 74, No. 15.
Part of his incidental music to "Frau Anne."
M1046.H912

. . . Sinfonie in D-dur für grosses orchester. (Op. 105.) Partitur.
Berlin, Verlag Harmonie, *1908. 1 p. l., 147 p. fol.*
M1001.H925

Hummel, Johann Nepomuk, 1778–1837.

Klavierkonzert. Op. 85. Partitur.
Mss. 120 pp. obl. 4°.
M1010.H92 Op. 85

Konzert für pianoforte und orchester (Erster satz), J. N. Hummel. Op. 89. Bearbeitet und instrumentiert von Xaver Scharwenka.
Leipzig, Breitkopf & Härtel, [*etc.*], [*1903*]. *Publ. no. Part B. 1763. 1 p. l., 43 p. fol.*
M1010.H92 Op. 89

Humperdinck, Engelbert, 1854–

Die heirat wider willen. Komische oper in drei aufzügen frei nach einem lustspiel des A. Dumas von E. Humperdinck. Ouverture. Partitur . . .
Leipzig, Max Brockhaus, *1906. Publ. no. M. B. 465a. 60 p. fol.*
M1004.H926H3

Humoreske (In E dur) componiert von Engelbert Humperdinck. . . . Orchester Partitur . . .
Berlin, Otto Wernthal. Publ. no. 69. 27 p. fol.
First publ. 1881 by Cohen in Bonn.
M1045.H926H8

Königskinder. Ein märchen in drei akten von Ernst Rosmer. Musik von Engelbert Humperdinck. Partitur . . . [Vorspiel.]
Leipzig, Max Brockhaus, *1897. Publ. no. M. B. 280. 2 p. l., 54 p. fol.*
M1004.H926K5

Humperdinck—Continued.

Königskinder. Ein deutsches märchen in drei akten von
Ernst Rosmer. Musik von Engelbert Humperdinck.
Einleitung zum II akt. Für grosses orchester. Partitur.
*Leipzig, Max Brockhaus, ᶜ1896. Publ. no. M. B. 280 II.
24 p. fol.*

         M1004.H926K52

Königskinder. Ein deutsches märchen in drei akten von
Ernst Rosmer. Musik von Engelbert Humperdinck . . .
Einleitung zum III akt. Für grosses orchester. Par-
titur . . .
*Leipzig, Max Brockhaus, ᶜ1896. Publ. no. M. B. 280 III.
20 p. fol.*

         M1004.H926K53

Maurische rhapsodie . . .⸱ Engelbert Humperdinck.
*[Leipzig] Max Brockhaus, ᶜ1899. Publ. no. M. B. 364a.
127 p. fol.*
   Caption title.

         M1003.H91

. . . Shakespeare-suite I. Einleitung ("Sturm"). Tanz der
luft- und meergeister ("Sturm"). Ferdinand und Miranda ("Sturm"). Liebesszene ("Kaufmann von Venedig"). Satyrtanz ("Wintermärchen"). Shakespeare-suite
II. Einleitung (Wintermärchen"). Serenade ("Was ihr
wollt"). Schäfertanz ("Wintermärchen"). ⸱Schnittertanz
("Sturm"). Aufzug der hirten ("Wintermärchen").
*[Leipzig, Max Brockhaus, [1907]. 2 v. in 1. Vol. 1: 1 p. l., pl.
19, 34-50, 78-103, 17-32. Vol. 2: 2 p. l., pl. 4, 17-24
122-127, 12-16. fol.*

         M1003.H92

Tonbilder aus Dornröschen von E. Humperdinck. Für
orchester. Vorspiel, ballade, irrfahrten, das dornenschloss, festklänge. Partitur . . .
*Leipzig, Max Brockhaus, 1902. Publ. no. M. B. 435. 1 p. l.,
54 p. fol.*

         M1070.H94

Huré, Jean.
. . . Nocturne pour orchestre (avec piano solo) Jean Huré
(1903).
*Paris, A. Zunz Mathot, ᶜ1908. Publ. no. Z 136 M. 1 p. l.,
49 p. 4°. (Edition A. Z. Mathot.)*

         M1045.H963N6

Hurlebusch, Konrad Friedrich, ca. 1690–ca. 1765.

Concerto. [For 2 oboes, bassoons, solo violin and string orchestra.]

See Instrumentalkonzerte deutscher meister. p. 273–300.

M2.D39

Hurlstone, William Yeates, 1876–1906.

Suite in C major. No. 1. Prelude. No. 2. Saraband. No. 3. Minuet. No. 4. March. Composed for harpsichord by Purcell. Transcribed for string orchestra by William Y. Hurlstone.

London, Goodwin & Tabb, ᶜ*1910. Publ. no. G. & T. 129, 129a. 7 p. fol.*

M1160.P98H7

Hutoy, Eug.

. . . Marche nuptiale pour orchestre (à Monsieur & Madame Alf. Faust a l'occasion de leurs noces d'argent (1885).

Liége (Belgique), Vve. Léop. Muraille. Publ. no. E. 12a–H. 20 p. 4°.

M1046.H98M3

Hutschenruijter, Wouter, 1859–

. . . Nocturne (Andante poco lento) für horn-solo mit begleitung eines kleinen orchesters (Streichquintet, 2 flöten, 2 clarinetten, 2 fagotte und harfe) oder mit klavier allein componirt von Wouter Hutschenruyter. Op. 13. Partitur . . .

München, Jos. Aib, ᶜ*1898. Publ. no. 2893. 15 p. fol.*

M1028.H98

Ilynsky, Alexander Alexandrovich, 1859–

. . . Suite. 1. a. Introduzione. b. Corale. c. Fuga. 2. Minuetto. 3. Andante. 4. Gavotta. 5. Scherzo. Pour orchestre composée par A. Iljinsky. [Op. 4]. Partition . . .

Moscou, P. Jurgenson, [etc.], [1893]. Publ. no. 14238. 113 p. 4°.

M1003.I29 Op. 4

Noure et Anitra. Suite pour 2 pianos à 4 mains composée par A. Ilynsky. Op. 13. No. 1. Le paladin à cheval. No. 2. Le château mystérieux. No. 3. Gnomes. No. 4. La princesse enchantée . . . No. 5. Danse féérique. No. 6. Rêveries . . . No. 7. Berceuse. No. 8. L'orgie. Partition . . .

Moscou, P. Jurgenson, [1896]. Publ. no. 20261. 141 p. 4°.

M1003.I29 Op. 13

Ilynsky—Continued.

Psyche. Fragment symphonique pour petit orchestre
composé par A. Ilynsky. Op. 14. Partition . . .
*Moscou, P. Jurgenson, [&c.], [1898]. Publ. no. 22054. 19 p.
4°.*
Cover title.

M1002.I28

Indy, (Paul Marie Theodor) Vincent d', 1851–

La forêt enchantée. Légende-symphonie d'après une ballade de Uhland par Vincent d'Indy. Op. 8 . . .
*Paris, Heugel et cie., [1887]. Publ. no. H & Cie 9212. 1
p. l., 86 p., 4°.*

M1002.I42F7

Wallenstein. Trilogie d'après le poême dramatique de
Schiller par Vincent d'Indy. Op. 12. 1re partie. Le
camp de Wallenstein. 2e partie. Max et Thécla. 3e
partie. La mort de Wallenstein. Partition d'orchestre.
*Paris, Durand & fils. Publ. no. D. S. 3791. 74, 45,
73 p. 4°.*
Originally published by Durand & Schoenewerk, 1887.

M1002.I42W3

Sérénade et valse. Op. 16 et 17.
Paris, J. Hamelle, [1898]. Publ. no. J. 3484 H. 39 p. 4°.
Cover title.

M1045.I42S4

Lied pour violoncelle et orchestre par Vincent d'Indy. Op.
19. Partition d'orchestre . . .
Paris, J. Hamelle, [188–]. Publ. no. J. 2353 H. 35 p. 4°.

M1016.I42

Saugefleurie. Légende pour orchestre d'après un conte de
Robert de Bonnières par Vincent d'Indy. Op. 21.
Paris, J. Hamelle, [1905]. Publ. no. J. 5304 H. 77 p. 4°.

M1002.I42S3

Symphonie pour orchestre et piano sur un chant montagnard
français par Vincent d'Indy. Op. 25 . . . Partition
d'orchestre.
Paris, J. Hamelle, [189–]. Publ. no. J. 3246 H. 111 p. fol.

M1001.I42

Fantaisie pour orchestre et hautbois principal sur des
thèmes populaires français. Vincent d'Indy. Op. 31.
*Paris, A. Durand & fils, °1908. Publ. no. 7154. 35 p.
fol.*
Caption title.

M1022.I42

Indy—Continued.

Karadec. Musique de scène pour un drame de André Alexandre. Suite d'orchestre. No. 1. Prélude. No. 2. Chanson. No. 3. Noce bretonne. Musique de Vincent d'Indy. Partition d'orchestre . . . [Op. 34.]
Paris, Heugel & Cie., ᶜ1893. Publ. no. H. & Cie. 9493. 1 p. l., 47 p. 4°.

M1003.I422

. . . Istar. Variations symphoniques. Partition d'orchestre . . . [Op. 42.]
Paris, A. Durand & fils, ᶜ1897. Publ. no. D. & F. 5178. 2 p. l., 48 p. fol.

M1003.I424

. . . Médée. Suite d'orchestre d'après la tragédie de Catulle Mendès par Vincent d'Indy. (Op. 47.) Partition d'orchestre . . .
Paris, A. Durand & fils, ᶜ1899. Publ. no. D. & F. 5513. 1 p. l., 77 p. fol.

M1003.I426

. . . Choral varié pour saxophone solo (alto ou violoncelle) et orchestre par Vincent d'Indy. (Op. 55) . . . Partition d'orchestre . . .
Paris, Durand & fils, ᶜ1903 1 p. l., 27 p. fol.
Not a copyright deposit.

M1024.I42

Deuxième symphonie en Si par Vincent d'Indy. (Op. 57.) Partition d'orchestre . . .
Paris, A. Durand & fils, [1904]. Publ. no. D. & F. 6338. 1 p. l., 192 p. fol.

M1001.I422

. . . Jour d'été à la montagne pour orchestre. Partition d'orchestre . . . [Op. 61.]
Paris, A. Durand & fils, éditeurs, ᶜ1906. Publ. no. D. & F. 6659. 4 p. l., 111 p. fol.
Cover title.

M1002.I42J7

. . . Souvenirs. Poème pour orchestre. [By] Vincent d'Indy. Op. 62 . . .
Paris, A. Durand & fils, ᶜ1907. Publ. no. D. & F. 6846. 85 p. fol.

M1002.I42S8

Indy—Continued.

Prélude du 3e acte de Ferval; partition d'orchestre . . .
*Paris, A. Durand & fils, ᶜ1908. Publ. no. D. & F. 7141.
1 p. l., 39 p. fol.*

M1004.I423

Ingenhoven, Jan.

. . . Symphonisches tonstück Nr. 1 (Lyrisch).   Für kleines
orchester.   Partitur . . .
*Middelburg, A. A. Noske, [1909].   Publ. no. A. A. N. 192.
1 p. l., 71 p. fol.*
"Comp.: Gardone, 1905."

M1002.I45

. . . Symphonisches tonstück Nr. 2 (Dramatisch) für orchester.   Partitur . . .
*Middelburg, A. A. Noske, [etc.], [1909].   Publ. no. A. A. N.
193.   1 p. l., 156 p. fol.*

M1002.I452

. . . Symphonisches tonstück Nr. 3 (Romantisch) für
kleines orchester . . . Partitur.
*Middelburg, A. A. Noske, [1910].   Publ. no. A. A. N. 206.
1 p. l., 141 p. fol.*

M1002.I454

Instrumentalkonzerte deutscher meister.

J. G. Pisendel, J. A. Hasse, C. Ph. E. Bach, G. Ph. Telemann,
Chr. Graupner, G. H. Stölzel, K. Fr. Hurlebusch.   Herausgegeben von Arnold Schering.
*Leipzig, Breitkopf & Härtel, 1907.   XXVII p., 1 l., 300 p.
fol.   (D. deutsch. T., 29. & 30 bd.)*
Contains 4 concertos for different instruments and orchestra, and
3 concerti grossi.

Istel, Edgar, 1880–

Eine singspielouverture für orchester komponirt von Edgar
Istel.   Op. 17.   Partitur . . .
*München, Dr. Heinrich Lewy, ᶜ1905.   Publ. no. H. L. 6.
42 p. fol.*

M1004.I874S5

Der fahrende schüler.   Komisch-romantisches spiel in
einem aufzug von Edgar Istel.   Ouverture.   Partitur . . .
*Leipzig, Max Brockhaus, ᶜ1905.   Publ. no. M. B. 477.
24 p. fol.*

M1004.I874F3

Ivanov-Ippolitov, Mikhail Mikhailovich, 1849–

Esquisses caucasiennes. Suite pour orchestre composée par M. Ippolitow-Iwanow. Op. 10. 1) Dans le défilé. 2) Dans l'aoule. 3) Dans la mosquée. 4) Cortège du serdare. Partition d'orchestre . . .

Moscou, P. Jurgenson, [&c.], [*1895*]. *Publ. no. 20148. 77 p. 4°.*

M1003.I922

. . . Première suite du ballet "La vestale" musique de M. Ivanow. Op. 20. Partition d'orchestre.

St. Petersbourg & Moscou, Wassily Bessel & co., [*etc.*], [*1897*]. *Publ. no. 3329. 93 p. 4°.*

Opus no. changed on t. p. in ink to Op. 18. Hofmeister gives this as Op. 20ᵃ.

M1003.I924

Suite orientale. 1. Marche. 2. Sur le Bosphore. 3. Danse orientale. 4. Rêverie. 5. Au harême. Composée pour l'orchestre par M. Iwanoff. Op. 20. Partition d'orchestre . . .

St. Petersbourg, W. Bessel & cie., [*etc.*], [*1897*]. *Publ. no. 3199. 150 p. 4°.*

M1003.I926

. . . "Iveria." Suite pour grand orchestre (2me série d'"Esquisses caucasiennes"). I. Introduction. Lamentation de la princesse Kétévana. II. Berceuse. III. Danse lésghine . . . IV. Marche géorgienne. Composée par M. Ippolitow-Iwanow. Op. 42. Partition d'orchestre . . .

Moscou, P. Jurgenson, [*etc.*], [*1906*]. *Publ. no. 31012. 127 p. 4°.*

M1003.I928

Ivanovici, I.

Marsuri funebre. Aranjate pentru muzicele militare dupa original de I. Ivanovici . . . Aprobat de Ministerul de Resbolu No. 17969.

Bucuresci, Carti Thoma Basilescu, 1903. Publ. no. 59 p. fol.

Contents:
No. 1. Mars funebru de L. Van Beethowen. . . .
2. Mars funebru de Chopin. . . .
3. Mars funebru de L. Van Beethowen. . . .
4. Mars funebru din opera "Don Sebastian" de G. Donizetti.
5. Mars funebru din opera "Ione" de Petrella. . . .
6. Mars funebru . . . de I. Ivanovici. . . .
7. Mars funebru "Lamento" de Capit. Margaritescu. . . .

M1200.I938

Jadassohn, Salomon, 1831–1902.

> Sinfonie für orchester componirt . . . von S. Jadassohn.
> Op. 24. Partitur . . .
> *Leipzig, C. F. W. Siegel, 1879. 1p. l., 76 p. obl. 4°.*
>   **M1001J21 No. 1**

> . . . Ouverture für grosses orchester componirt von S.
> Jadassohn. Op. 27.
> *Leipzig, C. F. W. Siegel, [1862]. Publ. no. 2191. 56 p. 4°.*
>   **M1004.J22409**

> . . . Sinfonie (No. 2 A dur) für orchester componirt von
> S. Jadassohn. Op. 28. Partitur.
> *Leipzig, Fr. Kistner, [1865]. Publ. no. 2842. 204 p. 4°.*
>   **M1001.J21 No. 2**

> Concert-ouverture (No. 2, D dur) für grosses orchester
> componirt von S. Jadassohn. Op. 37. Partitur . . .
> *Leipzig, bei C. F. Kahnt, [1867]. Publ. no. 1131. 1 p. l.,
> 68 p. 4°.*
>   **M1004.J224C8**

> Serenade in 4 canons für orchester von S. Jadassohn. Op.
> 42. Partitur . . .
> *Leipzig, C. F. Peters, [1879]. Publ. no. 5564. 44 p. fol.*
> *(Edition Peters, 1028.)*
>   **M1003.J222**

> . . . Serenade (No. 2, D dur)—1. Intrada e notturno.
> 2. Menuetto, alla marcia, menuetto da capo. 3. Finale—
> für orchester von S. Jadassohn. Op. 46. Partitur . . .
> *Leipzig, Fr. Kistner, [1875]. Publ. no. 4529. 45 p. fol.*
>   **M1003.J223**

> Serenade (No. 3, A dur) für orchester. I. Introduzione
> in tempo di marcia. II. Cavatina ed intermezzo. III.
> Scherzo a capriccio. IV. Finale. Componirt von S.
> Jadassohn. Op. 47. Partitur . . .
> *Leipzig, Breitkopf & Härtel, [1876]. Publ. no. 14260. 1 p.
> l., 154 p. 4°.*
>   **M1003.J224**

> Sinfonie No. 3 für grosses orchester componirt von S.
> Jadassohn. Op. 50. Partitur . . .
> *Leipzig, Fr. Kistner, [1876]. Publ. no. 4729. 179 p. 4°.*
>   **M1001.J21 No. 3**

> . . . Serenade (No. 4 F dur) für grosses orchester von S.
> Jadassohn. Op. 73. Partitur . . .
> *Leipzig, Fr. Kistner, [1884]. Publ. no. 6278. 105 p. fol.*
>   **M1003.J228**

Jadassohn—Continued.

Serenade für streichorchester und flöte componirt von S.
Jadassohn. Op. 80. Partitur . . .
Leipzig, Fr. Kistner, [1886]. Publ. no. 6786. 45 p. fol.

M1105.J22

Symphonie No. 4 (in C moll) für grosses orchester von S.
Jadassohn. Werk 101. Partitur . . .
*Leipzig und Brüssel, Breitkopf & Härtel, [1889]. Publ. no.
18324. 2 p. l., 144 p. fol.*

M1001.J21 No. 4

. . . Cavatine für violoncelle mit begleitung des orchesters
von S. Jadassohn. Op. 120. Partitur . . .
*Leipzig, Breitkopf & Härtel, [&c.], c1894. Publ. no. Part.
B. 852. 13 p. fol. (B. & H. Part.-Bibl. 852.)*

M1016.J22

Järnefelt, Armas, 1869–

Berceuse. Revidiert von Wilh. Dugge. Armas Järnefelt.
*Leipzig, [etc.], Breitkopf & Härtel, c1905. Publ. no. Part. B.
1923. 7 p. fol.*
Caption title.

M1045.J22B4

Korsholm. Smronische dichtung . . . A. Järnefelt.
*Leipzig, Breitkopf & Härtel, [1902]. Publ. no. K. F. W. 74.
60 p. fol.*

M1002.J22

Jaques-Dalcroze, Émile, 1865–

. . . Concerto pour violon avec accompagnement d'orchestre (ou du piano) par E. Jaques-Dalcroze. Œuvre 50.
Partition d'orchestre . . .
*Strassburg i. E., Süddeutscher Musikverlag, [etc.], c1902. Publ.
no. S. M. V. 21. 1 p. l., 98 p. fol.*

M1012.J36 Op. 50

. . . Entr'acte symphonique des Jumeaux de Bergame.
Partition d'orchestre.
*Paris, Heugel & Cie., c1910. Publ. no. H. & Cie. 23940.
176–219 p. fol.*
Cover title.

M1004.J36J7

Vorspiel für orchester zum musikalischen idyll "Janie" von
E. Jaques-Dalcroze. Partitur . . .
*Leipzig, E. W. Fritzsch, 1894. Publ. no. E. W. F. 595 L.
15 p. fol.*

M1004.J36J3

Jaspar, André, 1794–1863.

. . . Le barde éburon. Symphonie à orchestre par A. Jaspar . . .
Liége, Vve. Léop. Muraille. 10 p. fol.

M1001.J39 No. 5

. . . Folie du Tasse. Symphonie à orchestre par A. Jaspar.
Liége, Ve. Léopd. Muraille. 1 p. l., 15 p. fol.

M1001.J39 No. 1

Le retour des champs. Simphonie à orchestre composée par A. Jaspar.
Liége, Ve. Muraille, [etc.]. 1 p. l., 14 p. fol.
Composed in 1842.

M1001.J39 No. 2

Jensen, Adolf, 1837–1879.

Der gang nach Emmaus. Geistliches tonstück nach dem evangelium Lucā 24, 13–24. Für grosses orchester componirt von Adolf Jensen. Op. 27. Partitur.
Hamburg, Fritz Schuberth, [1865]. Publ. no. 901. 86 p. 4°.

M1002.J54

Jensen, Gustav, 1843–1895.

Sinfonietta für streich-orchester componirt von Gustav Jensen. Op. 22. Partitur . . .
Berlin, Otto Wernthal, [188–]. Publ. no. 123. 35 p. fol.

M1101.J54

. . . 3 charakterstücke für orchester von Gustav Jensen. Op. 33. 1. Alla marcia. 2. Canzona. 3. Minuetto.
London, Augener & Co., [1892]. Publ. no. 9419. 1 p. l., 71 p. fol. (Augener's ed. no. 7059a.)

M1045.J54D7

Symphonie von Gustav Jensen. Op. 35.
Köln a/R. Leipzig, H. vom Ende's Verlag, [1896]. Publ. no. v. E. 1318. 115 p. fol.

M1001.J54

Ländliche serenade für streich-orchester componirt von Gustav Jensen. Op. 37. Partitur . . .
Leipzig, Otto Forberg, [1895]. Publ. no. 2138. 27 p. fol.

M1103.J54 Op. 37

Jeral, Wilhelm.

. . . Zigeunertanz für violoncell mit begleitung des pianoforte von Wilhelm Jeral. Op. 6, No. 2 . . . Mit begleitung des orchesters vom componisten. Partitur . . .

Jeral—Continued.

*Hamburg & Leipzig, D. Rahter, [1903]. Publ. no. 2105.
15 p. 4°.*
> Title reads: Berceuse und zigeunertanz. Only the "Zigeuner-
> tanz" published with orchestra accompaniment.

M1016.J55 Op. 6

. . . Concert in A für violoncell mit begleitung des orches-
ters oder des pianoforte componirt von Wilhelm Jeral.
Op. 10. Partitur.
Leipzig, D. Rahter, [1906]. Publ. no. 3199. 58 p. fol.
> Cover title.

M1016.J55 Op. 10

Joachim, Joseph, 1831–1907.
. . . Ouverture zu Hamlet für orchester. Partitur (Op.
4) . . ,
*Leipzig [etc.], Breitkopf & Härtel, [1909]. Publ. no. Part.
B. 2106. 67 p. fol.*

M1004.J62H3

Concert (in ungarischer weise) für die violine mit orchesterbegleitung componirt . . . von Joseph Joachim. Op.
11. Partitur.
*Leipzig, Breitkopf & Härtel, [1861]. Publ. no. 14901. 1
p. l., 134 p. fol.*

M1012.J62 Op. 11

. . . Notturno für violine mit orchester oder pianoforte
von Joseph Joachim. Op. 12. Partitur . . .
Berlin, N. Simrock, 1874. Publ. no. 7525. 23 p. 4°.

M1012.J62 Op. 12

. . . Ouvertüre für grosses orchester von Joseph Joachim.
Op. 13. Partitur. . . .
Berlin, N. Simrock, 1878. Publ. no. 8019. 55 p. 4°.
> At head of title: "Dem andenken des dichters Heinrich von
> Kleist."

M1004.J6207

. . . Märsche für grosses orchester componirt von Joseph
Joachim. Partitur. No. 1. C dur. No. 2. D dur.
Berlin, N. Simrock, [1871]. Publ. no. 7132. 43 p. 4°.

M1046.J62

. . . Ouverture zu einem Gozzi'schen lustspiel für grosses
orchester von Joseph Joachim. Partitur . . .
Berlin, N. Simrock, °1902. Publ. no. 11686. 47 p. 4°.

M1004.J62G5

Joachim—Continued.

. . . Variationen für violine mit orchesterbegleitung von Josef Joachim. Partitur . . .

Berlin, Ed. Bote & G. Bock, [1882]. Publ. no. 12634. 83 p. 4°.

M1012.J624

Violin-concert (G-dur) . . . von Joseph Joachim. Partitur . . .

Berlin & Posen, Ed. Bote & G. Bock, [1889]. Publ. no. 13408. 1 p. l. 146 p. 4°.

M1012.J622

Joachim Albrecht, Prinz von Preussen.

Suite No. 2. Joachim Albrecht, Prinz von Preussen. Op. 50.

Berlin, Verlag von W. Sulzbach (P. Limbach), [1903]. Publ. no. W. S. B. 218. 75 p. fol.

Caption title.

M1003.J62

Raskolnikow-phantasie für orchester komponiert von Joachim Albrecht Prinz von Preussen. Orchester-partitur. . . .

Berlin, W. Sulzbach inh. Peter Limbach, ᶜ1911. Publ. no. W. S., B. 332a. 1 p. l., 68 p. fol.

M1002.J72R3

Traumbilder aus der ahnengruft der Romanows. Nach schilderung aus dem buche: Richard Graf von Pfeil "Neun jahre in russischen diensten unter Kaiser Alexander III." In musik gesetzt von Joachim Albrecht Prinz von Preussen. Mit gütiger erlaubnis des verfassers. A. Ausgabe für grosses orchester in partitur . . .

Berlin, W. Sulzbach (P. Limbach), ᶜ1910. Publ. no. W. S. B. 326a. 1 p. l., 47 p. fol.

M1002.J72

Vorspiel zu Henrik Ibsen's schauspiel "Die frau vom meer" für orchester componirt von Joachim Albrecht Prinz von Preussen. Orchester-Partitur . . .

Berlin, W. Sulzbach, ᶜ1906. Publ. no. W. S. B. 260a. 56 p. fol.

M1004.J61F7

Joncières, Félix Ludger Rossignol, *called* Victorin de, 1839–1903.

Danse moravienne. Victorin Joncières.

Milan, G. Ricordi & C., [1896?]. Publ. a 98303 a. 17 p. 4°.

Caption title.

M1047.J76

Joncières—Continued.

Marche triomphale. Victorin Joncières.
*Paris, Choudens père et fils [188-]. Publ. no. A. C. 7382.
22 p. fol.*

M1046.J76M3

Sérénade hongroise. Pour orchestre. Victorin Joncières.
n. i., [188-]. Publ. no. L. G. 3612. 12 p. fol.
Caption title. Title-page missing. Published by Léon Grus.

M1045.J76S4

Symphonie romantique par Victorin Joncières . . . Partition d'orchestre.
*Paris, G. Flaxland, Durand, Schoenewerk et Cie., succrs.,
[ca. 1874]. Publ. no. D. S. 1932. 1 p. l., 99 p. 4°.*

M1001.J76

Jongen, Josef, 1873—

. . . Concerto pour violoncelle et orchestre. (Op. 18). Par-
tition d'orchestre. . . .
*Paris, A. Durand & fils, Durand & Cie, ᶜ1911. Publ. no.
D. et F. 7909. 1 p. l., 125 p. fol.*
Name of composer at head of title.

M1016.J77 Op. 18

Jungmann, Albert, 1824–1892.

Waldmärchen. No. 3. Waldstimmen. Alb. Jungmann.
Op. 224, No. 3. Ausg. für orchester instr. vom componisten. Partitur. . . .
*Offenbach a/M., Joh. André, [1876]. Publ. no. 9590. 14 p.
fol.*

M1045.J95

. . . "Im elfenhain" v. Albert Jungmann. Op. 334, No. 2.
[Offenbach am Main, Johann André], [1876]. 27 p. fol.
Caption title. "Scherzo."

M1045.J91I6

Juon, Paul, 1872–

Fünf stücke für streichorchester. Kleine ballade, schlum-
merlied, terzen-intermezzo, elegie, tanz, von Paul Juon.
Op. 16. Partitur . . .
*Berlin, Schlesinger [etc.], ᶜ1901. Publ. no. S. 9147. 27 p.
fol.*
Cover title.

M1145.J86

Sinfonie. Paul Juon. [Op. 23]. Partitur . . .
Berlin, Schlesinger, ᶜ1903. Publ. no. S. 9203. 144 p. fol.

M1001.J95 Op. 23

uon—Continued.

Kammersinfonie für streichorchester, oboe, clarinette, horn, fagott und klavier (B dur) von Paul Juon. Op. 27. Partitur.

Berlin, Schlesinger (Rob. Lienau) etc.], ᶜ1905. Publ. no. S. 9324. 80 p. fol.

M1001.J95 Op. 27

... Vaegtervise (Wächterweise) Fantasie nach dänischen volksliedern komponiert von Paul Juon. Op. 31. Orchester-partitur ...

Berlin, Schlesinger, ᶜ1906. Publ. no. S. 9353. 51p. fol.

M1045.J95V2

... Eine serenadenmusik. Op. 40.

Berlin, Schlesinger, [etc.], [1909]. Publ. no. S. 9486. 58 p fol. (Die concert-halle. Auswahl beliebter potpourris, [etc.] für orchester, No. 96 ...)

M1003.J95 Op. 40

Konzert für violine (in H moll) mit begleitung des orchesters von Paul Juon. Op. 42. Partitur ...

Berlin, Schlesinger (Rob. Lienau) [etc.], ᶜ1909. Publ. no. S. 9492. 79 p. fol.

M1012.J9 Op. 42

Just, Johann August, *b.* 1750.

Concert pour la clavecin. Accompagnement de deux violon [!] et bass [!]. Par A. Just.

Mss. [11] p. obl. 12°.

Caption title. M1010.J96 Case

Kämpf, Karl, 1874–.

Aus baltischen landen. Suite für grosses orchester von Karl Kämpf. Op. 24. Partitur ...

Berlin, Paul Koeppen, [etc.], ᶜ1906. Publ. no. P. K. 503. 55 p. fol.

M1003.K112

... Zwei melodien für streichorchester komponiert von Karl Kämpf. Op. 26. Partitur ...

Berlin, Otto Jonasson Eckermann & Co., ᶜ1905. Publ. no. 6. 7 p. fol.

Cover title.

M1145.K15

... Hiawatha. Suite nach der gleichnamigen epischen dichtung von Longfellow für grosses orchester komponiert von Karl Kämpf. Op. 27. Partitur ...

Kämpf—Continued.

Berlin, Otto Jonasson-Eckermann & Co., ᶜ1905. Publ. no. 7. 58 p. fol.

M1003.K114

Kajanus, Robert, 1856–

Rhapsodie (No. 1. D moll) für grosses orchester von Robert Kajanus. Op. 5. Partitur . . .

Leipzig, Fr. Kistner, [1890]. Publ. no. 7858. 41 p. fol.

M1045.K142R4

Rhapsodie No. 2 F dur für grosses orchester von Robert Kajanus. Op. 8. Partitur . . .

Leipzig, Fr. Kistner, [1895]. Publ. no. 8577. 63 p. 4°.

M1045.K142R5

Carl XIIs marsch vid Narva . . . arr. af Robert Kajanus.

Leipzig, [etc.], Breitkopf & Härtel, ᶜ1901. Publ. no. K. F. W. 72. 5 p. fol.

M1046.K13C3

Kalafati, B., 1869–

. . . Ouverture-fantaisie pour grand orchestre par B. Kalafati. Op. 8. Partition d'orchestre . . .

Leipzig, M. P. Belaïeff, 1906. Publ. no. 2647. 93 p. fol.

Cover title in Russian and German.

M1004.K141

Kalinnikov, Wassily Sergievich, 1866–1901.

Le cèdre et le palmier. (Fichte und palme). Tableau symphonique pour grand orchestre par Bas. Kalinnikow. Partition d'orchestre . . .

Moscou, [etc.], P. Jurgenson, [1901]. Publ. no. 26090. 35 p. 4°.

M1002.K145

Deux intermezzo pour orchestre No. 1. Fis-moll. No. 2. G-dur. Composés par Bas. Kalinnikow . . . Partition . . .

Moscou & Leipzig, P. Jurgenson, [1902]. Publ. no. 26096. 25 p. 4°.

M1045.K145D4

Suite pour orchestre de Bas. Kalinnikow. Partition . . .

Moscou, P. Jurgenson [etc.], [1902]. Publ. no. 26093. 115 p. 4°.

M1003.K14

. . . Symphonie No. 1. G-moll pour grand orchestre composée par Basile Kalinnikow. Partition . . .

Kalinnikov—Continued.

Moscou, P. Jurgenson [etc.], [1900]. Publ. no. 25540. 209 p. 4°.

M1001.K14

Symphonie No. 2. (A-dur) pour grand orchestre composée par Basile Kalinnikow. Partition . . .
Moscou, P. Jurgenson [etc.], [1901]. Publ. no. 25543. 211 p. 4°.

M1001.K142

Kalliwoda, Johannes Wenzeslaus, 1800–1866.
Ouverture v. Kallivoda C-dur. Op. 55.
Mss. 35 p. fol.

M1004.K2   Op. 55

Ouverture (No. XVI) für orchester componirt von J. W. Kalliwoda. Op. 238. Partitur . . .
Leipzig, C. F. W. Siegel, [1865]. Publ. no. 2475. 64 p. 4°.

M1004.K2   Op. 238

Concert-ouverture No. XVII für orchester componirt von J. W. Kalliwoda. Op. 242. Partitur . . .
Leipzig, C. F. W. Siegel, [1865]. Publ. no. 2607. 1 p. l., 56 p. 4°.

M1004.K2   Op. 242

Karg-Elert, Sigfrid, 1878–
Suite en la mineur d'après Georges Bizet par Sigfrid Karg-Elert. Op. 21. 1. Alla marcia . . . 2. Intermezzo I . . . 3. Scherzino . . . 4. Intermezzo II . . . 5. Finale . . .
Berlin, Carl Simon ᶜ1907. Publ. no. C. S. 3183/84. 1 p. l., 78 p. 4°.

M1003.K18

Karłowicz, Mieczysław, 1876–1909.
. . . Serenade für streichorchester componirt von Mieczysław Karłowicz. Op. 2. Partitur. . . .
Berlin, C. A. Challier & Co., [1898]. Publ. no. C. & Co. 3631. 35 p. 4°.

M1103.K22   Op. 2

Concerto pour violon avec accompagnement d'orchestre composé par Mieczyslaw Karlowicz. Op. 8. Partition d'orchestre . . .
Berlin, Schlesinger (Rob. Lienau), [1906]. Publ. no. S. 9381. 99 p. fol.

M1012.K21   Op. 8

Karlowicz—Continued.

Wiederkehrende wellen (Powracające fale). Tondichtung für orchester von Mieczyslaw Karlowicz. Op. 9.
*Berlin, Schlesinger (Rob. Lienau), [1907]. Publ. no. S. 9424.
67 p. fol.*

M1002.K18W5

Odwieczne pieśni (Uralte lieder). I. Pieśń o wiekuistej tęsknocie (Das lied von der ewigen sehnsucht). II. Pieśń o miłości i o śmierci (Das lied von der liebe und dem tode). III. Pieśń o wszechbycie (Das lied vom all). Na orkiestrę napisat Mieczysław Karłowicz. Op. 10.
*Kraków, G. Gebethner i Spółka [etc], 1908. Publ. no. M. K. 1.
81 p. fol.*

M1002.K1806

Rapsodja litewska (Litauische rapsodie) na orkiestre napisal Mieczysław Karłowicz. Op. 11. Partitur . . .
*Warszawa, Gebethner i Wolff [etc], 1909. Publ. no. N. G.
4791 W. 47 p. fol.*

M1045.K175R3

Kaskel, Karl, freiherr von, 1866–
. . . Lustspiel-ouverture. Op. 14. Partitur. . . .
München, Dr. Heinrich Lewy, °1905. 1 p. l., 51 p. fol.
At head of title: Zwei orchester-stücke von Karl v. Kaskel.
Not a copyright deposit.

M1004.K25

. . . Humoreske. Op. 15. Partitur. . . .
München, Dr. Heinrich Lewy, °1905. 1 p. l., 62 p. fol.
At head of title: Zwei orchester-stücke von Karl v. Kaskel. . . .
Not a copyright deposit.

M1045.K19H8

Ballade für grosses orchester komponiert von Karl v. Kaskel. Op. 17. . . . Orchester-partitur . . .
*Leipzig, J. Schuberth & Co., °1906. Publ. no. 7548. 76 p.
fol.*

M1045.K19B3

Kauffmann, Fritz, 1855–
Sinfonie in A-moll für grosses orchester componirt von Fritz Kauffmann. Op. 18. Orchester partitur.
*Berlin, Carl Paez (D. Charton), [1886]. Publ. no. 211a.
1 p. l., 104 p. fol.*

M1001.K22

. . . Dramatische ouverture für grosses orchester componiert von Fritz Kauffmann. Op. 23. Partitur . . .

Kauffmann—Continued.

> *Berlin, Carl Paez (D. Charton),* ᶜ*1893. Publ. no. C. P. 685.*
> *43 p. fol.*
>
> M1004.K27

Concert (C-moll) für pianoforte und orchester componirt
von Fritz Kauffmann. Op. 25. Partitur . . .
Berlin, Carl Paez (D. Charton), [1892]. Publ. no. C. P. 590.
131 p. fol.

> M1010.K24 Op. 25

Concert (D-moll) für violine und orchester von Fritz
Kauffmann. Op. 27. Orchester-partitur . . .
Berlin, Carl Paez (D. Charton), ᶜ*1894. Publ. no. C. P. 732.*
82 p. fol.

> M1012.K23 Op. 27

Concert (C-moll) für violoncello und orchester von Fritz
Kauffmann. Op. 29. Orchester-partitur . . .
. Berlin, Carl Paez (D. Charton), [1899]. Publ. no. C. P. 979.
51 p. fol.

> M1016.K22 Op. 29

Zweites violonkonzert (in H moll) von Fritz Kauffmann.
Op. 50. Orchester-partitur . . .
Magdeburg, Heinrichshofen's verlag, ᶜ*1909. Publ. no. H. V.*
9614. 73 p. fol.

> M1012.K23 Op. 50

Kaun, Hugo, 1863–

. . . Vineta. Symphonische dichtung für grosses orchester
componirt von Hugo Kaun. Op. 16. Partitur . . .
Berlin, Richard Kaun, [1892]. Publ. no. 56. 40 p. fol.

> M1002.K21V4

Symphonie in D. (An mein vaterland) für grosses orchester componirt von Hugo Kaun. Op. 22 . . . Orchester-partitur . . .
Leipzig, Breitkopf & Härtel, [etc.], [1899]. Publ. no. Part B.
1530. 143 p. fol.
    "Componirt in 1893."

> M1001.K235 Op. 22

. . . Ein karnevalsfest. Suite in vier sätzen für grosses
orchester componiert von Hugo Kaun. Partitur . . .
Op. 28.
Milwaukee, Chas. Ulrich, [etc.]. Publ. no. K 174. 122 p. 4°.
    Publ. by Kaun, Berlin, in 1892.

> M1003.K21

Kaun—Continued.

... Festmarsch mit benutzung der amerik. freiheits-
hymne "Star-spangled banner." (Op. 29) ...
Leipzig, Breitkopf & Härtel, [etc.], ᶜ1898. Publ. no. 9. 39
p. fol.
    Cover title.

            M1046.K21F5

Gesangscene für violoncell. Hugo Kaun. Op. 35.
[Hamburg und Leipzig, D. Rahter], [1903]. Publ. no. 2272.
23 p. fol.
    Caption title.
    Hofmeister, Bd. 11 has "Vier lieder" as op. 35.

       · **M1016.K24 Op. 35**

Zwei symphonische dichtungen nach Longfellow's "Lied
von Hiawatha" für grosses orchester componirt von
Hugo Kaun. Op. 43. No. 1. Minnehaha ... No. 2.
Hiawatha ...
Hamburg und Leipzig, D. Rahter, ᶜ1902. Publ. nos. 1827,
1830. 2 v. 47, 70 p. fol.
    Cover-title: ... Two symphonic poems composed to Long-
    fellow's "Song of Hiawatha" for full orchestra by Hugo Kaun·

         M1002.K21H4

... Maria Magdalena. Symphonischer prolog zu Hebbels
gleichnamigem drama für grosses orchester komponiert
von Hugo Kaun. Op. 44. Partitur ...
Leipzig, C. F. Kahnt, ᶜ1904. Publ. no. 3982a. 40 p. fol.
         M1004.K29M3

Concert für pianoforte und orchester componirt von Hugo
Kaun. Op. 50. Partitur ...
Hamburg und Leipzig, D. Rahter, ᶜ1903. Publ. no. 3255.
125 p. fol.

         M1010.K26 Op. 50

Sir John Falstaff. Eine humoreske für grosses orchester
von Hugo Kaun. Op. 60 ...
Berlin, Richard Kaun, [etc.], ᶜ1905. Publ. no. R. K. 1192.
75 p. fol.
    Cover title.

         M1002.K21S4

... Fantasiestück für eine solo violine und grosses orchester oder pianoforte komponiert von Hugo Kaun. Op. 66.
Partitur ...
Berlin, Richard Kaun, [etc.], [1907]. Publ. no. R. K. 1258.
59 p. 4°. (Edition Kaun, No. 59.)
         M1012.K25 Op. 66

Kaun—Continued.

Originalkompositionen für kleines bezw. streichorchester. 1. Fröhliches wandern. 2. Idyll. 3. Albumblatt. 4. Variationen. 5. Elegie. 6. Rondo. Von Hugo Kaun. Op. 70.

Berlin, Chr. Friedrich Vieweg, ᶜ1907. Publ. nos. V. 684, 685, 686, 687, 696, 697. 6 v. 15, 13, 3, 20, 7, 13 p. fol.

M1145.K21

. . . Drei einfache stücke für kleines orchester. 1. Scherzo. 2. Notturno. 3. Intermezzo. Von Hugo Kaun. Op. 76 . . .

Berlin, Chr. Friedrich Vieweg, ᶜ1907. Publ. no. V. 754, 765, 766. 3 v. in 1. 23, 15, 19 p. fol.

M1045.K198D7

. . . Zweite symphonie (C moll) für grosses orchester komponiert von Hugo Kaun. Op. 85. Partitur . . .

Leipzig, Ernst Eulenberg, ᶜ1910. Publ. no. E. E. 3867. 147 p. fol.

M1001.K235 Op. 85

Kefer, Louis.

. . . Symphonie pour grand orchestre par Louis Kefer . . . Partition . . .

Leipzig, Breitkopf & Härtel, [etc.], [1892]. Publ. no. 19760. 148 p. fol.

M1001.K26

Kervégen, G. de.

Deux menuets pour flûte, cor et instruments à cordes. 1. Menuet tendre. 2. Menuet pompeux par G. de Kervégen . . . Partition d'orchestre . . .

Paris, Le Beau. Publ. no. A. L. B. 1457. 1 p. l., 25 p. 4°.

M1049.K4

Kessel, Franz.

. . . Symphonische variationen von Franz Kessel. Partitur . . .

London, Schott & Co., [etc.], ᶜ1896. Publ. no. 26049. 1 p. l., 33 p. fol.

M1003.K42

Kiel, Friedrich, 1821–1885.

4 märsche für grosses orchester von Friedrich Kiel. Op. 61. Partitur.

Hamburg, H. Pohle, 1877. Publ. no. 51. 1 p. l., 95 p. 4°.

M1046.K47

Kiel—Continued.

Militair-märsche für das pianoforte componirt von Friedrich Kiel, für die gesammte armee-musik übertragen von W. Wieprecht.

Berlin, Simrock. 28 p. fol.
Band score.
Contains 2 marches: No. 1, p. 3–10; No. 2, p. 11–28.

M1260.K47S

Kienzl, Wilhelm, 1857–

"Aus alten mährchen." Neun kleine tongedichte für clavier zu scenen aus den bekanntesten deutschen volks-märchen componirt . . . von Wilhelm Kienzl. Op. 12. Partitur.

Kassel & Leipzig, Paul Voigt [1880]. Publ. no. 77. 19 p. fol.
Cover title.
Originally published for pianoforte, 4 hds., 188–.

M1003.K47 Op. 12

Zwei stücke für orchester. 1. "Seliges waldesgeheimniss." (Op. 15, No. 21) . . . 2. "Von künftigem glücke." (Op. 15, No. 21.) Partitur . . .

Leipzig, Fritz Schuberth jr., ᶜ1897. Publ. nos. 2699a & 2700a. 2 v. 7, 7 p. fol.

M1045.K47Z9

Drei suiten in tanzform für orchester (frei bearbeitet nach seinen "30 tanzweisen" für clavier, Op. 21) von Wilhelm Kienzl. Op. 21c. Dem Hamburger orchestervereine, I suite . . . Dem Grazer steierm. Musikvereine, II suite . . . Dem Prager conservatoriums-orchester, III suite . . .

Berlin, Verlag von Ries & Erler. Publ. no. 126, 132, 152. 3 v. v. I: 37 p. v. II: 41 p. v. III: 59 p. fol.
First published 1882–83 by Voigt of Kassel.

M1003.K47 Op. 21c

. . . Don Quixote's phantastischer ausritt und seine traurige heimkehr, miteinander verbundene u. zum konzert-vortrage eingerichtete symphonische zwischenspiele für grosses orchester aus der musikalischen tragikomödie Don Quixote von Wilhelm Kienzl. Op. 50. Partitur für grosses orchester . . .

Berlin, Ed. Bote & G. Bock, [1899]. Publ. no. 14673. 47 p. fol.

M1002.K47SD7

. . . Abendstimmungen. Op. 53. 1. Harfners Abend-sang. 2. Ave im kloster. 3. Serenade. Partitur. . . .

Kienzl—Continued.

Bayreuth, Carl Giessel junior [etc], [1899]. Publ. nos. 113, 115, 117. 3 v. 9, 9, 9 p. fol.

Composer's name precedes title. String orchestra.

M1145.K47

King, Oliver A., 1855–

Night. Symphony in F for full orchestra composed by Oliver King . . . Op. 22 . . .

London, Novello, Ewer & Co., [1884]. Publ. no. 6180. 2 p. l., 138 p. 4°.

M1001.K53

"Among the pines." Concert–overture for full orchestra. Composed by Oliver King . . . Op. 36 . . .

London, Novello, Ewer & Co., [1884]. Publ. no. 6637. 1 p. l., 44 p. 4°.

M1004.K53

Kistler, Cyrill, 1848–1907.

. . . Festmarsch für grosses orchester componirt von Cyrill Kistler. Op. 41. Partitur. . . .

München, Jos. Aibl [etc], ᶜ1877. Publ. no. 2277. 25 p. fol.

Not a copyright deposit.

M1046.K62

Friedensmarsch für grosses orchester componirt von Cyrill Kistler. Op. 43. Partitur. . . .

München, Wilhelm Schmid'sche Musikalienhandlung. (Richard Janke) [etc], [1878]. 1 p. l., 22 p. fol.

On cover: "Seiner Majestät dem Deutschen Kaiser Wilhelm I. könig von Preussen zur glücklichen Wiedergenesung aller ehrfurchtsvoll gewidmet."

M1046.K624

. . . Jubiläums-fest-marsch u. hymne komponiert zur 700 jährigen jubelfeier des erlauchten hauses Wittelsbach von Cyrill Kistler. Op. 50. Text zur hymne von Benno Rauchenegger . . .

München, Jean Schwarz [etc], [1880?]. 32 p. fol.

On p. 32 air of the "Bayerische konigshymne," as written and composed by the above. The work is dedicated to King Ludwig II. M1046.K626

. . . Treueschwur. Festklänge . . . Cyrill Kistler. Op. 62. Ausgabe für grosses orchester. Partitur . . .

Heilbronn a. N., C. F. Schmidt, ᶜ1903. Publ. no. C. F. S. 3030. 13 p. fol.

M1045.K615T8

Kistler—Continued.

Valse serenade pour instruments à cordes (2 violons, viola, violoncelle et contrebasse) avec flöte, oboe, clarinet, fagott, horn et accompagnement de la harpe (ad lib.) par Cyrill Kistler. Op. 68. Partitur . . .
Leipzig, Bosworth & co., ᶜ1896. Publ. no. B. & co. 1100. 11 p. 4°.

M1145.K6

. . . Serenade (D moll) für violino, oder viola alta, oder violoncello solo, mit klavier oder orchester. Op. 72. Partitur . . .
Berlin, Carl Simon, [etc.], ᶜ1903. Publ. no. C. S. 204 D/F. 17 p. 4°.

M1012.K62 Op. 72

. . . Vorspiel zum 3ten akte der oper Kunihild von Cyrill Kistler . . .
Berlin, Carl Simon, ᶜ1908. Publ. no. C. S. 2049. 12 p. fol.

M1004.K61K63

Klanert, Karl.

Passions-präludium. "Herzliebster Jesu, was hast du verbrochen," für oboe-solo (clarinette in C) oder eine mittlere singstimme mit streichorchester (streich-quintett) komponiert von Karl Klanert. Op. 30. Partitur. . . .
Hameln, H. Oppenheimer [etc], [1911]. Publ. no. H. O. 1319. 5 p. fol.

M1022.K59

Klauwell, Otto, 1851–

Traumbild für streich-orchester componirt von Otto Klauwell. Op. 19. Partitur . . .
Berlin, Ries & Erler, [1880]. Publ. no. 661. 3 p. fol.

M1145.K63

Kleemann, Carl, 1842–

. . . Symphonie No. 2, D dur, für grosses orchester von Carl Kleemann. Op. 14. Partitur . . .
Leipzig, Fr. Kistner [1886]. Publ. no. 6995. 123 p. fol.

M1001.K632

Kleffel, Arno, 1840–1904.

Wiegenliedchen für streich-orchester (Violine 1.2., viola, cello und bass.) Componirt von Arno Kleffel. Partitur . . .
Berlin, Hermann Erler, [188-]. Publ. no. 829. 5 p. 4°.

Publ. by Ries & Erler in 1881.

M1145.K66

Klein, Bruno Oskar, 1856–1911.

Im amerikanischen volkston (Farewell to my Georgia home). Intermezzo für violine & piano von Bruno Oskar Klein. Op. 88, No. 2. Für orchester bearbeitet von Karl Müller-Berghaus.

Baden-Baden, Charles F. Trelbar, ᶜ1907. Publ. no. C. F. T. 425. 11 p. fol.

M1060.K64

Kleinmichel, Richard, 1846–1901.

Fantasie-ouverture (A dur) für orchester componirt von Richard Kleinmichel. Op. 25. Partitur . . .

Leipzig und Brüssel, Breitkopf & Härtel [etc], [1888]. Publ. no. 18125. 1 p. l., 69 p. fol. (Breitkopf & Härtel's partitur-bibliothek).

M1004.K635F3

. . . Festmarsch (Es dur) für grosses orchester componirt von Richard Kleinmichel: Op. 37. Partitur . . .

Leipzig und Brüssel, Breitkopf & Härtel [etc], [1888]. Publ. no. 18128. 1 p. l., 51 p. fol. (Breitkopf & Härtel's partitur-bibliothek. Gruppe III. Kleine orchester-werke).

M1046.K66

. . . Sinfonie (B dur) für orchester componirt von Richard Kleinmichel. Op. 52. Partitur . . .

Leipzig, Fr. Kistner, [1881]. Publ. no. 5758. 198 p. 4°.

M1001.K64   Op. 52

Klengel, Julius, 1859–

Koncert (A moll) für violoncell und orchester komponirt von Julius Klengel. Op. 4. Partitur.

Leipzig, Breitkopf & Härtel, [1882]. Publ. no. 15928. 2 p. l., 170 p. 4°. (B. & H. Part.-Bibl. No. 15928.)

M1016.K64   Op. 4

Zweites concert (D moll) für violoncell und orchester componirt von Julius Klengel. Op. 20. Partitur . . .

Leipzig und Brüssel, Breitkopf & Härtel, [1887]. Publ. no. 17426. 1 p. l., 185 p. 4°. (Part.-Bibl. No. 17426.)

M1016.K64   Op. 20

Serenade (in F dur) für streichorchester von Julius Klengel. Op. 24. Partitur . . .

Leipzig und Brüssel, Breitkopf & Härtel, [1890]. Publ. no. Part.-Bibl. No. 18560. 1 p. l., 31 p. fol.

M1103.K65   Op. 24

Klengel—Continued.

Drittes concert (A moll) für violoncell und orchester componirt von Julius Klengel. Op. 31. Partitur . . .
Leipzig, Breitkopf & Härtel, [&c.], °1895. Publ. no. Part. B. 868. 2 p. l., 197 p. 4°. (B. & H. Part.-Bibl. 868.)
                                                          M1016.K64 Op. 31

. . . Konzert (Nr. 4, H moll) für violoncell und orchester. Op. 37.
Leipzig, Breitkopf & Härtel, °1901. Publ. no. Part. B. 1661. 1 pl., 194 p. 4°. (B. & H. Part.-Bibl. 1661.)
                                                          M1016.K64 Op. 37

Klose, Friedrich, 1862–

Elfenreigen für orchester von Friedrich Klose. Partitur.
Eigenthum des componisten. Publ. no. 3. 39 p. fol.
Presentation copy with composer's autograph, dated 17.VII. 01. "Comp. 1892."
Hofmeister, bd. XI, 1894, has "Elfenreigen für Orch. aus dem lyrischen vorspiel zu Faust. II. Part. Leipzig, Luckhardts Musik-Verl."
                                                          M1045.K63E5

Das leben ein traum. Symphonische dichtung für orchester von Friedrich Klose. Partitur . . .
n. i. Publ. no. 4. 2 p. l., 131 p. fol.
Presentation copy with composer's autograph, dated 1901. "Comp.1896."
                                                          M1002.K65L3

Klughardt, August (Friedrich Martin), 1847–1902.

Concertstück für oboe mit orchesterbegleitung componirt . . . von August Klughardt. Op. 18. Partitur mit untergelegtem clavierauszug . . .
Leipzig, C. F. W. Siegel (R. Linnemann), 1874. Publ. no. E. W. F. 253 L. 23 p. obl. 4°.
                                                          M1022.K66

. . . Leonore. Symphonische dichtung nach Bürger's ballade für grosses orchester von August Klughardt. Op. 27. Partitur . . .
Leipzig, Ernst Eulenberg, (1875). Publ. no. E. E. 27. 102 p. obl. 4°.
                                                          M1002.K66S

Im frühling. Concert-ouverture für grosses orchester von August Klughardt. Op. 30.
Leipzig, Ernst Eulenberg, [1875], Publ. no. E. E. 49. 35 p. obl. 4°.
                                                          M1004.K66I5

Klughardt—Continued.

. . . Symphonie F moll für grosses orchester von August
Klughardt. Op. 34. Partitur . . .
*Berlin, Adolph Fürster (C. F. Meser), [&c.], [1884]. Pub.
no. 2400. 148 p. 4°.*

M1001.K66

Sinfonie No. 3 (D–dur) für orchester componirt von August
Klughardt. Op. 37. Partitur . . .
*Berlin & Posen, Ed. Bote & G. Bock. [etc.], [1885]. Publ.
no. 12822. 1 p. l., 210 p. 4°.*

M1001.K664

Suite für orchester (A-moll) 1. Ballade. 2. Sarabande.
3. Gavotte. 4. Scherzo. 5. Lied. 6. Finale. Componirt von August Klughardt. Op. 40. Partitur . . .
*Berlin & Leipzig, Adolph Fürstner (C. F. Meser), [1885].
Pub. no. 2456. 130 p. 4°.*

M1003.K6687

. . . Concert–ouverture. Op. 45 . . .
*Berlin, Ed. Bote & G. Bock, [1884]. Pub. no. 12966. 27 p.
fol.*

M1004.K66C5

Fest-ouverture von August Klughardt. Op. 54. Orchester-
partitur . . .
*Bayreuth, Carl Giessel jun., c1900. Publ. no. 169. 31 p.
fol.*

M1004.K66F4

. . . Symphonie (C moll) von August Klughardt. Op. 57.
Partitur . . .
*Leipzig & Baden-Baden, Constantin Wild's verlag, [etc.],
[ca. 1890]. Publ. no. 11. 59 p. fol.*

M1001.K66

Concert für violoncell mit begleitung des orchesters componirt von August Klughardt. Op. 59. Partitur . . .
*Leipzig, E. W. Fritzsch, 1892. Pub. no. E. W. F. 555. L.
26 p. fol.*

M1016.K663

. . . "Auf der wanderschaft". Suite für orchester von
August Klughardt. Op. 67. No. 1. Fröhliche gesellen.
No. 2. Waldbächlein. No. 3. Vor der klause. No. 4.
Der jäger. No. 5. Beim tanz. No. 6. Gute nacht.
Partitur . . .
Payreuth, Carl Giessel, [etc.], c1904. Publ. no. 27. 42 p. fol.

M1003.K66A6

Klughardt—Continued.

Concert für violine und orchester componirt von August Klughardt. Op. 68. Partitur . . .

Leipzig, E. W. Fritzsch, 1895. Publ. no. E. W. F. 624 L. 58 p. fol.

M1012.K68 Op. 68

5. Symphonie (C-moll) von August Klughardt. Op. 71. Orchester-partitur . . .

Bayreuth, Carl Giessel junior, ᶜ1900. Pub. no. 163. 79 p. fol.

M1001.K668

Drei stücke für streichorchester. No. 1. Junker Wohlgemuth. [No. 2. Das alte lied. No. 3. Mit Anstand und Grazie]. August Klughardt. Op. 74.

Bayreuth, Carl Giessel junior, [1897]. Publ. no. 57. 15 p. fol.
Caption title.

M1145.K69

Tonbilder aus dem oratorium "Die zerstörung Jerusalems" von August Klughardt. Op. 75. Zum concert-vortrag für orchester aneinander gereiht und eingerichtet von Alban Foerster.

Bayreuth, C. Giessel jun., 1901. Publ. no. 282. 55 p. fol.

M1070.K667

Fest-ouverture zur feier des 100jährigen bestehens des herzoglichen hoftheaters zu Dessau componirt von August Klughardt. Op. 78 . . .

Bayreuth, Carl Giessel jun., [&c.], ᶜ1899. Pub. no. 103. 39 p. fol.

M1004.K66F5

. . . Drei stücke für orchester. Capriccio-Gavotte-Tarantelle von August Klughardt. Op. 87. Orchester-partitur . . .

Bayreuth, Carl Giessel jr., [etc.], ᶜ1901. Publ. no. 291. 67 p. fol.

M1045.K666D9

Knorr, Iwan, 1853–

. . . Variationen über ein ukrainisches volkslied für orchester componirt von Iwan Knorr. Op. 7. Partitur . . .

Leipzig, [etc.], Breitkopf & Härtel, [1891]. Publ. no. 19098. 27 p. fol.

M1045.K72V3

Knorr—Continued.

Symphonische phantasie für grosses orchester von Iwan Knorr. Op. 12. Partitur . . .

Frankfurt a/M., B. Firnberg, [1899]. Publ. no. 211. 2 p. l., 135 p. fol.

M1003.K72

Koch, Friedrich E., 1862–

. . . Von der nordsee. Sinfonie (D moll, Nr. 1) für orchester componirt von Friedrich E. Koch. Op. 4. Partitur . . .

Leipzig, [etc.], Breitkopf & Härtel, [1891]. Publ. no. 19143. 1 p. l., 93 p. fol.

M1001.K76

. . . Sinfonische fuge (in C moll) für orchester componirt von Friedrich E. Koch. Op. 8. Partitur . . .

Leipzig, [etc.], Breitkopf & Härtel, [1891]. Publ. no. 19116. 21 p. fol.

M1045.K76384

Sinfonie No. 2 G-dur für orchester componirt von Fr. E. Koch. Op. 10. Partitur . . .

Berlin & Posen, Ed. Bote & G. Bock, [etc.], [1891]. Publ. no. 13505. 219 p. 4°.

M1001.K762

Deutsche rhapsodie. Konzert für violine und orchester komponiert von Friedrich E. Koch. Op. 31. Partitur . . .

Leipzig, C. F. Kahnt nachfolger, ᶜ1907. Publ. no. 4843. 67 p. 4°

M 1012.K76 Op. 31

Koczalski, Raoul (Ermand Georg), 1885–

. . . Symphonische legende vom Könige Boleslaus dem kühnen und Bischof Stanislaus dem heiligen (Im jahre 1079) für orchester (componirt 1894) . . . Partitur . . .

Leipzig, P. Pabst, [1894]. Publ. no. 4. 79 p. fol.

M1002.K76989

Köhler, Bernhard.

Scherzo für orchester von Bernhard Köhler. Partitur. . . .

Mainz, B. Schott's Söhne [etc], [1896]. Publ. no. 26086. 19 p. fol.

M1045.K77383

Köhler, Oscar.

. . . Suite (D dur) in vier sätzen für orchester; von Oscar Köhler. Op. 189. Partitur . . .

Köhler, O.—Continued.

*Berlin, O. Wernthal, [*1902*]. Publ. no. O. W. 1400. 67 p.
4°. (Edition Wernthal no. 1400.)*

M1003.K77

Könnemann, Arthur, 1861–

Der herbst. Symphonische dichtung in form einer ouverture. Worte und musik von Artur Könnemann. Partitur . . . Op. 4.
Stettin, F. Priedöhl, [1910?]. Pub. no. 7. 67 p. fol.

M1004.K78H3

Koerner, Herman T.

Ein traumbild (a reverie) für grosses orchester componirt
von Herman T. Koerner. Op. 18. Partitur . . .
*New York, Breitkopf & Härtel, *1899. 15 p. fol.*

M1045.K777T8

Koessler, Hans, 1853–

. . . Symphonische variationen für grosses orchester kom-
poniert von Hans Koessler. Partitur . . .
*Leipzig, Hermann Seemann Nachfolger, [1901]. Publ. no.
H. S. N. 83. 87 p. fol.*
At head of title: "Den Manen Joh. Brahms."

M1003.K81

Kolbe, Oscar, 1836–1878.

Ouverture zum trauerspiel: Wallenstein's tod, componirt
. . . von Oscar Kolbe.
Unpaged mss. fol.

M1004.K82W2

Koptiaev, Alexandr Petrovich, 1868–

. . . "Cortège de la vie," tableau musical pour grand or-
chestre composé par A. Koptiáieff. Op. 2. Partition
d'orchestre . . .
*Leipzig, [etc.], Jul. Heinr. Zimmermann, [1910]. Publ. no.
Z. 4867. 41 p. 4°.*
Cover title in Russian and German. Caption title in French and
Russian.

M1002.K816

Poëme élégiaque pour grand orchestre composé par Alexandre Koptiáieff. Op. 11. Partition . . .
*Moscou-Leipzig, P. Jurgenson, [etc.], [1900]. Publ. no.
24996. 48 p. 4°.*

M1002.K81

Kopylov, Alexandr Alexandrovich, 1854–

. . . Scherzo en La majeur pour orchestre par A. Kopylow.
Op. 10. Partition d'orchestre . . .

Kopylov—Continued.

>*Leipzig, M. P. Belaieff, [etc.], [1889]. Publ. no. 171. 71 p.*
>*4°.*
>>Cover title in Russian.
>>>**M1045.K83982**

>Symphonie Ut mineur pour orchestre par A. Kopylow.
>Op. 14. Partition d'orchestre . . .
>*Leipzig, M. P. Belaieff, 1890. Publ. no. 265. 185 p. 4°.*
>>>**M1001.K83**

>. . . Konzert-ouverture für grosses orchester von A. Kopy-
>low. Op. 31. Orchester-partitur. . . .
>*Leipzig [etc], Jul. Heinr. Zimmermann, [1911]. Publ. no.*
>*Z. 4956. 1 p. l., 78 p. fol.*
>>In caption title the Russian precedes the German title.
>>>**M1004.K85K6**

Korestchenko, Arsenïë Nikolaevich, 1870–

>. . . Suite arménienne pour orchestre par Arsène Kores-
>tchenko. Op. 20. 1 . . . Au ruisseau. 2 . . . Scherzo.
>3 . . . Valse. 4 . . . Danse arménienne. 5 . . . Fi-
>nale . . . Part. d'orch. . . .
>*St. Pétersbourg, W. Bessel et cie., [&c.], [1897]. Publ. no.*
>*3980. 74 p. 4°.*
>>>**M1003.K485**

Kramm, Georg, 1856–

>. . . Johannes. Ouverture für grosses orchester von Georg
>Kramm. Op. 22. Partitur . . .
>*Heilbronn, G. F. Schmidt, ᶜ1902. Publ. no. C. F. S. 2892.*
>*55 p. fol.*
>>>**M1004.K89J5**

>. . . Fest bei Herodes. Salome tanzt. Scene für grosses
>orchester von Georg Kramm. Op. 23. Partitur . . .
>*Heilbronn, C. F. Schmidt, ᶜ1902. Publ. no. C. F. S. 2894.*
>*39 p. fol.*
>>>**M1045.K89F4**

Kranich, Alwin.

>. . . Märchen (Fairy tale) für streich-orchester (zwei vio-
>linen, viola, violoncell und bass) componirt von Alwin
>Kranich. Op. 20. Partitur.
>*Leipzig, F. E. C. Leuckart, ᶜ1901. Publ. no. 5477. 6 p.*
>*fol.*
>>Cover title.
>>>**M1145.K89**

Krehl, Stephan, 1864–

... Vorspiel zu "Hannele" von Gerhart Hauptmann für
orchester von Stephan Krehl. Op. 15. Partitur . . .
Berlin, N. Simrock, c1897. Publ. no. 10860. 79 p. 4°.

M1004.K92H3

Kretschmer, Edmund, 1830–1908.

Musikalische dorfgeschichten. 1. Morgengruss. 2. Rosmarin am wege. 3. Auf der wiese. 4. Am weiher. 5.
Buntes treiben. 6. Abendruhe. Sechs character–stücke
für kleines orchester von Edmund Kretschmer. Op. 26.
Partitur . . .
*Berlin, Ries & Erler, [1879]. Publ. no. R. 1123 E. 50 p.
fol.*

M1003.K922

... Melodie. Concertstück für orchester von Edmund
Kretschmer. Op. 28. Partitur . . .
Leipzig, Fr. Kistner., [1880]. Publ. no. 5500. 31 p. 4°.

M1045.K93M4

Huldigungs-marsch für orchester componirt . . . von Edmund Kretschmer. Op. 31. Partitur . . .
Leipzig, Fr. Kistner, [1881]. Publ. no. 5781. 21 p. fol.

M1046.K93H7

Dramatisches tongedicht für grosses orchester von Edmund
Kretschmer. Op. 32. Partitur . . .
Leipzig, Fr. Kistner, [1882]. Publ. no. 5946. 58 p. 4°.

M1002.K93

Dem kaiser. Fest-marsch für grosses orchester componirt
von Edmund Kretschmer. Op. 39. Orchester-partitur . . .
Leipzig, Rob. Forberg, [1888]. Publ. no. 4001. 30 p. 4°.

M1046.K93K2

Fabrice-marsch . . . für grosses orchester von Edmund
Kretschmer. Op. 44. Partitur . . .
*Leipzig, Breitkopf & Härtel, [&c.], c1894. Publ. no. Part.
B. 858. 15.p. fol. (B. & H. Part.-Bibl., 858.)*

M1046.K93F2

Fabrice marsch-Feierlicher marsch-für grosses orchester von
Edmund Kretschmer. Op. 44. . . . Für militärmusik
bearbeitet von Oskar Herrmann. Partitur . . .
*Leipzig, [etc.], Breitkopf & Härtel, c1894. Publ. no. Part.
B. 865. 15 p. fol. (B. & H.'s partiturbibliothek, 865.)*
Band score.

M1260.K928

Kretschmer, S.—Continued.

Hochzeits-musik. Suite in 3 sätzen. Festzug-Brautgruss-Reigen für orchester componirt von Edmund Kretschmer. Op. 54. Orchester-partitur . . .
Leipzig, Rob. Forberg, ⁰1896. Publ. no. 5000. 62 p. 4°.

M1003.K924

Ouverture zur oper "Der flüchtling" für orchester von Edmund Kretschmer. Partitur . . .
Leipzig, Fr. Kistner, [1886]. Publ. no. 6715. 52 p. fol.

M1004.K93F6

Kretschmer, Franz.

. . . Suite (D-dur) in vier sätzen für orchester componirt von Franz Kretschmer. . . . Partitur. . . .
Hannover, Lehne & Komp. Publ. no. 558a. 35 p. fol.
   At head of title: "II auflage." First published 1889 by Richter & Hopf, Dresden.

M1003.K93

Kreutzer, (Charles) Léon (François), 1817–1868.

Concerto de piano. L. Kreutzer.
n. i. Publ. no., L. K. 2. 1 p. l., 119 p. fol.
   With his: Symphonies.

M1001.K9

Symphonie en Fa Mineur. L. Kreutzer.
n. i. Publ. no. L. K. 6. 2 p. l., 87 p. fol.
   Published by Salme, Paris, 186–?

M1001.K9

Symphonie en Si bemol. L. Kreutzer.
n. i. 1 p. l., 80 p. fol.
   Published by Salme, Paris, 186–.

M1001.K9

Kriens, Christian.

. . . Suite for small orchestra. In Holland. 1. Morning on the Zuider Zee. 2. The Dutch mill. 3. Evening sounds. 4. Wooden shoe dance . . .
New York, Carl Fischer, ⁰1910. Publ. no. 13545/1-16. 47 p. obl. 8°.

M1003.K93

Kronke, Emil, 1865–

Symphonische variationen über ein nordisches thema für pianoforte und orchester. Opus 14. Partitur . . .
Leipzig, Steingräber, ⁰1907. Publ. no. 1373. 53 p. fol.

M1010.K93 Op. 14

g, Arnold, 1849–1904.

Symphonie (G dur) für grosses orchester von Arnold Krug.
Op. 9. Partitur . . .
*Hamburg & Kiel, Hugo Thiemer, [1877]. Publ. no. 552.
1 p. l., 208 p. 4°.*

M1001.K94

. . . Liebesnovelle. Ein idyll in vier sätzen für streichorchester und harfe (ad libitum) componirt von Arnold
Krug. Partitur. . . . I. Erste begegnung. II. Liebes-
weben. III. Geständniss. IV. Epilog. (Trennung).
Op. 14. . . .
*Leipzig, Rob. Forberg, [1878]. Publ. no. 2424. 1 p. l., 35 p.
4..*

M1145.K94

Romanische tänze. Original-compositionen für orchester
von Arnold Krug. Op. 22. No. 1, 2, 3, 4, 5. Partitur . . .
*Leipzig, Fr. Kistner, [1881]. 5 v. 33, 31, 33, 21, 31 p.
Each no. separately paged. Publ. no. 5705–5710. 4°.*

M1047.K92R7

Symphonischer prolog zu Shakespeare's Othello. Für
grosses orchester componirt von Arnold Krug. Op. 27.
Partitur . . .
Leipzig, Rob. Forberg, [1884]. Publ. no. 3306. 91 p. 4°.

M1004.K95

. . . Aus der wanderzeit. Suite für orchester componirt von
Arnold Krug. Op. 42. Orchesterpartitur.
*Leipzig, Rob. Forberg, [1890]. Publ. no. 4259. 1 p. l., 96 p.
4°.*

M1003.K94

Romanze für violoncell mit orchester . . . componirt von
Arnold Krug. Op. 60. Partitur . . .
*Leipzig, F. E. C. Leuckart (Constantin Sander), [1897].
Publ. no. F. E. C. L. 5015. 10 p. fol.*

M1016.K92 Op. 60

. . . Romanze für violine mit orchester oder pianoforte
componirt von Arnold Krug. Op. 73. Partitur . . .
*Leipzig, F. E. C. Leuckart, [1897]. Publ. no. F. E. C. L.
5078. 11 p. fol.*

M1012.K94 Op. 73

Krug-Waldsee, Josef, [Wenzel Krug] *known as,* 1858–
. . . "Des meeres und der liebe wellen." (Hero und Lean-
der). Symphonische dichtung für grosses orchester von
Josef Krug-Waldsee. Op. 4. Orchesterpartitur . . .
Bayreuth, C. Giessel, jr., [ᶜ*1901*]. *Publ. no. 272. 68 p. fol.*
M1002.K94

. . . Zwei stücke. Op. 41. No. 1. Andantino . . . No. 2.
Serenade . . .
Leipzig, Fr. Kistner, ᶜ*1907. Publ. no. 10077. 5, 5 p. 4°.*
String orchestra.
M1145.K96

Kücken, (Friedrich Wilhelm), 1810–1882.
Waldleben. Concert-Ouverture für grosses orchester von
Fr. Kücken. Op. 79. Partitur . . .
Leipzig, Fr. Kistner, [*1865*]. *Publ. no. 2951. 69 p. fol.*
M1004.K96W3

Türkischer marsch für grosses orchester componirt von Fr.
Kücken. Op. 92, No. 1. Partitur.
Leipzig, Fr. Kistner, [*1873*]. *Publ. no. 3974. 43 p. fol.*
M1046.K95

Heimkehr der soldaten. Musikalisches intermezzo für or-
chester componirt . . . von Fr. Kücken. Op. 92, No. 2.
Leipzig, Fr. Kistner, 1871. Publ. no. 3724. 31 p. fol.
Edition for military music.
M1245.K96H3

"Russisch." Fantasie für grosses orchester von Fr. Kücken.
Op. 108. Partitur . . .
Leipzig, Fr. Kistner, [*1878*]. *Publ. no. 5059. 49 p. fol.*
M1045.K96R7

Trauermarsch für grosses orchester componirt von Fr.
Kücken. Op. 111. Partitur. . . .
Leipzig, Fr. Kistner, [*1879*]. *Publ. no. 5450. 35 p. fol.*
M1046.K954

Erinnerung an Stuttgart. Ouverture für grosses orchester
von Fr. Kücken. Op. 116. Partitur . . .
Leipzig, Fr. Kistner, [*1882*]. *Publ. no. 5823. 61 p. fol.*
M1004.K96E6

Küffner, Joseph, 1776–1856.
. . . Overtura von Küffner. op. 172.
Partitur.

Küffner—Continued.

Autograph score. 1 p. 1., 41 p. obl. fol.

Caption title reads "Overture par Joseph Küffner. opus 172. den 10ten November 1824."

ML96.K

Künneke, Eduard.

Robins Ende. Komische oper in zwei akten von Maximilian Moris. Musik von Eduard Künneke. Uraufführung im Hof- ú. Nationaltheater Mannheim Mai 1909. Ouverture.

Berlin, Harmonie, [etc.], ᶜ1909. Publ. no. 294. 1 p. l., 257–292 p. fol.

M1004.K967R5

Kullak, Franz, 1844–

Trauermarsch für grosses orchester componirt von Franz Kullak . . . Partitur . . .

Berlin, Albert Stahl, [etc.], ᶜ1902. 33 p. fol.

M1046.K965T8

Lachner, Franz, 1803–1890.

Dritte sinfonie (in D-moll) für 2 violinen, viola, violoncell, contrabass, piccolo, 2 flöten, 2 oboes, 2 clarinetten, 4 hörner, 2 fagott, 3 posaunen, 2 trompeten und 3 pauken componirt . . . von Franz Lachner. 41tes. werk.

Wien, Ant. Diabelli & comp., [1834]. Publ. no. D. & C. no. 6163. 243 p. fol.

M1001.L133

Sinfonia passionata (in C moll) für das ganze orchester von Franz Lachner . . . 52tes werk . . .

Wien, Tobias Haslinger [1836]. Publ. no. T. H. 7000. 4 p. l., 304 p. fol.

M1001.L135

Sixième symphonie (en Ré majeur) pour grand orchestre. Composée . . . par François Lachner. Œuvre 56 . . .

Vienne, Tobie Haslinger [1837]. Publ. no. T. H. 7356. 1 p. l., 212 p. fol.

M1001.L137

Sinfonie in C moll für grosses orchester von Franz Lachner. Op. 100.

Mainz, B. Schott's söhne, [1850]. Publ. no. 13277. 211 p. 4°.

M1001.L139

Lachner, F.—Continued.

Suiten für grosses orchester von Franz Lachner. I. D-moll, in 4 sätzen. Op. 113. No. 1. Praeludium. No. 2. Menuet. No. 3. Variationen und marsch. No. 4. Introduction und fuge. II. E-moll, in 5 sätzen. Op. 115. No. 1. Introduction & fuge. No. 2. Andante. No. 3. Menuet. No. 4. Intermezzo. No. 5. Gigue. III. As-dur, in 6 sätzen. Op. 122. No. 1. Praeludium. No. 2. Intermezzo. No. 3. Ciaconne. No. 4. Sarabande. No. 5. Gavotte. No. 6. Finale. IV. Es-dur, in 5 sätzen. Op. 129. No. 1. Ouverture. No. 2. Andantino. No. 3. Scherzo-pastorale. No. 4. Andante. No. 5. Gigue. V. C-moll, in 5 sätzen. Op. 135. No. 1. Introduction und allegro. No. 2. Menuet. No. 3. Andante. No. 4. Scherzo. No. 5. Finale. VI. C-dur, in 4 Sätzen. Op. 150. No. 1. Introduction und fuge. No. 2. Andantino. No. 3. Gavotte. No. 4. Finale, trauermusik und festmarsch. VII. D-moll, in 4 sätzen. Op. 190. No. 1. Ouverture. No. 2. Scherzo. No. 3. Intermezzo. No. 4. Chaconne & fuge. Partitur . . .

Mainz, B. Schott's soehne [etc.]. Publ. nos. 16733, 17487, 18309, 19214, 19671, 20759, 23432. 7 v. v. 1: 1 p. l., 175 p. v. II: 1 p. l., 149 p. v. III: 1 p. l., 199 p. v. IV: 1 p. l., 222 p. v. V: 1 p. l., 168 p. v. VI: 1 p. l., 162 p. v. VII: 1 p. l., 151 p. 4°.

Reissued with collective title-page from the plates of the first editions, 186– to 188–.

M1003.L13 No. 1-7

. . . Ball-suite. 1. Introduction und polonaise. 2. Mazurka. 3. Walzer. 4. Intermezzo. 5. Dreher. 6. Lance. Für orchester von Franz Lachner. Op. 170. Partitur . . .

Leipzig, Fr. Kistner, [1875]. Publ. no. 4385. 226 p. 4°.

M1003.L132

Lachner, Ignaz, 1807–1895.

Concertino für fagott und waldhorn mit orchesterbegleitung componirt von Ignaz Lachner. Opus 43. Partitur.

Transcript, 1908. 111 p. fol.

M1040.L2

Ouverture zur oper Loreley componirt . . . von Ignaz Lachner. Op. 49. Partitur . . .

Offenbach a/M, bei Joh. André, [1865]. Publ. no. 9363. 1 p. l., 59 p. 4°.

Cover title.

M1004.L138L8

Lachner, Vinzenz, 1811–1893.

Preisgekrönte fest-ouvertüre . . . von . . . Vinzenz Lachner. Op. 30. Partitur . . .

Mainz, B. Schott's söhne, [185–]. Publ. no. 12571. 49 p. 4°.

M1004.L139P8

Ouverture zu Schiller's Turandot für orchester componirt von Vinzenz Lachner. Op. 33. No. 1. Partitur . . .

Leipzig, C. F. W. Siegel, [1865]. Publ. no. 2807. 53 p. 4°.

M1004.L139T9

Marsch zu Schiller's Turandot für orchester von Vincenz Lachner. Op. 33, No. 2. Partitur. . . .

Leipzig, bei C. F. W. Siegel, [1865]. Publ. no. 2839. 21 p. 4°.

M1046.L138

. . . Ouverture zu Schiller's Demetrius für grosses orchester von Vinzenz Lachner. Op. 44. Partitur . . .

Leipzig, C. F. W. Siegel, [1865]. Publ. no. 2759. 68 p. 4°.

M1004.L139D3

. . . Marsch-ouverture über das motiv des Conradin Kreutzer'schen männerquartettes: "Das ist der tag des Herrn" von Vincenz Lachner. Op. 54. . . . Für militairmusik arrangirt von M. Schmittroth. Partitur. . . .

Leipzig, F. R. C. Leuckart (Constantin Sander), [1875]. Publ. no. F. E. C. L. 4645. 1 p. l., 48 p. fol.

M1255.L139S

Lack, Théodore, 1846–

La cinquantaine. Petit menuet dans le vieux style von Theodore Lack. Op. 161. Orchestriert von Fritz Hoffmann.

Berlin, Adolph Fürstner, ᶜ1903. Publ. no. 5429, 5430. 7 p. fol.

M1145.L14

Lacombe, Louis (Trouillon), 1818–1884.

. . . Lassan et Friss. Fantasietta dans le genre hongrois pour orchestre par Louis Lacombe. Op. 51. (Œuvre posthume.) Partition . . .

Paris, Ph. Maquet et Cie., 1890. Publ. no. L. P. 5040. 1 p. l., 35 p. fol.

M1045.L13L3

Ouverture de concert en Si mineur, par Louis Lacombe. Op. 91. Partition d'orchestre . . .

Lacombe, L.—Continued.

Paris, Ph. Maquet & Cie. Publ. no. Ph. M. & Cie. 13,334. 3 p. l., 47 p. fol.

M1004.L141Q7

. . . Au tombeau d'un héros. Elégie pour violon avec accomp't d'orchestre ou de piano par Louis Lacombe. Violon et orchestre en partition . . .

Paris, Vve. Richault Mère, c1896. Publ. no. 19730r. 1 p. l., 36 p. fol.

M1012.L142

Lacombe, Paul, 1837–

. . . Ouverture symphonique à grand orchestre par Paul Lacombe. Op. 22. Partition d'orchestre . . .

Paris, J. Maho, [1877]. Publ. no. J.1298 M. 70 p. 4°.

M1004.L142

Suite pastorale pour orchestre. 1. Matinée dans les bois. 2. Aubade. 3. Idylle. 4. Marche rustique. Par Paul Lacombe. Partition d'orchestre . . . [Op. 31.]

Paris, Heugel et Cie. Publ. no. G. H. 1194. 1 p. l., 139 p. 4°.

First published ca. 1880.

M1003.L144

2me symphonie (en Ré majeur) pour orchestre par Paul Lacombe. Op. 34. Partition d'orchestre . . .

Paris, J. Hamelle, [etc.] [ca. 1890]. Publ. no. J.2679 H. 1 p. l., 172 p. 4°.

M1001.L142

Aubade printanière par Paul Lacombe. Op. 37 . . .

Paris, Heugel & cie., [1890]. Publ. no. H. & Cie. 9510. 22 p. 4°.

M1045.L14A7

. . . Sérénade catalane pour orchestre. Op. 39 . . .

Paris, G. Hartmann & cie., [1890]. Publ. no. G. H. & Cie. 2030. 1 p. l., 24 p. 4°.

M1045.L14S3

. . . Intermède-gavotte par Paul Lacombe. Partition d'orchestre. . . .

Paris, G. Hartmann & Cie, [ca. 1890?]. Publ. no. G. H. & Cie, 1917. 1 p. l., 31 p. 4°.

Following composer's name in caption title: Op. 43.

M1048.L142

Lacombe, P.—Continued.

. . . Ronde languedocienne pour orchestre. Op. 44 . . .
*Paris, G. Hartmann & cie., [1890]. Publ. no. G. H. & Cie.
1992. 1 p. l., 16 p. 4°.*

M1045.L14R5

Sérénade pour flûte et hautbois avec accompt. de cor (ad
lib.) et d'instruments à cordes par Paul Lacombe. Op.
47 . . .
Paris, J. Hamelle, [189–]. Publ. no. J. 3151 H. 6 p. fol.

M1105.L142

Marche élégiaque par Paul Lacombe. Op. 50 . . .
*Paris, Heugel & cie., [1892]. Publ. no. H. et Cie 9260. 18
p. fol.*

M1046.L14M3

. . . Suite pour piano et orchestre. I. Prélude et allegro
giocoso. II. Aria. III. Intermezzo. IV. Variations et
cadence finale. Par Paul Lacombe. Op. 52 . . .
*Paris, Alphonse Leduc, ℗1896. Publ. no. A. L. 9579. 2 p. l.,
83 p. 4°. (Bibliothèque-Leduc no. 288.)*

M1010.L14 Op. 52

Parade hongroise pour piano de Paul Lacombe. Op. 53
Partition d'orchestre . . .
*Paris, Heugel & cie., [1892]. Publ. no. H. et cie. 9277. 17
p. fol.*
Cover title.

M1046.L14P3

. . . Aubade aux mariés. (Op. 56) . . .
*Mayence, B. Schott's söhne, [etc.] [1892]. Publ. no. 25336.
1 p. l., 23 p. 4°. (Répertoire des orchestres et harmonies,
no. 24.)*
For orchestra.

M1045.L14A6

Sous les étoiles (Unter den sternen). Marche-nocturne composée par Paul Lacombe. Op. 78. Edition pour petit
orchestre, partition . . .
*Hamburg et Leipzig, Fritz Schuberth jr., ℗1896. Publ. no.
2612. 10 p. fol.*

M1046.L14S5

Berceuse gasconne pour instruments à cordes. Paul Lacombe. Op. 102, No. 1.
*Paris, Alphonse Leduc, ℗1902. Publ. no. A. L. 10627. 4 p.
4°. (Bibliothèque-Leduc, no. 368.)*
Caption title.

M1145.L16

Lacombe, P.—Continued.

. . . Rapsodie sur des airs du Pays d'Oc. Partition seule
. . . (Op. 128.)
Paris, F. Andrien & Cie., ⁢*1907. Publ. no. R. C. B. 51. 27
p. fol.*

M1045.L14R3

Dernière aubade (par) Paul Lacombe . . . Orchestre partition . . .
Paris, Heugel & Cie., ⁢*1910. Publ. no. H. & Cie. 24865.
1 p. l., 15 p. 4°.*

M1045.L14D3

Lacome (d'Estalenx), **Paul** (Jean Jacques), 1838–
. . . Clair de lune. Suite. 1. Marche nocturne. 2. Invocation, solo de violon. 3. Farfadets scherzo. 4. Menuet
bleu et finale . . .
*Paris, Henry Lemoine & Cie., [190–]. Publ. no. 19109 H.
1 p. l. 87 p. 4°.*

M1003.L152

Suite ancienne pour orchestre. No. 1. Chaconne de Lully.
No. 2. Romance et Pastorale du Jeu de Robin et Marion
de Adam de la Halle. No. 3. Rondeau de La fontaine de
jouvence de Noverre. Transcrite et paraphrasée par P.
Lacome. Partition d'orchestre . . .
*Paris, Henri Heugel, [1889]. Publ. no. H. 8554. 1 p. l.,
30 p. 4°.*

M1003.L15

. . . La verbena (Fête populaire). Suite espagnole pour
grand orchestre par P. Lacome. No. 1. La fête . . .
No. 2. Tango. No. 3. Sérénades . . . No. 4. Baile Coréado . . .
Paris, Costallat & cie., ⁢*1908. Publ. no. C. et cie. 1366.
1 p. l., 63 p. fol.*

M1003.L156

Ladukhin, Nikolai Mikhailovich, 1860–
Crépuscule (Tableau musical pour orchestre à cordes)
"V sumerkakh" . . . N. Ladukhin. Op. 2. Parti-
tura . . .
*Moskva, P. Yurgensona, [etc.] [1888?]. Publ. no. 14566.
1 p. 4°.*
Title in French and Russian.

M1145.L18

Lagio, P.
. . . Un beso por el cielo . . . Vals para piano por P.
Lagio. Ausgabe für streichorchester . . .

Lagio—Continued.

Leipzig, Friedrich Hofmeister, [etc.], ᶜ1899. Publ. no. 8556.
7 p. fol.
Cover title.

M1160.L16

Lalo, Edouard (Victor Antoine), 1823–1892.

. . . Concerto pour violon par Ed. Lalo. Op. 20 . . .
Partition d'orchestre . . .
Paris, A. Durand & fils. Publ. no. D. S. & Cie. 1726.
1 p. l., 114 p. 4°.
From the plates of the first ed., 1882.

M1012.L22 Op. 20

. . . Symphonie espagnole, pour violon principal & orchestre par Edouard Lalo. Op. 21. Partition . . .
Paris, A. Durand & fils, [1908]. Publ. no. D. S. & Cie.
2135. 1 p. l., 145 p. 4°.
Republished from the plates of Durand, Schoenewerk et cie, 1877.

M1012.L22 Op. 21

. . . Allegro appassionato pour orchestre par Edouard
Lalo. Op. 27. Partition . . .
Paris, J. Hamelle, [188-]. Publ. no. J. 1671 H. 60 p. 4°.
Dresden, Hoffarth, 1880.

M1045.L21A3

Arlequin. Esquisse humoristique . . . Pour orchestre
seul. Partition . . .
Paris, Le Bailly éditeur, O. Bornemann, successeur, ᶜ(1900)
1902. Publ. no. O. B. 4566. 21 p. fol.

M1045.A21A35

. . . Aubade pour dix instruments ou petit orchestre par
Ed. Lalo.
Paris, Heugel et Cie [1893?]. Publ. no. H. & Cie., 9411.
24 p. 4°.
Caption title.

M1045.L21A8

. . . Concerto en Ré pour violoncelle avec accompagnement d'orchestre par Edouard Lalo, No. 1. Prelude—
Allegro maestoso. No. 2. Intermezzo. No. 3. Introduction. No. 4. Rondo. Partition d'orchestre . . .
Berlin, Ed. Bote & G. Bock, [1878]. Publ. no. 11977. 1 p. l.,
153 p. 4°.

M1016.L212

. . . Concerto pour piano par Ed. Lalo. Partition d'orchestre . . .

Lalo—Continued.

Paris, G. Hartmann & Cie, [ca. 1890]. Publ. no. G. H. & Cie. 2098. 1 p. l., 136 p. 4°.

M1010.L22

Divertissement pour orchestre. 1. Introduction et allegretto. 2. Vivace. 3. Andantino. 4. Finale. Par Edouard Lalo. Partition d'orchestre . . .
Paris, G. Hartmann & Cie., [188–]. Publ. no. 791. 92 p. 4°.

Berlin, Bothe u. Bock, 1888.

· **M1003.L21**

Introduction et Scherzo pour violon et orchestre. E. Lalo.
Paris, J. Hamelle, [ca. 1909]. Publ. no. J. 5950 H. p. 3–58. 4°.

Caption title.

· **M1012.L225**

Namouna. Suites d'orchestre extraites du ballet en deux actes . . . 1e suite: No. 1. Prélude. No. 2. Sérénade. No. 3. Thème varié. No. 4. a. Parades de foire. b. Fête foraine. 2e suite: No. 1. Danses marocaines. No. 2. Mazurka. No. 3. La sieste . . . No. 4. Pas de cymbales . . . No. 5. Presto. 3me suite: No. 1. Menuet. No. 2. Tambourin. No. 3. Valse rapide . . . Partition . . . Musique de Edouard Lalo.
Paris, J. Hamelle, [1900]. Publ. nos. J. 2387 H. J. 4579 H. v. fol.

No. 3 missing.

M1003.L212 No. 1-2

. . . Namouna . . . ballet en 2 actes . . . Morceaux divers séparés. No. 1. Valse de la cigarette . . . Partition d'orchestre . . .
Paris, J. Hamelle, [1903]. Publ. no. J. 5044 H. 43 p. 4°.

M1525.L37N3

Ouverture de Fiesque. Opéra en trois actes de Ed. Lalo . . . Partition d'orchestre . . .
Paris, Durand, Schoenewerk & cie., succrs., [187–]. Publ. no. D. S. et Cie. 2162. 1 p. l., 25 p. 4°

M1004.L215F4

. . . Rapsodie pour orchestre par Edouard Lalo. Partition . . .
Berlin, Ed. Bote & G. Bock, [ca. 1880]. Publ. no. 12391. 1 p. l., 57 p. 4°.

Commonly called "Rhapsodie norvégienne."

M1003.L216

Lalo—Continued.

Le roi d'Ys. Opéra en 3 actes & 5 tableaux de Edouard
. Blau. Musique de Ed. Lalo. Ouverture. Partition
d'orchestre . . .

Paris, Heugel & Cie, [*ca. 1894*]. *Publ. no. H. et cie. 9761.
52 p. fol.*
Cover title.
Opera first performed at Paris, 1888.

M1004.L215R8

Romance-sérénade pour violon solo et orchestre par Edouard
Lalo. Partition d'orchestre . . .

Berlin & Posen, Ed. Bote & G. Bock, [*1879*]. *Publ. no.
12140. 39 p. 4°.*

M1012.L23

. . . Scherzo pour orchestre. Partition d'orchestre . . .

Paris, A. Durand & fils, [*ca. 1890*]. *Publ. no. D. S. & Cie.
3574. 1 p. l., 32 p. 4°.*
From the plates of Durand, Schoenewerk & Cie., 1885.

M1045.L21S3

. . . Symphonie en sol mineur par Ed. Lalo. Partition
d'orchestre . . .

Paris, G. Hartmann, [*ca. 1890*]. *Publ. no. G. H. & Cie., 1820.
1 p. l., 149 p. 4°.*

M1001.L212

Lambert, Lucien, 1861–

Ouverture de Brocéliande. Opéra en 4 actes de Lucien
·Lambert . . . Partition d'orchestre . . .

Paris, Heugel & Cie., [*1893*]. *Publ. no. H. et Cie., 9142.
1 p. l., 28 p. fol.*

M1004.L222B6

Lamond, Frederick, 1868–

Symphonie A dur für grosses orchester von Frederic Lamond.
·Op. 3. Partitur . . .

Frankfurt a/Main, Steyl & Thomas, [*etc.*], [*1893*]. *Publ. no.
S. 350 T. 71 p. fol.*

M1001.L23

Aus dem schottischen hochlande. Concert-ouverture für
grosses orchester von Frederic Lamond. Op. 4. Partitur . . .

Frankfurt a/M., Steyl & Thomas, [*etc.*], [*1894*]. *Publ. no
S. 387 T. 39 p. fol.*

M1004.L234

Lampe, Walther, 1872–
Tragisches tongedicht (C moll) für grosses orchester von
Walther Lampe. Op. 6. Partitur.
Berlin, N. Simrock, ᶜ1902. Publ. no. 11792. 43 p. fol.
M1002.L237

Serenade für fünfzehn blasinstrumente—2 flöten, 2 oboen,
Englisch horn, 2 clarinetten, bassclarinette, 4 hörner, 2
fagotte und contrafagott von Walther Lampe. Op. 7.
Partitur. . . .
Berlin, N. Simrock [etc], ᶜ1904. Publ. no. 11964. 79 p. 4°.
M957.L3

Lange, Daniel de, 1841–
Symphonie en Ut mineur pour orchestre par Daniel de
Lange. Op. 4.
*Paris, J. Maho, [1876]. Pub. no. J. 1226. M. 1 p. l.,
128 p. 4°.*
M1001.L274

Lange, jr., Samuel de, 1840–1911.
. . . Concert für violoncell mit begleitung des orchesters
von S. de Lange, jun. Op. 16.
Transcript, 1903. 125 p. fol.
M1016.L274

. . . Serenade für kleines orchester (streichorchester, flöte,
horn, trompete und pauken) von S. de Lange. Op. 80.
Partitur . . .
*Leipzig, J. Rieter-Biedermann, 1900. Publ. no. 2345a.
35 p. fol.*
M1003.L25

Lange-Müller, Peter Erasmus, 1850–
Alhambra. Suite for orkester af P. E. Lange-Müller.
Op. 3 . . .
*Kjöbenhavn, Kgl.-Hof.-Musikhandels Forlag, [1881]. Publ.
no. K. H. M. 43. 165 p. 4°.*
M1003.L275

Romance for violin med orchester componeret af P. E.
Lange-Müller. Op. 63. Partitur . . .
*Kjøbenhavn, Nordisk Musikforlag; Leipzig, Hofmeister,[1903].
Publ. no. 3961. 1 p. l. 17 p. 4°.*
M1012.L29 Op. 63

Langer, Curt.
Gavotte d'amour par Curt Langer. . . . Pour orchestre.
Leipzig, C. F. Kahnt, [1878]. Publ. no. 2203. 13 p. fol.
M1048.L276 .

Langer, Ferdinand, 1839–1905.
Concert für flöte & orchester componirt . . . von Ferdinand
Langer. . . . Partitur. . . .
Mannheim, K. Ferd. Heckel, [1889]. Publ. no. 2206. .1 p. l.,
104 p. 4°.
M1020.L27

Langey, Otto, 1851–
Zwei Schottische tänze. Two Scottish dances. No. 1.
Highland. No. 2. Tullochgorum. Für orchester com-
ponirt von Otto Langey. Op. 21. Partitur. . . .
Berlin, Carl Simon [etc], 1881. Publ. no. C. S. 740. 47 p. 4°.
M1047.L277

"Arabische serenade" für orchester von Otto Langey. Op.
24. Ausgabe für orchester, partitur. . . . .
Berlin, Carl Simon, [1881]. Publ. no. C. S. 795. 7 p. fol.
Following caption title "Programm," with German and English
text. Also "2te. auflage."
M1045.L277A7

.・ **Langgaard,** Siegfried.
Concerto (E-moll) pour le piano avec accompagnement
d'orchestre composé par Siegfried Langgaard. Partition.
Copenhague & Leipzig, Wilhelm Hansen, [1889].. Publ. no.
9202. 105 p. fol.
M1010.L27

Lányi, Ernő, 1861–
"Mese" nagy zenekarra. Ungarisches märchen für grosses
orchester componirt von Ernest Lányi. Op. 113a. Partitur. . . .
Budapest, Klökner Ede [etc], [1903]. Publ. no. K. E. 781.
25 p. fol.
M1002.L296

Largo, Henry.
Abschied, kampf, sieg. Ouverture. Op. 42. Henry Largo.
Partitur . . .
Berlin, Theodor Barth, [etc.], [1885]. 1 p. l., 58 p. fol.
M1004.L255A3

Sinfonie. Op. 43. Henry Largo. Partitur . . .
Berlin, Theodor Barth, [etc.], [1885]. 1 p. l., 120 p. fol.
M1001.L325 Op. 43

Lassen, Eduard (von), 1830–1904.
Festmarsch für grosses orchester componirt . . . von E.
Lassen. Op. 6. Partitur. .

Lassen—Continued.

> *Leipzig & New York, J. Schuberth & Co. [etc], [1862]. Publ.
> no. 3727. 1 p. l., 40 p. 4°.*
>

Zwei phantasiestücke. No. 1. Andacht; No. 2. Abendreigen, für bassposaune, fagott oder violoncell mit orchester
. . . begleitung componirt von E. Lassen. Op. 48 . . .
Partitur.

> *Leipzig-Weimar, Robert Seitz, [1873]. Publ no. R. S. 329.
> 15 p. fol.*
>

Festouverture für grosses orchester von E. Lassen. Opus
51. Partitur.

> *Breslau, Julius Hainauer, [1874]. Publ. no. J. 1333 H.
> 1 p. l., 65 p. 4°.*
>

Grosse polonaise von Eduard Lassen. Op. 63 . . . C. Für
orchester. Partitur.

> *Breslau, Julius Hainauer, [etc.], [1879]. Publ. no. J.2032 H.
> 41 p. fol.*
>

Symphonisches zwischenspiel (Intermezzo) zu Calderon's
schauspiel "Ueber allen zauber liebe" von Eduard Lassen. Opus 77. Partitur . . .

> *Breslau, Julius Hainauer, [1883]. Publ. no. J. 2611 H.
> 31 p. fol.*
>

. . . Zweite symphonie in C dur für grosses orchester von
Eduard Lassen. Op. 78. Partitur . . .

> *Breslau, Julius Hainauer, [1884]. Publ. no. J. 2645 H.
> 182 p. 4°.*
>

. . . Concert für die violine mit begleitung des orchesters
componirt von Eduard Lassen. Op. 87 . . .

> *Breslau, Julius Hainauer, [1888]. Publ. no. J. 3220 H.
> 118 p. 4°.*
>

. . . Beethoven-ouverture für grosses orchester componirt
von E. Lassen. Partitur . . .

> *Breslau, Julius Hainauer, [1871]. Publ. no. J. 892 H. 79
> p. 4°.*
>

Lassen—Continued.

Symphonie in D dur für grosses orchester componirt . . . von E. Lassen. Partitur . . .

Breslau, Julius Hainauer, [1868]. Publ. no. J. 667 H. 155 p. 4°.

M1001.L345

Laub, Vása.

. . . Slavisches märchen . . . für pianoforte zu vier händen von Vása Laub. Opus 16 . . . Aus letzterem einzeln Love song—Liebeslied . . . für streichorchester. Partitur . . .

Breslau, Julius Hainauer, [etc.], °1898. Publ. no. J.3744 H. 3 p. fol.

Cover title.

M1160.L36

. . . Valse noble par Vása Laub. Œuvre 30. Edition pour instruments à cordes (Streichorchester). A. En quintette . . . B. En quatuor . . .

Breslau, Jules Hainauer, [etc.], °1893. Publ. no. J.3728 H. 6 p. fol.

M1145.L36

Lauber, Joseph, 1864–

. . . Humoresque pour grand orchestre. Op. 36. Partitur . . .

Zürich & Leipzig, Hug & Co., [etc.], °1909. Publ. no. S. T. V. 2. 59 p. fol.

Cover title.

M1045.L37H9

Laurens, Edmond, 1851–

Danse au papillon. Extraite de "Princesses d'amour." Musique de Edmond Laurens . . . Partition d'orchestre . . .

Paris, Heugel & Cie., °1907. Publ. no. H. & Cie 23403. 19 p. 4°.

M1047.L381D3

Lavaine, Ferdinand, 1834–1874.

. . . Fantaisie tarentelle à grand orchestre par Ferdinand Lavaine [!].

Autograph score. 69 p. fol.

At head of title: A Monsieur Gevaert Directeur du Conservatoire de Bruxelles Maître de Chapelle de Sa Majesté le Roi des Belges. ML96.L

Lazzari, Sylvio, 1858– [1]

Armor.   Drame lyrique en trois actes (Poème de E. Jaubert)
Sylvio Lazzari.   Prélude.   Partition d'orchestre . . .
Paris, Paul Dupont, [*1896*].   *Publ. no. P. D. 2287.   1 p. l.,
27 p.   fol.*

M1004.L432A6

Le Borne, Fernand, 1862–

. . . Temps de guerre.   Tableaux symphoniques par Fernand Le Borne.   Op. 25.   No. 1.   Choral de l'armée.   No.
2. Au village.   No. 3.   Prière de la fiancée.   No. 4.   Carillon.   No. 5. Marche triomphale.   Transcription pour
harmonie militaire par Monsieur R. Chandon de Briailles.
Partition de musique militaire complète.   . . .
Paris, A. Quinzard & Cie, [*1893*].   *Publ. no. R. C. B. 20–24.
5 v.   37, 13, 15, 20, 32 p.   fol.*

M1254.L445S

. . . Symphonie-concerto (en mi majeur) pour violon,
piano et orchestre par Fernand Le Borne.   Op. 37.   Partition d'orchestre . . .
Paris, A. Joanin & Cie., ᶜ*1903.   Publ. no. A. J. & Cie. 502.
174 p.   fol.*

M1040.L44

. . . L'absent.   Suite symphonique.   A. Prélude.   B. Lamentation.   C. Scherzo.   D. Nocturne.   E. Fête populaire.
Fernand Le Borne.   Partition d'orchestre . . .
Paris, A. Joanin & Cie., ᶜ*1904.   Publ. no. A. J. & Cie. 506.
146 p.   fol.*

M1003.L448

Poëme pour orchestre.   2ème. suite.   Scènes de ballet par
Fernand Le Borne.   Part. d'orchestre . . .
Bruxelles, Schott frères, [*etc.*], [*1886*].   *Publ. no. S. F. 3601
(1–4).   125 p.   4°.*
    Hofmeister, Verz. 1886 gives this as op. 9.

M1003.L452

Lefebvre, Charles Edouard, 1843–

Dalila.   Scènes pour orchestre d'après le drame d'Octave
Feuillet.   No. 1, Prélude.   No. 2, Air de danse.   No. 3,
Nocturne.   No. 4, Le chant du calcaire.   No. 5, Finale.
Par Charles Lefebvre.   Op. 40 . . .
Paris, J. Hamelle, [*189–*].   *Publ. no. J. 3759 H.   43 p.   fol.*

M1003.L485

---

[1] Born Jan. 1, 1800, according to the Musikbuch aus Oesterreich, 1910.

Lefebvre—Continued.

Romance pour orchestre. Ch. Lefebvre, d'après l'op. 43.
Paris, A. Noël, [187–?]. Publ. no. A.N. 1677. 8 p. 4°.

M1045.L489R7

. . . Une sérénade. Scène pour orchestre par Ch. Lefebvre.
[Op. 65] Partition d'orchestre . . .
Paris, Félix Mackar, [1884]. 1 p. l., 27 p. 4°.

M1003.L488

Divertissement de Djelma. Opéra de Ch. Lefebvre. Partition d'orchestre. . . .
*Paris, A. Durand & Fils, [ca.1895]. Publ. no. D. & F. 4896.
1 p. l., 30 p. fol.*

M1505.L49D5

Lehár, Franz, 1870–

Ungarische fantasie (Magyar ábránd). Violin-solo mit orchesterbegleitung (Streich-quintett, 1 flöte und 2 clarinetten) von Franz Lehár, Op. 45. Partitur . . .
Wien, "Mozarthaus" (Stritzke & co.), [1903]. 12 p. fol.
Publ. by Hofbauer of Leipzig, 189–

M1012.L525

Eine vision. (Meine Jugend). Ouverture von Franz Lehár.
Für grosses orchester. Partitur . . .
*Leipzig, [etc.], Ludwig Doblinger, ᶜ1907. Publ. no. D. 3705.
42 p. fol.*
Cover title.

M1004.L522V5

Lekeu, Guillaume, 1870–1894.

Adagio pour quatuor d'orchestre par G. Lekeu. Op. 3. Partition d'orchestre . . .
Paris, Rouart, Lerolle & Cie., [1908]. 1 p. l., 15 p. fol.

M1105.L53

. . . Fantaisie pour orchestre sur deux airs populaires angevins. Partition . . .
*Paris, Rouart, Lerolle & Cie., ᶜ1909. Publ. no. 4675. 1 p. l.,
51 p. fol.*

M1045.L535

Lemba, Arthur.

. . . Berceuse für 2 violinen, viola, cello und harfe (Klavier ad lib.). Partitur . . .
*Leipzig, Jul. Heinr. Zimmermann, [etc.], ᶜ1910. Publ. no.
4985. 5 p. 4°.*
Cover title.

M1145.L46

Lenepveu, Charles (Ferdinand), 1840–1910.

Romance sans paroles (Dormeuse) pour violon solo et orchestre. Ch. Lenepveu. Partition . . .

Paris, Lemoine et fils, [1890]. Publ. no. 9681 HL. 16 p. 4°.

Caption title.

M1012.L565

Leoncavallo, Ruggiero, 1858–

Der Bajazzo von R. Leoncavallo . . . Fantasie für orchester. Partitur . . .

Berlin, Adolph Fürstner, ᶜ1893. Publ. no. A. 4543 F. 35 p. fol.

Cover title.

M1075.L48

Pagliacci. Dramma in due atti del maestro R. Leoncavallo. Fantasie per orchestre di Joh. Doebber. Partitura . . .

Milano, Edoardo Sonzogno, ᶜ1893. Publ. no. A. 4543 F. 35 p. fol.

M1075.L49

Leroux, Xavier (Henri Napoleon), 1863–

. . . Harald. Ouverture pour orchestre par Xavier Leroux . . .

Paris, Alphonse Leduc, ᶜ1895. Publ. no. A. L. 9376. 79 p. 4°.

M1004.L618

Les Perses. Tragédie antique. Suite d'orchestre. I. Invocation. II. Air de ballet. III. Choral et marche funèbre. Par Xavier Leroux . . .

Paris, Alphonse Leduc, ᶜ1897. Publ. no. A. L. 9769. 2 p. l., 47 p. 4°. (Bibliothèque-Leduc, no. 308).

M1003.L618

Levadé, Charles (Gaston), 1869–

Prélude religieux pour instruments à archets. Charles Levadé . . .

[Paris], E. Baudoux & cie., [1897]. Publ. no. E. B. et Cie. 311. 5 p. 4°.

M1145.L65

Levi, Hermann, 1839–1900.

Der letzte gruss (The last greeting). Lied von Hermann Levi. Für piston-solo (in B) (Oder trompete-solo in F) mit orchesterbegleitung bearbeitet von Ferdinand Brange. Partitur . . .

Leipzig, J. Rieter Biedermann, ᶜ1900. Publ. no. 2371. 11 p. 4°.

Cover title.

M1030.L66

Liadov, Anatol Constantinovich, 1855–

. . . Intermezzo pour l'orchestre par Anatole Liadow.   Partition d'orchestre . . .   [Op. 16.]

St. Petersbourg, W. Bessel et Cie., [&c.]., [*ca. 1900*].   *Publ. no.
5282.   29 p.   4°.*

First published 1888.

M1045.L692I7

. . . Mazurka.   Scène rustique près de la guinguette pour
orchestre par Anatole Liadow.   Op. 19.   Partition d'orchestre . . .

Leipzig, M. P. Belaïeff, 1888.   Publ. no. 111.   52 p.   4°.

Cover title.

M1049.L69

Polonaise pour l'inauguration de la statue d'Antoine Rubinstein . . . pour orchestre composée par Anatole Liadow.
Op. 55.   Partition d'orchestre . . .

Leipzig, M. P. Belaïeff, 1903.   Publ. no. 2468.   23 p.   fol.

Cover title in Russian and French.

M1047.L693P7

. . . Baba-Yaga.   Tableau musical d'après un conte populaire russe pour grand orchestre par A. Liadow.   Op. 56.
Partition d'orchestre . . .

Leipzig, M. P. Belaïeff, 1905.   Publ. no. 2536.   34 p.   fol.

M1002.L68

. . . Huit chants populaires russes pour orchestre par A.
Liadow.   Op. 58.   Partition d'orchestre . . .

Leipzig, M. P. Belaïeff, 1906.   Publ. no. 2604.   39 p.   fol.

M1045.L692H8

. . . Kikimora.   Légende pour orchestre.   Op. 63.   Partition d'orchestre . . .

Leipzig, M. P. Belaïeff, 1910.   Publ. no. 2853.   39 p.   fol.

Cover page contains title in Russian and German.

M1002.L68K5

. . . Danse de l'amazone pour orchestre par A. Liadow.
Op. 65.   Partition.

*Moscou [etc], P. Jurgenson, [1910].   Publ. no. 34446.   20 p.
fol.*

M1047.L693D2

Variations sur un thème russe.

See Variations sur un thème russe pour grande orchestre . . .

. . . Les vendredis.   Polka pour orchestre d'archets par
N. Sokolow, A. Glazounow et A. Liadow.   Partition.   . . .

Liadov—Continued.

Leipzig, M. P. Belaïeff [etc], 1899. Publ. no. 2006. 9 p. 4°.
On cover the Russian precedes the French title.

M1145.S712

Liapounov, Sergei Mikhailovich, 1859–

. . . Ballade pour orchestre composée par Serge Liapunov,
Op. 2. Partition d'orchestre . . .
*Berlin, Ed. Bote & G. Bock, [1898]. Publ. no. 14710. 55 p.
4°.*

M1045.L715B3

Concerto pour piano et orchestre . . . par Serge Liapounow.
Op. 4. Partition pour piano et orchestre . . .
*Berlin & Posen, Ed. Bote & G. Bock, [1892]. Publ. no.
13645. 75 p. fol.*

M1010.L69 Op. 4

. . . Ouverture solennelle sur des thèmes russes pour grand
orchestre composée par Serge Liapounow. [Op. 7.] Partition . . .
*Moscou, P. Jurgenson, [&c.], [1899]. Pub. no. 24635.
81 p. fol.*
Cover-title.

M1004.L692

Simfonïa H moll dlia bol'sholo arkesmra sochinenïe Ser-
gïeïa Lïapunov. Soch. 12. Partitura . . .
*S. Peterburg, Iulïi Genrikh Tsimmerman, [1902]. Publ.
no. Z. 3379. 1 p. l., 1911 p. 4°.*

M1001.L893

Polonaise pour grand orchestre composée par Serge Lia-
pounow. Op. 16. Partition d'orchestre . . .
*Leipzig, Jul. Heinr. Zimmermann, [&c.], [1905]. Publ. no.
Z. 3708. 2 p. l., 32 p. fol.*   •
Cover title.

M1047.L712

. . . Rapsodie sur des thèmes de l'Oukraïne pour le piano
avec un accompagnement de l'orchestre composée par S.
Liapounow. Op. 28 . . .
*Leipzig, Jul. Heinr. Zimmermann, [etc.], ᶜ1908. Publ. no.
Z. 4571. 71 p. fol.*

M1010.L69 Op. 28

"Jelasova Vola." Poème symphonique pour grand orches-
tre par S. Liapounow. Op. 37. Partition d'orchestre.
*Leipzig, [etc..], Jul. Heinr. Zimmermann, ᶜ1910. Publ. no.
Z. 4799a. 2 p. l., 47 p. 4°.*
Cover-title.

M1002.L7Z3

Liapounov—Continued.

. . . Second concerto pour piano et orchestre par Serge
Liapounow. Op. 38. Partition d'orchestre . . .
*Leipzig, [etc.], Jul. Heinr. Zimmermann, ᶜ1910. Publ. no.
Z. 4813, 1 p. l., 71 p. fol.*

M1010.L69 Op. 38

Liebeskind, Josef.

Symphonie (No. 1 A moll) für orchester componirt von Josef
Liebeskind. Op. 4. Partitur . . .
*Leipzig, Jost & Sander. [1888]. Publ. no. J. 23 S. 1 p. l.,
246 p. 4°.*

M1001.L72 No. 1

Liftl, Franz.

. . . Mein liebchen, schlaf wohl! Walzer-rondo für streich-
orchester (instruments à cordes) von Franz Liftl. Op. 75.
Partitur . . .
*Offenbach a/Main, Johann André, ᶜ1897. Publ. no. 14906.
7 p. fol.*
Cover title.

M1145.L72

Limbert, Frank L., 1866–

Concertstük (C moll) für pianoforte mit begleitung des orchesters componirt von Frank Limbert. Op. 3. Partitur . . .
*Frankfurt a/Main, Steyl & Thomas, [1890]. Publ. no. S.
205 T. 38 p. fol.*

M1010.L73 Op. 3

Variationen für orchester über ein thema von Händel komponiert von Frank L. Limbert, Op. 16. Partitur . . .
*Leipzig, Breitkopf & Härtel, ᶜ1904. Publ. no. Part B. 1835.
2 p. l., 73 p. fol. (Breitkopf & Härtel's partiturbibliothek,
no. 1835.)*

M1003.L73V3

Lindpaintner, Peter Joseph von, 1791–1856.

Ouverture zur oper: Der vampyr. Für grosses orchester
componirt von P. Lindpaintner. Op. 70. Partitur.
Leipzig, C. F. Peters [etc], [1858]. Publ. no. 4077. 63 p. 4°.

M1004.L747V3

Ouverture zu Faust von Göthe für grosses orchester componirt . . . von P. Lindpaintner . . . Op. 80. Partitur . . .
*Leipzig, C. F. Peters, [etc.], [1858]. Publ. no. 4085. 79 p.
4°.*

M1004.L747F3

Lindpaintner—Continued.

. . . Kriegerische jubel-ouverture zur feier der 25jährigen
regierung König Wilhelms von Würtemberg. Partitur.
Op. 109 . . .

Berlin, Ad. Mt. Schlesinger, [etc.], [1844]. Publ. no. S.
2753. 75 p. fol.

M1004.L747K6

Sinfonie-concertante für flauto, oboe, clarinetto, fagotto,
corno, principale, mit begleitung von grossem orchester
componirt von Peter Lindpaintner. Partitur.

Mss. 119 p. fol.

M1040.L74

Liszt, Franz (von), 1811–1886.

Franz Liszt's musikalische werke. Herausgegeben von der
Franz Liszt-stiftung . . .

Leipzig, [etc.], Breitkopf & Härtel, [1908]. fol.

In course of publication.
See I, I. abt., v. 1–5: Symphonic poems.

M3.L77

Symphonische Dichtungen für grosses Orchester. Partitur.
Erster Band.—No. 1. Ce qu'on entend sur la montagne
(nach V. Hugo). No. 2. Tasso. Lamento e Trionfo.
No. 3. Les Préludes (nach Lamartine). No. 4. Orphée.
Zweiter Band.—No. 5. Prométhée. No. 6. Mazeppa
(nach V. Hugo). No. 7. Fest-klänge. No. 8. Héroide
funèbre. Dritter Band.—No. 9. Hungaria. No. 10.
Hamlet. No. 11. Hunnen-schlacht (nach Kaulbach).
No. 12. Die ideale (nach Schiller).

Leipzig, Breitkopf & Härtel, [1856–1861]. 3 v. 396, 407,
386 p. 4°.

M1002.L77

C. M. von Weber's polonaise brillante. Op. 72 für pianoforte und orchester instrumentirt . . . von F. Liszt.
Partitur . . .

Berlin, Schlesinger, [185-]. Publl. no. S. 4014 A. 1 p. l.,
40 p. 4°. •

Breitkopf & Härtel's Them. Verz., neue ausgabe, p. 13.
M3.3.L76II.b.4

Erstes concert für pianoforte und orchester, . . . von F.
Liszt . . . Pianoforte mit orchester partitur . . .

Wien, Carl Haslinger qm. Tobias, [1857]. Publl. no. C. H.
11933. 82 p. fol.

M1010.L77

Liszt—Continued.

2tes. concert. Pianoforte und orchester . . . von F. Liszt. *Mainz, B. Schott's Söhne, [etc.], [1863]. Publ. no. 16617. 1 p. l., 84 p. fol.*

M1010.L774

Fantasie über motive aus Beethoven's Ruinen von Athen für piano mit orchesterbegleitung von Fr. Liszt. Partitur . . .
Leipzig, C. F. W. Siegel (R. Linnemann), [1865]. Publ. no. 2930. 57 p. fol.

M1010.L776

Eine Faust-symphonie in drei charakterbildern (nach Goethe). 1. Faust. II. Gretchen. III. Mephistopheles und Schlusschor: "Alles vergängliche ist nur ein gleichniss" für grosses orchester und männer-chor componirt von Franz Liszt. Orchester partitur . . .
Leipzig, J. Schuberth & Co., [1861]. Publ. no. 2646. 328 p. 4°.

M1001.L774

. . . Fest-vorspiel für grosses orchester. Partitur. Bei der fest-vorstellung am tage der einweihung der dichtergruppe Schiller & Göthe in Weimar (September, 1857) zum erstenmale aufgeführt.
Stuttgart, Eduard Hallberger, [1858]. Publ. no. 218. 1 p. l., 23 p. 4°.
Breitkopf & Härtel's Them. Verz., neue ausgabe, p. 5.

M3.3.L76I.a.5

Fest-marsch nach motiven von E. H. Z. S. für grosses orchester componirt von Franz Liszt. Orchester partitur.
Leipzig-New York, J. Schuberth & Co., [1860]. Publ. no. 2581. 1 p. l., 43 p. 4°.
Breitkopf & Härtel's Them. Verz., neue ausgabe, p. 8.

M3.3.L76I.b.7

Franz Schubert, grosse fantasie (Op. 15) symphonisch bearbeitet für piano und orchester von Franz Liszt. Partitur . . .
Leipzig, Aug. Cranz, [etc.], [187-]. Publ. no. C. S. 15974. 86 p. fol.
Breitkopf & Härtel's Them. Verz., neue ausgabe, p. 13.

M3.3.L76II.b.3

Franz Schubert's märsche für das orchester übertragen von F. Liszt . . . Partitur. No. 1-4 . . .
Berlin, Adolph Fürstner, [ca. 1870]. Publ. nos. 192-95. 4 v. 43, 41, 26, 27 p. 4°.
Breitkopf & Härtel's Them. Verz., neue ausgabe, p. 7.

M3.3.L76I.b.1

Liszt—Continued.

(Göthe) Fest–marsch zur Göthe–Jubiläumfeier für grosses orchester componirt von Franz Liszt. Partitur . . .
Leipzig, J. Schuberth & Co., [etc.], [ca. 1870]. Publ. no. 2416. 1 p. l., 64 p. 4°.
"Neue revidirte ausgabe."

M1046.L774G7

Huldigungs-marsch. Franz Liszt. [Für orchester.] Partitur . . .
Berlin, Ed. Bote & G. Bock, [1860]. Publ. no. 4673. 27 p. fol.
Caption title. Composed 1853.

M1046.L774H9

. . . Künstler-festzug von Franz Liszt. Partitur . . .
Weimar, T. F. A. Kühn, [1860]. Publ. no. 85. 58 p. 4°.
At head of title: "Zur Schiller-Feier, 1859."

M1002.L77K8

Mazurka brillante componirt von Franz Liszt. Für grosses orchester bearbeitet von Karl Müller-Berghaus. Partitur. . . .
Leipzig, Bartholf Senff [etc], [1879]. Publ. no. 1368. 33 p. 4°.

M1060.L77M3

Mazurka-fantasie für piano von Hans von Bülow. Op. 13. Für orchester bearbeitet von Franz Liszt. Partitur.
Breslau, F. E. C. Leuckart (Constantin Sander.), [1868]. Publ. no. F. E. C. L. 1982. 1 p. l., 48 p. 4°.
Breitkopf & Härtel's Them. Verz., neue ausgebe, p. 8.

M3.3.L76I.b.6

. . . 2ter. Mephisto walzer componirt von Franz Liszt. Orchester partitur. . . .
Berlin, Adolph Fürstner [etc], c1881. Publ. no. F. 2176. 88 p. 4°.
Not a copyright deposit.

M1049.L774

Phantasie über Ungarische volksmelodien für pianoforte und orchester von Franz Liszt. Für Hans von Bülow komponiert . . .
Leipzig, C. F. Peters. Publ. no. 9022. 43 p. fol. (Edition Peters No. 1187.)

M1010.L777

Rakòczy marsch für grosses orchester symphonisch bearbeitet von Franz Liszt. Orchester partitur . . .
Leipzig, J. Schuberth & co., [1871]. Publ. no., 4838. 92 p. 4°.
Breitkopf & Härtel's Them. Verz., neue ausgabe, p. 11.

M3.3.L76I.c.8

Liszt—Continued.

Rhapsodie espagñole (Folies d'Espagne et jota arragonesa) pour piano par F. Liszt. . . . Ausgabe als konzertstück mit orchester, bearbeitet von Ferruccio B. Busoni.
Leipzig, C. F. W. Siegel (R. Linnemann), [1895]. Publ. no. 11595. 63 p. fol.

M1010.L779

. . . Symphonie zu Dante's Divina Commedia.
Breitkopf & Härtel, [1893]. Publ. no. Part. B. 45. 1 p. l., 216 p. 4°.
First published 1858.

M1001.L772

Tarantelle aus Venezia e Napoli von F. Liszt. Für orchester bearbeitet von Karl Müller-Berghaus. Partitur.
Mainz, B. Schott's Söhne [etc], [1882]. Publ. no. 23478. 1 p. l., 51 p. fol.

M1060.L77T3

Todtentanz. (Danse macabre). Paraphrase über "Dies irae" für piano und orchester von Fr. Liszt. Partitur . . .
Leipzig, C. F. W. Siegel, [1865]. Publ. no. 2814. 2 p. l., 68 p. fol.

M1010.L778

. . . Le triomphe funèbre du Tasse. Epilogue du poème symphonique "Tasso, lamento e trionfo". [Partitur.]
Leipzig, Breitkopf & Härtel, [1893]. Publ. no. Part. B. 58. 1 p. l. 40 p. 4°.
From the plates of the 1877 edition.

M1002.L77T5

Franz Liszt's ungarische rhapsodien für grosses orchester bearbeitet vom componisten und F. Doppler. No. 1 in F . . . No. 2 in D . . . No. 3 in D . . . No. 4 in D moll . . . No. 5 in E . . . No. 6. Pester Carneval . . . Partitur . . .
Leipzig, J. Schuberth & Co., [1875]. Publ. nos. 5224, 5236, 5237-40. 6 v. v. 1: 1 p. l., 62 p. v. 2: 1 p. l., 49 p. v. 3: 1 p. l., 36 p. v. 4: 1 p. l., 52 p. v. 5: 1 p. l., 24 p. v. 6: 1 p. l., 74 p. 4°.
Breitkopf & Härtel's Them. Verz., neue ausgabe, p. 10.

M3.3.L76I.c

. . . Erste ungarische rhapsodie componiert von Franz Liszt. Es dur, für militärmusik von C. Hellmann. Partitur . . .

Liszt—Continued.

Leipzig, Bartholf Senff, ^c*1904. Publ. no. 2530. 50 p. fol.*

M1258.L788

. . . Erste ungarische rhapsodie componirt von Franz Liszt. Für grosses orchester bearbeitet von Karl Müller-Berghaus. Partitur . . .
Leipzig, Bartholf Senff, ^c*1899. Publ. no. 2408. 1 p. l. 76 p. 4°.*

M1060.L77U2

Zweite ungarische rhapsodie componirt von Franz Liszt. Für grosses orchester bearbeitet von Karl Müller-Berghaus. . . . Partitur. . . .
Leipzig und Berlin, Bartholf Senff [etc], [1878]. Publ: no. 1102. 1 p. l., 64 p. 4°.

M1060.L77U22

Ungarischer-marsch zur Krönungs-Feier in Ofen-Pest am 8ten. Juni 1867 componirt von Franz Liszt. Partitur . . .
Leipzig, [etc.], J. Schuberth & co., [1871]. Publ. no. 4916. 31 p. 4°.

Breitkopf & Härtel's Them. Verz., neue ausgabe, p. 10.

M3.3.L76I.c.7

Ungarischer sturm-marsch für grosses orchester von Fr. Liszt. Neue bearbeitung 1876. Partitur . . .
Berlin, Schlesinger (Rob. Lienau), [1876]. Publ. no. S. 2923 50 p. 7°.

Breitkopf & Härtel's Them. Verz., neue ausgabe, p. 11.

M3.3.L76I.c.9

. . . Vom fels zum meer. Deutscher sieges-marsch von Franz Liszt . . . Partitur . . .
Berlin, Schlesinger, [1862]. Publ. no. S. 5268. 1 p. l., 23 p. 4°.

Breitkopf & Härtel's Them. Verz., neue ausgabe, p. 6.
At head of title: "Seiner Majestät Wilhelm I. König von Preussen."

M3.3.L76I.a.7

. . . Von der wiege bis zum grabe. Symphonische dichtung nach einer zeichnung von Michael Zichy componirt von Franz Liszt . . . Partitur . . .
Berlin, Ed. Bote & G. Bock, [1883]. Publ. no. 12812. 29 p. fol.

Cover title illustrated by Michel Zichy.

M1002.L77V5

Liszt—Continued.

Zwei episoden aus Lenau's Faust für grosses orchester von Franz Liszt. No. 1. Der nächtliche zug. No. 2. Der tanz in der dorfschenke. (Mephisto-walzer.) Orchester-Partitur.

Leipzig, J. Schuberth & Co., [1865–66]. Publ. no. 4004, 4005. 2 v. 45, 73 p. fol. (Edition Schuberth, no. 2892–93.)

M1002.L77F4

. . . Zwei episoden aus Lenau's Faust für grosses orchester von Franz Liszt. No. 1. Der nächtliche Zug. No. 2. Der Tanz in der Dorfschenke (Mephisto-walzer) . . .

Leipzig, J. Schuberth & Co., ᶜ1907. 60 p. fol.
Arr. for piano & orchestra by R. Burmeister.

M1060.L77Z7

Zweite polonaise componirt von Franz Liszt. Für grosses orchester bearbeitet von Carl Müller-Berghaus. Partitur. . . .

Leipzig, Bartholf Senff [etc], [187–]. Publ. no. 1370. 71 p. 4°.

M1060.L77P62

Zweite polonaise componirt von Franz Liszt. Für militärmusik bearbeitet von C. Hellmann. Partitur . . .

Leipzig, Bartholf Senff, ᶜ1899. Publ. no. 2424. 46 p. fol.

M1258.L778

Litolff, Henry (Charles), 1818–1891.

Ouverture zu Maximilian Robespierre. Tauerspiel von Robert Griepenkerl componirt . . . von Henry Litolff. Op. 55 . . . Partitur . . .

Braunschweig, Henry Litolff, [1856]. Publ. no. 1248. 80 p. 4°.

M104.L78R5

Le dernier jour de la terreur. Drame symphonique. Par Henry Litolff. Op. 55.

[Paris, S. Richault], [185–?]. Publ. no. 8308. R. 1 p. l., 72 p. 4°.
Caption title.
Title-page reads: "Symphonies dramatiques par Henri Litolff. 1. Le dernier jour de la terreur. 2. Les girondins. 3. Les guelfes. 4. Chant des Belges."

M1002.L788

Ouverture zu Die Girondisten. Trauerspiel von Robert Griepenkerl componirt . . . von Henry Litolff. Op. 80. Partitur.

Litolff—Continued.

Braunschweig, G. M. Meyer, jr. [&c.], [185–].   Publ. no. 950.   1 p. l., 70 p.   4°.

M1004.L78G4

Das Welfenlied von Gustav von Meyern musikalisch illus-
trirt für grosses orchester von Henry Litolff. Op. 99.
Partitur . . .
Braunschweig, Henry Litolff, [&c.], [1857].   Pub. no. 1270. 2 p. l., 84 p.   4°.

M1002.L78

Chant des Belges. Ouverture dramatique composée . . .
par Henry Litolff. Op. 101. Partition.
Brunswick, Henry Litolff, [&c.], [1856].   Publ. no. 1229. 1 p. l., 64 p.   4°.

M1004.L78C4

König Lear. Oper in drei akten nach Shakespeare und
Holinshed von Jules und Eugène Adenis. Musik von
Henry Litolff. Ouverture. Partitur . . .
Braunschweig, Henry Litolff, [1891].   Pub. no. 12558.   32 p. fol.

M1004.L78K5

Loeffler, Charles Martin (Tornov), 1861–
La villanelle du diable d'après un poème de M. Rollinat.
Fantaisie symphonique pour grand orshestre et orgue
composée par Ch. M. Loeffler. Op. 9. Partition d'or-
chestre.
New York, G. Schirmer, [etc.], ᶜ1905.   Publ. no. 17535. 1 p. l., 84 p.   fol.

M1002.L825V4

A pagan poem (after Virgil). Composed for orchestra with
piano, English horn and three trumpets obligato by Ch. M.
Loeffler. Op. 14. Orchestra score.
New York, G. Schirmer, [etc.], ᶜ1909.   Publ. no. 20748. 3 p. l., 107 p.   fol.

M1002.L825P3

. . . La mort de Tintagiles. Poëme dramatique d'après
le drame de M. Maeterlink pour grand orchestre et viole
d'amour. Partition d'orchestre . . .
New York, G. Schirmer, ᶜ1905.   Publ. no. 17733.   2 p. l., 97 p.   fol.

M1002.L825M7

Löschhorn, (Carl) Albert, 1819–1905.

. . . Menuet. Für streich-instrumente. Partitur . . . (Op. 199, No. 1.)

Berlin, Ed. Bote & G. Bock, ᶜ1897. Publ. no. 14500. 3 p. fol.

Cover title.

M1145.L82

Loewengard, Max (Julius), 1860–

Serenata für orchester componirt von Max Lowengard. Partitur . . .

Frankfurt a/M., Steyl & Thomas, [1886]. Publ. no. 8. 30 T. 15 p. 4°.

Cover title.

M1003.L82

Lombard, Louis, 1861–

. . . Les lacs lombards (Como, Lugano, Maggiore) . . . Idylle pour orchestre à cordes (et harpe ad lib.) par Louis Lombard. Op. 37. Partition. . . .

Lugano, Suisse, Château de Trevano, [190–]. Publ. no. 19. 21 p. 4°.

M1145.L841

Lorenz, Julius, 1862–

Adagio (aus dem D moll streichquartett) für streichorchester (zwei violinen, viola, violoncell und bass) componirt von Julius Lorenz. Op. 21. Partitur . . .

Leipzig, F. E. C. Leuckart, ᶜ1901. Publ. no. 5505. 7 p. fol.

Cover title.

M1160.L86

Lorenz, Carl Adolf, 1837–

. . . In der dämmerung und Frühlingsjubel. Zwei ton-bilder für orchester componirt von C. Ad. Lorenz. (Stettin). Op. 19. Partitur.

Berlin, Carl Simon [etc.], ᶜ1911. Publ. no. C. S. 696. 19 p. fol.

At head of title: Zweite vom komponisten revidierte auflage.

M1002.L869

Symphonie für grosses orchester (Es dur) komponiert von C. Ad. Lorenz. Op. 74. Partitur . . .

Leipzig, C. F. Kahnt Nachfolger, ᶜ1905. Publ. no. 4289. 1 p. l., 141 p. fol.

M1001.L862

Lossau, F. C. von.

Ouverture für trompeten componirt . . . von F. C. von Lossau.

Unpaged mss. 4°.

M1204.L628

73914°—12——18

Lubomirsky, G.

Danse orientale pour orchestre par G. Lubomirsky. Partition d'orchestre . . .

*Moscou-Leipzig, P. Jurgenson, [etc.], [1908].   Publ. no. 32444.
12 p.   4°.*

                                                                M1047.L92D3

Lubomirski, Prince Ladislas, 1868–

Poème symphonique en trois parties par le Prince Ladislas Lubomirski.   Partition . . .

*Leipzig, [etc.], Breitkopf & Härtel, °1905.   Publ. no. Part.
B. 1906.   2 p. l., 81 p.   fol.*

                                                                M1002.L155

Ludwig, August, 1865–

Märzwind. Ouvertüre von Aug. Ludwig für sinfonisches Orchester. Op. 41.

Lichterfelde A., Aug. Ludwig, [1896].   47 p.   fol.

                                                                M1004.L948

Luigini, Alexandre, 1830–1906.

. . . Marche de l'emir. Composée pour orchestre par Alexdre. Luigini . . . Op. 4 . . . Orchestre Partition . . .

*Paris, Mackar & Noël, °1900.   Publ. no. A. N. 1743.
27 p.   4°.*

                                                                M1046.L952M3

. . . Sérénade romantique. Par Alexandre Luigini, (Op. 27). Partition d'orchestre.

*Paris, Léon Grus, [189–?].   Publ. no. L. G. 5366(1).   49 p.
fol.*
           Caption title.

                                                                M1045.L95284

Lully, Jean Baptiste de, 1632–1687.

Chaconne.   *See* Paul Lacome, Suite ancienne.

Suite für orchester aus "Roland." Lyrische tragödie von Jean Baptiste de Lully. Instrumentiert von William Lynen.

*Baden-Baden, Emil Sommermeyer, [1903].   Publ. no.
E. S. 135.   23 p.   4°.*

                                                                M1060.L94

Lumbye, Hans Christian, 1810–1874.

Nebelbilder v. H. C. Lumbye. Tongemälde in 4 tableaux.
Mss. 58 p.   fol.

                                                                M1002.L957N4

Der traum des Savoyarden. Phantasie für orchester von H. C. Lumbye. Partitur.

Lumbye—Continued.

*Leipzig, Breitkopf & Härtel, [1853]. Publ. no. 8695. 1 p. l.,
96 p. 4°. (Breitkopf & Härtels partitur-bibliothek).*
On verso of p. 1 the poem "Der traum des Savoyarden."
M1002.L957T7

Traumbilder-fantasie. H. C. Lumbye.
*Leipzig [etc], Breitkopf & Härtel, [1893]. Publ. no. Part.
B. 289. 27 p. 4°. (Breitkopf & Härtels partitur-biblio-
thek gruppe III . . .).*
Caption title.
M1045.L957T7

Lund, Emilius.

. . . Concert-ouverture (Es dur) für grosses orchester von
Emilius Lund. Op. 4. Partitur . . .
Leipzig, C. F. Kahnt, [1874]. Publ. no. 1207. 64 p. 4°.
M1004.L962

Lund, John.

Im garten, für streichorchester und pianoforte oder harfe
componirt von John Lund. Partitur . . .
*New York, Luckhardt & Belder, [etc.], ᶜ1901. Publ. no. 967.
11 p. fol.*
Cover title.
M1145.L96

Lux, Friedrich, 1820–1895.

Dramatische ouverture zu Theodor Körner's Rosamunde.
Für grosses orchester componirt von Friedrich Lux. Op.
76. Partitur . . .
Mainz, J. Diemer, [1885]. 50 p. fol.
M1004.L973R8

Durch nacht zum licht. Choral-symphonie in 3 sätzen
von Friedrich Lux. Op. 80. Erster satz: Molto maestoso,
allegro moderato (Ueber den choral: "Christ lag in todes
banden.") Zweiter satz: Andante sostenuto (Ueber den
choral: "Aufersteh'n, ja aufersteh'n wirst du.") Dritter
satz: Allegro moderato, allegro vivo, maestoso (Ueber
den choral: "Lobe den Herren, den mächtigen König
der ehren.") Ausgabe für orgel, streichorchester, 3
trompeten und pauken . . .
Mainz, J. Diemer, [1896]. Publ. no. 53. 63 p. 4°.
M1001.L975

. . . Fest-ouverture für grosses orchester von Friedrich
Lux. Op. 82. Partitur . . .
Mainz, J. Diemer, [1889]. Pub. no. J. D. 36. 55 p. 4°.
M1004.L973F4

Lux—Continued.

Krönungs-marsch componirt von Friedrich Lux . . .
Berlin & Posen, Ed. Bote & G. Bock, [1862]. Pub. no., B. & B. 5499. 1 p. l., 81 p. fol.
"Preis-composition zur Feier der Krönung seiner Majestät des Königs von Preussen Wilhelm I.

M1046.L977K8

L'Vov, Alexis (Teodorovich), 1799–1871.

"Bozhe, Tsaria Khrani." Russkii narodnyi gimn. A. L'Vov . . . Orkestrovaia partitura . . .
Moskva, P. IUrgensona [etc.] [1893?]. Publ. no. 18920. 5 p. 4°.

M1045.L98B7

Ouverture de l'opéra Ondine composée par Alexis Lvoff instrumentée par M. Balakirew. Partition d'orchestre. . . .
Leipzig [etc], Jul. Heinr. Zimmermann [1901]. Publ. no. Z. 3346. 1 p. l., 52 p. 4°.
Caption title in Russian.

M1004.L97906

Lynen, William.

Nocturno für streichorchester von William Lynen. Partitur . . .
Baden-Baden, Emil Sommermeyer, ᶜ1906. Publ. no. 151. 5 p. fol.
Cover title.

M1145.L98

Maas, Louis (Philipp Otto), 1852–1889.

Nachtgesang. Phantasiestück für orchester (Op. 2, No. 3) componirt von Louis Maas. Partitur.
Leipzig, Breitkopf & Härtel, [1876]. Publ. no. 14309. 17 p. 4°. (Breitkopf & Härtels partitur-bibliothek Gruppe III.)

M1045.M118N3

Macbeth, Allan, 1856–

Serenata "Love in idleness." Vergebliches ständchen. Von Allan Macbeth . . . Ausgabe für orchester bearbeitet von Karl Müller-Berghaus . . .
Leipzig, [etc.], Jul. Heinr. Zimmermann, ᶜ1901. Publ. no. Z. 3359. 23 p. fol.

M1060.M15

MacCunn, Hamish, 1868–

The land of the mountain and the flood. Concert overture composed by Hamish MacCunn. (Op. 3.) Full score.
London & New York, Novello, Ewer & co. [1889]. Publ. no. 7810. 56 p. fol.

M1004.M133L3

MacCunn—Continued.

. . . The ship o' the fiend. Orchestral ballad composed by Hamish MacCunn. Op. 5. Full score.
London, Augener & co. [1890]. Publ. no. 8876. 1 p. l., 44 p. 4°. (Augener's edition 7001a . . .)

M1002.M12

. . . The downie dens o'Yarrow. Ballad-overture for orchestre composed by Hamish MacCunn. Op. 6. Full score. . . .
London, Augener & Co. [1891]. Publ. no. 8959. 47 p. fol.
Augener's edition.

M1004.M133D6

. . . Highland memories. Suite of 3 Scottish scenes for orchestra by Hamish MacCunn. Op. 30. 1. By the Burnside. 2. On the loch. 3. Harvest dance . . . Full score . . .
London, Augener & co., [etc.], [1897]. Publ. no. 11091. 34 p. fol. (Augener's edition, no. 7003a.)

M1003.M133

MacDowell, Edward (Alexander), 1861–1908.

. . . Erstes concert (in A moll) für das pianoforte mit begleitung des orchesters componirt von E. A. MacDowell. Op. 15.
Mss. 186 p. fol.

M1010.M13 Op. 15

. . . Erstes konzert für pianoforte mit orchester. Edward MacDowell. Op. 15. Partitur . . .
Leipzig, [etc], Breitkopf & Härtel, ᶜ1911. Publ. no. Part. B. 2156. 116 p. fol.
Caption title. First edition.

M3.3.M14 Op. 15 and M1010.M13 Op. 15.

Hamlet-Ophelia. Zwei gedichte für grosses Orchester von E. A. Mac-Dowell. Op. 22. Partitur.
Breslau, Julius Hainauer, (New York, G. Schirmer), ᶜ1885. Publ. no. J. 2849H. 63 p. 4°.
First edition.

M3.3.M14 Op. 22 and M1002.M13H3

2tes concert für clavièr mit orchesterbegleitung v. E. A. MacDowell. Op. 23.
Transcript, 1904. 205 p. fol.

M1010.M132 Op. 23

Zweites konzert für das pianoforte mit begleitung des orchesters von Edward MacDowell. Op. 23 . . .

MacDowell—Continued.

> *Leipzig, [etc.], Breitkopf & Härtel, ᶜ1907.   Publ. no. Part. B.*
> *2021.   98 p.   fol.*
>> Caption title.   First edition.
>>> **M3.3.M14   Op. 23B** *and* **M1010.M13   Op. 23**

. . . Lancelot und Elaine.   Zweite symphonische dichtung nach Tennyson für grosses orchester von E. A. Mac-Dowell.   Op. 25.   Partitur . . .
> *Breslau, Julius Hainauer;   New York, G. Schirmer, ᶜ1888.*
> *Publ. no. J. 3206 H.   73 p.   4°.*
>> First edition.
>>> **M3.3.M14   Op. 25** *and* **M1002.M13L4**

. . . Lamia.   Dritte symphonische dichtung.   [Nach Keats.] Für grosses orchester von Edward MacDowell.   Op. 29. Partitur . . .
> *Boston, Arthur P. Schmidt, [etc.], ᶜ1908.   Publ. no. A. P. S.*
> *7943.   57 p.   fol.*
>> First edition
>>> **M3.3.M14   Op. 29** *and* **M1002.M13L3**

Die Sarazenen.   Die schöne Aldâ.   Zwei fragmente (nach dem Rolandslied) für grosses orchester componirt von E. A. MacDowell.   Op. 30.   Partitur . . .
> *Leipzig, [etc.], Breitkopf & Härtel, ᶜ1891.   Publ. no. 19200.*
> *48 p.   4°.*
>> Cover title.   First edition.
>>> **M3.3.M14   Op. 30**

Die Sarazenen.   Die schöne Aldâ.   E. A. Mac-Dowell, Op. 30.
> *Leipzig [etc], Breitkopf & Härtel, [ᶜ1891].   Publ. no. Part.*
> *B. 291.   1 p. l., 48 p.   4°.   (Breitkopf & Härtels partitur-*
> *bibliothek).*
>> Caption title.   Second edition, issued 1893.
>>> **M1002.M13S3**

. . . Romanze für violoncello mit begleitung des orchesters oder des pianoforte von E. A. MacDowell.   Opus 35. Partitur . . .
> *Breslau, Julius Hainauer, [&c.], ᶜ1888.   Publ. no. J. 3210 H.*
> *14 p.   4°.*
>>> **M3.3.M14   Op. 35** *and* **M1016.M13S**

Suite für grosses orchester componirt von E. A. MacDowell.   Op. 42.   Partitur . . .
> *Boston & Leipzig, Arthur P. Schmidt, ᶜ1891.   Publ. no.*
> *S. 123.   94 p.   4°.*
>> First edition.
>>> **M3.3.M14   Op. 42** *and* **M1003.M13**

MacDowell—Continued.

Im october. Supplement zur ersten suite für grosses orchester. Op. 42. (Zwischen dem 2 und 3 satz einzufügen.) Von E. A. MacDowell. Partitur . . .

Boston & Leipzig, Arthur P. Schmidt, ᶜ1893. Publ. no. S. 123. 31 p. 4°.

First edition.

M3.3.M14 Op. 42 *and* M1003.M131

Suite für grosses orchester componirt von Edward Mac-Dowell. Op. 42. Neue ausgabe, mit hinzufügung des satzes "Im October." Partitur. . . .

Boston, Leipzig [etc], Arthur P. Schmidt, ᵒ1891. Publ. no. S. 123. 124 p. 4°.

Not a copyright deposit. First edition of the score in one volume

M3.3.M14 Op. 42B

. . . Zweite suite (Indian) für grosses orchester componirt von Edward MacDowell. Partitur . . .

Autograph score. 1 p. l., 124 p. fol. Gift of the composer, 1905.

Originally the title page contained the initials of the composer E. A. but these he crossed out and substituted "Edward" in red ink, when he, on the verso of the p. l., changed the English explanatory note to read as it stands in the published score, where, however, a German and French translation have been added, as also instructions to the printer.

The autograph shows that "indians" was not a misprint but a slip of the pen. He crossed out the following: "The opening theme of No. 3 for instance is very similar to the (presumably Russian) one made use of by Rimsky-Korsakow in the 3d movement of his symphony "Antar." It is also evident that it was an afterthought to give titles to the single movements, as they were added in red ink.

· The opus number op. 48 appears only in the caption. · The movements are not dated. At head of the title the dedication "To the Boston Symphony Orchestra and its leader, Mr. Emil Paur." The score contains numerous additions and corrections, both in ink and pencil, written by the composer.

ML96

. . . Zweite (Indianische) suite. 2nd suite (Indian) 2me suite (Indienne) für grosses orchester componirt von Edward MacDowell. Op. 48. Partitur . . .

Leipzig, Breitkopf & Härtel ᶜ1897. Publ. no. Part. B. 955. 2 p. 119 p. fol.

First edition.

M3.3.M14 Op. 48 *and* M1003.M134

McEwen, J. B.

Grey Galloway. A border ballad for full orchestra . . . J. B. McEwen. Full score.

McEwen—Continued.

London, Novello & Co., Ltd., [etc.], *1910. Publ. no. Avison ed. 1 p. l., 63 p. fol. (Ch. Avison edition.)

M1002.M135G8

MacFarren, Sir George Alexander, 1813–1887.

St. John the Baptist. An oratorio. The text selected from the Holy Writ by E. G. Monk, the music by G. A. Mac-Farren. Full score. The overture . . .

London, Stanley Lucas, Weber & co. Publ. no. S. L. W. & co. 699. 1 p. l., 40 p. 4°.

M1004.M1583

Mackenzie, Sir Alexander Campbell, 1847–

. . . Larghetto & Allegretto for violoncello with orchestral accompaniment by A. C. Mackenzie. Op. 10 . . . Full score . . .

London, Augener & co., [1903]. Publ. no. 12383. 1 p. l., 29 p. fol. (Augener's ed. no. 7718a.)

M1016.M2

. . . Rhapsodie écossaise par A. C. Mackenzie. Op. 21. Full score . . .

London & New York, Novello, Ewer & co., [&c.], [1881]. Publ. no. 31. 79 p. 4°.

M1045.M156R4

Burns. Second Scotch rhapsody composed by A. C. Mackenzie. Op. 24. Full score . . .

London, Novello, Ewer & co., [&c.], [1881]. Publ. no. 46. 93 p. 4°.

M1002.M149

Ballet music and Rustic march from the opera "Colomba" composed by A. C. Mackenzie. Op. 28.

London & New York, Novello, Ewer and co.; [1884]. Publ. no. 6679. 2 p. l., 62 p. fol.

M1003.M15

Prelude to the opera "Colomba" composed by A. C. Mackenzie. Op. 28.

London & New York, Novello, Ewer and co., [1884]. Publ. no. 6677. 1 p. l., 20 p. fol.

M1004.M17C5

La belle dame sans merci. Ballad for orchestra composed . . . by A. C. Mackenzie. Op. 29.

London, Novello and co., ltd., [&c.], [1884]. Publ. no. 6648. 1 p. l., [1], 95 p. 4°.

M1002.M145

Mackenzie—Continued.

... Concerto for the violin composed for the Birmingham musical festival 1885 by A. C. Mackenzie. Op. 32. Full score ...
London & New York, Novello, Ewer & co., [1885]. 1 p. l., 135 p. fol.

> Hofmeister calls this concerto incorrectly Op. 33, which is the opus number of the opera "The Troubadour."

M1012.M15 Op. 32

Overture to Shakespeare's comedy Twelfth Night composed by A. C. Mackenzie (Op. 40). Full score.
London & New York, Novello, Ewer and co., 1888. Publ. no. 7681. 2 p. l., 91 p. fol.

M1004.M17T7

... Britannia. A nautical overture composed by A. C. Mackenzie. Op. 52. Orchestral score ...
London, Joseph Williams, [&c.] [1895]. Publ. no. 10033 1 p. l., 60 p. 4°.

M1004.M17B6

From the North (Three Scottish pieces) für orchester. Orchestral score ... Composed by A. C. MacKenzie. (From Opus 53) ...
London, Joseph Williams, ᶜ1895. Publ. no. N. 10170-2. 1 p. l., 24, 24, 28 p. 4°.

M1045.M156F8

... Schottisches concert für pianoforte mit begleitung des orchesters von A. C. Mackenzie. Op. 55. Partitur ...
Leipzig, Fr. Kistner, ᶜ1899. Publ. no. 9092. 90 p. fol.

M1010.M17 Op. 55

Suite dramatique (Coriolanus) pour orchestre by Alex. C. Mackenzie. No. 1. Prelude. No. 2. Alla marcia. No. 3. Marche funèbre. No. 4. Entre acte. Voces populi. ... Partition pour orchestre. ... [op. 61].
Leipzig-London [etc], Bosworth & Co., [190-]. Publ. no. B. & Co. 4534. 91 p. fol.

> The Preludes, Entr'actes and Incidental Music to "Coriolanus" were performed at London, Lyceum Theatre, April 15, 1901.

M1003.M154

Coronation march. Alex. C. Mackenzie. Op. 63.
[London], Bosworth & Co., ᶜ1902. Publ. no. B. & Co. 4519. 3-42 p. 4°.

> Caption title. Title-page never published.

M1046.M15606

Mackenzie—Continued.

Canadische 'rhapsodie (Canadian rhapsody) für orchester von A. C. MacKenzie. Op. 67. Partitur ...
Leipzig, [etc.], Breitkopf & Härtel, ᶜ1905. Publ. no. Part. B. 1914. 79 p. fol.

M1045.M156C3

... Suite. For violin solo (with orchestra) by A. C. Mackenzie. (Op. 68.)
New York, Charles Avison, Ltd., ᶜ1907. Publ. no Avison ed. 24. 1 p. l., 231 p. 4°.

M1012.M15 Op. 68

Magnard, Albéric, 1865–

Chant funèbre. [Op. 9, (1895)] Partition d'orchestre.
Paris, Propriété de l'auteur, ᶜ1904. 40 p. fol.
Name of composer at head of title.

M1045.M196C4

Ouverture ... Partition d'orchestre ... [Op. 10 (1895)]
Paris, Propriété de l'auteur, ᶜ1904. 47 p. fol.
Name of composer at head of title.

M1004.M195

Hymne à la Justice. [Op. 14 (1902)] ... Partition d'orchestre ...
Paris, Propriété de l'auteur ..., ᶜ1904. 64 p. fol.
Name of composer at head of title.

M1002.M19

Hymne à Vénus. Partition d'orchestre. [Op. 17 (1904)].
Paris, A. Dupré, ᶜ1906. 1 p. l., 69 p. fol.
Name of composer at head of title.

M1002.M196

Suite d'orchestre dans le style ancien. I. Française. II. Sarabande. III. Gavotte. IV. Menuet. V. Gigue. Par Albéric Magnard. Partition d'orchestre ...
Paris, Ph. Maquet & Cie. (Ancienne maison Brandus), [1892]. Publ. no. Ph. M. & cie. 13363. 2 p. l., 53 p. 4°.

M1003.M2

... 3e symphonie. Partition d'orchestre.
Paris, Propriété de l'auteur, ᶜ1902. 1 p. l., 168 p. fol.
Name of composer at head of title.

M1001.M196

Magnus, G. Washington.

... Frithjofs heimkehr. Symphonische dichtung für orchester von G. Washington Magnus. Op. 5. Partitur ...

Magnus—Continued.

Kopenhagen & Leipzig, Wilhelm Hansen, [1901]. Publ. no., 12922. 58 p. 4°. (Wilhelm Hansen edition, no. 845.)

M1002.M199F8

Mahler, Gustav, 1860–1911.

Symphonie No. 1 in D-dur von Gustav Mahler. Partitur . . .

Wien, Josef Weinberger, [1899]. Publ. no. 1. 171 p. fol.

M1001.M21 No. 1

Symphonie in C-moll No. 2 für grosses orchester, chor und soli von Gustav Mahler. Partitur . . .

Leipzig, Friedrich Hofmeister, ᶜ1897. Publ. no. 1. 209 p. fol.

M1001.M21 No. 2

3. symphonie von Gustav Mahler. Partitur . . .

Wien, Josef Weinberger, [1902]. Publ. no. 9. 231 p. fol.

M1001.M21 No. 3

Symphonie in G dur No. 4 von Gustav Mahler. Partitur . . .

Wien, Ludwig Doblinger, [1902]. Publ. no. 31. 125 p. fol.

M1001.M21 No. 4

Symphonie No. 5 für grosses orchester von Gustav Mahler. Partitur.

Leipzig, C. F. Peters, [1901]. Publ. no. 8951. 251 p. fol. (Edition Peters, no. 3082.)

M1001.M21 No. 5

. . . Sechste symphonie für grosses orchester. Partitur . . .

Leipzig, C. F. Kahnt, ᶜ1906. Publ. no. 4526. 263 p. 4°.
Name of composer at head of title.

M1001.M21 No. 6

Siebente sinfonie für grosses orchester von Gustav Mahler. Für grosses orchester. Orchester-partitur . . .

Berlin, Ed. Bote & G. Bock, ᶜ1909. Publ. no. B. & B. 16867. 1 p. l., 257 p. fol.

M1001.M21 No. 7

Major, Julius Jacques, 1859–

Concert symphonique pour le piano avec accompagnement de grand orchestre par Jules Jacques Major (Major J. Gyula). Op. 12 . . . Partition d'orchestre . . .

Leipzig, F. E. C. Leuckart (Constantin Sander), [1897]. Publ. no. F. E. C. L., 4871. 81 p. fol.

M1010.M22 Op. 12

Major—Continued.

Concerto pour violon avec accompagnement d'orchestre par Jules J. Major (Major J. Gyula). Op. 18.

Breslau, Julius Hainauer, [etc.], [1899]. 1p. l., 64 p. obl. 4°.

M1012.M23 Op. 18

. . . Serenade für streichorchester componirt von Julius J. Major. (Major J. Gyula). Op. 24. Partitur. . . .

Leipzig, F. E. C. Leuckart, Constantin Sander, [1895]. Publ. no. F. E. C. L.4 767. 26 p. fol.

M1103.M234

. . . Balaton. Symphonische dichtung für grosses orchester componirt von Julius J. Major. Op. 55 . . .

Budapest, Méry Béla, °1907. Publ. no. 3351. 75 p. fol.

On verso of last page the program.

M1002.M234

Malichevsky, W.

. . . Première symphonie en Sol pour orchestre par W. Malichevsky. Op. 8. Partition d'orchestre . . .

Leipzig, M. P. Belaïeff, 1907. Publ. no. 2689. 123 p. fol.

M1001.M26

Malling, Otto (Valdemar), 1848–

Concert (C-moll) pour piano avec accompagnement d'orchestre par Otto Malling. Op. 43. Partition . . .

Copenhague & Leipzig, Wilh. Hansen, [1906]. Publ. no. 13532. 134 p. 4°.

M1010.M25 Op. 43

Manas, Josef.

Zigeunerfahrt. Vier stimmungsbilder für grosses orchester componirt . . . von Josef Manas. Partitur . . .

Braunschweig, Henry Litolff's Verlag, [1894]. Publ. no. 12725. 72 p. 4°.

M1003.M26

Mancinelli, Luigi, 1848–

. . . Cleopatra. Intermezzi sinfonici. L. Mancinelli. No. 1. Overtura. No. 2. Marcia trionfale. No. 3. Battaglia d'Azio. No. 4. Scherzo-Orgia. No. 5. Andante-Barcarola (Quartetto ed arpa). No. 6. Marcia funebre.

Milano, [etc.], G. Ricordi & C. Publ. no. 51557-63. Pagination varies. 12°.

M1002.M269C5

Mancinelli—Continued.

Messalina (di P. Cossa). Intermezzi sinfonici. L. Mancinelli. Preludio sinfonico. La suburra.
Milano, [etc.], G. Ricordi & C. Publ. no. 51564-66. 4, 79 p. 12°.
Caption title.

M1002.M269M4

. . . Riflessi e paesaggi di G. Rinaldi. Suite d' orchestra di L. Mancinelli. I. Sui colli di Serra . . . II. Lung il viale . . . III. Entrata di Arlecchino . . . Partitura . . .
Milano, G. Ricordi & C., [etc.], °1902. Publ. no. 107798, 107812, 107805. 1 p. l., 22, [6], 16, [6], 7 p. fol.

M1003.M27

. . . Romantic overture (Ouverture romanticæ) for full orchestra composed by Luigi Mancinelli. Full score.
London, Novello & Co., [etc.], °1910. Publ. no. 13132. 1 p. l., 64 p. fol.

M1004.M27R5

Mandl, Richard.

. . . Griselidis. Sinfonische dichtung für grosses orchester, orgel, mezzosopran-solo und frauenchor. Partitur . . .
Leipzig, F. E. C. Leuckart, °1910. Publ. no. F. E. C. L. 6374. 177 p. fol.

M1002.M275G6

. . . Ouverture zu einem Gaskognischen ritterspiele für grosses orchester. Partitur. . . .
Leipzig, F. E. C. Leuckart, [1911]. Publ. no. F. E. C. L. 6625. 51 p. fol.
Name of composer at head of title.

M1004.M3106

Manén, Joan (de), 1883-

. . . Concert pour le violon avec orchestre. Op. A-6. Partition. . . .
Berlin, Raabe & Plothow (M. Raabe), °1910. Publ. no. 2157 134 p. fol.
Not a copyright deposit.
Name of composer at head of title.

M1012.M28 Op. A-6

Anyoransa. Premier caprice catalan pour violon avec accompagnement d'orchestre par Joan Manén. Op. 13. Partition d'orchestre . . .
Berlin, N. Simrock, [1898]. Publ. no. 11041. 22 p. 4°.

M1012.M28 Op. 13

Manén—Continued.

. . . Concerto espagnol pour violon avec accompagnement d'orchestre par Joan Manén. Op. 18. Partition d'orchestre . . .

Berlin, N. Simrock, [1898]. Publ. no. 11045. 87 p. 4°.

M1012.M28 Op. 18

Apléch (Fête campagnarde catalane). Second caprice catalan pour violon avec accompagnement d'orchestre par Joan Manén. Op. 20.

Berlin, N. Simrock, [1898]. Publ. no. 11048. 31 p. 4°.

M1012.M28 Op. 20

Suite pour violon et piano concertantes avec orchestre par Joan Manén. Op. 22. Partition d'orchestre . . .

Berlin, N. Simrock, ᶜ1899. Publ. no. 11267. 98 p. fol.

M1040.M28

. . . Plaintes et joies (Planys y goigs). Troisième caprice catalan pour violon avec accompagnement d'orchestre par Joan Manén. Op. 23. Partition d'orchestre . . .

Berlin, N. Simrock, [etc.], ᶜ1899. Publ. no. 11270. 35 p. 4°.

M1012.M28 Op. 23

. . . Strophes d'amor (Trovas d'amor). Quatrième caprice catalan pour violon avec accompagnement d'orchestre par Joan Manén. Op. 24. Partition d'orchestre . . .

Berlin, N. Simrock, ᶜ1899. Publ. no. 11273. 46 p. 4°.

M1012.M28 Op. 24

. . . Scherzo fantastique pour violon avec accompagnement d'orchestre ou piano par Joan Manén. Op. 28.

Leipzig, [etc.], Jul. Heinr. Zimmermann, [1900]: Publ. no. Z. 3057. 1 p. l., 56 p. 4°.

M1012.M28 Op. 28

Mannheimer, Julius.

Zweite serenade (D moll) für orchester . . . von Julius Mannheimer. Op. 6. Partitur . . .

Berlin, N. Simrock, 1889. Publ. no. 9031. 46 p. fol.
Cover title.

M1003.M31

Mannsfeldt, Edgar.

See his real name, Pierson, Henry Hugo.

Mansion, Horace.

Cavatine pour violon et orchestre. Horace Mansion. Op. 101.

Paris, A. Noël, ᶜ1897. Publ. no., A. N. 1665. 7 p. 4°.
Caption title.

M1012.M3

Maréchal, Henri Charles, 1842–

... Antar. Poême symphonique en cinq parties. 1. Marche au désert. 2. Le songe d'Antar. 3. Entrée triomphale. 4. Danse des filles de L'Yémen. 5. La mort. L'apothéose. Partition d'orchestre ...

Paris, Mackar & Noël, A. Noël, succr., ᶜ1897. Publ. no. A. N. 1660. 3 p. l. 85 p. 4°.
Name of composer at head of title.

M1002.M31

Esquisses vénitiennes. I. Passepied. [II. Sérénade mélancolique. III. Desdemone endormie. IV. Guitarre].
[Paris, Paul Dupont], [187–?]. 4 v. 12, 13, 4, 20 p. fol.
Caption titles. Only III has Publ. no. P. D. 2591.

M1003.M323

Margaritescu, Capit.

Mars funebru "Lamento."
See
Ivanovici, I. Marsuri funebre.

Marinuzzi, Gino.

Suite siciliana in quattro tempi per orchestra di Gino Marinuzzi. 1° tempo. Leggenda di Natale. 2° tempo. La canzone dell' emigrante. 3° tempo. Valzer campestre. 4° tempo. Festa popolare ...

Milano, G. Ricordi & C., [etc.], ᶜ1910. Publ. no. b 112986 b. 116 p. fol.
Cover title.

M1003.M355

Marschalk, Max, 1863–

Vorspiel zu Gerhart Hauptmann's glashuettemaerchen: "Und Pippa tanzt" von Max Marschalk. Op. 30.
Berlin, Dreililien verlag, ᶜ1906. 23 p. fol.

M1004.M363

Marsch des regiments von Schönfeld, aus dem kriege gegen Frankreich 1792–1795. Bearbeitet von C. Frese ... Full score for orchestra.
See Zwei altpreussische kriegsmärsche.

M2.M9

Marteau, Henri, 1874–

... Concert für violoncell und orchester von Henri Marteau. Op. 7. Partitur ...
Berlin, N. Simrock, 1905. 95 p. fol.

M1016.M36

Marti, Esteban.

Nuit napolitaine. Suite d'orchestre par Esteban Marti. I. Près du Vesuve. II. Dans le rêve. III. Vers la ville. Partition . . .

Paris, G. Ricordi & C., ᶜ1904. Publ. no. 109324. 1 p. l., 41 p. fol.

Cover title.

M1003.M37

Martin, Joseph.

Dance of the gypsies. Characteristic dance by Joseph Martin.

Mss. [1910]. Unpaged. fol.

Band score. Cover title.

M1248.M38

Martucci, Giuseppe, 1856–1909.

. . . Concerto (in Si minore) per pianoforte ed orchestra di Giuséppe Martucci. Op. 66. Partitura . . .

Leipzig, Fr. Kistner, [1886]. Publ. no. 6978. 129 p. fol.

M1010.M38 Op. 66

Andante (Si) per orchestra di Giuseppe Martucci (dall' Op. 69. No. 2).

Lipsia, Fr. Kistner, ᶜ1907. Publ. no. 10153. 30 p. fol.

M1045.M387A6

Symphonie (D moll) für grosses orchester von Giuseppe Martucci. Op. 75. Partitur . . .

Leipzig, Fr. Kistner, [1896]. Publ. no. 8648. 143 p. fol.

M1001.M388

Novelletta per orchestra di Giuseppe Martucci. Op. 82. Partitura.

Milano, G. Ricordi & C., [etc.], [1908]. Publ. no. 111912. 1 p. l., 22 p.

M1045.M387N8

Marty, Georges (Eugene), 1860–1908.

Daria. Drame lyrique en 2 actes . . . Poème de Ad. Aderer et A. Ephraim. Musique de Georges Marty . . . Partition d'orchestre . . . Prélude du 2e acte . . .

Paris, A. Joanin et cie., ᶜ1905. Publ. no. A. J. & cie. 564. 22 p. fol.

M1004.M388D4

Mascagni, Pietro, 1863–

Iris. Atto primo. Inno al sole. Pietro Mascagni. Instrumentazione di Giuseppe Manente.

Milano, G. Ricordi & Co., ᶜ1900. Publ. no. 102782. 22 p. fol.

Band score. Caption title.

M1268.M378

Mascagni—Continued.

Iris. Fantasia. Pietro Mascagni. Composta ed istrumentata da Giuseppe Manente.
Milano, G. Ricordi & Co., ᶜ1900. Publ. no. 102783. 65 p. fol.
Band score. Caption title.

M1268.M388

. . . Iris. Fantasia (Atto I). Instrumentazione di Pio Nevi.
Milano, [etc.], G. Ricordi & C., ᶜ1899. Publ. no. 102090. 1 p. l., 46 p. fol. (Biblioteca dei corpi di musica civili e militari, Serie XII, N. 172.)
Band score.

M1268.M358

. . . Iris. Introduzione: Il sole. Instrumentazione di Domenico Ascolese . . .
Milano, [etc.], G. Ricordi & C., ᶜ1899. Publ. no. 102089. 1 p. l., 23 p. fol. (Biblioteca dei corpi di musica civili e militari, Serie XII, N. 171.)
Band score.

M1268.M368

Intermezzo sinfonico aus Cavalleria Rusticana. . . . P. Mascagni.
Berlin, Ed. Bote & G. Bock, [1891]. Publ. no. 13510. 6 p. fol.
Caption title.

M1505.M395C4

Intermezzo sinfonico aus Cavalleria Rusticana. P. Mascagni. Arr. von O. Brinkmann.
Berlin, Ed. Bote & G. Bock, [1891]. Publ. no. 13542. 7 p. fol.
Band score. Caption title.
"Für österreichische militärmusik."

M1268.M328

. . . Die Rantzau. Oper in 4 akten von P. Mascagni. Vorspiel.
Berlin, Ed. Bote & G. Bock, ᶜ1893. Publ. no. 15754. 12 p. fol.
Caption title.

M1004.M395R3

Vorspiel und siciliana aus der oper: Cavalleria Rusticana. P. Mascagni.
Berlin, Ed. Bote & G. Bock, [1891]. Publ. no. 13530. 19 p. fol.
Caption title.

M1004.M395C3

Mascheroni, Angelo, 1856–1905.

    Dans les fleurs . . . Among the flowers. Spring serenade.
[By] Angelo Mascheroni. Orchestriert von Paul Mestrozi.
Leipzig, Bosworth & co., [etc.] ^c*1905. Publ. no. B. & co. 6099.
15 p. 4°.*

                                     M1045.M395D3

Mascheroni, Eduardo, 1855–

    . . . Lorenza. Fantasia. Instrumentazione di Giovanni
Pennacchio.
Milano, G. Ricordi & C., [etc.], ^c*1903. Publ. no. 109177.
1 p. l., 54 p. fol. (Biblioteca dei corpi di musica, Serie
XVII, N. 233.)*
    Band score. Caption title.

                                       M1268.M425

    . . . La Perugina. Atto II. Istrumentazione di Raffaele
Caravaglios.
Milano, G. Ricordi & C., [etc.], ^c*1910. Publ. no. 113033.
1 p. l., 50 p. fol. (Biblioteca dei corpi di musica, Serie
XXIII, N. 302.)*
    Band score. Cover title.

                                       M1268.M438

Massenet, Jules (Émile Frédéric), 1842–

    . . . Berceuse de Don César de Bazan. Transcrite pour
instruments à cordes. J. Massenet. Partition . . .
Paris, Heugel & Cie., ^c*1899. Publ. no. 19923. 5 p. fol.*
    Cover title.

                                       M1160.M422

    . . . Brumaire. Ouverture pour le drame d'Edouard
Noël . . . J. Massenet. Partition d'orchestre . . .
Paris, Heugel et Cie., ^c*1900. Publ. no. H. et Cie. 20,219.
75 p. fol.*
    Cover title.

                                       M1004.M415B8

    Cigale. Suite pour orchestre extraite du ballet. I. Valse-
Tourbillon des autans. II. Cantabile. III. Variations.
IV. Vieux Noël et ronde des cigales. Partition d'orches-
tre . . . Musique de J. Massenet.
Paris, Heugel & Cie., ^c*1904. Publ. no. H. et Cie. 21468. fol.*

                                       M1003.M416

    . . . Concerto pour piano avec accompagnement d'orchestre
par J. Massenet. Partition d'orchestre . . .
Paris, Heugel & Cie., ^c*1903. Publ. no. H. & Cie. 21,576.
1 p. l., 172 p. fol.*
    Cover title.   **M1010.M42**

Massenet—Continued.

Crépuscule pour flûte, violon et violoncelle soli avec accompt. de quatuor. J. Massenet.

Paris, Heugel et Cie., [1900?]. Publ. no. H. et Cie. 20564. 3 p. 4°.

Caption title.
Hartmann, Paris, 1881.

M1040.M42

. . . Devant la madone. Souvenir de la campagne de Rome (nuit de Noël 1864) par J. Massenet. Partition d'orchestre . . .

Paris, Heugel & Cie., ᶜ1898. Publ. no. H. & Cie. 18906. 1 p. l., 8 p. 4°. •

M1002.M415

Don César de Bazan. Opéra comique en 3 actes. Entr'acte Sevillana. J. Massenet.

Paris, Heugel & Cie, [1898]. Publ. no. H. & Cie 18,908 12 p. 4°.

Caption title.

M1505.M41D6

. . . Entr'acte des Erinnyes. Transcrit pour violon avec. accompagnement d'orchestre par J. Massenet. Partition d'orchestre . . .

Paris, Heugel et Cie., ᶜ1897. Publ. no. H. & Cie 18855. 7 p. 4°.

Cover title.

M1012.M4

Esclarmonde. Suite pour orchestre. 1. Évocation. 2. L'île magique. 3. Hyménée. 4. Dans la forêt . . . Par J. Massenet. Partition d'orchestre . . .

Paris, G. Hartmann & Cie., [1890]. Publ. no. G. H. & Cie. 2070 (1). 1 p. l., 135 p. 4°.

M1003.M414

. . . Fantaisie pour violoncelle et orchestre par J. Massenet. Partition d'orchestre . . .

Paris, Heugel & Cie., ᶜ1897. Publ. no. H. & C. 18858. 1 p. l., 72 p. fol.

M1016.M415

Hérodiade. Opéra en 4 actes et 7 tableaux de MM. P. Millet, H. Grémont, & A. Zanardini. Musique de J. Massenet. Prélude . . . pour orchestre. Partition . . . (Prélude. Acte III.)

Paris, Heugel et Cie., [1899?]. Publ. no. H. et Cie. 19851. 5 p. fol.

M1004.M415H3

Massenet—Continued.

. . . Lamento d'Ariane.
Paris, Heugel et Cie., ᶜ1907.   Publ. no. H. & Cie. 23269.
7 p. fol.
From his 5-act opera "Ariane," text by Catulle Mendès.
M1505.M41A7

. . . The last dream of the Virgin.   Prelude.   J. Massenet.
Arr. by Theo. Moses-Tobani.
New York, Carl Fischer, ᶜ1899.   Publ. no. 5783–4½.   3 p. l.,
4°.   (C. Fischer's edition.   Pastime . . . no. 18.)
Cover title.
M1160.M42

. . . Marche héroique de Szabadi.   Exécutés pour la 1ère
fois au grand festival de l'opéra au bénéfice des inondés
de Szegedin . . .   Partition d'orchestre . . .
Paris, Heugel & Cie., [1898].   Publ. no. H. & Cie. 18991.
27 p. fol.
M1046.M42M3

Mélodie hindoue variée.   Extraite du divertissement du Roi
de Lahore.   J. Massenet.   Partition d'orchestre.   . . .
Paris, G. Hartmann [etc].   Publ. no. G. H. 1102.   19 p.
fol.
M1505.M41R6

Nocturne de La Navarraise.   Épisode lyrique de J. Massenet . . .   Orchestre complet.   (Partitions . . .)
Paris, Heugel et Cie., ᶜ1894.   Publ. no. H. et Cie. 9677.   12
p. fol.
M1070.M29

. . . Ouverture de Phèdre par J. Massenet.   Partition d'or-
chestre . . .
Paris, Heugel et Cie.   Publ. no. G. H. 1068.   54 p.   4°.
Republished 1901 from Hartmann's plates.
M1004.M415P4

. . . Parade militaire.   Morceau de genre pour orchestre
par J. Massenet.   Partition . . . d'orchestre . . .
Paris, Heugel & Cie., [ca. 1899].   Publ. no. G. H. & Cie. 1814.
27 p. 4°.
M1045.M415P3

Pièces pour petit ochestre.   I. Simple phrase . . .   II.
Cantique.   Partition orchestre . . .
Paris, Heugel & Cie., ᶜ1901.   Publ. no. H. & Cie. 20684,
20686. 2 vol. 15, 5 p. 4°.
M1045.M415P5

Massenet—Continued.

... Prélude. (Eve de J. Massenet.) En si bémoll pour violon solo, avec acc. des instruments à cordes et orgue. [Arrangée par Guido Papini] ...
London, Joseph Williams, ᶜ*1897. Publ. no. N. 10642. 7 p. fol.*
> Cover title.

M1160.M424

Première suite d'orchestre en quatre parties. No. 1. Pastorale et fugue. No. 2. Variations. No. 3. Nocturne. No. 4. Marche et stretta par J. Massenet. Op. 13. Partition d'orchestre ...
Paris, A. Durand & Fils. Publ. no. D. S. & Cie. 2164. 108 p. 4°.
> From the plates of Durand, Schoenewerk & Cie., 1882.

M1003.41 No. 1

Les rosati. Divertissement pour orchestre par J. Massenet. Partition d'orchestre ...
Paris, Heugel & Cie., ᶜ*1902. Publ. no. H. & Cie. 20957. 67 p. 4°.*

M1045.M415R7

Le roman d'Arlequin. Pantomime au piano par J. Massesenet. Partition d'orchestre ...
Paris, Heugel & Cie., [1898?]. Publ. no. H. & Cie. 18815. 43 p. 4°.

M1003.M418

Sarabande espagnole du XVIe. siècle transcrite par J. Massenet ... Partition d'orchestre ...
Paris, Heugel & cie., [1899?] Publ. no. H. et Cie. 19446. 7p. 4°

M1060.M42

Scènes alsaciennes. (Souvenirs.) 1. Dimanche matin. 2. Au cabaret. 3. Sous les tilleuls. 4. Dimanche soir. Par J. Massenet. Partition d'orchestre ...
Paris, Heugel & Cie, [188-]. Publ. no. G. H. 1312. 2 p. l., 122 p. 4°.

M1003.M41 No. 7

Scènes de féérie. 6e suite d'orchestre. 1. Cortège. 2. Ballet. 3. Apparition. 4. Bacchanale. J. Massenet. Partition d'orchestre.
Paris, G. Hartmann, [188-]. Publ. no. G. H. 1330. 1 p. l., 124 p. 4°.

M1003.M41 No. 6

Massenet—Continued.

Scènes dramatiques. 3me suite d'orchestre. 1. Prélude
et divertissement . . . 2. Mélodrame . . . 3. Scène
finale . . . Par J. Massenet. Partition d'orchestre . . .
Paris, G. Hartmann & Cie., [188–]. Publ. no. G. H. &
Cie. 1742. 1 p. l., 108 p. 4°.

M1003.M41 No. 3

Scènes hongroises. 2me suite d'orchestre. 1. Entrée en
forme de danse. 2. Intermède. 3. Adieux à la fiancée.
4. Cortège, bénédiction nuptiale, sortie de l'église. Musique de J. Massenet. Partition d'orchestre . . .
Paris, Heugel & Cie. Publ. no. G. H. 1135. 96 p. 4°.
Advertised as published by Schott, Mainz, 1880. Reissued by
Heugel from Hartmann's plates.

M1003.M41 No. 2

Scènes napolitaines. 5e suite d'orchestre par J. Massenet.
Partition d'orchestre . . .
Paris, Heugel & Cie. Publ. no. G. H. 1092. 93 p. 4°.
Reissued by Heugel from Hartmann's plates.

M1003.M41 No. 5

Scènes pittoresques. 4ème suite d'orchestre. 1. Marche.
2. Air de ballet. 3. Angelus. 4. Fête Bohême. Par
J. Massenet. Partition d'orchestre . . .
Paris, Heugel & Cie. Publ. no. G. H. & Cie. 679. 1 p. l.,
91 p. 4°.
Advertised as published by Schott, Mainz, 1877. Reissued by
Heugel from Hartmann's plates.

M1003.M41 No. 4

Thaïs. Méditation. Partition d'orchestre. Musique de
J. Massenet.
n. i., Copr. by Heugel et Cie., 1894. Publ. no. H. et Cie. 4934.
p. 277–289. fol.
Typewritten title page.

M1505.M

Matern, G.

Concert-ouverture. Victoria. Componirt . . . von G. Ma-
tern. Op. 14. Partitur und clavierauszug. . . .
St. Petersburg, B. Bessel & Co., [187–]. 55 p. 4°.
Small photograph of the composer pasted on the title-page.

M1004.M42506

Mathieu, Émile (Louis Victor), 1844–

Concerto de violin. Partitur.
Mss. 165 p. fol.
Transcript, 1909.

M1012.M42

Maupeou, (Gilles) Louis, (*comte*) de.

Madrigal par L. de Maupeou. Partition d'orchestre . . .
Paris, G. Hartmann, [1881]. Publ. no. G. H. 1203.·1 p. l.,
20 p. 4°.

M1045.M452M2

Jeanne d'Arc. Ouverture de concert pour orchestre par
L. de Maupeou. Partition . . .
Paris, J. Hamelle succr [188-]. Publ. no. J. 1852. H. 1
p. l., 64 p. 4°.

M1004.M455

Maurice, Alphonse, 1862–1905.

. . . Sage. Componiert von Alphonse Maurice. Op.53 . . .
Wien, Josef Eberle, [etc.], [1901]. Publ. no. J. E. 621. 19 p.
fol.

. M1012.M45 Op. 53

Maurice, Pierre, 1868–

Der islandfischer. Musikalische stimmungsbilder· unter
dem eindruck von Pierre Lotis gleichnamigen roman für
grosses orchester komponiert von Pierre Maurice. Op. 8
. . . Partitur . . .
München Dr. Heinrich Lewy, [1906]. Publ. no. H. L. 732.
51 p. fol.
Title also in French.

M1003.M455

Mayer, Emilie, 1821–

. . . Faust-ouverture für grosses orchester componirt von
Emilie Mayer. Op. 46. Partitur . . .
Stettin, Paul Witte, [1880]. Publ. no. P. 3 W. 69 p. 4°.

M1004.M468F3

Mayerhoff, Franz, 1864–

Heilige nacht. Für streichorchester und orgel komponiert
von Franz Mayerhoff. Op. 29.
Hameln, H. Oppenheimer, ᶜ1908. Publ. no. H. O. 1090.
7 p. fol.

M1105.M46

Méhul, Etienne Nicolas, 1763–1817.

Simphonie en partition composée par Méhul. No. [1] . . .
Paris, Chérubini, Méhul, Kreutzer, Rode & Boieldieu,]18—].
Publ. no. 641. 1 p. l., 67 p. fol.

Symphonie No. 2 in D v. Méhul. Bearbeitet u. heraus-
gegeben von Fritz Steinbach. Partitur.
Mss. 84 p. fol.
Transcript, 1909.

M1001.M49

Mendelssohn-Bartholdy, Felix (Jacob Ludwig), 1809–1847.

Felix Mendelssohn Bartholdy's werke. Kritisch durch-
gesehene ausgabe von Julius Rietz . . .
Leipzig, Breitkopf & Härtel, [1874–77]. 42 v. fol.
See serie I: Symphonies. II: Overtures. III: March, op. 108.
IV, n. 18: Violin concerto. VII: "Für blasinstrumente."
VIII: "Für pianoforte und orchester."
M3.M53

. . . Scherzo (No. 2 de l'Op. 16) de Mendelssohn. Orches-
tré par Théodore Dubois. Partition d'orchestre . . .
*Paris, Heugel & Cie., ᶜ1910. Publ. no. H. & Cie. 24546.
16 p. fol.*
Cover title.
M1060.M536

Der sommernachtstraum. Ouverture. Op. 21.
First edition.
See his Drei concert-ouverturen.
M3.3.M52

Scherzo in G minor from the Octet, Op. 20 composed by
Felix Mendelssohn-Bartholdy. Scored for use with Sym-
phony No. 1. Full score.
*London, Novello & Company, Limited [etc,] ᶜ1911. Publ. no.
13230. 2 p. l., 33 p. fol.*
On 2d p. l., "Prefatory note" dated "London, March, 1911."
M1001.M537

Capriccio brillant pour le pianoforte avec accompagnement
de l'orchestre composé par Felix Mendelssohn Bartholdy.
Op. 22. Partition.
*Leipzig, Breitkopf & Härtel, [1862]. Publ. no. 10318.
1 p. l., 52 p. 4°.*
M3.3.M53 Op. 22

Ouverture für harmoniemusik componirt von Felix Men-
delssohn Bartholdy. Op. 24. [Partitur.]
Bonn, N. Simrock, [1852]. Publ. no. 5183. 1 p. l., 47 p. 4°.
First edition.
M3.3.M53 Op. 24

Die Fingals-höhle. Ouverture. Op. 26.
First edition.
See his Drei concert-ouverturen.
M3.3.M52

Meeresstille und glückliche fahrt. Ouverture. Op. 27.
First edition.
See his Drei concert-ouverturen.
M3.3.M52

Ouverture zum märchen von der schönen Melusine componirt von Felix Mendelssohn-Bartholdy. [Op. 32.] Partitur.

Mendelssohn-Bartholdy—Continued.

*Leipzig, Breitkopf & Härtel, [1836?]. Publ. no. 5688. 1 p. l.,
72 p. 4°.*
First edition.

M3.3.M53 Op. 32

Symphonie, No. 3 componirt . . . von Felix Mendelssohn-
Bartholdy. Op. 56. Partitur.
*Leipzig, [etc.], Breitkopf & Härtel, [1843]. Publ. no. 6823.
2 p. l., 240 p. 4°.*
First edition. Known as the "Scotch" symphony.

M3.3.M53 Op. 56

Concert für die violine mit begleitung des orchesters componirt von Felix Mendelssohn-Bartholdy. Op. 64. Partitur.
*Leipzig, [etc.], Breitkopf & Härtel, [1862]. Publ. no.
10334. 1 p. l. 180 p. 4°.*

M3.3.M53 Op. 64

Ouverture zu Athalia von Racine. Musik von Felix Men-
delssohn-Bartholdy. Partitur.
*Leipzig, Breitkopf & Härtel [etc], [184—]. Publ. no. 7914.
40 p. fol.*
First edition.
In caption title: "Op. 74."

M3.3.M53 Op. 74

Symphonie No. 4 für orchester von Felix Mendelssohn-
Bartholdy. Op. 90. No. 19 der nachgelassenen werke.
Partitur.
*Leipzig, [etc.], Breitkopf & Härtel, [1851]. Publ. no. 8347.
1 p. l., 193 p. 4°.*
First edition.

M3.3.M53 Op. 90

Ouverture zu Ruy Blas für grosses orchester componirt von
Felix Mendelssohn-Bartholdy. Op. 95. Partitur. (No.
24 der nachgelassenen werke.)
*Leipzig, [etc.], Fr. Kistner, [1851]. Publ. no. 1837. 1 p. l.,
64 p. 4°.*
First edition. Known as the "Italian" symphony.

M3.3.M53 Op. 95

Ouverture in C dur für grosses orchester (Trompeten-ouver-
ture) componirt im jahre 1826 von Felix Mendelssohn
Bartholdy. Op. 101. No. 30 der nachgelassenen werke.
(Zweite folge.) Partitur.
*Leipzig, [etc.], Breitkopf & Härtel, [1867]. Publ. no. 11370.
1 p. l., 76 p. 4°.*
First edition.

M3.3.M53 Op. 101

Mendelssohn-Bartholdy—Continued.

1. Trauer-marsch componirt von F. Mendelssohn-Bartholdy.
Op. 103. No. 32 der nachgelassenen werke (Zweite folge).
Für harmoniemusik. Partitur.
2. . . . Für grosses orchester. Partitur.
*Leipzig u. Winterthur, J. Rieter-Biedermann, [1868]. Publ.
no. 552. 554. 2 v. 19, 19 p. 4°.*
First edition.

M3.3.M53 Op. 103

Reformations-sinfonie No. 5 componirt im Jahre 1830 von
·Felix Mendelssohn-Bartholdy. Op. 107. No. 36 der
nachgelassenen werke. Neue folge. Partitur . . .
Bonn, N. Simrock, [etc.] [1868]. 1 p. l., 179 p. 4°.
First edition.

M3.3.M53 Op. 107

Concerte für das pianoforte mit begleitung des orchesters
componirt von Felix Mendelssohn-Bartholdy. Partitur.
No. 1. G moll. Op. 25. No. 2. D moll. Op. 40.
*Leipzig, Breitkopf & Härtel, [1862]. Publ. nos. 10188,
10279. 2 v. in 1. 1 p. l., 98, 101 p. 4°.*
First editions.

M3.3.M53

Drei concert-ouverturen. No. 1. Der sommernachtstraum.
No. 2. Die Fingals-höhle. No. 3. Meeresstille und glück-
liche fahrt. Componirt . . . von Felix Mendelssohn-
Bartholdy.
*Leipzig, Breitkopf & Härtel, [183-]. Publ. no. 5542, 5543,
5544. 1 p. l., 78, 52, 66 p. 4°.*
First editions.
Bound in two volumes. By mistake No. 1 follows No. 2, No. 3
being bound separately.
Op. 21, 26, 27.
Bound in the same volume with Nos. 1 and 2: "Ouverture zum
mährchen von der schönen Melusine componirt von Felix
Mendelssohn-Bartholdy . . ." [Op. 32].

M3.3.M52

. . . Spinnerlied. Für kleines orchester bearbeitet von Karl
Müller-Berghaus. . . .
*Berlin, Ries & Erler, [1886]. Publ. no. R. 2383a E. 10 p.
fol.*
Cover title.
Name of composer at head of title.

M1045.M53786

Menter, Sophie, 1846–
Ungarische zigeunerweisen für klavier von Sofie Menter mit
orchester begleitung von Peter Tschaikovsky. Orchestral
score.

Menter—Continued.

> *New York, G. Schirmer, ᶜ1909. Publ. no. 21592. 63 p. fol.*
> Cover title.
>
> **M1010.M55**

Mercadante, Giuseppe Saverio Raffaele, 1797–1870.

> Gran sinfonia sopra motivi dello Stabat Mater del celebre Rossini composta espresso per precederne la solenne essecuzione in Napoli 3, 6 e 8 Aprile 1843 . . . dal S. Mercadante. Partitura.
> *Milano, G. Ricordi & C. Publ. no. D. 16195 D. 1 p. l., 32 p. obl. 4°.*
>
> **M1001.M554**

> Sinfonia fantastica in partitura grand orchestra di S. Mercadante.
> *Milano, Ricordi. Publ. no. D. 38697 D. 43 p. fol.*
> Cover title.
>
> **M1001.M55**

Merkes van Gendt, W. *See* **Gendt.**

Mertke, Eduard, 1833–1895.

> Minnesang. 4 symphonische sätze für orchester. I. Vom abschiednehmen. II. Von der jugendzeit. III. Von der sehnsucht. IV. Von den wogen der liebe. Componirt von Ed. Mertke. Op. 10. Partitur.
> *Cöln, Pet. Jos. Tonger. [1879]. Publ. no. P. J. T. 1098. 2 p. l. 83 p. fol.*
>
> **M1003.M53**

Messager, André (Charles Prosper), 1843–

> Hélène. Suite de concert. Partition d'orchestre. Musique de André Messager.
> *Paris, Choudens Fils, ᶜ1898. Publ. no. A. C. 8721. 1 p. l., 65 p. 4°.*
>
> **M1003.M583**

Messerer, H.

> . . . Cantabile. Extrait des 3 pièces. Pour orchestre à cordes et grand orgue arrangé par l'auteur. . . .
> *Paris, Costallat & Cie. [etc.], ᶜ1909. Publ. no. Costallat & Cie, 1431, Paris. 1 p. l., 8 p. 1431. fol.*
>
> **M1105.M58**

Metzdorff, Richard, 1844–

> Reverie für orchester von Richard Metzdorff. Op. 6. Partitur . . .
> *Leipzig, Fr. Kistner, [1871]. Publ. no. 3760. 23 p. 4°.*
> Cover title.
>
> **M1045.M596R4**

Metzdorff—Continued.

Symphonie no. 1 für grosses orchester componirt . . . von
Richard Metzdorff. Op. 16. Partitur.

*Braunschweig & New York, Henry Litolff, [etc.], [1874].
1 p. l., 200 p. 4°.*

M1001.M592

Metzl, Wladimir.

Traumgebilde. Symphonische phantasie für grosses orchester komponiert von Wladimir Metzl. Op. 11. Partitur . . .

*Berlin, Schlesinger (Rob. Lienau), [etc.], [1907]. Publ. no.
S. 9396. 68 p. fol.*

M1002.M596T8

. . . "Die versunkene glocke" Dramatische tondichtung
nach Hauptmann's gleichnamigem märchendrama für
grosses orchester komponiert von Wladimir Metzl. Op.
12. Partitur . . .

*Berlin, Schlesinger (Rob. Lienau), [etc.], [1907]. Publ. no.
S. 9397. 107 p. fol.*

M1002.M596V4

Meyer, Leopold von, 1816–1883.

Marche marocaine composée pour le piano par Leopold de
Meyer et instrumentée à grand orchestre avec une coda
nouvelle par Hector Berlioz. Grande partition.

*Vienne, A. Diabelli et comp., [1846]. Publ. no. D. et C. No.
8302. 35 p. fol.*

Instrumentated in April, 1845.

M3.3.B15M3

Meyer-Helmund, Erik, 1861–

. . . Fantaisie pour violon avec accompagnement d'orchestre ou de piano composée par Erik Meyer-Helmund. Op.
44. Partition d'orchestre . . .

*Hambourg, D. Rahter, [etc.], [1889]. Publ. no. 2776. 1 p. l.,
48 p. 4°.*

M1012.M61 Op. 44

Sérénade par Erik Meyer-Helmund. Op. 62. . . . Partition. . . .

*Berlin, Ries & Erler, [1888]. Publ. no. R. 4242 E. 30 p.
fol.*

Cover title.

Written in pencil following Op. 62: "früher Op. 10." Also known
as "Sérénade burlesque."

M1045.M61S4

Meyer-Olbersleben, Max, 1850–
Feierklänge. Concert-ouverture für grosses orchester von
Max Meyer-Olbersleben. Op. 18. Partitur . . .
*Hamburg, Max Leichssenring, [etc.], [1884]. Publ. no. 339.
50 p. 4°.*

M1004.M58F3

Fest-ouverture für grosses orchester componirt von Max
Meyer-Olbersleben. Op.30. Orchesterpartitun. . . .
*Leipzig, Rob. Forberg, [1888]. Publ. no. 3941. 1 p. l., 55
p. 4°.*

M1004.M58F4

Clare Dettin. Oper in drei aufzügen von Max Meyer-
Olbersleben. Op. 41. . . . Daraus einzeln: Vorspiel
zum dritten aufzuge. Partitur. . . .
*Leipzig, C. F. W. Siegel (R. Linnemann), [1895]. Publ. no.
11548. 1 p. l., 335–343 p. fol.*

M1004.M58C5

Sonnenhymnus. Eine tondichtung für orchester komponiert von Max Meyer-Olbersleben. Op.90. Partitur . . .
*Leipzig, C. F. W. Siegel (R. Linnemann), [1908]. Publ. no.
14839. 1 p. l., 58 p. fol.*

M1002.M6

Meyerbeer, Giacomo, 1791–1864.
Fest-marsch zu Schiller's 100jähriger geburtstagsfeier
componirt von G. Meyerbeer . . . Für orchester. Partitur . . .
*Berlin, Schlesinger, [etc.], [1860]. Publ. no. S. 4884. 43 p.
fol.*

M1046.M613F3

Gran sinfonia in forma di marcia. Composta ed eseguita
per l'esposizione di Londra del 1862 da Giacomo Meyerbeer . . .
Firenze, G. G. Guidi, [187–?]. Publ. no. 2340. 68 p. 12°.
Caption title.

M1046.M613G8

Grosse polonaise aus Michael Beer's trauerspiel Struensee.
Musik von G. Meyerbeer. Partitur. . . .
*Berlin, Schlesinger, [ca. 1850]. Publ. no. S. 3304. 1 p. l.,
107–143 p. fol.*
Caption title reads: "No. 8. 2ter entreact—Der ball. Polo-
naise."

M1515.M62 ·

Meyerbeer—Continued.

Krönungsmarsch aus der oper "Der prophet." G. Meyerbeer.

*Leipzig [etc], Breitkopf & Härtel, [1895]. Publ. no. Part. B.
857. 1 p. l., 19 p. fol. (Breitkopf & Härtels partitur-
bibliothek).*

Caption title.

M1505.M59P8

Krönungs-marsch für zwei orchester aufgeführt in König-
berg während des krönungszuges. Seiner majestät dem
könig von Preussen Wilhelm I in tiefster ehrfurcht
gewidmet von G. Meyerbeer.

Berlin, Schlesinger, [etc.], [1861]. Publ. no. 5024. 47 p. fol.

M1046.M613K8

Ouverture en forme de marche pour l'inauguration de l'exposition universelle de Londres 1862. a, Marche triomphale. b, Marche religieuse. c, Pas redoublé. Composée par G. Meyerbeer. Grande partition . . .

*Paris, G. Brandus & S. Dufour, [etc.], [1862]. Publ. no. B. et
D. 10561. 68 p. fol.*

M1004.M61409

Quatre marches aux flambeaux composées pour musique
militaire par Giacomo Meyerbeer. Arrangée pour orchestre ordinaire par W. Wieprecht . . .

*Firenze, G. G. Guidi, [187-?]. Publ. no. 2384. 1 p. l.,
48 p. 12°.*

M1060.M6

Mielck, Ernst, 1877–

Symphonie No. 1 F moll für orchester von Ernst Mielck.
Op. 4. Partitur . . .

*Leipzig, Friedrich Hofmeister, [1901]. Publ. no. 8627. 147 p.
fol.*

M1001.M61

. . . Dramatische ouverture für orchester von Ernst
Mielck. Op. 6. Partitur . . .

*Leipzig, Friedrich Hofmeister, [1901]. Publ. no. 8626. 55 p.
fol.*

M1004.M631D8

Finnische suite für orchester von Ernst Mielck. Op. 10.

[Leipzig, Friedrich Hofmeister], [1901]. 60 p. fol.

Caption title.

M1003.M63

Miersch, Paul (Friedrich Theo.), 1865–
... Two pieces for violin with piano accompaniment. No. 1. Elegy. No. 2. Cradle song. The same arranged for string orchestra. Score . . . [Op. 27].
New York, G. Schirmer, ᶜ1900. Publ. no. 15294. 1 p. l., 8 p. 4°.
Name of composer at head of title.

M1160.M63

Miguéz, Leopoldo.
... Parisina (d'après Lord Byron). Poème symphonique pour grand orchestre par Leopoldo Miguéz. Op. 15. Partition . . .
Leipzig, J. Rieter-Biedermann, [1896]. Publ. no. 1. 62 p. fol.

M1002.M621P3

... Ave, Libertas! Poème symphonique pour grand orchestre . . . par Leopoldo Miguéz. Op. 18. Partition . . .
Leipzig, J. Rieter-Biedermann, [1896]. Publ. no. R. 6 B. 70 p. fol.

M1002.M621A8

Prométhée. 3me. poème symphonique pour grand orchestre composé par Leopoldo Miguéz. Op. 21. Partition d'orchestre . . .
Leipzig, J. Rieter-Biedermann, [1896]. Publ. no. R. 7 B. 59 p. fol.

M1002.M621P8

Mihalovich, Edmund von, 1842–
Ballade für grosses orchester nach Strachwitz' Dichtung Das geisterschiff componirt von Edmund von Mihalovich.
Mainz, B. Schott's Söhne, [1879]. Publ. no. 22584. 91 p. 8°.

M1002.M63 G3

Eine Faust-phantasie für grosses orchester komponirt von Edmund von Mihalovich . . . Partitur.
Leipzig, Breitkopf & Härtel, [1882]. Publ. no. 16030. 53 p. fol.

M1002.M63F3

... Hero and Leander nach Schiller's ballade für grosses orchester componirt von Edmund Milhalovich. Partitur . . .
Mainz, B. Schott's söhne, [&c.], [1879]. Publ. no. 22576. 1 p. l., 91 p. 4°.

M1002.M63H3

Mihalovich—Continued.

   . . . Die nixe, ballade. Partitur . . .
   Mainz, B. Schott's söhne, [1879]. Publ. no. 22578. 1 p. l.,
   68 p. 4°.

       At head of title: Compositionen für grosses Orchester von Edm.
       von Mihalovich, [no. 4]. "A Sellő" "(Die Nixe,)" poem by
       Paul Gyulai, on p. 1.

                                     M1002.M63N5

   . . . La ronde du sabbat, d'après la ballade de Victor Hugo
   composée pour grand orchestre, par Edmond de Mihalovich. Partition d'orchestre . . .
   Mayence, Les fils de B. Schott, [&c.], [1879]. Publ. no. 22580.
   1 p. l., 86 p. 4°.

       "La ronde du sabbat, ballad by V. Hugo," on p. 1.

                             · M1002.M63R5

   . . . Symphonie (D moll) für grosses orchester komponirt
   von Edmund von Mihalovich. Partitur.
   Leipzig, Breitkopf & Härtel, [1883]. Publ. no. 16028. 1
   p. l., 124 p. fol. (B. & H. Part.-Bibl., no. 16028.)

                                   M1001.M635

   . . . Trauerklänge für grosses orchester componirt von
   Edmund von Mihalovich. Partitur . . .
   Mainz, [etc.], B. Schott's söhne, [1879]. Publ. no. 22582. 56
   p. 4°.

       At head of title: Dem Andenken Franz Deák's gewidmet. . . .

                                  M1045.M635T8

Military band music. Vol. 1. ◆
   New York, John F. Stratton. °1866-1868. 1 v. obl. 4°.
   Incomplete.

                                   M1200.M648

Miró, Antonio Luis.
   Fantesia a duas orchestras composta expressamente par
   Antonio Luis Miró para ser executada no real theatro de
   S. Carlos. Offerècida por seu auctor ao illmo. e exmo.
   Sñr. Conde do Farrobo.
   Lisboa, Maio, 1838. 1 v. 106, 41 p. fol.

                                M1045.M67F3

Mlynarski, Emil, 1870-
   . . . Concerto pour violon avec accompagnement d'orchestre
   ou de piano par Emile Mlynarski. Op. 11. Œuvre
   couronnée en 1898 à Leipzig au concours de Paderewski.
   Partition d'orchestre . . .
   Leipzig, M. Józefowicz, [etc.], [1899]. Publ. no. 1. 87 p. 4°.

                              M1012.M68 Op. 11

Möller, Adolf.

Sinfonie in G moll für grosses orchester componirt von Adolf Möller. Partitur . . .

Leipzig, Breitkopf & Härtel, [1899]. Publ. no. Part B. 1519. 1 p. l., 134 p. fol. (Breitkopf & Härtel's partitur. bibliothek, 1519.)

M1001.M69

Moeser, Karl, 1774–1851.

Ouverture pathétique für grosses orchester, komponirt zur gluecklichen wiedergenesung ihrer majestaet der koenigin Elisabeth von Preussen. Seiner majestaet dem koenige Friedrich Wilhelm den IV in allertiefster unterthänigkeit gewidmet von C. Moeser.

Unpaged mss. fol.

M1004.M69308

Molbe, H.

Tanzweisen für streichquintett, oboe, clarinette, horn und fagott componirt von H. Molbe. Op. 26.

Wien, F. Rörich, [etc.], [1888]. Publ. no. F. R. 7. 31 p. 4°.

M1045.M7T3

Tanzreigen für clarinette, englischhorn, horn, fagott, mandoline, harfe und streichquintett von H. Molbe. Op. 136.

Leipzig, Friedrich Hofmeister [1910]. Publ. no. 153. 47 p. fol.

M1047.M7

Monasterio, Jesús de, 1836–1903.

Andante con variciones de la sonata en La (obra 47) para piano y violin de Beethoven. Arreglado para orquesta, por J. de Monasterio. (Madrid, Abril de 1873.)

Autograph. 63 p. fol.

At bottom of t. — p.: "A tí, querido Gevaert, à quien debo las primeras lecciones en el difícil àrte de instrumentar, dedico èste tan atrevido como imperfecto trabajo. Dígnate aceptarle con la benevolencia que siempre has dispensado á tu agradecido discípulo y sincero amago Jesús de Monasterio. Madrid-Junio 1875."

At bottom of p. 63 the autograph signature "J. de Monasterio."

Moniuszko, Stanislaw, 1820–1872.

Bajka v. Moniuszko.

Mss. 82 p. fol.

M1004.M73B4

Ouvertura z opery Flis.

Mss. unpaged. fol.

M1004.M73F6

Moniuszko—Continued.

     Ouverture zur oper "Halka" v. Stan. Moniuszko. Orchester-partitur.

     Mss. 65 p. fol.

                                 M1004.M73H4

     . . . Soldatenlied (Piosnka zolnierza) von Stanislas Moniuszko für orchester oder pianoforte bearbeitet von Siegmund Noskowski. Für orchester. Partitur. . . .

     Breslau, Julius Hainauer [etc], [1884]. Publ. no. J. 2637 H. 7 p. fol.

                                   M1045.M744S6

Monn, Georg Matthias, 1717-1750.

     Sonata in A dur (Partita). Georg Matthias Monn. [8 p. fol.]

     See Wiener instrumentalmusik vor und um 1750. (D. d. T. in Österreich, XV. jahrg. 2. t.)

                                   M2.D36

     Symphonie in D dur. Georg Matthias Monn, 24. mai 1740. [14 p. fol.]

     See Wiener instrumentalmusik vor und um 1750. (D. d. T. in Österreich, XV. jahrg. 2. t.)

                                   M2.D36

     Symphonie in Es dur. Georg Matthias Monn. [18 p. fol.]

     See Wiener instrumentalmusik vor und um 1750. (D. d. T. in Österreich, XV. jahrg. 2. t.)

                                   M2.D36

     Symphonie in H dur. Georg Matthias Monn. [9 p. fol.]

     See Wiener instrumentalmusik vor und um 1750. (D. d. T. in Österreich, XV. jahrg. 2. t.)

                                   M2.D36

Montanari, Angelo.

     . . . "Esposizione internazionale 1906." Marcia di Angelo Montanari. . . .

     n. i., Proprietà dell' autore. 15 p. fol.

         Band score.

         At foot of title-page: Lipsia della stamperia di Breitkopf e Härtel.

         Has also separate part for timpani e triangolo (ad lib.).

                                   M1247.M768 .

Montemezzi, Italo.

     . . . Giovanni Gallurese. Fantasia . . . Instrumentazione di Giovanni Pennacchio. (Atto I . . . Atto III . . .

     Milano, G. Ricordi & Co., [etc.], c1905, 1906. Publ. nos. 110888, 111450. 2 v. fol. (Biblioteca dei corpi di musica, Serie XIX, N. 254; Serie XX, N. 269.)

         Cover title.

                                   M1268.M778

Monti, Victor.

Noël de Pierrot. Mimodrame en trois actes de F. Beissier. Musique de V. Monti. Ouverture pour orchestre · · · *Milan,[etc.],G.Ricordi & C., ᶜ1907. Publ.no.103569. 23 p. fol.*

M1004.M791

Moody, Marie.

Concert-ouverture in E moll für grosses orchester componirt von Madame Marie Moody. *London & New York, Novello, Ewer & co., [1889]. Publ. no. 7726. 1 p. l., 36 p. 4°.*

M1004.M83C5

Concert ouverture (in Fis moll) für grosses orchester componirt von Madame Marie Moody. *London, Novello, Ewer & Co., [187–?]. Publ. no. 4295. 1 p. l., 36 p. 4°.*

M1004.M83C6

Concert-ouverture zu König Lear für grosses orchester componirt von Madame Marie Moody · · · *London & New York, Novello, Ewer & co., [1889]. Publ. no. 7725. 1 p. l., 61 p. 4°.*

M1004.M83K5

Der sterbende krieger. Concert-ouvertüre für grosses orchester componirt von Marie Moody. *London & New York, Novello, Ewer & co., [1892]. Publ. no. 9346. 1 p. l., 26 p. 4°.*

M1004.M83S6

Themistokles. Ouvertüre für militär-musik componirt von Marie Moody. Partitur. *London & New York, Novello, Ewer & co., [1893]. Publ. no. 9440. 1 p. l., 50 p. 4°.* Band score.

M1204.M838

Moór, Emanuel.

Serenade für streich-orchester (2 violinen, viola und violoncell) von Em. Moór. Partitur · · · [Op. 16]. *Mainz, B. Schott's söhne, [etc.]. [1888]. Publ. no. 24683. 1 p. l., 19 p. 4°.*

M1103.M82 Op. 16

· · · Symphonie in D moll für grosses orchester von Emanuel Moór. Op. 45. Partitur. *Budapest und Leipzig, Rozsavölgyi & Co., [1896]. Publ. 6. 114 p. fol.*

M1001.M812

Moór—Continued.

Concerto pour violoncelle et orchestre par Emanuel Moór,
Op. 61 . . . Partitur . . .
Leipzig, C. F. W. Siegel (R. Linnemann), [1906]. 70 p. fol.
M1016.M82 Op. 61

. . . Concert für violine und orchester von Emanuel Moór.
Op. 62. Partitur . . .
*Berlin, N. Simrock, [etc.], ᶜ1905. Publ. no. 12107. 106 p.
fol.*
M1012.M82 Op. 62

Improvisationen über ein eigenes thema für orchester von
Em. Moór. Op. 63. Partitur . . .
*Leipzig, C. F. W. Siegel (R. Linnemann), [1906]. Publ.
no. 38. 71 p. 4°.*
M1045.M81516

2 ème. concerto pour violoncelle et orchestre par Emanuel
Moór. Op. 64 . . . Orchester-partitur . . .
Leipzig, C. F. W. Siegel (R. Linnemann), [1906]. 78 p. fol.
M1016.M82 Op. 64

. . . Symphonie E-moll für orchester von Emanuel Moór.
Op. 65. Orchesterpartitur . . .
*Leipzig, C. F. W. Siegel (R. Linnemann), [1906]. Publ. no.
14533. 137 p. fol.*
M1001.M815

. . . Pensées symphoniques. Suite pour orchestre. Emanuel Moór. (Op. 75).
*[Paris], by A. Zunz Mathot, ᶜ1909. Publ. no. Z 222 M. 82
p. fol.*
M1003.M816

. . . Rhapsodie pour violon et orchestre. Emanuel Moór.
Op. 84. Partition . . .
*Paris, A. Zunz Mathot, ᶜ1909. Publ. no. Z. 363 M. 34 p.
fol.*
M1012.M82 Op. 84

Barcarole für streich-orchester von Emanuel Moór.
Berlin, N. Simrock, ᶜ1894. Publ. no. 10430. 7 p. fol.
M1145.M82

Concert (D dur) für pianoforte mit begleitung des orchesters
von Emanuel Moór. Partitur . . .
Berlin, N. Simrock, 1894. Publ. no. 10145. 99 p. fol.
M1010.M81

Moór—Continued.

Symphonie (C dur) für grosses orchester von Emanuel
Moór. Partitur.

Berlin, N. Simrock, 1895. Publ. no. 10339. 100 p. fol.

M1001.M819

Morlachi, Francesco, 1784–1841.

Francesca da Rimini. Sinfonia (inedita). F. Morlacchi.

*Milano, G. Ricordi & C., [etc.]. Publ. no. 51585. 2 p. l.,
72 p. 12°.*

Caption title. At the end of the overture: "Febbraio 1878."

M1004.M87

Morley, Oscar.

Danse crizole. Neuer salon-tanz von Oscar Morley. Für
orchester instrumentirt von Karl Müller-Berghaus. Partitur . . . .

*Leipzig, [etc.], Jul. Heinr. Zimmermann, ᶜ1901. Publ. no.
Z.3366. 23 p. fol.*

M1060.M86

Moscheles, Ignaz, 1794–1870.

Drittes concert (in G moll) für pianoforte und orchester
componiert von Ignatz Moscheles. Opus 58. Neue
partitur-ausgabe.

*Leipzig, Gustav Heinze, [1870]. Publ. no. G. 176 H. 71 p.
fol.*

M1010.M89 Op. 58

Mosel, Ignaz Franz, Edler von, 1772–1844.

Ouverture zur oper: Cyrus und Astyages in musik gesetzt
von J. F. von Mosel. Vollständige partitur . . .

*Wien, S. A. Steiner und Comp. Publ. no. S. u. C. 3092.
44 p. fol.*

M1004.M898C9

Moszkowski, Moritz, 1854–

Spanische tänze. Op. 12. Heft I. Partitur. (Scharwenka.)
[No. 2. G moll. No. 5. (Bolero) D dur.]

*Berlin, Carl Simon, [etc.], [1878]. Publ. no. C. S. 486. 35 p.
fol.*

Cover title of Peters. Edition Peters no. 3252a.

Spanische tänze. Op. 12. Original No. 1, C dur. No. 4,
B dur. No. 3, A dur. Componirt von Moritz Mosz-
kowski. Für orchester arrangirt von Valentin Frank.
Heft II . . .

*Berlin, Carl Simon, [etc.], [1884]. Publ. no. C. S. 937. 29 p.
fol. (Edition Peters, no. 3252b.)*

Has cover title of Peters.

M1060.M9F6

Moszkowski—Continued.

Serenata. Opus 15 No. 1 von Moritz Moszkowski. . . . Für orchester. Partitur. Arrangement von Fabian Rehfeld. . . .
Breslau, Julius Hainauer, [*1885*]. *Publ. no. J. 2518 H. 9 p. fol.*

M1060.M9R4

Melodie von Moritz Moszkowski für grosses orchester bearbeitet von Eduard Strauss. . . . Partitur. . . .
Breslau, Julius Hainauer [*etc*], [*1885*]. *Publ. no. J. 2780 H. 11 p. fol.*
Cover title.
In caption title: "Op. 18, No. 1."

M1045.S911M4

. . . Johanna d'Arc. Symphonische dichtung in vier abtheilungen nach Schiller's Jungfrau von Orleans für grosses orchester componirt von Moritz Moszkowski. Op. 19. Partitur . . .
Breslau, Julius Hainauer, [*etc.*], [*1879*]. *Publ. no. J. 2014 H. 316 p. 4°.*

M1002.M91J4

. . . Aus aller herren länder. Sechs characterstücke für grosses orchester von Moritz Moszkowski. Opus 23. Partitur . . .
Breslau, Julius Hainauer, [*1884*]. *Publ. no. J. 2713 H. 155 p. 4°.*

M1003.M898

. . . Concerto pour le violon avec accompagnement d'orchestre composé par Maurice Moszkowski. Op. 30. Partitur . . .
Berlin & Posen, Ed. Bote & G. Bock, [*etc.*], [*1883*]. *Publ. no. 12825. 266 p. 4°.*

M1012.M9 Op. 30

Première suite d'orchestre composée . . . par Maurice Moszkowski. Œuv. 39. Partition d'orchestre . . .
Breslau, Jules Hainauer, [*etc.*], [*1886*]. *Publ. no. J. 2911 H. 201 p. fol.*

M1003.M91

Deuxième suite d'orchestre par Maurice Moszkowski. Œuvre 47. I. Preludio. II. Fuga. III. Scherzo. IV. Larghetto. V. Intermezzo. VI. Marcia . . .
Breslau, Jules Hainauer, [*1890*]. *Publ. no. J. 3411 H. 159 p. fol.*

M1003.M912

Moszkowski—Continued.

Polnische volkstänze für orchester frei bearbeitet von
Moritz Moszkowski. Opus 55. . . . Hieraus einzeln:
No. 1 und 4. Mazurka und Krakowiak.
Leipzig, C. F. Peters, ᶜ1899. Publ. no. 8576. 34 p. fol.
M1049.M89

. . . Concerto pour le piano composé par Maurice Moszkowski. Opus 59. Partition d'orchestre.
*Leipzig, C. F. Peters, ᶜ1898. Publ .no. 2871. 113 p. fol.
(Edition Peters, No. 2871.)*
M1010.M93 Op.59

Habanera für orchester von Moritz Moszkowski. Opus 65,
No. 3. Partitur . . .
*Leipzig, C. F. Peters, ᶜ1904. Publ. no. 8971. 26 p. fol.
(Edition Peters, No. 3038.)*
M1047.M91H3

. . . Troisième suite d'orchestre par Maurice Moszkowski.
Op. 79 . . .
Berlin, Ed. Bote & G. Bock, [etc.], ᶜ1908. 106 p. fol.
M1003.M914

Mouquet, Jules.

Diane et Endymion. Prélude symphonique pour orchestre
par Jules Mouquet. Op. 2. . . . Partition d'orchestre. . . .
*Paris-Bruxelles, Henry Lemoine & Cie, ᶜ1911. Publ. no.
20753 H. 1 p. l., 15 p. fol.*
M1004.M89D5

Le sommeil du patriarche, tiré du sacrifice d'Isaac. Poème
biblique de Paul Collin, pièce symphonique pour petit
orchestre par Jules Mouquet, op. 7. Partition d'orchestre.
*Paris, Henry Lemoine & cie., ᶜ1908. Publ. no. 20404 H.
1 p. l., 10 p. fol.*
M1002.M93S8

. . . Au village. Esquisse symphonique par Jules Mouquet.
(Op. 11.) Partition d'orchestre . . .
*Paris, Bellon, Ponscarne & Cie., ᶜ1903. Publ. no. 1. 29 p.
fol.*
M1002.M93A9

Deux petites pièces. I. Au berceau. II. Sarabande, pour
orchestre à cordes par Jules Mouquet, op. 25 . . .
Paris, Henry Lemoine & cie., ᶜ1908. Publ. no. 20363 H. 8 p.
M1145.M92

Moussorgsky, Modeste Petrovich, 1839–1881.

... Chowantchina. Opéra de M. Moussorgsky. Entr'
acte ... Instrumentée par N. Rimsky-Korssakow.
*S. Pétersbourg, W. Bessel et cie., [etc.], [190–]. Publ. no. 5718.
11 p. 4°. (Œuvres posthumes de M. Moussorgsky, no. 9.)*
M1505.M97

... Introduction de l'opera "Chowantchina" ...
*St. Pétersbourg, [etc.], W. Bessel et cie., [190–]. Publ. no. 4473.
11 p. 4°. (Œuvres posthumes de M. Moussorgsky ...
No. 7.)*
> "Instrumentée par N. Rimsky-Korsakov."
M1505.M97

Danse persane. Pliâska persidok ne oper Khovanshchina.
Instrumentovava N. A. Rimskim-Korsakovym ...
*S. Peterburg, V. Bessel i Ko., [1886?]. Publ. no. 1536. 1 p. l.,
44 p. 4°. (Œuvres posthumes de M. Moussorgsky, no. 4.)*
Caption title.
M1047.M975D3

... Intermezzo. M. Moussorgsky. 1867.
*St. Pétersbourg, B. Bessel et Cie., [1885?]. Publ. no. 591. 1 p.
l., 41 p. 4°. (Œuvres posthumes de M. Moussorgsky, no. 2.)*
Caption title. Instrumentated by Rimsky-Korsakov.
M1045.M98717

Marche. M. P. Musorgskiĭ. 1880.
*S. Peterburg, V. Bessel i Ko., [1885?]. Publ. no. 1524. 1 p. l.,
28 p. 4°. (Œuvres posthumes de M. Moussorgsky, no. 3.)*
Caption title. Better known as "Marche turque" in A flat
major.
M1046.M988M3

Tableaux musicales. Suite pour orchestre par M. Moussorgsky "Kartinka", suita, M. P. Musorgskago. Instru-
mentovana M. Tushmalov'm. Izdanie narechatano
rod redaktsieĭ N. A. Rimskago-Korsakova. Partition
d'orchestre ...
*St. Petersbourg, [etc.], W. Bessel et cie., [190–]. Publ. no.
4276. 63 p. 4°.*
Composed "1874."
M1003.M98

... Une nuit sur le mont chauve. Fantaisie pour
l'orchestre par Modeste Moussorgsky. Œuvre posthume.
Achevée et instrumentée par N. Rimsky-Korsakoff.
Partition d'orchestre ...
*St. Petersbourg, [etc.], W. Bessel et Cie, [1886?]. Publ. no.
1538. 1 p. l., p. 3–65. 4°.*
Instrumentated by Rimsky-Korsakov in 1886. No. 5 of the
"Œuvres posthumes."
M1002.M98

Moussorgsky—Continued.

. . . Scherzo. (1858)

St. Petersbourg, B. Bessel & co., [1885?]. Publ. no. 595. 17
p. 4°. (Œuvres posthumes de M. Moussorgsky, no. 1.)
Caption title.

M1045.M98752

Mozart, (Johann Chrysostom) Wolfgang Amadeus, 1756–91.
Wolfgang Amadeus Mozart's werke. Kritisch durchgesehene gesammtausgabe . . .

Leipzig, Breitkopf & Härtel, [1876–86]. 72 v. fol.
See serie VIII, bd. 1–3: Symphonies.
  IX, abt. 1: "Cassationen und serenaden."
  IX, abt. 2: Divertimenti.
  X: "Märsche und kleinere stücke."
  XI: "Tänze für orchester."
  XII, abt. 1: Violin concertos.
    abt. 2: "Concerte für ein blasinstrument und
      orchester."
  XVI, bd. 1–4: Piano concertos.
  XXIV, supplement, n. 2–7: Symphonies.
    n. 7a–18: "Kleinere orchester-
      stücke.
    n. 19–21: 3 concertos.
    n. 21: Concerto f. piano and violin.

M3.M939

. . . Andante. Extrait d'un concerto pour piano (Köchel
No. 467). Transcription pour violon avec accompagnement d'orchestre ou de piano par C. Saint-Saëns. Partition d'orchestre . . .

Paris, A. Durand & Fils, c1906. Publ. no. D. & F. 6816.
14 p. fol.
Cover title.

M1012.M933

. . . Ballettmusik aus der pantomime "Les petits riens"
für orchester. Für den konzertgebrauch eingerichtet von
Georg Göhler . . .

Leipzig, Breitkopf & Härtel, c1907. Publ. no. Part. B. 2064.
24 p. fol. (B. & H.'s partitur-bibliothek 2064.)

M1060.M94

The Duke of York's new march as performed by His Royal
Highness's band, composed by W. A. Mozart, arranged
for the pianoforte.

London, Preston & Son, [ca. 1800]. 3 p. fol.
For cembalo or wind instruments. From Mozart's Figaro.

M1260.A2M98

Laudate Dominum von W. A. Mozart. Für orchester allein
bearbeitet von Max Kaempfert.

Mozart, W. A.—Continued.

Offenbach a. M., Johann André, ^c1910. Publ. no. André, 16417. 12 p. fol.
  Caption title.
               M1060.M946

. . . "Mozartiana." Suite. 4 morceaux de W. A. Mozart. 1. Gigue. 2. Menuet. 3. Preghiera. 4. Thème avec variations. Arrangée et instrumentée par P. Tschaïkowsky. Op. 61.
Moscou, P. Jurgenson [etc.], [1887]. Publ. no. 13699. 55 p. 4°.
               M1060.C43

. . . Ouverture zum Don Giovanni für die concert-aufführung nach der opernpartitur ergänzt von Ferruccio Busoni. 1787. 1908. Orchesterpartitur. . . .
New York, G. Schirmer [etc.], ^c1911. Publ. no. 22287. 2 p. l., 29 p. fol.
  Name of composer at head of title. On 2nd p. l. a prefatory
  note in German and English, signed "Ferruccio Busoni.
  Rom, d. 7. April 1908."
             M1004.M93D54

Overture en partition de l'opéra Don Juan par W. A. Mozart.
Offenbach s/M., Jean André, [ca. 1800]. Publ. no. 1568. 26 p. obl. 4°.
               M1004.M93D5

Partitur der W. A. Mozart'schen Ouverture zu seiner oper: Die zauberflöte, in genauer übereinstimmung mit dem manuscript des komponisten, so wie er solches entworfen instrumentirt und beendet hat, herausgegeben und mit einem vorbericht begleitet von A. André. Originalausgabe.
Offenbach a/m, bei J. André, [1829]. Publ. no. 5200. 3 p. l., 28 p. obl. 4°.
  First edition.
  On 2d and 3d p. l. "Vorbericht" signed "Ant. André. Offenbach a/m im März 1829".
  The edition shows in red print the corrections and additions
  made by Mozart in his manuscript.   **M3.3.M9**

Serenade No. 7 D dur für violine principale, 2 violinen, viola, bass, 2 flöten, 2 oboen, 2 fagotte, 2 hörner u. 2 trompeten von W. A. Mozart Köchel-verzeichnis No. 250.
Leipzig, Ernst Eulenberg, [1905]. Publ. no. E. E. 1346. 1 p. l., 156 p. 12°. (Payne's kleine partitur-ausgabe, No. 262).
               M1003.M925

Mozart, W. A.—Continued.

. . . 7. Violin-konzert D dur zum erstenmal (1907) herausgegeben von Albert Kopfermann.
Leipzig, Breitkopf & Härtel, ᶜ1907. Publ. no. W. A. M. 271a. 2 p. l., 44 p. fol.

M1012.M937

Symphonie von W. A. Mozart. Köch. Verz. Anh. IV. No. 216. Komponiert 1770–1771.
Leipzig, [etc.], Breitkopf & Härtel, ᵃ1910. Publ. no., W. A. M. Anh. IV., 216. 1 p. l., 14 p. fol. (Mozart's werke, Serie 24 no. 216.)
Caption title.

M1001.M93K216

Zwei heitere ouvertüren für orch. 1. Die entführung aus dem serail, von W. A. Mozart, mit hinzugefügtem konzertschluss von F. Busoni. 2. Lustspiel-ouverture. Op. 38 (komponirt 1897, umgearbeitet 1904).
Leipzig, Breitkopf & Härtel, ᶜ1904. Publ. no. Part. B. 1690 & 1691. 2v. 32-61 p. fol.

M1004.B989Z9

Mozart, Leopold, 1719–1787.

Ausgewählte werke von Leopold Mozart . . . Eingeleitet und herausgegeben von Max Seiffert. Bearbeitung des basso continuo vom herausgeber der klavierauszüge von Max Schneider.
Leipzig, Breitkopf & Härtel, 1908. LVIII, 254 p. port. fol. (D. d. T. in Bayern, 9. jahrg., 2. b.)
Contains for orchestra:
Concerto per il clarino solo. Ddur. (1762).
Sinfonia di camera. Ddur. (1755).
Sinfonia burlesca. Gdur (1760).
Divertimento militare sive sinfonia. Ddur. (1756).
Sinfonia di caccia. Gdur (1756).
Die bauernhochzeit. Ddur (1755).

M2.D4

Mraczek, Joseph Gustav.

Rustans traum. Zwischenspiel aus der oper "Der traum" (ein leben) für orchester komponiert von Joseph Gust. Mraczek. Partitur . . .
Berlin, Adolph Fürstner, [1907]. Publ. no. A. 5616 F. 35 p. fol.

M1505.M93R8

Muck, (Friedrich) Johann (Albert).

. . . Festouvertüre für grosses orchester von J. Muck. Op. 49. Partitur.

Muck—Continued.

Offenbach a/M., Joh. André, [1880]. Publ. no. André 12861. 1 p. l., 79 p. 4°.

M1004.M942F4

Mühldorfer, Wilhelm Karl, 1836–

. . . Aus der musik zu Shakespeare's Kaufmann von Venedig componirt . . . von W. C. Mühldorfer. Op. 29. No. 1. Portia und Nerissa. No. 2. In Portia's park. No. 3. Liebesglocken. Duett. Entr'acte. Partitur . . .
Berlin & Dresden, Adolph Fürstner, [1873]. Publ. no. 450-452. 31 p. fol.
No. 3 missing.

M1002.M955K3

Bilder aus dem Orient. a. Einleitung. b. Grosser janit-scharenmarsch. Für grosses orchester componirt von W. C. Mühldorfer . . . Op. 40. Partitur . . .
Leipzig, Robert Seitz, [1875]. Publ. no. R. S. 494. 42 p. fol.
Cover title.

M1003.M94

Müller-Berghaus, Karl, 1829–1907.

. . . Rokoko. Menuett von Karl Müller-Berghaus. Op. 29. Für kleines orchester . . .
Berlin, Ries & Erler, ᶜ1893. Publ. no. R. 5102 E. 5 p. fol.
Cover title.

M1049.M94

. . . Ungarisches concert (Concert hongrois) für violine von Karl Müller-Berghaus. Op. 60 . . .
Hannover, Louis Oertel, [etc.], [1899]. Publ. no. L. 34220. 95 p. 4°.

M1012.M96 Op. 60

Symphonie nach dem Cis-moll quartett op. 131 von·Ludwig von Beethoven für grosses Orchester eingerichtet von Karl Müller-Berghaus. Partitur.
Hamburg, Hugo Pohle, [1884]. Publ. no. H. P. 566. 101 p. fol.
Title-page bears autograph dedication of Karl Müller-Berghaus, dated "Hamburg 1884."

M1060.B422

Muffat, Georg, ca. 1645–1704.

. . . Auserlesene mit ernst und lust gemengte instrumental-music. 1701. Erster teil. Sechs concerti grossi. Nebst einem anhange: Auswahl aus "Armonico tributo." 1682. Bearbeitet von Erwin Luntz.

Muffatt—Continued.

Wien, Artaria & C⁰, 1904. XIV, [6]-147 p. port., facsims. fol. (D. d. T. in Österreich, 11. jahrg., 2. t.)

Contains 6 concertos; 1 sonata and 5 movements from 44 sonatas of the "Armonico." For orchestra.

M2.D36

. . . Florilegium primum für streichinstrumente. In partitur mit unterlegtem klavierauszug herausgegeben von Heinrich Rietsch.

Wien, Artaria & C⁰, 1894. X, [2]-146 p. facsim. fol. (Denkmäler der tonkunst in Österreich, I. band, 2. hälfte.)

Complete reprint of the edition of 1695, containing 7 suites for string instruments, one of them with ad libitum basso continuô.

M2.D36

. . . Florilegium secundum für streichinstrumente. In partitur mit unterlegtem clavierauszug herausgegeben von Heinrich Rietsch.

Wien, Artaria & C⁰, 1895. XI, [3]-241 p. facsim. fol. (Denkmäler der tonkunst in Österreich, II. band, 2. hälfte.)

Complete reprint of the edition of 1698, containing 8 suites for string instruments with ad libitum basso continuo.

M2.D36

Nachèz, Tivadar, 1859–

Danses tziganes (Zigeunertänze) d'après des airs hongrois pour le violon avec accompagnement de l'orchestre ou du piano par Tivadar Nachèz. Op. 14. Partition . . .

Leipzig, Otto Forberg, [1909]. Publ. no. 860. 55 p. 4°.

Cover title.

Hamburg, Thiemer, [1881] Leduc, [1892].

M1012.N15 Op. 14

. . . Abendlied . . . für violine und streich-orchester oder piano von Tivadar Nachèz. Op. 18. Ausgabe in partitur . . .

Offenbach a/Main, Johann André, [etc.], [1888]. Publ. no. André 13683. 4 p. 4°.

M1105.N2

. . . 2me concerto [en si mineur] pour violon avec accompagnement d'orchestre ou de piano par Tivadar Nachèz, Op. 36.

Leipzig, Friedrich Hofmeister, ᶜ1908. Publ. no. 9082. 75 p.

M1012.N15 Op. 36

Nápravník, Eduard Franzovich, 1839–

. . . "Demon" (d'après le poème de Lermontoff). IIIème symphonie pour l'orchestre par Eduard Nápravník. Op. 18. Partition . . .

Nápravník—Continued.

> *Hamburg, D. Rahter, [etc.], [1882]. Publ. no. 2068. 3 p. l., 173 p. fol.*
>> French preceded by Russian title.
>
>> **M1001.N217**

. . . Danses nationales pour orchestre composées par E. Nápravnik. Op. 20. No. 1. Polonaise. No. 2. Casatschiok. No. 3. Danse russe. No. 4. Valse. No. 5. Tarantelle. No. 6. Mazourka.
> *Hamburg et Leipzig, D. Rahter, [1880]. Publ. no. 1774, 1782, 1783, 1785², 1785³. 6 v. 4°.*
>
>> **M1047.N217D3**

. . . Concerto symphonie (La mineur) pour piano et orchestre composé par Eduard Nápravník. Op. 27. Partition . . .
> *Hamburg, D. Rahter, [&c.], [1881]. Publ. no. 2109. 1 p. l., 234 p. 4°.*
>
>> **M1010.N22 Op. 27**

. . . Fantaisie sur des thèmes russes pour violon et orchestre composée par E. Nápravník. Op. 30. Partitur.
> *Berlin & Posen, Ed. Bote & G. Bock, [&c.], [1881]. Publ. no. 12504. 70 p. fol.*
>
>> **M1012.N22 Op. 30**

Torzhestvennyĭ marsh na mativy: a/Marsh Petra Velikago. b/Podoĭdy podsluplĭū, ĭā pod vash gorod kamennyĭ (Russkaĭā narodnaĭā piesnĭā) dlĭā orkestra po sluchaĭū dvadtsatipĭātilietĭā tsarstovanĭā gosudarĭā Imperatora Aleksandra II . . . Sochinenie E. Napravinka, soch. 33oe.
> *S. Peterburg, A. Butner, [&c.]. Publ. no. 2073a. 35 p. 4°.*
>> Hamburg, Rahter, [1883].
>
>> **M1046.N217T7**

. . . Fantaisie russe pour piano et orchestre composée par Eduard Nápravník. Op. 39. Partition . . .
> *Hamburg, D. Rahter, [&c.], [1886], Publ. no. 2289. 91 p. 4°.*
>
>> **M1010.N22 Op. 39**

Marcia funebre pour orchestre par Eduard Nápravnik. Op. 42 bis. Partition d'orchestre . . .
> *Hamburg et Leipzig, D. Rahter, [1897]. Publ. no. 868. 31 p. 4°.*
>
>> **M1046.N217M3**

Nápravník—Continued.

2 pieces espagnoles. No. 1. Romance. No. 2. Fandango. E. Nápravnik. Op. 51.

Moscou, P. Jurgenson, [1892]. Publ. no. 17462, 17464. 19, 35 p. 4°.
Caption title.

M1045.N217D4

Suite für grosses orchester aus der musik zu der dramatischen dichtung "Don Juan" von Graf A. Tolstoi, componirt von E. Náprawník. Op. 54. No. 1. Ouverture. No. 2. Gesang der nachtigall. No. 3. Bei der fontaine. No. 4. Melodrame. No. 5. Fandango . . .

Moscou, P. Jurgenson, [&c.], [1901]. Publ. no. 22162. 142 p. 4°.
Cover title.

M1003.N217

Suite pour violon avec accompagnement d'orchestre par Ed. Nápravník. Op. 60. Partition . . .

Berlin, N. Simrock, [1898]. Publ. no. 11075. 62 p. fol.

M1012.N22 Op. 60

Deux pièces russes pour grand orchestre. No. 1. Fantaisie. No. 2. Conte. Composées par E. Náprawnik. Op. 74 . . .

Moscou-Leipzig, P. Jurgenson, [etc.], [1906]. Publ. no. 30631, 30634. 2 v. in 1. 41, 39 p. 4°.

M1045.N217D5

. . . Dubrowsky. Oper in 4 acten von E. Náprawnik . . . no. 21. Intermezzo der nacht für streichorchester. Partitur.

Moskva, [etc.], P. IUrgenson, [1902?]. Publ. no. 26680. 5 p. fol.
The opera was first performed in 1895.

M1505.N23D9

Naue, Johann Friedrich, 1787–1858.

Grosser religioeser fest-marsch über Psalm 21. V. 1 bis 8. metrische uebersetzung von Friedrich de la Motte Fouqué. Musik von Dr. Naue.

Mss. 1 p. l., 29 p. fol.
According to the program pasted in this volume the march was first played at Halle, October 15, 1845.

M1247.N293 Case

Jubelmarsch für militair-orchester zur feier des geburtstags Seiner Majestaet des Koenigs componirt von Dr. Naue.

Mss., [ca. 1845]. 1 p. l., 14 p. fol.
Band score.
With his: Grosser religioeser fest-marsch über Psalm 21. . . .

M1247.N293 Case

Naumann, Emil, 1827–1888.

Concert-ouverture zum trauerspiel Loreley componirt . . . von Emil Naumann. Op. 25. Partitur . . .
Leipzig & New York, J. Schuberth & Co. [etc.], [1864]. Publ. no. 3915. 56 p. 4°.

M1004.N299L8

Festmarsch. Zur eröffnung der subscriptionsbälle im Königl. Opernhause zu Berlin componirt , . . von Emil Naumann. Berlin, 1865. Partitur für orchester. . . .
Berlin, Hermann Mendel, [1866]. Publ. no. H. M. 90. 25 p. fol.

M1046.N299

Naumann, Otto, 1871–

. . . Junker Übermut. Ein scherzo für grosses orchester, komponirt von Otto Naumann. Op. 2. Orchester-partitur . . .
Magdeburg, Heinrichshofen; London, Oppenheimer bros. [ᶜ1902]. Publ. no. H. V. 4483. • 59 p. fol.

M1002.N311

Nedbal, Oskar, 1874–

. . . Scherzo-caprice für grosses orchester . . . von . . . Oscar Nedbal. Op. 5. Partitur . . .
Berlin, N. Simrock, ᶜ1896. Publ. no. 10650. 36 p. 4°.

M1045.N371S2

Ballet suite. Der faule Hans. Von Oskar Nedbal. Op. 18. Orchester-partitur . . .
Leipzig, Bosworth & Co., [etc.], ᶜ1907. Publ. no. B. & Co. 10436. 1 p. l., 120 p. fol.

M1003.N37

Neitzel, Otto, 1852–

. . . Concert für clavier und orchester von Otto Neitzel. Op. 26 . . .
Bayreuth, Carl Giessel, Jr., ᶜ1900. Publ. no. 219. 190 p. fol.

M1010.N42 Op. 26

Nelson, Rudolph.

Oh te my darling. Dal a "Dudás kisasszony" cimü operettéböl. Irta Nelson Pál. Nép zenére alkamasta Linka Camillo.
Berlin, "Harmonie", ᶜ1910. 6 p. fol.
    Caption title.
    Excerpt from Miss Dudelsack, operette by Rudolph Nelson.

M1505.N42M5

Neruda, Franz, 1843–

Berceuse slave. [Für streichorchester und harfe (oder klavier)]. F. Neruda, Op. 11. Arrangement von Alfred Oelschlagel.

Leipzig, D. Rahter, ᶜ1911. Publ. no. 4047. 7p. 4°.
Caption title.

M1160.N45

. . . Ballade für violine mit begleitung des orchesters oder des pianoforte componirt von Franz Neruda. Op. 43. Partitur . . .

Hamburg, D. Rahter, [etc.], [1885]. Publ. no. 2406. 31 p. 4°.
Cover title.

M1012.N45 Op. 43

Neumann, Franz.

. . . Waldmärchen-Woodland lore. Romantisches charakterstück für grosses orchester von Franz Neumann. Op. 72. Orchester auszug . . .

Berlin-New York, E. Tiersch, [etc.], ᶜ1910. 1 p.l., p. 2–23. fol.

M1045.N5W3

Nicholl, Horace Wadham. 1848–

Hamlet. (Seelenstudie—A psychic sketch) für grosses orchester von H. W. Nicholl. Op. 14. Partitur . . .

Hamburg, Fritz Schuberth (New York, Edward Schuberth), ᶜ1888. 22 p. fol.

M1002.N611

Nicodé, Jean Louis, 1853–

Maria Stuart. Eine symphonische dichtung für grosses orchester von Jean Louis Nicodé. Op. 4. Partitur . . .

Leipzig, Breitkopf & Härtel, [1879]. Publ. no. 15221. 1 p.l., 80 p. 4°.

M1002.N633M3

. . . Introduction und scherzo für grosses orchester componirt von Jean Louis Nicodé. Op. 11. Partitur.

Leipzig, Breitkopf & Härtel, [1878]. Publ. no. 14841. 1 p. l., [1], 77 p. 4°. (B. & H. Part.-Bibl., 14841.)
Originally known under the title: Die jagd nach dem glück. Ein phantasiestück.

M1045.N5315

Italienische volkstänze und lieder componirt von Jean Louis Nicodé. Op. 13 . . . Nr. 1. Tarantelle . . . Nr. 2. Canzonette. Partitur . . .

Leipzig, [etc.], Breitkopf & Härtel, ᶜ1894. Publ. no. Part. B. 849–850. 2 v. p. 51, 11. fol.

M1047.N633I8

Nicodé—Continued.

. . . Romanze für violine mit begleitung des orchesters oder des claviers von Jean Louis Nicodé. Op. 14. Partitur. *Leipzig, Breitkopf & Härtel, [1878]. Publ. no. 14863. 1 p. l., 13 p. 4°. (B. & H. Part.-Bibl., 14863.)*

M1012.N63 Op. 14

. . . Symphonische suite (H moll) in vier sätzen für kleines orchester. I. Präludium. II. Scherzo. III. Thema mit variationen (Den manen Beethovens). IV. Rondo. Componirt von Jean Louis Nicodé. Op. 17. Partitur . . . *Leipzig und Brüssel, Breitkopf & Härtel, [1886]. Publ. no. 17270. 1 p. l., 93 p. fol. (B. & H. Part.-Bibl., 17270.)*

M1003.N6387

Jubiläumsmarsch für grosses orchester zur feier des 25-jährigen bestehens der "Neuen Akademie der Tonkunst zu Berlin" . . . von Jean Louis Nicodé. Op. 20. Partitur . . . *Leipzig, Breitkopf & Härtel, [1880]. Publ. no. 15470. 40 p. fol.*

M1046.N633J9

. . . Faschingsbilder. 1. Maskenzug; 2. Liebesgeständniss; 3. Seltsamer traum; 4. Humoreske—für grosses orchester von Jean Louis Nicodé. Op. 24. Partitur . . . *Leipzig, [etc.], Breitkopf & Härtel, [1890]. Publ. no. 18812. 1 p. l., 133 p. fol.*

M1003.N63F3

Symphonische variationen für grosses orchester. J. L. Nicodé. Op. 27. *Leipzig, Breitkopf & Härtel, [1893]. Publ. no. Part. B. 139. 111 p. 4°.*
　　　　Caption title. First published 1884.

M1003.N63874

. . . Bilder aus dem Süden. 6 charakterstücke für orchester bearbeitet von M. Pohle. [Op. 29.] No. 1. Bolaro . . . No. 2. Maurisches tanzlied . . . No. 3. Serenade . . . No. 4. Andalusienne . . . No. 5. Provencalisches märchen . . . No. 6. In der Taberna . . . Partitur . . . *Leipzig, Breitkopf & Härtel, [1904]. Publ. no. Part. B. 1808-1813. fol.*

M1003.N63B4

Nicodé—Continued.

Zwei stücke für streichorchester, 2 hoboen und 2 hörner . . .
von Jean Louis Nicodé. Op. 32. Partitur.
*Leipzig und Brüssel, Breitkopf & Härtel, [1890]. Publ. no.
18739. 1 p. l., 21 p. fol. (B. & H. Part.-Bibl., 18739.)*

M1145.N63

Gloria! Ein sturm- und sonnenlied. Symphonie in einem
satze für grosses orchester, orgel und (schluss-) chor von
Jean Louis Nicodé. Werk 34. Partitur.
*Leipzig, Breitkopf & Härtel, [etc.], ᶜ1905. 2 p. l., 336 p.
fol.*

M1001.N633

Kompositionen für militärmusik. 1. Deutsches gebet.
Ein volksgesang. Werk 35. Partitur . . .
*Langebrück i. Sa., Eigentum des Komponisten, ᶜ1910. 7 p.
fol.*

M1045.N535

Nicolai, Otto, 1810–1849.

Kirchliche fest-ouverture über den choral "Ein' feste burg
ist unser Gott" für grosses orchester, chor und orgel
componirt von Otto Nicolai. Op. 31. Partitur . . .
*Leipzig, Friedrich Hofmeister, [ca. 1845]. Publ. no. 3098.
35 p. 4°.*

Hofmeister, IV has this incorrectly as Op. 32.

M1004.N63K4

Die lustigen weiber von Windsor. Komisch phantastische
oper in 3 akten mit tanz nach Shakespeare's gleichnamigem lustspiel bearbeitet von H. S. Mosenthal. Musik
von Otto Nicolai. Ouverture. Partitur.
*Berlin, Ed. Bote & G. Bock, [ca. 1845]. Publ. no. 1847.
81 p. 4°.*

M1004.N63L9

Nielsen, Carl, 1865–

Kleine suite für saiteninstrumente. [Op. 1]. Partitur.
*Kopenhagen & Leipzig, Wilhelm Hansen, [1890]. Publ.
no. 10430. 33 p. 4°.*

M1103.N63

. . . Symfoni G-moll af Carl Nielsen. Op. 7. Partitur.
*København & Leipzig, Wilh. Hansen, [1905]. Publ. no.
11486. 163 p. fol.*

M1001.N664

Nielsen—Continued.

    . . . Die vier temperamente. I. Allegro collerico. II. Allegro comodo e flemmatico. III. Andante malincolico. IV. Allegro sanguineo. Für orchester von Carl Nielsen. Op. XVI. Partitur . . .
Copenhagen & Leipzig, Wilh. Hansen, [1903]. Publ. no. 13308. 157 p. fol.

                     M1003.N66

    Helios. Ouverture for orchester. [Op. 17.] Carl Nielsen. Partitur . . .
Kjøbenhavn & Leipzig, Wilh. Hansen, [1905]. Publ. no. 13669. 35 p. fol.

                     M1004.N669H4

Nielsen, Ludolf, 1876–

    Berceuse pour violon avec accompagnement d'instruments à cordes par Ludolf Nielsen. Op. 9. Partition d'orchestre.
Copenhagen & Leipzig, Wilhelm Hansen, [1906]. Publ. no. 13740. 4°.

                     M1105.N63

Nodnagel, Ernst Otto, 1870–1909.

    . . . L'adultera. Symbolie für grosses orchester von Ernst Otto Nodnagel. Op. 30. Partitur . . .
Leipzig, Hermann Seemann, 1900. Publ. no. 4. 47 p. fol.

                     M1002.N761A2

Noren, Heinrich Gottlieb, 1861–

    . . . Elegische gesangs-scene für violoncell mit begleitung von orchester oder pianoforte komponiert von H. Gottlieb-Noren. Op. 11.
Leipzig, C. F. Kahnt nachf, ᶜ1904. Publ. no. 4174. 1 p. l., 18 p. fol.

                     M1016.N68

Norman, Ludvig, 1831–1885.

    Sinfonie (No. 2 es dur) för stor orchester componerad och kongl. swenska hofkapellet tillegnad af Ludwig Norman. Op. 40.
Stockholm, Abr. Hirsch, [1885]. Publ. no. 4. 1 p. l., 171 p. 4°.

                     M1001.N842

    Symfoni No. 3 D moll komponerad för stor orkester af Ludvig Norman. Op. 58. Partitur.
[Stockholm, 1885.] 1 p. l., 144 p. 4°. (Musikaliska konstföreningen [26].)

                     M1001.N845

Noskowski, Siegismund, 1846–1909.

Das meerauge-Tengerszem-Morskie oko. Eine concert ouverture für orchester componirt von Siegmund Noskowski. Opus 19. Partitur . . .
Breslau, Julius Hainauer, [etc.,] [1886]. Publ. no. J. 2863 H. 63 p. fol.

M1004.N897M5

. . . Step. Poemat symfoniczny w formie uwertury koncertowej na wielką orkiestrę napisał Zygmunt Noskowski. Op. 66. Partytura . . .
Warszawa, Gebethner i Wolff; Lipsk, Breitkopf & Härtel, [1901]. Publ. no. G. 2529 W. 92 p. fol.

M1002.N89

Nováček, Ottokar (Eugen), 1866–1900.

. . . Concerto eroico (in einem satz) für clavier und orchester von Ottokar Nováček. Op. 8. Partitur . . .
Kopenhagen & Leipzig, Wilhelm Hansen, [1896]. Publ. no. 11930. 1 p. l., 143 p. 4°.

M1010.N93 Op. 8

Perpetuum mobile für violine mit orchester oder pianoforte-begleitung von Ottokar Nováček.
Leipzig, C. F. Peters, c1895. Publ. no. 8071. 19 p. fol. (Edition Peters, No. 2787.)

M1012.N93

Novák, Vítěslav, 1870–

In der Tatra. Tondichtung für grosses orchester von Vítěslav Novák. Op. 26. Partitur.
Wien-Leipzig, "Universal Edition" Aktiengesellschaft, c1910. Publ. no. U. E., 2876. 67 p. fol. (Universal edition no. 2876.)

M1002.N93

Von ewiger sehnsucht. O věčné touze. Tondichtung für grosses orchester von Vítězslav Novák. Op. 33. Partitur . . .
Leipzig, [etc.], Breitkopf & Härtel, c1906. Publ. no. Part. B. 2025. 2 p. l., 87 p. fol.

M1002.N935

Nowowiejski, Felix, 1875–[1]

. . . "Swaty polskie" (Polnische brautwerbung). Ouverture für grosses orchester componirt von Felix Nowowiejski. Orchester-partitur . . .
Leipzig, J. Schuberth & Co., c1903. Publ. no. 7436. 62 p. fol.

M1004.N94589

---

[1] Born Feb. 2, 1877, according to the Musikbuch aus Oesterreich, 1910.

Nyevelt, J. J. van Zuylen van-.

Ouverture pour servir d'introduction à la tragedie de
Schiller: "Maria Stuart" par J. P. P. van Zuylen van
Nyevelt. Partition d'orchestre . . .

Paris, J. Hamelle [188-]. Publ. no., J. 2031 H. 71 p. 4°.

M1004.N99

Oberthür, Karl, 1819-1895.

"Rübezahl." Ouvertüre (in D) für grosses orchester
componirt . . . von Carl Oberthür. Op. 82. Partitur . . .

*Mainz, B. Schott's söhne, [etc.], [1867]. Publ. no. 18615.
55 p. 4°.*

M1004.012R9

Vorspiel für grosses orchester zu Carl Kösting's dramatischem gedicht "Shakespeare", ein winternachtstraum,
componirt . . . von Charles Oberthür. Op. 210 . . .
Partitur . . .

*Hamburg, Aug. Cranz, [1885]. Publ. no. C. 26238. 43 p.
fol.*

M1004.012S5

Oelschlägel, Alfred, 1847-

. . . Renaissance. Humoreske. Partitur. . . . (Op. 190.)

Berlin, Ries & Erler, ᶜ1898. Publ. no. 4957. 13 p. fol.
Cover title.

M1145.O28

Ohlsen, Emil.

Valse d'amour. Intermezzo. Emil Ohlsen. Op. 122.

Leipzig, C. F. Kahnt, ᶜ1907. Publ. no. 4957. 14 p. fol.
Caption title. String orchestra.

M1145.O38

Ollone, Max d', 1875-

Fantaisie pour piano & orchestre par Max d'Ollone. Partition d'orchestre . . .

*Paris, Enoch et Cie., [etc.], ᶜ1900. Publ. no. E. & Cie. 4439.
1 p. l., 97 p. 4°*

M1010.O49

. . . Lamento pour orchestre . . .

*Paris, Heugel & cie., [etc.], ᶜ1908. Publ. no. H. & Cie.
23,916. 1 p. l., 26 p. fol.*

M1045.O5L3

. . . Le ménétrier. Poème pour violon et orchestre par
Max d'Ollone. Partition d'orchestre. . . .

*Paris, Heugel & Cie, ᶜ1911. Publ. no. H. & Cie 25156.
2 p. l., 105 p. fol.*
2d p. l. contains "Argument."

M1012.O5

Olsen, Ole, 1850–

. . . Symphonie [No. 1] (G-dur) für grosses orchester von Ole Olsen. [Op. 5.] Partitur . . .

Wien, Albert J. Gutmann, [etc.], [1885]. Publ. no. A. J. G., 507. 69 p. fol.

M1001.O52

. . . Asgaardsreien. Symphonische dichtung für orchester von Ole Olsen. Op. 10. Orchesterpartitur . . .

Leipzig, Aug. Cranz, [1883]. Publ. no. C. 42033ᵃ. 65 p. fol.

M1002.O527A8

Suite für streichorchester aus Nordahl Rolfsens märchendichtung "Svein Uraed" componirt von Ole Olsen. Op. 60.

Kristiania, Brödrene Hals, [ca. 1900]. Publ. no. B. H. M. 500. 11 p. fol.

M1103.O522

Miniaturen. Suite für streichorchester von Ole Olsen. 1. Kahnfahrt. 2. Serenade. 3. Sage. 4. Intermezzo. 5. Dorfspielmann. Partitur . . .

Stockholm, Abr. Hirsch's verlag, [etc.], [1897]. 18 p. fol.

M1103.O52

. . . Ouverture zu Josef Weilens trauerspiel: "König Erich" von Ole Olsen. Partitur . . .

Hamburg, Aug. Cranz, [1883]. Publ. no. 35686. 43 p. fol.

M1004.O45K7

O'Neill, Norman.

. . . Four dances from the fairy play The Blue Bird by Maurice Maeterlinck. Music by Norman O'Neill. 1. Dance of the mist maids. 2. Dance of fire and water. 3. Dance of the stats. 4. Dance of the hours.

London, Elkin & Co., Ltd. [etc], ᶜ1910. Publ. no. E. & Co 569. 34 p. fol.

> Cover title.
> At head of title: "Produced with immense success at the Haymarket Theatre, London."

M1515.O58

Orlamünder.

Ouverture no. 1 par Orlamünder.

Autograph score. [31] p. obl. 4°.

ML96.O

. . . Concertino per il fagotto com. v. Orlamünder.

Autograph score. [32] p. obl. 4°.

ML96.O

Pabst, Paul, 1854–1897.
 Concert (Es-dur) für pianoforte mit begleitung des orchesters componirt von Paul Pabst . . . Op. 82 . . .
 *Leipzig, Bartholf Senff, [etc.], [1883]. Publ. no. 1584. 161
 p. fol.*
 . **M1010.P2 Op. 82**

Pachulsky, Genrik Albertovich, 1859–
 . . . Suite pour orchestre composée par H. Pachulski. Op.
 13. Partition . . .
 *Moscou, P. Jurgenson, [&c.], [1897]. Publ. no. 20996. 108
 p. 4°.*
 M1003.P152

 . . . Méditation pour orchestre à cordes composée par
 H. Pachulski. Op. 25. Partition . . .
 *Moscou-Leipzig, P. Jurgenson, [etc.], [1909]. Publ. no.
 33010. 16 p. 4°.*
 M1145.P2

Pacini, Giovanni, 1796–1867.
 Sinfonia Dante. Divisa in quattro parti. 1a. L'inferno.
 2a. Il purgatorio. 3a. Il paradiso. 4a. Il ritorno trionfale di Dante sulla terra . . . da Giovanni Pacini . . .
 Firenze, G. G. Guidi. Publ. no. 2382. 1 p. l., 120 p. 8°.
 M1001.P12

Paderewski, Ignacy (Jan), 1859–
 . . . Concerto en La-mineur pour piano et orchestre par
 J. J. Paderewski. Op. 17. Partition pour piano et orchestre . . .
 *Berlin & Posen, Ed. Bote & G. Bock, [&c.], [1890]. Publ.
 no. 13414. 126 p. fol.*
 M1010.P3 Op. 17

 . . . Fantaisie polonaise sur des thèmes originaux pour
 piano et orchestre par J. J. Paderewski. Op. 19. Partition pour piano et orchestre . . .
 *Berlin, Ed. Bote & G. Bock, [&c.], [1895]. Publ. no. 14130.
 95 p. fol.*
 M1010.P3 Op. 19

 . . . Symphonie. Partition d'orchestre.
 *Paris, Heugel & Cie, °1911. Publ. no. H. & Cie. 24,795.
 1 p. l., 213 p. fol.*
 Not a copyright deposit.
 Name of composer at head of title.
 M1001.P122

Paderewski—Continued.

Symphonie. Partition d'orchestre.

Paris, Heugel & Cie, ᶜ1911. Publ. no. H. & Cie 24975. 2 v. in 1. 1 p. l., 222, 213 p. 16°.

> Not a copyright deposit.
> At end "Reduction·photographique Dogilbert, Bruxelles" from the folio score.

M1001.P123

Paine, John Knowles, 1839–1906.

Symphonie No. 1 für Orchester. Op. 23.

Leipzig, Breitkopf & Härtel, ᶜ1908. Publ. no. Part B. 2108. 179 p. fol.

M1001.P145

Overture to Shakespeare's As you like it. By John K[nowles] Paine. Op. 28.

Mss. [190-]. 73 p. fol.

M1004.P145A3

Ouvertüre zu Shakespeare's "Was ihr wollt" . . . "As you like it." John K. Paine. Op. 28.

Leipzig, Breitkopf & Härtel, ᶜ1907. Publ. no. Part B. 2046. 1 p. l., 63 p. fol.

> Caption title.

M1004.P145A31

Im frühling. Symphonie (No. 2 in A) für grosses orchester von John K. Paine. Op. 34. Partitur . . .

Boston, Arthur P. Schmidt, [etc.], ᶜ1880. Publ. no. 5450. 147 p. fol.

M1001.P147

Prelude to Oedipus Tyrannus of Sophocles. Composed by John Knowles Paine. Score . . . [Op. 35.]

Leipzig, [etc.], Arthur P. Schmidt, ᶜ1903. Publ. no. A. P. S. 5998. 32 p. 4°.

M1004.P14504

Lincoln: A tragic tone poem. John K. Paine.

Mss. 28 p. fol.

> Unfinished full (orchestra) score in the composer's original mss. of his last work, commenced in Jan. of 1906.
> Gift of Mrs. J. K. Paine, 1908.

MU96.P22

Poseidon und Amphitrite. Eine meerphantasie. Symphonische dichtung . . . für orchester.

Leipzig, Breitkopf & Härtel, ᶜ1907. Publ. no. Part B. 2045. 60 p. fol.

M1002.P145P7

Paine—Continued.

. . . Symphonische dichtung nach Shakespeare's Sturm (Tempest) für orchester.
Leipzig, Breitkopf & Härtel, ᶜ1907. Publ. no. Part B. 2047. 1 p. l., 97 p. fol.

M1002.P14588

Paladilhe, Emil, 1844–

Mandolinata. Souvenir de Rome. E. Paladilhe. Pour instruments à cordes par L. Grillet.
Paris, G. Hartmann, [188–]. Publ. no. G. H. 1379. 8 p. 4°.

M1160.P16

. . . Suzanne. Opéra-Comique en trois actes. Ouverture à grand orchestre par E. Paladilhe . . .
Paris, Ch. Egrot. Publ. no. Ch. E. 756. 41 p. fol.

M1004.P15489

Palmgren, Selim.

Vals ur sagospelet "Tuhkimo." Selim Palmgren. Revidiert von H. Merboldt.
Leipzig, Breitkopf & Härttel, ᶜ1907. Publ. no. H. N. M. 564. 8 p. fol.
Caption title.

M1049.P179

Aus Finnland. 4 symphonische bilder. 1. Frühlingsträume. 2. Menuett im volkston. 3. Tanz der fallenden blätter. Für grosses orchester komponiert von Selim Palmgren. Op. 24. Partitur . . .
Berlin, Schlesinger (Rob. Lienau), [1909]. Publ. no. S. 9489. 50 p. fol.

M1003.P18 Op. 24

Parademarsch. Armeemarsch II, No. 14. Neue fassung II, Nr. 237, von seiner majestaet dem kaiser und koenig dem grenadier regiment "Kronprinz" (1. ostpreussischen) Nr. 1 verliehen. Bearbeitet und herausgegeben von Heinrich Van Eyken. . . .
Berlin, Verlag Dreililien, ᶜ1906. Publ. no. 449. 10 p. fol.
Cover title. Band score.

M1260.W678

Parès, Gabriel, 1860–

. . . Marches & refrains de l'armée française transcrits et arrangés par Gabriel Parès . . . [Suite de marches, fanfares, airs de hautbois et de fifres, batteries de timbales et de tambours].
Paris, G. Parès, ᶜ1910. 1 p. l., 21 p. 4°.
Cover title. Band score, with historical introduction. At head of title: "De Louis XIV à Napoléon Iᵉʳ"

M1247.P228

Parés—Continued.

Suite Provençale, Gabriel Parès.

Paris, E. Gaudet, ᶜ1910. Publ. no. E. G. 4173.B. 36 p. 4. obl.

> Caption title.

M1003.P229

Parker, Horatio William, 1863–

. . . Concerto for organ and orchestra (strings, brass, harp and drums). Composed by Horatio Parker. (Op. 55.) Full score.

London, Novello & co. ltd., [etc.], ᶜ1903. Publ. no. 11661. 1 p. l., 67 p. fol.

M1005.P23

Parish-Alvars, E. *See* Alvars, E. Parish-.

Parry, *Sir* Charles Hubert Hastings, 1848–

Suite in F "Lady Radnor's suite" for string orchestra composed by C. Hubert H. Parry. Score . . .

London, Novello & Co. Ltd., ᶜ1902. Publ. no. 11514. 2 p. l., 23 p. fol.

M1103.P264

Symphony in C (The English) for orchestra. Composed by C. Hubert H. Parry . . .

London, Novello & Co., ᶜ1907. Publ. no. 12216. 1 p. l., 146 p. fol.

M1001.P264

Symphony in F (Cambridge) for orchestra composed by C. Hubert H. Parry. Full score.

London, Novello & co. ltd., [&c.], [1906]. Pub. no. 12075. 1 p. l., 186 p. fol.

M1001.P261

Symphonic variations for full orchestra composed by C. Hubert H. Parry.

London, Novello and co. ltd., [&c.] [1898.] Pub. no. 10534. 1 p. l., 76 p. fol.

M1003.P264

Partitur der märsche der Fuldaer bürgergardemusik gegründet im jahr 1848 unter leitung von Heinrich Henkel.

Mss. [50] p. fol.

> Contains 6 marches for band in score.
>
> On the inner side of the front cover a "Repertoire der bürgerg. musikalien," with autograph signature "Musikmeister Heinrich Henkel."

M1264.M1848

Pauer, Ernst, 1826–1905.

Symphonie (No. 1) in C moll für orchester von Ernst Pauer. Op. 50.

Mainz, B. Schott's söhne, [etc.], [1861]. Publ. no. 16080. 2 p. l., 199 p. 4°.

M1001.P32

Paur, Emil, 1855–

. . . Sinfonie A dur. In der natur, für grosses orchester komponiert von Emil Paur.

Leipzig, F. E. C. Leuckart, ᶜ1909. Publ. no. F. E. C. L. 6365. 2 p. l., 128 p. fol.

M1001.P335

Pedrotti, Carlo, 1817–1893.

. . . Ouverture à grand orchestre di Carlo Pedrotti. Partitura . . .

Milano, Giovanni Ricordi, [ca. 1845]. Publ. no. G. 23167 T. 1 p. l., 78 p. fol.

M1004.P3707

Pénavaire, Jean Grégoire, 1840–1906.

Torquato Tasso. Ouverture dramatique pour piano par J. G. Pénavaire. Partition . . .

Paris, Choudens père & fils [188–]. Publ. no. A. C. 9510. 50 p. fol.

M1004.P397T8

La vision des croisés. Poëme symphonique (avec chœurs ad libitum) par J. G. Pénavaire.

Paris, Choudens père et fils [188–]. Publ. no. A. C. 9517. 56 p. fol.

M1002.P39V4

Pepusch, John Christopher, 1667–1752.

Ouverture in score [of Gay's "The Beggar's opera"] composed by Dr. Pepusch.

8 p. 8°.

> Engraved on copper plates. Follows the third ed. of the libretto, London, John Watts, 1729.

ML50.5.B33

Overture in score [of Gay's "The Beggar's opera"] composed by Dr. Pepusch

11–18 p. of the libretto. (8°.) London, J. and R. Tonson, 1765.

ML50.5.B35

Symphony of Apollo and Daphne. Dr. Pepusch.

Mss., 18th cent. 7 p. fol.

M1004.A2P

Perger, Richard von, 1854-1911.

. . . Concert für die violine mit begleitung des orchesters componirt von Richard von Perger. Op. 22. Partitur . . .

Berlin, Ries & Erler, [1894]. Publ. no. R. 5325 E. 70 p. fol.

M1012.P43 Op. 22

. . . Serenade (in B-dur) für violoncello solo und streichorchester componirt von Richard von Perger. Op. 21. Partitur. . . .

Leipzig, J. Rieter-Biedermann, [1891]. Publ. no. 1732. 29 p. fol.

M1016.P43 Op. 21

Pergolesi, Giovanni Battista, 1710-1736.

. . . Sinfonia G-dur per 2 violini, viola basso e 2 corni . . . Herausgegeben v. d. Pergolesi-gesellschaft.

München, Wunderhornverlag, [1911]. Publ. no. W. 11 V. 8 p. fol.

Name and medallion-portrait of the composer at head of title.
On p. [2] a brief editorial preface, signed "Die schriftleitung der Pergolesigesellschaft."

M1004.P43

Périlhou, A.

Deux carillons flamands. No. I. Bruges. Le glas . . . No. II. Anvers. Kermesse . . . Partition d'orchestre.

Paris, Heugel & cie., c1908. Publ. no. H. & Cie. 23555. 1 p. l., 78 p. fol.

M1045.P44D3

. . . 2me. fantaisie pour piano et orchestre (et orgue ad libitum) par A. Périlhou. Partition d'orchestre . . .

Paris, Heugel et Cie., c1895. Publ. no. H. & Cie. 9118. 1 p. l., 95 p. fol.

M1010.P44

Une fête patronale en Vélay. No. I. Le matin (A l'église). No. II. Bourrée et Musette (Thèmes populaires). No. III. L'après-midi (Carillon. Procession. Danse.) Par A. Périlhou.

Paris, Heugel & Cie., c1908. Publ. no. H. & Cie. 23997. 42 p. fol.

M1003.P44F3

. . . Scènes d'après le folklore des provinces de France. Une veillée en Bresse. (Ballade et danse). Partition d'orchestre . . .

Paris, Heugel & Cie., c1910. Publ. no. H. & Cie. 24463. 31 p. fol.

Cover title.

M1045.P44V3

Périlhou—Continued.

Scènes gothiques (Impressions d'église). I. Procession.
II. Pâques fleuries. III. Le jour de morts . . . IV.
Noël . . . Partition d'orchestre. . . Par A. Périlhou.
*Paris, Heugel & Cie., ᶜ1905. Publ. no. H. & Cie. 21967.
1 p. l., 99 p. fol.*

M1003.P4482

Suite française. Sur des airs anciens pour petit orchestre
par A. Périlhou. No. I. Pastorale . . . No. II. Chanson de Guillot Martin. No. III. L'hermite. No. IV.
Chanson à danser . . .
*Paris, Heugel & Cie., ᶜ1905. Publ. no. H. & Cie. 22092.
1 p. l., 36 p. 4°.*

M1003.P4489

Perosi, Lorenzo, 1872–

. . . La passione di Cristo. Secondo S. Marco. Trilogia
sacra. Preludio. Parte III. Fugato finale. Parte I. Le
tenebre. La morte. Coro finale. Instrumentazione di
A. Peroni.
*Milano, [etc.], G. Ricordi & C., ᶜ1900. 1 p. l., 49, [1], 4 p.
fol. (Biblioteca dei corpi di musica civili e militari, Serie
XIII, N. 181.)*
Cover title. Band score.

M1268.P468

. . . Tema variato per orchestra composto da Lorenzo
Perosi. Tema: Adagio. Var. I. Adagio. Var. II. Piùt-
tosto mosso. Var. III. Largo. Var. IV. Finale: presto.
Partitur . . .
Leipzig, C. F. Kahnt, ᶜ1903. Publ. no. 3757a. 41 p. fol.

M1003.P459T4

Pessard, Émile (Louis Fortune), 1843–

Pièce en La mineur . . . pour orchestre par Emile Pessard.
Op. 18 . . .
Paris, Alphonse Leduc, [1881]. Publ. no. A. L. 6449. 8 p. 4°.

M1045.P475P5

Berceuse (Extraite de l'œuv. 22). Emile Pessard.
*Paris, Alphonse Leduc, [1890]. Publ. no. A. L. 6538. 8 p.
4°. (Bibliothèque Leduc, No. 163.)*
Caption title.

M1045.P475B4

. . . Les folies amoureuses. Opéra-comique. Suite d'orchestre. A. Prélude. B. Romance. C. Entr'acte. Par
Emile Pessard.

Pessard—Continued.

Paris, Choudens fils. Publ. no. A. C. 8471. 1 p. l., 35 p. fol.

The opera was first performed in 1891.

M1003.P473

. . . Tabarin. Opéra en deux actes. Suite d'orchestre. Émile Pessard. Partition . . .
Paris, Alphonse Leduc, [1885]. Publ. no. A. L. 7363. 1 p. l., 43 p. 4°.

M1003.P477

Petrella, Enrico, 1813–1877.
Mars funebru din opera "Ione."
See

Ivanovici, I.
Marsuri funebre.

Petzl, Carl.
Die liebe wacht. (L'amour veille.) Valse lente von Carl Petzl.
München, Meyer & Anselm, ᶜ1910. 23 p. fol.
Cover title. Band score.

M1266.P58

Pfeiffer, Georges (Jean), 1835–1908.
. . . Légende. Fantaisie symphonique pour piano, orchestre et grand orgue (ad libitum). Par G. Pfeiffer. Op. 58. La partition . . .
Paris, Alphonse Leduc, ᶜ1894. Publ. no. A. L. 9355. 1 p. l., 59 p. 4°. (Bibliothèque-Leduc, No. 264.)

M1045.P526L5

Pfitzner, Hans (Erich), 1869–
. . . Scherzo für orchester componirt von Hans Pfitzner. Partitur.
Stuttgart, Jul. Feuchtinger, [1905]. Publ. no. A. 18 M.
Has label of Max Brockhaus pasted over imprint.
Hofmeister, 1905, gives this as Op. 1, but his Cello Sonata is published with this opus number. The Scherzo was composed in 1888, one year before the Sonata.

M1045.P52582

Pfohl, Ferdinand, 1863–
. . . Eine balletszene für grosses orchester komponirt von Ferdinand Pfohl. Op. 12. Partitur . . .
Offenbach a M., Johann André, ᶜ1899. Publ. no. André 15256. 59 p. fol.

M1045.P531B3

Philipp, Isidor (Edmond), 1863–

. . . Deux pièces. I. Rêverie mélancolique (1re barcarolle). II. Sérénade humoristique (1 re sérénade). Orchestrées par Ch. Malherbe. Partition d'orchestre . . .
Paris, Heugel & Cie., ʿ1896. Publ. no. H. & Cie. 9950. 20 p. fol.
> Cover title.   Violin and orchestra.

M1012.P55

Menuet-entr'acte pour petit orchestre de I. Philipp . . . Partition . . .
Milan, G. Ricordi &c., ʿ1904. Publ. no. 109312. 6 p. 4°.
> Cover title.

M1045.P551M4

Piefke, Gottfried.

Kaiser Wilhelm sieges-marsch componirt von Gottftried Piefke. . . . [Partitur für die armee-musik.]
Berlin & Posen, Ed. Bote & G. Bock [etc], [1872] Publ. no 9712. 27 p. fol.

M1247.P6136

Pierné, (Henri Constant) Gabriel, 1863–

Farandole pour petit orchestre. Gabriel Pierné. Op. 14, No. 2.
Paris, Alphonse Leduc, [1887]. Publ. no. A. L. 7886. 1 p. l., 7 p. 4°. (Bibliothèque-Leduc, No. 136. Collection d'œuvres pour orchestre publiées en partition . . .)
> Caption title.

M1047.P62F3

Petite gavotte pour petite orchestre. Gabriel Pierné. Op. 14, No. 4.
Paris, Alphonse Leduc, [1887]. Publ. no. A. L. 7890. 5 p. 4°. (Bibliothèque Leduc, No. 138.)
> Caption title.

M1048.P62

Marche des petits soldats de plomb pour orchestre. Gabriel Pierné. Op. 14, No. 6.
Paris, Alphonse Leduc, [1887]. Publ. no. A. L. 7849. 11 p. 4°.
> Caption title.

M1046.P62M3

Almée. Air de ballet pour orchestre. G. Pierné. Op. 18.
Paris, Alphonse Leduc, [1890]. Publ. no. A. L. 8860. 19 p. 4°. (Bibliothèque-Leduc, No. 196.)
> Caption title.

M1047.P62A5

Pierné—Continued.

. . . Marché solennelle (Œuvre 23 bis). Couronnée au concours de 1889: Exposition Universelle de Paris. Transcrite par l'auteur pour orchestre symphonique . . .
Paris, Alphonse Leduc, [1889]. Publ. no. A. L. 8674. 1 p. l., 27 p. 4°.

M1060.P62

Pantomime pour petit orchestre. G. Pierné. Op. 24.
Paris, Alphonse Leduc, [1891]. Publ. no. A. L. 8862. 15 p. 4°. (Bibliothèque Leduc, no. 211.)

Caption title.

M1045.P619R3

. . . Sérénade à Columbine pour piano par Gabriel Pierné. Op. 32. Partition d' orchestre . . .
Paris, Enoch & Cie., c1895. Publ. no. E. & Cie. 2564. 27 p. 4°.

Cover title.

M1003.P626

. . . Concertstück pour harpe (ou piano) et orchestre par Gabriel Pierné. Op. 39. Pⁿ d'orchestre. . . .
Paris, J. Hamelle, [190–]. Publ. no. J. 4787 H. 79 p. 4°.

M1036.P62

Ballet de cour. Six airs à danser dans le style ancien pour petit orchestre. I. Rigaudon. II. Passe pied. III. La canarie. IV. Pavane et saltarello. V. Menuet du roy. VI. Passa mezzo.
Paris, A. Joanin & Cie., c1905. Publ. no. A. J. & Cie. 620–625. 6 parts. 60 p. 4°.

M1047.P62B3

. . . Le collier de Saphirs. Pantomime. Suite d'orchestre. Gabriel Pierné. Partition . . .
Paris, Alphonse Leduc, [1891?]. Publ. no. A. L. 8993. 1 p. l., 55 p. 4°.

The pantomime was first performed 1891.

M1003.P622

Intermezzo pour orchestre par Gabriel, Pierné. Partition . . .
Paris, Richault et Cie., [1883]. Publ. no. 16973 R. 31 p. 4°.

M1045.P61916

Suite d'orchestre sur Izeÿl par Gabriel Pierné. Partition d'orchestre . . .
Paris, A. Durand & Fils, [189–]. Publ. no. D. & F. 4969. 1 p. l., 46 p. 4°.

M1003.P62

Pierné—Continued.

   . . . Trois pièces pour orchestre formant suite de concert par G. Pierné. Partition . . .
Paris, Alphonse Leduc, [1885]. Publ. no. A. L. 7526. 1 p. l., 39 p. 4°.

           M1003.P624

Pierson, Henry Hugo, 1816–1873. (*Used also pseud.* Edgar Mannsfeldt.)

   Macbeth (von Shakespeare). Sinfonische dichtung für grosses orchester componirt von H. Hugo Pierson. Op. 54 . . .
Leipzig, J. Schuberth & Co., [1874]. Publ. no. 5201. 85 p. 4°.

           M1002.P624

   Concert-overture zu Die jungfrau von Orléans. Tragödie von Schiller. Für grosses orchester componirt von H. Hugo Pierson. Op. 101. Partitur . . .
Leipzig, J. Schuberth & Co., [&c.], [1876]. Publ. no 5010. 50 p. 4°.

           M1004.P62J4

   Concert-ouverture zu Romeo und Julie. Trauerspiel von Shakespeare. Componiert von H. Hugo Pierson.
Transcript, 1907. 40 p. fol.
      Hof. Verz. gives this as Op. 86.

           M1004.P62R6

   Marche funèbre composée à la tragédie Hamlet de Shakespeare . . . Par Edgar Mannsfeldt-Pierson.
Leipzig, C. F. Peters, [etc.], [ca. 1845]. Publ. no. 3419. 11 p. 4°.

           M1046.P625M3

Pirani, Eugenio, 1852–

   Berceuse pour violoncelle et piano par Eugenio Pirani. Op. 31. Violoncelle . . . et orchestre d'archets . . .
Offenbach a/Main, Johann André, [1900]. Publ. no. André 13627. 7 p. 4°.

           M1105.P67

   Fête au château de Heidelberg. (Im Heidelberger schlosse.) Poëme symphonique pour orchestre par Eugenio Pirani. Op. 43. Partition d'orchestre . . .
Berlin & Posen, Ed. Bote & G. Bock, [1889]. Publ. no. 13390. 115 p. 4°.

           M1002.P667F4

Pirani—Continued.

. . . Scene veneziane per pianoforte con accompagnamento di orchestra (o di un secondo pianoforte) di Eugenio Pirani. Op. 44. Partitura . . .

Berlin, Schlesinger (Rob. Lienau), [1892]. Publ. no. S. 8276. 51 p. fol.

M1010.P66 Op. 44

Ballade für grosses orchester componirt von Eugenio Pirani. Op. 47. Partitur . . .

Berlin, Schlesinger (Rob. Lienau), [1892]. Publ. no. S. 8278. 27 p. fol.

M1045.P67B3

Caprice pour violon avec orchestre par Eugenio Pirani. Op. 50. Partitur . . .

Berlin, Schlesinger [etc.], [1897]. 22 p. fol.

Cover title.

M1012.P66 Op. 50

Airs bohémiens pour orchestre par Eugenio Pirani. Op. 53. Partition.

Berlin, Schlesinger (Rob. Lienau), [1894]. Publ. no. S. 8541. 35 p. 4°.

M1045.P67A5

Pisendel, Johann Georg, 1687–1755.

Concerto. [For violin and string orchestra.]

See Instrumentalkonzerte deutscher meister. p. 1–32.

M2.D39

Pitt, Percy, 1870–

Air de ballet for string orchestra composed by Percy Pitt. (Op. 1, No. 1). Full score.

London, Novello & Co. Ltd., [etc.], c1899. Publ. no. 10927. 1 p. l., 8 p. 4°.

M1145.P66

. . . Ballade for violin solo and orchestra composed by Percy Pitt (Op. 17). Full score.

London, Novello and co. ltd., [1900]. Publ. no. 11025. 1 p.l., 40 p. fol.

M1012.P69 Op. 17

Coronation march composed by Percy Pitt. (Op. 21.) Full score.

London, Novello & Co. Ltd, [etc.] [1902]. 1 p. l., 36 p. fol.

M1046.P69C8

Pitt—Continued.

... Cinderella. A musical fairy tale for pianoforte duet composed by Percy Pitt. Op. 26. Transcribed for orchestra ...

London, G. Ricordi & Co., ᶜ1899. Publ. no. 102108. 73 p. fol.

M1060.P68

... Paolo and Francesca; symphonic impressions for orchestra, founded upon the incidental music composed for Stephen Phillips's tragedy by Percy Pitt. (Op. 35.) ... Full score ...

London, [etc.], G. Ricordi & co., [etc., etc.], 1902. 87 p. fol. ([Ricordi ed.] 107730.)

M1002.P688

Pittrich, George (Washington), 1870—

Serenade für kleines orchester von Georg Pittrich. Op. 21. Partitur ...

Mainz, B. Schott's Söhne, [etc.], [1899]. Publ. no. 26361. 1 p. l., 7 p. fol.

M1003.P69

Abendlied, für streichorchester componirt von Georg Pittrich. Op. 42. Partitur ...

Leipzig, Fr. Kistner, ᶜ1902. Publ. no. 9521. 7 p. 4°.
Cover title.

M1145.P69

Berceuse. Georg Pittrich. Op. 52.

Leipzig, Fr. Kistner, ᶜ1903. Publ. no. 9585. 7 p. 4°.

M1105.P72

Pixis, Johann Peter, 1788–1874.

Sinfonie à grand orchestre composée ... par F. P. [!] Pixis. Œuvre 5, No. 1. [!] Partition.

Mss. 1 p. l., 184 p. 4°.

Caption title has "Sinfonie von F. P. Pixis, op. 1." According to Fétis a symphony op. 5 by the above was published by Foerster of Breslau. Hofmeister gives Breitkopf & Härtel as publishers.

M1001.P64

Pizzi, Emilio, 1862–

Coquetterie. For string quartet, or quintet. Emilio Pizzi.

[London, Robert Cocks & Co.], ᶜ1894. Publ. no. 19890. 6 p. fol.

Caption title.

M1145.P72

Pizzi—Continued.

Gavotte poudrée. For string quartet with double bass (ad lib.). Emilio Pizzi.

[*London, Robert Cocks & Co.*], *1894. Publ. no. 19851. 5 p. fol.*

Caption title.

M1145.P724

Platania, Pietro, 1828–1907.

. . . Sinfonia a grande orchestra del maestro P. Platania scritta in occasione della pompa funebre celebrata in onore dell' illustre maestro G. Pacini dagli alunni del R. Collegio di Musica in Palermo il 7 Aprile 1868.

Milano, F. Lucca, [etc.]. Publ. no. G. 17643 G. 1 p.l., 51 p. 4°.

M1001.P7

Pleyel, Ignaz (Joseph), 1747–1831.

Sinfonie in D dur für zwei violinen, viola, violoncell und contrabass, zwei oboen, zwei hörner, zwei trompeten und pauken von Ign. Pleyel. 27tes werk. Partitur.

Mss. 69 p. 4°.

M1001.P73 Op. 27

Poggi, E. Augusto.

Parmi les sentiers des roses. (Im rosengarten.) Mouvement de valse lente pour orchestre par E. Augusto Poggi. Partition et parties d'orchestre . . .

*Leipzig, [etc.], Jul. Heinr. Zimmermann, *1905. Publ. no. Z. 4188. 20 p. 4°.*

Cover title.

M1049.P74

Pohlig, Carl, 1864—

Per aspera ad astra (Helden-tod und-apotheose). Symphonische dichtung in 4 sätzen für grosses orchester componirt von Carl Pohlig. Partitur zum privatgebrauch . . .

Berlin, Ries & Erler, [1903]. Publ. no. R. 7410 E. 143 p. fol.

M1002.P748

Polignac, Edmond de.

Robin m'aime. Rondel pastoral d'amour sur un vieil air populaire de l'Artois. Partition d'orchestre . . . Ed. de Polignac.

Paris, "Edition Mutuelle" [&c.], [1906]. Pub. no. E. 3050 M. 1 p. l., 10 p. fol.

M1045.P765R7

Ponchielli, Amilcare, 1834–1886.

Fantasia militare per banda di Amilcare Ponchielli. Partitura.

Milano, Ricordi, [etc.]. Publ. no. s. 43385 s. 1 p.l., 63 p. fol.

M1245.P798

Popper, David, 1843–

... Sérénade orientale pour violoncelle et orchestre ou piano composée par D. Popper. Op. 18. Edition pour violoncelle et orchestre ...
Leipzig, Bartholf Senff, ᶜ1904. Publ. no. 2535. 22 p. 4°.

M1016.P83

Concert (E moll) für violoncell mit begleitung des orchesters ... von David Popper. Op. 24. Partitur.
Leipzig, Friedrich Hofmeister, [1880]. Publ. no. 7814. 119 p. 4°.

M1016.P8 Op. 24

... Tarantelle für violoncell mit begleitung des pianoforte componirt von David Popper. Op. 33. Für violoncell mit orchester .. [Orchestrirt von Paul Gilson].
Leipzig, D. Rahter, [1902]. Publ. no. 1726. 30 p. 4°.

M1016.P815

Elfentanz für violoncell mit begleitung des orchesters ... componirt von David Popper. Op. 39. Partitur ...
Hamburg, D. Rahter, [etc.], [1882]. Publ. no. 2262. 23 p. 4°.

M1016.P81

... "Im walde." Suite für orchester mit obligatem solo-violoncell componirt von David Popper. Op. 50. ... Einzeln: No. 1. Eintritt. No. 2. Gnomentanz. No. 3. Andacht. No. 4. Reigen. No. 5. Herbstblume. No. 6. Heimkehr ...
Hamburg, D. Rahter, [etc.], [1883]. Publ. no. 2468. 1 p. l., 69 p. 4°.

M1003.P83

Vito. Spanischer tanz. David Popper. Op. 54, No. 5. Instrumentirt von T. H. Oushoorn.
[Hamburg und Leipzig, D. Rahter], [1906] Publ. no. 3187. 18 p. fol.
> Caption title.

M1016.P818

Concert (No. 3, G dur, in einem satze) für violoncell mit begleitung des orchesters ... von David Popper. Op. 59. Partitur ...
Hamburg, D. Rahter, [etc.], [1889]. Publ. no. 2798. 46 p. 4°.

M1016.P8 Op. 59

... Requiem. Adagio für drei violoncelli und orchester (oder pianoforte) von David Popper. Op. 66. Partitur ...

Popper—Continued.

Hamburg und Leipzig, D. Rahter, ᶜ1892. Publ. no. 62. 23 p. 4°.

M1016.P82

Pratt, Silas Gamaliel, 1846–

Serenade for string orchestra . . . S. G. Pratt.

New York, C. Fischer, ᶜ1891. Publ. no. 2900-23. 8 p. fol.

Caption title.

M1145.P92

Preyer, Gottfried, 1807 (or 1808)–1901.

Erste sinfonie (in D moll) für das orchester, componirt . . . von Gottfried Preyer. Op. 16. Partitur . . .

Wien, A. Diabelli & Comp [ca. 1840). Publ. no. D. & C. No. 6655. 123 p. fol.

M1001.P93

Privano, G.

Rêverie pour orchestre, composée par G. Privano. Op. 5. Partition d'orchestre . . .

Moscou-Leipzig, P. Jurgenson, [etc.], [1908]. Publ. no. 31853. 17 p. 4°.

M1045.P94R3

Proch, Heinrich, 1809–1878.

1te. ouverture für das orchester componirt . . . von Heinr. Proch. . . . 120tes. werk. Partitur.

Wien, A. O. Witzendorf, [ca. 1845]. Publ. no. A. O. W. 2970. 1 p. l., 48 p. 4°.

M1004.P964

Procházka, Rudolph von, 1864–

Harfner-variationen über ein thema von W. A. Mozart (dem Harfner Jos. Häusler in Prag comp. 1787) von Rudolph von Procházka. Op. 16 . . . b. Ausgabe für orchester.

Prag, Joh. Hoffmann's Wwe., ᶜ1907. Publ. no. 4798. 50 p. 4°.

M1045.P965H3

Proksch, Robert Ludwig.

. . . Fest-marsch für orchester von Rob. Ludw. Proksch. Op. 32. Partitur. . . .

Reichenberg, Schöpfer (J. Fritsche), [1885?]. 1 p. l., 26 p. fol.

M1046.P93

Protheroe, Daniel.

In the Cambrian hills. A symphonic poem for orchestra by Daniel Protheroe . . . Op. 59. Partitur . . .

Leipzig, C. F. Kahnt nachfolger, ᶜ1904. Publ. no. 4148a. 53 p. fol.

M1002.P96

Prout, Ebenezer, 1835–1909.

. . . Concerto in E minor for organ and orchestra composed . . . by Ebenezer Prout. Op. 5. Full score . . .
*London, Augener & Co. Publ. no. A. & C. No. 18. 1 p. l.,
110 p. 4°. (Augener & Co.'s edition, 8760.)*

M1005.P96

Minuet and Trio for orchestra by Ebenezer Prout. Op. 14.
Full score.
*London, Augener & co., [etc.], [1881]. Publ. no. 5963. 1 p. l.
27 p. fol. (Augener & co.'s edition, No. 7079a.)*

M1049.P96

Symphony No. 3 (in F major). Composed for the Birmingham Musical Festival 1885 by Ebenezer Prout. Op.
22. Full score.
*London & New York, Novello, Ewer & co., [1885.] 1 p. l.,
169 p. fol.*

M1001.P964

. . . Suite de ballet. (I. Allegro vivace . . . II. Allegro
moderato. III. Tempo di valse). Composed . . . by
Ebenezer Prout. Op. 28. Full score . . .
*London, Augener & Co., [1892]. Publ. no. 9146. 59 p. fol.
(Augener's edition, No. 7080.)*

M1003.P91

Concerto for organ and orchestra. (No. 2 in E). Composed for, and dedicated to his friend, Mr. George Riseley,
. . . by Ebenezer Prout. Op. 35. Full score . . .
*London, The Vincent Music Co., Ltd., c1909. Publ. no.
3177. 121 p. 4°.*

M1005.P964

Triumphal march from the cantata Alfred. Full orchestral
score . . .
*London, Augener & co. [etc.], 188–?]. Publ. no. 7660. 21 p.
fol. (Augener's edition, No. 7078a.)*

M1046.P96T8

Puccini, Giacomo, 1858–
La Bohème. Fantasia. G. Puccini. Riduzione a concertino di Giovanni Pennacchio.
*Milano, G. Ricordi & Co., c1904. Publ. no. 110352. 20 p.
fol.*
Caption title.

M1268.P848

Puccini—Continued.

Fantasia per grande orchestra sopra motivi dell' opera La Bohème di G. Puccini. Riduzione di G. Luporini. . . . Nuova edizione riveduta da Ugo Solazzi. Partitura . . . *Milano [etc], G. Ricordi & C., ᶜ1908. Publ. no. v. 101547 v. 1 p. l., 31 p. fol.*

The Italian title followed by German and English titles.

M1505.P

Fantasie aus La Bohème von G. Puccini. Für militärmusik von J. Schifferl . . . *Leipzig, [etc.], G. Ricordi & C., ᶜ1907. 1 p l., 34 p. fol.*

M1268.P858

. . . Madama Butterfly. Atto I. Istrumentazione di Alessandro Peroni. *Milano, G. Ricordi & C.,˙ [etc.], ᶜ1905. Publ. no. 109788. 1 p. l., 89 p. fol. (Bibliiteca dei corpi di musica, Serie XVIII, N. 240.)*

Band score. Cover title.

M1268.P888

. . . Madama Butterfly. Atto II, parte I. Istrumentazione di Giovanni Pennacchio. *Milano, G. Ricordi & C., [etc.], ᶜ1905. Publ. no. 109789. 1̇ p. l. 73 p. fol. (Biblioteca dei corpi di musica, Serie XVIII, N. 241.)*

Band score. Cover title.

M1268.P898

. . . Madama Butterfly. Atto II, parte II. Istrumentazione di Giovanni Pennacchio. *Milano, G. Ricordi & C., [etc.], ᶜ1905. Publ. no. 110890. 1 p. l., 56 p. fol. (Biblioteca dei corpi di musica, Serie XIX, N. 256.)*

Band score. Cover title.

M1268.P98

. . . Madama Butterfly di G. Puccini. Finale atto II (coro interno ed orchestra). Istrumentazione di C. Preite. *Milano, G. Ricordi & C., [etc.], ᶜ1906. Publ. no. 111285. 1 p. l., 9 p. fol. (Biblioteca dei corpi di musica.)*

Band score.

M1268.P918

Madama Butterfly. Fantasia. G. Puccini. Istrumentazione di Alessandro Peroni.

Puccini—Continued.

    Milano, G. Ricordi & Co., °1907.   Publ. no. 111763.   39 p.
    4°.   (Biblioteca popolare pei corpi di musica e fanfare,
    piccolo partitura.)

        Band score.   Caption title. ·

                                  M1268.P92S

    Manon Lescaut.   Fantasia.   G. Puccini.   Istrumentazione
    di Giuseppe Mariani.

    Milano, G. Ricordi & Co., °1902.   Publ. no. 104977.   61 p.
    fol.   (Biblioteca popolare pei corpi di musica e fanfare,
    piccola partitura.)

        Band score.   Caption title.

                                    M1268.P878

    ... Manon Lescaut.   Intermezzo Atto III.   Istrumenta-
    zione di G. Nenci.

    Milano, G. Ricordi & C., °1900.   Publ. no. 103264.   1 p. l.,
    5, [1], 4 p.   fol.   (Biblioteca dei corpi di musica civili e
    militari, Serie XIII, no. 183.)

        Band score.

                                    M1268.P86S

    Tosca: Atti 1 [–3] ...   Partitura.

    Milano, etc., G. Ricordi, [etc.], 1900.   3 v. fol.   (Biblioteca
    dei Corpi di musica civili e militari, Series nos. 103404–
    103406.)

        Atto. 1. Instrumentazione per banda di Raffaele Ascolese.—Atto
           2. Instrumentazione di Edoardo Pansini.—Atto 3. Instrumen-
        tazione di Giovanni Pennacchio.

                                    M1268.P94S

    Tosca: fantasia.   Instrumentazione di G. Pennacchio.

    Milano, Londra, [etc.], G. Ricordi & co., [etc., 1901].   1 p. l.,
    58 pp. fol.   (Biblioteca dei Corpi di musica civili e
    militari.   Diretta da Giuseppe Mariani.   Serie XIV, no.
    196.)

                                    M1268.P95S

    Tosca.   Fantasia.   G. Puccini.   Composta ed instrumen-
    tazione da Alessandro Peroni.

    Milano, G. Ricordi & Co., °1903.   Publ. no. 104992.   56 p.
    fol.   (Biblioteca popolare pei corpi di musica e fanfare,
    piccola partitura.)

        Caption title.

                                    M1268.P96S

Puchat, Max, 1859–

... Euphorion. Eine sinfonische dichtung für grosses orchester (nach Goethes Faust, II. Teil, III. Akt) komponiert von Max Puchat. Op. 14. Partitur. ...
Leipzig, C. F. W. Siegel's Musikalienhandlung, R. Linnemann, [1888]. Publ. no. 8664. 60 p. fol.

> On p. 2 the program.

M1002.P977E8

... Ouverture über ein nordisches thema für grosses orchester komponiert von Max Puchat. Op. 22. Partitur ...
Leipzig, C. F. W. Siegel, [1890]. Publ. no. 9019. 49 p. fol.

M1004.P978N8

Leben und ideal. Eine sinfonische dichtung nach Schiller'-schen worten für grosses orchester komponiert von Max Puchat. Op. 24. Partitur ...
Leipzig, C. F. W. Siegel, [1892]. Publ. no. 9676. 65 p. fol.

M1002.P977L4

Puget, Paul.

Lorenzaccio. Airs de ballet pour petit orchestre. I. Villanelle. II. Passacaille. III. Pavane. De Paul Puget. Partition d'orchestre ...
Paris, Heugel & Cie., ᶜ1905. Publ. no. H. & Cie. 22388. 22 p. fol.

M1003.P97

Pugno, (Stéphane) Raoul, 1852–

Suite d'orchestre. No. 1. Valse lente. No. 2. Pulcinella, scherzetto. No. 3. Farandole. Raoul Pugno. Partition d'orchestre ...
Paris, Henri Heugel, [188–]. Publ. no. H. 7879 (1) to (3). 1 p. l., 75 p. 4°.

> Hofmeister 1882, has this as "Trois airs de ballet p. piano, tirés de la féérie 'La fée Cocotte.'"

M1003.P98

Purcell, Henry, 1658 (or 1659)–1695.
The works of Henry Purcell ...
London, Novello and company, 1878–.

> In course of publication by the Purcell Society of London.
> The "Fantasias" and separate "Overtures" have not yet appeared.

M3.P93

Purcell—Continued.

Suite in C major. No. 1. Prelude. No. 2. Saraband. No. 3. Minuet. No. 4. March. Composed for harpsichord by Purcell. Transcribed for string orchestra by William Y. Hurlstone.

London, Goodwin & Tabb, ͨ1910. Publ. no. G. & T. 129a. 7 p. fol.

M1160.P98H7

Quantz, Johann Joachim, 1697–1773.

Concert (G dur) für flöte, zwei violinen, violetta und beziferten bass von Joh. Joachim Quantz. . . . Mit begleitung des streichorchesters von Julius Weissenborn . . .

Leipzig und Brüssel, Breitkopf & Härtel, [1885]. Publ. no. 16645. 2 p. l., 53 p. 4°.

M1105.Q1

Quick-Marsch, "The Duke of York's favourite." Bearbeitet von C. Arnold . . . Full score for orchestra.

See Zwei altenglische militärmärsche.

M2.M9

Rabaud, Henri.

Divertissement sur des chansons russes par Henri Rabaud, Op. 2. Partition d'orchestre . . .

London, Enoch & sons [etc.], ͨ1899. Publ. no. E. et C. 4185. 4°.

M1045.R115D5

2ème symphonie en Mi mineur. Op. 5. I. Allegro moderato. II. Andante. III. Scherzo. IV. Finale. Par Henri Rabaud. Partition d'orchestre . . .

Paris, Enoch & Cie., [etc], [1900]. Publ. no. E. et C. 4448. 1 p. l., 243 p. fol.

M1001.R112

. . . La procession nocturne. Poëme symphonique d'après Nicolas Lenau par Henri Rabaud (Op. 6). Partition d'orchestre . . .

Paris, A. Durand & fils, [1899]. Publ. no. D. & F. 5580. 2 p. l., 30 p. fol.

M1002.R12

. . . Eglogue. Poème Virgilien pour orchestre par Henri Rabaud (Op. 7). Partition d'orchestre . . .

Paris, A. Durand & fils, [&c.], [1898]. Publ. no. 5559. fol. 1 p. l., 9 p.

M1002.R115

Rabaud—Continued.

Divertissement sur des chansons russes par Henri Rabaud. Partition d'orchestre . . .

London, Enoch & Sons, [etc.], °1899. Publ. no. E. & C. 4185. 1 p. l., 90 p. 4°.

M1003.R113

Rabl, Walter, 1873–

Symphonie (D moll) für grosses orchester von Walter Rabl. Op. 8. Partitur . . .

Berlin, N. Simrock, °1899. Publ. no. 11389. 155 p. fol.

M1001.R116

Rachmaninov, Sergei Wassilievich, 1873–

Fantaisie pour orchestre par S. Rachmaninoff. Op. 7. Partition . . .

Moscou, P. Jurgenson, [1895?]. Publ. no. 19163. 69 p. 4°.

M1045.R162F3

. . . Capriccio bohémien pour grand orchestre composé par S. Rachmaninoff. Op. 12. Partition . . .

Moscou, A. Gutheil, [1896]. Publ. no. A. 7312. G. 61 p. fol.

Cover title. Title page in Russian.

M1045.R162C3

. . Second concerto pour le piano avec orchestre ou un 2d piano composé par S. Rachmaninoff. Op. 18. Partition . . .

Moscou, A. Gutheil, [etc.], [1901]. Publ. no. ·A. 8102 G. 116 p. fol.

M1010.R18 Op. 18

. . Symphonie E moll pour grand orchestre par S. Rachmaninow. Op. 27. Partition . . .

Moscou, A. Gutheil, [etc.], [1908]. Publ. no. A. 8899 G. 1 p. l., 230 p. fol.

M1001.R172

. . . Die toteninsel. Symphonische dichtung zum gemälde von A. Böcklin. Für grosses orchester von S. Rachmaninoff. Op. 29. Partition . . .

Moscou, A. Gutheil, [etc.], [1909]. Publ. no. A. 9048 G. 71 p. fol.

M1002.R16T5

. . . 3me concerto pour le piano avec orchestre ou un 2d. piano composé par S. Rachmaninow. Op. 30. Partition . . . (Revidiert von Wilh. Dugge.)

Moscou, A. Gutheil, [etc.], °1910. Publ. no. A. 9086 G. 138 p. fol.

M1010.R18 Op. 30

Radecke, (Albert Martin) Robert, 1830–1911.

Ouverture zu Shakespeare's König Johann für grosses orchester componirt . . . von Robert Radecke. Op. 25 . . .

Berlin, T. Trautwein (M. Bahn), [1860]. Publ. no. 1200. 80 p. 4°.

M1004.R126K8

Festmarsch für grosses orchester componirt . . . von Robert Radecke. Op. 34.

Berlin & Posen, Ed. Bote & G. Bock [etc], [1869]. Publ. no. 8408. 47 p. fol.

M1046.R126

Am strande. Ouverture für grosses orchester von Robert Radecke. Opus 40.

Berlin & Posen, Ed. Bote & G. Bock, [1875]. Publ. no. 10697. 1 p. l., 75 p. fol.   ·

M1004.R126A7

Sinfonie (F dur) für orchester componirt von Robert Radecke. Op. 50. Partitur . . .

Berlin & Posen, Ed. Bote & G. Bock, [etc.], [1878]. Publ. no. 11733. 200 p. 4°.

M1001.R146

Zwei scherzi für orchester componirt von Robert Radecke. Op. 52.

Leipzig, C. F. Peters, [1888]. Publ. no. 7221. 39 p. fol.

M1045.R122Z9

. . . Nachtstück für grosses orchester von Robert Radecke. Op. 55. Partitur . . .

Berlin, M. Bahn, [etc.], [1892]. Publ. no. M. B. 3824. 38 p. fol.

M1045.R122N2

Raebel, Max.

. . . Die schlacht des heiligen Olav bei Stiklestad. Ouverture von Max Raebel. Op. 17.

Berlin, Julius Jäger, ᶜ1905. Publ. no. J. J. 476A. 27 p. fol.

M1004.R13488

Raff, (Joseph Joachim), 1822–1882.

. . . La fée d'amour. . . . Morceau caractéristique de concert pour violon avec accompt. d'orchestre ou de piano par Joachim Raff. Op. 67. Partition . . .

Mayence, B. Schott's söhne, [etc.], [1877]. Publ. no. 13997. 2 p. l., 119 p. 4°.

M1012.R13   Op. 67

Raff—Continued.

. . . Ode au printemps. Morceau de concert pour piano
et orchestre ou deux pianos par Joachim Raff. Op. 76.
Partition.
Mayence, les fils de B. Schott, [etc.], [1862]. Publ. no. 15935.
1 p. l., 85 p. 4°.

M1010.R13 Op. 76

"An das vaterland." Eine preis-symphonie in fünf abtheilungen für das grosse orchester von Joachim Raff.
96tes werk. Partitur . . .
Leipzig & New York, J. Schuberth & Co., [etc.], [1864].
Publ. no. 2841. 3 p. l., 271 p. 4°.

M1001.R15 No. 1

Suite. Introduction und fuge. (Menuett, adagietto,
scherzo und marsch). Für orchester componirt . . .
von Joachim Raff. Op. 101. Partitur . . .
Mainz, B. Schott's Söhne, [etc.], [1864]. Publ. no. 17926.
1 p. l., 147 p. 4°.

M1003.R13

Jubelouverture für das grosse orchester . . . componirt
von Joachim Raff. Op. 103. Partitur . . .
Leipzig, C. F. Kahnt, [1864]. Publ. no. 969. 78 p. 4°.

M1004.R136J7

. . . Fest-ouverture für das grosse orchester von Joach.
Raff. Op. 117. Partitur . . .
Leipzig, Fr. Kistner, [1865]. Publ. no. 2973. 121 p. 4°.

M1004.R136F3

Concert-ouverture für grosses orchester von Joachim Raff.
Op. 123. Partitur . . .
Leipzig, C. F. W. Siegel, [1866]. Publ. no. 3024. 1 p. l.,
88 p. 4°.

M1004.R136C6

. . . Eine feste burg ist unser Gott. Ouverture zu einem
drama aus dem 30jährigen kriege für grosses orchester
von Joachim Raff. Op. 127. Partitur . . .
Leipzig, Friedrich Hofmeister, [1866]. Publ. no. 6451.
103 p. 4°.

M1004.R136F4

. . . Festmarsch für grosses orchester von Joachim Raff.
Op. 139. Partitur
Mainz, B. Schott's söhne, [etc.], [1878]. Publ. no. 22245.
1 p. l., 46 p. 4°.
At head of title: 8. October 1842–8. October 1867.

M1046.R136F5

Raff—Continued.

Symphonie (No. II C-dur) für grosses orchester componirt . . . von Joachim Raff. Op. 140. Partitur.
Mainz B. Schott's Söhne, [etc.], [1868].　1 p. l., 217 p.　4°.

Im Walde. Sinfonie (No. 3 F-dur) für grosses orchester von Joachim Raff. Op. 153. Partitur . . .
Leipzig, Fr. Kistner, [1871].　Publ. no. 3568.　323 p.　4°.

Dame Kobold. Komische oper in 3 acten. [Op. 154.] Ouverture. Joachim Raff.
Berlin, Ed. Bote & G. Bock, [1870].　Publ. no. 9247.　64 p. fol.
　　　Cover title.

Violinconcert von Joachim Raff. Op. 161. Partitur.
Mss.　123 p.　fol.
　　　Transcript 1903.

. . . Concert für die violine mit begleitung des orchesters von Joachim Raff. Op. 161 . . . Neue ausgabe, frei bearbeitet von August Wilhelmj. Partitur . . .
Leipzig, C. F. W. Siegel, [1871].　Publ. no. 9516.　107 p. fol.

Au soir. Rhapsodie pour orchestre par Joachim Raff [Op. 163].
Paris, J. Hamelle, Ancne. mon. J. Maho.　Publ. no. J. 1215 M.　19 p.　4°.
　　　First published in 1871 by Robert Seitz, Leipzig.

Symphonie No. IV in G moll für grosses orchester von Joachim Raff. Op. 167. Partitur . . .
Leipzig, J. Schuberth & Co., [etc.], [1872].　Publ. no. 4987.　243 p.　4°.

Lenore. Symphonie (No. 5 in E dur) für grosses orchester componirt von Joachim Raff. Op. 177. Partitur . . .
Berlin, Ries & Erler, [188–].　Publ. no. R. 1542 E.　1 p. l. 226 p.　4°.
　　　First ed. published in 1873 by Robert Seitz, Leipzig.

Raff—Continued.

... Suite für solo-violine und orchester von Joachim Raff. Op. 180. Partitur ...
Leipzig, C. F. W. Siegel [1873]. Publ. no. 4869. 1 p. l., 101. p. 4°.

M1012.R13 Op. 180

Concert für das pianoforte mit begleitung des orchesters componirt . . . von Joachim Raff. Op. 185. Partitur. . . .
Leipzig, C. F. Siegel [1873]. Publ. no. 4941. 1 p. l., 140 p. 4°.

M1010.R13 Op. 185

Sinfonie (No. 6, D moll) für grosses orchester von Joachim Raff. Op. 189. Partitur . . .
Berlin & Posen, Ed. Bote & G. Bock, [etc.], [1874]. Publ. no. 10900. 2 p. l., 263 p. 4°.

M1001.R15 No. 6

Concert für das violoncell mit begleitung des orchesters . ·. . componiert von Joachim Raff, Op. 193. Partitur . . .
Leipzig, C. F. W. Siegel, [1875]. Pub. no. 5263. 103 p. 4°.

M1016.R137

Suite No. 2 in F in ungarischer Weise für das orchester von Joach. Raff. Op. 194. 1. An der grenze. 2. Auf der puszta . . . 3. Bei einem aufzug der Honved. 4. Volkslied mit variationen. 5. Vor der czarda . . . Partitur . . .
Berlin, M. Bahn, [etc.], [1875]. 1 p. l., 300 p. 4°.

M1003.R132

Suite—1. Introduction und fuge. 2. Menuett. 3. Gavotte und Musette. 4. Cavatine. 5. Finale—für das pianoforte mit begleitung des orchesters von Joachim Raff. Op. 200. Partitur . . .
Leipzig, C. F. W. Siegel [1876]. Publ. no. 5469. 1 p. l., 157 p. 4°.

M1010.R13 Op. 200

In den Alpen. Symphonie (No. 7 in B dur) für grosses orchester componirt von Joachim Raff. Op. 201. Partitur . . .
Leipzig, Robert Seitz, [1876]. Publ. no. R. S. 565. 1 p. l., 149 p. 4°.

M1001.R15 No. 7

Raff—Continued.

Frühlingsklänge. Symphonie (No. 8 in A dur) für das grosse orchester von Joachim Raff. Op. 205. Partitur . . .
Leipzig, C. F. W. Siegel, [1877]. Publ. no. 5770. 1 p. l., 203 p. 4°.

Concert No. 2 für die violine mit begleitung des orchesters von Joachim Raff. Op. 206. Partitur . . .
Leipzig, C. F. W. Siegel, [1878]. Publ. no. 5961. 144 p. 4°.

Im sommer. Symphonie (No. 9 in E moll) für grosses orchester von Joachim Raff. Op. 208. Partitur . . .
Leipzig, C. F. W. Siegel, [1879]. Publ. no. 6152. 1 p. l., 176 p. 4°.

Zur herbstzeit. Symphonie (No. 10 in F moll) für grosses orchester von Joachim Raff. Op. 213. Partitur . . .
Leipzig, C. F. W. Siegel, [1882]. Publ. no. 6837. 123 p. 4°.

Der winter. Symphonie No. 11 in A moll (nachgelassenes werk) für grosses orchester von Joachim Raff. Op. 214. Revidirt und herausgegeben von Max Erdmannsdörfer. Partitur . . .
Leipzig, C. F. W. Siegel, [1883.] Publ. no. 6956. 163 p. 4°.

Aus Thüringen. Suite für grosses orchester von Joachim Raff. (Componirt in jahre 1875). Partitur.
Berlin, Ries & Erler, ᶜ1893. Publ. no. R. 1162 E. 119 p. fol.

Drei nationaltänze für orchester. No. 1. Mazurka. No. 2. Polonaise. No. 3. Russisch. Componirt von Joachim Raff. Partitur.
Berlin, Ries & Erler, [1875]. Publ. no. R. S. 511, 513, 515. 3 v. in 1. 29, 37, 43 p. 4°.
"Aus dem Tanzsalon," op. 174, nos. 8, 11, 12 (4 hds.), arranged for orchestra.

Raff—Continued.

Italienische suite für grosses orchester componirt von Joachim Raff. (Componirt im jahre 1871). Partitur . . .

Berlin, Ries & Erler [1884]. Publ. no. R. 2334 E. 107 p. fol.

M1003.R139

4 Shakespeare ouverturen für grosses orchester componirt von Joachim Raff. Nachgelassene werke revidirt von E. A. MacDowell . . . Partitur . . .

Boston & Leipzig, Arthur P. Schmidt, c1891. Publ. no. 110-113. 2 v. 40, 74 p. 4°.

No. 1. Romeo und Julie.
No. 2. Macbeth.
No. 3. Othello.
No. 4. Der sturm.
Nos. 3 & 4 not published.

M1004.R135V3

Zwei märsche zu "Bernhard von Weimar" (Trauerspiel von Wilhelm Genast) für orchester componirt von Joachim Raff. Partitur . . .

München, Jos. Aibl, [1885]. Publ. no. R. 2558 a.. 56 p. fol.

M1046.R136Z9

Raif, Oskar, 1847–1899.

Concert [For pianoforte with orchestra]. Oscar Raif, Op. 1. *[Leipzig, Breitkopf & Härtel], [1878]. 14762. 91 p. 4°.*

Caption title.

M1010.R15 Op. 1

Rameau, Jean-Philippe, 1683–1764.

. . . Œuvres complètes. Publiées sous la direction de C. Saint-Saëns . . .

Paris, A. Durand et fils, 1895-. fol.

In course of publication. The "Six concerts en sextuor" in the 2. v. are transcriptions for sextet of the "Pièces de clavecin en concerts".

M3.R17

Drei balletstücke für orchester von Jean Philippe Rameau. Zum konzertvortrag frei bearbeitet von Felix Mottl. I. Menuett aus "Platée." II. Musette aus "Fêtes d'Hébé." III. Tambourin aus "Fêtes d'Hébé."

Leipzig, C. F. Peters, [1899]. Publ. no. 8591. 35 p. fol. (Edition Peters, No. 2966).

M1003.R18

Rameau—Continued.

Konzert (G moll) von Jean Philippe Rameau bearbeitet und instrumentiert von Felix Mottl. I. La poule. II. Menuet. III. L'enharmonique. IV. L'Egyptienne.

Leipzig, C. F. Peters [1908]. Publ. no. 9351. 27 p. fol (Edition Peters, No. 3237).

M1060.R2

Ramsoë, Wilhelm.

Krönungs-marsch für grosses orchester von Wilhelm Ramsoë. . . . Partitur. . . .

Hamburg, D. Rahter [etc], [1883]. Publ. no. 2451. 31 p. 4°.

M1046.R178

Randegger, E.

Berceuse par E. Randegger . . . Partitur . . .

Leipzig, Bosworth & co., [etc.], ᶜ1900. Publ. no. B. & co. 4081. 15 p. 4°.

Cover title.

M1045.R191B4

. . . Serenade venitienne par E. Randegger . . . Partitur . . .

Leipzig, Bosworth & co., [etc.], ᶜ1900. Publ. no. B. & co. 4083. 18 p. 4°.

Cover title.

M1045.R191S5

Ratez, Emile Pierre, 1851–

Sinfonietta (Quasi variazioni) pour orchestre par Emile Ratez. . . . Partition d'orchestre . . . [Op. 26.]

Paris, Enoch & Cie., [etc.], [1896?]. Publ. no. E. & C. 2832. 48 p. 4°.

Cover title.

M1001.R202 Op. 26

Rath, Felix vom, 1866–1905.

Klavierkonzert. Op. 6 von Felix vom Rath. Partitur . . .

München, Otto Bauer, ᶜ1901. Publ. no. 1. 97 p. fol.

M1010.R23 Op. 6

Rauchenecker, Georg Wilhelm, 1844–1906.

. . . Symphonie (F moll) für grosses orchester componirt von G. W. Rauchenecker. Partitur . . .

Leipzig, Breitkopf & Härtel, [1882]. Publ. no. 16057. 1 p. l., 165 p. fol.

M1001.R22

Ravel, Maurice, 1875–

. . . Daphnis et Chloé. Ballet en un acte. Fragments symphoniques pour orchestre et chœurs. Nocturne—Interlude—Danse guerrière. Partition d'orchestre. . . .

Ravel—Continued.

> Paris, A. Durand & Fils, ᶜ1911. Publ. no. D. et F. 7937 bis.
> 2 p. l., 66 p. fol.
> Name of composer at head of title.
>
> **M1524.R25D3**

. . . Rapsodie espagnole; partition d'orchestre . . .

> Paris, A. Durand & fils, ᶜ1908. Publ. no. D. & F. 7128.
> 3 p. l. 89 p. fol.
>
> **M1045.R252R3**

Pavane pour une infante défunte. Musique de Maurice Ravel. Partition d'orchestre . . .

> Paris, E. Demets, ᶜ1910. Publ. no. E. 1542 D. 7 p. fol.
>
> **M1045.R282P3**

Reber, (Napoléon) Henri, 1807–1880.

Ouverture de Naïm ou Les Maures en Espagne . . . par Henri Reber. Op. 32.

> Paris, Colombier. 49 p. 4°.
>
> **M1004.R292N2**

Rebiček, Josef, 1844–1904.

. . . Symphonie für grosses orchester von Josef Rebiček. Op. 10 . . .

> Hamburg, Hugo Pohle, [1890]. Publ. no. H. P. 720. 61 p. fol.
>
> **M1001.R24**

Rebikov, Vladimir Ivanovich, 1866–

Deuxième suite miniature pour petit orchestre composée par W. Rébikoff. [Op. 2]. No. 1. Danse des Odalisques. No. 2. Danse caractéristique. No. 3. Danse orientale. No. 4. Etude . . .

> Moscou, P. Jurgenson, [&c.], [1903]. Publ. no. 28396. 34 p. 4°.
>
> **M1003.R296**

Rêveries d'automne. Album de miniatures pour piano . . . de W. Rébikoff. Op. 8. Les nos. 4, 5, 7, 8, 14 et 16 pour orchestre à cordes, dans un cahier. Partition . . .

> Moscou-Leipzig, P. Jurgenson, [1901]. Publ. no. 26155. 19 p. 4°.
>
> **M1103.R29 Op. 8**

. . . Melomimiques . . . Trois scènes tirées du conte "Mila et Nolli," 3 . . . La mort de Mila. 4 . . . L'enterrement de Mila. 5 . . . Et Nolli pense . . . pour orchestre à cordes (par l'auteur) Op. 11. Par. W. Rebikoff.

> Moscou-Leipzig, P. Jurgenson, [etc.], [1902]. Publ. no. 26236. 9 p. 4°.
>
> **M1102.R29**

Rebikov—Continued.

Suite für grosses orchester aus dem märchenspiel "Der christbaum." No. 1. Walzer. No. 2. Zug der gnomen. No. 3. Tanz der bajazzo. No. 4. Tanz der chinesischen puppen. No. 5. Die himmelsleiter. No. 6. Finstre nacht von Wl. Rebikoff [Op. 21.] Partitur.

Moskau, P. Jurgenson, [&c.], [1904]. *Publ. no. 28920.* *75 p. 4°.*

Cover title.

M1003.R292

"Intermezzo." W. Rébikoff.

[*Moscou, P. Jurgenson*], [*ca. 1900*]. *Publ. no. B. 36 P. 17 p. 4°.*

Caption title.

M1045.R292

Suite miniature pour petit orchestre composée par W. Rébikoff. No. 1. Berceuse. No. 2. La revue. No. 3. Moment triste. No. 4. Tarantelle. Partition . . .

Moscou, P. Jurgenson, [&c.], [1899]. *Publ. no. 24647. 29 p. 4°.*

M1003.R294

Rebling, Gustav, 1821–1902.

. . . Zwei stücke für violine und orchester componirt von Gustav Rebling. Op. 49. No. 1. Romanze in G dur. No. 2. Ballade in D moll. Partitur . . .

Magdeburg, Heinrichshofen's Verlag, [1893]. *Publ. nos. H. V. 3368, 3358.* *2 v.* *19, 19 p.* *fol.*

M1012.R29 Op. 49

Redern, Friedrich Wilhelm, Graf von, 1802–1883.

Ballabile.

Autograph. *1 p. l., 28 p.* *fol.*

At bottom of title-page: "November 1856."

ML96.R

Concert-ouverture für grosses orchester componirt vom Grafen W. von Redern. Partitur.

Berlin, Ed. Bote & G. Bock (G. Bock), [1856]. *Publ. no. B. & B. 3555.* *70 p.* *fol.*

Author's autograph dedication on title-page.
"April 1856" on cover.

M1004.R314

Concertouverture.

Unpaged mss. *fol.*

C major.

M1004.R312 Case

Redern—Continued.

[Concertouvertüre Esdur.]

Autograph. 37 p. fol.

ML96.R

Fackeltanz componirt vom Grafen von Redern.

Mss. 41 p. fol.

> Band score. E flat major.
> Caption title.

M1249.R3125 Case

Fackeltanz zur höchsten vermählungsfeier ihrer königl.
hoheit der prinzessin Luise von Preussen comp. v. Grafen
v. Redern.

Mss. 24 p. fol.

> Band score. E flat major.
> Caption title.

M1249.R3148 Case

Fackeltanz zur höchsten vermählungsfeier seiner königlichen hoheit des Prinzen Friedrich Wilhelm von Preussen
und ihrer königlichen hoheit der Frau Prinzessin Friedrich Wilhelm von Preussen . . . componirt vom Grafen
W. von Redern. Partitur. . . .

*Berlin & Posen, Ed. Bote & G. Bock, [1858]. Publ. no.
B. & B. 4075. 27 p. fol.*

> Band score.
> In caption title: "Comp. (1857)."

M1249.R3168

Geschwind marsch componirt vom Grafen von Redern.

Mss. 10 p. fol.
> Band score.
> Caption title. E flat major.

M1247.R3148 Case

Geschwind marsch componirt v. . . . Graf von Redern.

Mss. [7] p. fol.
> Band score.
> Caption title. A flat major.

M1247.R3158 Case

Geschwind marsch componirt vom Grafen von Redern.
. . .

Mss. 11 p. fol.
> Band score.
> Caption title. C flat major.

M1247.R3138 Case

Redern—Continued.

  Geschwind marsch componirt vom . . . Grafen v. Redern . . .
  Mss. 14 p. fol.
    Band score.
    Caption title. A flat major.
                M1247.R3128 Case

  Geschwind marsch componirt vom . . . Grafen von Redern.
  Mss. 9 p. fol.
    Band score.
    Caption title. A flat major.
                M1247.R318 Case

  Geschwind marsch componirt vom Grafen von Redern.
  Mss. 12 p. fol.
    Band score.
    Caption title. B flat major.
                M1247.R3178 Case

  Geschwind marsch über thema [!] des Adriennewalzer comp. vom Grafen von Redern. . . .
  Mss. 10 p. fol.
    Band score.
    Caption title.
                M1247.R3158 Case

  Opernscene.
  Autograph. [35] p. fol.
                ML96.R

  Ouverture. [Redern].
  Autograph. 1 p. l., [37] p. obl. 4°.
    Name of the composer in pencil at bottom of p. 1. E major.
                ML96.R

  Ouverture. [Redern].
  Autograph. 1 p. l., [30] p. obl. 4°.
    Name of composer in pencil at bottom of p. 1. D major.
                ML96.R

  Ouverture pour l'orchestre. [Redern].
  Autograph. 1 p. l., [34] p. obl. 4°.
    Name of composer in pencil at bottom of title-page. E flat major.
                ML96.R

  Der sturm.
  Autograph. 1 p. l., [22] p. fol.
    At the bottom of title-page: "December 1856."
                ML96.R

  [Thema mit variationen.]
  Autograph. 1 p. l., [32] p. obl.4°.
    Title in pencil at bottom of p. 1.
                ML96.R

Redern—Continued.

Triumph-marsch zu dem trauerspiele Kaiser Friedrich der
1ᵗᵉ componirt vom Grafen von Redern.

Unpaged mss.   obl. 16°.

Band score.

M1247.R319S   Case

Reed, W. H.

Suite vénitienne for orchestra composed by W. H. Reed.
Full score . . .

London, Novello & Co., Ltd., ᶜ1904.ˑ 1 p. l., 76 p.   fol.

M1003.R31

Reger, Max, 1873–

Sinfonietta für orchester komponiert von Max Reger.
Opus 90. Partitur.

*Leipzig, Lauterbach u. Kuhn, ᶜ1905.   Publ. no. L. & K.
251. 1 p. l., 244 p.   fol.*

M1001.R262

Serenade für orchester komponiert von Max Reger. Opus
95. Partitur.

*Leipzig, Lauterbach u. Kuhn, ᶜ1906.   Publ. no. L. & K. 278.
1 p. l., 221 p.   4°.*

M1003.R333

Variationen und fuge über ein lustiges thema von Joh. Ad.
Hiller. Für orchester komponiert von Max Reger, Op.
100 . . .

*Leipzig, Lauterbach & Kuhn, ᶜ1907.   Publ. no. L. & K. 329.
1 p. l., 202 p.   fol.*

M1003.R336

Konzert (A dur) für violine mit begleitung des orchesters
oder pianoforte von Max Reger. Op. 101.ˑ Partitur.

*Leipzig, C. F. Peters, [1908].   Publ. no. 9186.   175 p.   fol.
(Edition Peters no. 3113)*

M1012.R33   Op. 101

. . . Symphonischer prolog zu einer tragödie für grosses
orchester von Max Reger. Op. 108. Partitur . . .

*Leipzig, C. F. Peters, ᶜ1909.   Publ. no. 9371.   91 p.   fol.
(Edition Peters no. 3216.)*

M1004.R333

. . . Konzert (F-moll) für klavier und orchester von Max
Reger. Opus 114. Partitur . . .

*Berlin: Ed. Bote & G. Bock [etc], ᶜ1910.   Publ. no. B. & B.
17386. 138 p.   fol.*

M1010.R32   Op. 114

Reger—Continued.

Zwei romanzen für violine mit begleitung von kleinem orchester von Max Reger. 1. Romanze G dur . . . 2. Romanze D dur. Partitur.

München, Jos. Aibl, ᶜ1901. Publ. no. 2986a. 2 vols. bound in 1. 31, 35 p. 4°.

M1012.R33 Op. 50

Rehbaum, Theobald, 1835–

Aria (F-dur) komponiert von Theobald Rehbaum. Op. 26. . . . Für streich-orchester. Partitur. . . .

Berlin, Carl Simon, ᶜ1895. Publ. no. C.S.2038. 3 p. fol.

Cover title.

M1160.R34

Reichardt, Johann Friedrich, 1752–1814.

Sinfonia nell' opera Andromeda di Reichard a 2 violini, viola, 2 corni, 2 oboi, 2 trombe, tympani e basso.

Mss. [32] p. fol.

First performed at Berlin, 1788.

M1004.A2R35A5

Reichel, Friedrich, 1833–1889.

. . . Frühlings-sinfonie (D dur) für orchester componirt von Friedrich Reichel. Op. 25. Partitur . . .

Leipzig, Fr. Kistner, [1878]. Publ. no. 4896. 226 p. 4°.

M1001.R292

Reifner, Vincenz.

Frühling. Symphonische dichtung für orchester von Vincenz Reifner. Op. 12. Partitur . . .

Leipzig, Ernst Eulenberg, [190–]. Publ. no. 3554. 59 p. fol.

M1002.R36F6

Reinecke, Carl (Heinrich Carsten), 1824–1910.

Ouverture zu Calderon's "Dame Kobold." Carl Reinecke. Op. 51.

Leipzig, Breitkopf & Härtel, [&c.], [1856]. Publ. no. 5351. 1 p.l., 64 p. 4°. (B. & H. Part.-Bibl., 5351.)

M1004.R366D3

Overture zu "Alladin" für grosses orchester componirt . . . von Carl Reinecke. Op. 70. Partitur (Neue ausgabe) . . .

Leipzig, C. F. W. Siegel (R. Linnemann), [1861]. Publ. no. 1865. 1 p.l., 68 p. 4°.

M1004.R365A5

Reinecke—Continued.

. . . Concert für das pianoforte mit begleitung des orchesters componirt von Carl Reinecke. Op. 72. Partitur.
Liepzig, Breitkopf & Härtel, [1880]. Publ. no. 15110. 1 p. l., 80 p. fol.

M1010.R37 Op. 72

Symphonie (A dur) für grosses orchester componirt . . . von Carl Reinecke. Op. 79. Partitur.
Leipzig, Breitkopf & Härtel, [1864]. Publ. no. 10,613. 1 p. l., 154 p. 4°. (B. & H. Part.-Bibl., 10,613.)

M1001.R33 No. 1

. . . Concert für das violoncell mit begleitung des orchesters oder des pianoforte componirt von Carl Reinecke. Op. 82. Partitur.
Mainz, B. Schott's söhne, [&c.], [1865]. Publ. no. 18385. 1 p. l., 109 p. 4°.

M1016.R364

In memoriam. Introduction mit choral für grosses orchester componirt von Carl Reinecke. Op. 128 . . .
Leipzig, Rob. Forberg, [1873]. Publ. no. 1517. 27 p. 4°.

M1004.R36616

Ein abenteuer Händels oder Die macht des liedes. Singspiel in einem akte von W. te Grove. Musik von Carl Reinecke. Op. 104 . . . Ouverture in partitur . . .
Leipzig, Fr. Kistner, [1873]. Publ. no. 4001. 47 p. fol.

M1004.R336A2

Deutscher triumph-marsch für grosses orchester componirt von Carl Reinecke. Op. 110. Partitur.
Leipzig, Breitkopf & Härtel, [1871]. Publ. no. 12366. 2 p. l., 17 p. fol. (Breitkopf & Härtel's partitur-bibliothek).

M1046.R362D4

Symphonie (No. 2 C moll) für grosses orchester componirt . . . von Carl Reinecke. Op. 134. Partitur . . .
Leipzig, Rob. Forberg, [1875]. Publ. no. 1815. 1 p. l.. 178 p. 4°.

M1001.R33 No. 2

. . . Koncert, Op. 141 (G moll) . . . [For violin and orchestra].
Leipzig, Breitkopf & Härtel, [1877]. Publ. no. 14652. 133 p. 4°. (B. & H. Part.-Bibl., no. 14652.)

M1012.R36 Op. 141

Reinecke—Continued.

Concert No. 3, für pianoforte mit begleitung des orchesters componirt von Carl Reinecke. Op. 144. Partitur . . .
Leipzig, C. F. W. Siegel (R. Linnemann), [1878]. Publ. no. 5853. 2 p. l., 196 p. 4°.

　　　　　　　　　　　　　　　M1010.R37 Op. 144

. . . Fest-ouverture für grosses orchester componirt von Carl Reinecke. Op. 148. Partitur . . .
Leipzig, Breitkopf & Härtel, [1878]. Publ. no. 14959. 1 p. l., 78 p. 4°.

　　　　　　　　　　　　　　　M1004.R366F2

. . . Romanze für die violine mit begleitung des orchesters oder des pianoforte von Carl Reinecke. Op. 155. Partitur.
Leipzig, Breitkopf & Härtel, [1879]. Publ. no. 15291. 39 p. 4°.

　　　　　　　　　　　　　　　M1012.R36 Op. 155

"Zur jubelfeier." Ouverture für grosses orchester componirt . . . von Carl Reinecke. Op. 166. Partitur.
Leipzig, Breitkopf & Härtel, [1882]. Publ. no. 16034. 1 p. l., 72 p. 4°. (B. & H. Part.-Bibl., 16034.)

　　　　　　　　　　　　　　　M1004.R366Z7

Concert für die harfe mit begleitung des orchesters componirt . . . von Carl Reinecke. Op. 182. . . . Partitur . . .
Leipzig, Bartholf Senff, [etc.], [1884]. Publ. no. 1846. 123 p. 4°.

　　　　　　　　　　　　　　　M1036.R366

. . . Zur reformationsfeier. Variationen ueber Luthers choral "Ein feste burg" für grosses orchester componirt von Carl Reinecke. Op. 191. Orchester-partitur . . .
Leipzig, Rob. Forberg, [1887]. Publ. no. 3726. 46 p. 4°.

　　　　　　　　　　　　　　　M1003.R364

Ouverture zu Klein's trauerspiel "Zenobia" für grosses orchester componirt . . . von Carl Reinecke. Op. 193. Partitur . . .
Leipzig und Brüssel, Breitkopf & Härtel, [&c.], [1887]. Publ. no. 17608. 1 p. l., 41 p. fol. (B. & H. Part.-Bibl., 17608.)

　　　　　　　　　　　　　　　M1004.R366Z3

Reinecke—Continued.

Trauermarsch auf den tod des Kaisers Wilhelm I. Componirt von Carl Reinecke. Op. 200 . . . Partitur . . .
Leipzig, Jul. Heinr. Zimmermann, [&c.], [1888]. Publ. no. Z 1216. 11 p. fol.

M1046.R362T8

Von der Wiege bis zum Grabe. From the cradle to the grave. Ein cyclus von sechszehn fantasiestücken für orchester von Carl Reinecke. Op. 202 . . . Du berceau à la tombe. No. 1. Kinderträume . . . No. 2. Spiel und tanz . . . No. 3. In grossmütterchens stübchen . . . No. 4. Rüstiges schaffen . . . No. 5. In der kirche . . . No. 6. Hinaus in die welt . . . No. 7. Schöne maiennacht, wo die liebe wacht . . . No. 8. Hochzeitszug. No. 9. Des hauses weihe . . . No. 10. Stilles glück . . . No. 11. Trüber tag . . . No. 12. Trost . . . No. 13. Geburtstagsmarsch . . . No. 14. Im silberkranze . . . No. 15. Abendsonne . . . No. 16. Ad astra . . .
New York, Edward Schuberth & Co., ᶜ1888. Publ. no. Z. 1502-11617. 16 v. fol.

M1003.R336

Hochzeitszug. Bridal procession. . . . Carl Reinecke. Op. 202. Edited by H. W. Nicholl.
[New York], Edward Schuberth & Co., [etc.], ᶜ1890. Publ. no. Z. 1509. 15 p. fol.
    Caption title: Von der wiege bis zum grabe . . . No. 8.

M1046.R362H5

. . . Von der wiege bis zum grabe. From the cradle to the grave. Ein cyclus von sechszehn fantasie stücken für militärorchester von Carl Reinecke. Op. 202 . . .
New York, [etc.], Edward Schuberth & Co., ᶜ1888. 3 v. fol.
    Edited by H. W. Nicholl. Library has No. 1. Kinderträume . . . (2 copies) No. 3. In grossmutters stübchen . . . No. 5. In der kirche . . . No. 6. Hinaus in die welt . . . No. 7. Schöne maiennacht, wo die liebe wacht . . .

M1254.R368

Fest-ouverture mit schlusschor "An die künstler" von Friedrich Schiller für orchester und männerchor componirt von Carl Reinecke. Op. 218. Partitur . . .
Leipzig, Gebrüder Reinecke, ᶜ1893. Publ. no. G. 107 R. 66 p. 4°.

M1004.R366F3

Reinecke—Continued.

Biblische bilder für orchester von Carl Reinecke. Op. 220. Heft 1. Bilder aus dem alten testament: Ruth und Boas. Jakob's traum. Judas Maccabäus. Heft II. Bilder aus dem neuen testament. Hirtenmusik und wanderung nach Bethlehem. Die ruhe der heiligen familie. Die hochzeit zu Kana.

Leipzig, Jul. Heinr. Zimmermann, [etc.], ᶜ1894. Publ. nos. Z. 2113, 2083, 2108, 2132, 2085, 2128. 2 v. 33, 40 p. fol.

M1003.R368

Prologus solemnis in form einer ouverture für grosses orchester componirt zur 150jährigen jubelfeier der Leipziger gewandhaus-concerte von Carl Reinecke. Op. 223. Partitur . . .

Leipzig, [etc.], Breitkopf & Härtel, ᶜ1894. Publ. no. Part. B. 847. 57 p. fol.

M1004.R366P6

Dritte symphonie (G moll) für grosses orchester componirt von Carl Reinecke. Op. 227. Partitur.

Leipzig, Bartholf Senff, ᶜ1895. Publ. no. 2356. 74 p. fol.

M1001.R33 No. 3

. . . Serenade (G moll) für streich-orchester von Carl Reinecke. Op. 242. Partitur . . .

Leipzig, [etc.], Jul. Heinr. Zimmermann, ᶜ1898. Publ. no. Z. 2754. 27 p. fol.

M1103.R35 Op. 242

Zwölf tonbilder für streichorchester von Carl Reinecke.

Leipzig [etc], Breitkopf & Härtel, [1893]. Publ. no. Part. B. 377. 1 p. l., 27 p. fol. (B. & H. Part. Bibl., 377).

Caption title.

CONTENTS.—No. 1: Trauermusik aus "Zenobia". (Aus Op. 194). No. 2: Pastorale. "Ihr hirten erwacht". Weihnachtslied. (Aus Op. 63). No. 3: Märchen-vorspiel. (Aus Op. 177). No. 4: Kaempevisa. Altnordisches lied. (Aus Op. 173). No. 5: Aus "Tausend und eine nacht". (Aus Op. 154). No. 6: Frieden der nacht. (Aus Op. 75). No. 7: Nordische romanze. (Aus Op. 47). No. 8: Friedensmarsch aus "Zenobia". (Aus Op. 194). No. 9: Weihnachtsabend aus der musik zu Hofmann's märchen "Nussknacker und Mausekönig". (Aus Op. 46). No. 10: Drosselmeyer's uhrenlied aus der musik zu Hoffmann's märchen "Nussknacker und Mausekönig". (Aus Op. 46). No. 11: Minuetto. (Aus Op. 47). No. 12: Balletmusik aus der märchenoper "Prinzessin Glückskind". (Aus Op. 177).

First published 1887.

M1145.R362

Reinhold, Hugo, 1854–

. . . Suite für pianoforte und streichorchester von Hugo Reinhold. Op. 7. Partitur . . .

Leipzig, Fr. Kistner, [1878]. Publ. no. 4985. 59 p. fol.

M1105.R36

Praeludium, menuett und fuge für streichorchester componirt von Hugo Reinhold. Op. 10. Partitur.

Leipzig, Fr. Kistner, [1879]. Publ. no. 5133. 27 p. 4°.

M1103.R38 Op. 10

Symphonie C dur für grosses orchester von Hugo Reinhold. Op. 22. Partitur . . .

Leipzig, Fr. Kistner, [1892]. Publ. no. 8245. 78 p. fol.

M1001.R34

. . . Intermezzo scherzoso für orchester componirt von Hugo Reinhold. Op. 29. Partitur . . .

Wien, J. Gutmann, [etc.], ͨ1882. Publ. no. J. 428 G. 53 p. 4°. (Verlag Gutmann no. 428.)

M1045.R3716

Reinthaler, Carl (Martin), 1822–1896.

Symphonie (D dur) für grosses orchester componirt von Carl Reinthaler. Op. 12. Partitur.

Leipzig, Breitkopf & Härtel, [1863]. Publ. no. 10544. 2 p. l., 272 p. 4°.

M1001.R35

Ouverture zur oper "Edda" von C. Reinthaler. Partitur . . .

Leipzig, Fr. Kistner, [1891]. Publ. no. 8036. 42 p. fol.

Presentation copy with composer's autograph.

M1004.R374E3

Reissiger, Carl Gottlieb, 1798–1859.

Ouverture aus der oper: Die felsenmühle. Von C. G. Reissiger.

Berlin, N. Simrock, [1863]. Publ. no. 6514. 75 p. 4°.

Cover title.

Hofmeister gives this as p. o71.

M1004.R376F3

Ouverture zu Nero. Partitur.

Transcript 1909. 64 p. fol.

The opera "Nero" was first performed 1822.

M1004.R378N3

Reissmann, August, 1825–1903.

Sinfonie (C moll) für grosses orchester componirt von August Reissmann. Op. 50. Partitur . . .

Leipzig, Fr. Kistner, [1880]. Publ. no. 5659. 146 p. 4°.

M1001.R36

Rensburg, Jacques E.

> Concertstück (Recit. Adagio. All° moderato) für violoncello
> solo mit begleitung des orchesters von Jacques Rensburg.
> Op. 1. Cöln August 1869.
>
> *Autograph. 71, [2] p. fol.*
>> At head of title: "Partitur".
>> At end of score: "Cöln 6 Jan. 1869".
>> This is the original form of the work in the unpublished full score,
>> with many corrections and erasures, some passages having been
>> crossed out or pasted over.
>>
>> **ML96.R**

> . . . Recit., adagio und allegro moderato für das violon-
> cello mit orchesterbegleitung, in form eines concert-
> stückes componirt von Jacques E. Rensburg. Op. 1.
>
> *Mss. 72 p. fol.*
>> This work has only been published in separate parts. Inter-
>> esting copy of the full score of which the Finale differs from the
>> printed separate parts. This is probably the score of the
>> "Neue ausgabe" of which only an arrangement for violoncello
>> and pianoforte has been published by Breitkopf & Härtel.
>>
>> **M1016.R42 Op. 1 Case**

> Concert für violoncell mit orchesterbegleitung componirt
> von Jacques E. Rensburg. Op. 3. Partitur . . .
>
> *Berlin, Ries & Erler, [1892]. Publ. no. R. 4785 E. 80 p.
> fol.*
>> **M1016.R42 Op. 3**

> . . . Am meeresstrande. Drei characterstucke [!] für
> violoncell (violine od. viola) mit orchesterbegleitung von
> Jacques E. Rensburg. Op. 4. a. Elegie. (Beim Ret-
> tungswerk ertrunken). b. Matrosenlied. c. Nocturne.
>
> *Autograph. 56 p. fol.*
>> At head of title: "Partitur", followed by dedication.
>> Only an arrangement for violoncello and pianoforte has been pub-
>> lished.
>>
>> **ML96.R**

> . . . Ballade für violoncel [!] und orchester von Jacques E.
> Rensburg. Op. 5.
>
> *Autograph. 34 p. fol.*
>> At head of title: "Partitur."
>> Only an arrangement for violoncello and pianoforte has been
>> published by Breitkopf & Härtel.
>>
>> **ML96.R**

Reuss, August, 1871-

> Symphonischer prolog für grosses orchester zu Hugo von
> Hofmannsthal's "Der thor und der tod" componirt von
> August Reuss. Op. 10. Partitur.
>
> *Leipzig, Fr. Kistner, ᶜ1901. Publ. no. 9421. 46 p. fol.*
>> **M1004.R446T4**

Reuss—Continued.

. . . Johannisnacht. Tondichtung für orchester von August Reuss. Op. 19. Partitur . . .
Leipzig, Fr. Kistner, ᶜ1903. Publ. no. 9738. 54 p. fol.

M1002.R445

. . . Judith. Tondichtung für orchester nach Hebbel's gleichnamiger tragödie von August Reuss. Op. 20. Partitur . . .
Leipzig, C. F. Kahnt nachfolger, ᶜ1905. Publ. no. 4213a. 52 p. fol.

M1002.R448

Reutter, Adam Karl Georg (der jüngere), 1708–1772.
. . . Servizio di tavola. Karl Georg von Reutter, 1757. [15 p. fol.]
See Wiener instrumentalmusik vor und um 1750. (D. d. T. in Österreich XV. jahrg., 2. t.)

M2.D36

Reyer, (Louis Étienne) Ernest, 1823–1909 (*real name* Rey).
Marche tzigane composée sur des motifs originaux pour orchestre par E. Reyer. Partition d'orchestre . . .
Paris, Choudens père & fils, [1882]. Publ. no. A. C. 5287. 1 p. l., 48 p. 4°.

M1046.R456M3

Reznicek, Emil Nicolaus von, 1861–
Eine lustspiel-ouverture für orchester componirt von E. N. von Reznicek. Partitur . . .
Berlin, Ries & Erler, ᶜ1896. Publ. no. R. 6241 E. 50 p. fol.

M1004.R467L8

Symphonie B dur von E. N. von Reznicek. Partitur . . .
Berlin, N. Simrock, [etc.], ᶜ1905. Publ. no. 12059. 51 p. fol.

M1001.R37

Symphonische suite für grosses orchester componirt von E. N. von Reznicek. Partitur . . .
Berlin, Ries & Erler, ᶜ1896. Publ. no. R. 6250 E. 85 p. fol.

M1003.R46

Rheinberger, Josef (Gabriel von), 1839–1901.
Wallenstein. Sinfonisches Tongemälde für Orchester von Jos. Rheinberger. Op. 10. Partitur.
Leipzig, E. W. Fritzsch, [1867]. Publ. no. 12. 264 p. 4°.

M1002.R47

Rheinberger—Continued.

. . . Ouverture zu Shakespeare's Die zähmung der widerspänstigen für orchester von Jos. Rheinberger. Op. 18.
Part. . . .
Leipzig, E. W. Fritzsch, [etc.], [187-]. Publ. no. E. W. F.
260 L. 33 p. obl. 4°.

M1004.R469Z2

Vorspiel zur oper Die sieben raben von Jos. Rheinberger.
[Op. 20.] Partitur . . .
Leipzig, E. W. Fritzsch, 1869. Publ. no. E. W. F. 80 L.
47 p. fol.
　　Hofmeister, 1869, gives this as op. 20.

M1004.R469S4

Fantasie (Präludium, intermezzo und fuge) für orchester
componirt von Josef Rheinberger. Op. 79. Partitur . . .
Offenbach a/M., Joh. André, [1878]. Publ. no. 12339. 108 p.
4°.

M1045.R38F3

. . . Sinfonie, F dur, für grosses orchester componirt von
Josef Rheinberger. Op. 87 . . .
Offenbach a/M., Joh. André, [1876]. Publ. no. 11990. 280 p.
4°.
　　Dedication copy with composer's autograph.

M1001.R387

. . . Concert, As dur, für pianoforte mit orchesterbegleitung
(oder eines zweiten pianoforte zu vier händen) von Jos.
Rheinberger. Op. 94. Partitur . . .
Mainz, B. Schott's Söhne, [etc.], [1878]. Publ. no. 22334.
1 p. l., 215 p. 4°.

M1010.R43 Op. 94

. . . Ouverture zu Schiller's Demetrius für grosses orchester
componirt von Josef Rheinberger. Op. 110. Partitur . . .
Leipzig, Rob. Forberg, [1879]. Publ. no. 2600. 72 p. 4°.

M1004.R469D3

Passacaglia für orchester componirt von Josef Rheinberger.
Op. 132b. Partitur . . .
Leipzig, Rob. Forberg, [1888]. Publ. no. 3888. 51 p. 4°.

M1045.R38P3

Concert für orgel, streichorchester und 3 hörner componirt
von Josef Rheinberger. Op. 137. Partitur . . .
Leipzig, Fr. Kistner, [1884]. Publ. no. 6478. 39 p. fol.

M1105.R46

Rheinberger—Continued.

Suite für orgel, violine und violoncello mit begleitung des streichorchesters componirt von Josef Rheinberger. Op. 149. Partitur . . .

Leipzig, Fr. Kistner, [1891]. Publ. no. 8099. 55 p. fol.

M1105.R464

Elegischer marsch für orchester componirt von Josef Rheinberger. Op. 167b. Orchesterpartitur. . . .

Leipzig, Rob. Forberg, [1893]. Publ. no. 4588. 31 p. 4°.

M1046.R469

. . . Concert für orgel (No. 2 in G-moll) mit begleitung des streichorchesters, 2 hörnern, trompeten und pauken . . . (Op. 177). Partitur . . .

Leipzig, Rob. Forberg, [1894]. Publ. no. 4745. 51 p. fol.

M1105.R466

. . . Akademische ouverture in form einer fuge zu sechs themen für orchester componirt von Dr. Jos. Rheinberger. Op. 195. Partitur . . .

Hamburg u. Leipzig, D. Rahter, [1901]. Publ. no. 1549. 27 p. fol.

M1004.R469A6

Rhené-Baton.

. . . Variations pour piano et orchestre (sur un mode éolien) . . . (Op. 4.)

Paris, A. Durand & Fils, ᶜ1908. Publ. no. D. & F. 7182. 1 p. l., 87 p. fol.

M1010.R47 Op. 4

. . . Menuet pour Monsieur, Frère du Roy. Pastiche pour orchestre. Partition d'orchestre . . .

Paris, A. Durand & Fils, ᶜ1909. Publ. no. 7402. 1 p. l., 37 p. fol.

M1049.R49

Rice, N. H.

Serenade für streich-orchester (A-dur) von N. H. Rice. Op. 3. Partitur.

Berlin, N. Simrock, ᶜ1899. Publ. no. 11328. 43 p. 4°.

M1103.R5 Op. 3

Richter, Franz Xaver, 1709–1789.

Sinfonia a 4. Franz Xaver Richter.

See Sinfonien der pfalzbayerischen schule (Mannheimer symphoniker) I, 1. p. 95–102.

M2.D4

Richter—Continued.

Sinfonia a 8. Franz Xaver Richter. Op. 4, No. 3. [C dur.]
See Sinfonien der pfalzbayerischen schule (Mannheimer symphoniker) II, 1. p. 77–92.

M2.D4

Sinfonia a 8. Franz Xaver Richter. Op. 4ᵈ (op. 7ᵛⁱ).
See Sinfonien der pfalzbayerischen schule (Mannheimer symphoniker) I, 1. p. 103–117.

M2.D4

Sinfonia a 8. Franz Xaver Richter. Op. 4ᵛ.
See Sinfonien der pfalzbayerischen schule (Mannheimer symphoniker) I, 1. p. 118–131.

M2.D4

Ricordi, Giulio, 1840–

Automobile. Galop. J. Burgmein [*pseud*]. Instrumentazione di Pio Nevi. . . .
Milano, G. Ricordi & C., ᶜ1908. Publ. no. 112221. 27 p. fol.
Band score.
Caption title.

M1264.R548

. . . Pulcinella innamorato. Poemetto eroi-comico di Roberto Bracco. Quattro tempi per orchestra di J. Burgmein [*pseud.*]. . . . 1. Festa popolare . . . 2. La battaglia . . . 3. Serenata . . . 4. Corteggio nuziale . . . Partitura . . .
Milano [etc], G. Ricordi & C., ᶜ1907. Publ. nos. 102135, 102141, 102147, 102153. 4 v. v. 1: 1 p. l., iii, [1], 27 p.; v. 2: 1 p. l., iii, [1], 22 p.; v. 3: 1 p. l., iii, [1], 16 p.; v. 4: 1 p. l., iii, [1], 36 p. fol.
Pp. i-iii in each volume contain the "Argomento."

M1003.R542

. . . La secchia rapita di J. Burgmein [*pseud*]. Fantasia per banda (grande partitura). Istrumentazione di Pio Nevi.
Milano [etc], G. Ricordi & C., ᶜ1911. Publ. no. 113480. 1 p. l., 110 p. fol.
Band score.

M1258.R5428

La secchia rapita. Fantasia. J. Burgmein [*pseud.*]. Istrumentazione di Giovanni Pennacchio. .
Milano, G. Ricordi & C., ᶜ1910. Publ. no. 113506. 109 p. fol.
Band score.
Caption title.

M1258.R548

Riedel, Carl, 1827–1888.

Nachtgesang. Tonstück componirt von Carl Riedel. A. Für streichorchester. Partitur . . .

Leipzig, C. F. Kahnt nachfolger, [1888]. Publ. no. 2937. 7 p. fol.

M1145.R54

Riemenschneider, Georg, 1848–

. . . Konzert-phantasie über den choral "In allen meinen taten," für orgel und grosses orchester komponiert von Georg Riemenschneider. Op. 45. Partitur.

Leipzig, Steingräber, [etc.], ᶜ1904. Publ. no. 1187 C. 39 p. fol.

M1005.R55

"Mondnacht." Ein stimmungsbild für pianoforte komponiert von Georg Riemenschneider. Op. 57. Orchester-partitur . . .

Leipzig, Steingräber, [etc.], ᶜ1909. Publ. no. 1503. 13 p. fol.

M1045.R556M7

Ries, Ferdinand, 1784–1838.

Concerto pour le pianoforte von F. Ries. Op. 42. Partitur.

Mss. 54 p. obl. 8°.

M1010.R55 Op. 42

Grande ouverture à grand orchestre. Exécutée aux concerts du Conservatiore de Paris et composée pour la fête musicale de Cologne par Ferdinand Ries. Partition.

Unpaged mss. obl. 4°.

M1004.R558G7 Case

Rondo polacca for the pianoforte with accomp. of the full orchestra by Ferd. Ries, Rome, 1833 [Op. 174].

[84] p. obl. 8°.

Autograph score.

ML96.R

Ries, Franz, 1846–

Dramatische ouverture für grosses orchester von Franz Ries. Op. 30. Partitur . . .

Berlin, Hermann Erler, [etc.], [1877]. Publ. no. 527. 60 p. fol.

M1004.R559D8

. . . Nachstück (Notturno). Op. 32. Für streichorchester. Partitur . . .

Berlin, Ries & Erler, [1885]. Publ. no. R.2072 E. unpaged. fol.

Cover title.

M1145.R56

Ries—Continued.

Bourrée, adagio und perpetuum mobile aus der III suite für die violine mit begleitung des orchesters von Franz Ries. Op. 34. Partitur . . .
Berlin, Ries & Erler, [1885]. Publ. no. R. 2257 E. 33 p. fol.
Cover title.

M1012.R53 Op. 34

Rietz, Julius, 1812–1877.

Concert-ouverture für das grosse orchester von Jul. Rietz. Op. 7. Partitur . . .
Leipzig, Fr. Kistner, [1858]. Publ. no. 2079. 78 p. 4°.

M1004.R563C7

Ouverture zu Hero und Leander v. J. Rietz. Op. 11.
Mss. 114 p. fol.
Caption title.

M1004.R563H4

Symphonie (No. 3) für grosses orchester componirt . . . von Julius Rietz. Op. 31. Partitur.
Leipzig, Breitkopf & Härtel, [1857]. Publ. no. 9227. 1 p. l., 185 p. 4°.

M1001.R55 No. 3

Rimsky-Korsakov, Nicolai Andreievich, 1844–1908.

. . . Première symphonie E moll pour orchestre par N. Rimsky-Korsakow. Op. 1 . . .
St. Petersburg & Moscou, W. Bessel & cie., [1891]. Publ. no. 3066. 117 p. 4°.

M1001.R57

. . . Sadko. Tableau musical pour orchestre composé par N. Rimsky-Korsakoff. [Op. 5.] Partition . . . 1re. version [1867].
Moscou, P. Jurgenson, [ca. 1870]. Publ. no. 601. 60 p. fol.
Cover page in Russian.

M1002.R57S2

Sadko. Tableau musical pour orchestre composé par N. Rimsky-Korsakoff. [Op. 5.] . . . 2me. version. [1891.] Partition . . .
Moscou, P. Jurgenson, [1893]. Publ. no. 14646. 59 p. 4°.

M1002.R57S3

. . . Fantaisie sur des thèmes serbes pour orchestre par Nicolas Rimsky-Korsakow. Op. 6. Partition d'orchestre . . .
Leipzig, M. P. Belaieff, 1895. Publ. no. 1052. 47 p. 4°.

M1045.R57F3

Rimsky-Korsakov—Continued.

. . . "Antar." IIde symphonie pour l'orchestre par Nicolas Rimsky-Korsakow. Le sujet est tiré d'un conte arabe de Sennkowsky . . . [Op. 9.]

S. Pétersbourg, B. Bessel et Co., [1881]. Publ. no. 611. 2 p. l., 170 p. 4°.

> French preceded by Russian title.

M1001.R572

. . . Ouverture sur des thèmes russes (Re majeur) pour grand orchestre composée par Nicolas Rimsky-Korsakow. Op. 28. Partition d'orchestre . . .

Leipzig, M. P. Belaïeff, 1886. Publ. no. 13. 71 p. 4°.

> Cover title in Russian and French.

M1004.R57807

. . . Conte féerique pour grand orchestre composé par Nicolas Rimsky-Korsakow. Op. 29. Partition d'orchestre . . .

Leipzig, M. P. Belaïeff, [1886]. Publ. no. 17. 79 p. 4°.

> Cover title. Title page in Russian.

M1002.R575C7

. . . Concerto (Ut mineur) pour le piano avec accompagnement d'orchestre composé par Nicolas Rimsky-Korsakow. Op. 30. Partition d'orchestre . . .

Leipzig, M. P. Belaïeff, [1887]. Publ. no. 26. 1 p. l., 82 p. 4°.

M1010.R57 Op. 30

Symphoniette (en La mineur) sur des thèmes russes pour orchestre par Nicolas Rimsky-Korsakow. Op. 31. Partition d'orchestre . . .

Leipzig, M. P. Belaïeff, 1887. Publ. no. 77. 1 p. l. 124 p. 4°.

M1001.R576

3me symphonie (en Ut majeur) pour orchestre composée par Nicolas Rimsky-Korsakow. Op. 32. Partition d'orchestre . . .

Leipzig, M. P. Belaïeff, 1888. Publ. no. 91. 1 p. l., 151 p. 4°.

M1001.R574

Fantaisie de concert (Si mineur) pour violon et orchestre sur des thèmes russes par Nicolas Rimsky-Korsakow. Op. 33. Partition d'orchestre . . .

Leipzig, M. P. Belaïeff, 1887. 55 p. 4°.

M1012.R57 Op. 33

Rimsky-Korsakov—Continued.

Capriccio espagnòl pour grand orchestre composé par N. Rimsky-Korsakow. Op. 34. a. Alborada . . . b. Scena a canto gitano. c. Fandango asturiano. Partition d'orchestre . . .
Leipzig, M. P. Belaïeff, 1888. Publ. no. 97. 93 p. 4°.
Illuminated title page.

M1045.R57C3

. . . Scheherazade. D'après "Mille et une nuits." Suite symphonique pour orchestre par N. Rimsky-Korsakow. Op. 35. Partition . . .
Leipzig, M. P. Belaïeff, [1890]. Publ. no. 178. 227 p. 4°.

M1003.R566

. . . La grande pâque russe. Ouverture sur des thèmes de l'eglise russe pour grand orchestre par N. Rimsky-Korsakow. Op. 36. Partition d'orchestre . . .
Leipzig, M. P. Belaïeff, 1890. Publ. no. 245. 1 p. l., 97 p. 4°.
Cover title. French title preceded by Russian title.

M1004.R578G6

. . . Musikalische bilder. Suite für orchester zum mährchen von dem Zaren Saltan von N. A. Rimsky-Korsakow. Op. 57. Partitur . . .
St. Petersburg, W. Bessel & cie., [1901]. Publ. no. 4880. 71 p. fol.

M1003.R56

. . . Pan Voyevoda. Suite pour l'orchestre. 1. Introduction. 2. Krakowiak. 3. Nocturne . . . 4. Mazurka. 5. Polonaise. N. Rimsky-Korsakow. Op. 59. Partition d'orchestre . . .
St. Petersbourg et Moscou, W. Bessel & cie., [1906]. Publ. no. 5471. 90 p. fol.

M1003.R564

. . . Nad mogiloi [Sur la tombe—Am grabe]. Preliudiīa dlīa orkestre soch. N. Rimskago-Korsakova. Soch. 61.
Leiptsig, M. P. Bīelīaev, 1905. Publ. no. 2549. 11 p. fol.
Cover title in French and German.

M1004.R578N3

Chanson russe pour orchestre avec chœur ad libitum. Op. 62. Partition d'orchestre.
Leipzig, M. P. Belaïeff, 1907. Publ. no. 2720. 26 p. fol.
Cover title. French title preceded by Russian.

M1045.R57C4

Rimsky-Korsakov—Continued.

. . . Le coq d'or. Conte-fable. Opéra en 3 actes (d'après Pouchkine). Introduction et cortège de noces . . . Partition d'orchestre . . .

Moscou, [etc.], P. Jurgenson, [1908]. Publ. no. 32402. 37 p. fol.

Cover title. Title page in Russian.

M1002.R575C8

. . . Quatre tableaux musicale de l'opéra "Le coq d'or." Suite pour grand orchestre arrangée d'après les intentions de l'auteur par A. Glazounow et M. Steinberg. Partition . . .

Moscou-Leipzig P. Jurgenson, [etc.], [1910]. Publ. no. 33585. 106 p. fol.

With preface.

M1003.R55

Nuit sur le mont Triglav. Troisième acte de l'opéra-ballet "Mlada" de N. Rimsky-Korsakow. Arrangement pour exécution de concert (orchestre seul) par l'auteur. Partition d'orchestre . . .

Leipzig, M. P. Belaïeff, 1902. Publ. no. 385, 2380. 133 p. fol.

M1070.R57

Ouverture de l'opera "La fiancée du tzar" de N. Rimsky-Korsakow. Partition d'orchestre . . .

Leipzig, M. P. Belaïeff, 1900. Publ. no. 2000, 2168. 31 p. fol.

Cover page in Russian and French.

M1004.R578F4

Variations sur un thème russe . . .

See Variations sur un thème russe pour grand orchestre . . .

M1003.V29

Ritter, Alexander, 1833–1896.

Olaf's hochzeitsreigen. Symphonischer walzer für grosses orchester von Alexander Ritter. Op. 22. Partitur . . .

Munchen, Jos. Aibl, ᶜ1896. Publ. no. 2852. 40 p. fol.

M1049.R62

Sursum corda! Eine sturm und drang-phantasie für orchester von Alexander Ritter. Op. 23. Partitur . . .

München, Jos. Aibl, ᶜ1896. Publ. no. 2855. 59 p. ·fol.

Ritter, J. Peter, 1763–1846.

   Sinfonia. Da J. P. Ritter, 1779.
   Autograph. 1779. [23] p. fol.

> Caption title.
> E flat major. The cover title is written by a modern hand,
> probably either by Ritter's son, A. K. Ritter, or by his biog-
> rapher, W. Schulze. It reads "Synphonie [!]. Componirt im
> Alter von 15 [!] Jahren von P. Ritter. 1779."
>
> **ML96.R5D1**

   [Flöten-concert]. Concerto I. P. Ritter. [Autograph].
   Autograph. [ca. 1800?]. [53] p. obl. 12°.

> Caption title.
> D major. The words "Flöten-concert" and "Autograph" in the
> title have been added by a later hand, probably either by
> Ritter's son, K. A. Ritter, or by his biographer, W. Schulze.
>
> **ML96.R5D2**

   Concert pur [!] le fagotto. J. P. Ritter 1778.
   Autograph. 1778. [28] p. obl. 8°.

> Caption title.
> G major. The cover title, written by a modern hand, reads
> "Konzert für fagott. Componirt von P. Ritter. 1778 (im
> alter 17 jahren [!]."
>
> **ML96.R5D3**

   Concerto per la [!] flauto. Di Piere [!] Ritter. Zürich, 1783.
   Autograph. 1783. [16], 18 p. obl. 8°.

> Caption title.
> D major. The second and third movement have separate pagi-
> nation. Caption title of the third movement reads "Romance
> grazioso. D: P: R:"
>
> **ML96.R5D4**

   . . . Violin-concert v. P. Ritter. [Autograph.]
   Autograph. [ca. 1800?]. [86] p. obl. 8°.

> Caption title.
> C major. The title "Concerto" at head of the title above and
> written by Ritter himself has been crossed out. The rest of
> the title written by later hands.
>
> **ML96.R5D5**

   Concerto. Di Piere [!] Ritter 1781. [Klavier-konzert]
   [Autograph].
   Autograph. 1781. [32] p. obl. 8°.

> Caption title.
> D major. The words "Klavier-konzert" and "Autograph" in
> the title have been added by a later hand, probably either by
> his son, K. A. Ritter, or by his biographer, W. Schulze.
>
> **ML96.R5D6**

Ritter—Continued.

Concerto per il cembalo. Peter Ritter. [Autograph].
Autograph. [178-?]. [165] p. fol.

    Caption title.
    E minor. The word "Autograph" in the title written by a later
      hand.

                            ML96.R5D7

Violin Concert v. P. Ritter.
Autograph. [179-?] [32] p. obl. 8°

    Caption title.
    F major. In the left upper corner of p. [1] a pencil note: "Mit
      frohem Mut und heitrem Sinn!"

                            ML96.R5D8

[Concertant für 2 violinen von P. Ritter. Vor dem jahre
1787 componirt].
Autograph. [178-?]. [36] p. fol.

    Cover title.
    D major. The cover title has been written by a modern hand,
      probably either by Ritter's son, A. K. Ritter, or by his biog-
      rapher, W. Schulze.

                            ML96.R5D9

[Türkisch] Peter Ritter. Autograph.
Autograph. [179-?] [5] p. fol.

    Caption title.
    D major. The title "Türkisch" is written in pencil.

                            ML96.R5D11

1 adagio u. 2 menuets für orchester von Peter Ritter.
Autograph.
Autograph. [179-?] [18] p. obl. 8°.

    Title written on a piece of paper and pasted on p. [1]. The
      music of this page evidently belonged to another composition,
      it has been crossed out with blue pencil. p. [14] crossed out
      with ink by the author.

                            ML96.R5D12

Concertino für violoncello . . . in Es dur. Peter Ritter.
. . . Autograph.
Autograph. [18—?]. 17-38 p. fol.

    Incomplete. Title pasted on p. 17. A note on it says that the
      violoncello is to be tuned half a tone higher.

                            ML96.R5D14

Concertante für horn u. violonclle [!] v. P. Ritter. [Auto-
graph].
Autograph. [18—?]. [42] p. obl. 8°.

    Caption title.
    E major. The word "Autograph" in the title is added by a
      later hand.

                           ML96.R5D15

Ritter—Continued.

> . . . Concerto per violoncello von Peter Ritter. [Auto-
> graph].
> *Autograph.* *[181-?]* *[34]* *p.* *obl. 8°.* ·
>> Caption title.
>> Concerto for violoncello.
>> The key at head of title " in A moll," in blue pencil, and "Auto-
>> graph," in ink, have been added by a later hand.
>>
>> **ML96.R5D16**

> Concerto [in B] von Peter Ritter. [Autograph].
> *Autograph.* *[18—?]* *[65]* *p.* *obl. 8°.*
>> Caption title.
>> Concerto for violoncello. The key "in B," in blue pencil, and
>> "Autograph," in ink, have been added to the title by a later
>> hand.
>>
>> **ML96.R5D17**

> Concerto per il violoncello di Pietro Ritter. [Autograph].
> *Autograph.* *[181-?]* *[76]* *p.* *obl. 8°.*
>> Caption title.
>> The key "A dur" (in blue pencil) and the word "Autograph"
>> (in ink) have been added to the title by a later hand.
>>
>> **ML96.R5D20**

> Concerto per il violoncello. Peter Ritter. Autograph.
> *Autograph.* *[181-?]* *[35]* *p.* *fol.*
>> Caption title.
>> The key "A dur" has been added to the title in blue pencil by
>> a later hand.
>>
>> **ML96.R5D21**

> Concerto. Peter Ritter. Autograph. ·
> *Autograph.* *[18—?].* *[84]* *p.* *obl. 8°.*
>> Caption title.
>> The key "G" [major] is added to the title in blue pencil by a
>> later hand.
>>
>> **ML96.R5D22**

> Cello-concert von Peter Ritter. Autograph.
> *Autograph.* *[18—?].* *79 p.* *obl. 8°.*
>> Caption title.
>> The key "E dur" is added to the title in blue pencil by a later
>> hand.
>>
>> **ML96.R5D23** ·

> Concert pour le violoncell [!]. [in D moll]. Composé par
> P. Ritter . . .
> *Autograph.* *[180-?].* *1 p. l., 81 p.* *obl. 8°.*
>> The key "in D moll," in blue pencil, and "Autograph," in ink,
>> have been added to the title by a later hand.
>>
>> **ML96.R5D24**

Ritter—Continued.

⸱ ... Violoncello-konzert von Peter Ritter. Autograph.
Autograph. *[180–?].* *[20] p.* *fol.*

> Caption title.
> In C major.
> Incomplete, at head of title "Anfang fehlt."
>
> **ML96.B5D25**

Sinphonia [!] di J. P. Ritter. 1778.
Autograph. *1778.* *[11] p.* *fol.*

> Caption title.
> D major. A note on the cover, probably by Ritter's biographer,
> W. Schulze, reads "Im Alter von 14 Jahren componirt von
> P. Ritter 1778."
>
> **ML96.B5D26**

Ouverture und Tanz zu "Wilhelm Tell" von Peter Ritter.
Autograph. *[18—?].* *[42] p.* *8°.*

> D major. The overture contains 38 pages, the "Tanz" 4 pages.
>
> **ML96.B5D27**

Entre Actes [von P. Ritter. Autograph].
Autograph. *[180–?].* *[32] p.* *fol.*

> Caption title.
> E flat major. The words "von P. Ritter. Autograph" in the
> title have been added by a later hand, probably by Ritter's
> son, K. A. Ritter, or by his biographer, W. Schulze.
>
> **ML96.B5D28**

Ouvertüre zu Wilhelm Tell.
Mss. *64 p.* *12°.*

> **M1004.B614W5 Case**

Harmonien.
Manuscript. *[18—?].* *[38] p.* *12°.*

> Caption title.
> Score. 13 compositions for wind and brass instruments. N° 3
> has caption title: God save the king; N° 5: Marsch; N° 6: Trauer-
> marsch; N° 8: Tanz; N° 9: Intrade; N° 10: Trauermarsch; N° 11:
> Der streit auf der kirchweihe. N° 13 is called in the index:
> Harmonie für 4 flöten.
> *With his* Ouverture zu Wilhelm Tell.
>
> **M1004.B614W5 Case**

Röntgen, Julius, 1855–

... Ballade über eine norwegische volksmelodie für orchester von Julius Röntgen. Op. 36. Partitur ...
Berlin, N. Simrock, ᶜ1896. *Publ. no. 10693.* *67 p.* *4°.*

> **M1045.B715B3**

Ein liedchen von der see [Een liedje van de zee]. Alt-nie-
derländisches volkslied symphonisch bearbeitet für orchester von Julius Röntgen. Op. 45. Partitur ...

Röntgen—Continued.

*Leipzig, [etc.], Breitkopf & Härtel, ᶜ1904.   Publ. no. Part.
B. 1766.   59 p.*
> Cover title.

. . . Oud-Nederlandsche dansen voor orkest van Julius
Röntgen. Op. 46. Partituur . . .
*Middelburg, A. A. Noske, [etc.], [1904].   Publ. no. A. A. N.
109a.   2 p. l., 40 p.   4°.*
> The preface is dated "Amsterdam, Juni 1904."

Roesch, W. E.
. . . Serenade (in 4 sätzen) für grosses orchester komponiert
von W. E. Rösch. Op. 35 . . .
*Louis Oertel, Hannover, [etc.], ᶜ1907.   Publ. no. L. 48430.
64 p. fol.*

Zwei tonskizzen. a]Märchen. b]Elfenreigen. Für orchester. Komponiert von W. E. Rösch . . .
*Hannover, Louis Oertel, [etc.], ᶜ1908.   Publ. no. L. 49070.
25 p. 4°.*

Roger-Ducasse.
. . . Petite suite pour piano à 4 mains. 1. Souvenance.
2. Berceuse. 3. Claironnerie. . . . Partition d'orches-
tre. . . .
*Paris, A. Durand & Fils, Durand et Cie, ᶜ1911.   Publ. no.
D. & F. 8056.   2 p. l., 26 p. fol.*
> Name of composer at head of title.
> Date of composition (1899) follows name of composer in caption
> title.

Prélude d'un ballet. Partition d'orchestre . . .
*Paris, A. Durand & Fils, ᶜ1910–11.   Publ. no. D. & F.
7928.   1 p. l., 9 p. fol.*

. . . Sarabande. Poème symphonique pour orchestre et
voix. Partition d'orchestre. . . .
*Paris, A. Durand & Fils, Durand & Cie, ᶜ1911.   Publ. no.
D. & F. 7982.   2 p. l., 32 p. fol.*
> Name of composer at head of title.
> Date of composition (1910) follows name of composer in caption
> title.

Roger-Ducasse—Continued.

. . . Suite française en Ré majeur.—Ouverture, bourrée, ré-
citatif & air, menuet vif—par Roger-Ducasse. Partition
d'orchestre . . .

Paris, A. Durand & fils, ᶜ*1909. Publ. no. D. & F. 7334.
1 p. l., 109 p. fol.*

M1003.R73

. . . Variations plaisantes sur un thème grave pour harpe
obligée et orchestre . . . Partition d'orchestre . . .

Paris, A. Durand & Fils, ᶜ*1909. Publ. no. D. & F. 7296.
1 p. l., 72 p. fol.*

M1036.R72

Rohde, Wilhelm. ·

Serenade für streichorchester von Wilhelm Rohde. Op. 14.
Partitur.

Berlin, Ries & Erler, [1901]. Publ. no. 7073 E. 23 p. fol.

M1103.R74 Op. 14

Romano, Luigi.

. . . Intermezzo arabo (Oriental bal) di Luigi Romano.
Per banda (partitura) . . .

Sesto San Giovanni, Editore Pigna, ᶜ*1910. Publ. no. 3.
8 p. fol.*

Cover title. ·

M1245.R76S

Romberg, Andreas (Jakob), 1767–1821.

Sinfonia alla turca von A. Romberg. [Op. 51.]

Mss. 102 p. fol.

M1001.R76 Op. 51

Romberg, Bernhard, 1767–1841.

Andante grazioso aus dem 2ᵗᵉⁿ concert für violoncel von B.
Romberg. Neu instrumentirt von L. Hegyesi.

*Kopenhagen & Leipzig, Wilhelm Hansen, [1893]. Publ. no.
11057. 11 p. 4°. (Koncerthaus. A. Nr. 17).*

M1016.R762

Ronald, Landon, 1873–

A birthday. Un jour de fête. Namensfeier. Overture by
Landon Ronald. Orchestral score . . .

London, Enoch & Sons, [etc.], ᶜ*1909. Publ. no. E. & S.
3886. 40 p. fol.*

M1004.R768B4

Ropartz, J. Guy, 1864–

Scènes bretonnes. (Prémière suite d'orchestre) No. 1,
Avant le pardon. No. 2, Le passe-pied. No. 3, Par les
forières. No. 4, La dérobée. Par J. G. Ropartz. Op.
24 . . .

Paris, J. Hamelle [188–?]. Publ. no. J. 2393 H. 63 p. 4°.

M1003.R781

Ropartz—Continued.

. . . Adagio pour violoncelle avec accompagnement d'orchestre . . . Partition d'orchestre . . .
*Nancy, A. Dupont-Metzner, [etc.]. Publ. no. D. M. 41.
12 p. 4°.*

M1016.R79

. . . Cinq pièces brèves pour orchestre restreint. 1. Prélude. 2. Scherzo. 3. Page d'amour. 4. Intermède. 5. Petite marche. Par J. Guy Ropartz. Partition d'orchestre . . .
Paris, Heugel & Cie., [1891]. Publ. no. H. & Cie. 8874. 61 p. 4°.

M1045.R784C5

. . . La cloche des morts. Paysage breton pour orchestre. Partition . . .
[Paris], E. Baudoux & Cie [190–]. Publ. no. E. B. & Cie. 805. 27 p. 4°.

M1045.R784C6

Fantasie en ré majeur pour orchestre par J. Guy Ropartz . . .
[Paris, E. Baudoux & cie., 1899.] Publ. no. E. B. et cie 574. 1 p. l., 84 p. 4°.

> "Cette partition a été gravée sur l'initiative de la commission, des professeurs, des artistes de l'orchestre et des abonnés des concerts du Conservatoire de Nancy."—"Paris—Concerts Cologne—6 mars 1898."

M1045.R784F3

. . . Les landes. Paysage breton pour orchestre . . . T. Guy Ropartz. Partition . . .
. . . E. Baudoux & Cie. Publ. no. E. B. et Cie 11. 11. 1 p. l., 43 p. 4°.

M1045.R784L3

. . . Première symphonie (Sur un choral breton). T. Guy Ropartz (1894–1895). Partition d'orchestre.
Paris, A. Ponscarme & cie. Publ. no. A. P. & Cie. 962. 1 p. l., 145 p. fol.

> Cover title.

M1001.R784

. . . Sérénade pour instruments à archet . . .
[Paris], E. Baudoux & cie., [1894]. 12 p. 4°.

M1145.R78

Ropartz—Continued.

. . . Troisième symphonie en mi majeur (avec choeurs) J. Guy Ropartz. . . . Partition d'orchestre. . . .

Paris, A. Joanin, ᶜ1909. Publ. no. A. J. 846. 2 p. l., 159 p. fol.

> Date of composition "1905 1906" follows name of composer in caption title.

M1001.R766

Rosenfeld, Isidor.

Sinfonie F dur für grosses orchester componirt von Isidor Rosenfeld. Op. 20.

Berlin & Posen, Ed. Bote & G. Bock, [etc.], [1870]. Publ. no. 9098. 1 p. l., 251 p. 4°.

M1001.R82

Ouverture zu Schiller's Braut von Messina für orchester componirt von Isidor Rosenfeld. Op. 25. Partitur . . .

Berlin & Posen, Ed. Bote & G. Bock, [1874]. Publ. no. 10135. 113 p. 4°.

M1004.R813B8

Rosenhain, Jakob, 1813–1894.

Deuxième symphonie (Fa mineur) à grand orchestre par Jacques Rosenhain. Op. 43. Partition . . .

Baden-Baden, Emil Sommermeyer, [1883]. Publ. no. E. S. 4. 179 p. 4°.

M1001.R84

Le démon de la nuit. Opéra en 2 actes, représenté pour la 1ʳᵉ fois sur le théâtre de l'Opéra, le 17 Mars 1851, poëme de Mr. Bayard, musique de J. Rosenhain. . . . Ouverture en partition. . . .

Paris, J. Meissonnier Fils [etc], [185–?]. Publ. no. R. 1 p. l., 33 p. fol.

M1004.R813D4

Rosenmüller, Johann, ca. 1620–1684.

Sonate da camera von Johann Rosenmüller herausgegeben von Karl Nef.

Leipzig, Br. & H., 1904. XI, [1], [4]–137 p. facsims. fol. (D. deutsch. T., 18. bd.)

> Complete reprint of Rosenmüller's work of 1670, containing 11 suites, called "sinfonie," for string orchestra and basso continuo.

M2.D39

Rossini, Gioacchino (Antonio), 1792–1868.

La danza. Tarantella napoletana von G. Rossini. Für orchester übertragen von Wr. Hutschenruyter. Partitur . . .

Leipzig, Fr. Kistner, ᶜ1909. Publ. no. 19332. 23 p. 4°.

M1060.R83

Rossini—Continued.

Duo de las dos mugeros en 2° acto de la Gazza Ladra.
Unpaged mss.   obl. 8°.
  Band score.   Appears to be the handwriting of José Puig.

  M1268.R83G35

Sinfonia de la Gazza Ladra en la opera La uncica ladrona
  · del Maestro Rossini.   Arreglada para musica militar por
  Dn. José Puig.
Unpaged mss.   obl. 8°.

  M1268.R83G328

Rostand, Alexis.

Pastel.   Pièce d'orchestre par Alexis Rostand.   Partition . . .
Paris, Heugel et fils, [1883].   Publ. no. R. 7590.   15 p.   4°.

  M1045.R84P3

Roussel, Albert.

,, . . Le poème de la forêt.   Symphonie.   (Forêt d'hiver—
  Renouveau—Soir d'été—Faunes et dryades).   . . . Par-
  tition d'orchestre.   . . .
*Paris, Rouart, Lerolle & Cie, ᶜ1909.   Publ. no. R. L. 4957 &
  Cie.   1 p. l., 181 p.   fol.*
  At head of title: Albert Roussel, Op. 7.
  Date of composition (1904–1906) follows name of composer in
  caption title.

  M1001.R86   Op. 7

Same.   "Petite partition in 16."

  M1001.R86   Op. 7.B

Różycki, Ludomir, 1883–

. . . Boleslas le Hardi (Bolesław śmiały).   Poème sym-
  phonique d'après St. Wyspiański par Ludomir Różycki.
  Partition.   . . .
Berlin, Albert Stahl [etc], [1910].   1 p. l., 38 p.   fol.
  In caption title: "Op. 8."
  On p. 1–2 a programmatic analysis.

  M1002.R892B6

. . . Anhelli.   Poème symphonique d'après J. Slowacki.
  [Op. 22.]   Partition . . .
Berlin, Albert Stahl, [etc.], [1910].   77 p.   fol.
  Name of composer at head of title.

  M1002.R892A4

Rubinstein, Anton Gregorievich, 1829–1894.

. . . Premier concert pour le piano composé par A. Rubinstein.   Op. 25.
*Leipzig, C. F. Peters, [ca. 1873?].   Publ. no. 8353.   1 p. l.,
  111 p.   fol.*

  M1010.R89   Op. 25

Rubinstein—Continued.

. . . Deuxième concerto pour le piano avec accompagnement d'orchestre par A. Rubinstein. Œuv. 35 . . . Partition.

Hambourg, Aug. Cranz, [etc.], [1887]. Publ. no. C. 36166. 104 p. fol.

> First published by Spina in Vienna, 185-, which firm was absorbed by Schreiber in 1872 and by Cranz in 1876.
> Cover title.

M1010.R89 Op. 35

Symphonie No. 1, F dur für orchester componirt . . . von Ant. Rubinstein. Op. 40 . . .

Leipzig, C. F. Kahnt nachfolger, [1859]. Publ. no. 568. 205 p. 4°.

M1001.R89 No. 1

Océan. 2ième symphonie (C dur) pour orchestre composée . . . par Ant. Rubinstein. Op. 42. Partition.

Leipzig, Bartholf Senff, [1858]. Publ. no. 201. 255 p. 4°

M1001.R89 No. 2

—— Adagio et scherzo (deux morceaux ajoutés à la symphonie Océan) pour orchestre par Ant. Rubinstein. Op. 42. Partition.

Leipzig, Bartholf Senff, [1864]. Publ. no. 429. 94 p. 4°.

M1001.R89 No. 2H

Océan. 2ième symphonie (C dur) pour orchestre composée . . . par Ant. Rubinstein. Op. 42. Partition. . . . Nouvelle edition en sept morceaux.

Leipzig, Bartholf Senff, [1882]. Publ. no. 1113. 461 p. 4°.

M1001.R89 No. 2A

. . . Ouverture-triomphale pour orchestre composée par Ant. Rubinstein. Op. 43. Partition . . .

Mayence, B. Schott's söhne, [etc.], [1863]. Publ. no. 16748. 74 p. 4°.

M1004.R896T8

3ième concerto pour le piano avec accompagnement d'orchestre ou d'un second piano composé . . . par Antoine Rubinstein. Op. 45. Edition nouvellement revue par l'auteur. Partition d'orchestre . . .

Berlin, Ed. Bote & G. Bock, [1876]. Publ. no. 11115. 1 p. l., 152 p. 4°.

M1010.R89 Op. 45 .

Rubinstein—Continued.

. . . Concert pour le violon avec accompagnement d'orchestre ou de piano par Ant. Rubinstein. Op. 46.
Leipzig, C. F. Peters, [1884]. Publ. no. 6722. 59 p. fol.
M1012.R89 Op. 46

. . . 3ième symphonie pour orchestre composée par Ant. Rubinstein. Œuvre 56. Partition . . .
Leipzig & New York, J. Schuberth & Co., [etc.], [1862]. Publ. no. 2681. 216 p. 4°.
M1001.R89 No. 3

. . . Ouverture de concert (B dur) pour orchestre composée par Ant. Rubinstein. Op. 60. Partition . . .
Leipzig, Bartholf Senff, [1862]. Publ. no. 300. 72 p. 4°.
M1004.R896 O9

. . . Concerto pour violoncelle avec accompagnement d'orchestre ou de piano composé par Ant. Rubinstein. Op. 65 . . .
Leipzig, Bartholf Senff, [1894?]. Publ. no. 2346. 122 p. 4°.
First published 186–
M1016.R89

. . . Faust. Ein musikalisches characterbild für orchester von Anton Rubinstein. Op. 68. Partitur . . .
Leipzig, C. F. W. Siegel, [1864]. Publ. no. 2702. 1 p. l., 92 p. 4°.
M1002.R896F3

. . . 4 ème concerto (D moll) pour piano avec accompagnement d'orchestre composé par Ant. Rubinstein. Op. 70 . . . Partition . . .
Leipzig, Bartholf Senff. [etc.], [1872]. Publ. no. 908. 1 p. l., 145 p. 4°.
M1010.R89 Op. 70

. . . Iwan IV. [Der grausame]. Musikalisches characterbild für grosses orchester componirt von Anton Rubinstein. Op. 79. Partitur . . .
Berlin & Posen, Ed. Bote & G. Bock, [1869]. Publ. no. 8470. 99 p. 4°.
M1002.R896I9

. . . Fantaisie (C dur) pour piano avec accompagnement d'orchestre composée par Ant. Rubinstein. Op. 84 . . . Partition . . .
Leipzig, Bartholf Senff, [1880]. Publ. no. 924, 925, 1467. 1 p. l., 170 p. 4°.
M1010.R89 Op. 84

Rubinstein—Continued.

... Don Quixote. Musikalisches characterbild. Humo-
reske für orchester componirt von Anton Rubinstein.
Op. 87 ... Partitur ...
*Leipzig, Verlag von Bartholf Senff, [1871]. Publ. no. 1123.
99 p. 4°.*
   "Neue ausgabe."
                                             M1002.R896D7

Doumka. Andante con moto von Anton Rubinstein.
Op. 93, Cah. 3. Für orchester bearbeitet von Karl Müller-
Berghaus. Partitur ...
Leipzig, Bartholf Senff, °1899. Publ. no. 2410. 31 p. 4°.
                                             M1060.R894

Deux sérénades russes—No. 1 D moll; No. 2 A moll—von
Ant. Rubinstein. Op. 93, cah. 6. Für orchester bearbeitet von Karl Müller-Berghaus. Partitur ...
*Leipzig, Bartholf Senff, °1899. Publ. no. 2412. 1 p. l.,
36, [6], 36 p. 4°.*
                                             M1060.R892

Suite—El Dachtarawan . . ., Chevalier et payse, Serenade,
Berceuse, Cortège—Miniatures par Anton Rubinstein.
Op. 93, cah. 9. Für orchester frei bearbeitet von Karl
Müller-Berghaus. Partitur ...
Leipzig, Bartholf Senff, °1899. Publ. no. 2416. 74 p. 4°.
                                             M1003.R892

... 5ième concerto (Es dur) pour le piano avec accompagnement d'orchestre composé par Ant. Rubinstein.
Op. 94 ... Partition ...
*Leipzig, Bartholf Senff, [1875]. Publ. no. 1267. 1 p. l.,
172 p. 4°.*
                                             M1010.R89 Op. 94

... Symphonie dramatique (No. 4 D moll) pour orchestre
composée par Ant. Rubinstein. Op. 95. Partition.
*Leipzig, Bartholf Senff, [1875]. Publ. no. 1271. 1 p. l.,
340 p. 4°.*
                                             M1001.R89 No. 4

2ième concerto (D moll) pour violoncelle avec accom-
pagnement d'orchestre ou de piano comparé par Ant.
Rubinstein. Op. 96.
Leipzig, Bartholf Senff, [1875]. Publ. no. 2347. 83 p. 4°.
                                             M1016.R892

Rubinstein—Continued.

. . . Caprice russe pour piano avec accompagnement d'orchestre composé par Ant. Rubinstein.　Op. 102 . . .
Partition . . .
*Leipzig, Bartholf Senff, [etc.], [1879].　Publ. no. 1459.
1 p. l., 100 p.　4°.*

M1010.R89　Op. 102

Bal costumé.　Suite de morceaux charactéristiques pour orchestre composée par Antoine Rubinstein.　Op. 103.
Instrumentation par Max Erdmannsdörfer.　[Suite I.
Suite II.]　Partition. . . .
*Berlin & Posen, Ed. Bote & G. Bock [etc], [1883].　Publ.
nos. 12768–12774, 12959.　1 p. l., 92, 139 p.　fol.*

CONTENTS.—Suite I: Introduction; Berger et bergère; Pêcheur napolitain et Napolitaine, Toréadore et Andalouse; Pélerin et fantaisie (Étoile du soir); Royal tambour et vivandière.　Suite II: Polonais et Polonaise; Cosaque et Petite-Russienne; Pacha et Almée; Seigneur et dame (de la cour Henri III); Dansee (Valse, Polka et Galop).

M1060.R89

5ième symphonie (G moll) pour orchestre composée par Ant. Rubinstein.　Op. 107 . . . Partition . . .
*Leipzig, Bartholf Senff, [etc.], [1881].　Publ. no. 1621.
262 p.　4°.*

M1001.R89　No. 5

Eroica.　Fantaisie pour orchestre composée par Antoine Rubinstein.　Op. 110 . . . Partition . . .
Leipzig, Bartholf Senff, [1886].　Publ. no. 1849.　88 p.　fol.

M1045.R896E8

6me symphonie pour orchestre composé . . . par Antoine Rubinstein.　Op. 111. . . . Partition . . .
*Leipzig, Bartholf Senff, [1886].　Publ. no. 1832.　1 p. l.,
250 p.　4°.*

M1001.R89　No. 6

. . . Concertstück pour le piano avec accompagnement d'orchestre composé par Ant. Rubinstein.　Op. 113.
. . . Partition . . .
Leipzig, Bartholf Senff, [1889].　Publ. no. 2100.　99 p.　4°.

M1010.R89　Op. 113

Ouverture de la tragédie "Antonius et Cléopatra" de Shakespeare pour orchestre composée par Ant. Rubinstein.　Op. 116.　Partition . . .
Leipzig, Bartholf Senff, [1890].　Publ. no. 2202.　71 p.　fol.

M1004.R896A7

Rubinstein—Continued.

... Suite pour orchestre composée par Ant. Rubinstein.
Op. 119. Partition ...
Leipzig, Bartholf Senff, ᶜ1895. Publ. no. 2352. 88 p. fol.

M1003.R896

Ouverture solennelle pour grand orchestre composée par
Ant. Rubinstein. Op. 120. Partition ...
Leipzig & Moscou, P. Jurgenson, [etc.], [189-]. Publ. no.
25059. 72 p. 4°.

M1004.R89688

Balletmusik aus der oper "Der dämon" von Anton Rubinstein. Für militärmusik bearbeitet von C. Hellmann.
Erster tanz ... Zweiter tanz ...
Leipzig, Bartholf Senff, ᶜ1904. Publ. nos. 2526, 2528. 2 v.
37, 27 p. fol.

M1268.R878

Balletmusik und hochzeitszug für orchester aus der oper
Feramors von Ant. Rubinstein. Für den concertvortrag
eingerichtet. Partitur. ...
Leipzig, Bartholf Senff [etc], [1875]. Publ. no. 1286. 1 p. l.,
116 p. 4°.

M1047.R89F3

Balletmusik und hochzeitszug aus der oper Feramors von
Ant. Rubinstein. Für militärmusik eingerichtet von C.
Hellmann. 1. Bajaderentanz. 2. Lichtertanz der bräute
von Kaschmir. 3. Bajaderentanz II. 4. Hochzeitszug.
Leipzig, Bartholf Senff, ᶜ1897. Publ. nos. 2378, 2380, 2382,
2384. 19, 26, 23, 22 p. fol.

Band score and parts bound together.

M1268.R898

Lichtertanz der bräute von Kaschmir für orchester aus der
oper "Feramors" von Anton Rubinstein. Partitur ...
Leipzig, Bartholf Senff, ᶜ1904. Publ. no. 1286, 2537. 34 p.
4°.

M1505.R91F4

Ouverture de l'opéra "Dimitri Donskoi" composée par A.
Rubinstein. Partition d'orchestre ...
Berlin, Ed. Bote & G. Bock, [1865]. Publ. no. 6489. 62 p.
4°.

The opera was first performed at St. Petersburg in 1852.

M1004.R896D4

Rubinstein—Continued.

. . . La Russie. Morceau symphonique pour grand orchestre par A. Rubinstein.

Moscou, P. Jurgenson, [1882]. Publ. no. 4441. 87 p. 4°.
Cover title. Illuminated title page in Russian.

M1002.R896R8

Rudorff, Ernst (Friedrich Karl), 1840–
. . . Ouverture zu "Otto der Schütz" für orchester componirt von Ernst Rudorff. Op. 12. Partitur . . .

Leipzig, Robert Seitz, [1869]. Publ. no. R. S. 20. 71 p. 4°.

M1004.R91708

. . . Ballade. (Introduction, scherzo und finale) für grosses orchester componirt von Ernst Rudorff. Op. 15. Partitur . . .

Berlin, N. Simrock, [1872]. Publ. no. 7086. 1 p. l., 188 p. 4°.

M1003.R93

. . . Serenade für orchester von Ernst Rudorff. Op. 20. Partitur.

Berlin, N. Simrock, 1875. Publ. no. 7554. 133 p. 4°.

M1003.R935

. . . Serenade (No. 2, G dur) für orchester von Ernst Rudorff. Op. 21. Partitur . . .

Berlin & Posen, Ed. Bote & G. Bock, [etc.], [1884]. Publ. no. 12849. 4°. 145 p.

M1003.R937

Sinfonie B-dur für orchester componirt von Ernst Rudorff. Op. 31. Partitur . . .

Berlin & Posen, Ed. Bote & G. Bock, [1883]. Publ. no. 12716. 306 p. 4°.

M1001.R912

. . . Zweite sinfonie (G-moll) für grosses orchester von Ernst Rudorff. Op. 40. Partitur . . .

Berlin, Schlesinger (Rob. Lienau), [1890]. Publ. no. S. 7988. 1 p. l., 71 p. fol.

M1001.R914

Romanze für violine und orchester componirt von Ernst Rudorff. Op. 41. Partitur . . .

Berlin, Ed. Bote & G. Bock, [1897]. Publ. no. 14620. 35 p. 4°.

M1012.R91 Op. 41

Rudorff—Continued.

Romantische ouverture componirt . . . von Ernst Rudorff.
Op. 45. Orchester-partitur . . .
*Berlin, Albert Stahl, [etc.]. [1905]. Publ. no. A. 309 S. 43 p.
fol.*

M1004.R917R8

Symphonie No. 3 für grosses orchester von Ernst Rudorff,
Op. 50. Partitur . . .
*Berlin, N. Simrock, [etc.], ᶜ1910. Publ. no 12665. 114 p.
fol.*

M1001.R916

Rübner, Cornelius, 1853–

Friede, kampf und sieg. Symphonische dichtung für
grosses orchester von Cornélius Rübner. Op. 20. Orchester-partitur.
*Hannover, Louis Oertel, [1889]. Publ. no L. 1479 O. 1 p. l.,
63 p. fol.*

M1002.R915

. . . Fest-ouverture (grande ouverture festivale) für grosses
orchester von Cornelius Rübner. Op. 27.
*Hannover, Louis Oertel, [188–?]. Publ. no. L. 1723 O. 51 p.
fol.*

M1004.R918

. . . Concert (G moll) für die violine mit begleitung des
orchesters oder des pianoforte componirt von Cornelius
Rübner. Op. 30. Orchesterpartitur. . . .
Greiz, Willy von Franquet, [1890]. 76 p. fol.
A flyleaf of errata accompanies the score.

M1012.R925 Op. 30

Rüfer, Philippe (Bartholomé), 1844—

Ouverture de concert à grand orchestre par Ph. Rüfer. Op. 5.
[Paris, J. Maho], [1870]. Publ. no. J. 926 M. 59 p. 4°.

M1004.R919

Symphonie F dur componirt . . . von Ph. Rüfer. Op. 23.
Partitur . . .
*Offenbach a/M., Joh. André, [etc.], [1876]. Publ. no. 11970.
1 p. l., 246 p. 4°.*

M1001.R92

. . . Violin-concert mit begleitung des orchesters componirt
von Ph. Rüfer. Op. 33. Partitur . . .
Leipzig, C. F. Peters, [1881]. Publ. no. 6440. 57 p. fol.

M1012.R93 Op. 33

Rung, Frederik, 1854–

Danse des papillons. (Schmetterlingstanz). Entr'acte. Fr. Rung.

Copenhague & Leipsic, Wilhelm Hansen, [1891]. Publ. no. 10807. 7 p. 4°.

M1047.R94D3

Rüzek, Josef.

Suite böhmischer Tänze für grosses orchester komponiert von Josef Rüzek.

Hannover, Louis Oertel, [etc.], °1908. Publ. no. 79 p. 4°.

M1003.R98

Saar, Louis Victor, 1868–

. . . Suite for piano four hands. Préambule; Contredanse; Scène d'amour; Dévise noble; Marche et polonaise. [By] Louis V. Saar. Op. 27.

New York, G. Schirmer, °1899. Publ. no. 14871. 71 p. 4°.

Arranged for orchestra.

M1003.S112

. . . Chanson d'amour. Arrangement for violin solo & string orchestra. Louis Victor Saar, Op. 60, No. 2.

New York, Carl Fischer, °1911. Publ. no. 14155–11. 5 p. fol.

Caption title.

M1160.S18

Saint-Quentin, G. de.

Première romance pour violoncelle avec accompt. d'orchestre par G. de Saint-Quentin. Partition . . .

Paris, J. Hamelle, [1909]. Publ. no. J. 5915 H. Mme. Malé grav. 15 p. 4°.

M1016.S14 Op. 19

Saint-Saëns, (Charles) Camille, 1835–[1]

1re symphonie en mi bémol par Camille Saint-Saëns. Op. 2. Partition d'orchestre . . .

Paris, A. Durand & fils, [1855]. Publ. no. D. S. et Cie. 3472. 1 p. l., 156 p. 4°.

Reprinted ca. 1885.

M1001.S15

---

[1] The dates of publication have been taken from the Catalogue thématique published by A. Durand et fils, but they are to be understood as dates of first issue, because from 1870 to 1891 the firm signed Durand Schoenewerk et cie. when it became A. Durand et fils. Our copies of the earlier works, therefore, are mostly reissues from the original plates with new title pages or reprints, as the publisher's plate numbers prove.

Saint-Saëns—Continued.

. . . Tarantelle pour flûte et clarinette avec accompagnement d'orchestre par Camille Saint-Saëns. Op. 6. Partition d'orchestre . . .

Paris, A. Durand & fils, [1857]. Publ. no. D. S. et. Cie. 3479. 1 p. l., 68 p. 4°.

Reprinted ca. 1885.

M1040.S15

Rapsodie bretonne pour orchestre par C. Saint-Saëns. Partition d'orchestre . . . [Op. 7 bis.]

Paris, A. Durand & fils, [1892]. Publ. no. D. & F. 4467. 3 p. l., 36 p. 4°.

Cover title.

M1045.S152R3

Sérénade pour orchestre. Camille Saint-Saëns. [Op. 15.] Partition . . .

Paris, Choudens fils, [1868]. Publ. no. A. C. 7244. 15 p. 4°.

M1003.S155

. . . Premier concerto pour piano avec accompagnement d'orchestre par Camille Saint-Saëns. Op. 17. Partition d'orchestre . . .

Paris, Durand, Schoenewerk & Cie., [1875]. Publ. no. D. S. & Cie. 2104. 1 p. l., 142 p. 4°.

M1010.S22 Op. 17

. . . Concerto pour violon avec accompagnement d'orchestre par Camille Saint-Saëns. Op. 20. Partition . . .

Paris, J. Hamelle, [1868]. Publ. no. J. 757 M. 1 p. l., 64 p. 4°.

M1012.S15 Op. 20

. . . 2e concerto pour piano et orchestre par C. Saint-Saëns. Op. 22. Partition d'orchestre . . .

Paris, A. Durand & fils, [1868]. Publ. no. D. S. & Cie. 2120. 1 p. l., 111 p. 4°.

This copy printed in 1875.

M1010.S22 Op. 22

Gavotte en Ut mineur . . . par Camille Saint-Saëns. Op. 23 . . . Partition d'orchestre . . .

Paris, Durand & Schoenewerk, [1872]. Publ. no. D. S. 4229. 16 p. 4°.

M1048.S25

Saint-Saëns—Continued.

Occident et Orient. Grande marche. Pour harmonie militaire. Partition. C. Saint-Saëns. Op. 25.
Paris, A. Durand & fils, [1870]. Publ. no. D. & F. 5657. 31 p. obl. 4°.

    Band score issued ca. 1900. Caption title.

                         M1247.S155

. . . Orient et Occident. Marche par C. Saint-Saëns. Op. 25. Partition d'orchestre . . .
Paris, A. Durand & fils, ʻ1909. Publ. no. D. & F. 7318. 1 p. l., 44 p. fol.

                         M1046.S15206

. . . Introduction et rondo capriccioso pour violon et orchestre par Camille Saint-Saëns. Op. 28. Partition d'orchestre . . .
Paris, A. Durand & fils, [1870]. Publ. no. D. S. & Cie. 2591. 1 p. l., 46 p. 4°.

                      M1012.S15 Op. 28

. . . 3me concerto pour piano avec accompagnement d'orchestre par Camille Saint-Saëns. Op. 29. Partition . . .
Paris, A. Durand & fils, [1875]. Publ. no. D. S. & Cie. 2176. 1 p. l., 146 p. 4°.

                      M1010.S22 Op. 29

Ouverture de La princesse jaune. Opéra comique en un acte de Camille Saint-Saëns. Op. 30. Partition d'orchestre . . .
Paris, A. Durand & fils, [1872]. Publ. no. D. S. & Cie. 2755. 41 p. fol.

                      M1004.S152P7

Le rouet d'Omphale. Poème symphonique par C. Saint-Saëns. Op. 31. Partition d'Orchestre . . .
Paris, A. Durand & fils, [1872]. Publ. no. D. & F. 2026. 44 pp. fol.

                      M1002.S158

. . . Concerto pour violoncelle par Camille Saint-Saëns. Op. 33. Partition d'orchestre. . . .
Paris, Durand & Schoenewerk, [188–]. Publ. no. D. S. & Cie. 1746. 1 p. l., 72 p. 4°. (Répertoire de la Société des Concerts du Conservatoire.)

                      M1016.S15 Op. 33

Saint-Saëns—Continued.

... Concerto pour violoncelle et orchestre par C. Saint-
Saëns. Op. 33. Partition d'orchestre ...
*Paris, A. Durand & fils, [1873]. Publ. no. D. S. & Cie. 1746.
1 p. l., 72 p. 4°.*

M1016.S15 Op. 33B

... Marche héroique. C. Saint-Saëns. Op. 34 ... Partition d'orchestre ...
*Paris, A. Durand & fils, [1871]. Publ. no. D. S. & Cie.
1630. 1 p. l., 41 p. 4°.*

M1046.S152M3

Romance pour cor (ou violoncelle) avec accompagnement
d'orchestre ... par Camille Saint-Saëns. Op. 36. Partition d'orchestre ...
*Paris, A. Durand & fils, [1874]. Publ. no. D. & F. 5243.
1 p. l., 8 p. 4°.*

This copy was issued ca. 1896.

M1028.S2

... Romance pour flûte (ou violon) avec accompagnement d'orchestre (ou piano) par Camille Saint-Saëns.
Op. 37. Partition d'orchestre ...
*Paris, A. Durand & fils, [1874]. Publ. no. 5244. 1 p. l.,
18 p. 4°*

This copy was issued ca. 1898.

M1020.S15

... Phaeton. Poëme symphonique par Camille Saint-
Saëns. Op. 39. Partition d'orchestre ...
*Paris, A. Durand & fils, [1875]. Publ. no. D. S. & Cie.
2106. 2 p. l., 48 p. 4°.*

M1002.S157

... Danse macabre. Poëme symphonique d'après une poésie de Henri Cazalis par Camille Saint-Saëns. Op. 40.
Partition d'orchestre ...
*Paris, A. Durand & fils, [1875]. Publ. no. D. S. & Cie. 2140.
2 p. l., 54 p. 4°.*

M1002.S152

Allegro appassionato pour violoncelle ... Par Camille
Saint-Saëns. Op. 43 ... Partition d'orchestre ...
*Paris, A. Durand & fils, [1875]. Publ. no. D. & F. 6060.
1 p. l., 23 p. 4°.*

This copy was issued ca. 1902.

M1016.S15 Op. 43

Saint-Saëns—Continued.

... 4e concerto pour piano avec accompagnement d'orchestre par Camille Saint-Saëns. Op. 44. Partition d'orchestre ...

Paris, A. Durand & fils, [1877]. Publ. no. D. S. & Cie. 2272. 1 p. l., 155 p. 4°.

M1010.S22 Op. 44

Romance pour violon solo avec accompagnement d'orchestre ou de piano par C. Saint-Saëns. Op. 48. Partition d'orchestre ...

Paris, A. Durand & fils, [1876]. Publ. no. D. & F. 6814. 1 p. l., 19 p. fol.

This copy was issued 1905 or 1906.

M1012.S15 Op. 48

Suite pour orchestre. No. 1. Prelude. No. 2. Sarabande. No. 3. Gavotte. No. 4. Romance. No. 5. Finale. Par Camille Saint-Saëns. Op. 49. Partition d'orchestre ...

Paris, A. Durand & fils, [1877]. Publ. no. D. S. & Cie. 2291. 1 p. l., 48 p. 4°.

M1003.S15

... La jeunesse d'Hercule. Poëme symphonique par Camille Saint-Saëns. Op. 50. Partition d'orchestre ...

Paris, A. Durand & fils, [1877]. Publ. no. D. S. & Cie. 2329. 2 p. l., 73 p. 4°.

M1002.S155

... 2e. symphonie en la mineur par Camille Saint-Saëns. Op. 55. Partition d'orchestre ...

Paris, A. Durand & fils, [1878]. Publ. no. D. S. & Cie. 2474. 1 p. l., 98 p. 4°.

M1001.S152

... Suite algérienne. Impressions pittoresques d'un voyage en Algérie. No. 1. Prélude ... No. 2. Rhapsodie mauresque. No. 3. Rêverie du soir. No. 4. Marche militaire française. Par C. Saint-Saëns. Op. 60.

Paris, A. Durand & fils, [1881]. Publ. no. D. S. & Cie. 2860. 1 p. l., 101 p. fol.

M1003.S153

... 3e. concerto (en Si mineur) pour violon avec accompagnement d'orchestre ou de piano par Camille Saint-Saëns. Op. 61. Partition d'orchestre ...

Paris, A. Durand & fils, [1881]. Publ. no. D. S. & Cie. 2823. 1 p. l., 125 p. 4°.

M1012.S15 Op. 61

Saint-Saëns—Continued.

... Morceau de concert pour violon avec accompagnement d'orchestre ou de piano par Camille Saint-Saëns. Op. 62. Partition d'orchestre ...

Paris, A. Durand & fils, [*1880*]. *Publ. no. D. & F. 5675. 1 p. l., 58 p. 4°.*

This copy was issued ca. 1900.

M1012.S15 Op. 62

... Une nuit à Lisbonne. Barcarolle par C. Saint-Saëns. Op. 63. Partition d'orchestre ...

Paris, A. Durand & fils, [*1881*]. *Publ. no. D. S. & Cie. 2892. 14 p. 4°.*

M1045.S152U7

... La jota aragonese. Transcription par C. Saint-Saëns. Op. 64. Partition d'orchestre.

Paris, A. Durand & fils, [*1881*]. *Publ. no. D. S. & Cie. 2894. 41 p. 4°.*

M1047.S152J8

Allegro appassionato pour piano seul ou avec accompagnement d'orchestre par C. Saint-Saëns. Op. 70. ... Partition d'orchestre ...

Paris, A. Durand & fils, ᶜ*1905. Publ. no. D. & F. 6526. 28 p. fol.*

Cover title.

M1010.S22 Op. 70

... Rhapsodie d'Auvergne pour piano par C. Saint-Saëns. Op. 73 ... Partition d'orchestre ...

Paris, A. Durand & fils, [*1874*]. *Publ. no. D. S. & Cie. 3460. 1 p. l., 52 p. 4°.*

This copy was issued ca. 1885.

M1010.S22 Op. 73

"Wedding cake." Caprice-valse pour le piano par Camille Saint-Saëns. Op. 76. No. 1. Avec acct. d'instruments à cordes ...

Paris, A. Durand & fils, [*1886*]. *Publ. no. D. S. 3560. 21 p. fol.*

M1105.S15

3e. symphonie en ut mineur par Camille Saint-Saëns. Op. 78. Partition d'orchestre ...

Paris, A. Durand & fils, [*1886*]. *Publ. no. D. S. 3700. 1 p. l., 176 p. fol.*

M1001.S154

Saint-Saëns—Continued.

... Havanaise pour violon avec accompagnement d'orchestre ou de piano par Camille Saint-Saëns. Op. 83. Partition d'orchestre ...

Paris, A. Durand & fils, [1888]. Publ. no. D. S. & Cie. 3914. 1 p. l., 37 p. 4°.

M1012.815 Op. 83

... Africa. Fantaisie pour piano avec accompagnement d'orchestre par C. Saint-Saëns. Op. 89 ... Partition d'orchestre ...

Paris, A. Durand & fils, [1891]. Publ. no. D. & F. 4476. 1 p. l., 94 p. 4°.

M1010.822 Op. 89

Sarabande et Rigaudon. Op. 93. Par C. Saint-Saëns. No. 1, Sarabande pour quintette à cordes. No. 2, Rigaudon.

Paris, A. Durand & fils, [1892]. 2 v. 30 p., paged consecutively.

M1047.815283

... 5e concerto pour piano et orchestre par C. Saint-Saëns. Op. 103. Partition d'orchestre ...

Paris, A. Durand & fils, ᶜ1896. Publ. no. D. & F. 5149. 1 p. l., 151 p. 4°.

M1010.822 Op. 103

Coronation march—Marche de couronnement. Composed by Camille Saint-Saëns. Op. 117 ... Full orchestral score ...

London, Augener & co., [1902]. Publ. no. 12241. 1 p. l., 36 p. fol. (Augener's edition no. 7006a.)

M1046.815208

2e concerto pour violoncelle et orchestre par C. Saint-Saëns. (Op. 119) ... Partition d'orchestre ...

Paris, A. Durand & fils, ᶜ1903. Publ. no. D. & F. 6190. 1 p. l., 61 p. fol.

M1016.815 Op. 119

... Caprice andalouse pour violon avec acct. d'orchestre par C. Saint-Saëns. (Op. 122) ... Partition d'orchestre ...

Paris, A. Durand & fils, ᶜ1904. Publ. no. D. & F. 6430. 1 p. l., 50 p. fol.

M1012.815 Op. 122

Saint Saëns—Continued.

. . . Trois tableaux symphoniques d'après La foi; drame de Brieux. Partition d'orchestre . . . (Op. 130.)

Paris, A. Durand & fils, ᶜ1909. Publ. no. D. & F. 7433. 1 p. l., 90 p. fol.

M1002.S153

. . . Same, format de poche.

No publ. no. 1 p. l., 90 p. 8°.

M1002.S153

. . . La muse et le poète. Duo pour violon et violoncello avec accompagnement d'orchestre (ou de piano) . . . Partition d'orchestre . . . (Op. 132.)

Paris, A. Durand & fils, ᶜ1910. Publ. no. D. & F. 7870. 1 p. l., 65 p. fol.

M1040.S14

. . . Ouverture de fête. Ecrite pour l'inauguration du Musée Océanographique de Monaco. Op. 133. Partition d'orchestre . . .

Paris, A. Durand & fils, ᶜ1910. Publ. no. D. & F. 7667. 2 p. l., 23 p. fol.

M1004.S152OS

. . . W. A. Mozart. Andante. Extrait d'un concèrto pour piano (Köchel No. 467). Transcription pour violon avec accompagnement d'orchestre ou de piano par C. Saint-Saëns. Partition d'orchestre . . .

Paris, A. Durand & fils, ᶜ1906. Publ. no. D. & F. 6816. 14 p. fol.
Cover title.

M1012.M933

' . . . Déjanire. Tragédie de Louis Gallet. Prélude et cortège (4ème acte). Partition d'orchestre . . .

Paris, A. Durand & fils, ᶜ1899. Publ. no. D. & F. 5538. 1 p. l., 29 p. fol.

M1505.S

. . . Proserpine. Drame lyrique. Entr'acte. Partition d'orchestre . . .

Paris, A. Durand & fils, ᶜ1909. Publ. no. D. & F. 7395. 1 p. l., 31 p. fol.

M1004.S152PS

Sarabande. Extraite de la 3me suite anglaise pour clavecin de J. S. Bach. Transcription pour violon avec accompagnement d'orchestre ou de piano par C. Saint-Saëns. Partition d'orchestre . . .

Paris, Durand & Schoenewerk, [1889]. Publ. no. 4126. 1 p. l., 12 p. 4°.

M1012.S152

Salvayre, Gervais (Bernhard), 1847–

    Air de danse.　Varié pour instruments à cordes par G. Salvayre . . .

    Paris, Choudens père et fils [187–?].　Publ. no. A. C. 3823.
    19 p.　4°.

                                    M1103.S18

    Suite espagnole pour orchestre.　G. Salvayre.　Partition d'orchestre . . .

    [Paris, Choudens père et fils.]　[1882.]　Publ. no. A. C. 5474.
    1 p. l., 79 p.　4°.

                                      M1003.S18

    Suites orientales pour piano par G. Salvayre.　No. 1. Danse turque.　No. 2. Sur le Bosphore.　Partition.

    Paris, Choudens fils [189–?].　Publ. no. A. C. 8253, 8354.
    2 v. 17, 26 p.　fol.
        Cover title.　Edition for orchestra.

                                      M1003.S184

Samazeuilh, Gustave, 1877–

    . . . Une étude symphonique d'après "La nef" [d'Elemir Bourges] par Gustave Samazeuilh.

    Paris, A. Durand & fils, ᶜ1906, 1909.　Publ. no. D. & F.
    7415.　1 p. l., 63 p.　fol.

                                    M1002.S187E7

    . . . Same, format de poche.

    Publ. no. A. D. & F. 7893.　1 p. l., 63 p.　8°.

                                    M1002.S187E7

Sammartini, Giuseppe, *d.* 1740.

    Pastorale.　Giuseppe Sammartini (17– –1740).　Transcritta per orchestra da Giuseppe Martucci.

    Milano, G. Ricordi & c., [1908].　Publ. no. 111910.　7 p.
    fol.
        Caption title.

                                      M1060.S18

Samuel, Adolphe (Abraham), 1824–1898.

    Symphonie No. VI en ré mineur (in d-moll).　A. Genesis . . . B. Eden . . . C. Cain . . . D. Lux luceat . . . par Adolphe Samuel.　Partition . . .

    Bruxelles, Schott Frères, [etc], [1890].　Publ. no. S. F. 4068.
    1 p. l., 170 p.　fol.

                                M1001.S29 No. 6

Samuel-Rousseau, Marcel.

    . . . Noël Berrichon.　Suite pittoresque pour orchestre (ou double quintette) par Marcel Samuel-Rousseau.　No. 1. Danse et chanson sur la Grand Place.　No. 2. Veillée de minuit.　No. 3. Refrain de Noceux.　No. 4. Les promis. No. 5. Assemblée.　Partition d'orchestre. . . .

Samuel-Rousseau—Continued.
>*Paris, J. Hamelle, ᶜ1910. Publ. no. J. 6119 H. 87 p. 4°.*
>Not a copyright deposit.
>
>M1003.S193

Sandberger, Adolf, 1864–
>. . . Riccio. Symphonischer prolog (Angeregt durch Björnson's drama "Maria von Schottland") für grosses orchester componirt von Adolf Sandberger. Op. 16. Partitur . . .
>*Leipzig, [etc.], Breitkopf & Härtel, ᶜ1900. Publ. no. Part. B. 1621. 59 p. fol.*
>
>M1004.S213R4

Sandré, Gustave.
>Serenade für streichorchester componirt von Gustave Sandré. Op. 24. Partitur . . .
>*Leipzig und Brüssel, Breitkopf & Härtel, [1884]. Publ. no. 16497. 1 p. l., 37 p. (Breitkopf & Härtel's part.-bibl. Gruppe IV. Streichmusik).*
>
>M1103.S22 Op. 24

Sannemann, Max.
>La fête des grands. (Minuet á l'antique). Composé par Max Sannemann. Op. 26.
>*Leipzig, Jul. Heinr. Zimmermann, ᶜ 1907. Publ. no. F. 4533ᵃ. 11 p. fol.*
>
>M1045.S228F4

Sarasate, Pablo de (*current abbreviation of his name*), 1844–1908.
>Zigeunerweisen pour violon avec accompagnement d'orchestre ou de piano composées par Pablo de Sarasate. Op. 20 . . .
>*Leipzig, Bartholf Senff, [etc], [1881]. Publ. no. 1540. 1 p. l., 39 p. 4°.*
>
>M1012.S24 Op. 20

>. . . Muineira. Thème montagnard varié pour violon avec accompagnement d'orchestre ou de piano composée par Pablo de Sarasate. Op. 32. . . . Partition . . .
>*Leipzig, Bartholf Senff, [1887]. Publ. no. 1883. 43 p. 4°.*
>
>M1012.S24 Op. 32

>Airs écossais pour violon avec accompagnement d'orchestre par Pablo de Sarasate, œuvre 34. Partitur. . . .
>*Berlin, N. Simrock, 1892. Publ. no. p. 729. 19 p. fol.*
>
>M1012.S24 Op. 34

Sarasate—Continued.

Peteneras. Caprice espagnol pour violon avec accompagnement d'orchestre par Pablo de Sarasate. Op. 35. Partition.

Berlin, N. Simrock, [1894]. *Publ. no. 10675.* *44 p.* *4°.*

M1012.S24 Op. 35

Jota de San Fermin pour violon avec accompagnement d'orchestre par Pablo de · Sarasate. Opus 36. Partition . . .

Berlin, N. Simrock, [1894]. *Publ. no. 10676.* *36 p.* *4°.*

M1012.S24 Op. 36

Viva Sevilla. Danse espagnole pour violon avec accompagnement d'orchestre par Pablo de Sarasate. Op. 38. Partitur.

Berlin, N. Simrock, [etc.], [1896]. *Publ. no. 10694.* *46 p.* *4°.*

M1012.S24 Op. 38

. . . Introduction et caprice Jota pour violon avec accompagnement d'orchestre ou piano par Pablo de Sarasate. Op. 41. . . . Partition.

Leipzig, [etc.], Jul. Heinr. Zimmermann, [1900]. *Publ. no. Z. 2996a.* *35 p.* *4°.*

M1012.S24 Op. 41

. . . Miramar. Zortzico pour violon avec accompagnement d'orchestre ou piano par Pablo de Sarsasate. Op. 42 . . .

Leipzig, [etc.], Jul. Heinr. Zimmermann, [1900]. *Publ. no. Z. 2998a.* *19 p.* *4°.*

M1012.S24 Op. 42

. . . Introduction et Tarentelle pour violon avec accompagnement d'orchestre ou piano par Pablo de Sarasate. Op. 43 . . .

Leipzig, [etc.], Jul. Heinr. Zimmermann, [1900]. *Publ. no. Z. 3000a.* *43 p.* *4°.*

M1012.S24 Op. 43

La chasse. Morceau caractéristique pour violon avec accompagnement d'orchestre ou piano par Pablo de Sarasate. Op. 44 . . .

Leipzig, Jul. Heinrich Zimmermann, [etc.], ᶜ1901. *Publ. no. Z. 3387.* *59 p.* *4°.*

M1012.S24 Op. 44

Sarasate—Continued.

Nocturne-sérénade pour violon avec accompagnement de piano par Pablo de Sarasate. Op. 45 . . .
Leipzig, Jul. Heinr. Zimmermann, [etc.], [1901]. Publ. no. Z. 3389. 26 p. 4°.

M1012.S24 Op. 45

L'esprit follet pour violon avec accompagnement d'orchestre ou piano par Pablo de Sarasate. Op. 48 . . .
Leipzig, Jul. Heinr. Zimmermann, [etc.], ᶜ1905. Publ. no. Z. 3920. 27 p. 4°.

M1012.S24 Op. 48

. . . Chansons russes d'après Kaschine et Gurileff trans-crites et variées pour violon avec accompagnement d'orchestre ou piano par Pablo de Sarasate. Op. 49 . . .
Leipzig, Jul. Heinr. Zimmermann, [etc.], ᶜ1904. Publ. no. Z. 3923. 35 p. 4°.

M1012.S24 Op. 49

Jota de Pamplona pour violon avec accompagnement d'or-chestre ou piano par Pablo de Sarasate. Op. 50 . . .
Leipzig, Jul. Heinr. Zimmermann, ᶜ1904. Publ. no. Z. 3926. 31 p. 4°.

M1012.S24 Op. 50

. . . Jota de Pablo pour violon avec accompagnement d'or-chestre ou piano par Pablo de Sarasate. Op. 52 . . .
Leipzig, Jul. Heinr. Zimmermann, [etc.], ᶜ1907. Publ. no. Z. 4484. 35 p. 4°.

M1012.S24 Op. 52

. . . Le rêve pour violon avec accompagnement d'orchestre ou de piano par Pablo de Sarasate. Op. 53. Partition . . .
Leipzig, Jul. Heinr. Zimmermann, [etc.], ᶜ1909. Publ. no. Z. 4646. 35 p. 4°.

M1012.S24 Op. 53

Fantaisie sur la Flûte enchantée de Mozart pour violon avec accompagnement d'orchestre ou de piano par Pablo de Sarasate. Op. 54.
Leipzig, Jul. Heinr. Zimmermann, [1908]. Publ. no. Z. 4649. 35 p. 8°.

M1012.S24 Op. 54

Sauer, Emil, 1862–

Concerto pour piano et orchestre (mi-mineur) composé par E. Sauer. Partition d'orchestre.
Mayence, B. Schott's söhne [etc.], 1900. Publ. no. 26821. 2 p. l., 79 p. fol.

M1010.S26

Sauer—Continued.

2ième concerto, Ut-mineur, pour piano et orchestre par Emil Sauer. Partition d'orchestre . . .

Mayence, B. Schott's söhne [etc.], [1903]. Publ. no. 27176. 2 p. l., 70 p. fol.

M1010.826 No. 2

Sauret, Emile, 1852–

. . . Concert für die violine mit begleitung des orchesters componirt von Emile Sauret. Op. 26. Partitur. . . .

Leipzig und Brüssel, Breitkopf & Härtel, [1884]. Publ. no. 16606. 1 p. l., 81 p. fol.

M1012.828 Op. 26

. . . Rhapsodie suédoise pour le violon avec orchestre composée par Emile Sauret. Op. 59. Partition . . .

Leipzig, Rob. Forberg, °1898. Publ. no. 5183. 55 p. fol.

M1012.828 Op. 59

. . . Farfalla. Caprice pour violon avec orchestre par Emile Sauret. Edition avec orchestre. Partition.

Leipzig, Otto Forberg, °1909. Publ. no. 3283. 27 p. fol.

M1012.8282

Schäfer, Dirk.

Rhapsodie javanaise für orchester. Op. 7.

Leipzig, Breitkopf & Härtel, °1906. Publ. no. Part. B. 2018. 43 p. fol.

Cover title.

M1045.8294R5

Suite pastorale, Op. 8, voor orkest van Dirk Schäfer. Partitur. . . .

Middelburg, A. A. Noske [etc.], [1908]. Publ. no. A. A. N. 177a. 1 p. l., 59 p. fol.

M1003.83 Op. 8

Schale, Christian Friedrich, 1713–1800.

Ouverture d. S. Schale [In C major].

Unpaged mss. fol.

M1004.A2854

Scharf, Moritz.

Fantasie für orchester componirt von Moritz Scharf, Op. 40. Partitur . . .

Leipzig, Gebrüder Reinecke, [1898]. 95 p. 4°.

M1045.8311F3

Scharrer, August.

. . . Sinfonisches adagio für grosses orchester komponiert von August Scharrer. Op. 19. Partitur . . .

Leipzig, F. E. C. Leuckart, °1910. Publ. no. F. E. C. L. 6586. 27 p. fol.

M1045.831385

Scharwenka, (Franz) Xaver, 1850–

. . . König Witichis' werbung. Episode aus "Mataswintha" für grosses orchester. Partitur.

Leipzig, Breitkopf & Härtel, ⁱ*1894. Publ. no. Part. B. 861.
39 p. fol. (Breitkopf & Härtel's Partitur-Bibliothek.
No. 861.)*

Cover title.

M1070.S24

. . . Concert (B moll) für das pianoforte mit begleitung des orchesters componirt von Xaver Scharwenka. Op. 32 . . .
Orchesterpartitur.

*Bremen, Praeger & Meier [etc.], [1877?]. Publ. no. P. & M.
965c. 100 p. fol.*

At head of title: IIte auflage.

M1010.S29 Op. 32

Zweites koncert für pianoforte und orchester componirt von Xaver Scharwenka. Op. 56. Partitur . . .

*Leipzig, Breitkopf & Härtel, [1881]. Publ. no. 15782. 1 p. l.,
124 p. fol.*

M1010.S29 Op. 56

. . . Symphonie in C moll für orchester componirt von Xaver Scharwenka. Op. 60. Partitur . . .

*Leipzig und Brüssel, Breitkopf & Härtel [etc.], [1885] 16818.
1 p. l., 82 p.*

M1001.S315

. . . Konzert (Nr. 3, in Cis moll) für klavier und orchester von Xaver Scharwenka. Op. 80. Partitur . . .

*Leipzig, Breitkopf & Härtel [etc.], [1899]. B. & H. Part.-Bibl.,
1517. 95 p. fol.*

M1010.S29 Op. 80

Viertes konzert für klavier und orchester. Komponiert von Xaver Scharwenka. Op. 82.

Leipzig, F. E. C. Leuckart, ⁱ*1908. Publ. no. F. E. C. L.
6234. 2 p. l., 106 p. fol.*

M1010.S29 Op. 82

Scharwenka, (Ludwig) Philipp, 1847–

. . . Serenade für orchester componiert von Philipp Scharwenka. Op. 19. Partitur . . .

*Bremen, Praeger & Meier, [etc.], [1881]. Publ. no. P. & M.
1131a. 99 p. 4°.*

M1003.S31

Scharwenka, P.—Continued.

. . . 2 polnische volkstänze für orchester componirt von
Philipp Scharwenka. Op. 20. No. 1. H moll. No. 2.
D dur . . .
*Offenbach a/M., Joh. André [etc.], [1877]. Publ. no. 12198.
1 p. l., 26 p.*

M1047.S31Z9

. . . Wald- und berggeister. Ein intermezzo für orchester
komponirt von Philipp Scharwenka. Op. 37. Partitur.
*Leipzig, Breitkopf & Härtel, [1881]. Publ. no. 15727.
1 p. l., 72 p. 4°. (B. & H. Part.-Bibl., 15727.)*

M1045.S315W3

. . . Polnische tanzweisen für das pianoforte zu vier händen
componirt von Philipp Scharwenka. Op. 38. Heft I.
. . . Heft II. . . . Orchester ausgabe. Partitur.
*Bremen, Praeger & Meier [etc], [1882]. Publ. no. P. & M.
1161c. 64 p. 4°.*

    Vol. 2 not entered in Hofmeister as published for orchestra.

M1047.S31P6

. . . Liebesnacht. Fantasiestück für orchester componirt
von Philipp Scharwenka. Op. 40. Partitur . . .
*Bremen, Praeger & Meier [etc.], [1882]. Pub. no. P. & M.
1174a. 55 p. 4°.*

M1045.S315L5

. . . Fest-ouverture für orchester componirt von Philipp
Scharwenka. Opus 43. Partitur . . .
*Bremen, Praeger & Meier, [etc.], [1883]. Publ. no. P. & M.
1255b. 79 p. fol.*

M1004.S311F3

Für die jugend. Philipp Scharwenka. Op. 71, Nr. 1, 3 u. 4.
Bearbeitung von Max Burgerz.
*Leipzig, Breitkopf & Härtel, ᶜ1896. Pub. no. Part. B. 945.
4 p. fol. (B. & H.'s partitur-bibliothek, 945.)*
    Caption title.

M1160.S32

Arkadische suite für orchester componirt von Philipp Scharwenka. Op. 76. Partitur . . .
*Leipzig und Brüssel, Breitkopf & Härtel, [1887]. Publ. no.
17691. 1 p. l., 103 p. fol.*

M1003.S314

Scharwenka, P.—Continued.

Frühlingswogen. Symphonische dichtung As dur für grosses orchester. Op. 87.
Berlin, Carl Simon, 1891. Publ. no. C. S. 1797. 95 p. 4°.

M1002.830F6

Traum und Wirklichkeit. Tondichtung für orchester. Op. 92.
Leipzig, Breitkopf & Härtel, 1894. Publ. no. Part. B. 864. 120 pp. fol.

M1002.830T6

. . . Concert für die violine mit begleitung des orchesters componirt von Philipp Scharwenka. Op. 95. Partitur. . . .
Leipzig [etc.], Breitkopf & Härtel, ᶜ1895. Publ. no. Part. B. 909. 1 p. l., 77 p. fol. (B. & H.'s partitur-bibliothek 909.)

M1012.832 Op. 95

Symphonie in D moll für orchester componirt von Philipp Scharwenka. Op. 96. Partitur . . .
Leipzig, Breitkopf & Härtel [etc.], [1895]. Publ. no. Part. B. 918. 1 p. l., 192 p. fol. (B. & H. Part.-Bibl., 918.)

M1001.831

Dramatische phantasie für grosses orchester. Op. 108. Partitur.
Leipzig, Breitkopf & Härtel, 1900. Publ. no. Part. B. 1578. 1 p. l., 157 p. fol.

M1003.S318

. . . Symphonia brevis in Es dur für grosses orchester komponiert von Philipp Scharwenka. Op. 115.
Leipzig, Breitkopf & Härtel, [1908]. Publ. no. Part. B. 2100. 1 p. l., 100 p. fol. (Breitkopf & Härtel's partitur-bibliothek, No. 2100.)

M1001.S317

Scheinpflug, Paul, 1875–

. . . Frühling. Ein kampf- und lebenslied. Tondichtung für grosses orchester von Paul Scheinpflug. Op. 8. 1. Winterwelt, ihre sehnsucht, ihre not. 2. Ein frühlingstraum. 3. Erwachen und kämpfen . . . 4. Der sieger.—Frühlingsland. 5. Frühlings- und werdenächte. 6. Dersonne entgegen. Partitur . . .
Berlin [etc.], N. Simrock, ᶜ1906. Publ. no. 12197. 171 p. fol.

M1002.S319

Scheinpflug—Continued.

Ouverture zu einem lustspiel von Shakespeare (mit benutzung einer altenglischen melodie aus dem 16. jahrhundert) für grosses orchester von Paul Scheinpflug. Op. 15.
Magdeburg, Heinrichshofens Verlag, ᶜ1908.   Publ. no. H. V. 9572.   67 p.   fol.

M1004.S315

Schelling, Ernest (Henry), 1876–

... Suite fantastique pour piano et orchestre.   Op. 7. Partition.
Leipzig, D. Rahter, ᶜ1908.   Publ. no. 3577.   99 p.   fol.

Cover title.

M1010.S32   Op. 7

... Légende symphonique pour grand orchestre.   [By Ernest Schelling.]
New York, G. Schirmer, ᶜ1907.   Publ. no. 17817.   2 p. l., 85 p.   fol.

M1002.S323

Scherff, Ludwig.

Triumph-marsch auf Deutschlands erhebung componirt für grosses orchester von Ludwig Scherff.   Op. 10.   Partitur. ...
Hamburg, G. W. Niemeyer, [1871].   30 p.   4°.

Label of "Carl Rühle's Musik-verlag, Leipzig" pasted over imprint.

M1046.S326

Schillings, Max, 1868–

Symphonischer prolog zu Sophokles' "König Oedipus" für grosses orchester von Max Schillings.   Op. 11.   Partitur. ...
Berlin, Ed. Bote & G. Bock, ᶜ1900.   Publ. no. 15079.   27 p.   fol.

M1004.S334K7

... Concert für violine und orchester von Max Schillings. Op. 25.   Partitur. ...
Berlin [etc.], N. Simrock, ᶜ1910.   Publ. no. 12603.   86 p. fol.

M1012.S34   Op. 25

Meergruss (Thalatta) Seemorgen.   Zwei symphonische phantasieen von Max Schillings.   Partitur ...
Berlin, Adolph Fürstner, ᶜ1896.   Publ. no. A. 4859 F., A. 4862 F.   74; 61 p.   fol.

M1002.S334

Schillings—Continued.

Ein zwiegespräch. Tongedicht für kleines orchester von M. Schillings. Partitur . . .

Berlin, Ries & Erler, [1898]. Publ. no. R. 6526. E. 62 p. fol.

M1002.8335

Schindler, Gaston.

Lilette-gavotte par Gaston Schindler. Orchestrée par Léo Pouget. Partition d'orchestre.

Paris, A. Joanin & Cie., ᶜ1905. Publ. no. A. J. & Cie. 618. 15 p. 4°.

M1060.835

Schjelderup, Gerhard, 1859–

. . . Norwegische hochzeit. (Bruderovet). Musikdrama in zwei akten von Gerhard Schjelderup . . . Vorspiel. Partitur . . .

Leipzig [etc.], Breitkopf & Härtel, ᶜ1900. 30 p. fol.

M1004.8337N7

. . . Sommernacht auf dem fjord. Für orchester komponiert von Gerhard Schjelderup. Partitur . . .

Berlin, Ed. Bote & G. Bock, ᶜ1904. Publ. no. 15629. 14 p. fol.

M1045.833487

. . . Sonnenaufgang über Himalaja aus Opferfeuer für grosses orchester komponiert von Gerhard Schjelderup. Partitur . . .

Leipzig, F. E. C. Leuckhart, ᶜ1909. 20 p. fol.

Cover title.

.838585P3

Weihnacht-suite, aus einem weihnachtsspiel. Dichtung und musik von Gerhard Schjelderup. Partitur.

Leipzig, [etc.], Breitkopf & Härtel, 1901. Publ. no. Part. B. 1647. 1 p. l., 66 p. fol.

> CONTENTS.—i. Einleitung.—ii. Das elend der welt.—iii. Tanz der armen kinder um den weinachtsbaum.—iv. Tanz der lichtelfen.—v. Zug der seligen kinder.

M1003.833

Schlesinger, Sebastian Benson, 1837–

Impromptu-caprice pour piano par Sebastian B. Schlesinger, orchestrée par N. Gervasio . . .

Paris, A. Z. Mathot, ᶜ1908. Publ. no. 30. 19 p. fol.

M1045.834215

Schlöger, Matthäus, 1722–1766.

    Partita in B dur. Matthäus Schlöger. [8 p. fol.]

    See Wiener instrumentalmusik vor und um 1750. (D. d. T. in Österreich, XV. jahrg., 2. t.)

        M2.D36

Schlottmann, Louis, 1826–1905.

    Ouverture zu Shakespeare's Romeo und Julia, componirt von Louis Schlottmann. Op. 18. Partitur . . .

    Berlin & Posen, Ed. Bote & G. Bock, [etc.], [1867]. Publ. no. 7457. 72 p. 4°.

        M1004.S345R7

    Ouverture zu Schiller's Wallenstein's lager componirt von L. Schlottmann. Op. 23. Partitur . . .

    Berlin & Posen, Ed. Bote & G. Bock, [etc.], [1870]. Publ. no. 8517. 98 p. 4°.

        M1004.S345W3

    Trauermarsch, recitativ und finale. Sinfonische scene für orchester von L. Schlottmann. Op. 43. Partitur . . .

    Berlin, C. A. Challier & Co., [1878]. Publ. no. C. & Co. 2772. 100 p. 4°.

        M1002.S345T8

[Schmicorer, J. A., fl. in the 17th c.]

    Zodiaci musici, XII. partitas balleticas veluti sua signa divisi pars I . . . componiert und verfast durch J. A. S.

    See Fischer, J. K. F., *and* Schmicorer, J. A. Orchestermusik des XVII. jahrhunderts.

        M2.D39

Schmidt, Franz.

    . . . Symphonie in E dur für grosses orchester. Franz Schmidt. Partitur . . .

    Wien, Josef Eberle, [etc.], [1905]. Publ. no. J. E. 826. 122 p. fol.

        M1001.S34

Schmidt, Heinrich, 1861–

    Konzert für orgel und streichorchester für die unterrichts- und aufführungswecke der mittelschulen (musikschulen, lehrerbildungs-anstalten, etc.), sowie zum vortrage in der kirche und in konzertsaal von Dr. Heinrich Schmidt. Partitur . . .

    Leipzig, F. E. C. Leuckart, ᶜ1903. Publ. no. 5613. 41 p. fol.

        M1105.S35

Schmidt-Berka.

Paradies-Reigen. Intermezzo von Schmidt-Berka. Op. 64. Für streich quintett mit partitur . . .

Berlin, Carl Paez (D. Charton), ᶜ1894. Publ. no. 736. 5 p. fol.

Cover title.

M1145.835

Schmitt, Florent.

. . . Étude pour Le palais hanté d'Edgar Poe. . . . Partition d'orchestre format de poche . . .

Paris, A. Durand & Fils [etc], ᶜ1909, 1910. Publ. no. A. D. & F. 7894. 74 p. 8°.

Not a copyright deposit.

At the head of the title: "Florent Schmitt, op. 49."

M1002.836E7

. . . Rapsodie Viennoise pour orchestre. [Op. 53, No. III]. Partition d'orchestre. . . .

Paris, A. Durand & Fils, Durand & Cie, ᶜ1911. Publ. no. D. & F. 7906. 1 p. l., 60 p. fol.

Name of composer at head of title.

M1045.835R3

. . . Reflets d'Allemagne. Suite d'orchestre. 1. Nuremberg. 2. Dresden. 3. Werder. 4. Munich. Florent Schmitt.

n. i., ᶜ1906 by A. Zunz Mathot. Publ. no. Z. 112 M. 1 p. l., 65 p. fol.

M1003.S355

Schnégans, Jules.

Sérénade et Rêverie pour instruments à cordes par Jules Schnégans. Partition.

Paris, Choudens fils, [1889]. Publ. no. A. C. 9555. 1 p. l., 15 p. fol.

M1103.S34

Schobert, Johann, d. 1767.

Ausgewählte werke von Johann Schobert herausgegeben von Hugo Riemann.

Leipzig, Breitkopf & Härtel, 1909. XXII, 1 l., 177 p. fol. (D. deutsch. T., 32. bd.)

On p. 112-176 2 concertos for piano and orchestra op. 9, G major and op. 12, E flat major.

M2.D39

Schoeck, Othmar.

. . . Serenade für kleines orchester von Othmar Schoeck. Op. 1 . . .

Leipzig, [etc.], Hug & co., ᶜ1907. Publ. no. G. H. 4156. 43 p. 4°.

M1003.S363

Schoene, Adolf.

... Humoreske für orchester componirt von Adolf Schoene.
Op. 37. Partitur ...
*Berlin, Ries & Erler, [1909]. Publ. no. R 8271 E. 37 p.
fol.*

Hofmeister, 1904, gives "Rondo scherzando" as Op. 37, but
Hofmeister, 1909, gives the above.

M1045.S365H7

Suite (Es dur) für streichorchester componirt von Adolf
Schoene. Op. 41. Partitur ...
*Berlin, Ries & Erler, [1908]. Publ. no. R. 8214 E. 35 p.
fol.*

M1103.S354 Op. 41

Schoenefeld, Henry, 1857–

... Characteristic suite for string-orchestra composed by
Henry Schoenefeld. Op. 15. Orchestra score. ...
*Chicago, Clayton F. Summy [etc.], c1893. Publ. no. 103.
31 p. fol.*

M1103.S36 Op. 15

Scholz, Bernhard E, 1835–

... Ouverture zu Goethe's Iphigenia auf Tauris für grosses
orchester componirt von Bernh. Scholz. Op. 15. Partitur.
*Leipzig u. Wintherthur, J. Rieter-Biedermann, [etc.], [1862].
Publ. no. 240. 1 p. l., 72 p. 4°.*

M1004.S365I5

... Im freien. Concertstück in form einer ouverture für
orchester componirt von Bernh. Scholz. Op. 21. Partitur ...
*Leipzig u. Winterthur, J. Rieter-Biedermann, [1866]. Publ.
no. 419. 39 p. 4°.*

M1004.S365I3

Tanz im lager. Einleitung zum dritten akt der oper
"Zieten'sche husaren" componirt von Bernhard Scholz.
Op. 30 ... Partitur ...
*Berlin & Posen, Ed. Bote & G. Bock, [1879]. Publ. no.
11599. 46 p. fol.*

M1004.S365Z4

Clavier concert mit begleitung des orchesters von Bernhard
Scholz. Op. 57. Partitur ...
*Breslau, Julius Hainauer, [etc.], [1883]. Publ. no. J. 2555 H.
67 p. fol.*

M1010.S36 Op. 57

Scholz—Continued.

Symphonie für grosses orchester B dur componirt . . . von Dr. Bernhard Scholz. Opus 60. Partitur.

Breslau, Julius Hainauer, [etc.], [1885]. Publ. no. J. 2796 H. 137 p. fol.

M1001.S368

. . . Wanderung. Suite von characterstücken für orchester von Bernhard Scholz. Op. 74. I. Gebirgsgruss. II. Libelle und wasserfei. III. Erinnern und träumen. IV. Tanz. V. Abendfrieden-Heimweg . . . Partitur.

Frankfurt a/M., B. Firnberg, [1894]. Publ. no. 77a. 70 p. fol.

M1003.S373

. . . Symphonie (A-moll) für orchester von Bernhard Scholz. Op. 80. Partitur . . .

Frankfurt a/M., B. Firnberg, [1896]. Publ. no. 92a. 1 p. l., 82 p. fol.

M1001.S362

Schreck, Gustav, 1849–

. . . Phantasie und doppel-fuge für orgel und orchester componiert von Gustav Schreck. Op. 22. Partitur.

Leipzig, Herman Protze, c1893. Publ. no. 90a. 39 p. fol.

M1005.S37

Schreker, Franz.

. . . Intermezzo für streichorchester pour instruments à cordes von Franz Schreker. Op. 8. Partitur . . .

Leipzig, Bosworth & Co., [etc.], c1902. Publ. no. 2878. 13 p. fol.

Cover title.

M1145.S37

Schubert, Franz (Peter), 1797–1828.

Franz Schubert's werke. Kritisch durchgesehene gesammtausgabe . . .

Leipzig, Breitkopf & Härtel, [1885–97]. 44 v. fol.

See serie I, bd. 1-2: Symphonies. II: Overtures and dances. XXI, supplement, n. 1-3: 2 overtures and 1 "Concertstück für violine und orchester."

M3.S384

Franz Schubert grosse fantasie (Op. 15.) symphonisch bearbeitet für piano und orchester von Franz Liszt. Partitur . . .

Leipzig, Aug. Cranz, [etc.], [187–]. Publ. no. C. S. 15,974. 86 p. fol.

Breitkopf & Härtel's Them. Verz., Neue ausgabe, p. 13.

M3.3.L76II.b.3

Schubert—Continued.

Ouverture zur oper: Rosamunde von Franz Schubert. Op. 26.
Wien, C. A. Spina, 1867. Publ. no. 19,102. 91 p. 4°.
Caption title. First edition.

M3.3.838 Op. 26

. . . Ballet-musik aus Rosamunde No. 1 u. 2. (Gd & Hm).
Wien, C. A. Spina, 1867. Publ. no. C. S. 19,404. 53 p. 4°.
Ouverturen und Entr'actes für das orchester . . . No. 6. First edition.

M3.3.838 Op. 26

Zwei entr'actes zu dem drama Rosamunde für das orchester componirt von Franz Schubert. Nachgelassenes werk. Partitur.
Wien, C. A. Spina, 1866. Publ. no., C. S. 18,577. 4°.
First edition.

M3.3.838 Op. 26

Variationen für pianoforte zu vier händen von Franz Schubert. Op. 35. Für orchester bearbeitet von Th. Gouvy. Partitur . . .
Leipzig, J. Rieter-Biedermann, 1885. Publ. no. 1366. 107 p. 4°.   M1060.8382

Grosser heroischer marsch (Op. 66, A-moll) für das pianoforte von Franz Schubert bearbeitet für grosses orchester von O. Bach. Partitur. . . .
Mainz, B. Schott's söhne [etc], [1875]. Publ. no. 21578. 1 p. l., 50 p. 4°.   M1060.8384

. . . Ouverture zur oper: Alphonso und Estrella von F. Schubert. Op. 69.
Wien, C. A. Spina, 1867. Publ. no. C. S. 18,993. 55 p. 4°.
Caption title. At head of title: Ouverturen und Entreactes für das orchester . . . No. 3. First edition.

M3.3.838 Op. 69

Ouverture zur oper: Fierrabras von Franz Schubert. Op. 76.
Wien, C. A. Spina, 1867. Publ. no. C. S. 19,051. 63 p. 4°.
Caption title. Ouverturen und entr'actes für das orchester . . . no. 4. First edition.

M3.3.838 Op. 76

. . . Concert von Franz Schubert nach einem im November 1824 für Arpeggione componirten und nachgelassenen werke für violoncell mit orchesterbegleitung bearbeitet und instrumentirt von Jacques E. Rensburg.

Schubert—Continued.

> *Mss. 84 p. fol.*
>
> > Autograph manuscript of Rensburg.
> > At head of title: "Partitur."
> > This work is an arrangement of Schubert's A-moll Sonate für pianoforte and arpeggione. *See* Nottebohm, p. 207.
> >
> > **ML96.R**

Symphonie C dur für grosses orchester von Franz Schubert. Partitur.

Leipzig, Breitkopf & Härtel, [1850]. Publ. no. 7954. 1 p. l., 322 p. 4°.

> First edition.
>
> **M3.3.S4A1**

Zwei sätze der unvollendeten sinfonie (in H moll) von Franz Schubert. Nachgelassenes werk. Partitur.

Wien, C. A. Spina, 1867. Publ. no. C. S., 19138. 1 p. l., 103 p. 4°.

> First edition.
>
> **M3.3.S4A3**

Franz Schubert's märsche für das orchester übertragen von F. Liszt. . . . Partitur. No. 1–4 . . .

Berlin, Adolph Fürstner, [ca. 1870]. 4v. 41, 41, 26, 27 p. Publ. nos. 192–95. 4°.

> Breitkopf & Härtel's Them. Verz., Neue ausgabe, p. 7.
>
> **M3.3.L76I.b.1.**

Schuetký, Richard.

> . . . Melodie und scherzino für grosses orchester komponiert von Richard Schütký . . .
>
> *Hannover, Louis Oertel, [etc.], ᶜ1908. Publ. no. L. 4995 O. 27 p. 4°.*
>
> > **M1045.S385M4**

Schütt, Eduard, 1856—

> Serenade in D-dur für streichorchester von Eduard Schütt, Op. 6.
>
> *Offenbach a. Main, Johann André, [1879]. Publ. no. André 12668. 38 p. fol.*
>
> > Caption title.
> >
> > **M1103.S385**

. . . Concert (G moll) für clavier mit begleitung des orchesters von Eduard Schütt. Op. 7. Partitur . . .

Leipzig, E. W. Fritzsch, 1880. Publ. no. E. W. F. 354 L. 69 p. obl. 4°.

> **M1010.84 Op. 7**

Schütt—Continued.

Concert (F moll) für pianoforte mit begleitung des orchesters von Eduard Schütt. Op. 47. Partitur.

Berlin, N. Simrock, ᶜ1896. Publ. no. 10627. 90 p. fol.

M1010.84 Op. 47

Schultze-Biesantz, Clemens.

. . . Symphonische tongedichte (Poèmes symphoniques) I. Glücksritter (Aventurier-Knight-errant) II. Patheticon. III. Marche humoristique. Für grosses orchester von Schultze-Biesantz. Partitur . . .

Braunschweig, Henry Litolff, [etc.], [1902]. Publ. no. 13378. 80 p. fol.

M1002.839

Schulz-Beuthen, Heinrich; 1838–

. . . Neger-lieder und tänze. Ein cyklus frei bearbeiteter original-melodien für clavier oder orchester von Heinr. Schulz-Beuthen. Op. 26. Orchester partitur.

Leipzig u. Winterthur, J. Rieter-Biedermann, 1880. Publ. no. 1117. 45 p. fol.

M1003.8385

. . . Die toteninsel. Nach dem gleichnamigen gemälde von Arnold Böcklin. Sinfonische dichtung für grosses orchester komponiert von Heinrich Schulz-Beuthen. Partitur . . .

Hannover, Louis Oertel, [etc.], ᶜ1909. Publ. no. L. 5134 O. 31 p. fol.

M1002.838

Schulz-Schwerin, Karl, 1845–

Geständnis. Phantasiestück für streichchor (2 violinen, viola, violoncell und contrabass) von C. Schulz-Schwerin. Op. 20. Partitur . . .

Leipzig, C. F. W. Siegel (R. Linnemann), [1882]. Publ. no. 6787. 5 p. fol.

M1145.8385

Eine ouverture zu Goethe's "Torquato Tasso" für grosses orchester componirt . . . von C. Schulz-Schwerin. Partitur . . . 1875.

Leipzig, Ernst Eulenburg, [1875]. Publ. no. E. E. 30. 39 p. obl. 4°.

M1004.838T5

Ouverture zu Schiller's "Braut von Messina" componirt . . . von C. Schulz-Schwerin. Partitur . . .

Leipzig, Ernst Eulenberg, [1884]. Publ. no. E. E. 271. 79 p. 4°.

M1004.838B5

Schulz-Schwerin—Continued.

. . . Serenata giocosa für orchester componirt von C. Schulz-Schwerin. Partitur . . .

Dresden, Richter & Hopf, [1889]. Publ. no. 22a. 24 p. fol.
Cover title.

M1003.S387

Schumacher, (Peter) Paul (Heinrich), 1848–1891.

. . . Symphonie (Serenade) (In D moll) für grosses orchester von Paul Schumacher. Op. 8. Partitur.

Leipzig, Breitkopf & Härtel, [1879]. Publ. no. 15082. 1 p. l., 162 p. 4°.

M1001.S382

Trauer-marsch für grosses orchester von Paul Schumacher. Op. 10. Partitur . . .

Mainz, B. Schott's söhne, [etc.], [1879]. Publ. no. 22888. 1 p. l., 21 p. fol.

M1046.S382T8

. . . Bilder vom Rhein. Moderne suite für grosses orchester von Paul Schumacher. Op. 48. Partitur.

Berlin, N. Simrock, 1890. Publ. no. 9267. 62 p. fol.
Cover title.

M1003.S389 Op. 48

Schumann, Georg (Alfred), 1866–

Zur carnevalszeit. Suite für grosses orchester componirt von Georg Schumann. Op. 22.

Leipzig, Friedr. Hofmeister, [1899]. 1 p. l., 81 p. fol.

M1003.S39 Op. 22

Symphonische variationen über den choral: "Wer nur den lieben Gott lässt walten" für grosses orchester & orgel (ad. lib.) componirt von Georg Schumann. Op. 24 . . .

Leipzig, Friedr. Hofmeister, [1899]. 1 p. l., 70 p. fol.

M1003.S39 Op. 24

Liebesfrühling. Ouverture für grosses orchester von Georg Schumann. Op. 28. Partitur . . .

Leipzig, [etc.], Breitkopf & Härtel, c1901. Publ. no. Part. B. 1663. 1 p. l., 61 p. fol. (B. & H. Part.-Biblio., no. 1663.)

M1004.S392L5

Variationen und doppelfuge über ein lustiges thema. Componirt von Georg Schumann. Op. 30. Partitur . . .

Leipzig, Friedr. Hofmeister, [1902]. 1 p. l., 79 p. fol.

M1003.S39 Op. 30

Schumann, G.—Continued.

Eine serenade für grosses orchester komponiert von Georg Schumann. Op. 34. Partitur . . .

Berlin, Ed. Bote & G. Bock, ᶜ1904. Publ. no. 15655. 132 p. 4°.

M1003.S39 Op. 34

Symphonie in F moll für grosses orchester von Georg Schumann. Op. 42. Partitur.

Leipzig, F. E. C. Leuckart, ᶜ1905. Publ. no. F. E. C. L. 6000. 159 p. fol.

M1001.S393

Ouverture zu einem drama von Georg Schumann. Op. 45. Partitur . . .

Leipzig, F. E. C. Leuckart, ᵒ1906. Publ. no. F. E. C. L. 6022. 47 p. fol.

M1004.S39207

Schumann, Robert (Alexander), 1810–1856.

Robert Schumann's werke. Herausgegeben von Clara Schumann . . .

Leipzig, Breitkopf & Härtel, 1881–95. 35 v. fol.

See Serie I. Symphonies. II. Overtures. III. Concertos.

M3.S932

Symphonie (No. 1, B dur) für grosses orchester componirt . . . von Robert Schumann. Op. 38. Partitur.

Leipzig, Breitkopf & Härtel, [1853]. Publ. no. 8545. 1 p. l., 211 p. 4°.

First edition.

M3.3.S5 Op. 38

Ouverture, scherzo und finale für orchester componirt . . . von Rob. Schumann. Op. 52. Partitur.

Leipzig, Fr. Kistner, [1853]. Publ. no. 1970. 126 p. 4°.

First edition.   M3.3.S5 Op. 52

Concert für das pianoforte mit beg leitung des orchesters componirt . . . von Robert Schumann. Op. 54. Partitur.

Leipzig, Breitkopf & Härtel, [1862]. Publ. no. 10317. 1 p. l., 153 p. 4°.

First edition.

M3.3.S5 Op. 54

Zweite sinfonie für grosses orchester componirt . . . von Robert Schumann. Op. 61. Partitur . . .

Leipzig, bei F. Whistling, 1864. Publ. no. 429–31. 1 p. l., 232 p. 4°.

First edition.   M3.3.S5 Op. 61

Schumann, R.—Continued.

Ouverture zu der oper Genoveva, Op. 81 von Robert Schumann. Partitur.

Leipzig, C. F. Peters, [1850]. Publ. no. 3346. 1 p. l., 71 p. 4°.

First edition.   **M3.3.85 Op. 81**

Introduction und Allegro appassionato. Concertstück für das pianoforte mit begleitung des orchesters von Robert Schumann. Op. 92. Partitur.

Leipzig, Breitkopf & Härtel, [1852]. Publ. no. 13298. 1 p. l., 93 p. 4°.

First edition. Composed in 1849. Them. Verz., p. 72, and Wasielewski: Robert Schumann, 4e. aufl., p. 415.

     M3.3.85 Op. 92

Dritte symphonie (Es dur) für grosses orchester von Robert Schumann. Op. 97. Partitur . . .

Bonn, N. Simrock, [1851]. Publ. no. 5019. 1 p. l., 211 p. 4°.

First edition.   **M3.3.85 Op. 97**

Ouverture für grosses orchester zu Manfred von Lord Byron componirt von Robert Schumann. Op. 115. Partitur.

Leipzig, Breitkopf & Härtel, [1852]. Publ. no. 8570. 1 p. l., 71 p. 4°.

First edition.   **M3.3.85 Op. 115**

. . . Ouverture zu "Manfred" von Robert Schumann. Op. 115.

Berlin, Verlag Dreililien, [1905]. 60 p. 12°.

At head of title: "Partitur in einheitlicher ♩ aufzeichnung. Herausgegeben von H. Stephani."

     M1004.8394M4

Symphonie No. IV. D moll. Introduction, Allegro, Romanze, Scherzo, und Finale in einem satze für grosses orchester von Robert Schumann. Op. 120. Partitur.

Leipzig, Breitkopf & Härtel, [1853]. Publ. no. 8795. 1 p. l., 165 p. 4°.

First edition.   **M3.3.85 Op. 120**

Fest-ouverture mit gesang über das Rheinweinlied für orchester und chor von Robert Schumann. Partitur . . . Op. 123.

Bonn, N. Simrock, [1853]. Publ. no. 5952. 2 p. l., 46. [2] p. 4°.

First edition.   **M3.3.85 Op. 123**

Schumann, R.—Continued.

Fest-ouverture mit gesang über das Rheinweinlied "Bekränzt mit laub" für orchester und chor von Robert Schumann. Op. 123. Componirt 1853.

Leipzig, Breitkopf & Härtel, [1893]. Publ. no. Part. B. 251. 1 p. l., 30 p. fol.

Caption title.   M1004.S394F4

Ouverture zu Shakspeare's Julius Cäsar für grosses orchester componirt von Robert Schumann. Op. 128. Partitur . . .

Braunschweig, bei G. M. Meyer, jr., [1854] (Henry Litolff) [etc.]. Publ. no. 1109. 57 p. fol.

First edition.   M3.3.S5 Op. 128

Ouverture zu Goethe's Hermann u. Dorothea für orchester von Rob. Schumann. Op. 136. No. 1, der nachgelassenen werke. Partitur.

Winterthur, Rieter-Biedermann, [1857]. Publ. no. 14. 1 p. l., 63 p. 4°.

First edition.   M3.3.S5 Op. 136

Deux nouvelles pièces en forme de canon, Nos. 3 et 4, de R. Schumann. Orchestrées par Théodore Dubois . . . Partition d'orchestre.

Paris, Heugel et Cie., ᶜ1895. Publ. no. H. et cie. 9883. 1 p. l., 13 p. fol.

Cover title.   M1060.S492

Deux pièces en forme de canon de R. Schumann. Orchestrées par Théodore Dubois. Partition d'orchestre . . .

Paris, Heugel et cie., ᶜ1894. Publ. no. H et cie., 9597. 1 p. l. 13 p. fol.   M1060.S49

Gespenstermärchen - Abendlied - Am springbrunnen (Aus Op. 85) von Robert Schumann für orchester bearbeitet von Theodor Müller-Reuter. Partitur . . .

Leipzig, J. Rieter-Biedermann, ᶜ1909. Publ. no. 2764. 30 p. 4°.   M1045.S41M7

Schvartz, Emile.

. . . Airs de ballet. Huit airs à danser pour petit orchestre. 1ère série: I. Aurore. II. Gouttes de rosée. III. Les guêpes. IV. Fleurs de champs. 2e série: V. Morphée. VI. Coquetterie. VII. Duo d'amour. VIII. Cortège.

Paris, A. Joanin & Cie., ᶜ1905. Publ. no. A. J. & Cie. 626. 4°.   M1003.S41

Name of the composer at head of title.

Schwalm, Robert, 1845–
> Serenade, G dur, (Allegro, scherzo, andante, walzer, finale)
> für streichorchester komponiert von Robert Schwalm. Op.
> 50. Partitur . . .
> *Leipzig, C. F. W. Siegel (R. Linnemann), [1885]. Publ. no.*
> *6991. 25 p. fol.* **M1103.84 Op. 50**

> Konzertstück für violine mit orchester komponiert von Rob-
> ert Schwalm. Op. 51. Partitur . . .
> *Leipzig, C. F. W. Siegel. R. Linnemann, [1884]. Publ. no.*
> *7225. 35 p. 4°.*
> **M1012.839 Op. 51**

Schwarzlose, Otto.
> . . . Des jünglings leid und freud'. Fantasie adagio für
> streichorchester von Otto Schwarzlose. Op. 86. Par-
> titur.
> *Breslau, L. Frankenstein, ᶜ1897. Publ. no. L. 57 F. 11 p.*
> *fol.*
> **M1145.84**

Schwencke, Johann Friedrich, 1792–1852.
> Serenade, C dur, für . . . 5 violoncelle, contrabass und
> pauken . . . [Partitur] . . . Neue Ausgabe. A. Origi-
> nal für 5 violoncelle, contrabass und pauken . . .
> *Berlin, Carl Simon, [etc.], [1888]. Publ. no. C. S. 921.*
> *7 p. fol.*
> **M1103.843**

Schytte, Ludvig (Theodor), 1848–1909.
> Barcarolle pour piano avec accompagnement d'instruments
> à cordes . . . composées par Ludvig Schytté. Op. 60.
> Partition . . .
> *Boston & Leipzig, Arthur P. Schmidt, [1896]. Publ. no.*
> *S. 92. 13 p. fol.*
> **M1105.84**

Scontrino, Antonio, 1850–
> Sinfonia marinaresca per grande orchestra di Antonio Scon-
> trino. Partitura . . .
> *Milano, Carish & Jänichen, ᶜ1897. Publ. no. 26. 147 p.*
> *fol.*
> **M1001.842**

Scott, Cyril, 1879–
> . . . Aubade für grosses orchester. Op. 77. Parti-
> tur. . . .
> *Mainz [etc], B. Schott's Söhne, ᶜ1911. Publ. no. 29143.*
> *1 p. l., 35 p. fol.*
>> Name of composer at head of title.
> **M1045.8425**

Scriabin, Alexander Nicolaivich, 1872–

Concerto en Fa-dièse mineur pour piano avec accompagnement d'orchestre composé par A. Scriàbine. Op 20. Partition d'orchestre . . .

Leipzig, M. P. Belaïeff, 1898. Publ. no. 1631. 67 p. fol.

M1010.S63 Op. 20

Rêverie pour orchestre par A. Scriàbine. Op. 24. Partition d'orchestre . . .

Leipzig, M. P. Belaïeff, 1899. Publ. no. 1924. 15 p. 4°.

M1045.S629R5

Symphonie en Mi pour grand orchestre et chœur composée par A. Scriàbine. Op. 26. Partition d'orchestre . . .

Leipzig, M. P. Belaïeff, 1900. Publ. no. 2228. 129 p. fol.

M1001.S63

Deuxième symphonie en ut pour grand orchestre composée par A. Scriàbine. Op. 29. Partition d'orchestre . . .

Leipzig, M. P. Belaïeff, 1903. Publ. no. 2388. 183 p. fol.

M1001.S634

Le divin poème. Troisième symphonie (Ut) pour grand orchestre composée par A. Scriàbine. Op. 43 . . . .

Leipzig, M. P. Belaïeff, 1905. Publ. no. 2539. 207 p. fol.

M1001.S636

Le poème de l'extase pour grand orchestre. Op. 54. Partition d'orchestre . . .

Leipzig, M. P. Belaïeff, 1908. Publ. no. 2795. 101 p. fol.

Cover title in Russian and French.

M1002.S629P7

. . . Prométhée. Le poème du feu pour grand orchestre et piano avec orgue, chœurs et clavier à lumières. Op. 60. Partition. . . .

Berlin-Moscou, Édition Russe de Musique [etc], 1911. Publ. no. R. M. V. 85. 79 p. fol.

Name of composer at head of title.

M1002.S629P9

Šebek, Gabriel.

Bulharské tance (Danses bulgares) I, II. Pro velký orchestr složil Gabriel Šebek . . . Op. 7 . . . Partitura . . .

Praze, Fr. A. Urbanek, [etc.], [1886]. Publ. no. U. 302. 33 p. 4°.

M1047.S44

Sediwy, J.

Doux réveil. Valse lente pour instruments à cordes ou piano par J. Sediwy. Partitur . . .
Offenbach a/Main, Johann André, c1901. Publ. no. 15481. 6 p. 4°.

M1145.S42

Seidel, Arthur.

Grosser concert-walzer aus Fr. Chopin's Polonaise A dur Op. 40. No. 1 als Introduction und walzertheilen aus Op. 18, Op. 34. No. 1 u. 3, Op. 64. No. 1 u. 2, Op. 70. No. 1 u. 3 zusammengestellt von Arthur Seidel.
Leipzig, C. F. Kahnt Nachfolger, [1890]. Publ. no. 3218. 53 p. fol.

Caption title.

M1049.S458

Seiss, Isidor, 1840–1905.

Feierliche scene und marsch für grosses orchester componirt
· von Isidor Seiss. Op. 17. Partitur . . .
Berlin, Schlesinger. (Rob. Lienau), [187-]. Publ. no. S. 7231. 61 p. 4°.

M1046.S4284

Selmer, Johan, 1844—1910.

Scène funèbre pour orchestre "L'année terrible 1870–1871"
. . . par Johan Selmer. Op. 4.
Christiania, Carl Warmuth. Publ. no. C. W. 1172. 27 p. fol.

M1002.S47

. . . La captive, en deux parties composée par Johan Selmer sur le poème de Victor Hugo. Op. 6. La première partie pour orchestre seul, la deuxième pour orchestre et solo de contralto . . . Part. d'orch . . .
Christiania, Carl Warmuth [1885]. 49 p. fol.

French, German, and Scandinavian text. Prefatory "Notice" dated "Christiania 1885."

M1002.S46

Nordischer festzug (National-festmarsch). Symphonischer marsch für orchester von Johan Selmer. (Mit benutzung eines norwegischen nationalliedes.) Op. 11. Partitur.
. . . Aufgeführt beim musikfeste in Erfurt am 25. Juni 1878.
Christiania, Carl Warmuth, [ca. 1880]. Publ. no. C. W. 423. 45 p. fol.

M1046.S467N8

Selmer—Continued.

　　. . . Zwei bearbeitungen für streich-orchester von Schu-
mannschen liedern. No. 1. Dein angesicht (für streicher
allein). No. 2. Schlusslied aus "Myrthen" (für streicher,
2 hörner, timpani) von Johan Selmer. Op. 26. Partitur . . .
　　Leipzig und Baden-Baden, Constantin Wilds verlag, [189-].
19 p. 4°.

M1145.8465

　　Finnländische festklänge . . . für orchester componirt von
Johan Selmer. Op. 31. Partitur für kleines und grosses
orchester zus. . . .
　　Christiania, Haakon Zapffe. Publ. no. H. 81 Z. 39 p. fol.

M1045.8468F5

　　Karneval in Flandern (Carnaval flamand) . . . Orchestrales characterstück mit "programm" componirt von
Joh. Selmer. Op. 32. ʼPartitur . . .
　　Leipzig und Baden-Baden, Constantin Wild, [1894]. 62 p.
fol.

M1045.8468K3

　　In den bergen-Mellem fjeldene . . . Norwegische orchester-
phantasie in drei abtheilungen componirt von Johan
Selmer. Op. 35. Partitur . . .
　　Leipzig, E. W. Fritzsch, [1892]. Publ. no. S. 4ᵃ H. 54 p. fol.

M1003.848

　　Prometheus. Symphonische dichtung in zwei abtheilungen
componirt von Johann Selmer. Op. 50. Partitur . . .
　　Leipzig, Baden-Baden, Constantin Wild [1902]. 147 p. fol.
　　Dedication copy with composer's autograph.

M1002.8465

Senger, Hugo von.

　　Militärischer trauer-marsch für grosses orchester componirt
von Hugo v. Senger. Op. 5. Partitur . . . Zum ers-
tenmal aufgeführt den 25. März 1871 von dem Grand
Orchestre National zu Genf. . . .
　　Zürich, Gebrüder Hug [etc], [1871]. Publ. no. 91. 11 p. fol.
　　Cover title.

M1046.8477

Serov, Alexander Nicolaivich, 1820–1871.

　　Plåska. Zaporozhtsev. Myzykalʼnāia kartinka ko 2 glavīe
povīesti Golgolīa "Taras Bulʼba." Sochinenie A. Sīerova
1867. g.
　　S. Peterburg, V. Bessel i k°. 32 p. 4°.
　　Cossack dance.

M1047.857P6

Seybold, Arthur.

   . . . Neckteufelchen. Bagatelle. (Op. 109.) Partitur . . .
Hamburg und Leipzig, D. Rahter, ᶜ1903. Publ. no. 1926.
3 p. 4°.

     Cover title. Compositionen für streich-orchester.

                                           M1145.S52

Sgambati, Giovanni, 1843–

   Concerto pour piano et orchestre composé par G. Sgambati.
Op. 15. Partition d'orchestre . . .
Mayence, B. Schott's söhne, [etc.], [1883]. Publ. no. 23366.
1 p. l., 117 p. fol.

                                 M1010.S52 Op. 15

   Sinfonia in re per grande orchestra . . . composta da
G. Sgambati. Op. 16. Partition . . .
Mayence, B. Schott's söhne, [etc.], [1883]. Publ. no. 25566.
4 p. l., 99 p. fol.

                                       M1001.S52

   "Te deum laudamus." Andante solenne per orchestra a
corde e organo (o, invece dell organo, 2 clarinetti, 2
fagotti e 4 corni) ovvero per violino, viola, organo o
harmonium, violoncello e contrabasso composto da . . .
G. Sgambati. Op. 28. Partitura . . .
Mayence, B. Schott's söhne, [etc.], ᶜ1893. Publ. no. 25465.
1 p. l., 5 p. 4°.

                                       M1105.S52

   . . . Berceuse-rêverie Op. 42 No. 2 pour orchestre. [Instr.
par Jules Massenet.] Partition . . .
Mayence, B. Schott's söhne, [etc.], ᶜ1910. Publ. no. 28857.
12 p. fol.

                                       M1060.S52

Shapleigh, Bertram, 1871–

   Ramayana, suite for orchestra by (Ramayana, suite für
orchester von) Bertram Shapleigh. Op. 45 . . .
London, Breitkopf & Härtel, [etc.], ᶜ1908. Publ. no. L. 160.
1 p. l., 101 p.

                                       M1003.S525

   Gur amir. Op. 51. Vier symphonische skizzen. (Four
symphonic sketches) von Bertram Shapleigh.
London, Breitkopf & Härtel, ᶜ1908. Publ. no. L 188. 83 p.
fol.

                                       M1002.S525

Shapleigh—Continued.

Mirage. Tondichtung (Tone poem) von Bertram Shapleigh. Op. 57. Full score . . .
London, [etc.], Breitkopf & Härtel, ᶜ1909. Publ. no. L. 201. 31 p. fol.

M1002.S527

Shelley, Harry Rowe, 1858–

Overture. Santa Claus. A lyrical intermezzo by Harry Rowe Shelley. Orchestral score . . .
New York, [etc.], Edward Schuberth & Co., ᶜ1900. Publ. no. E. S. & Co., 3557. 38 p. fol.

M1004.S54S84

Short troop of the 1st regiment of the guards. Bearbeitet von Th. A. Kalkbrenner . . .
See Zwei altenglische short troops.

M2.M9

Sibelius, Jean, 1865–

En saga. (Eine sage.) Tondichtung für grosses orchester. Komponiert von Jean Sibelius [op. 9].
Leipzig, Breitkopf & Härtel, [etc.], ᶜ1903. Publ. no. Part. B. 1786. 85 p. fol. (Breitkopf & Härtel, Partitur-bibliothek, 1786.)

M1002.S5682

Karelia-Ouverture. Op. 10. Partitur . . .
Leipzig, [etc.], Breitkopf & Härtel, ᶜ1906. Publ. no. Part. B. 1986. 33 p. fol.

M1004.S563K6

. . . Karelia-suite. Op. 11. Partitur.
Leipzig, Breitkopf & Härtel, [etc.], ᶜ1906. Publ. no. Part B. 1972. 1 p. l., 43 p. fol. (Breitkopf & Härtel's partiturbibliothek, 1972.)

M1003.S56 Op. 11

Vårsång. (La tristesse du printemps. Frühlingslied.) Für grosses orchester komponiert von Jean Sibelius. [Op. 16.] Partitur . . .
Leipzig, [etc.], Breitkopf & Härtel, ᶜ1903. Publ. no. Part. B. 1785. 26 p. fol.

M1045.S563V3

Lemminkäinen zieht heimwärts. Lemminkäinen palaa kotitienoille. Le retour de Lemminkäinen. Legende aus dem finnländischen volksepos "Kalevala" für orchester komponirt von Jean Sibelius. [Op. 22.] Partitur.

Sibelius--Continued.

Leipzig, New York, [etc.], Breitkopf & Härtel, [etc.], ⁣ᶜ1901.
Publ. no. K. F. W. 49. 66 p. fol. (Breitkopf & Härtel's
partitur bibliothek.)

M1002.S5663

Der schwan von Tuonela . . . Legende aus dem finnländischen volksepos "Kalevala" für orchester komponirt von Jean Sibelius. [Op. 22.] Partitur . . .
Leipzig, [etc.], Breitkopf & Härtel, ᶜ1901. Publ. no. K. F.
W. 48. 18 p. fol.

M1002.S5683

. . . Finlandia. Tondigt för orkester . . . [Op. 26.7].
Partitur . . .
Helsingfors, Fazer & Westerlund; Leipzig, Breitkopf &
Härtel, [1901]. 25 p. fol.
Name of the composer at head of title.

M1002.S56F4

Suite aus der musik zum schauspiele "König Kristian II,"
von Adolf Paul komponiert von Jean Sibelius. 1. Nocturne. 2. Elegie et musette. 3. Serenade. 4. Ballade.
[Op. 27.] Partitur.
Leipzig, Breitkopf & Härtel, [etc.], ᶜ1899. Publ. no. K. F. W.
3. 65 p. fol.

M1003.S563

Symphonie No. 1 für grosses orchester componirt von Jean
Sibelius. [Op. 39.] Partitur . . .
Leipzig, Breitkopf & Härtel, [etc.], ᶜ1902. 1 p. l., 160 p. fol.

M1001.S56

. . . Romanze in C für streichorchester. Op. 42. Partitur . . .
Leipzig, Breitkopf & Härtel, [etc.], ᶜ1909. Publ. no. Part. B.
2139. 7 p. fol. (B. & H.'s. partitur-bibliothek 2139.)

M1145.S56

Symphonie No. 2 D dur für grosses orchester komponiert
von Jean Sibelius. [Op. 43.] Partitur . . .
Leipzig, Breitkopf & Härtel, [etc.], ᶜ1903. Publ. no. Part. B.
1784. 145 p. fol.

M1001.S562

. . . Valse triste aus der musik zu A. Järnefelt's drama
"Kuolema.". [Op. 44.] Partitur . . .
Leipzig, [etc.], Breitkopf & Härtel, ᶜ1904. Publ. no. Part. B.
1853. 11 p. fol.

M1070.S51

Sibelius—Continued.

Die dryade.   Tonstück für orchester . . . komponiert von
Jean Sibelius.   Op. 45, Nr. 1.   Partitur . . .
*Leipzig, Breitkopf & Härtel, [etc.], ᶜ1910.   Publ. no. Part. B.
2153.   23 p.   fol.   (Breitkopf & Härtel's Partitur-Biblio-
thek.)*
M1002.S52D9

Tanz-intermezzo.   Jean Sibelius.   Op. 45, no. 2.   Revidiert
von H. Merboldt.
*Leipzig, Breitkopf & Härtel, ᶜ1907.   Publ. no. Part. B. 2065.
23 p.   fol.*
Caption title.
M1047.S56T3

. . . Pelleas und Melisande.   (Op. 46.)   Suite für kleines
orchester aus der musik zu dem gleichnamigen drama des
Maurice Maeterlinck.   Orchesterpartitur . . .
*Berlin, Schlesinger [etc.], [1905].   Publ. no. S. 9334.   1 p.
l., 33 p.   fol.*
M1003.S56 Op. 46

. . . Konzert für violine mit orchester, D moll, Op. 47 . . .
*Berlin, Schlesinger (Rob. Lienau), [etc.], [1905].   Publ. no.
S. 9336.   67 p.   fol.*
M1012.S55 Op. 47

. . . Pohjola's tochter.   Pohjolan tytär.   Eine sinfonische
fantasie.   Jean Sibelius.   Op. 49.
*Berlin, Schlesinger (Rob. Lienau), ᶜ1906.   Publ. no. S. 9388.
46 p.   fol.*
Cover title.
M1002.S56P7

Belsazar's gastmahl Jean Sibelius aus Op. 51.
Berlin, Schlesinger, ᶜ1907.   Publ. no. S. 9339.   18 p.   fol.
Caption title.
M1003.S56 Op. 51

3. symphonie in C dur.   Jean Sibelius.   Op. 52.
*Berlin, Schlesinger [etc.], [1907].   Publ. no. S. 9432.   1 p.
l., 70 p.   fol.*
Cover title.   Hofmeister gives this without opus no.
M1001.S564

. . . Swahnevit (Schwanenweiss).   Suite für kleines orchester.   Aus der musik zu dem gleichnamigen märchendrama des August Strindberg (Jean Sibelius, Op. 54).
Partitur . . .
*Berlin, Schlesinger (Rob. Lienau), ᶜ1909.   Publ. no. S. 9469.
50 p.   fol.*
M1003.S56 Op. 54

Sibelius—Continued.

. . . Nächtlicher ritt und sonnenaufgang. Tondichtung für
grosses orchester. Partitur. . .'. (Op. 55.)
*Berlin, Schlesinger (Rob. Lienau), [etc.], ᶜ1909. Publ. no. S.
9485. 47 p. fol.*

M1002.856N2

In memoriam. Trauermarsch für orchester. Op. 59. Partitur . . .
*Leipzig, Breitkopf & Härtel, ᶜ1910. Publ. no. Part. B.2150.
1 p. l., 36 p. fol.*

M1046.85615

Signorini, A. Ricci.

. . . Giuda di Kerioth (Judas Ischariot) .(da G. Bovio).
Poema musicale per grande orchestra. Partitura. . . .
*Milano-Leipzig, Carisch & Jänichen [etc], ᶜ1911. Publ. no.
C. 11900 J. 1 p. l., 64 p. fol.*

> Name of composer at head of title.
> On p. 1 the program.

M1002.8578G5

Siklós, Albert.

Troisième suite pour petit orchestre composée par Albert
Siklós. Op. 37. Partition . . .
*Budapest, Charles Rozsnyai, [1909]. Publ. no. R. K. 352.
26 p. fol.*

M1003.857 Op. 37

Silas, Eduard, 1827-1909.

1ère. symphonie . . . composée par E. Silas. Op. 19.
*London, Cramer, Beale & Wood, [etc.]. Publ. no.1. 1 p. l.,
260 p. 4°.*

M1001.8581

Silver, Charles, 1868–

Le ballet de la reine. Suite ancienne pour orchestre. I. Introduction. II. Passepied. III. Pavane. IV. a. Sarabande. b. Menuet. c. Final. Ch. Silver, MDCCCXCVI.
*Paris, Henri Tellier, [etc.]. Publ. no. H. T. 1178. 2 p. l.,
61 p. fol.*

> Cover title.

M1003.8585

Cydalise. Madrigal par Ch. Silver. Partition d'orchestre.
*Paris, Heugel & Cie., ᶜ1899. Publ. no. H. & Cie. 19277.
16 p. 4°.*

M1045.858709

Simon, Anton Julievich, 1851–

Célèbre berceuse de Antony Simon. Op. 28 . . . Edition no. 7, pour orchestre à cordes . . .
Moscou, P. Jurgenson, [etc.], [1890]. Publ. no. 14327. 7 p. fol.

M1145.S595

Danse de bayadères. Fantaisie pour grand orchestre par Antony Simon. Op. 34. Partition . . .
Moscou, P. Jurgenson, [etc.], [1892]. Publ. no. 17347. 43 p. 4°.

M1045.S595D3

. . . La revue de nuit. Poëme symphonique (sur la ballade de Joukowsky) par Antony Simon. Op. 36. Partition d'orchestre . . .
Moscou, P. Jurgensen, [etc.], [1893]. Publ. no. 15897. 85 p. 4°.

M1002.S594

Sinding, Christian, 1856–

. . . Concert (Des-dur) für pianoforte und grosses orchester (neue umgearbeitete ausgabe) von Christian *Sinding.* Op. 6. Partitur . . .
Kopenhagen & Leipzig, Wilhelm Hansen, [1891]. Publ. no. 10544. 148 p. 4°.

M1010.S6 Op. 6

Symphonie D moll für grosses orchester von Christian Sinding. Opus 21.
Leipzig, C. F. Peters, [1893]. Publ. no. 7814. 164 p. fol. (Edition Peters, No. 2703.)

M1001.S616

. . . Episodes chevaleresques. Suite pour orchestre par Christian Sinding. Opus 35. Grande partition.
Leipzig, C. F. Peters, [1899]. Publ. no. 8542. 103 p. fol. (Ed. Peters No. 2869.).

M1003.S61

. . . Rondo infinito für grosses orchester von Christian Sinding. Op. 42. Partitur . . .
Kopenhagen & Leipzig, Wilh. Hansen, [1899]. 65 p. fol. (Wilh. Hansen ed. 336.)

M1045.S61R5

. . . Koncert (A-dur) für violine und orchester von Christian Sinding. Op. 45. Partitur . . .
Kopenhagen & Leipzig, Wilhelm Hansen, [1893]. Publ. no. 12303. 1 p. l., 53 p. fol.

M1012.S57 Op. 45

Sinding—Continued.

    . . . Legende für violine mit orchester von Christian Sinding. Op. 46. Partitur . . .
Kopenhagen & Leipzig, Wilh. Hansen, [1900]. Publ. no. 12579. 43 p. fol. (Wilh. Hansen ed., 636.)

M1012.857 Op. 46

    . . . Concert No. 2 (D-dur) für violine mit begleitung des orchesters oder pianoforte von Christian Sinding. Opus 60. Partitur.
Leipzig, C. F. Peters, [1901]. Publ. no. 8746. 115 p. fol. (Ed. Peters No. 2975.)

M1012.857 Op. 60

Symphonie (No. 2, D dur) für grosses orchester von Christian Sinding. Op. 85 . . .
N. Simrock, Berlin, [etc.], ᶜ1907. Publ. no. 12313.' 134 p. 34 cm.

M1001.S618

    . . . Romanze in D dur für solo-violine mit orchester. Op. 100. Partitur.
Leipzig, [etc.], Breitkopf & Härtel, ᶜ1910. Publ. no. Part.B. 2141. 23 p. fol.

M1012.857 Op. 100

Sinfonien der pfalzbayerischen schule (Mannheimer symphoniker) I. Johann Stamitz (1717–1757). Franz Xaver Richter (1709–1789). Anton Filtz (ca. 1725–1760). Eingeleitet und herausgegeben von Hugo Riemann.
Leipzig, Breitkopf & Härtel, 1902. LIV, 1 l., [2]–198 p. front (port). fol. (D. d. T. in Bayern, 3. jahrg., 1. bd.)

      Contains 1 orchestra trio and 4 symphonies of J. Stamitz, 3 symphonies of F. X. Richter, 3 symphonies of A. Filtz.

M2.D4.

    . . . II, 1. Johann Stamitz (1717–1757). Franz Xaver Richter (1709–1789). Anton Filtz (c. 1725–1760). Ignaz Holzbauer (1711–1783). Giuseppe Toeschi (1724–1788). Eingeleitet und herausgegeben von Hugo Riemann.
Leipzig, Breitkopf & Härtel, 1906. XXXII, 1 l., 166 p. fol. (D. d. T. in Bayern, 7. jahrg., 2. bd.)

      Contains 3 symphonies of J. Stamitz and 1 of F. X. Richter, of A. Filtz, of I. Holzbauer, of J. Toeschi.

M2.D4

Sinfonien—Continued.

. . . II, 2. Christian Cannabich (1731-1798). Franz
Beck (1730-1809). Carl Stamitz (1746-1801). Ernst
Eichner (1740-1777). Bearbeitet und herausgegeben
von Hugo Riemann.

Leipzig, Breitkopf & Härtel, 1907. XIV, [2]-179 p. fol.
(D. d. T. in Bayern, 8. jahrg., 2 bd.)

> Contains 2 symphonies of Cannabich, 2 of C. Stamitz, 1 of F. Beck,
> 1 of E. Eichner.

M2.D4.

Singer, Otto, 1833-1893.

Concertstück für violine mit orchester von Otto Singer.
Op. 6. Partitur . . .

Leipzig, F. E. C. Leuckart, [1897]. Publ. no. F. E. C. L.
4616. 31 p. fol.

M1012.S59 Op. 6

Sinigaglia, Leone, 1868-

. . . 2 stücke. (Op. 16.) No. 1. Romance. . . . No. 2.
Humoreske. . . . Partitur. . . .

Leipzig, D. Rahter, [1908]. Publ. nos. 3523, 3525. 2 v.
14, 46 p. 4°.

M1016.S617 1-2

. . . Konzert für violine und orchester von Leone Sinigaglia. Op. 20. Partitur . . .

Leipzig, [etc.], Breitkopf & Härtel, ᶜ1902-3. Publ. no. Part.
B. 1684. 83 p. fol. (B. & H.'s partitur-bibliothek 1684.)

M1012.S61 Op. 20

. . . Rapsodia piemontese für violine und orchester. (Op.
26). Partitur . . .

Leipzig, [etc.], Breitkopf & Härtel, ᶜ1905. Publ. no Part. B
1696. 21 p. fol. (B. & H.'s partitur-bibliothek 1696.

M1012.S61 Op. 26

. . . Romanze in A dur für violine mit orchesterbegleitung.
Op. 29.

Leipzig, Breitkopf & Härtel, ᶜ1906. Publ. no. Part. B. 1992.
11 p. fol. (B. & H.'s partitur-bibliothek 1992.)
> Cover title.

M1012.S61 Op. 29

Danze piemontesi (sopra temi popolari) für orchester. Nr.
1. Partitur . . . Nr. 2. Partitur. Leone Sinigaglia.
Op. 31.

Leipzig, Breitkopf & Härtel, ᶜ1907. Publ. no. Part. B. 2028,
2044. 2 v. 20, 49 p. (B. & H.'s part. b. 2028, 2044.)

M1047.S62D3

Sinigaglia—Continued.

. . . Ouvertüre zu Goldonis lustspiel "Le baruffe chiozzotte" für orchester von Leone Sinigaglia. Op. 32. Partitur . . .

Leipzig, Breitkopf & Härtel, [etc.], ᶜ1908. Publ. no. Part. B. 2105. 51 p. 33cm.

M1004.862B3

Zwei charakterstücke—Two characteristic pieces . . .—für streichorchester von Leone Sinigaglia. Op. 35. Nr. 1. Regenlied . . . Nr. 2. Etude . . . Partitur . . .

Leipzig, [etc.], Breitkopf & Härtel, ᶜ1910. Publ. no. Part. B. 2148. 13 p. fol.

M1145.86 Op. 35

Sitt, Hans, 1850–

Ouverture zu A. Leschivo's "Don Juan d'Austria" für grosses orchester von Hans Sitt. Op. 20. Partitur . . .

Leipzig, Ernst Eulenburg, [1891]. Publ. no. E. E. 815. 58 p. fol.

M1004.8624D7

. . . Concert No. 2 in A-moll für violine mit begleitung des orchester oder pianoforte componirt von Hans Sitt. Op. 21. Partitur . . .

Leipzig, F. E. C. Leuckart, [1884]. Publ. no. F. E. C. L. 3782. 71 p. fol.

M1012.863 Op. 21

Spinnlied. (Op. 95, no. 11.) Spinning-song. Chant des fileuses. Für streich-orchester (violine I, II, viola, cello und bass) von Hans Sitt. Orchesterpartitur . . .

Leipzig, Otto Forberg, ᶜ1908. Publ. no. 3216. 7 p. fol.

M1145.8623

Sjögren, (Johann Gustav) Emil, 1853–

Wüstenwanderung der heiligen drei könige. Episode für orchester von Emil Sjögren. Partitur . . .

Breslau, Julius Hainauer, [1893]. Publ. no. 3736. 18 p. 4°.

M1002.8625

Skop, V. F.

II. Suite (Praeludium, Notturno, Menuetto und Tarantella) für streich-orchester, klavier und harmonium komponiert von V. F. Skop. Op. 32. Orch. Part. . . .

Regensburg, Alfred Coppenrath's verlag, H. Pawelek, [1909]. Publ. no. H. P. 1347. 59 p. fol.

M1103.861 Op. 32

Slunička, Johann.

Suite. Nocturne, scherzo, idylle und pastorale für streich-instrumente (contrabass ad libitum) von Johann Slunička. Op. 71 . . .

Augsburg u. Wien, Anton Böhm & Sohn, ᶜ1909. Publ. no. 5334. 16 p. fol.

M1103.S634

Smareglia, Antonio, 1854–

Cornill Schut. Dramma lirico in tre atti di Luigi Illica. Musica di Antonio Smareglia . . . Preludio atto I–III. Partitura.

Trieste, C. Schmidl & Co, ᶜ1908. Publ. no. C. Sch. 3639 Cº. 3 v. 19, 7, 9 p. fol.

M1004.S64C5

. . . Nozze istriane (Istrianische hochzeit). Opéra: . . . Prélude, III acte. Partition . . .

Leipzig, [etc.], C. Schmidl & Co., ᶜ1910. Publ. no. C. Sch. 3649, 4566 Co. 4 p. fol.

Cover title.

M1004.S64N6

Ungarische balletmusik zur oper Der vasall von Szigeth von Anton Smareglia. Partitur.

Leipzig, Josef Weinberger, [1890]. Publ. no. J. W. 513 II. 1 p. l., 31 p. fol.

First performed at Vienna, 1889.

M1505.S63V3

Smetana, Bedřich, 1824–1884.

Hakon Jarl. Symphonische dichtung für grosses orchester von Friedrich Smetana. Partitur . . .

Berlin, N. Simrock, ᶜ1896. Publ. no. 10618. 1 p. l., 83 p. 4°.

M1002.S634

. . . Má vlast. Symfonická básnň pro velký orkestr. (Mein vaterland . . . Symphonische dichtungen für grosses orchester). 1. Vyšehrad. 2. Vltava. 3. Šárka. 4. Zčských luhův a hájův. 5. Tábor. 6. Blaník.)

V Praze, Fr. a. Urbánek, [1880]. 6 v. 40, 62, 64, 72, 58, 77 p. fol.

Name of the composer at head of title.

M1002.S636

Ouverture zur oper Libussa von Friedrich Smetana. Orchester-partitur . . .

Leipzig, Josef Weinberger, [1893]. Publ. no. J. W. 681. 30 p. 4°.

Cover title.

M1004.S642L5

Smetana—Continued.

Ouverture zu der oper: "Die verkaufte braut" (Prodana nevěsta) von Friedrich Smetana.
Berlin, Ed. Bote & G. Bock, [1893]. Publ. no. 13142. 37 p. fol.
Cover title.

M1004.S642V3

Richard III. Symphonische dichtung für grosses orchester von Friedrich Smetana. Partitur . . .
Berlin, N. Simrock, ᶜ1896. Publ. no. 10598. 75 p. 4°.

M1002.S638

Wallenstein's lager. Valdštynův tátor. Symphonische dichtung für grosses orchester von Friedrich Smetana. Partitur . . .
Berlin, N. Simrock, ᶜ1896. Publ. no. 10567. 95 p. 4°.

M1002.S639

Smyth, Ethel Mary, 1858–

. . . On the cliffs of Cornwall. Prelude to act II. of "The wreckers" (opera in three acts) composed by E. M. Smyth. Full score.
London, Novello & Co., ltd., [etc.], ᶜ1909. 28 p. fol.

M1004.S667W6

Snel, (Joseph) François, 1793–1861.

. . . Fantaisie sur trois mélodies des martyrs, composée pour grande harmonie militaire par F. Snel . . .
Mss. 1 p. l., 90 p., [1], 82 p.

ML96.S

Söderman, August (Johann), 1832–1876.

Et Bondebröllop. Bröllops-marsch. Eine bauernhochzeit. Hochzeits-marsch . . . componirt von August Söderman. Op. 13. . . . Für militär- (harmonie) musik [instrumentirt] von H. Saro. Partitur.
Berlin, Carl Simon [etc], [1880]. Publ. no. C. S. 668. 13 p. fol.

M1260.S688

Ouverture zur Jungfrau von Orleans für orchester von. Aug. Söderman. Partitur . . .
Stockholm, Abr. Hirsch, [188–]. Publ. no. 1723. 48 p. 4°.

M1004.S683J8

Schwedische volkslieder und volkstänze für orchester von August Söderman. Partitur.
Stockholm, Elkan & Schildknecht, [etc.], [1897]. Publ. no. E. & S. 1000. 23 p. fol.

M1045.S6682

Sokolov, Nikolai Alexandrovich, 1859–
>> Elegie pour orchestre par N. Sokolow. Op. 4. Partition
>> d'orchestre . . . .
>> *Leipzig, M. P. Belaieff, [1888]. Publ. no. 131. 27 p. 4°.*
>> Cover title in Russian.
>> > **M1045.8683L5**

>> La caressante. Polka pour orchestre d'archets par N. Soko-
>> low. Op. 38. Partition . . .
>> *Leipzig, M. P. Belaieff, 1899. Publ. no. 2013. 5 p. 4°.*
>> > **M1145.87**

>> Suite tirée du ballet "Les cygnes sauvages." Op. 40.
>> Pour grand orchestre composée par Nicolas Sokolow. Op.
>> 40a. Partition d'orchestre . . .
>> *Leipzig, M. P. Belaieff, 1902. Publ. no. 2353. 130 p. fol.*
>> > **M1003.868**

>> Variations sur un thème russe . . .
>> *See* Variations sur un thème russe pour grand orchestra . . .
>> > **M1003.V29**

>> . . . Les vendredis. Polka pour orchestre d'archets par N.
>> Sokolow, A. Glazounow et Liadow. Partition. . . .
>> *Leipzig, M. P. Belaieff [etc], 1899. Publ. no. 2006. 9 p. 4°.*
>> On cover the Russian precedes the French title.
>> > **M1145.8712**

Sormann, Alfred (Richard Gotthilf), 1861–
>> Concert (E moll) für das pianoforte mit begleitung des
>> orchesters componirt von Alfred Sormann. Op. 7.
>> Orchesterpartitur . . .
>> *Berlin, Raabe & Plothow (M. Raabe), [1893]. Publ. no. R.*
>> *1335 P. 118 p. fol.*
>> > **M1010.871 Op. 7**

Speer, William (Henry), 1863–
>> . . . Festival overture for full orchestra composed by W. H.
>> Speer. (Op. 9.) Full score.
>> *London & New York, Novello, Ewer & Co., [1898]. Author's*
>> *property. 50 p. fol.*
>> > **M1004.8742F4**

Speidel, Wilhelm, 1826–1899.
>> . . . Ouverture . . . zu "König Helge" von Oehlenschläger.
>> Für orchester componirt von Wilhelm Speidel . . . Op.
>> 50a. Partitur . . .
>> *Hamburg, Hugo Pohle, [1876]. Publ. no. H. P. 285. 45 p.*
>> *fol.*
>> > **M1004.8745K7**

Spendiarov, Alexandr Afanasovich, 1871–
Deux morceaux pour orchestre, Op. 3. No. 1. Menuet. No. 2.
Berceuse. Partition . . .
*St. Pétersbourg-Moscou, W. Bessel & cie., [etc.], [1902]. 2 v.
9, 9 p. 4°.*
M1045.S742D5

. . . Ouverture de concert (D-dur) pour orchestre par A.
Spendiarov . . . Op. 4. Partition . . .
*St. Petersbourg & Moscou, W. Bessel et Cie., [1900]. Publ.
no. 5086. 48 p. 4°*
Title page in French and Russian.
M1004.S74609

. . . Esquisses de Crimée pour orchestre. No. 1. Air de
danse. 2. Chanson élégiaque. 3. Chanson à boire. 4.
Air de danse "Kaïtarma." Par A. Spendiarow. Op. 9.
Partition d'orch.
*St. Petersbourg et Moscou, W. Bessel et cie., [etc.], [1906].
Publ. no. 5604. 42. p. 4°.*
M1045.S742E8

. . . Les trois palmiers. Tableau symphonique pour or-
chestre d'après une poésie de Lermontow composé par A.
Spendiarow. · Op. 10. Partition d'orchestre . . .
Leipzig, M. P. Belaïeff, 1907. Publ. no. 2681. 70 p. fol.
Cover title in Russian and German.
M1002.S746T8

Danse ancienne pour petit orchestre composée par A.
Spendiarow. Op. 12. Partition . . .
*Moscou, P. Jurgenson, [etc.], [1909]. Publ. no. 33094. 15 p.
4°.*
M1047.S84 Op. 12

Valse de concert pour orchestre composée par A. Spendiarow. Op. 18. Partition . . .
*Moscou-Leipzig, P. Jurgenson, [etc.], [1910]. Publ. no.
33096. 45 p. 4°.*
M1049.S74V3

Spindler, Fritz, 1817–1905.
Zweite sinfonie (C moll) für orchester von Fritz Spindler.
150tes werk . . . Partitur . . .
*Leipzig, C. F. W. Siegel, [1863]. Publ. no. 2515. 1 p. l.
228 p. 4°.*
M1001.S722

Spohr, Ludwig, 1784–1859.

   1e. sinfonie à grand orchestre. Op. 20. Partitur.

   Mss. copy. 143 p. 4° obl.

M1001.S76 No. 1

   Notturno für harmonie und Janitscharen-musik . . . von Louis Spohr. 34s. werk . . . [Partitur]

   Leipzig, C. F. Peters, [18—]. Publ. no. 1219. 33 p. fol.

M1245.S76

   Sinfonie No. 3. C moll. Für grosses orchester componirt von Louis Spohr. Op. 78. Partitur . . .

   Berlin, Schlesinger (Rob. Lienau), [1871]. Publ. no. S. 1496 A. 1 p. l., 148 p. 4°.

M1001.S76 No. 3A

   Die weihe der töne. Charakteristisches tongemälde in form einer sinfonie nach einem gedicht von Carl Pfeiffer componirt von Louis Spohr. 86tes. werk . . . Vierte sinfonie. Partitur.

   Wien, Tobias Haslinger. Publ. no. T. H. 6534. 5 p. l., 178 p. fol.

      The p. l. contain remarks for the conductor and as program "Die weihe der töne. Gedicht von Carl Pfeiffer." The symphony was composed in 1832 and published before 1842.

M1001.S76 No. 4

   Die weihe der töne. Charakteristisches tongemälde in form einer sinfonie nach einem gedicht von Carl Pfeiffer componirt von Louis Spohr. 86tes werk . . . Vierte sinfonie. Partitur.

   Wien, Carl Haslinger, qdm. Tobias. Publ. no. T. H. 6534. 1 p. l., 178 p. fol.

      Issued with this imprint after 1842 without the pref. remarks and the program from the plates of the first ed.

M1001.S76 No. 4A

   Fünfte sinfonie (in C moll) für das orchester. Componirt . . . von Louis Spohr. [102]tes werk . . .

   Wien, Tobias Haslinger [etc.]. Publ. no. T. H. 7717. 1 p. l., 156 p. fol.

M1001.S76 No. 5

   Historische symphonie im styl und geschmack vier verschiedener zeitabschnitte. Erster satz: Bach-Händel'sche periode 1720. Adagio: Haydn-Mozart'sche periode 1780. Scherzo: Beethoven'sche periode 1810. Finale: Allerneueste periode 1840. Componirt . . . von Louis Spohr. 116tes. werk. No. 6. der symphonien . . . Partitur . . .

Spohr—Continued.

Wien, Pietro Mechetti qm. Carlo. Publ. no. P. M. 3526.
1 p. l., 100 p. fol.

M1001.S76 No. 6

Jrdisches und göttliches im menschenleben. Doppel-
symphonie für zwei orchester im drei sätzen. Erster
satz: Kinderwelt. Zweiter satz: Zeit der leidenschaften.
Dritter satz: Endlicher sieg des göttlichen. Componirt
von Louis Spohr. Op. 121. Partitur . . .
Hamburg & Leipzig, Schuberth & co., [184-]. Publ. no. 532.
128 p. fol.

M1001.S76 No. 7

Concert-ouverture im ernsten styl von Louis Spohr. Op. 126.
Partitur . . .
Leipzig, Siegel & Stoll, [etc.], [ca. 1845]. Publ. no. 45. 50 p.
4°.

M1004.S75C5

Sinfonie No. 8 für grosses orchester componirt von Louis
Spohr. Op. 137. Partitur . . .
Leipzig, C. F. Peters, [etc.], [185-]. Publ. no. 3712. 1 p.
l., 148 p. 4°.

M1001.S76 No. 8

Die jahreszeiten. Sinfonie für grosses orchester in zwey
abtheilungen componirt von Louis Spohr. Erste abthei-
lung: Der winter, Uebergang zum frühling, Der frühling.
Zweite abtheilung: Der sommer. Einleitung zum herbst,
Der herbst. 143tes. werk (Die 9te. der sinfonien).
Partitur.
Leipzig & New York, Schuberth & co., [etc.], [1853]. Publ. no.
1648. 1 p. l., 164 p. 4°.

M1001.S76 No. 9

Festmarsch componirt zur vermählungsfeier ihrer hoheiten
der Prinzessin Marie von Hessen und des Herzogs Bernhard von Sachsen-Meiningen den 23ten. März 1825 von
Louis Spohr. Partitur.
Kassel & Leipzig, Paul Voigt, [1884]. Publ. no. 190. 1 p. l.
16 p. 4°.

M1046.S859F4

. . . Violin-koncert No. 8 in A moll (Gesangsscene) . . .
Leipzig, Ernst Eulenberg [189-]. Publ. no. E. D. 3287. 43 p.
12°. (Eulenburg's kleine orchester-partitur-ausgabe . . .
Concerte, No. 3.)

M1012.S76A No. 8

Spontini, Gasparo (Luigi Pacifico), 1774–1851.

Grosser sieges- und festmarsch componirt . . . vom ritter spontini . . . für vollständige türkische militair-musik, mit hinzufügung der streich-instrumente.

Berlin, Schlesinger, 18—. Publ. no. 1062. 47 p. fol.

M1247.S768

Sporck, Georges, 1870–.

. . . Boabdil. Poème symphonique. Partition d'orchestre . . .

Paris, Copr. by G. Sporck, 1902. Publ. no. G. S. 19 (A). 1 p. l., 86 p. fol.

M1002.S763

. . . Fantaisie-caprice pour harpe chromatique avec acct. d'orchestre par Georges Sporck. Partition d'orchestre . . .

n. i., ᶜ1905, by Georges Sporck, Paris. Publ. no. G.S. 18 (B). 35 p. fol.

M1036.S86

. . . Marche normande pour petit orchestre. Partition . . .
Paris, Pfister frères, ᶜ1906. Publ. no. P. F. 319. 15 p. 4°.
Name of the composer at head of title.

M1046.S864M3

Prélude symphonique. Partition d'orchestre . . .
Paris, E. Demets, ᶜ1905. Publ. no. E. 981 D. 23 p. fol.

M1004.S764PS

Stamitz, Johann (Wenzel Anton), 1717–1757.

Orchester-trio C dur. Johann Stamitz. Op. 1ᵗ.

See Sinfonien der pfalzbayerischen schule (Mannheimer symphoniker), I, 1, p. 3–13.

M2.D4

. . . Orchester-trio in E dur. Johann Stamitz. Op. 5. Bearbeitung von Hugo Riemann.

Leipzig, [etc.], Breitkopf & Härtel. 17 p. fol. parts. ("Collegium musicum" . . . hrsg. von . . . Hugo Riemann, no. 7; B. & H. K. M. 1813–14.)

M2.R5

. . . Sechs orchestertrios für 2 violinen, violoncello und basso continuo. Op. I.

Leipzig, etc., Breitkopf & Härtel, [1903]. 6 v. fol. parts. (Collegium musicum. Auswahl älterer kammermusikwerke für den praktischen gebrauch bearbeitet und herausgegeben von prof. dr. Hugo Riemann, no. 1–6; K.-M. 1801–1812.)

Contents: Nr. 1. Trio in C dur. Nr. 2. Trio in A dur. Nr. 3. Trio in F dur. Nr. 4. Trio in D dur. Nr. 5. Trio in B dur. Nr. 6. Trio in G dur.

M2.R5

Stamitz—Continued.

Sinfonia a 6. Johann Stamitz. Op. 8^v.
See Sinfonien der pfalzbayerischen schule (Mannheimer symphoniker), I, 1, p. 79–92.

M2.D4.

Sinfonia a 8. Johann Stamitz (La melodia germanica No. 1).
See Sinfonien der pfalzbayerischen schule (Mannheimer symphoniker), I, 1, p. 14–35.

M2.D4

Sinfonia a 8. Johann Stamitz, La melodia germanica No. III. [Es dur.]
See Sinfonien der pfalzbayerischen schule (Mannheimer symphoniker), II, 1, p. 1–28.

M2.D4

Sinfonia a 8. Johann Stamitz. Op. 3, No. 1.
See Sinfonien der pfalzbayerischen schule (Mannheimer symphoniker), I, 1, p. 36–55

M2.D4

Sinfonia a 8. Johann Stamitz, op. 4^{IV}. [Es dur].
See Sinfonien der pfalzbayerischen schule (Mannneimer symphoniker), II, 1, p. 29–54.

M2.D4

Sinfonia a 11 (a 8). Johann Stamitz. Op. 3. II.
See Sinfonien der pfalzbayerischen schule (Mannheimer symphoniker). I. 1. p. 56–78.

M2.D4

Sinfonia a 12 (8). Johann Stamitz, op. V, No. 2. [D dur.]
See Sinfonien der pfalzbayerischen schule (Mannheimer symphoniker), II, 1, p. 55–76.

M2.D4

Stamitz, Karl, 1746–1801.

Sinfonia a 8 op. 13^l (London), op. 16^l (Paris) Es dur. Carl Stamitz.
See Sinfonien der pfalzbayerischen schule (Mannheimer symphoniker), II, 2, p. 61–85.

M2.D4

Sinfonia a 8 op. 13^{IV} (16^{IV}) Gdur. Carl Stamitz.
See Sinfonien der pfalzbayerischen schule (Mannheimer symphoniker), II, 2, p. 86–108.

M2.D4

Stanford, *Sir* Charles Villiers, 1852–

. . . Symphony [No. 3] in F minor (The Irish) for full orchestra composed by C. Villiers Stanford (Op. 28).
*London & New York, Novello, Ewer and co.,[1887]. Publ. no.
7491. 2 p. l., 183 p. fol.*

M1001.S784

Prelude to the Oedipus Rex of Sophocles composed by C. Villiers Stanford. Op. 29. Full score . . .
London, Novello, Ewer & co., [1887]. 27 p. 4°.
At end: "May 1887."

M1004.S78404

. . . Symphony No. 4 in F major for full orchestra composed by C. Villiers Stanford (Op. 31). Full score.
*London & New York, Novello, Ewer and co., [1888]. Publ.
no. 7870. 1 p. l., 189 p. fol*

M1001.S786

Suite for violin solo with orchestral accompaniment composed by C. Villiers Stanford (Op. 32). Full score.
*London & New York, Novello, Ewer and co., [1888]. Publ.
no. 1812. 1 p. l., 154 p.*

M1012.S79 Op. 32

. . . Irish rhapsody No. 1 composed by C. Villiers Stanford. Op. 78. Full orchestra score . . .
*London, Houghton & co., [etc.], c1902. Publ. no. H. & co.
521. 1 p. l., 65 p. fol.*

M1045.S783I8

Stange, (Hermann H.) Max., 1835–

. . . Nachtstück für orchester componirt von Max Stange. Op. 36. Partitur . . .
*Hamburg und Leipzig, D. Rahter, c1900. Publ. no. 1259.
27 p. 4°.*

M1045.S785N3

An die heimat. Ouverture für grosse orchester componirt von Max Stange. Op. 40. Partitur . . .
Berlin, Raabe & Plothow, [1898]. 1 p. l., 43 p. fol.

M1004.S785A4

Adagio für violoncell und kleines orchester componirt von Max Stange. Op. 47. Partitur . . .
*Berlin, Raabe & Plothow (M. Raabe), [1896]. Publ. no.
R. 664 p. 11 p. fol.*

M1016.S78 Op. 47

Stange—Continued.

Zwei stücke für streichinstrumente. 1. Serenade (mit contrabass). (Pizzicato.) 2. Nachgebet (ohne contrabass) componirt von Max Stange, Op. 48 . . .

Berlin, Raabe & Plothow (M. Raabe), [1895]. Publ. no. R. 1465 P., R. 1467 P. 2 v. 5, 3 p. fol.

M1145.8784

Zwei romanzen für streichorchester componirt von Max Stange. Op. 52. No. 1 . . . No. 2 . . .

Berlin, Raabe & Plothow (M. Raabe), [1896]. Publ. no. R. 1489 P., R. 1490 P. 2 v. 5, 5 p. fol.

M1145.8782

Starzer, Josef, 1727-1787.

Divertimento in A moll. Josef Starzer. [13 p. fol.]

See Wiener instrumentalmusik vor und um 1750. (D. d. T. in Österreich, XV. jahrg., 2. t.)

M2.D36

Divertimento in C dur. d Josef Starzer. [11 p. fol.]

See Wiener instrumentalmusik vor und um 1750. (D. d. T. in Österreich. XV. jahrg., 2. t.)

M2.D36

Stavenhagen, Bernhard, 1862–

Concert für clavier und orchester von Bernhard Stavenhagen. Op. 4. Partitur . . .

Berlin, Ries & Erler, [1895]. Publ. no. R. 5445 E. 87 p. fol.

M1010.878 Op. 4

Stcherbachev, Nicolai Vladimirovich, 1853–

Deux idylles (No. 1. L'étoile du berger, tableau pastorale. No. 2. En passant l'eau, scherzino), pour orchestre composées par N. Stcherbatcheff. Partition d'orchestre.

Leipzig, M. P. Belaieff, 1887. Publ. no. 52. 1 p. l., 54 p. 4°.

M1045.8538D5

Sérénade pour orchestre par N. Stcherbatcheff. Op. 33. Partition d'orchestre . . .

Leipzig, M. P. Belaieff, 1894. Publ. no. 966. 23 p. 4°.

M1003.8545

Steck, Paul.

Pour éveiller Colombine. Aubade-pizzicati pour instruments à cordes par Paul Steck. Op. 12. Partition . . .

Nice, Paul Decourcelle, [etc.], c1898. Publ. no. P. D. 458. 3 p. fol.

Cover title.

M1145.882

Steck—Continued.

Passionnette. Intermezzo-valse pour violon et violoncelle solos avec quintette à cordes par Paul Steck. Op. 14 . . . Partition . . .

Paris, Le Bailly, O. Bornemann, succr., ᶜ1900. Publ. no. 4218. 9 p. 4°.

M1105.S822

. . . L'accordée de village (Pastorale XVIIIe siècle en un acte). Ouverture. Paul Steck. Op. 16. Partition d'orchestre . . .

Paris, A. Joanin & Cie., ᶜ1904. Publ. no. A. J. & Cie. 547. 29 p. fol.

M1004.S811A2

. . . Sérénade monégasque par Paul Steck. Pour quintette à cordes avec violon solo. Partition . . .

Nice, Paul Decourcelle, [etc]., ᶜ1894. Publ. no. 293. 3 p. fol.

Cover title.

M1105.S82

Steinberg, Maximilian.

. . . Première symphonie en Ré pour orchestre. Op. 3. Partition d'orchestre. . . .

Leipzig, M. P. Belaïeff [etc], 1911. Publ. no. 2856. 159 p. fol.

Name of composer at head of title.
Date of composition "1905–1906" follows name of composer in caption title.
On cover the Russian title precedes the German title: "Erste symphonie in D . . ."

M1001.S81

. . . Prélude symphonique pour grand orchestre. Op. 7. Partition d'orchestre. . . .

Leipzig, M. P. Belaïeff, [etc], 1910. Publ. no. 2883. 27 p. fol.

Name of composer at head of title.
Date of composition "1908" follows name of composer in caption title.
On cover the Russian title precedes the German title: "Symphonisches vorspiel."

M1004.S821P7

Stenhammar, Wilhelm, 1871–

Concert (B-moll) für das pianoforte mit begleitung des orchesters componirt von W. Stenhammar. Op. 1. Partitur.

Mss. 1 p. l., 197 p. fol.

Transcribed 1905.

M1010.S82 Op. 1

Stern, Julius, 1820–1883.

Divertissement pour le violon, composé par Jules G. Stern-
Partition. op. 1.
Autograph. [35] p. fol.

M L96.S

Geistliche ouverture.   Ouverture d'un concert spirituel
composée . . . par Jules Stern.   Grande Partition . . .
*Berlin, Ad. Mt. Schlesinger [184–?].   Publ. no. S, 2779A.
10 p. fol.*

M1004.S839G4

Stiebitz, Richard.

. . . Variationen über ein original-thema für orchester componirt von Richard Stiebitz.   Op. 9.   Partitur . . .
*Berlin, Schlesinger. (Rob. Lienau), [188–].   Publ. no. S. 7448.
31 p. 4°.*

M1003.S79 Op. 9

Stiehl, Heinrich (Franz Daniel), 1829–1886.

Ouverture triomphale à grand orchestre composée . . . par
Henri Stiehl.   Op. 46.   Partition . . .
Leipzig, Fr. Kistner, [1862].   Publ. no. 2659.   42 p. fol.

M1004.S855T8

Stix, Karl.

Habanera.   Spanisches ständchen für streichorchester, 2
flöten & harfe (nebst glockenspiel, castagnetten & tambourin ad lib.) komponirt von Carl Stix.   Op. 139.
Partitur . . .
*Offenbach a/Main, Johann André, °1894.   Publ. no. 11429.
4 p. fol.*
Cover title.

M1145.S86H2

Legende.   Seriöses tonstück für streichorchester (instruments à cordes) mit harfe (od. piano) und orgel (od. harmonium) komponirt von Carl Stix.   Op. 141.   Partitur . . .
*Offenbach/Main, Johann André. [etc.], °1896.   Publ. no.
14688. 8 p. fol.*
Cover title.

M1145.S86L5

Flitterwochen.   Walzer-caprice für streichorchester (instruments à cordes) von Carl Stix.   Op. 147.   Partitur . . .·
*Offenbach a/Main, Johann André [etc.], °1896·   Publ. no.
14671. 4 p. fol.*
Cover title.

M1145.S86F6

Stix, Otto.

. . . Frühlingszauber. Walzer-idylle für streichorchester (instruments à cordes) mit harfe (oder piano) ad libitum komponirt von Otto Stix. Op. 48. Partitur . . .
Offenbach a/Main, Johann André [etc.], ᶜ1896. Publ. no. 14695. 9 p. fol.
Cover title.
                                                                    M1145.S88F9

Stock, Friedrich A., 1872-

. . . Symphonische variationen über ein originalthema für grosses orchester (und orgel ad libitum) von Fried. A Stock. Opus 7. Partitur.
Leipzig, D. Rahter, ᶜ1910. Publ. no. 3916. 96 p. fol.
                                                          M1003.S85 Op. 7
Symphonischer walzer . . . Friedr. A. Stock. Op. 8. Für grosses orchester. Orchesterpartitur . . .
Leipzig, D. Rahter, ᶜ1910. Publ. no. 3918. 59 p. fol.
                                                                    M1049.S85S7

Stöhr, Richard.

Suite (Praeludium, andante und fuge) für streichorchester Op. 8 komponiert von Richard Stöhr. Partitur . . .
Leipzig, F. E. C. Leuckart, ᶜ1909. Publ. no. 6399. 39 p. fol.
Cover title.
                                                                    M1103.S87

. . . Symphonie A-moll. Orchester partitur. . . .
Stuttgart, Julius Feuchtinger, ᶜ1911. Publ. no. J. F. 2098, 143 p. fol.
At head of title: Richard Stöhr, Op. 18.
                                                                    M1001.S85

Stölzel, Gottfried Heinrich, 1690-1749.

Concerto grosso a quattro chori.
See Instrumentalkonzerte deutscher meister, p. 221-272.
                                                                    M2.D39

Stör, Karl, 1814-1889.

Tonbilder für orchester zu Schiller's Lied von der glocke. Für concertaufführungen componirt von Carl Stör. Op. 20. Partitur . . .
Berlin, Ries & Erler. Publ. no. R. S. 210. 124 p. 4°.
Republished from the plates of Robert Seitz, 1872.
                                                                    M1002.S872L5

. . . Konzert für die violine mit orchester und harfe von Carl Stör. Op. 30. Partitur . . .
Halle a/S., Richter & Hopf, [1889]. Publ. no. 8. 95 p. fol.
                                                          M1012.S85 Op. 30

Stojowski, Sigismund (Denis Antoine), 1870-

. . . Concerto en fa pour piano et orchestre par Sigismund Stojowski. Op. 3. Partition d'orchestre . . .
London, Stanley Lucas, Weber, Pitt & Hatzfeld Ltd., [etc.], c1893. Publ. no. 3193. 102 p. fol.

M1010.S87 Op. 3

. . . Suite en M⁶ ˙pour grand orchestre par Sigismund Stojowski. Op. 9. Partition . . .
London & Leipzig, Stanley Lucas, Weber, Pitt & Hatzfeld, Ltd., [etc.]., c1893. Publ. no. S. L. W. P. & H. 3310, 3311. 79 p. fol.

M1003.S87

. . . Romanze für violine mit begleitung des orchesters oder des pianoforte von Sig. Stojowski. Opus 20.
Leipzig, C. F. Peters, [1901]. Publ. no. 8775. 23 p. 4°.

M1012.S87 Op. 20

. . . Symphonie D moll für grosses orchester, von Sig. Stojowski. Opus 21 . . .
Leipzig, C. F. Peters, [c1901]. Publ. no. 8734. 163 p. fol. (Ed. Peters, no. 3004.)

M1001.S87

Concert in G für violine von Sigismund Stojowski. Op. 22. Partitur . . .
Boston, Arthur P. Schmidt, [etc.], c1908. Publ. no. A. P. S. 7960. 101 p. 4°.

M1010.S87 Op. 22

Rhapsodie symphonique pour piano et orchestre par Sigismund Stojowski. Op. 23.
Leipzig, C. F. Peters, [1907]. Publ. no. 9131. 64 p. fol. (Edition Peters, no. 3212).

M1010.S87 Op. 23

Stolzenberg, Georg, 1829–1906.

Serenade für clarinette und streichorchester componirt von Georg Stolzenberg. Op. 6. Partitur . . .
Leipzig und Brüssel, Breitkopf & Härtel, [1889]. Publ. no. 18327. 1 p. l., 39 p. fol.

M1105.S875

Storace, Stephen, 1763–1796.

Marsch aus der oper "The siege of Belgrad" von Storace. 1791. Bearbeitet von Otto Brinkmann . . . Full score for orchestra.
˙ *See* Zwei altenglische militärmärsche.

M2.M9

Strässer, Ewald.

. . . Eine tragödien-ouverture für grosses orchester komponirt von Ewald Strässer. Op. 4.
Köln a. Rh. & Leipzig, H. vom Ende's verlag, [1896].   Publ.
no. v. E. 1282.   50 p.   fol.

M1004.887T8

. . . Sinfonie G-dur für grosses orchester. Op. 22. Ewald
Strässer. Partitur . . .
Cöln am Rhein, Tischer & Jagenberg, [etc.], ᶜ1910.   Publ.
no. T. & J. 1.   1 p. l., 164 p.   fol.

M1001.89 Op. 22

Strauss, Johann, 1825–1899.

. . . Romanze (D moll) 243. werk . . .
Wien, Carl Haslinger, [etc.], [ca. 1865].   Publ. no. 12,532.   18
[2] p.   fol.

> At head of title: "Johann Strauss. Compositionen. Partiturausgabe."

M1016.887 Op. 243

Juristen ball. Polka schnell für ein ganzes orchester von
Johann Strauss. Op. 280.
Unpaged mss.   obl. 8°.

> Cover title.

M1048.892 Op. 280

Feuelleton walzer. [!] Joh. Strauss. [Op.] 292.
Unpaged mss.   obl. 8°.

> Caption title.

M1049.891F4

Electrophor polka schnell für ein ganzes orchester von
Johann Strauss. Op. 297.
Unpaged mss.   obl. 8°.

M1048.892 Op. 297

Bal champêtre. Quadrille von Johann Strauss. Op. 303.
Mss.   12 p.   obl. 8°.

> Cover title.

M1048.892 Op. 303

Damenspende. Polka von Joh. Strauss. Op. 305.
Unpaged mss.   obl. 8°.

> Cover title.

M1048.892 Op. 305

Figaro polka franc. Joh. Strauss. [Op.] 320.
Unpaged mss.   4°.

> Caption title.

M1048.892 Op. 320

Strauss, J.—Continued.

Auf freiem fuss. Indigo polka (aus gleichnamiger operette Indigo) von Joh. Strauss. Op. 345.

Mss. 7 p. obl. 4°.

M1048.S92 Op. 345

. . . Abschiedswalzer (F–dur). (Nachgelassener walzer Nro. 1.) Orchester-partitur.

Leipzig, Hermann Seemann Nachfolger, ᶜ1900. Publ. no. H. S. N. 3. 38 p. fol.

M1049.S91A3

. . . Ischler-walzer (A-dur). (Nachgelassener walzer Nro. 2.) Orchester partitur.

Leipzig, Hermann Seemann Nachfolger, ᶜ1900. Publ. no. H. S. N. 4. 31 p. fol.

M1049.S91I5

Ritter Pásmán. Komische oper in 3 akten. Musik von Johann Strauss . . . E. Für orchester: . . . 9. Vollständige balletmusik: Partitur.

Berlin, N. Simrock, [189-]. Publ. nos. 9633, 9696. 1 p. l., 100 p. fol.
      Composed in 1892.

M3.3.S92R4E

Strauss, Richard, 1864–

. . . Festmarsch für grosses orchester komponirt von Richard Strauss. Op. 1. Partitur . . .

Leipzig, Breitkopf & Härtel, [1881]. Publ. no. 15837. 25 p. fol.

M1046.S912F5

Suite (B dur) für 13 blasinstrumente komponiert von Richard Strauss. Op. 4. Orchester-partitur . . .

Berlin-Paris, Adolph Fürstner, ᶜ1911. Publ. no. A. 5990 F. 46 p. fol.   M1203.S91 Op. 4S

. . . Serenade (Es-dur. Andante.) für 2 flöten, oboen, clarinetten, 4 hörner, 2 fagotte und contrafagott oder basstuba (contrabass) componirt von Richard Strauss, Op. 7. Partitur.

München, Jos. Aibl, [1883]. Publ. no. R. 2514a. 43 p. 4°.   M957.S9

. . . Concert (D moll) für violine mit begleitung des orchesters componirt von Richard Strauss. (Allegro, Lento ma non troppo, Rondo . . .) Op. 8. Partitur . . .

München, Jos. Aibl, ᶜ1897. Publ. no. 2518a. 95 p. fol.

M1012.S9 Op. 8

Strauss, R.—Continued.

> . . . Concert (Es dur) für das waldhorn mit orchester- oder klavierbegleitung componirt von Richard Strauss. Op. 11. Partitur . . .
> *München, Jos. Aibl, [1886].   Publ. no. 2540a.   1 p. l., 60 p. fol.*
>
> M1028.S92

> Symphonie (F moll) für grosses orchester componirt von Richard Strauss. Op. 12. Partitur . . .
> *München, Jos. Aibl, [1885].   Publ. no. R. 2560.   1 p.l., 248 p. 4°.*
>
> > First edition.
>
> M1001.S91 Op. 12

> Symphonie (F moll) für grosses orchester componirt von Richard Strauss. Op. 12. Partitur. (Diese ausgabe darf nicht für aufführungen benützt werden).
> *München, Jos. Aibl, ᶜ1904.   Publ. no. R. 2560.   1 p. l., 248 p. 8°.*
>
> > Student's edition.
>
> M1001.S912 Op. 12

> Aus Italien. Sinfonische fantasie (G dur) für grosses orchester componirt von Richard Strauss. Op. 16. I. Auf der Campagna . . . II. In Rom's ruinen . . . III. Am strande von Sorrent . . . IV. Neapolitanisch volksleben . . . Partitur . . .
> *München, Jos. Aibl, [1887].   Publ. no. R. 2607.   2 p. l., 265 p. 4°.*
>
> > First edition.
>
> M1003.S91A5

> Aus Italien. Sinfonische fantasie (G dur) für grosses orchester componirt von Richard Strauss. Op. 16. I. Auf der Campagna . . . II. In Rom's Ruinen . . . III. Am Strand von Sorrent . . . IV. Neapolitanisch volksleben . . . Partitur . . .
> *München, Jos. Aibl, ᶜ1904.   Publ. no. R. 2607.   2 p. l., 265 p. 12°.*
>
> M1003.S91A4

> . . . Don Juan. Tondichtung (nach Nicolas Lenau) für grosses orchester componirt von Richard Strauss. Op. 20. Partitur . . .
> *München, Jos. Aibl, [1880].   Publ no. R. 2640.   96 p.   fol.*
>
> > First edition.
>
> M1002.S91D4

Strauss, R.—Continued.

. . . Don Juan. Tondichtung (nach Nicolas Lenau) für grosses orchester componirt von Richard Strauss. Op. 20. Partitur . . .
München, Jos. Aibl, ᶜ1904. Publ. no. R. 2640. 96 p. 12°.

Pocket edition.

M1002.891D41

. . . Macbeth. Tondichtung für grosses orchester (nach Shakespeare's drama) von Richard Strauss. Op. 23. Partitur . . .
München, Jos. Aibl, ᶜ1896. Publ. no. 2680. 83 p. fol.

First edition.

M1002.891M5

. . . Macbeth. Tondichtung für grosses orchester (nach Shakespeare's drama) von Richard Strauss. Op. 23. Partitur . . .
München, Jos. Aibl, ᶜ1904. Publ. no. 2680. 83 p. 12°.

Pocket edition.

M1002.891M51

. . . Tod und verklärung. Tondichtung für grosses orchester von Richard Strauss. Op. 24. Partitur . . .
München, Jos. Aibl, [1891]. Publ. no. 2676. 90 p. fol.

First edition.

M1002.891T4

. . . Tod und verklärung. Tondichtung für grosses orchester von Richard Strauss. Op. 24. Partitur . . .
München, Jos. Aibl, ᶜ1904. Publ. no. 2676. 90 p. 12°.

Pocket edition.

M1002.891T41

Guntram. Dichtung und musik von Richard Strauss. Op. 25. Vorspiel zum ersten aufzug. Vorspiel zum zweiten aufzug. (Das siegesfest am hofe des herzogs.)
München, Jos. Aibl, ᶜ1894. Publ. no. 2798, 2801, 2798, 2803. 2 v. 19, 30 p. fol.

Cover title.

M1004.8912G9

. . . Till Eulenspiegels lustige streiche. Nach alter schelmenweise in rondeauform für grosses orchester gesetzt von Richard Strauss. Op. 28. Partitur . . .
München, Jos. Aibl, ᶜ1895 & 1896. Publ. no. 2832. 60 p. fol.

First edition.

M1002.891T3

Strauss, R.—Continued.

. . . Till Eulenspiegels lustige streiche. Nach alter schelmenweise in Rondeau form für grosses orchester gesetzt
von Richard Strauss. Op. 28. Partitur . . .

München, Jos. Aibl, ᶜ1904. Publ. no. 2832. 60 p. 12°.
Pocket edition.

M1002.S91T31

Also sprach Zarathustra. Tondichtung (frei nach Friedr.
Nietzsche) für grosses orchester von Richard Strauss.
Op. 30. Partitur . . .

München, Jos. Aibl, ᶜ1896. Publ. no. 2859. 1 p. l., 115 p.
fol. First edition.

M1002.S91A5

Also sprach Zarathustra. Tondichtung . . . für grosses
orchester von Richard Strauss. Op. 30. Partitur . . .

München, Jos. Aibl, ᶜ1904. Publ. no. 2859. 1 p. l., 115 p.
12°.
Pocket edition.

M1002.S91A51

. . . Don Quixote. (Introduzione, tema con variazioni e
finale.) Fantastische variationen über ein thema ritterlichen characters für grosses orchester componirt von
Richard Strauss. Op. 35. Partitur . . .

München, Jos. Aibl, ᶜ1898. Publ. no. 2885. 94 p. fol.
First edition.

M1002.S91D5

. . . Don Quixote. (Introduzione, tema con variazioni e
über ein tema ritterlichen characters für grosses orchester
finale.) Fantastische variationen componirt von Richard
Strauss. Op. 35. Partitur . . .

München, Jos. Aibl, ᶜ1904. Publ. no. 2885. 94 p. 12°.
Pocket edition.

M1002.S91D51

. . . Ein heldenleben. Tondichtung für grosses orchester
von Richard Strauss. Op. 40. Partitur . . .

Leipzig, F. E. C. Leuckart, ᶜ1899. Publ. no. F. E. C. L. 5200.
139 p. fol.

M1002.S91H4

. . . Liebesscene aus dem singgedicht Feuersnot. [Op. 50.]
Richard Strauss.

Berlin, Adolph Fürstner, ᶜ1901. Publ. no. A. 5208 F.
29 p. fol.
Caption title.

M1070.S87

Strauss, R.—Continued.

Symphonia domestica für grosses orchester von Richard
Strauss. Op. 55. Partitur . . .
Berlin, Ed. Bote & G. Bock, [etc.], c1904. Publ. no. 15613.
1 p. l., 123 p. fol.

M1001.891 Op. 53

Salome von Richard Strauss. [Op. 54.] Fantasie arrangiert von Joh. Doebber.
Berlin, Adolph Fürstner, c1909. Publ. no. A.5771 F. 90 p.
fol.
Caption title.

M1060.S8983

Salomes tanz aus dem musikdrama Salome. [Op. 54] . . .
Berlin, Adolph Fürstner, c1905 & 1906. Publ. nos. A.
5500, 5505 F. 40 p. fol.

Caption title.

M1505.S

. . . Salome's tanz a. d. musik-drama "Salome" von
Richard Strauss. [Op. 54.] Für militärmusik bearbeitet
von Th. Grawert.
Berlin, Adolph Fürstner, c1910. Publ. no. A. 5532 F.
41 p. fol.
Caption title.

M1268.S9535

Soloscene der Salome . . . aus dem musik-drama Salome
[Op. 54.]
Berlin, Adolph Fürstner, c1905 & 1908. Publ. nos. A.
5500, 5509 F. 49 p. fol.

Caption title.

M1505.S

Zwei militärmärsche. 1. Militärmarsch. 2. Kriegsmarsch.
Für grosses orchester komponiert von Richard Strauss.
Op. 57 . . .
Leipzig, C. F. Peters, c1907. Publ. no. 9119. 26 p. fol.
(Edition Peters no. 3194.)

M1046.S912Z9

. . . Burleske, D. moll, für pianoforte und orchester von
Richard Strauss. Partitur . . .
Leipzig, Steingräber Verlag, [etc.], c1894. Publ. no. 515b.
75 p. fol.

M1010.S92

Strauss, R.—Continued.

De brandenburgsche mars. Präsentier-marsch. Bearbeitet von Richard Strauss . . . .
Berlin, Adolph Fürstner, ᶜ*1907. Publ. no. A. 5580 F. 7 p. 4°.*
Band score.

M1260.8898

Feierlicher einzug für 12 trompeten, 3 solotrompeten, 4 hörner, 4 posaunen, 2 tuben und pauken komponiert von Richard Strauss . . . Grosses orchester (mit orgel und einstimmigem chor ad libitum). Partitur . . .
Berlin, Schlesinger, ᶜ*1909. Publ. no. S. 9500 c. 11 p. fol.*
Cover title.

M1060.889F8

Königsmarsch. Komponirt von Richard Strauss.
Berlin, Adolph Fürstner, ᶜ*1906. Publ. no. A. 5550 F. 18 p. fol.*

M1046.8912K7

Königsmarsch. Komponiert von Richard Strauss . . . Für infanterie musik . . . [bearbeitet von Fr. Pelz].
Berlin, Adolph Fürstner, ᶜ*1907. Publ. no. A. 5554 F. 19 p. fol.*
Band score.

M1260.898

Parade-marsch des regiments Königs-jäger zu pferde No. 1 komponiert von Richard Strauss . . . Für orchester. Partitur . . .
Berlin, Adolph Fürstner, ᶜ*1906. Publ. no. A. 5563 F. 15 p. fol.*
Cover title.

M1046.8912P8

Parade-marsch des regiments Königs-jäger zu pferde No. 1. Komponiert von Richard Strauss. Für militär-musik (arrangement von H. Baarz) . . .
Berlin, Adolph Fürstner, ᶜ*1907. Publ. no. A. 5619 F. 11 p. fol.*
Für infanterie musik.

M1260.8918

. . . Parade-marsch für kavallerie no. II von Richard Strauss. Für militär-musik bearbeitet von A. Peschke.
Berlin, Adolph Fürstner, ᶜ*1907. Publ. no. A. 5627 F. 11 p. fol.*
Band score. Caption title.

M1260.8938

Strawinsky, Igor.

. . . Scherzo fantastique pour grand orchestre composé par Igor Strawinsky. [Op. 3.] Partition : . .
Moscou [etc], P. Jurgenson, [1909]. Publ. no. 32950. 69 p. fol.

M1045.S913 Op. 3

. . . Feuerwerk. Ein fantasie für grosses orchester. [Op. 4.] Partitur. . . .
Mainz, B. Schott's söhne [etc.], [1910]. Publ. no. 28616. 1 p. l., 31 p. fol.

Name of composer at head of title.

M1045.S913 Op. 4

Street, Joseph.

Symphonie (No. 1, Es dur) für orchester von Joseph Street. Op. 4. Partitur.
Leipzig, Breitkopf & Härtel, [etc.], [1857]. Publ. no. 9467. 1 p. l., 235 p. 4°.

M1001.S92 No. 1

Ouverture zu Shakespeare's Die beiden Veroneser für orchester mit obligator violine in intermezzo von Joseph Street. Op. 8. Partitur . . .
Leipzig, Breitkopf & Härtel, [1858]. Publ. no. 9690. 72 p. 4°.

M1004.S915B3

Symphonie (No. 2, D dur) für orchester von Joseph Street. Op. 14. Partitur.
Leipzig, Breitkopf & Härtel, [etc.], [1862]. Publ. no. 10368. 1 p. l., 303 p. 4°.

M1001.S92 No. 2

Concerto en Mi bémol majeur (Es dur) pour le piano avec accompagnement de l'orchestre composé par Joseph Street. Op. 20. Partition.
Leipzig, Breitkopf & Härtel, [etc.], [1865]. Publ. no. 10657. 1 p. l., 256 p. 4°.

M1010.S93 Op. 20

Deuxième concerto en Fa mineur (F-moll) pour le piano avec accompagnement de l'orchestre composé par Joseph Street. Op. 24. Partition.
Leipzig, Breitkopf & Härtel, [etc.], [1871]. Publ. no. 12402. 1 p. l., 258 p. 4°.

M1010.S93 Op. 24

Striegler, Kurt.

. . . Sinfonie (A-moll) für grosses orchester von Kurt Striegler. Opus 12. Orch.-partitur . . .

Dresden, H. Bock, [1910]. 1 p. l., 70 p. fol.

M1001.S925

Strong, (George) Templeton, 1855–

. . . Gestrebt-Gewonnen-Gescheitert. Ein märchen für orchester und obligate violine von Templeton Strong. Op. 12. Partitur . . .

Leipzig, Fr. Kistner, [1883]. Publ. no. 6188. 51 p. 4°.

M1012.S92 Op. 12

. . . Sintram. [Symphonie No. II in G moll.] Von Templeton Strong. Partitur. . . .

Leipzig, Franz Jost, [1894]. 1 p. l., 224 p. fol.

M1001.S93 No. 2

Strony, Charles.

. . . Rapsodie héroïque pour orchestre symphonique par Charles Strony. Partition d'orchestre. . . .

Paris-Bruxelles, Henry Lemoine & Cie., [1910]. Publ. no. 20617 H. 1 p. l., 27 p. fol.

On verso of p. 1., . . . "Extrait de la suite symphonique 'Volca le Terrible' (d'après le roman de Paul Max)." Followed by the program quoted from Paul Max's romance.

M1002.S922

Strube, Gustav, 1867–

. . . Puck. A comedy overture for grand orchestra. Score.

New York, G. Schirmer, ᶜ1910. Publ. no. 22063. –1 p. l., 53 p. fol.

M1004.S923P7

. . . Symphony in B minor for orchestra. Orchestra score . . ..

New York, G. Schirmer, [etc.], ᶜ1910. Publ. no. 21564. 1 p. l., 154 p. fol.

Name of composer at head of title.

M1001.S935

Struss, Fritz, 1847–

Concert für violine mit begleitung des orchesters oder des pianoforte von Fritz Struss. Op. 4. Partitur . . .

Leipzig, Fr. Kistner, [1883]. Publ. no. 6058. 163 p. 4°.

M1012.S94 Op. 4

Suk, Josef, 1874–

. . . Serenade für streich-orchester . . . von Josef Suk. Op. 6. Partitur . . .

Berlin, N. Simrock, ᶜ1896. Publ. no. 10585. 55 p. 4°.

M1103.S94 Op. 6

Suk—Continued.

Symphonie (E dur) für grosses orchester (pro velky orkestr) von slözil Jos. Suk. Op. 14. Partitur . . .

Berlin, N. Simrock, [etc.], ᶜ1900. Publ. no. 11411. 103 p. fol.

M1001.S94 Op. 14

. . . Ein märchen. Pohádka. Suite für grosses orchester nach motiven der musik zu Zeyer's dramatischem märchen: "Radúz und Mahulena," von Josef Suk. Op. 16. . . . Partitur . . .

Berlin, N. Simrock, 1901. Publ. no. 11611. 86 p. fol.

M1003.S948

Fantasie für violine und orchester von Josef Suk. Op. 24. Partitur.

Berlin, [etc.], N. Simrock, [1905]. Publ. no. 12062. 1 p. l., 80 p. fol.

M1012.S97

. . . Scherzo fantastique für orchester von Josef Suk. Op. 25. Partitur . . .

Leipzig, [etc.], Breitkopf & Härtel, ᶜ1905. Publ. no. Part B. 1967. 71 p. fol.

M1045.S94S82

. . . Symphonie "Asrael" für orchester von Josef Suk. Op. 27. Partitur . . .

Leipzig, [etc.], Breitkopf & Härtel, [1907]. Publ. no. Part B. 2069. 1 p. l., 252 p. fol. (Breitkopf & Härtels Partitur-Bibliothek, 2069.)

. . . Ein Sommermärchen (Pohádka Léta). Tondichtung für grosses orchester von Josef Suk. Op. 29. Partitur . . .

Wien-Leipzig, "Universal-Edition" Aktiengesellschaft, ᶜ1910. Publ. no. U. E. 2998. 1 p. l., 173 p. fol. (Universaledition No. 2998.)

M1002.S9485

M1001.S94 Op. 27

Sullivan, *Sir* Arthur Seymour, 1842–1900.

Overture di ballo composed by Arthur Sullivan. Full score.

London & New York, Novello, Ewer & Co., 1889. Publ. no. 7639. 80 p. fol.

M1004.S95B2

Sullivan—Continued.

Overture in C (In memoriam) for orchestra composed by
Arthur Sullivan. Full score.

*London & New York, Novello, Ewer & Co., [1887]. Publ.
no. 6978. 74 p. fol.*

M1004.S95I7

[Three dances from "The tempest"]. Arthur Sullivan.
I. Masque. [II. Banquet dance. III. Dance of nymphs
and reapers].

*[London], Novello & Company, Limited, ᶜ1904. Publ. no.
11814. 57 p. fol.*

> Caption title.

M1515.S94T3

Suppé, Franz von, 1820–1895.

. . . Sieg der Oesterreichischen volkshymne. Tongemälde
für ganzes orchester von Franz v. Suppé . . . 45tes.
werk.

*Wien, Carl Haslinger quondam Tobias, [etc.]. Publ. no.
C. H. 11099. 15 p. fol.*

> Caption title.
> No. 1 of "Neueste compositionen für orchester in partitur."

M1002.S94S5

Ouverture zu C. Elmars zauber-volksstück "Die irrfahrt
um's glück" für orchester von Franz von Suppé . . .
Partitur . . .

*Leipzig, C. F. W. Siegel, [etc.], [1870]. Publ. no. 3754.
44 p. 4°.*

M1004.S95918

Ouverture zu der komischen zauber-operette: Die frau
meisterin, für grosses orchester von Franz von Suppé.
Partitur . . .

*Leipzig, C. F. W. Siegel, [etc.], [1868]. Publ. no. 3650. 59 p.
4°.*

M1004.S959F8

Ouverture zur komischen oper Leichte cavallerie, für grosses
orchester componirt von Franz von Suppé. Partitur . . .

Leipzig, C. F. W. Siegel, [1869]. Publ. no. 3843. 40 p. 4°.

M1004.S959L4

Ouverture zur komischen operette Banditenstreiche, für
grosses orchester von Franz von Suppé. Partitur . . .

*Leipzig, C. F. W. Siegel, [etc.], [1868]. Publ. no. 3660. 55 p.
4°.*

M1004.S959B3

Suppé—Continued.

Ouverture zur oper Pique dame, für grosses orchester von Franz von Suppé. Partitur . . .
Leipzig, C. F. W. Siegel, [1867]. Publ. no. 3344. 55 p. 4°.

M1004.S959P5

Ouverture zur operette: Franz Schubert, mit benutzung Schubert'scher motive für grosses orchester von Franz von Suppé. Partitur . . .
Leipzig, C. F. W. Siegel, [etc.], [1869]. Publ. no. 3780. 47 p. 4°.

M1004.S959F7

Svendsen, Johan (Severin), 1840–1911.

Sinfonie (D dur) für orchester komponiert . . . von Johan S. Svendsen. Op. 4. Partitur . . .
Leipzig, C. F. W. Siegel (R. Linnemann), 1868. Publ. no. 13283. 190 p. 4°.

M1001.S964

. . . Concert (A dur) für violine und orchester componirt von Johan S. Svendsen. Op. 6. Partitur . . .
Leipzig, E. W. Fritzsch, [etc.], [1870]. Publ. no. E. W. F. 157 L. 148 p. 4°.

M1012.S98 Op. 6

. . . Concert (D dur) violoncell und orchester componiert von Johan S. Svendsen. Op. 7. Partitur.
Leipzig, E. W. Fritzsch, [etc.], 1871. Publ. no., E. W. F. 75 L. 75 p. 4°.

M1016.S968

Carneval in Paris. Episode für grosses orchester . . . von Johan S. Svendsen. Op. 9. Partitur . . .
Leipzig, E. W. Fritzsch, 1877. Publ. no. E. W. F. 340 L. 49 p. 4°. obl.

M1045.S96C3

Zorahayda. Légende pour orchestre par Johan S. Svendsen. Op. 11. Partition d'orchestre . . .
Christiania, Carl Warmuth, [1882]. Publ. no. C. W. 545. 44 p. 4°. (Wilhelm Hansen edition, no. 534.)

M1002.S96

Fest-polonaise für orchester von Johan S. Svendsen. Op. 12. (Componirt zum bürgerball in Christiania am 6. August 1873.) Orchester partitur . . .
Christiania, Carl Warmuth. Publ. no. C. W. 1132. 1 p. l., 56 p. fol.

M1045.S96F3

Svendsen—Continued.

Krönungs-marsch zur krönung Oscar II. und Seiner Gemahlin Sophie in Drontheim für grosses orchester componirt von Johan S. Svendsen. Op 13. Original-ausgabe. Partitur. . . .

Leipzig, C. F. W. Siegel (R. Linnemann), [190–]. Publ. *no. E. W. F. 240. L. 21 p. obl. 4°.*

From the plates of Fritzsch, 1872. .

M1046.S969

Norwegischer künstler-carneval für orchester componirt von Johan S. Svendsen. Op. 14.

Leipzig, C. F. Peters, [1881]. Publ. no. 6472. 37 p. (Edition Peters . . . no. 1389.)

M1045.S96N5

Symphonie (No. 2, B dur) für orchester von Johan S. Svendsen. Op. 15. Partitur . . .

Leipzig, E. W. Fritzsch, 1877. Publ. no. E. W. F. 350 L. 107 p. obl. 4°.

M1001.S968

Rapsodie norvégienne. No. 1. Johan S. Svendsen. Op. 17.

[Christiania, Carl Warmuth], [1878]. Publ. no. C. W. 291. 41 p. 4°. (Wilhelm Hansen edition, no. 591.)
Caption title.

M1045.S96R31

Romeo und Julia. J. S. Svendsen. Op. 18.

Leipzig, [etc.], Breitkopf & Härtel, [1893]. Publ. no. Part. B. 358. 56 p. 4°.
Caption title. Fantasy for orchestra. First publ. 1880.

M1002.S96R7

Rapsodie norvégienne. No. 2. Johan S. Svendsen. Op. 19.

Christiania, Carl Warmuth, [1878]. Publ. no. C. W. 292. 61 p. 4°. (Wilhelm Hansen edition, no. 594.)
Caption title.

M1045.S96R32

Rapsodie norvégienne. (No. 3.) Johan S. Svendsen. Op. 21.

[Kopenhagen & Leipzig, Wilh. Hansen], [1878]. Publ. no. 12591. 1 p. l., 54 p. 4°. (Wilhelm Hansen edition, no. 597.)
Caption title.

M1045.S96R33

Rapsodie norvégienne. (No. 4.) Johan S. Svendsen. Op. 22.

[Christiania, Carl Warmuth.], [1878]. Publ. no. C. W. 294. 68 p. 4°. (Wilhelm Hansen edition, no. 600.)
Caption title.

M1045.S96R34

Svendsen—Continued.

. . . Romanze für die violine mit begleitung des orchesters (oder auch nur streichorchester) von Joh. Svendsen. Op. 26. Orchesterpartitur . . .

Christiania, Carl Warmuth, [etc.], [1882]. Publ. no. C. W. 758. 13 p. 4°. (Wilhelm Hansen edition No. 603.)

M1012.898 Op. 26

. . . Andante funèbre pour orchestre par Johan S. Svendsen. Partition d'orchestre . . .

Copenhague & Leipzig, Wilh. Hansen, 1895. Publ. no. 11565. 13 p. fol.

M1045.896A5

Zwei isländische melodien für streichorchester bearbeitet von Johan S. Svendsen. Partitur . . .

Leipzig, C. F. W. Siegel (R. Linnemann), [190-] Publ. no. E. W. F. 336 L. 9p. 4°.
Reissued from the plates of Fritzsch, 1877.

M1145.8965

. . . Zwei schwedische volksmelodien für streichorchester bearbeitet von Johan S. Svendsen. Partitur . . .

Christiania, Carl Warmuth, [1879]. Publ. no. C. W. 334. 9 p. 4°.

M1145.896

Taeglichsbeck, Thomas, 1799–1867.

. . . Sinfonie (No. 2 in E) für grosses orchester von Th. Taeglichsbeck. . . . Op. 48. Partitur.

München, Falter & Sohn, [1863]. Publ. no. 1424. 174 p. 4°.

M1001.T13

Talbot, Howard and Horne, Marie.

. . . "The belle of Brittany" (Selection), by Howard Talbot and Marie Horne. Selected and arranged by J. Ord Hume . . . Full score.

London, Boosey & Co., ᶜ1909. Publ. no. H 6371. 51 p. 4°. (Boosey & Cos.' brass & reed band journal.)
Band score. Cover title.

M1268.T155

Taneiev, Alexander Sergeivich, 1850–

Ballade d'après une poësie (Aliocha Popowitch) du Cte. A. Tolstoy pour grand orchestre par A. Tanéiew. Op. 11. Partition . . .

Moscou, P. Jurgenson, [1907]. Publ. no. 31364. 49 p. 4°.
Cover title. Title page in Russian.

M1002.T164A6

Taneiev, A. S.—Continued.

. . . Festlicher marsch componirt von A. S. Tanéiew. Op. 12. Partitur.

Leipzig-St. Petersburg [etc.], Jul. Heinr. Zimmermann,[1901]. Publ. no. Z. 3382. 25 p. 4°.
Cover title. Title-page in Russian.

M1046.T164

Zweite suite in F dur von A. S. Tanéiew. Op. 14. Partitur . . .

Leipzig, Jul. Heinr. Zimmermann, [1904]. Publ. no. Z. 3319. 1 p. l., 134 p. 4°.

M1003.T164

. . . Zweite symphonie B moll von A. S. Tanéiew. Op. 21. Partitur . . .

Leipzig, Jul. Heinr. Zimmermann, [etc.], [1903]. Publ. no. Z. 3766. 1 p. l., 170 p. 4°.

M1001.T162

. . . Rêverie pour violon avec accompagnement d'orchestre ou piano par A. S. Tanéiew. Op. 23. . . . Partition . . .

Leipzig, [etc.], Jul. Heinr. Zimmermann, [1903]. Publ. no. Z. 3769. 27 p. 4°.

M1012.T18 Op. 23

"Hamlet" ouverture pour grand orchestre composée par A. S. Tanéiew. Op. 31. Partition d'orchestre . . .

Leipzig, [etc.], Jul. Heinr. Zimmermann, [1906]. Publ. no. Z. 4192. 1 p. l., 67 p. fol.

M1004.T164H3

. . . 3me. symphonie par A. Tanéiew. Op. 36. Partition . . .

Moscou, [etc.], P. Jurgenson, [1908]. Publ. no. 32449. 87 p. fol.

M1001.T164

Taneiev, Serge Iwanovich, 1856–

. . . Première symphonie (en ut) pour grand orchestre composée par S. Tanéiew. Op. 12. Partition d'orchestre. . . .

Leipzig, M. P. Belaïeff, 1901. Publ. no. 2246. 144 p. fol.
Full score.

M1001.T18

. . . Suite de concert pour violon et orchestre en cinq parties. Op. 28. (I. Prélude. II. Gavotte. III. Conte. IV. Tema con variazioni. V. Tarantelle.) Partition.

Taneiev, S. I.—Continued.

Berlin-Moscou, Edition russe de musique, 1910. Publ. no.
R. M. V. 78. 126 p. fol.
Composer's name at head of title.
Russian and German title on cover.

M1012.T18 Op. 28

Tarnowski, L.

Joanna Gray. Symphonisches tongemälde (zur tragödie
gleichen namens) von L. Tarnowski. (aufgeführt in con-
certen) . . .
Wien, Kratochwill, [1877]. 86 p. 8°.

M1002.T189J7

Taubert, Ernst Eduard, 1838–

Ballade (C moll) für grosses orchester. Ernst Eduard
Taubert. Op. 54.
Berlin, Ed. Bote & G. Bock, ᶜ1895. Publ. no. 14190. 43 p.
fol.

M1045.T224B3

Suite, D dur, in fünf sätzen für streichorchester komponiert
von Ernst Eduard Taubert. Op. 67. Partitur . . .
Leipzig, C. F. Kahnt nachf., ᶜ1903. Publ. no. 3691. 19 p.
fol.

M1103.T23 Op. 67

Taubert, (Gottfried) Wilhelm, 1811–1891.

Sinfonie (F dur) componirt . . . von Wilhelm Taubert.
Op. 69. Partitur . . .
Berlin, T. Trautwein, [etc.]. Publ. no. 141. 89 p. fol.
First published ca. 1845 by Guttentag, of Berlin.

M1001.T231

Symphonie H-moll componirt . . . von Wilhelm Taubert.
Op. 80. Partitur.
Berlin, Ed. Bote & G. Bock, [1851]. Publ. no. B. & B. 1851.
65 p. fol.

M1001.T233

Der sturm von Shakespeare. Musik von Wilhelm Taubert.
Op. 134. Ouverture. Partitur . . .
Leipzig, Breitkopf & Härtel, [1865]. Publ. no. 10486.
40 p. fol.

M1004.T222S8

Aus "Tausend und eine nacht." Concert-ouverture für
grosses orchester . . . von Wilhelm Taubert. Op. 139.
Partitur . . .
Leipzig, Fr. Kistner, [1865]. Publ. no. 2656. 96 p. 4°.

M1004.T222T4

Taubert—Continued.

Geburtstags-marsch. Zur geburtstags-feier seiner königlichen hoheit des prinzen Friedrich Wilhelm Victor Albert von Preussen für grosses orchester componirt von Wilhelm Taubert. Op. 146. Partitur.
*Berlin u. Posen, Ed. Bote & G. Bock (E. Bock), [etc.], [1865].
Publ. no. 6385. 50 p. 4°.*
M1046.T222

25 variationen über ein originalthema für grosses orchester. . . . Von Wilhelm Taubert. Op. 161a. Partitur . . .
*Mainz, B. Schott's söhne, [etc.], [1868]. Publ. no. 19265.
1 p. l., 153 p. 4°.*
M1003.T22

Sieges- und festmarsch für grosses orchester componirt von Wilh. Taubert. Op. 166. Partitur. . . .
*Berlin & Posen, Ed. Bote & G. Bock (E. Bock), [1869].
Publ. no. 8174. 1 p. l., 55 p. fol.*
M1046.T224

Taylor, H. J.
. . . Memories for stringed orchestra (con sordini) by H. J. Taylor . . . Score . . .
*London, Stainer & Bell, Ltd., c1909. Publ. no. St. & B.
Ltd., 491. 6 p. fol.*
M1145.T25

Taylor, Samuel Coleridge, 1875–
Four characteristic waltzes for full orchestra composed by S. Coleridge-Taylor. Op. 22. Full score.
London, Novello & Co., ltd., [etc.], c1899. 51 p. fol.
M1049.T24

. . . Ballade in A minor for full orchestra. Composed for the Gloucester Musical Festival, 1898, by S. Coleridge-Taylor. (Op. 33.) Full score.
London, Novello & co., ltd., c1899. 1 p. l., 63 p. fol.
M1045.T246B3

Danse nègre from the African suite by S. Coleridge-Taylor. Op. 35.
*London, Augener & Co., 1901. Publ. no. 11315. 27 p.
fol. (Augener's edition, no. 6100.)*
M1047.T243D3

Four novelletten for strings, tambourines and triangle—No. 1. In A. No. 2. In C. No. 3. In A minor. No. 4. in D—composed by S. Coleridge-Taylor. (Op. 52.)
*London, Novello & Co., ltd., c1903. Publ. no. 11577–11580.
12, 10, 11, 14 p. fol.*
M1145.T244

Tcherepnin, Nicolai Nicolaievich, 1873–

. . . Prélude pour la pièce de Rostand "Princesse lointaine" pour grand orchestre composé par N. Tschérépnine. Op. 4. Partition d'orchestre . . .

Leipzig, M. P. Belaïeff, 1899. Publ. no. 1906. 23 p. fol.

Cover title in Russian.

M1004.C482P8

. . . Scène dans la caverne des sorcières (IVme. acte, scène 1re.) de la tragédie "Macbeth" pour grand orchestre composée par N. Tschérépnine. Op. 12. Partition d'orchestre. . .

Leipzig, M. P. Belaïeff, 1902. Publ. no. 2368. 135 p. fol.

Cover title in Russian and French.

M1002.C525

Fantaisie dramatique pour grand orchestre d'après un poème de Tiutscheff composée par N. Tschérépnine. Op. 17 . . .

Leipzig, M. P. Belaïeff, 1904. Publ. no. 2525. 115 p. fol.

M1002.C521

. . . Suite pour grand orchestre tirée du ballet "Le pavillon d'Armide" de N. Tschérépnine. Op. 29. Partition d'orchestre . . . No. 1. Introduction et scène première. No. 2. Courantes. Danse des heures. No. 3. La scène d'animation du gobelin. No. 4. Grande valse noble. No. 5. La plainte d'Armide. No. 6. Danse des gamins. No. 7. Bacchus et les bacchantes . . . No. 8. Entrée des magiciens et danse des ombres. No. 9. Danse des bouffons.

Leipzig, M. P. Belaïeff, 1906. Publ. no. 2606, 2746. 9 v. fol.

Cover title.

M1003.C522

Gavotte pour orchestre par N. Tscherepnine. Partition d'orchestre.

Moscou, P. Jurgenson, [etc.], [190–]. Publ. no. 33084. 15 p. 4°.

M1048.C52

Telemann, Georg Philipp, 1681–1767.

Concerto. [For violin and string orchestra, 2 flutes, 2 oboes, 2 trumpets and kettle-drum.]

See Instrumentalkonzerte deutscher meister, p. 103–195.

M2.D39

Tesorone, Anni.

... Enfin seuls! (Petite pièce pour cordes) par Anni
Tesorone. Pour instruments à cordes. Partition ...
*Nice, Paul Decourcelle, [etc.], ᶜ1896. Publ. no. P. D. 386.
5 p. 4°.*

     Cover title.

                           M1145.T33

Thadewaldt, Hermann, 1827–

"Das räthsel der Sphinx." (Morgens auf vier; mittag's
auf zwei, abends auf drei.) Symphonische dichtung für
grosses orchester von Hermann Thadewaldt. Partitur.
n. i. 36 p. fol.

     Caption title.
     Hoffmeister 1900 gives Philipp & sohn, Berlin, as publishers.

                           M1002.T36

Thieriot, Ferdinand, 1838–

... Loch Lomond (Schottischer see) Symphonische *phan-
tasiebilder* für orchester componirt von Ferd. Thieriot,
Op. 13. Partitur ...
*Leipzig, E. W. Fritzsch, [etc.], [1868]. Publ. no. E. W. F.
47 L. 67 p. 4°.*

                           M1002.T435

... Ouverture zu Schiller's "Turandot" von Ferdinand
Thieriot. Op. 43. Partitur ...
*Leipzig, Ernst Eulenburg, [1889]. Publ. no. E. E. 584.
90 p. 4°.*

                           M1004.T435T9

Serenade für streichorchester componirt von Ferdinand
Thieriot. Op. 44. Partitur ...
Leipzig, Alfred Dörffel, [1889]. 39 p. 4°.

                      M1103.T45 Op. 44

... Zwei walzer für streichorchester von Ferdinand Thieriot. Op. 54. No. 1. Walzer in D dur. No. 2. Walzer
in A dur ... Edited and revised by Max Vogrich ...
*Leipzig, J. Rieter-Biedermann, [etc.], ᶜ1891. Publ. no. 1754,
1756. 2 v. 4, 3p. fol.*

                           M1145.T43

Sinfonietta. Allegro moderato-Romanze-Tarantella (in C
dur) für orchester von Ferdinand Thieriot. Op. 55. Partitur ...
*Leipzig, J. Rieter-Biedermann, [etc.] 1892. Publ. no. 1783.
46 p. fol.*

                           M1001.T43

Thieriot—Continued.

... Leben und sterben des vergnügten schulmeisterlein Wuz (nach Jean Paul). Idylle für orchester von Ferd. Thieriot. Op. 72. Partitur ...

Leipzig, J. Rieter-Biedermann, 1900. Publ. no. 2348. 1 p. l., 51 p. 4°.

M1002.T43

Thomas, (Charles Louis) Ambroise, 1811–1896.

Mignon. Opéra-comique en 3 actes, 5 tableaux. Paroles de H. Carré et J. Barbier. Musique de Ambroise Thomas. Ouverture.

n. t.-p., [1868]. Publ. no. H. 4682 (O) 36 p. fol.

Cover title.

M1004.T45M5

Le panier fleuri. Ouverture. [Par A. Thomas.]

n. t.-p. 32 p. fol. Publ. no. M. H. 744.

M1004.T45P2

La Tonelli. Opéra comique en deux actes. Poeme de Mr. T. Sauvage. Musique de Amb. Thomas ... Partition d'orchestre ... [Ouverture].

Paris, Henri Heugel, [188–]. Publ. no. H. 7925. 38 p. fol.

M1004.T45T6

Thomé, François (Lucien Joseph), 1850–

Clair de lune. Romance sans paroles. Francis Thomé. Orchestrée par l'auteur.

Paris, Henry Lemoine, ᶜ1903. Publ. no. 19575 H. 12 p. 4°.

Cover title.

M1045.T465C5

Gavotte madrigal de Francis Thomé. Arrangé pour orchestre à cordes par l'auteur.

London & Leipzig, Stanley Lucas, Weber, Pitt & Hatzfeld, Ltd., [etc.], ᶜ1896. Publ. no. 3639. 3 p. fol.

Cover title.

M1160.T46

Thooft, Wilhelm Franz, 1829–1900.

In leid und freud'. Fantasie für orchester componirt von W. F. Thooft. Op. 12. Partitur. ...

Leipzig, F. E. C. Leuckart (Constantin Sander), 1879. Publ. no. F. E. C. L. 3292. 1 p. l., 148 p. 4°.

M1045.T468 Op. 12

Thuille, Ludwig (Wilhelm Andreas Maria), 1861–1907.

Romantische ouverture für grosses orchester componirt von Ludwig Thuille. Op. 16. Partitur ...

Leipzig, Fr. Kistner, ᶜ1899. Publ. no. 9116. 32 p. fol.

M1004.T536R3

Thuille—Continued.

Symphonischer festmarsch für grosses orchester. Komponiert von Ludwig Thuille. Op. 38.

Leipzig, Fr. Kistner, ᶜ1907. Publ. no. 10089. 38 p. fol.

M1046.T53389

Tiedemann, Paul.

Tanzweisen für streichorchester komponiert von Paul Tiedemann. Op. 1. Partitur . . .

Leipzig, Fr. Kistner, ᶜ1906. Publ. no. 10049. 28 p. 4°.
Cover title.

M1145.T55

. . . Tanzweisen. (Neue folge.) Paul Tiedemann. Op. 2.

Leipzig, Fr. Kistner, ᶜ1907. Publ. no. 10111. 19 p. 4°.
Caption title. Kompositionen für streich-orchester.

M1145.T551

Tinel, Edgar, 1854–

. . . Marsch voor orkest uit de cantate "De klokke Roeland." . . . Edgar Tinel. Op. 17. No. 1. Partitur. Nieuwe uitgave . . .

Bruxelles, Schott frères, [1890]. Publ. no. S. F. 2433. 33 p. 4°.

M1046.T588M3

. . . Trois tableaux symphoniques pour orchestre tirés de la tragédie "Polyeucte" de P. Corneille par Edgar Tinel . . . Op. 21. No. 1. Ouverture. No. 2. Songe de Pauline. No. 3. Fête dans le temple de Jupiter. a. Cortège. b. Danses. c. Irruption soudaine de Polyeucte et de Néarque . . . Partitur . . .

Leipzig, [etc.], Breitkopf & Härtel, ᶜ1892. Publ. no. 18963. 3 v. 1 p. l., 80, 42, 78 p.

M1002.T49T7

. . . Feier im Tempel Jupiters. a. Aufzug. b. Tänze. c. Plötzliches eindringen des Polyeuct und des Nearch. Fête dans le temple de Jupiter. a. Cortège. b. Danses. c. Irruption soudaine de Polyeucte et de Néarque. [Op. 21.] No. 3. Partitur . . .

Leipzig, [etc.], Breitkopf & Härtel, ᶜ1892. Publ. no. 18965. 1 p. l., 78 p. fol.

M1002.T49F

Godoleva. Musikdrama. Deutsche übersetzung von Elisabeth Alberdingk Thym . . . Edgar Tinel. Op. 43 . . . Vorspiel für grosses orchester. Partitur . . .

Leipzig, [etc.], Breitkopf & Härtel, ᶜ1897–98. Publ. no. Part. B. 2050. 38 p. fol.

· M1004.T588G7

Tinel—Continued.

Katharina. Dramatische legende. Deutscher text von L. van Heemstede. . . . Vorspiel . . . Edgar Tinel. Op. 44.

Leipzig, [etc.], Breitkopf & Haertel, ᶜ1909. Publ. no. Part. B. 2118. 1 p. l., 47 p. fol.
Caption title.

M1004.T588K3

Toch, Ernst.

Scherzo (H moll) für klavier zu zwei händen komponiert von Ernst Toch. Op. 11. (Ausgabe mit orchester-begleitung . . .)

Leipzig, P. Pabst, [1909-]. Publ. no. P.P. 419. 15 p. fol.

M1010.T66 Op. 11

Tölle, Günther.

Triumph den deutschen waffen! Sieges-ouverture für grosses orchester und chor (letzterer ad libitum) von Günther Tölle.

Leipzig, C. F. Kahnt Nachfolger, [1889]. Publ. no. 3128. 91 p. fol.

M1004.T641

Toeschi, Carlo Giuseppe, 1724–1788.

Sinfonia a 8. Joseph Toeschi op. 3. III. [B dur.]

See Sinfonien der pfalzbayerischen schule (Mannheimer symphoniker). II, 1. p. 143–166.

M2.D4

Toldy, Ladislaus junior.

. . . Kain. Symphonische dichtung nach Lord Byron's Kain für grosses orchester componirt von Dr. Ladislaus Toldy junior. Op. 14.

Wien, Ludwig Doblinger, [etc.], [1905]. Publ. no. 2824. 57 p. fol.

M1002.T649K3

Torelli, Giuseppe, d. 1708.

Concerto con due violini che concertano soli. Aus. op. VIII v. Giuseppe Torelli. 1709.

See Wasielewski, Josef Wilhelm von. Instrumentalsätze vom ende des XVI. bis ende des XVII. jahrhunderts . . .
Berlin, Liepmannssohn, [1905]. p. 68–75.

ML854.W3

Tovey, Donald Francis, 1875-.

. . . Concerto en la majeur pour piano et orchestre par Donald Francis Tovey. Op. 15. Partition d'orchestre . . .

Mayence, B. Schott's söhne [etc.], ᶜ1906. Publ. no. 27817. 1 p. l., 96 p. fol.

M1010.T73 Op. 15

Traetta, Tommaso, 1727–1779.

... Sinfonia del Sig. Tommaso Trajetta.

Unpaged mss. 8°.

At head of title: Roma nel Teatro delle Dame 1766.

M1001.A2T76

Trémisot, Edouard.

... La halte divine. Poème symphonique. Edouard Trémisot. Partition d'orchestre ...

Paris, Enoch & Cie., °1909. Publ. no., E. & C. 6920. 2 p. l., 39 p. fol.

M1002.T79

Trétrop, H. Joseph A.

Ouverture. H. J. A. Trétrop.

Autograph. 45 p. obl. 4°.

At the end the autograph note: "10- Octobre 1875. Jos. Trétrop."

ML96.T

Triest, Heinrich.

Orchester-concert in E moll für grosses orchester componirt von Heinrich Triest. Op. 31. Partitur.

Berlin, Carl Simon [etc.], [1878]. 1 p. l., 115 p. 4°.

M1045.T827

Tschaikowsky, Peter Iljich, 1840–1893.

Le voyévode. Ouverture ... P. Tschaikowsky. Op. 3.

Moscou, P. Jurgenson [1868 or 1869]. Publ. no. 594. 37 p.

Caption title.

French title followed by Russian title. Composed in 1868. Only the overture and "Entr'acte et air de ballet" are extant.

M1004.C434V6

Entr'acte et airs du ballet de l'opéra "Voyévode" de P. Tschaikowsky ... [Op. 3.]

Moscou, P. Jurgenson, [etc.] [187–]. Publ. no. 2273. 57 p. 4°.

M1505.C434V8

Symphonie No. 1 (Rêverie d'hiver) pour grand orchestre composée par P. Tschaikowsky. Op. 13. Nouvelle édition, revue et corrigée par l'auteur ...

Moscou, P. Jurgenson, [etc.], [1873]. Publ. no. 2519. 115 p. 4°.

M1001.C43

Ouverture triomphale sur l'hymne danois composée par P. Tschaikowsky. Op. 15 ...

Moscou, P. Jurgenson, [ca. 1891]. Publ. no. 17532. 63 p. 4°.

First edition, 1866.

M1004.C434D3

Tschaikowsky—Continued.

2me symphonie (en Do min.) composée par P. Tschaikowsky. Op. 17 . . .

St. Pétersbourg, B. Bessel & Cie., [1875]. Publ. no. 379. 2 p. l., 177 p. 4°.

M1001.C432

. . . La tempête par P. Tschaikowsky. Op. 18. Gr. Partition . . .

Moscou, P. Jurgenson, [1875]. Publ. no. 2567. 102 p. 4°.

Title page in Russian. Phantasy on Shakespeare's "The Tempest."

Cover title.

M1002.C43B7

. . . Concerto pour le piano avec accompagnement d'orchestre ou d'un 2d. piano composé par P. Tschaikowsky. Op. 23. Partition d'orchestre . . . 3me. édition, revue et corrigée par l'auteur.

Moscou, P. Jurgenson, [1874]. Publ. no. 2590. 153 p. fol.

M1010.C43 Op. 23

Concerto. P. Tschaikowsky. Op. 23. Tschaikowsky konzert bearbeitet von I. A. de Orellana.

Leipzig, Ernst Eulenburg, [1901]. Publ. no. E. 4021 D. 186 p. 12°. (Eulenberg's kleine orchester-partitur ausgabe, Concerte no. 9.)

Caption title.

M1010.C43A Op. 23

. . . Sérénade mélancolique. Morceau pour le violon avec accompagnement d'orchestre ou de piano composée par P. Tschaikowsky. Op. 26. Partition . . .

Moscou, chez P. Jurgenson, [etc.], [1875]. Publ. no. 2750. 29 p. 4°.

M1012.C43 Op. 26

Tret'ïà simfonïà dlïà bol'shago orkestra sochinenïe P. Chaïkovskago. Soch. 29. Partitura . . .

Moskva, P. IUrgensona, [etc.], [1875]. Publ. no. 2982. 162 p. 4°.

Third symphony.

M1001.C434

Slavischer marsch für orchester componirt von P. Tschaikowsky. Op. 31. Neue ausgabe. Partitur . . .

Hamburg & Leipzig, D. Rahter, [1881]. 65 p. 4°.

M1046.C43A86

Tschaikowsky—Continued.

. . . Francesca da Rimini. Fantaisie pour orchestre par
P. Tschaikowsky. Op. 32. Partition d'orchestre . . .
*Leipzig, [etc.], P. Jurgenson, [1876]. Publ. no. 3083. 119 p.
4°.*

. .
　　　　　　　　　　　　　　　　　　　M1002.C43F6

. . . Variations sur un thème rococo pour le violoncelle avec
accompagnement d'orchestre . . . par P. Tschaikowsky.
Op. 33. Partition d'orchestre . . .
*Moscou, P. Jurgenson, [&c.], [1887]. Publ. no. 13781.
45 p. 4°.*

First ed., 1878.
　　　　　　　　　　　　　　　　　　　M1016.C437

. . . Valse scherzo pour le violon avec accompagnement de
piano ou orchestre composée par P. Tschaikowsky. Op.
34. Partition d'orchestre . . .
*Moscou, P. Jurgenson, [etc.], [ca. 1892]. Publ. no. 17799.
39 p. 4°.*

First ed., 1878.
　　　　　　　　　　　　　　　　M1012.C43　Op. 34

Concert für violine mit begleitung des orchesters oder des
pianoforte componirt von P. Tschaikowsky. Op. 35
Neue, vom componisten revidirte ausgabe.
Hamburg, D. Rahter, [1890]. 121 p. 4°.

　　　　　　　　　　　　　　　　M1012.C43　Op. 35

. . . Violin-concert in D. [Op. 35.]
*Leipzig, Ernst Eulenburg, [1901]. Publ. no. 4018. 148 p.
12°. (Eulenburg's kleine orchester–partitur ausgabe, Concerte no. 8.)*

Cover title.
　　　　　　　　　　　　　　　　M1012.C43A　Op. 35

Symphonie No. 4 pour orchestre composée par P. Tschaikowsky. Op. 36. Partition d'orchestre . . .
*Moscou, P. Jurgenson, [etc.], [1877]. Publ. no. 3376. 225 p.
4°.*

　　　　　　　　　　　　　　　　　　　M1001.C434

. . . Vierte symphonie (F moll) für grosses orchester componirt von P. Tschaikowsky. Op. 36. Partitur . . .
*Hamburg und Leipzig, D. Rahter [etc.], [1880]. Publ. no.
3376. 225 p. 4°.*

　　　　　　　　　　　　　　　　　　　M1001.C435

Tschaikowsky—Continued.

Symphonie No. 4 [in F moll]. P. Tschaikowksy. Op. 36.
Leipzig, Ernst Eulenburg, [1902]. Publ. no. 7015. 1 p. l.,
260 p. 12°. (*Eulenburg's kleine orchester-partitur ausgabe. Symphonien, No. 30.*)
Caption title.

M1001.C436

Suite—1. Introduction u. fuga. 2. Divertissement. 3.
Andante. 4. Marche miniature. 5. Scherzo. 6. Gavotte—für grosses orchester componirt von P. Tschaikowsky. Op. 43. . . . Partitur . . .
Hamburg, D. Rahter, [1880]. Publ. no. 3905. 152 p. 4°.

M1003.C43 Op. 43

. : . 2d concerto pour le piano avec orchestre ou un 2d
piano composé par P. Tschaikowsky. Op. 44. Nouvelle
édition, revue et diminué d'apres les indications de
l'auteur par A. Ziloti. Partition . . .
Moscou, P. Jurgenson, [etc.], [ca. 1898]. Publ. no. 20899.
155 p. 4°.
First ed., 1880.

M1010.C43 Op. 44

. . . Capriccio italien pour grand orchestre composé par
P. Tschaikowsky. Op. 45. Nouvelle edition. Partition
d'orchestre . . .
Hamburg & Leipzig, D. Rahter, [1881]. Publ. no. 452.
97 p. 4°.

M1045.C434C4

Sérénade pour orchestre à cordes composée par P. Tschaikowsky. Op. 48. Partition . . .
Moscou, P. Jurgenson, [etc.], [1880]. Publ. no. 4411. 67 p.
4°.

M1103.C43 Op. 48

1812. Ouverture solennelle pour grand orchestre par P.
Tschaikowsky. Op. 49.
Moscou, P. Jurgenson, [1880]. Publ. no. 4592. 75 p. 4°.
Cover title. Illustrated title page in Russian.

M1004.C434M3

Suite No. 2 (Caractéristique). 1. Jeu des sons. 2. Valse.
3. Scherzo humoristique. 4. Rêves d'enfant. 5. Danse
baroque . . . pour orchestre par P. Tschaikowsky. Op.
53.
Moscou, chez P. Jurgenson, [etc.], [1883]. Publ. no. 5862.
185 p. 4°.
Cover title.

M1003.C43 Op. 53

Tschaikowsky—Continued.

.. Variations sur un thème de P. Tschaikowsky (Op. 54
No. 5 . . .) pour orchestre à cordes (tirée du quatuor
op. 35a.) par A. Arensky. Partition. . . .
*Moscou-Leipzig, P. Jurgenson [etc.], [1904]. Publ. no. 29821.
14 p. 4°.*
Score.

M1103.A42

. . . Suite No. 3 pour orchestre. I. Elégie. II. Valse
mélancolique. III. Scherzo. IV. Tema con variazioni.
Par. P. Tschaikowsky. Op. 55. Nouvelle édition revue
et corrigée par l'auteur.
*Moscou, P. Jurgenson, [etc.], [1884]. Publ. no. 6521. 223 p.
4°.*

M1001.C43 Op. 55

. . . Fantaisie de concert pour le piano avec accompagnement d'orchestre ou d'un second piano par P. Tschaïkowsky. Op. 56. Partition d'orchestre . . .
*Moscou, P. Jurgenson, [etc.], [1884]. Publ. no. 6537. 132 p.
appendice 52a–63a. 4°.*

M1010.C43 Op. 56

Manfred. Symphonie en quatre tableaux d'après le poème
dramatique de Byron. Composé par P. Tschaikowsky.
[Op. 58.] . . . Partition d'orchestre.
*Moscou, P. Jurgenson, [etc.], [1885]. Publ. no. 6762. 287 p.
4°.*

M1001.C45

. . . "Mozartiana." Suite. 4 morceaux de W. A. Mozart
1. Gigue. 2. Menuet. 3. Preghiera. 4. Thème avec
variations. Arrangée et instrumentée par P. Tschaïkowsky. Op. 61.
*Moscou, P. Jurgenson, [etc.], [1887]. Publ. no. 13699. 55 p.
4°.*

M1060.C43

. . . Pezzo capriccioso. Morceau de concert pour violoncelle avec accompagnement d'orchestre . . . par P.
Tschaikovsky. Op. 62. Partition d'orchestre . . .
*Moscou, P. Jurgenson, [&c.], [1887]. Publ. no. 13645. 17
p. 4°. (Ed. Jurgenson No. 13645.)*

M1016.C434

Fünfte symphonie für grosses orchester componirt von P.
Tschaikowsky. Op. 64. Partitur . . .
*Hamburg, D. Rahter, [etc.], [1889]. Publ. no. 13991. 1
p. l., 211 p. 4°.*

M1001.C438

Tschaikowsky—Continued.

. . . Hamlet. Ouverture-fantaisie pour orchestre par P. Tschaïkowsky. Op. 67. Partition d'orchestre . . .

Moscou, P. Jurgenson, etc., [1888]. Publ. no. 16054. 99 p. 4°.

M1004.C434H2

Casse-Noisette. Ballet-féerie en 2 actes. Musique de P. Tschaïkowsky. Op. 71. . . . Danses caractéristiques. a. Marche. b. Danse de la Fée Dragée. c. Trépac, danse russe. d. Danse arabe. e. Danse chinoise. f. Danse des mirlitons. Partition d'orchestre . . .

Moscou, P. Jurgenson, [etc.]. [1896]. Publ. nos. 17668 a–f. 6 v. in 1 v. 25, 9, 11, 7, 7, 11 p. fol.

Label of D. Rahter, Hamburg & Leipzig, pasted over imprint.

M1524.C43

Symphonie pathétique No. 6 composée par P. Tschaïkowsky. Op. 74. Orchester-partitur . . .

Leipzig, Rob. Forberg, [1897]. Publ. no. 4665. 227 p. 4°.

M1001.C44

Symphonie pathétique No. 6 composée par P. Tschaikowsky. Op. 74. [Revision par Paul Klengel.] Orchester-partitur . . .

Leipzig, Rob. Forberg, (ᶜ1897), 1906. Publ. no. 5919. 233 p. 12°.

M1001.C442

. . . Concerto No. 3 pour piano avec accompagnement d'orchestre composé par P. Tschaïkowsky. Op. 75. Partition d'orchestre . . .

London & New York, Novello, Ewer & Co., ᶜ1895. Publ. no. 19616. 95 p. 4°.

M1010.C43 Op. 75

Ouverture pour le drame "L'orage" de A. N. Ostrovsky pour orchestre composée par P. Tschaikowsky. Op. 76. (Œuvre posthume.) Partition d'orchestre . . .

Leipzig, M. P. Belaieff, 1896. Publ. no. 1315. 78 p. 4°.

Cover title in Russian.

M1004.C43406

Fatum. Poème symphonique pour orchestre composé par P. Tschaïkowsky. Op. 77 . . . Partition d'orchestre . . .

Leipzig, M. P. Belaieff, 1896. Publ. no. 1343. 59 p. fol.

Œuvre posthume. Cover title page with Russian and French text.

M1002.C43F3

Tschaïkowsky—Continued.

Le voyvode. Ballade symphonique pour orchestre composée par P. Tschaïkowsky. Op. 78. (Œuvre posthume.) Partition d'orchestre . . .

Leipzig M. P. Belaieff, 1897. Publ. no. 1370. 59 p. fol.

Cover title in Russian.

                             M1002.C43V5

Andante et Finale pour piano avec accompagnement d'orchestre composé par P. Tschaïkowsky. Op. 79. Œuvre posthume (1893). L'accompagnement d'orchestre par S. Tanéïew. Partition d'orchestre . . .

Leipzig, M. P. Belaieff, 1897. Publ. no. 1373. 75 p. fol.

                          M1010.C43   Op. 79

. . . Elégie pour orchestre à cordes composée par P. Tschaïkowsky . . .

Moscou, P. Jurgenson, [1884]. Publ. no. 14783. 9 p. 4°.

In memory of J. Samarine.

                             M1145.C43

Koronatsionnyĭ marsh dlîa bol'shago orkestra napisannyĭ dlîa ispolneniîa naprazdnikîe, dannom gorodom Moskvoîu, po sluchaîu sviâschchennago koronovaniîa Ikh Imperatorskikh Velichestv Gosudarîa. Imperatora Aleksandra Aleksandrovicha i Gosudaryni Imperatritsy Mari'i Feŝdorovny. Sochinenie P. Chaĭkovskago.

Moskva, P. Jurgenson, [1883]. Publ. no. 5681. 35 p. 4°.

Caption title "Marche solennelle."

                          M1046.C43K7

Marche militaire composée par P. Tschaikowsky. Edition pour orchestre militaire. Partition . . .

Moscou, P. Jurgenson, [1894]. Publ. no. 19502. 17 p. fol.

2d copy with note of copyright, 1894, by Novello, Ewer & Co., London.

                          M1247.C428

Marche solennelle pour grand orchestre composée par P. Tschaïkowsky. Partition . . .

Moscou, P. Jurgenson, [etc.], [1894]. Publ. no. 19294. 29 p. 4°.

Cover title in Russian. Title page has printed note "Copyright, 1894 by Novello, Ewer and Co."

                          M1046.C434M3

Tschaikowsky—Continued.

. . . Roméo et Juliette. Ouverture-fantaisie d'après Shakespeare composée par P. Tschaikowsky. Partition d'orchestre . . .

Berlin, Ed. Bote & G. Bock, [1881]. Publ. no. 9325. 111 p. 4°.

Cover title in French.

M1004.C434R6

Tschirch, (Friedrich) Wilhelm, 1818–1892.

Am Niagara. Concert-ouverture für orchester componirt von W. Tschirch. Op. 78. Partitur . . .

Leipzig, C. F. Kahnt, [1872]. Publ. no. 1540. 1 p. l., 75 p. 4°.

M1004.T879A3

Turnbull, Edwin Litchfield.

. . . Processional march (Festmarsch) for orchestra by Edwin Litchfield Turnbull. Op. 6. Orchestral score . . .

New York & Leipzig, Breitkopf & Härtel, c1899. 17 p. fol.

M1046.T942P8

Uhl, Edmund, 1853–

Romanze für violine mit orchester oder pianoforte componirt von Edmund Uhl. Op. 7. Partitur . . .

Leipzig, F. E. C. Leuckart, [1891]. Publ. no. F. E. C. L. 4277. 19 p. fol.

M1012.U31 Op. 7

Ulrich, Hugo, 1827–1872.

Symphonie H moll componirt . . . von Hugo Ulrich. Op. 6. Partitur . . .

Berlin, Ed. Bote & G. Bock, [185-]. Publ. no. B. & B. 2436. 185 p. 4°.

M1001.U45

Symphonie triomphale composée à l'occasion des fêtes du mariage de S. A. R. Monseigneur le duc de Brabant avec S. A. I. R. madame la princesse Marie Henriette, archiduchesse d'Autriche, par Hugo Ulrich. Op. 9. Couronnée par l'Académie Royale des beaux arts de Belgique, exécutée pour la première fois le 24 Sept. 1853, à Bruxelles dans le temple des Augustines. Partition.

Mayence, B. Schott's söhne, [etc.], [185-]. Publ. no. 13430. 1 p. l., 169 p. 4°.

M1001.U452

Fest-ouverture in C dur für orchester von Hugo Ulrich. Op. 15. Partitur . . .

Breslau, F. E. C. Leuckart, [1859]. Publ. no. F. E. C. L. 1268. 64 p. 4°.

M1004.U45F5

Urban, Heinrich, 1837–1901.

   . . . Ouverture zu Schiller's "Fiesko" für orchester componirt von Heinr. Urban. Op. 6. Partitur . . .
Berlin & Posen, Ed. Bote & G. Bock, [etc.], [1872]. Publ. no. 9708. 57 p. fol.

                            M1004.U72F4

   . . . Scheherazade. Concert-ouverture für orchester von Heinrich Urban. Op. 14. Partitur . . .
Berlin & Posen, Ed. Bote & G. Bock, [etc.], [1875]. Publ. no. 10867. 81 p. 4°.

                            M1004.U72S2

   . . . Frühling. Sinfonie für grosses orchester von Heinrich Urban. Op. 16. Partitur . . .
Berlin & Posen, Ed. Bote & G. Bock, [1876]. Publ. no. 11078. 1 p. l., 189 p. 4°.

                            M1001.U73

   . . . Ouverture zu einem fastnachtsspiel für orchester componirt von Heinrich Urban. Op. 20. Partitur . . .
Leipzig, F. E. C. Leuckart, [1877]. Publ. no. F. E. C. L. 3064. 93 p. 4°.

                            M1004.U72F3

   . . . Der rattenfänger von Hameln. Fantasiestück nach Julius Wolff's Aventiure für orchester componirt von Heinrich Urban. Op. 25. Partitur . . .
Berlin, C. A. Challier & Co., [1880]. Publ. no. C. & Co. 2867. 35 p. 4°.

                            M1002.U72R3

Urspruch, Anton, 1850–1907.

   Deutsche tänze für das pianoforte zu vier händen von Anton Urspruch. Op. 7 . . . Heft 1–2. Orchesterpartitur . . .
Hamburg, Aug. Cranz, [etc], [1880]. Publ. no. C 26644–5. 2 v. in 1. 35, 31 p. fol.

                            M1047.U82D5

   . . . Konzert für das pianoforte mit begleitung des orchesters componirt von Anton Urspruch. Op. 9. Partitur . . .
Wien, C. A. Spina, [etc.], [1878]. Publ. no. C. 24375. 121 p. fol.

                        M1010.U82 Op. 9

Urspruch—Continued.

Zwei stücke für violine mit begleitung eines kleinen orchesters von Anton Urspruch. Op. 11. No. 1. Notturno . . . No. 2. Romanze . . . Partitur . . .

Hamburg, Aug. Cranz, [etc.], [1879]. Publ. no. C. 24580, 24582. 2 v. fol.

M1012.U82 Op. 11

Symphonie (Es dur) für grosses orchester componirt . . . von Anton Urspruch. Op. 14. Partitur . . .

Hamburg, Aug. Cranz, [etc.], [1884]. Publ. no. C. 5426. 1 p. l., 147 p. fol.

M1001.U82

Valle de Paz, Edgardo del, 1861–

. . . "I fauni e le driadi." Minuetto d'Ondina. 1re. suite d'orchestre. Op. 21. (Partition.)

[London, Augener & Co.], [1889]. Publ. no. 9461. fol. (Augener's edition, No. 7044a).

For string orchestra. Cover title.

M1103.D33 Op. 21

. . . Serenade italienne pour orchestre (deux violons, altos, violoncelles, contrabasses, flute, hautbois et clarinette) par E. del Valle de Paz. Op. 28, No. 1. Partition d'orchestre . . .

London, Augener & Co., [188–]. Publ. no. 7291. 7 p. 4°. (Augener's edition, No. 7042.)

M1003.D32

Van der Stucken, Frank (Valentin), 1858–

. . . Sinfonischer prolog zu Heinrich Heine's tragödie "William Ratcliff" für grosses orchester componirt von Frank van der Stucken. Op. 6. Partitur . . .

Hannover, Louis Oertel, [1899]. Publ. no. L. 3654 O. 67 p. fol.

Hofmeister, bd. ix has "Drei Klavierstücke" as op. 6, but bd. 1899 has the Sinfonischer prologue correctly as op. 6.

M1004.V218W4

. . . Vorspiel zum 2ten. akt des lyrischen dramas "Vlasda" von Frank van der Stucken. Op. 9. Partitur.

Berlin, Friedrich Luckhardt [etc.], c1891, by G. Schirmer, New York. Publ. no. F. L. 761. 19 p. 4°.

Not a copyright deposit.

M1004.V218V5

"Pagina d'amore." Eine episode für orchester von Frank van der Stucken. Op. 10. Partitur . . .

Berlin, Friedrich Luckhardt, New-York, G. Schirmer, c1891. Publ. no. F. L. 759. 15 p. 4°.

M1045.V26P3

Van der Stucken—Continued.

. . . Festzug—Festival march. Cortège festival, für grosses orchester componirt von Frank van der Stucken. Op. 12. Partitur. . . .

Berlin, Friedrich Luckhardt [etc.], ᶜ1891. Publ. no. F. L. 832. 49 p. fol.

Not a copyright deposit.

M1046.V241

Rigaudon pour orchestre composé par Frank van der Stucken. Op. 25.

Hannover, Louis Oertel, [etc.], [1896]. Publ. no. L. 2803/4 O. 19 p. fol.

M1045.V26R5

. . . Ein kleiner walzer (Une petite valse) für streichorchester von Frank van der Stucken. Partitur . . .

Hannover, Louis Oertel, ᶜ1911. Publ. no. 32. 15 p. fol.

M1145.V24

. . . **Variations** sur un thème russe pour grand orchestre composées par I. N. Artciboucheff. II. J. Wihtoll. III. A. Liadow. IV. N. Rimsky-Korsakow. V. N. Sokolow. VI. A. Glazounow. Partition d'orchestre . . .

Leipzig, M. P. Belaieff, 1903. Publ. no. 2385. 62 p. fol.

M1003.V29

Veit, Wenzel Heinrich, 1806–1864.

Symphonie für orchester componirt . . . von W. H. Veit. Op. 49. Partitur.

Leipzig, Breitkopf & Härtel, [183–]. Publ. no. 5359. 1 p. l., 191 p. 4°.

M1001.V46 Op. 49

Verdi, (Fortunio) Giuseppe (Francesco), 1813–1901.

. . . Falstaff. Atto I, parte II. Istrumentazione di Michele d'Allessandro.

Milano, G. Ricordi & C., [etc.], ᶜ1903. Publ. no. 109178. 1 p. l., 56 p. fol. (Biblioteca dei corpi di musica, Serie XVII, N. 234.)

Band score. Cover title.

M1268.V488

Verhey, Theodor H. H., 1848–

Concert A moll für violine mit orchester oder klavierbegleitung von Theodor H. H. Verhey. Op. 54. Partitur . . .

Leipzig, Jul. Heinr. Zimmermann, [etc.], [1906]. Publ. no. Z. 4271. 1 p. l., 128 p. 4°.

M1012.V51 Op. 54

Verhulst, Johannes Josephus Herman, 1816–1891.

Sinfonie für grosses orchester componirt von Joh. J. H. Verhulst. Op. 46 . . .

Mainz, B. Schott's söhne, [etc.], [1853]. *Publ. no. 12130. 1 p. l., 227 p. 4°.*

M1001.V515

Vierling, Georg, 1820–1901.

Ouverture zu Shakespeare's Sturm für orchester componirt . . . von Georg Vierling. Op. 6. Partitur . . .

Berlin, T. Trautwein (J. Guttentag), [ca. 1845]. *Publ. no. 325. 63 p. obl. 4°.*

M1004.V66S8

. . . Ouverture zu Schiller's Maria Stuart v. G. Vierling. Op. 14. Partitur.

Berlin, Schlesinger, [1856]. *Publ. no. S. 4501 A. 64 p. 4°.* C. T.

M1004.V66M3

. . . Im frühling. Ouverture für orchester componirt von G. Vierling. Op. 24. Partitur . . .

Leipzig, F. E. C. Leuckart (Constantin Sander), [1860]. *Publ. no. F. E. C. L. 1399. 1 p. l., 51 p. 4°.*

M1004.V66I5

. . . Ouverture für orchester zu Kleist's drama "Die Hermannschlacht" componirt von Georg Vierling. Op. 31. Partitur . . .

Leipzig, Breitkopf & Härtel, [1866]. *Publ. no. 11026. 92 p. 4°.*

M1004.V66H3

Sinfonie (C dur) für orchester componirt von G. Vierling. Op. 33. Partitur . . .

Berlin, T. Trautwein (M. Bahn) [etc.], [1869]. *Publ. no. 2497. 2 p. l., 235 p. 4°.*

M1001.V665

. . . Tragische ouverture (zu A. Fitgers drama: Die hexe) componirt von Georg Vierling. Op. 61. Partitur . . .

Berlin, Schlesinger (Rob. Lienau), [1884]. *Publ. no. S. 7563. 75 p. 4°.*

M1004.V66H7

Vieuxtemps, Henri, 1820–1881.

4me. grand concerto Ré min. (D moll) pour le violon avec accompagnement d'orchestre ou de piano composé . . . par H. Vieuxtemps. Op. 31. Révu et doigté par August Wilhelmj.

Offenbach s/M., Jean Andre, [1903]. *Publ. no. André 7432. 1 p. l., 179 p. fol.*

M1012.V66 Op. 31

Vieuxtemps—Continued.

... Fantasia appassionata für violine mit begleitung des orchesters oder pianoforte von H. Vieuxtemps. Opus 35. Partitur ...

, *Leipzig, C. F. Peters,* [188-]. *Publ. no. 2482. 87 p. 4°.*

M1012.V66 Op. 35

Tarantella par Vieuxtemps.

Mos. 60 p. fol.

For violin with orchestra accompaniment.

M1012.V662. Case.

Vignau, H. von.

... Alles um liebe. Walzer komponiert von H. von Vignau. Op. 12. Ausgabe für grosses orchester. ...

Leipzig, F. E. C. Leuckart, ᶜ1911. *Publ. no. F. E. C. L. 6680. 23 p. fol.*

Not a copyright deposit.

M1049.V68

Villa, Ricardo.

Fantasia espanola (Fantaisie espagnole) pour le piano avec accompagnement de l'orchestre composée par Ricardo Villa. Partition d'orchestre ...

Leipzig, Jul. Heinr. Zimmermann, ᶜ1909. *Publ. no.' Z. 4657. 1 p. l., 62 p. fol.*

M1010.V71

... Rapsodia asturiana (Rhapsodie asturienne) pour violon avec accompagnement d'orchestre ou piano par Ricardo Villa ... Pour violon avec orchestre.

Leipzig [etc.], *Jul. Heinr. Zimmermann,* ᶜ1907. *Publ. no. Z. 4486. 1 p. l., 62 p. 4°.*

M1012.V712

... **Vingt** suites d'orchestre du XVIIe siècle français. Publiées pour la première fois d'après un manuscrit de la bibliothèque de Cassel et précédées d'une Étude historique.

Berlin, L. Liepmannssohn; Paris, M. Fortin & cie., 1906. 2 v. plates, facsims. fol.

> At head of title the name of the editor: Jules Écorcheville.
>
> v. 1 contains the Étude historique, the facsimiles of the manuscript of Cassel, index, bibliography and appendix. v. 2 contains the orchestra scores of the Vingt suites and an arrangement for piano for two bands. The composers of a few suites are mentioned, as le Sieur de la Voye, Nau, Belleville, Pinel and others; the largest part of the collection is anonymous.
>
> According to Tobias Norlind, Sammelb. der I. M. G., 7. jahrg., p. 172-203, the manuscript is not of French but of Swedish origin, and the composer of the pieces, attributed by Écorcheville to Guillaume Dumanoir, is Gustaf Düben [d. 1690], but according to Prunières (*ibidem*, 1911, p. 584) the composer probably is the Englishman Gerhard Disineer.

M2E2

Vivaldi, Antonio, ca. 1680–1743.

. . . Concerto in A minor for string-orchestra. Arranged for concert use by Sam. Franko. Orchestral score.

New York, G. Schirmer [etc.], ͨ1909. Publ. no. 20886. 1 p. l., 24 p. fol.

M1105.V85

Volbach, Fritz, 1861–

. . . Ostern. Symphonisches gedicht für grosses orchester und orgel componirt von Fritz Volbach. Op. 16.

Mainz, [etc.], B. Schott's söhne, ͨ1895. Publ. no. 25782. 1 p. l., 64 p. fol.

M1002.V89OS

. . . Es waren zwei königskinder. Symphonische dichtung für grosses orchester componirt von Fritz Volbach. Op. 21. Partitur . . .

Leipzig [etc.], Breitkopf & Härtel, ͨ1900. Publ. no. Part. B. 1630. 61 p. fol.

M1002.V8IES

Alt Heidelberg, du feine. Ein frühlingsgedicht komponiert von Fritz Volbach. Op. 29. Partitur . . .

Leipzig [etc.], Breitkopf & Härtel, ͨ1904. Publ. no. Part. B. 1822. 37 p. fol.

Cover title.

M1002.V89A5

Symphonie (H moll) für grosses orchester von Fritz Holbach. Op. 33. Partitur . . .

Leipzig und Zürich, Gebrüder Hug & Co., [etc], ͨ1909. Publ. no. G. H. 4386. 1 p. l., 142 p. fol.

M1001.V89

Serenade nach dem vorspiel zum 2. akt des musikalischen lustspiels "Die kunst zu lieben." (Op. 34.) für orchester. Partitur . . .

[Leipzig], Leipziger Bühnenverlag, Erhard Schultz, ͨ1910. Publ. no. L. 13a. B. 11 p. fol.

M1505.V79

Volkmann, (Friedrich) Robert, 1815–1883.

1te symphonie (D moll) für grosses orchester von Robert Volkmann. Op. 44. Partitur . . .

Mainz, B. Schott, söhne, [etc.], [ca. 1880]. Publ. no. 22722. 1 p. l., 187 p. 4°.

First published ca. 1860 by Heckenast, of Pesth.

M1001.V91

Volkmann—Continued.

Fest-ouverture für grosses orchester, zur 25 jährigen stiftungsfeier des Pest-Ofner Conservatoriums componirt von Robert Volkmann. Op. 50. Partitur. . . .

Pest, G. Heckenast, 1866. Publ. no. G. H. 38. ⁵¹ ᵖ· *fol.*

M1004.V919F4

2te symphonie (B dur) für grosses orchester von Robert Volkmann. Op. 53. Partitur . . .

Mainz, B. Schott's söhne, [etc.], [ca. 1880]. Publ. no. 22736. 1 p. l., 152 p. 4°.

First published in 1865 by Heckenast of Pesth.

M1001.V912

Serenaden für streich-orchester (2. violinen, viola, violoncell & contrabass) von Robert Volkmann. Op. 62 in C dur. Partitur . . .

Mainz, B. Schott's söhne, [etc.], [ca. 1880]. Publ. no. G. H. 56, 22746. 23 p. 4°.

First published in 1870 by Heckenast of Pressburg.

M1103.V89 Op. 62

Ouverture zu Shakespeare's "Richard III" für grosses orchester componirt von Robert Volkmann. Op. 68. Partitur . . .

Mainz, [etc.], B. Schott's söhne, [etc.], [1882]. Publ. no. 22760. 43 p. fol.

First published in 1870 by Heckenast of Pressburg.

M1004.V919R5

Concert-ouverture in C dur für grosses orchester componirt von Robert Volkmann. Nachgelassenes werk. Partitur . . .

Leipzig, [etc.], Breitkopf & Härtel, ᶜ1895. Publ. no. Part. B. 927. 19 p. fol.

M1004.V919C7

Magyar zene vázlat 24. müböl szerze . . . Volkmann Róbert nagy zenekara alkalmazia . . . Buttykay Akos. 1. sz. A lovag . . . 2. sz. Komoly menet . . . 3. sz. A hársak alatt . . .

Budapest és Lipcse, Rozsavölgyi és Társa, [etc.], [ᶜ1903]. Publ. no. R. & Co. 2965. 1p. l., 45 p. 4°.

M1060.V92

Vreuls, Victor, 1876–

. . . Jour de fête. Poème symphonique pour orchestre par Victor Vreuls. Partition d'orchestre . . .

Luxembourg, Guill Stomps, [etc.], [1908]. Publ. no. G 390 St. 79 p. fol.

M1002.V979J7

Wagenaer, Johann, 1862–

Ouverture Cyrano de Bergerac für orchester von Joh. Wagenaer. Op. 23. Partitur . . .

Leipzig, F. E. C. Leuckart, ᶜ1906. Publ. no. F. E. C. L. 6012. 87 p. 4°.

M1004.W12709

Wagenseil, Georg Christoph, 1715–1777.

Symphonie in D dur. Georg Christoph Wagenseil. [9 p. fol.]

See Wiener instrumentalwerke vor und um 1750. (D. d. T. in Österreich, XV. jahrg., 2. t.)

M2.D36

. . . Symphonie in D dur. Georg Christoph Wagenseil, 1746. [12 p. fol.]

See Wiener instrumentalmusik vor und um 1750. (D. d. T. in Österreich, XV. jahrg., 2. t.

M2.D36

Wagner, Max.

Von der Schauenburg. Sinfonische dichtung für orchester von Max Wagner. Op. 18. Orchester-partitur. . . .

Berlin, B. Scheithauer, 1895. 1 p. l., 58 p. fol.

Cover title.

On p. [1] the program "Von der Schauenburg."

M1002.W134

Wagner, (Wilhelm) Richard, 1813–1883.

Ein albumblatt für das klavier von Richard Wagner. . . . Bearbeitungen für orchester von C. Reichelt. Partitur.

. . .

Leipzig, E. W. Fritzsch, 1871, 1873, 1874. Publ. no. E. W. F. 257 L. 15 p. 4°.

M1060.W164

Brautlied. Chor "Treulich geführt ziehet dahin" aus der oper Lohengrin von Rich. Wagner. Für kleines orchester bearbeitet von August Riedel. Partitur . . .

Leipzig, Breitkopf & Härtel, ᶜ1892. Publ. no. 19389. 15 p. fol.

M1070.W13L4

. . . Christoph Columbus.

Leipzig, [etc.], Breitkopf & Härtel, ᶜ1908. Publ. no. Part. B. 2091. 1 p. l., 44 p. fol.

Overture to Th. Apel's play "Christoph Columbus."

At head of title: "Richard Wagner. Vier ouvertüren für orchester zum ersten male herausgegeben von Felix Mottl.

M1004.W13C4

Wagner, R.—Continued.

. . . Eine Faust-ouverture. . .

Leipzig, [etc.], Breitkopf & Härtel, [1893].   Publ. no. Part. B.
261.   69 p.   4°.
    Not the first ed.

                                        M1004.W13F5

. . . Glocken u. gralsscene (Gralsrittermarsch) [aus Parsifal].
[Für] kavalleriemusik (artillerie-jäger-pionier) bearb. von
Th. Grawert.

Mainz, B. Schott's Söhne, ᶜ1911.   Publ. no. 28988.   1 p. l.,
21 p.   fol.
    Band score.
    Caption title.
    At head of title: Richard Wagner: Parsifal.

                                        M1268.W134S

. . . Grosser festmarsch zur eröffnung der hundertjährigen
gedenkfeier der unabhängigheits-erklärung der Vereinigten Staaten von Nordamerika.   Dem festfeier-frauen-
verein gewidmet von Richard Wagner . . .

Mainz, [etc.], B. Schott's söhne, [1876].   Publ. no. 22106.
47 p.   fol.

                                        M1046.W135G8

. . . Huldigungs-marsch von Richard Wagner.   Für grosses
orchester.   Partitur . . .

Mainz, [etc.], B. Schott's söhne, [1871].   Publ. no. 20533.
23 p.   fol.

                                        M1046.W135H9

. . . Huldigungs-marsch für militär musik.   Partitur . . .

Mainz, B. Schott's söhne, [1890].   Publ. no. 24979.   1 p. l.,
21 p.   fol.
    First published in 1865.

                                        M1247.W2S

Kaiser-marsch für grosses orchester von Richard Wagner.
Partitur . . .

Leipzig, C. F. Peters, [1871].   Publ. no. 8000.   35 p.   fol.
(Edition Peters No. 1034.)

                                        M1046.W135K3

. . . König Enzio.

Leipzig, [etc.], Breitkopf & Härtel, ᶜ1908.   Publ. no. Part. B.
2092.   1 p. l., 36 p.   fol.
        Overture to C. Raupach's historical play "König Enzio."
        At head of title: "Richard Wagner.   Vier ouvertüren für orchester
        zum ersten male herausgegeben von Felix Mottl."

                                        M1004.W13K5

Wagner, R.—Continued.

Das liebesmahl der apostel. Richard Wagner. Für orchester allein eingerichtet von Richard Hofmann.

Leipzig, Breitkopf & Härtel, ᶜ1905. Publ. no. Part. B. 1729. 47 p. fol.. (B. & H.'s partitur-bibliothek 1729.)
Caption title.

M1060.W16

Lohengrin. Finale zum 1. akt. Richard Wagner. Bearbeitet von Fritz Hoffmann.

Leipzig, [etc.], Breitkopf & Härtel, ᶜ1906. Publ. no. Part. B. 1915. 67 p. fol.
Caption title.

M1070.W13L5

Lohengrin. Romantische oper in drei aufzügen von Richard Wagner. Vorspiel (Ouvertüre) und einleitung zum 3. aufzug. Partitur . . .

Leipzig, [etc.], Breitkopf & Härtel, ᶜ1906. Publ. no. 25700. 38 p. 12°.
Pocket edition. Revidiert von F. H. Schneider.

M1004.W13L5

. . . Ouverturen und vorspiele zu den bühnenwerken von Richard Wagner. Mit einer heliogravüre Wagners nach der marmorbüste von Max Klinger.

Leipzig, Ernst Eulenburg, [1911]. 12°. (Eulenburg's kleine orchester-partitur-ausgabe.)
Portrait contains fac-simile autograph signature of the composer.
CONTENTS: . . . Rienzi der letzte der Tribunen. Ouverture. Orchester-partitur. Berlin, Adolph Fürstner [etc.]. Publ. no. A. 5970–5972 F. 66 p. 12°.
. . . Der fliegende Holländer. Ouverture. Orchester-partitur. Berlin, Adolph Fürstner [etc.]. Publ. no. A. 5618 F. 73 p. 12°.
. . . Tannhäuser und der sängerkrieg auf Wartburg. Ouverture. Orchester-partitur. Berlin, Adolph Fürstner [etc.]. Publ. no. A. 4768.5460 F. 82 p. 12°.
. . . Vorspiele zum 1. und 3. akt der oper Lohengrin von Richard Wagner. Leipzig, Breitkopf & Härtel, ᶜ1906. Publ. no. 25700. 2 p. l., 38 p. 12°. (Eulenburg's kleine orchester-partitur-ausgabe. Ouverturen. No. 52.) On verso of 2d p. l., "Abbreviations."
. . . Vorspiel zu Tristan und Isolde von Richard Wagner. Leipzig, Ernst Eulenburg [etc.], Breitkopf & Härtel, ᶜ1905. Publ. no. 25000. 1 p. l., 23 p. 12°. (Eulenburg's kleine orchester-partitur-ausgabe. Ouverturen. No. 49.)
. . . Die meistersinger von Nürnberg. Vorspiel. Orchester-partitur. Mainz-Leipzig, B. Schott's Söhne [etc.]. Publ. no. 27107.27500. 1 p. l., 64 p. 12°.
. . . Parsifal. Vorspiel. Orchester-partitur. Mainz-Leipzig, B. Schott's Söhne [etc.]. Publ. no. 27108.27200a. 1 p. l., 33 p. 12°.

M1004.W13

Wagner, R.—Continued.

. . . Polonia.

*Leipzig, [etc.], Breitkopf & Härtel, ᶜ1908. Publ. no. Part. B.
2093. 1 p. l., 64 p. fol.*

At head of title: "Richard Wagner. Vier ouvertüren für orchester
zum ersten male herausgegeben von Felix Mottl."

M1004.W13P5

. . . Rule Britannia.

*Leipzig, [etc.], Breitkopf & Härtel, ᶜ1908. Publ. no. Part. B.
2094. 1 p. l., 48 p. fol.*

At head of title: "Richard Wagner. Vier ouvertüren für orchester
zum ersten male herausgegeben von Felix Mottl."

M1004.W13R7

Siegfried-idyll von Richard Wagner. Für orchester. Partitur . . .

*London, [etc.], Schott & Co., [1878]. Publ. no. 22430. 1 p. l.,
46 p. fol.*

M1002.W13

Symphonie (C dur) von Richard Wagner. Nachgelassenes
werk. Componirt: 1832. Erste veröffentlichung: 1911.

*Leipzig, Max Brockhaus, ᶜ1911. Publ. no. M. B. 588a.
87 p. fol.*

M1001.W18

. . . Tonbilder aus Tristan und Isolde (Fritz Hoffmann).

*Leipzig, Breitkopf & Härtel, ᶜ1908. Publ. no. Part. B.
2109. 2 p. l., 84 p. fol.*

M1070.W13T5

Trauersinfonie (Marsch über motive aus Euryanthe.) Zur
feierlichen beisetzung der asche Carl Maria von Weber's
ausgeführt während des zuges vom ausschiffungsplatze
bis an den friedhof zu Friedrichstadt, am 14ten Dezember
1844. Nach melodien der "Euryanthe" arrangirt von
Richard Wagner. Partitur.

Mss. transcribed 1908. 15 p. fol.

Band score.

M1247.W38

Tristan und Isolde von Richard Wagner. English translation by H. and F. Corder. Version française com-
mencée par Alfred Ernst, terminée par L. de Fourcaud et
P. Brück. Vorspiel und Isoldens liebestod. Partitur . . .

*Leipzig, [etc.], Breitkopf & Härtel, ᶜ1904. Publ. no. 25000.
51 p. 12°.*

M1070.W13T6

Wagner, R.—Continued.

Tristan und Isolde von Richard Wagner. Vorspiel. Partitur.

Leipzig, [etc.], Breitkopf & Härtel, ᶜ1904–1905. Publ. no. 25000. 23 p. 12°.

Pocket edition.

M1004.W13T6

Wagner, Siegfried, 1869–

Herzog Wildfang. Ouverture. [Akt 1.] Siegfried Wagner.

[Leipzig], Max Brockhaus, [1901]. Publ. no. 393. 58 p. fol.

Caption title.

M1004.W14H3

Herzog Wildfang von Siegfried Wagner. Einleitung zum 3. akt und Kirmess walzer. Partituren . . .

Leipzig, Max Brockhaus, [1901]. Publ. no. M. B. 393. Paged 375–415. fol.

M1004.W14H32

Wagner-Löberschütz, Th.

. . . Scène romantique für violine-solo und orchester v. Th. Wagner-Löberschütz. Op. 12.

Heilbronn a. N., C. F. Schmidt, [1897]. Publ. no. C. F. S. 1644. 23 p. fol.

Caption title.

M1012.W15 Op. 12

. . . Frühlingszeit. Suite im volkston für orchester von Th. Wagner-Löberschütz. Op. 19. I. Ahnung und hoffnung . . . II. Auf grüner wiese. III. Hurtig in's feld . . . Partitur.

Heilbronn, G. F. Schmidt, [etc.], ᶜ1903. Publ. no. C. F. S. 3036. 59 p. fol.

M1003.W164

Walch, Johann Heinrich, 1775–1855.

Marsch aus den befreiungskriegen 1813–1815, componirt von J. H. Walch. Bearbeitet von R. Britzke . . .

See Zwei altpreussische Kriegsmärsche.

Full score for orchestra.

M2.M9

Wallace, William Vincent, 1814–1865.

Lorelei ou La fille du Rhin. Opéra en 3 actes et 6 tableaux. Musique de W. V. Wallace. Ouverture . . . Grande partition d'orchestre de l'ouverture . . .

Paris, Meissonnier. Publ. no. C. M. 10223. 1 p. l., 41 p. fol.

The opera was first performed 1860. J. B. Katto, Bruxelles, stamped over imprint.

M1004.W195L7

Wallace, William, 1860–

Villon. Symphonic poëm No. 6 for orchestra. Full
score . . .

*London, Schott & Co. [etc.], ᶜ1910. Publ. no. 28723. 46 p.
fol.*

                              M1002.W277V5

Wallerstein, Anton, 1813–1892.

. . . Triumph-marsch . . . von Anton Wallerstein. Op.
273. (Partitur.)

Leipzig, Fr. Kistner, [187–]. Publ. no. 4682. 27 p. fol.

> At head of title: "1870· Motto: Tag des sieges ohne gleichen,
> tag des höchsten jubels voll! Ernst Scherenberg. (Sedan-
> fest.)"

                          M1046.W2 Op. 273

Walter, August, 1821–1896.

Sinfonie (No. 1, Es dur) für orchester componirt . . . von
August Walter. Op. 9. Partitur.

Leipzig, Fr. Kistner, [1857]. Publ. no. 2230. 251 p. 4°.

                          M1001.W23

. . . Concert ouverture D dur componirt von August Walter. Op. 16. Partitur . . .

*Basel, A. Hunold, [etc.], [1861]. Publ. no. A. H. 4. 83 p.
4°.*

                          M1004.W232C7

Wassilenko, Sergei Nikiforovich, 1872–

. . . Poème épique pour grand orchestre composée par
S. Wassilenko. Op. 4. Partition . . .

*Moscou, [etc.], P. Jurgenson, [1903]. Publ. no. 28530. 75 p.
4°.*

                          M1002.V334P7

Symphonie No. 1 (G-moll) pour grand orchestre par S.
Wassilenko. Op. 10. Partition . . .

*Moscou-Leipzig, P. Jurgenson, [etc.], [1909]. Publ. no. 32792.
274 p. fol.*

> In caption title, 1904–1906.

                          M1001.V34 Op. 10

Le jardin de la mort. Poème symphonique pour grand
orchestre par S. Wassilenko. Op. 12. Partition . . .

*Moscou-Leipzig, P. Jurgenson, [etc.], [1908]. Publ. no.
32795. 48 p. fol.*

                          M1002.V334J3

Wassilenko—Continued.

. . . Hyrcus nocturnus. Poème symphonique. Op. 15. Partition . . .

Moscou-Leipzig, P. Jurgenson, [etc.], [1910]. Publ. no. 33575. 119 p. fol.

Composed, 1909.

M1002.V334H7

Weber, Joseph Miroslav, 1854–1906.

. . . Concert in G moll für violine und orchester, Allegro marciale, Andantino (Idylle), Allegro molto, im jahre 1898 componirt von Joseph Miroslav Weber. Partitur . . .

München, Jos. Aibl, ᶜ1899. Publ. no. 2897. 147 p. 4°.

M1012.W37

Weber. Carl Maria (Friedrich Ernst freiherr) von, 1786–1826.

Ouverture zur oper: Der beherrscher der geister (Rübezahl) für orchester componirt von Carl Maria von Weber. Op. 27. Partitur.

Leipzig, C. F. Peters, [etc.], [1858]. Publ. no. 4058. 1 p. l., 51 p. 4°.

M3.3.W37 Op. 27

. . . Grand concerto, No. 2. Op. 32. Partitur. [Für pianoforte und orchester.]

Mss. 60 p. fol.

Cover title. Composed 1812.

M1010.W37 Op. 32

Polonaise de Ch. M. de Weber. Op. 50. Transcription pour orchestre par Th. Parmentier.

Paris, Durand, Schoenewerk et Cie., Maison G. Flaxland, [ca. 1880]. Publ. no. D. S. & Cie. 2263. 1 p. l., 38 p. 4°.
Autograph presentation copy of "Th. Parmentier" "à Mr. Vizentini."

M1060.W37P3

Aufforderung zum tanz (Invitation à la valse) von C. M. von Weber. Op. 65 für grosses orchester instrumentirt von Hector Berlioz. Partitur . . .

Berlin, Schlesinger (Rob. Lienau), [1890]. Publ. no. B. et cie 12406. 1 p. l., 4° p. 4°.

M1060.W37B3

. . . Aufforderung zum tanz von Carl Maria von Weber. Op. 65. Für orchester gesetzt von Felix Weingartner. Partitur . . .

Berlin, Adolph Fürstner, ᶜ1896. Publ. no. A. 4880 F. 46 p. fol.

M1060.W37W3

Weber, C. M. von—Continued.

C. M. von Weber's polonaise brillante, Op. 72, für pianoforte und orchester instrumentirt . . . von F. Liszt. Partitur . . .

Berlin, Schlesinger, [185–]. *Publ. no. S. 4014 A. 1 p. l., 40 p. 4°.*

Breitkopf & Härtel's Them. Verz., Neue ausgabe, p. 13.

M3.3.L76 II.b.4.

Concert-stück. Larghetto affetuoso, Allegro passionato, Marcia e rondo giojoso für das pianoforte mit begleitung des orchesters componirt . . . von Carl Maria von Weber. Partitur.

Leipzig, C. F. Peters, [1856?]. *Publ. no. 3938. 1 p. l., 132 p. 4°.*

First edition.

M3.3.W37 Op. 79

Concertstück für das pianoforte mit begleitung des orchesters von C. M. von Weber. Op. 79. Partitur.

Leipzig, C. F. Peters, [ca. 1860]. *Publ. no. 5937. 1 p. l., 60 p. 4°. (Edition Peters no. 282.)*

M1010.W37 Op. 79

Adagio u. rondo für das harmonichord (od. harmonium) mit begleitung des orchester componirt . . . von C. M. v. Weber. Nachgelassenes werk no. 15. Partitur.

Leipzig u. Berlin, C. F. Peters, [etc.], [1857?]. *Publ. no. 4290. 40 p. 4°.*

First edition.

M3.3.W37J115

Ouverturen für orchester von C. M. von Weber. Partitur. (Der Freischütz. Oberon. Euryanthe. Jubel-Ouverture.)

Leipzig, C. F. Peters, [1879]. *Publ. no. 6246. 72 p. fol.*

Edited by Alfred Dörffel.

M1004.W37309

Jubel-ouverture comp. von Carl Maria von Weber.

Berlin, Schlesinger, [1859?]. *Publ. no. S. 1605 (A). 1 p. l., 48 p. 4°.*

Caption title. Ouvertures . . . no. 1. First edition.

M3.3.W37 Op. 59

Ouverture Abu Hassan. C. M. v. Weber.

Berlin, Ad. Mt. Schlesinger, [187–]. *Publ. no. S. 5607. 1 p. l., 28 p. 4°.*

Caption title. Ouvertures. . . IX.
First edition. Jähns: Them. Verz., p. 123.

M3.3.W37J106B

Weber, C. M. von—Continued.

Ouverture aus Preciosa von Carl Maria von Weber.
Berlin, Ad. Mt. Schlesinger, [1859?]. *Publ. no. S. 2913 A.
50 p. 4°.*

Caption title. Ouvertures . . . no. III. First edition. Jähns,
Them. Verz., p. 330.

M3.3.W37 Op. 78

Ouverture zu Peter Schmoll. C. M. v. Weber.
Berlin, Ad. Mt. Schlesinger, [187-]. *Publ. no. S. 5608.
53 p. 4°.*

Caption title. Ouvertures . . . VII.
First edition. Jähns: Them. Verz. p. 38.

M3.3.W37J8B

Ouverture zum Beherrscher der Geister. C. M. v. Weber.
Berlin, Ad. Mt. Schlesinger. Publ. no. S. 5609. 47 p. 4°.
Caption title. (Ouvertures. . . . No. VIII). First edition. Jähns:

Them. Verz., p. 145.

M3.3.W37J122B

Ouverture zur oper: "Silvana" comp. von C. M. von Weber.
Berlin, Schlesinger, [1859?]. *Publ. no. S. 4790. 44 p. 4°.*
Caption title. Full score. Ouvertures . . . IV. First edition.

Jähns, Them. Verz., p. 102.

M3.3.W37J87

Ouverture zu der oper Oberon für das grosse orchester comp.
von Carl Maria v. Weber.
Berlin, Ad. Mt. Schlesinger, [1859?]. *Publ. no. S. 2944.
58 p. 4°.*

Caption title. Ouvertures . . . V. First edition. Jähns, Them.
Verz., p. 393.

M3.3.W37J306

Ouverture zur oper: Euryanthe componirt von C. M. von
Weber.
Berlin, Schlesinger, [1859]. *Publ. no. S. 4791. 58 p. 4°.*
Caption title. Ouvertures . . . VI. First edition. Jähns,

Them. Verz., p. 358.

M3.3.W37 Op. 18

Ouverture zu der oper: Der freyschütz für das grosse
orchester comp. von Carl Maria von Weber.
Berlin, Ad. Mt. Schlesinger, [1859]. *Publ. no. S. 2913.
p. 3-50. 4°.*

Caption title. Ouvertures . . . no. II. First edition. Jähns,
Them. Verz., p. 303

M3.3.W37 Op. 77

Weber, C. M. von—Continued.

Grande symphonie No. 1 C dur composée par Charles Maria de Weber. Partitur.

Transcript, 1906. 110 p. fol.

> Title page contains stamp of "Johann André, Offenbach ª / Main."

M1001.W371

Sinfonie No. 2 von C. M. von Weber. Partitur.

Transcript, 1908. 84 p. fol.

> Jähns, Them. Verz., p. 66.

M1001.W373

Weide, W.

Grosse fantasie über weisen von Johannes Brahms für orchester von W. Weide. Partitur. . . .

Berlin, N. Simrock G. m. b. H. [etc.], ᶜ1911. Publ. no. 12765. 100 p. 4°.

M1060.W42

Weidig, Adolf, 1867–

Drei episoden für grosses orchester von Adolf Weidig. Op. 38. Partitur . . . I. Im freien. II. Trauer. III. Liebesglück.

Mainz, B. Schott's söhne, [etc.], [1910]. Publ. no. 1. 119 p. fol.

> On p. 2: "Erste Aufführung in Deutschland: Berlin. Philharmonie, 5. April 1909, unter Arthur Nikisch."

M1045.W31D8

Weigl, Karl.

Erste symphonie E dur von Karl Weigl. Op. 5. Partitur.

Wien-Leipzig, "Universal-Edition," ᶜ1911. Publ. no. U. E. 3374. 1 p. l., 185 p. fol.

M1001.W398

Weiner, Leo.

Serenade (F-moll) für kleines orchester komponiert von Leo Weiner, opus 3 . . .

Leipzig, Lauterbach & Kuhn, ᶜ1907. Publ. no. L. & K. 326. 1 p. l., 48 p. fol.

M1003.W41

Weingartner, (Paul) Felix, (edler von Münzberg), 1863–

König Lear. Symphonische dichtung für grosses orchester von Felix Weingartner. Op. 20. Partitur . . .

Leipzig, [etc.], Breitkopf & Härtel, ᶜ1897. Publ. no. Part. B. 973. 1 p. l., 91 p. fol.

M1002.W34K7

Weingartner—Continued.

Das gefilde der seligen. Le séjour des bienheureux. The
fields of Heaven. Symphonische dichtung für grosses
orchester (angeregt durch das gemälde von Arnold Böcklin) von Felix Weingartner. Op. 21. Partitur . . .
*Leipzig, Breitkopf & Härtel, ᶜ1897. Publ. no. Part. B.
1108. 1 p. l., 75 p. fol.*

M1002.W34G5

Symphonie in G dur für grosses orchester von Felix Weingartner. Op. 23. Partitur . . .
*Leipzig, Breitkopf & Härtel, [etc.], ᶜ1899. Publ. no. Part. B.
1509. 1 p. l., 139 p. fol.*

M1001.W42

Symphonie No. 2 in Es dur für grosses orchester von Felix
Weingartner. Op. 29. Partitur . . .
*Leipzig, Breitkopf & Härtel, ᶜ1901. Publ. no. Part. B.
1628. 1 p. l., 177 p. fol.*

M1001.W422

Symphonie No. 3 in E dur für orchester und orgel (ad libitum)
von Felix Weingartner. Op. 49. Partitur. . . .
*Leipzig [etc.], Breitkopf & Härtel, ᶜ1911. Publ. no. Part B.
2151. 1 p. l., 241 p. fol.*

M1001.W424

. . . Serenade für streichorchester von Felix Weingartner.
Partitur . . .
Berlin, Ries & Erler. Publ. no. R. 4468 E. 14 p. fol.
Publ. by Voigt, Kassel, 1883.

M1103.W42

Weinreis, Heinrich.

Wiegenlied für streichorchester und harfe (ad lib.) komponiert von Heinrich Weinreis. Op. 28. Partitur.
*Berlin, Chr. Friedrich Vieweg, ᶜ1910. Publ. no. V. 960.
fol.*

M1105.W42 Op. 28

Weismann, Julius, 1879–

. . . Tanz-fantasie für orchester. Partitur.
*Cöln am Rhein, Tischer & Jagenberg, ᶜ1911. Publ. no.
T. & J. 39. 1 p. l., 60 p. fol.*
At head of title: "Julius Weismann. Op. 35a."

M1045.W35T3

Wermann, (Friedrich) Oskar, 1840–1906.

Scherzo für orchester componirt von Oskar Wermann. Op. 25. Partitur . . .

Leipzig, Hermann Protze, [1890]. Publ. no. 46. 31 p. 4°.

M1045.W4982

Westerhout, Niccolò van, 1862–1898.

Bâdinerie pour orchestre par N. van Westerhout. Partition . . .

Milan, G. Ricordi & C., [etc.]. Publ. no. a 54572 a. 1 p. l., 6 p. fol.

M1045.W53B3

Ma belle qui danse, pour orchestre par N. van Westerhout. Partition . . .

Milan, G. Ricordi & C., [etc.]. Publ. no. a 94463 a. 1 p. l., 7 p. fol.

M1045.W53M3

Menuet et musette pour orchestre par N. van Westerhout. Partition . . .

Milan, G. Ricordi & C., [etc.]. Publ. no. v 54574 v. 6 p. fol.

M1049.W53

Ronde d'amour pour orchestre par N. van Westerhout. Partition . . .

Paris, G. Ricordi & C., [etc.]. Publ. no. c 54570 c. 1 p. l., 12 p. fol.

M1045.W53R5

Wetz, Richard, 1875–

. . . Kleist-ouverture für grosses orchester von Richard Wetz. Op. 16. Partitur . . .

Leipzig, Fr. Kistner, °1908. Publ. no. 10201. 41 p. fol.

M1004.W544K6

Wickede, Friedrich von, 1834–1904.

. . . "Per aspera ad astra." Concert-ouverture für grosses orchester componirt von Friedrich von Wickede. Op. 121.

Schwerin i/M., G. Hartmann, [1900]. 1 p. l., 36 p. fol.

M1004.W62P3

Wickenhausser, Richard, 1867–

Suite (F dur) für streichorchester componirt von Richard Wickenhausser. Op. 24. Partitur . . .

Leipzig, Fr. Kistner, [1902]. Publ. no. 9487. 46 p. 4°.

M1103.W61

Widor, Charles Marie, 1845–

 Sérénade. Ch. M. Widor. Op. 10.

  Paris, J. Hamelle, [188–]. *Publ. no.,* J. *2183 H. 44 p. 4°.*
   First published by Maho, Paris, ca. 1870.
   Publ. by Hamelle, 1902, pour petit orch. *See* Bibl. Mus., 1902.
   No. 125, p. 10. Also, same publ., pour piano and quatuor à
   cordes. *See* Bibl. Mus., 1909, No. 156, p. 10.

            M1003.W64 Op. 10

 1ère symphonie en fa par Ch. M. Widor. Op. 16. Partition d'orchestre . . .

  Paris, Durand, Schoenewerk & Cie., [ca. 1870]. *Publ. no.*
  D. S. & Cie. 1595. 2 p. l., 101 p. 4°.

            M1001W64.

 . . . Concerto pour piano avec accompagnement d'orchestre par Ch. M. Widor. Op. 39 . . .

  Paris, J. Hamelle, [ca. 1880]. *Publ. no.* J. *1377 M. 1 p. l.,*
  172 p. 4°.

            M1010.W64 Op. 39

 . . . Concerto pour violoncelle et orchestre par Ch. M.
 Widor. Op. 41 . . . Partition d'orch. . . .

  Paris, J. Hamelle, [188–]. *Pub. no. 3172. 1 p. l., 156 p.*
  4°.

            M1016.W641

 2e symphonie en la par Ch. M. Widor. Op. 54. Partition
 d'orchestre . . .

  Paris, A. Durand & Fils, [ca. 1890]. *Publ. no. D. F. 4312.*
  1 p. l., 167 p. 4°.

            M1001.W642

 Maître Ambros. Suite d'orchestre. 1. Ouverture. 2. Intermezzo. 3. Marine. 4. Ronde de nuit. 5. Kermesse. Par Ch. M. Widor. [Op. 56.] Partition d'orchestre . . .

  Paris, Henri Heugel, [189–]. *Publ. no. H. 8296. 1 p. l.,*
  118 p. fol.

            M1003.W64 Op. 56

 Walpurgisnacht (Nuit de sabbat). I. Ouverture. II. Adagio. III. Bacchanale. Pour orchestre par Ch. M. Widor.
 Op. 60. Partition d'orchestre . . .

  Paris, J. Hamelle, [189–]. *Publ. no.* J. *2931, H. 1 p. l.,*
  148 p. 4°.

            M1003.W64 Op. 60A

 . . . Fantaisie pour piano et orchestre par Ch. M. Widor.
 Op. 62. Partition d'orchestre . . .

  Paris, Durand & Schoenewerk, 1889. Publ. no. 4135.
  1 p. l., 117 p. 4°.

            M1010.W64 Op. 62

Widor—Continued.

3me symphonie pour orgue & orchestre.   Op. 69, par Ch. M. Widor.   Partition . . .

Mayence, B. Schott's söhne, [etc.], ᶜ1895.   Publ. no. 25801. 1 p. l., 107 p.   fol.

M1005.W64

. . . IIme concerto pour piano avec accompagnement d'orchestre par Ch. M. Widor.   Op. 77.   Partition d'orchestre . . .

Paris, Heugel & Cie., ᶜ1906.   Publ. no. H. & Cie. 22517. 117 p.   fol.
> Cover title.

M1010.W64   Op. 77

Choral et variations pour harpe et orchestre . . . Ch. M. Widor . . . Partition d'orchestre . . .

Paris, Heugel & Cie., ᶜ1901.   Publ. no. 20361.   73 p.   fol.

M1036.W64

Fragments symphoniques des Pêcheurs de Saint Jean. No. 1. Ouverture . . . No. 2. Le calme de la mer, prélude du 2e acte . . . No. 3. Marche de Noël, prélude du 3e acte.   Partition d'orchestre . . .

Paris, Heugel & Cie., ᶜ1904.   Publ. no. H. & Cie. 21, 598–612–661.   3 v.   74, 21, 26 p.   fol.
> Cover title.

M1004.W641P3

. . . La Korrigane.   Ballet.   1. Prélude.   2. Tempo di mazurka.   3. Adagio.   4. Scherzando.   5. Valse lente. 6. Finale.   Suite d'orchestre de Ch. M. Widor.   Partition d'orchestre . . .

Paris, Heugel & fils, [1880].   Publ. no. H. 7043.   2 p. l., 117 p.   4°.

M1003.W642

. . . La nuit de Walpurgis.   Partition d'orchestre . . . [I. Ouverture.   II. Adagio.   III. Bacchanale.]

Paris, Heugel & cie., 1908.   Publ. no. H. & cie. 23491. 176 p.   fol.
> Name of composer at head of title.

M1003.W64   Op. 60

Ouverture espagnole pour orchestre par Ch. M. Widor. Partition d'orchestre . . .

Paris, Heugel et Cie., ᶜ1897.   Publ. no. H. & Cie. 18404. 58 p.   fol.

M1004.W641E8

Wiemann, Robert, 1870–

Bergwanderung . . . Tondichtung für orchester von Rob. Wiemann. Op. 33. Partitur . . .

Osnabrück, Ferdinand Schöningh, [1906]. Publ. no. 4. 85 p. fol.

Hofmeister, 1906, gives "Im Thüringer Wald," as title of op. 33.

M1002.W646B4

. . . **Wiener.** instrumentalmusik vor und um 1750. Vorläufer der Wiener klassiker: Johann Adam Georg Reutter (der jüngere) 1708–1772, Georg Christoph Wagenseil 1715–1777, Georg Matthias Monn 1717–1750, Matthaeus Schlöger 1722–1766, Josef Starzer 1727–1787. Bearbeitet von Karl Horwitz und Karl Riedel.

Wien, Artaria & Co., 1908. 4 p. l., IX–XXVI, 122 p. port. fol. (D. d. T. in Österreich, XV. jahrg., 2 t.)

Includes a "Sonata in A dur" by Georg Matthias Monn, a "Partita in B dur" by Matthäus Schlöger, and 2 divertimenti, in C dur and A moll, by Josef Starzer.

M2.D36

Wieniawski, Henri, 1835–1880.

Souvenir de Moscou. Deux airs russes. Transcrits et va-riés pour violon avec accompagnement d'orchestre ou de piano par Henri Wienawski, (Op. 6). Partition . . .

Moscou, P. Jurgenson, [etc], [1882]. Publ. no. 3497. 19 p. 4°.

M1012.W64 Op. 6

. . . Legende pour violon avec orchestre ou piano (Op. 17) . . . Partition d'orchestre . . .

Leipzig, Fr. Kistner, [etc], [1864]. Publ. no. 2809. 29 p. fol.

M1012.W64 Op. 17

. . . Second concerto (Allegro-moderato, Romance—Finale à la zingara) pour le violon avec accompagnement d'or-chestre ou de piano par Henri Wieniawski. Op. 22. Par-tition . . .

Mayence, B. Schott's söhne, [etc.], [1880]. Publ. no. 22633. 1 p. l., 118 p. 4°.

M1012.W64 Op. 22

Wieniawski, Joseph, 1837–

Suite romantique pour orchestre. A. "Evocation." B. Scherzo. C. Idylle. D. Mazourka villageoise. Par Joseph Wieniawski. Op. 41. Partition d'orchestre . . .

Bruxelles, Schott frères [etc.], [1908]. Publ. no. S. F. 5218. 95 p. 4°.

M1003.W65

Wieniawski—Continued.

. . . "Guillaume le Taciturne." Ouverture dramatique pour orchestre par Joseph Wieniawski. Op. 43. Partition . . .
Bruxelles, Schott frères, [1887]. Publ. no. S. F. 3658.
· 83 p. 4°.

           M1004.W647G8

Wieprecht, Wilhelm (Friedrich), 1802–1872.

Hymnus und siegesmarsch der aus Schleswig-Holstein zurückkehrenden armee. Für militairmusik componirt . . . von W. Wieprecht. . . .
n. i., [1866]. 43 p. fol.
    Band score.

           M1247.W642

Wihtol, Joseph Ivanovich, 1863–

. . . Lihgo. Tableau symphonique sur des thèmes populaires lettes pour orchestre · par Joseph Wihtol. Op. 4. Partition d'orchestre . . .
Leipzig, M. P. Belaïeff, 1890. Publ. no. 272. 67 p. 4°.
    Cover title in Russian.

           M1002.W66

. . . Ouverture dramatique pour orchestre par Joseph Wihtol. Op. 21. Partition d'orchestre . . .
Leipzig, M. P. Belaïeff, 1896. Publ. no. 1306. 75 p. 4°.
    Cover title in Russian. Illustrated title page.

           M1004.W662D8

Sept chants populaires lettons. Petite suite pour orchestre par Joseph Wihtol. Op. 29a. Partition d'orchestre . . .
Leipzig, M. P. Belaïeff, 1905. Publ. no. 2560. 17 p. fol.

           M1003.W662

. . . Spriditis. Ouverture pour un conte dramatique letton pour orchestre. Op. 37. Partition d'orchestre . . .
Leipzig, M. P. Belaïeff, 1909. Publ. no. 2834. 55 p. fol.

           M1004.W662S6

. . . Fantaisie sur des chants populaires lettons pour violon avec accompagnement d'orchestre. Op. 42. Partition d'orchestre. . . .
Leipzig, M. P. Belaïeff [etc.], 1910. Publ. no. 2886. 43 p. fol.
    Name of composer at head of title.
    On cover the Russian title precedes the German title: "Phantasie über lettische volkslieder . . ."

           M1012.W66

Wihtol—Continued.

. . . Variations sur un thème russe.

See Variations sur un thème russe pour grand orchestre. . . .

M1003.V29

Wilhelmj, August (Emil Daniel Ferdinand), 1845–1908.

. . . "All'ungherese," nach Franz Liszt. Concertstück für violine mit orchester oder klavier von August Wilhelmj. Partitur . . .

Berlin, Schlesinger, [etc.], [1885]. *Publ. no. S. 7572.* *35 p.* *4°.*

M1012.W69A4

. . . Einleitung, thema und variationen nach Nicolo Paganini für violine mit orchester oder klavier begleitung von ` August Wilhelmj. Partitur . . .

Mainz, B. Schott's söhne, [etc.], [1884]. *Publ. no. 23601.* *1 p. l., 47 p.* *4°.*

M1012.W69T3

Fantasiestück von August Wilhelmj.

Mainz, B. Schott's söhne, [etc.], [1878]. *Publ. no. 22416.* *1 p. l., 58 p.* *4°.*
Caption title.

M1012.W69F2

. . . "In memoriam." Concertstück für violine und orchester oder pianoforte von August Wilhelmj. Partitur . . .

Berlin, Schlesinger, [etc.], [1883]. *Publ. no. S. 7557.* *39 p.* *4°.*

M1012.W69I3

. . . Italienische suite nach Nicolo Paganini für violine mit orchester oder clavier-begleitung von August Wilhelmj. Partitur . . .

Berlin, Schlesinger, [1885]. *Publ. no. S. 7574.* *111 p.* *4°.*

M1012.W69I8

. . . Romanze für violine mit orchester oder klavierbegleitung von August Wilhelmj. Partitur . . . Neue revidirte ausgabe.

Berlin, Schlesinger (Rob. Lienau), [1885]. *Publ. no. S. 6737.* *15 p.* *4°.*

M1012.W69R7

. . . Siciliano nach Joh. Seb. Bach für orchester oder für eine solo-violine mit orchester oder klavierbegleitung von August Wilhelmj. Für orchester. Partitur. . . .

Berlin, Schlesinger, [etc.], [188–]. *Publ. no. S. 7676.* *7 p.* *4°.*

M1012.W69S5

Wilhelmj—Continued.

Siciliano nach Joh. Seb. Bach für orchester oder für eine solo-violine mit orchester oder klavierbegleitung von August Wilhelmj. Für violine mit orchester. Partitur. *Berlin, Schlesinger (Rob. Lienau), [188-]. Publ. no. 7677. 7 p. fol.*

> The accompaniment for the piano is printed below the score.

M1012.W6986

Williams, Alberto.

. . . 1ère. ouverture de concert. Op. 15. Partition d'orchestre . . .
Paris, J. Hamelle, [etc.]. Publ. no. 1. 59 p. fol.

M1004.W72101

. . . 2ème. ouverture de concert. Op. 18. Partition d'orchestre . . .
Paris, J. Hamelle, [etc.]. Publ. no. 2. 55 p. fol.

M1004.W72102

Winderstein, Hans (Wilhelm Gustav), 1856–

Valse caprice. Concertstück für grosses orchester von Hans Winderstein. Op. 9. Partitur. . . .
Leipzig, [etc.], Breitkopf & Härtel, ͨ1895. Publ. no. Part. B. 928. 1 p. l., 35 p. fol. (B. & H.'s partitur-bibliothek 928.)

M1049.W76

Ständchen für orchester von Hans Winderstein. Op. 11. Partitur . . .
Leipzig [etc.], Breitkopf & Härtel, ͨ1895. Publ. no. Part. B. 930. 13 p. fol. (B. & H.'s partitur-bibliothek 930.)

M1045.W69

Winding, August (Hendrik), 1835–1899.

. . . Nordische ouverture für orchester componirt von Aug. Winding. Op. 7.
Hamburg, Aug. Cranz, [1872]. Publ. no. 4324. 62 p. 4°.

M1004.W765N7

Winkler, Aleksandr Adolfovich, 1865–

. . . En Bretagne. Ouverture-fantaisie sur trois chants bretons pour orchestre. Op. 13. Partition d'orchestre . . .
Leipzig, M. P. Belaïeff, 1908. Publ. no. 2792. 58 p. fol.

M1004.W775E6 ·

Witkowski, G. M.

Symphonie en ré mineur par G. M. Witkowski. Partition d'orchestre . . .

Paris, A. Durand & fils, [1901]. Publ. no. D. & F. 5980. 1 p. l., 140 p. fol.

M1001.W825

Witte, Georg Heinrich, 1843–

Concert für violoncello mit begleitung des orchesters oder des pianoforte componirt von G. H. Witte. Op. 12. Partitur. . . .

Bremen, Praeger & Meier [etc.], [187–]. Publ. no. P. & M. 975a. 45, [2] p. fol.

Cover title.

M1016.W828

. . . Elegie für violine und orchester von G. H. Witte. Opus 16. Orchesterpartitur . . .

Bremen, Praeger & Maier, [etc.], [1885]. Publ. no. P. & M. 1321a. 63 p. 4°.

M1012.W82 Op. 16

Witteborn, Otto.

. . . Herzliebchen. Intermezzo von Otto Witteborn. Op. 22 . . . Partitur.

Berlin, Apollo Verlag, ©1905. Publ. no. 586. 7 p. 4°.

Cover title.

M1145.W78

Wöber, Ottokar.

Japanische kriegsbilder. (Japanese war pictures) instrumentiert von Ottokar Wöber aus "Shogaku shoka" Klavierbearbeitungen japanischer volksmelodien von Georg Capellen. Partitur . . .

Leipzig, Breitkopf & Härtel, ©1904. Publ. no. Part. B. 1845. 27 p. fol.

Cover title.

M1003.W84

Wolf, Hugo, 1860–1903.

Italienische serenade für kleines orchester komponiert von Hugo Wolf (Nur der erste satz wurde vom komponisten vollendet) . . . Die partitur bearbeitete Max Reger.

Leipzig, Lauterbach & Kuhn, 1903. Publ. no. L. & K. 132. 30 p. fol.

M1103.W85

Penthesilea. Sinfonische dichtung für grosses orchester nach dem gleichnamigen trauerspiel Heinrich von Kleist's komponiert von Hugo Wolf. Partitur . . . No. 149.

Leipzig, Lauterbach & Kuhn, 1903. 115 p. fol.

M1002.W854

Wolf, Leopold Carl.

>Serenade (Allegretto grazioso und allegro) für pianoforte mit begleitung des orchesters componirt von Leopold Carl Wolf. Op. 7. Partitur . . .
>
>*Leipzig, J. Rieter-Biedermann, 1884. Publ. no. 1321. 46 p. fol.*
>
>   **M1010.W85 Op. 7**

>Symphonie F dur für orchester von Leopold Carl Wolf. Op. 8. Partitur . . .
>
>*Leipzig, J. Rieter-Biedermann, [1884]. Publ. no. 1323. 1 p. l. 59 p. fol.*
>
>   **M1001.W85**

Wolf-Ferrari, Ermanno, 1876–

>Das neue leben . . . componirt von E. Wolf-Ferrari. Op. 9 . . . No. 3. Engelreigen. Für orchester. Partitur.
>
>*Hambourg und Leipzig, D. Rahter, ᶜ1904. Publ. no. 2597. 1 p. l., 7 p. fol.*
>
>   **M1534.W**

Wolff, Erich J.

>. . . Violinkonzert (Es dur) mit begleitung des orchesters. Op. 20 . . . Orchester-partitur . . .
>
>*Berlin, Verlag Harmonie [etc.], ᶜ1909. Publ. no. 1048. 1 p. l., 94 p. fol.*
>
>   **M1012.W86 Op. 20**

Woods, Francis Cunningham, 1862–

>. . . Suite in F für kleines orchester . . . Partitur . . .
>
>*Leipzig, Breitkopf & Härtel, [etc.], ᶜ1901. Publ. no. Part. B. 1639. 57 p. fol. (Breitkopf & Härtel's partitur-bibliothek, 1639.)*
>
>   **M1003.W894**

Wormser, André (Alphonse Touissant), 1851–

>Gigue . . . par A. Wormser. Op. 12. No. 2, Partition d'orchestre.
>
>*Paris, Heugel & cie., [1892]. Publ. no. H. et cie. 9287. 11 p. fol.*
>
>   **M1048.W93**

>L'enfant prodigue. Pantomime en 3 actes de Michel Carré fils. Musique de André Wormser. Partition d'orchestre arrangée spécialement en vue des représentations cinématographiques et ne devant par servir à d'autres exécutions . . .
>
>*Paris, E. Biardot ᶜ1907. Publ. no. E. B. 17. 287 p. 4°.*
>Cover title.
>
>   **M1060.W93**

Woyrsch, Felix (von), 1860–

Skaldische rhapsodie. Konzert in D moll für violine und orchester von Felix Woyrsch. Op. 50. Partitur . . .
Berlin, Chr. Friedrich Vieweg, ᶜ1904. Publ. no. V. 527. 100 p. fol.

M1012.W93 Op. 50

Symphonie (c moll) für grosses orchester von Felix Woyrsch. Op. 52. Partitur . . .
Leipzig, C. F. Kahnt nachf., ᶜ1908. Publ. no. 5385. 139 p. 32cm.

M1001.W935

Drei Böcklin-phantasien . . . für orchester von Felix Woyrsch. Op. 53. Nr. 1. Die toteninsel . . . Nr. 2. Der eremit . . . Nr. 3. Im spiel der der wellen . . . Partitur . . .
Leipzig, Breitkopf & Härtel, [etc.], ᶜ1910. Publ. nos. Part. B. 2187–8–9. 3 v. 19, 15, 48 p. fol.

M1002.W879D9

Wüerst, Richard (Ferdinand), 1824–1881.

Preis-symphonie in F dur . . . von Richard Wüerst. Op. 21. Partitur . . .
Madgeburg, Heinrichshofen, [185–]. Publ. no. H. M. 799. 67 p. fol.

M1001.W96 Op. 21

. . . Ein mährchen (Conte des fées). Fantasiestück für orchester componirt von Richard Wüerst. Op. 44. Partitur . . .
Berlin & Posen, Ed. Bote & G. Bock, [1866]. Publ. no. 6597. 90 p. 4°.

M1002.W959M3

. . . Intermezzo. Für streich-instrumente (Op. 53) . . .
Berlin, Ed. Bote & G. Bock, [1870]. Publ. no. 8375. 1 p. l., 8 p. fol.

M1145.W96

Symphonie D moll für grosses orchester von Richard Wüerst. Op. 54. Partitur.
Berlin & Posen, Ed. Bote & G. Bock, [1869]. Publ. no. 8582. 1 p. l., 202 p. 4°.

M1001.W96 Op. 54

. . . Serenade für orchester componirt von Richard Wüerst. Op. 55. Partitur.
Berlin & Posen, Ed. Bote & G. Bock, [etc.], [1870]. Publ. no. 8872. 136 p. 4°.

M1003.W95

Wüerst—Continued.

Sous le balcon. Serenade for string orchestra with violoncello obligato composed by Richard Wüerst. Op. 78 . . . Full score . . .

London, Augener & co. [etc.]. Publ. no. 6019. 7 p. fol. (Augener's edition, no. 7098a.)

Published by Erler, Berlin, 1880.

M1103.W96 Op. 75

Russische suite für streich-orchester mit obligater violine componirt von Richard Wüerst. Op. 81 . . . Partitur . . .

Berlin, Hermann Erler [etc.], [188–]. Publ. no. 838. 15 p. fol.

M1103.W96 Op. 81

Tanz der mücken, fliegen und käfer. Scherzo für orchester componirt von Richard Wüerst. Op. 87. Partitur . . .

Berlin, Ries & Erler, [1882]. ·Publ. no. R. 1861 E. 17 p. fol.

M1047.W96T3

Wulf, Julius L.

Sinfonie A-dur für grosses orchester componirt von Julius L. Wulf. Op. 9.

n. i., Eigenthum des componisten für alle länder, [189–]. 1 p. l., 96 p. fol.

M1001.W98

Wurm, Marie J. A., 1860–

Klavier-concert von M. Wurm. Op. 21. H-moll.

Autograph. 84, 35, 82 p. fol.

Each of the three movements has separate pagination.

ML96.W

Youferoff, Serge.

. . . Symphoniette pour orchestre. Op. 29. Partition d'orchestre.

Leipzig [etc], B. Schott's söhne, [1911]. Publ. no. 28828. 59 p. fol.

Cover title. Name of composer at head of title.

M1001.Y67 Op. 29

. . . Fantaisie de concert pour violon. Op. 34. Partition d'orchestre.

Mainz [etc], B. Schott's söhne, [1911]. Publ. no. 28872. 39 p. 4°.

Cover title. Composer's name at head of title.

M1012.Y67

Youferoff—Continued.

. . . Fantaisie funèbre pour orchestre symphonique. Op.
42. Partition d'orchestre.
*Mainz [etc], B. Schott's söhne, [1911]. Publ. no. 28921.
30 p. fol.*
Cover title. Name of composer at head of title.

M1045.Y67

. . . Chant du cygne pour violoncelle avec acc. d'orchestre.
Op. 43, No. 1. Partition d'orchestre.
*Mainz-Leipzig, B. Schott's söhne [etc], [1911]. Publ. no.
28911. 21 p. 4°.*
Name of composer at head of title.

M1016.Y67

. . . Melancolie pour viola (alto) avec accomp. d'orchestre.
Op. 43, No. 2. Partition d'orchestre.
*Mainz-Leipzig, B. Schott's söhne [etc], [1911]. Publ. no.
28912. 19 p. 4°.*
Name of composer at head of title.

M1014.Y67

. . . Suite de ballet pour orchestre. Op. 49. Partition
d'orchestre.
*Mainz [etc], B. Schott's söhne, [1911]. Publ. no. 28922.
123 p. fol.*
Cover title. Name of composer at head of title. On p. 1 collective titles of the composer's works published by Schott.

M1003.Y67

Ysaye, Théo.

. . . Concerto en mi bémol (Op. 9). Pour piano avec accompagnement d'orchester . . .
*New York, G. Schirmer, [etc.], ᶜ1907. Publ. no. 19271.
1 p. l., 173 p. fol.*
Name of composer at head of title.

M1010.Y92 Op. 9

. . . Symphonie en Fa majeur pour grand orchestre. (Op.
14) . . .
*New York, G. Schirmer, [etc.], ᶜ1908. Publ. no. 19604. 1 p.
l., 201 p. 34½cm.*
Name of composer at head of title.

M1001.Y91

. . . . Le cygne, esquisse symphonique pour grand orchestre
. . . (Op. 15.)
New York, G. Schirmer, [etc.], ᵈ1907. 2 p. l., 48 p. fol.
Name of composer at head of title.

M1002.Y91

Ysaye—Continued.

... Fantasie sur un thème populaire Wallon pour grand orchestre ... :
New York, G. Schirmer, [etc.], ᶜ1907. Publ. no. 18262. 2 p. l., 66 p. fol.
Name of composer at head of title.

M1045.Y91F3

Zandonai, Riccardo.

... Il grillo del focolare. Fantasia. Istrumentazione di Giovanni Pennacchio.
Milano, G. Ricordi & C., [etc.], ᶜ1909. Publ. no. 113037. 1 p. l., 69 p. fol. (Biblioteca dei corpi di musica, Serie XXIII, N. 306.)
Cover title. Band score.

M1258.Z33

Zanella, Amilcare, 1873-

... Fantasia e grande fugato sinfonico a quattro *soggetti* per orchestra e pianoforte. (Op. 25). ... *Partitura* per orchestra.
Torino, Marcello Capra [etc.], ᶜ1903. Publ. no. M. 488 C. 1 p. l., 113 p. 4°. (Edizione Marcello Capra, N. 488.)

M1010.Z28 Op. 25

Festa campestre. (Landfest) Bozzetto per orchestra di Amilcare Zanella ...
Trieste, C. Schmidl & co., [etc.], ᶜ1908. Publ. no. C. Sch. 3930 Cᵒ. 29 p. fol.

M1045.Z28F4

Zarzycki, Alexander, 1834–1895.

... Romance pour violon avec quatuor, flûte, clarinette et 2 cors ou avec piano composée par Alex. Zarzycki. Op. 16. Partition ...
Berlin & Posen, Ed. Bote & G. Bock, [1877]. Publ. no. 11335. 11 p. 4°.
Cover title.

M1012.Z39 Op. 16

Concerto pour piano et orchestre par Alex. Zarzycki. Op. 17. Partition ...
Berlin & Posen, Ed. Bote & G. Bock, [etc.], [1880]. Publ. no. 12465. 65 p. fol.

M1010.Z36 Op. 17

Introduction et Cracovienne pour violon avec accompagnement d'orchestre par Alex. Zarzycki. Œuvre. 35 ...
Berlin, N. Simrock, ᶜ1893. Publ. no. 9978. 22 p. fol.

M1012.Z38 Op. 35

Zarzycki—Continued.

Suite polonaise pour orchestre par Alexandre Zarzycki. Op. 37. Partition d'orchestre . . .
Berlin, N. Simrock, 1893. Publ. no. 10007. 95 p. fol.

M1003.Z38

Zedtwitz, Kurt von.

Serenade für streichorchester von Kurt von Zedtwitz. Op. 6. Partitur.
Berlin, C. A. Challier & co., [1894]. Publ. no. C. & Co. 3486. 31 p. 4°.

M1103.Z43   Op. 6

Zelenski, Ladislaus. 1837-

. . . Im Tatra-gebirge. Charakteristische tongemälde für grosses orchester von Ladislaus Zeleński. Op. 27. Partitur . . .
Leipzig, Fr. Kistner, [1883]. Publ. no. 6257. 55 p. fol.

M1002.Z49316

Trauersklänge. Elegisches andante für orchester componirt von Ladislaus Zeleński. Op. 36. Partitur . . .
Leipzig, Fr. Kistner, [1884]. Publ. no. 6366. 35 p. 4°.

M1045.Z49T8

Zellner, Julius, 1832-1900.

. . . Sinfonie (F dur) für grosses orchester componirt von Julius Zellner. Op. 7. Partitur . . .
Wien, J. P. Gotthard, 1871. Publ. no. J. P. G. 148. 159 p. fol.

M1001.Z51

. . . Melusine. 5 sinfonische stücke für orchester componirt von Julius Zellner. Op. 10. Partitur . . .
Wien, J. P. Gotthard, [1872]. Publ. no. J. P. G. 205. 153 p. 8°.

M1002.Z516M4

Concert für pianoforte mit begleitung des orchesters componirt von Julius Zellner. Op. 12. Partitur . . .
Wien, J. P. Gotthard, 1872. Publ. no. J. P. G. 276. 238 p. 4°.

M1010.Z51   Op. 12

Sinfonietta (A dur) für orchester komponiert von Julius Zellner. Op. 26. Partitur.
Wiener-Neustadt, Eduard Wedl, 1880. Publ. no. E. W. W. N. 38. 1 p. l., 144 p. 4°.

M1001.Z514

Zellner—Continued.

. . . Hochzeitsmarsch componirt von Julius Zellner. Op.
31. Für grosses orchester. . . .
*Wiener-Neustadt, Eduard Wedl [etc], 1881. Publ. no.
E. W. W. N. 62. 17 p. fol.*
Label of "Max Brockhaus, Leipzig" pasted over imprint. At
head of title: "Zur vermählung Seiner K. K. Hoheit des Kron-
prinzen Rudolf von Österreich mit Ihrer K. Hoheit der
Prinzessin Stephanie von Belgien."
M1046.Z51

Zenger, Max, 1837–1911.

Tragische ouverture für grosses orchester von Max Zenger.
Op. 42. Partitur . . .
*Leipzig, C. F. W. Siegel. (R. Linnemann), [1885]. Publ. no.
7264. 62 p. 4°*
M1004.Z54T7

. . . Adagio concertante für violoncell mit begleitung des
orchesters oder pianoforte von Max Zenger. Op. 65.
Partitur . . .
*Leipzig, J. Rieter-Biedermann, 1889. Publ. no. 1659. 30 p.
4°.*
M1016.Z54

Zierau, Fritz, 1865–

Serenade für orchester componiert von Fr. Zierau. Op. 31.
Partitur. . . .
*Hannover, Louis Oertel [etc], [1905]. Publ. no. L. 4418 O.
15 p. 4°.*
M1003.Z65

Zilcher, Hermann, 1881–

Suite (G dur) für orchester componirt von Hermann Zilcher.
Op. 4. Partitur . . .
*Berlin, Ries & Erler, [1903]. Publ. no. R. 7399 E. 58 p.
fol.*
M1003.Z69

. . . Konzert in H moll für violine und kleines orchester.
Op. 11.
*Leipzig, Breitkopf & Härtel, ᶜ1906. Publ. no. Part B. 2020.
1 p. l., 61 p. fol. (B. & H.'s partitur-bibliothek, 2020.)*
Cover title.
M1012.Z69 Op. 11

Zöllner, (Karl) Heinrich, 1854–

Sommerfahrt. Episode für streichorchester von Heinrich
Zöllner. Op. 15. Partitur . . .
*Leipzig, C. F. W. Siegel (R. Linnemann), [1882]. Publ. no.
6533. 19 p. fol.*
M1103.Z86 Op. 15

Zöllner—Continued.

Symphonie für grosses orchester komponiert von Heinrich Zöllner. Op. 20. Partitur . . .
Leipzig, C. F. W. Siegel (R. Linnemann), [1883]. Publ. no. 6840. 163 p. 4°.
M1001.Z85

Elegie für violine mit begleitung von kleinem orchester oder pianoforte von Heinrich Zöllner. Op. 46. Partitur . . .
Leipzig, J. Rieter-Biedermann, 1889. Publ. no. 1652. 7 p. fol.
M1012.Z85 Op. 46

Die versunkene glocke. Musikdrama in 5 aufzügen nach der märchendichtung Gerhart Hauptmann's von Heinrich Zoellner. Op. 80 . . . Rautendeleins leid. Vorspiel zum 5. akt für orchester. Partitur . . .
Leipzig, [etc.], Breitkopf & Härtel, [1900]. Publ. no. Part. B. 934. 19 p. fol.
M1004.Z85V4

. . . Waldphantasie für orchester. Partitur . . . [Op. 83.]
Leipzig, [etc.], Breitkopf & Härtel, ᶜ1903. Publ. no. Part. B. 1738. 2 p. l., 55 p. fol.
M1002.Z85

. . . Unter dem sternenbanner. Ouverture für grosses orchester komponiert von . . . Heinrich Zöllner. Op. 88. Orchester-partitur . . .
Leipzig, Rob. Forberg, ᶜ1905. Publ. no. 5843. 65 p. fol.
The proof sheets, of which the L. of C. possesses a copy, bear copyright date 1905.
M1004.Z85U7

Serenade für streichorchester und flöte von Heinrich Zoellner. Op. 95. Partitur . . .
Berlin, Ries & Erler, [1908]. Publ. no. R. 8144 E. 39 p. fol.
M1105.Z85 Op. 95

Zolotareff, B.

. . . Fête villageoise. Ouverture pour orchestre par B. Zolotareff. Op. 4. Partition d'orchestre . . .
Leipzig, M. P. Belaïeff, 1901. Publ. no. 2258. 51 p. fol.
Cover title in Russian and French.
M1004.Z86F4

. . . Rhapsodie hébraïque pour grand orchestre par B. Zolotareff. Op. 7. Partition d'orchestre . . .
Leipzig, M. P. Belaïeff, 1903. Publ. no. 2382. 99 p. fol.
M1002.Z86

Zolotareff—Continued.

　. . . Première symphonie pour orchestre par B. Zolotarev.
　　Op. 8.　Partition d'orchestre . . .
　　Leipzig, M. P. Belaïeff, 1903.　Publ. no. 2452.　134 p.　fol.
　　　　　　　　　　　　　　　　　　　　　　　　M1001.Z86

　. . . Ouverture-fantaisie pour orchestre par B. Zolotareff.
　　Op. 22.　Partition d'orchestre . . .
　　Leipzig, M. P. Belaïeff, 1907.　Publ. no. 2694.　59 p.　fol.
　　Cover page in Russian and German.
　　　　　　　　　　　　　　　　　　　　　　　　M1004.Z8609

Zopff, Hermann, 1826–1883.
　　Deutsche festouverture . . . für grosses orchester von Her-
　　mann Zopff.　Op. 33.　[Partitur.]
　　Leipzig, Rob. Forberg, [1872].　Publ. no. 1283.　88 p.　4°.
　　　　　　　　　　　　　　　　　　　　　　　　M1004.Z88D4

　　Drei idyllen für kleines orchester von Hermann Zopff.　Op.
　　35.　No. 1. Stilleben (Dolce far niente) für streichor-
　　chester.　No. 2. Serenade für blasinstrumente.　No. 3.
　　Lindenrauschen für streichorchester.
　　Leipzig, Rob. Forberg, [ca. 1870].　Publ. nos. 1289–1290,
　　3080.　3 v.　10, 10 p.　4°.
　　　　According to Hofmeister nos. 1 and 2 were published 1872, no. 3
　　　　1883.
　　　　　　　　　　　　　　　　　　　　　　　　M1145.Z88

Zweers, Bernard, 1854–
　　3e. symphonie Aan mijn vaderland.　a) In Neerlands wou-
　　den.　b) Op het land.　c) Aan het strand en óp zee.　d)
　　Ter hoofdstad.　Orkester partitur . . .
　　Middelburg, A. A. Noske [etc.], [1908].　Publ. no. A. A. N.
　　176.　1 p. l.　304 p.　fol.
　　　　　　　　　　　　　　　　　　　　　　　　M1001.Z98

　. . . **Zwei altenglische militärmärsche** neu instrumentirt von
　　Carl Arnold und Otto Brinkmann.　Partitur.
　　Leipzig, [etc.], Breitkopf & Härtel, ᶜ1897.　Publ. no. 21628.
　　2 p. l., 15 p.　fol.　(Musik am preussischen hofe . . . hrsg.
　　von Georg Thouret.　No. 9.)
　　　　Contents: No. 1. Quickmarsch "The Duke of York's favourite."
　　　　No. 2. Marsch aus der Oper "The siege of Belgrade," von
　　　　Storace, 1791.
　　　　　　　　　　　　　　　　　　　　　　　　M2.M9

　. . . **Zwei altenglische short-troops** neuinstrumentirt von August
　　Kalkbrenner und Adolph Reckzeh.　Partitur.

. . . **Zwei altenglische short-troops**—Continued.

Leipzig, [etc.], Breitkopf & Härtel, ^c*1897. Publ. no. 21632.
2 p.l., 15 p. fol. (Musik am preussischen hofe . . . hrsg.
von Georg Thouret. No. 10.)*

> Contents: No. 1. Short troop of the 1st regiment of the guards.
> No. 2. "The Duke of York's Short troop."

M2.M9

. . . **Zwei altpreussische kriegsmärsche** neuinstrumentirt von
Carl Frese und Rudolf Britzke. Partitur.

Leipzig, [etc.], Breitkopf & Härtel, ^c*1897. Publ. no. 21652.
2 p.l., 11 p. fol. (Musik am preussischen hofe . . . hrsg.
von Georg Thouret. No. 8.)*

> Contents: No. 1. Marsch des Regiments von Schönfeld aus dem
> kriege gegen Frankreich 1792-1795. No. 2. Marsch aus den
> Befreiungskriegen 1813-1815 . . .

M2.M9

CLASS INDEX.

(See Table of contents.)

Band music. *See* Wind instruments.

"Cassationen." *See* Early music.

"Concerti" (Concerti grossi, Concerti a quattro, etc.).

ABACO, E. F. DALL'.
Concerti a quatro da chiesa.

BACH, J. S.
Concertos for several instruments. (Werke, Bachgesellschaft.)
Brandenburgisches konzert, no. 1. (Seiffert.)
Brandenburgisches konzert, nos. 1, 3. (Neue Bachgesellschaft.)
Sechstes Brandenburgisches konzert. (Mottl.)
Concert en Ut majeur. (Griepenkerl.)
Premier concerto. (Dehn.)

CORELLI, A.
Concerti grossi. (Joachim and Chrysander.)
The score of the twelve concertos. (Johnson.)

GRAUPNER, C.
Concerto a 3 flauti traversieri, 2 hautbois, 2 violini, viola e cembalo.

HÄNDEL, G. F.
Concertos for orchestra. (Werke, Deutsche Händelgesellschaft.)
Concerti grossi. (Seiffert.)
Grand concertos. (Arnold.)
"Hautboy concertos." (Arnold.)
Zwölf grosse konzerte für streichinstrumente. (Schumann.)
Concerto grosso in C dur. (Mottl.)
Concert D dur. (Kogel.)
Concert D moll. (Kogel.)

"Concerti."

HÄNDEL, G. F.—Continued.
Concert. (G moll, ed. by David.)
Konzert in F dur. (Kogel.)
Zweites concerto grosso in F dur. (Kretzschmar.)

HASSE, J. A.
Konzert für flöte, zwei violinen, viola und bass.

MUFFAT, G.
Auserlesene mit ernst und lust gemengte instrumental-music. 1701.

RAMEAU, J. P.
Konzert (G moll).

STÖLZEL, G. H.
Concerto grosso.

TORELLI, G.
Concerto con due violini.

Concertos, concert pieces, etc. (Alphabetically by instrument.)

Bassoon.
HERTZMAN, F.
Romance.

HEYMANN.
Concertos in C minor, B major.

LASSEN, E.
Zwei phantasiestücke.

MOZART, J. Ch. W. A.
Concert für das fagott.

ORLAMÜNDER.
Concertino.

RITTER, J. P.
Concert, 1778.

Clarinet.
MOZART, J. Ch. W. A.
Concert für die clarinette.

STOLZENBERG, G.
Serenade, op. 6.

517

Concertos, etc.—Continued.

Clarino.

MOZART, L.
Concerto per il clarino solo.

Flute.

FRIEDRICH DER GROSSE.
Concert I.

GOUVY, L. T.
Sérénade, op. 82.
Zweite serenade, op. 84.

HERTZMAN, F.
Romance.

HOFMANN, II. K. J.
Concertstück, op. 98.

HOLLÄNDER, G.
Andante cantabile, op. 60a.

JADASSOHN, S.
Serenade, op. 80.

LANGER, F.
Concert.

MOZART, J. Ch. W. A.
Andante für die flöte.
Concertos 1-2. (Br. & H., Werke.)

QUANTZ, J. J.
. Concert (G dur).

RITTER, J. P.
Concerto, 1783, D major.
Flöten-concert, D major.

SAINT-SAËNS, C. C.
Romance, op. 37.

ZÖLLNER, H.
Serenade, op. 95.

Harp.

ALBERSTOETTER, C.
Concertstück.

ALVARS, E. PARISH.
Grand marche.

DEBUSSY, C. A.
Danses.

DUBOIS, F. C. T.
Fantaisie.

HUBER, W.
Fantaisie, op. 9.
Meditation, op. 10.

NERUDA, F.
Berceuse slave.

Concertos, etc.

Harp—Continued.

PIERNÉ, H. C. G.
Concertstück, op. 39.

REINECKE, C. H. C.
Concert, op. 182.

ROGER-DUCASSE.
Variations plaisantes sur un thème grave.

SPORCK, G.
Fantaisie-caprice.

WEINREIS, H.
Wiegenlied, op. 28.

WIDOR, C. M.
Choral et variations.

Horn.

BEAUMONT, A. S.
Divertimento.

BRUNEAU, A.
Romance.

DIETRICH, A. H.
Einleitung u. Romanze, op. 27.

DUBOIS, F. C. T.
Cavatine.

FÖRSTER, A.
Gedenkblatt.

HUTSCHENRUIJTER, W.
Nocturne, op. 13.

MOZART, W. A.
Concertos 1-4. (Br. & H., Werke.)

SAINT-SAËNS, C. C.
Romance, op. 36.

STRAUSS, R.
Concert (Es dur), op. 11.

Oboe.

HENRIQUES, F.
Suite (Fa majeur), op. 13.

HERTZMAN, F.
Romance.

INDY, P. M. T. V. d'.
Fantaisie sur des thèmes populaires français, op. 31. .

KLANERT, K.
Passions-präludium. "Herzliebster Jesu, was hast du verbrochen." Op. 30.

KLUGHARDT, A. F. M.
Concertstück, op. 18.

Concertos. etc.

    Pianoforte—Continued.

BOBINSKI, H. A.

    Concerto (Mi-mineur), op. 8.

BORDIER, J.

    Scherzo oriental.

BRAHMS, J.

    Concert, op. 15.

    Concert (No. 2, B dur), op. 83.

BRANDTS, BUYS J.

    Konzertstück (Des dur), op. 3.

    Konzert, op. 15.

BRONSART VON SCHELLEN-
    DORF, H.

    Concert, op. 10.

BRÜLL, I.

    Erstes concert, op. 10.

    Zweites concert, op. 24.

    Rhapsodie, op. 65.

    Andante und Allegro, op. 88.

BÜLOW, H. VON.

    Mazurka-fantasie, op. 13.

BUSONI, F. B.

    Concertstück, op. 31a.

    Concerto, op. 39.

CASTILLON, A. DE.

    Concerto en ré majeur, op. 12.

CHABRIER, A. E.

    Bourrée fantastique.

CHAMINADE, C. L. S.

    Concertstück, op. 40.

CHOPIN, F. F.

    Concerte und concertstücke.
    (Br. & H., Werke, Gesammt.
    ausgabe.)

    Variationen über "La ci darem
    la mano," op. 2.

    Erstes grosses concert, op. 11.

    Grosse phantasie über polnische
    weisen, op. 13.

    Krakowiak, op. 14. Grosses con-
    cert-rondo.

    Zweites concert, op. 21.

    Grosse brillante polonaise, op 22.

CLEVE, H.

    Konzert, op. 3.

    Konzert No. 2 in B moll, op. 6.

    Konzert No. 3 in Es dur, op. 9.

COWEN, F. H.

    Concertstück.

Concertos, etc.

    Pianoforte—Continued.

DELABORDE, E. M.

    Morceau romantique, op. 3.

DELIUS, F.

    Klavierkonzert.

DOHNÁNYI, E. VON.

    Concert (E moll), op. 5.

DRAESEKE, F. A. B.

    Concert (Es dur), op. 36.

DUBOIS, F. C. T.

    2me concerto.

DUPONT, A.

    Concertstück, op. 42.

    Concerto (en Fa-min), op. 49.

DUVERNOY, V. A.

    Fantaisie.

DVOŘÁK, A.

    Concert, op. 33.

FAURÉ, G. U.

    Ballade, op. 19.

FRANCK, C. A.

    Les Djinns.

    Variations symphoniques.

GEDALGE, A.

    Concerto, op. 16.

GLEITZ, K.

    Irrlichter, op. 9.

GOEDICKE, A. F.

    Concertstück, op. 11.

GOETZ, H.

    Concert (B dur), op. 18.

GRIEG, E. H.

    Concert, op. 16.

HARTMANN, E.

    Concerto, op. 47.

HENSELT, A.

    Konzert (F moll), op. 16.

HERTZMAN, F.

    Romance.

HOCHBERG, H. H. BOLKO,
    GRAF VON.

    Concert (C moll), op. 42.

HOLBROOKE, J.

    The song of Gwyn ap Nudd.

HUBER, H.

    Concert, op. 36.

HUMMEL, J. N.

    Klavierkonzert, op. 85.

    Konzert, op. 89.

Concertos, etc.
  Pianoforte—Continued.

JUST, J. A.
  Concert pour le clavecin.
KAUFFMANN, F.
  Concert (C moll), op. 25.
KAUN, H.
  Concert, op. 50.
KOCH, F. E.
  Deutsche rhapsodie, op. 31.
KREUTZER, C. L. F.
  Concerto.
KRONKE, E.
  Symphonische variationen über
    ein nordisches thema, op. 14.
LACOMBE, P.
  Suite, op. 52.
LALO, E. V. A.
  Concerto.
LANGGAARD, S.
  Concerto (E moll).
LIAPUNOV, S. M.
  Concerto, op. 4.
  Rapsodie sur des thèmes de l'Ou-
    kraïne, op. 28.
  Second concerto, op. 38.
LIMBERT, F. L.
  Concertstück (C moll), op. 3.
LISZT, F.
  Werke. (Br. & H.).
  C. M. von Weber's polonaise bril-
    lante, op. 72.
  Erstes concert.
  Fantasie über motive aus Bee-
    thoven's Ruinen von Athen.
  Franz Schubert grosse fantasie,
    op. 15.
  Mazurka-fantasie von H. von
    Bülow, op. 13.
  Phantasie über ungarische volks-
    melodien.
  Rhapsodie espagnole (Busoni).
  Todtentanz (Danse macabre).
  2tes. concert.
  Zwei episoden aus Lenau's Faust.
    (Burmeister.)
MacDOWELL, E. A.
  Erstes konzert, op. 15.
  Zweites konzert, op. 23.
MACKENZIE, A. C.
  Schottisches concert, op. 55.

Concertos, etc.
  Pianoforte—Continued.

MAJOR, J. J.
  Concert symphonique, op. 12.
MALLING, O. V.
  Concert (C-moll), op. 43.
MARTUCCI, G.
  Concerto (in Si minore), op. 66.
MASSENET, J. É. F.
  Concerto.
MENDELSSOHN - BARTHOLDY,
    J. L. F.
  Capriccio brillant, op. 22.
  Concerte. No. 1. G moll, op. 25.
    No. 2. D. moll, op. 40.
  Pianoforte und orchester. (Br. &
    H., Werke.)
MENTER, S.
  Ungarische zigeunerweisen.
MOÓR, E.
  Concert (D dur).
MOSCHELES, I.
  Drittes concert (in G moll), op.
    58.
MOSZKOWSKI, M.
  Concerto, op. 59.
MOZART, J. C. W. A.
  Piano concertos. (Br. & H.,
    Werke.)
NAPRAVNIK, E. F.
  Concerto (La mineur), op. 27
  Fantaisie russe, op. 39.
NEITZEL, O.
  Concert, op. 26.
NOVÁČEK, O.
  Concerto eroico, op. 8.
OLLONE, M. d'.
  Fantaisie.
  Le ménétrier.
PABST, P.
  Concert (Es-dur), op. 82.
PADEREWSKI, I. J.
  Concerto en La-mineur, op. 17.
  Fantaisie Polonaise, op. 19.
PÉRILHOU, A.
  2me fantaisie.
PIRANI, E.
  Scene veneziane, op. 44.
RACHMANINOV, S.
  Second concerto, op. 18.
  3me concerto, op. 30.

Concertos, etc.
>   Pianoforte—Continued.
>   >   RAFF, J. J.
>   >   >   Ode au printemps, op. 76.
>   >   >   Concert, op. 185.
>   >   >   Suite, op. 200.
>   >   RAIF, O.
>   >   >   Concert, op. 1.
>   >   RATH, F. VOM.
>   >   >   Klavierkonzert, op. 6.
>   >   REGER, M.
>   >   >   Konzert, op. 114.
>   >   REINECKE, C. H. C.
>   >   >   Concert, op. 72.
>   >   >   Concert No. 3, op. 144.
>   >   REINHOLD, H.
>   >   >   Suite, op. 7.
>   >   RHEINBERGER, J. G.
>   >   >   Concert As dur, op. 94.
>   >   RHENÉ-BATON.
>   >   >   Variations (sur un mode éolien),
>   >   >   op. 4.
>   >   RIES, F.
>   >   >   Concerto, op. 42.
>   >   >   Rondò Polacca, op. 174.
>   >   RIMSKY-KORSAKOV, N. A.
>   >   >   Concerto (Ut mineur), op. 30.
>   >   RITTER, J. P.
>   >   >   Concerto, D major.
>   >   >   Concerto per il cembalo, E minor.
>   >   RUBINSTEIN, A. G.
>   >   >   Premier concert, op. 25.
>   >   >   Deuxième concerto, œuv. 35.
>   >   >   3ième concerto, op. 45.
>   >   >   4ième concerto (D moll), op. 70.
>   >   >   Fantaisie (C-dur), op. 84.
>   >   >   5ième concerto (Es dur), op. 94.
>   >   >   Caprice russe, op. 102.
>   >   >   Concertstück, op. 113.
>   >   SAINT-SAËNS, C. C.
>   >   >   Premier concerto, op. 17.
>   >   >   2e concerto, op. 22.
>   >   >   3me concerto, op. 29.
>   >   >   4e concerto, op. 44.
>   >   >   Allegro appassionato, op. 70.
>   >   >   Rhapsodie d'Auvergne, op. 73.
>   >   >   "Wedding cake," op. 76, No. 1.
>   >   >   Africa, op. 89.
>   >   >   5e concerto, op. 103.
>   >   SAUER, E.
>   >   >   Concerto.
>   >   >   2ième concerto, Ut-mineur.

Concertos, etc.
>   Pianoforte—Continued.
>   >   SCHARWENKA, F. X.
>   >   >   Concert (B moll), op. 32.
>   >   >   Zweites konzert, op. 56.
>   >   >   Konzert (Nr. 3, in Cis moll), op.
>   >   >   80.
>   >   >   Viertes konzert, op. 82.
>   >   SCHELLING, E.
>   >   >   Suite fantastique, op. 7.
>   >   SCHOBERT, J.
>   >   >   Klavierkonzert in Gdur, op. 9.
>   >   >   Klavierkonzert in Esdur, op. 12.
>   >   SCHOLZ, B. C.
>   >   >   Clavierconcert, op. 57.
>   >   SCHUBERT, F. P.
>   >   >   Grosse fantasie, op. 15. (Liszt.)
>   >   SCHÜTT, E.
>   >   >   Concert, op. 7.
>   >   >   Concert (F moll), op. 47.
>   >   SCHUMANN, R. A.
>   >   >   Concert, op. 54.
>   >   >   Concertos. (Br. & H., Werke.)
>   >   >   Introduction und Allegro appas-
>   >   >   sionato, op. 92.
>   >   SCHYTTÉ, L.
>   >   >   Barcarolle, op. 60.
>   >   SCRIABIN, A. N.
>   >   >   Concerto en Fa-dièse mineur,
>   >   >   op. 20.
>   >   SGAMBATI, G.
>   >   >   Concerto, op. 15.
>   >   SINDING, C.
>   >   >   Concert (Des-dur), op. 6.
>   >   SORMANN, A. R. G.
>   >   >   Concert (E moll), op. 7.
>   >   STAVENHAGEN, B.
>   >   >   Concert, op. 4.
>   >   STENHAMMAR, W.
>   >   >   Concert (B-moll), op. 1.
>   >   STOJOWSKI, S.
>   >   >   Concerto en fa, op. 3.
>   >   >   Concert in G, op. 22.
>   >   >   Rhapsodie symphonique, op. 23.
>   >   STRAUSS, R.
>   >   >   Burleske, D moll.
>   >   STREET, J.
>   >   >   Concerto en Mi bémol majeur
>   >   >   (Es dur), op. 20.
>   >   >   Deuxième concerto en Fa mineur
>   >   >   (F-moll), op. 24.

Concertos, etc.
  Violin.
    AMBROSIO A. D'.—Continued.
      Aria, op. 22.
      Concerto en si mineur (H moll),
        op. 29.
    ARENSKY, A. S.
      Concerto (A-moll), op. 54.
    ARNOLD, G.
      Romance, op. 13, No. 4.
    ATTRUP, K.
      Romanze, op. 18.
    BACH, J. S.
      Violin concertos. (Werke, Bach-
        gesellschaft.)
      Concert in F dur. (Mottl.)
      Violin concert n. 2 in E dur.
        (Neue Bachgesellschaft.)
      Sarabande. (Saint-Saëns.)
      Siciliano. (Wilhelmj.)
    BARTH, R.
      Romanze, op. 3.
    BECKER, A. E. A.
      Concertstück, op. 66.
      Adagio (in E dur, Nr. 3), op. 70.
    BEETHOVEN, L. VAN.
      Violin and orchestra (Br. & H.
        Werke).
    BERLIOZ, H.
      Rêverie et caprice, op. 8.
    BERNARD, É.
      Concerto, op. 29.
    BERWALD, F.
      Konzert Cis moll, op. 2.
    BLEYLE, K.
      Konzert in C dur, op. 10.
    BLOCH, J.
      Airs hongrois, op. 49.
    BOISDEFFRE, C. H. R. DE.
      Reverie, op. 55.
    BORCH, G.
      Élégie, op. 101.
    BORDIER, J.
      Suite fantaisiste, op. 40.
    BORGSTRÖM, H.
      Romanze (E dur), op. 12.
    BRAHMS, J.
      Concert, op. 77.
    BROCKWAY, H. A.
      Cavatina, op. 13.

Concertos, etc.
  Violin—Continued.
    BRUCH, M.
      Concert, op. 26.
      Romanze, op. 42.
      Zweites concert, op. 44.
      Fantasie, op. 46.
      Adagio appassionato, op. 57.
      Drittes concert, op. 58.
      In memoriam, op. 65.
      Serenade, op. 75.
      Concertstück, op. 84.
    BULL, O.
      Adagio religioso.
    BUSONI, F. B.
      Konzert, op. 35a.
    CHAUSSON, E.
      Poème, op. 25.
      Poème, op. 25.
    COMUS, J.
      Concerto.
    CUI, C. A.
      Suite concertante, op. 25.
    DAMROSCH, L.
      Concert.
      Nachtgesang.
      Romanze, A dur, op. 12.
    DAVID, F.
      Am springquell (Nr. 6, aus Dur
        und Moll, op. 39).
    DIEMER, L.
      Concert-stück, op. 33.
    DUBOIS, F. C. T.
      Concerto.
      Deux pièces.
    DVOŘÁK, A.
      Romanze, op. 11.
      Mazurek, op. 49.
      Concert, op. 53.
    ECKHOLD, R.
      Concertstück, op. 5.
    EHRENBERG, C.
      Nachtlied, op. 14.
    ELGAR, E. W.
      Concerto, op. 61.
    ERLANGER, F. D'.
      Concerto, op. 17.
    FAURÉ, G. U.
      Berceuse, op. 16.
    GABRIEL-MARIE.
      Deux morceaux de concert.

Concertos, etc.

Violin—Continued.

LALO, E. V. A.
Concerto, op. 20.
Symphonie espagnole, op. 21.
Introduction et Scherzo.
Romance-sérénade.

LANGE-MÜLLER, P. E.
Romance, op. 63.

LASSEN, E.
Concert, op. 87.

LEHÁR, F.
Ungarische fantaisie, op. 45.

LENEPVEU, C. F.
Romance sans paroles.

MACKENZIE, A. C.
Concerto, op. 32.
Suite, op. 68.

MAJOR, J. J.
Concerto.

MANÉN, J.
Concert, op. A-6.
Anyoransa, op. 13.
Concerto espagnol, op. 18.
Apléch, op. 20.
Plaintes et joies, op. 23.
Strophes d'amour, op. 24.
Scherzo fantastique, op. 28.

MANSION, H.
Cavatine, op. 101.

MASSENET, J. É. F.
Entr'acte des Erinnyes.
Prélude (Eve de J. Massenet).

MATHIEU, É.
Concerto.

MAURICE, A.
Sage, op. 53.

MENDELSSOHN - BARTHOLDY,
J. L. F.
Concert, op. 64.

MEYER-HELMUND, E.
Fantaisie, op. 44.

MIERSCH, P. T.
Two pieces, op. 27.

MLYNARSKI, E.
Concerto, op. 11.

MOÓR, E.
Concert, op. 62.
Rhapsodie, op. 84.

MOSZKOWSKI, M.
Concerto, op. 30.

Concertos, etc.

Violin—Continued.

MOZART, J. C. W. A.
Violin concertos. (Br. & H.,
Werke.)
Andante. (Saint-Saëns.)
7. Violin-konzert D dur.

MÜLLER-BERGHAUS, K.
Ungarisches concert, op. 60.

NACHÉZ, T.
Danses tziganes, op. 14.
Abendlied, op. 18.
2me concerto [en si mineur], op.
36.

NAPRAVNIK, E. F.
Fantaisie sur des thèmes russe,
op. 30.
Suite, op. 60.

NERUDA, F.
Ballade, op. 43.

NICODÉ, J. L.
Romanze, op. 14.

NIELSEN, L.
Berceuse, op. 9.

NOVÁČEK, O.
Perpetuum mobile.

PERGER, R. v.
Concert, op. 22.

PHILIPP, I. E.
Deux pièces.

PIRANI, E.
Caprice, op. 50.

PISENDEL, J. G.
Concerto.

PITT, P.
Ballade, op. 17.

RAFF, J. J.
La fée d'amour, op. 67.
Violin concert, op. 161.
Concert, op. 161. Neue ausgabe,
frei bearbeitet von August Wil-
helmj.
Suite, op. 180.
Concert No. 2, op. 206.

REBLING, G.
Zwei stücke, op. 49.

REGER, M.
Konzert (A dur), op. 101.
Zwei romanzen.

Concertos, etc.

Violin—Continued.

REINECKE, C. H. C.
Koncert, op. 141 (G moll).
Romanze, op. 155.

RIES, F.
Bourrée, adagio und perpetuum
mobile, op. 34.

RIMSKY-KORSAKOV, N. A.
Fantaisie de concert, op. 33 (Si
mineur).

RITTER, J. P.
Concertant für 2 violinen, ca.
1787.
Violin-concert, C major.
Violin concert, F major.

RUBINSTEIN, A. G.
Concert, op. 46.

RÜBNER, K.
Concert (G moll), op. 30.

RUDORFF, E. F. K.
Romanze, op. 41.

RÜFER, P. B.
Violin-concert, op. 33.

SAAR, L. V. F.
Chanson d'amour, op. 60.

SAINT-SAËNS, C. C.
Concerto, op. 20.
Introduction et rondo capricci-
oso, op. 28.
Romance, op. 48.
3e concerto (en Si mineur),
op. 61.
Morceau de concert, op. 62.
Havanaise, op. 83.
Caprice andalouse, op. 122.
Andante.
Sarabande.

SARASATE, P. DE.
Zigeunerweisen, op. 20.
Muineira, op. 32.
Airs écossais, œuvre. 34.
Peteneras, op. 35.
Jota de San Fermin, op. 36.
Viva Sevilla! op. 38.
Introduction et caprice Jota,
op. 41.
Introduction et tarentelle, op. 43.
La chasse, op. 44.
Nocturne-sérénade, op. 45.
L'esprit follet, op. 48.
Chansons russes, op. 49.

Concertos, etc.

Violin.

SARASATE, P. DE—Continued.
Jota de Pamplona, op. 50.
Miramar, op. 42.
Jota de Pablo, op. 52.
Le rêve, op. 53.
Fantaisie sur la Flûte enchantée
de Mozart, op. 54.

SAURET, E.
Concert, op. 26.
Rhapsodie suédoise, op. 59.
Farfalla.

SCHARWENKA, L. P.
Concert, op. 95.

SCHILLINGS, M.
Concert, op. 25.

SCHUBERT, F. P.
Concertstück für violine und
orchester.

SCHWALM, R.
Konzertstück, op. 51.

SIBELIUS, J.
Konzert, D moll, op. 47.

SINDING, C.
Koncert (A-dur), op. 45.
Legende, op. 46.
Concert No. 2 (D-dur), op. 60.
Romanze in D dur, op. 100.

SINGER, O.
Concertstück, op. 6.

SINIGAGLIA, L.
Konzert, op. 20.
Rapsodia piemontese, op. 26.
Romanze in A dur, op. 29.

SITT, H.
Concert No. 2 in A-moll, op. 21.

SPOHR, L.
Violin-koncert No. 8 in A moll
(Gesangscene).

STANFORD, C. V.
Suite, op. 32.

STECK, P.
Sérénade monégasque.

STERN, J.
Divertissement, op. 1.

STÖR, K.
Konzert, op. 30.

STOJOWSKI, S.
Romanze, op. 20.

Concertos, etc.
  Violin—Continued.
    STRAUSS, R.
      Concert (D moll), op. 8.
    STRONG, G. T.
      Gestrebt-Gewonnen-Gescheitert,
        op. 12.
    STRUSS, F.
      Concert, op. 4.
    SUK, J.
      Fantasie, op. 24.
    SVENDSEN, J. S.
      Concert (A dur), op. 6.
      Romanze, op. 26.
  · TANEIEV, A. S.
      Rêverie, op. 23.
    TANEIEV, S. T.
      Suite de concert, op. 28.
    TELEMANN, G. P.
      Concerto.
    TSCHAIKOWSKY, P. I.
      Sérénade mélancolique, op. 26.
      Valse scherzo, op. 34.
      Concert, op. 35. Neue, vom com-
        ponisten revidirte ausgabe.
      Violin-concert in D, op. 35.
    UHL, E.
      Romanze, op. 7.
    URSPRUCH, A.
      Zwei stücke, op. 11.
    VERHEY, T. H.
      Concert (A moll), op. 54.
    VIEUXTEMPS, H.
      4me. grand concerto Ré min.
        (D moll), op. 31.
      Fantasia appassionata, op. 35.
      Tarantella.
    VILLA, R.
      Rapsodia Asturiana.
    WAGNER-LÖBERSCHÜTZ, TH.
      Scène romantique, op. 12.
    WEBER, J. M.
      Concert in G moll.
    WIENIAWSKI, H.
      Souvenir de Moscou, op. 6.
      Legende, op. 17.
      Second concerto, op. 22.
    WILHELMJ, A.
      "All' ungherese."
      Einleitung, thema und varia-
        tionen.

Concertos, etc.
  Violin.
    WILHELMJ, A.—Continued.
      Fantasiestück.
      "In memoriam."
      Italienische suite.
      Romanze.
      Siciliano nach Joh. Seb. Bach.
    WITTE, G. H.
      Elegie, op. 16.
    WOLFF, E. J.
      Violinkonzert (Es dur), op. 20.
    WOYRSCH, F.
      Skaldische rhapsodie, op. 50.
    WÜERST, R. F.
      Russische suite, op. 81.
    YOUFEROFF, S.
      Fantaisie de concert, op. 34.
    ZARZYCKI, A.
      Romance, op. 16.
      Introduction et Cracovienne,
        oeuv. 35.
    ZILCHER, H.
      Konzert in H moll, op. 11.
    ZÖLLNER, H.
      Elegie, op. 46.
  Violoncello.
    ALBERT, E. D'.
      Concert, C-dur, op. 20.
    BANTOCK, G.
      Elegiac poem.
      Sapphic poem.
    BARGIEL, W.
      Adagio, op. 38.
    BOËLLMANN, L.
      Variations symphoniques, op. 23.
    BRUCH, M.
      Kol Nidre, nach Hebräischen
        melodien, op. 47.
      Canzone, op. 55.
      Adagio nach keltischen melo-
        dien, op. 56.
      Ave Maria, op. 61.
    BRUN, G.
      Calme du soir, op. 43.
    COLE, R. G.
      Ballade, op. 25.
    CUI, C. A.
      Deux morceaux, op. 36.

Concertos, etc.

Violoncello—Continued.

NOREN, H. G.
Elegische gesangs-scene, op. 11.

PERGER, R. v.
Serenade (in B-dur), op. 21.

POPPER, D.
Sérénade orientale, op. 18.
Concert (E moll), op. 24.
Tarantelle, op. 33.
Elfentanz, op. 39.
Vito, op. 54, no. 5.
Concert No. 3, G dur, op. 59.
Requiem, op. 66.

RAFF, J.
Concert, op. 193.

REINECKE, C. H. C.
Concert, op. 82.

RENSBURG, J. E.
Concert, op. 3.

RITTER, J. P.
Concertos, B major, A minor, D
minor, C major, A major (2),
G major, E major.
Concertino, E flat major.

ROMBERG, B.
Andante grazioso aus dem 2ten
concert. (Hegyesi.)

ROPARTZ, J. G.
Adagio.

RUBINSTEIN, A.
Concerto, op. 65.
2ième concerto (D moll), op. 96.

SAINT-QUENTIN, G. DE.
Première romance.

SAINT-SAËNS, C. C.
Concerto, op. 33.
Allegro appassionato, op. 43.
2e. concerto, op. 119.

SINIGAGLIA, L.
2 stücke, op. 16.

STANGE, M.
Adagio, op. 47.

SVENDSEN, J. S.
Concert (D dur), op. 7.

TSCHAIKOWSKY, P. I.
Pezzo capriccioso, op. 62.
Variations sur un thème rococo,
op. 33.

WIDOR, C. M.
Concerto, op. 41.

Concertos, etc.

Violoncello—Continued.

WITTE, G. H.
Concert, op. 12.

WÜERST, R. F.
Sous le balcon. Serenade, op.
78.

YOUFEROFF, S.
Chant du cygne, op. 43, no. 1.

ZENGER, M.
Adagio concertante, op. 65.

Dances (of all descriptions, if published separately. See also
String orchestra, Excerpts,
and Title index).

ALÉXÉYEV, K.
Menuet.

ANZURES, J. B.
"Virginia."

ARTCIBOUCHEV, N. V.
Polka caractéristique, op. 4.
Valse-fantasia, op. 9.

BACH, J. S.
Bourrée en La mineur. (Ge-
vaert.)
Gavotte en Ré mineur. (Ge-
vaert.)
Sicilienne. (Gevaert.)

BARGIEL, W.
Trois danses allemandes, op. 24.

BASS, R.
Polonaise de concert.

BEETHOVEN, L. VAN.
Dances. (Br. & H., Werke.)

BERNN, A.
La danse du faune et du satyre
op. 60.

BLEYLE, K.
Gnomentanz, op. 16.

BLOCKX, J.
Danses flamandes, op. 26.

BOELLMANN, L.
Gavotte.

BONIS, M.
Danse sacrée.

BORDES, C.
Danses béarnaises, op. 11.

BORDIER, J.
Souvenir de Budapesth. Danses
hongroises.

Dances—Continued.

BOURGAULT - DUCOUDRAY,
L. A.
Le carnaval d'Athènes.
Deuxième gavotte.
Menuet, op. 3.

BRAHMS, J.
Ungarische tänze.

BROUSTET, E.
Passe-pied.

BROUTIN, C.
Danse israélite, op. 5.

CAMPOS, A. M.
"Angelina."
Conchita.
"Julia."

CHABRIER, A. E.
Danse slave.
Habanera.
Trois valses romantiques.

CHAUVET, R.
Danse basque variée.

COWEN, F. H.
Four English dances in the olden
style.
Minuet d'amour.

CUI, C. A.
Bolero.
Tarantelle, op. 12.

DOPPLER, A. F.
Neue ungarische tänze. (With
H. Hofmann.) Neue ausgabe.

DUBOIS, F. C. T.
Trois airs de ballet.

DARIMONT, J.
Menuet, op. 12.

DVOŘÁK, A.
Slavische tänze.

ELGAR, E. W.
Mazurka, op. 10, No. 1.
Contrasts, op. 10, No. 3.

FAURÉ, G. U.
Pavane, op. 50.

GANNE, L. G.
Deux danses.
Menuet Païen.

GERMAN, E.
Bourrée.
Gigue.

Dances.

GERMAN E.—Continued.
Three dances Nell Gwyn.
Valse gracieuse.

GLAZOUNOV, A. K.
Mazurka, op. 18.
Valse de concert, op. 47.
2me valse, op. 51.
Pas de caractère, op. 68.

GLINKA, M. I.
Valse-fantaisie. Nouvelle edition.

GODARD, B. L. P.
Gavotte, op. 16.
Menuet Pompadour, op. 119.

GOLDSCHMIDT, A. v.
Steyrische tänze (Brune).

GOUVY, L. T.
Schwedischer tanz, op. 71.

GRIEG, E. H.
Menuet aus der sonate Op. 7
(Henriques).
Norwegische tänze, op. 35 (Sitt).
Symphonische tänze (über nor-
wegische motive), op. 64.

GUIRAUD, E.
Danse persane.

HARTMANN, E.
Nordische volkstaenze.

HAYDN, J. M.
6 menuette.

HEIDINGSFELD, L.
2 zigeunertänze, B dur und G
moll, op. 3.

HOFMANN, H. K. J. and
DOPPLER, F.
Neue ungarische tänze. Neue
ausgabe.

JONCIÈRES, V.
Danse moravienne.

KERVÉGEN, G. DE.
Deux menuets.

KRUG, A.
Romanische tänze, op. 22, No. 1,
2, 3, 4, 5.

LACOMBE, P.
Intermède-gavotte, op. 43.

LANGER, C.
Gavotte d'amour.

Dances—Continued.

LANGEY, O.
Zwei schottische tänze, op. 21.

LAURENS, E.
Danse au papillon.

LAVAINNE, F.
Fantaisie tarentelle.

LIADOV, A. K.
Mazurka, op. 19,
Polonaise, op. 55.
Danse de l'amazone, op. 65.

LIAPOUNOV, S. M.
Polonaise, op. 16.

LISZT, F.
Mazurka brillante. (Müller-Berghaus.)
Tarantelle aus Venezia o Napoli. (Müller-Berghaus.)
Zweite polonaise. (Müller-Berghaus.)
2ter Mephisto-walzer.

LUBOMIRSKY, G.
Danse orientale.

MASSENET, J. E. F.
Sarabande espagnole du XVIe. Siècle.

MOLBE, H.
Tanzweisen, op. 26.
Tanzreigen, op. 136.

MORLEY, O.
Danse crizole.

MOSZOWSKI, M.
Spanische tänze, op. 12.
Polnische volkstänze, op. 55.
Habanera, op. 65, No. 3.·

MOZART, J. C. W. A.
Tänze für orchester. (Br. & H., Werke.)

MÜLLER-BERGHAUS, K.
Rokoko, op. 29.

MOUSSORGSKY, M. P.
Danse Persane.

NAPRAVNIK, E. F.
Danses nationales, op. 20.

NICODÉ, J. L.
Italienische volkstänze und lieder, op. 13.

PALMGREN, S.
Vals ur sagospelet "Tuhkimo."

Dances—Continued.

PIERNÉ, H. C. G.
Farandole, op. 14, No. 2.
Petite gavotte, op. 14, No. 4.
Almée, op. 18.
Ballet de cour.

PHILIPP, I. E.
Menuet-entr'acte.

POGGI, E. A.
Parmi les sentiers des roses.

PROUT, E.
Minuet and Trio, op. 14. ·

RAFF, J. J.
Drei nationaltänze.

RAMEAU, J. P.
Drei balletstücke.

RHEINBERGER, J. G.
Passacaglia, op. 132b.

RHENÉ-BATON.
Menuet pour Monsieur, Frère du Roy.

RITTER, A.
Olaf's hochzeitsreigen, op. 22.

RITTER, J. P.
1 adagio u. 2 menuets.

RÖNTGEN, J.
Oud-nederlandsche dansen, op. 46.

ROSSINI, G. A.
La danza.

RUNG, F.
Danse des papillons.

SAINT-SAËNS, C. C.
Gavotte en Ut mineur, op. 23.
La jota Aragonese, op. 64.
Sarabande et Rigaudon, op. 93.

SCHARWENKA, L. P.
2 polnische volkstänze, op. 20.
Polnische tanzweisen, op. 38.

SCHINDLER, G.
Lilette-gavotte.

SCHUBERT, F. P.
Ballet-musik aus Rosamunde.
Dances. (Br. & H., Werke.)

ŠEBEK, G.
Bulharské tance (Danses bulgares), op. 7.

SEIDEL, A.
Grosser concert-walzer (on motives by Chopin).

Dances—Continued.

SEROV, A. N.
Pliñska.

SIBELIUS, J.
Tanz-intermezzo, op. 45, no. 2.

SIMON, A. J.
Danse de bayadères, op. 34.

SINIGAGLIA, L.
Danze piemontesi, op. 31.

SPENDIAROV, A. A.
Danse ancienne, op. 12.
Valse de concert, op. 18.

STOCK, F. A.
Symphonischer walzer, op. 8.

STRAUSS, J.
Abschiedswalzer (F-dur).
Ischler-walzer (A-dur).
Juristen ball. Polka.
Feulleton walzer, op. 292.
Electrophor polka, op. 297.
Bal champêtre, op. 303. Quadrille.
Damenspende, op. 305. Polka.
Figaro polka, op. 320.
Auf freiem fuss, op. 345. (Indigo polka).

TAYLOR, S. COLERIDGE.
Four characteristic waltzes, op. 22.
Danse nègre, op. 35.

TCHEREPNIN, N.
Gavotte.

URSPRUCH, A.
Deutsche tänze, op. 7.

VAN DER STUCKEN, F.
Rigaudon, op. 25.

VIGNAU, H. VON.
Alles um liebe, op. 12.

WEBER, K. M.
Polonaise, op. 50 (Parmentier).

WESTERHOUT, N. VAN.
Menuet et musette.

WINDERSTEIN, H.
Valse caprice, op. 9.

WORMSER, A. A. T.
Gigue, op. 12.

WÜERST, R. F.
Tanz der mücken, fliegen und käfer, op. 87.

Divertimenti. *See* **Early music.**

Early music (before 1800, modern editions). *See also* **Overtures, Suites, Sinfonias, etc.**

ABACO, E. F. DALL'.
Concerti a quatro da chiesa.

ALBRECHTSBERGER, J. G.
Sinfonia Cdur [1768].
Sinfonia, 1768.
Sinfonia concertino Ddur.

Alter reitermarsch "Prinz von Coburg."

Altpreussischer kavalleriemarsch "Backhof-kürassier."

BACH, C. PH. E.
Concerto a cembalo concertato. (1748.)
Konzert Amoll. (Amft.)
Sinfonia (Br. & H.)
4 orchester sinfonien (Peters).

BACH, J. S.
See the catalogue under Bach.

BACH, W. F.
Sinfonia. (Zur geburtsfeier Friedrichs des Grossen.)

BECK, F.
Sinfonia a 8, op. 4.

CANNABICH, Ch.
Ouverture a 15 Cdur.
Sinfonia a 12 Bdur.

CAVOS, C.
Preussischer armeemarsch, n. 20.

CORELLI, A.
Concerti grossi. (Joachim & Chrysander.)

DITTERSDORF, C. D. VON.
Ausgewählte orchester werke (Liebeskind).
Sinfonie in C dur (Kretzschmar).

The Duke of York's short troop.

EICHNER, E.
Sinfonia a 8 (op. 7).

FILTZ, A.
Sinfonia a 8, op. 2, V.
Sinfonia a 8, op. 2, VI.
Sinfonia a 8, n. 2.
Sinfonia a 11, n. 10.

Early music—Continued.

FISCHER, J. C. F.
Le journal de printems.

FRANCK, M.
Ausgewählte instrumentalwerke.
Deutsche weltliche gesäng vnnd
täntze.
Fasciculus quodlibeticus.
Flores musicales.
Neue musikalische intraden.
Newe pavanen, galliarden vnnd
intraden.
Neues liebliches musikalisches
lustgärtlein.
Recreationes musicae.

FRIEDRICH DER GROSSE.
Concert I—IV.

FUX, J. J.
Mehrfach besetzte instrumental-
werke.
Zwei kirchensonaten.
Zwei ouverturen (suiten).

GLUCK, C. W.
See the catalogue under Gluck.

GRAUPNER, Ch.
Concerto a 3 flauti traversieri, 2
hautbois, 2 violini, viola e
cembalo.

GRÉTRY, A. E. M.
L'épreuve villageoise, ouverture
(Kogel).

HÄNDEL, G. F.
See the catalogue under Händel.

HASSE, J. A.
Konzert für flöte, zwei violinen,
viola und bass.
Zehn ausgewählte orchesterstücke. (Göhler.)

HAUSMANN, V.
Ausgewählte instrumentalwerke.
Neue artige vnd liebliche täntze.
Neue fünfstimmige paduane vnd
galliarde.
Neue intrade.
Rest von polnischen vnd an-
deren täntzen.
Venusgarten.

HAYDN, F. J.
Werke. Erste gesamtausgabe.
Concert in Ddur. (Gevaert.)
Konzert in Gdur für violine.
Symphonies. (Br. & H., V. A.)

Early music—Continued.

HAYDN, J. M.
6 menuets [1784].
Symphonie in Cdur.
Symphonie in Esdur.
Türkischer marsch.
2 symphonies [1783 and 1788].

HOLZBAUER, I. J.
Sinfonia a 10, op. 4.

HURLEBUSCH, K. F.
Concerto.

**Instrumentalkonzerte deut-
scher meister.**

LULLY, J. B. DE.
Chaconne. (See Lacome.)
Suite aus Roland. (Lynen.)

**Marsch des regiments von
Schönfeld.**

MONN, G. M.
Sonata in Adur.
Symphonie in Ddur.
Symphonie in Esdur.
Symphonie in Hdur.

MOZART, J. Ch. W. A.
See the catalogue under Mozart.

MOZART, L.
Die bauernhochzeit.
Concerto per il clarino solo.
Divertimento militare sive sin-
fonia.
Sinfonia burlesca, G dur.
Sinfonia di caccia, G dur.
Sinfonia di camera, D dur.

MUFFAT, G.
Armonico tributo.
Auserlesene mit lust und ernst
gemengte instrumental-music.
Florilegium primum.
Florilegium secundum.

PERGOLESI, G. B.
Sinfonia G-dur (Pergolesi-gesellschaft).

PISENDEL, J. G.
Concerto.

PURCELL, H.
The works of H. Purcell.

QUANTZ, J. J.
Concert Gdur.

**Quick-Marsch "The Duke of
York's favourite."**

Early music—Continued.

RAMEAU, J.-P.
Oeuvres complètes.
Konzert Gmoll. (Mottl.)
Drei balletstücke. (Mottl.)

REUTTER, A. K. G.
Servizio di tavola.

RICHTER, F. X.
Sinfonia a 4.
Sinfonia a 8.
Sinfonia a 8, op. 4ⁿ.
Sinfonia a 8, op. 4^v.

ROSENMÜLLER, J.
Sonate da camera.

SAMMARTINI, G.
Pastorale.

SCHLÖGER, M.
Partita in Bdur.

SCHMICORER, J. A.
Zodiacus musicus.

SCHOBERT, J.
Klavierkonzert in Esdur.
Klavierkonzert in Gdur.

Short troop of the 1st regiment of the guards.

Sinfonien der pfalzbayerischen schule.

STAMITZ, J. W. A.
Orchester-trio Cdur.
Orchester-trio in Edur.
Sechs orchestertrios.
Sinfonia a 6, op. 8^v.
Sinfonia a 8, op. 3, n. 1.
Sinfonia a 11, op. 3, n.
Sinfonia a 8, op. 4^{vi}.
Sinfonia a 8, n. 1.
Sinfonia a 8, n. 3.
Sinfonia a 12, op. 5, n. 2.

STAMITZ, K.
Sinfonia a 8, op. 13ⁱ.
Sinfonia a 8, op. 13^{iv}.

STARZER, J.
Divertimento in Amoll.
Divertimento in Cdur.

STÖLZEL, G. H.
Concerto grosso a quattro chori.

STORACE, S.
Marsch aus der oper "The siege of Belgrad."

TELEMANN, G. Ph.
Concerto.

Early music—Continued.

TOESCHI, C. G.
Sinfonia a 8, op. 3, III.

TORELLI.
Concerto con due violini.

VINGT SUITES D'ORCHESTRE du XVIIe siècle français (Ecorcheville).

VIVALDI.
Concerto in A minor. (Franko.)

WAGENSEIL, G. Ch.
Symphonie in Ddur.
Symphonie in Ddur, 1746.

WALCH, J. H.
Marsch aus den befreiungskriegen.

Wiener instrumentalmusik vor und um 1750.

Zwei altenglische militärmärsche.

Zwei altenglische short-troops.

Zwei altpreussische kriegsmärsche.

Excerpts from operas, etc. (Overtures and preludes. See Overtures; Suites see Suites.)

ADAM, A. C.
Der toreador. (Bearbeitet von Maximilian Moris).

BACH, J. S.
Hirtenmusik aus dem "Weihnachtsoratorium" (Franz).

BERLIOZ, H.
Fausts verdammung, op. 24.

BIZET, G.
Scènes bohémiennes de La jolie fille de Perth.

BLOCKX, J.
Carnaval de "Princesse d'auberge."
Procession et bénédiction de la mer du drame lyrique La fiancée de la mer.
Kermesse flamande extraite de Milenka.

CHAUSSON, E.
La tempête. Op. 18. Airs de danse et danse rustique.

Excerpts from operas, etc.—Con.

COWEN, F. H.
Waltz from The sleeping beauty.

CUI, C. A.
Trois fragments symphoniques extraits du Flibustier.

DANCLA, C.
Air de danse et boléro (Christophe Colomb).

DEBUSSY, C. A.
Cortège et Air de danse extrait de la cantate L'enfant prodigue.

DELIBES, C. P. L.
Jean de Nivelle.
Kassya.
Lakmé.

DUBOIS, F. C. T.
Idylle dramatique.

ELGAR, E. W.
Serenade from "The wand of youth." (1st suite.)

FIBICH, Z.
Nevěska Messinaká (Die braut von Messina).

FREUDENBERG, W.
Idylle aus "Die pfahlbauer."
Mondaufgang aus der oper "Marino Faliero."
Abu Kaabs heimkehr und tanz der almeh's aus der oper: "Der Sankt Katarinentag in Palermo."
Morgenaufgang und prozession. Ein sicilianisches stimmungshild aus der oper: "Der sankt Katerinentag in Palermo."
Tarantelle aus der oper "Das mädchen von Treppi."
Tarantelle aus "Die nebenbuhler."
Trauermarsch aus der oper: "Kleopatra."

GERMAN, E.
Three dances from the music to Henry VIII.
[Masque from the music to As you like it.]
Pavane from the music to Romeo and Juliet.

GODARD, B. L. P.
Le Tasse. Danse des Bohémiens.

Excerpts from operas, etc.—Con.

GOLDSCHMIDT, A. VON.
Helianthus.

GUIRAUD, E.
Scène & valse du ballet Gretna-Green.

HAHN, R.
Pavane d' "Angelo."

HALVORSEN, J.
Tanzscene aus "Königin Tamara."

HASSE, J. A.
Zehn ausgewählte orchesterstücke.

HENTSCHEL, Th.
Die schöne Melusine.

HUMPERDINCK, E.
Königskinder.
Tonbilder aus Dornröschen.

INDY, V. D'.
Fervaal.

KISTLER, C.
Kunihild.

KLUGHARDT, A. F. M.
Tonbilder aus dem oratorium "Die Zerstörung Jerusalems."

LALO, E. V. A.
Namouna.

LEFEBVRE, CH. E.
Divertissement de Djelma.

MACKENZIE, A. C.
Ballet music and Rustic march from the opera "Colomba," op. 28.

MASCAGNI, P.
Intermezzo sinfonico aus Cavalleria rusticana.

MASSENET, J. E. F.
Entr'acte Sevillana Don César de Bazan).
Lamento d'Ariane.
Nocturne de La Navarraise.
Thaïs. Méditation.

MEYERBEER, G.
Grosse polonaise aus ... Struensee.

MOUSSORGSKY, M. P.
Chowantchina.

MOZART, J. C. W. A.
Ballettmusik aus der pantomime "Les petits riens."

Excerpts from operas, etc.—Con.

MRACZEK, J. G.
Rustans traum ("Der traum").

MÜHLDORFER, W. K.
Aus der musik zu Shakespeare's Kaufmann von Venedig, op. 29.

NAPRAVNIK, E. F.
Dubrowsky.

NELSON, R.
Oh te my darling (from Miss Dudelsack).

O'NEILL, N.
The blue bird.

PUCCINI, G.
Fantasia sopra motivi dell' opera La Bohème.

RIMSKII-KORSAKOV, N. A.
Le coq d'or.
Nuit sur le Mont Triglav.

RUBINSTEIN, A. G.
Balletmusik und hochzeitszug aus der oper Feramors.
Lichtertanz der bräute von Kaschmir.

SAINT-SAËNS, C. C.
Déjanire.

SCHARWENKA, F. X.
König Witiches' werbung.

SCHJELDERUP, G.
Sonnenaufgang über Himàlaja.

SCHUBERT, F. P.
Ballet-musik aus Rosamunde.
Zwei entr'actes zu dem drama Rosamunde.

SIBELIUS, J.
Valse triste aus der musik zu A. Järnefelt's drama "Kuolema," op. 44.

SMAREGLIA, A.
Ungarische balletmusik zur oper Der vasall von Szigeth.

STRAUSS, J.
Ritter Pásmán. Balletmusik.

STRAUSS, R.
Liebesscene aus dem singgedicht Feuersnot, op. 50.
Salomes' tanz aus dem musikdrama Salome, op. 54.
Soloscene der Salome.

Excerpts from operas, etc.—Con.

SULLIVAN, A. S.
Three dances from "The Tempest."

TCHEREPNIN, N.
Scène dans la caverne des sorcières de la tragédie "Macbeth," op. 12.

TSCHAIKOWSKY, P. I.'
Entr'acte et airs du ballet de l'opéra "Voyévode."
Casse-Noisette, op. 71.

WAGNER, S. H.
Herzog Wildfang.

WAGNER, W. R.
Das liebesmahl der apostel.
Lohengrin.
Tristan und Isolde.

WIDOR, C. N.
Fragments symphoniques des Pêcheurs de Saint Jean.

WOLF-FERRARI, E.
Das neue leben, op. 9.

WORMSER, A. A. T.
L'enfant prodigue.

ZÖLLNER, H.
Die versunkene glocke, op. 80.

Marches. *See also* **Band music** *and* **Excerpts.**

ALFREDY, C.
Joachim Albrecht Marsch, op. 204.

Alter reitermarsch. "Prinz von Coburg."

Alpreussicher kavalleriemarsch "Backhofkürassiere."

BEETHOVEN, L. VAN.
Marches. (Br. & H., Werke.)

BERLIOZ, H.
Marche marocaine.
Marche Troyenne. Tirée de l'opéra Les Troyens à Carthage.

BONVIN, L.
Festzug, op. 27.

BOSSI, M. E.
Hochzeits-marsch, op. 110, No. 4.

Marches—Continued.

CHABRIER, A. E.
Joyeuse marche.

COHEN, J.
Marche funèbre.

COWEN, F. H.
Coronation march.

CUI, C. A.
Marche solennelle, op. 18.

DAVID, F.
Festmarsch, op. 42.

DRAESEKE, F. A. B.
Jubiläums-fest-marsch, op. 54.
Trauer-marsch, op. 78 [79].

The Duke of York's short troop.

ELGAR, E. W.
Imperial march, op. 32.
Pomp and circumstance, op. 39.
Triumphal march from Caracta-cus.

FÖRSTER, A. M.
Dedication march, op. 43.

FÖRSTER, A.
Festmarsch.

GANDOLFO, E.
Marche héroique de Don Qui-chotte.

GLAZOUNOV, A.
Marche de noces, op. 21.
Triumphal march, op. 40.
Cortège solennel, op. 50.
Marche sur un thème russe, op. 76.

GOUNOD, C. F.
Marche funèbre d'une mario-nette.
Marche pontificale.
Marche religieuse.
Marche religieuse (Marche festi-vale).

GRAMMANN, C.
Festmarsch, op. 1.

GRIEG, E. H.
Trauermarsch zum andenken an Rikard Nordraak

GRIMM, J. O.
Zwei märsche, op. 17.

GUILMANT, F. A.
2ème marche funèbre, op. 41.

Marches—Continued.

HALVORSEN, J.
Einzugsmarsch der bojaren.

HARRIS, C.
Festival march.

HAYDN, J. M.
Türkischer marsch.

HOFMANN, H. K. J.
Trauermarsch, op. 38.
Huldigungsmarsch, op. 128.

HUMMEL, F.
Huldigungsmarsch, op. 74, 15.

HUTOY, E.
* Marche nuptiale.

JOACHIM, J.
Märsche. No. 1, C dur; No. 2, D. dur.

JONCIÈRES, F. L. R.
Marche triomphale.

KAJANUS, R.
Carl XIIs marsch vid Narva.

KAUN, H.
Festmarsch, op. 29.

KIEL, F.
4 märsche, op. 61.

KISTLER, C.
Festmarsch, op. 41.
Friedensmarsch, op. 43.
Jubiläums-fest-marsch u. hymne, op. 50.

KLEINMICHEL, R.
Festmarsch (Es dur), op. 37.

KRETSCHMER, E.
Huldigungs-marsch, op. 31.
Dem kaiser, op. 39. Fest-marsch.
Fabrice-marsch, op. 44.

KÜCKEN, F. W.
Türkischer marsch, op. 92, no. 1.
Trauermarsch, op. 111.

KULLAK, F.
Trauermarsch.

LACHNER, V.
Marsch zu Schiller, Turandot, op. 33, no. 2.

LACOMBE, P.
Marche élégiaque, op. 50.
Parade hongroise, op. 53.
Sous les étoiles, op. 78.

LASSEN, E.
Festmarsch, op. 6.

Marches—Continued.

Liszt, F.
  Fest-marsch nach motiven von E. H. Z. S.
  Franz Schubert's märsche, No. 1-4.
  (Göthe) Fest marsch zur Göthe Jubiläumfeier.
  Huldigungs-marsch.
  Künstler-festzug.
  Rakòczy marsch.
  Ungarischer marsch.
  Ungarischer sturm-marsch.
  Vom fels zum meer. Deutscher sieges-marsch.

Luigini, A.
  Marche de l'Émir, op. 4.

Lux, F.
  Krönungs-marsch.

Mackenzie, C. A.
  Coronation march, op. 63.

Marsch des regiments von Schönfeld.

Massenet, J. E. F.
  Marche héroique de Szabadi.

Mendelssohn - Bartholdy, F. J. L.
  March, op. 108.

Meyer, L. v.
  Marche marocaine.

Meyerbeer, G.
  Fest-marsch.
  Gran sinfonia in forma di marcia.
  Krönungs-marsch.
  Krönungsmarsch aus der oper "Der prophet."
  Quatre marches aux flambeaux.

Moussorgsky, M. P.
  Marche.

Mozart, J. C. W. A.
  The Duke of York's new march.
  Märsche. (Br. & H., Werke.)

Napravnik, E. F.
  Torzhestvennyĭ marsh na motivy.
  Marcia funebre, op. 42 bis.

Naumann, E.
  Festmarsch.

Nicodé, J. L.
  Jubiläumsmarsch, op. 20.

Marches—Continued.

Petrella, E.
  Mars funebru.

Pierné, H. C. G.
  Marche des petits soldats de plomb, op. 14, No. 6.
  Marche solennelle, oeuvre 23 bis.

Pierson, H. H.
  Marche funèbre.

Pitt, P.
  Coronation march, op. 21.

Proksch, R. L.
  Fest-marsch, op. 35.

Prout, E.
  Triumphal march from the cantata Alfred.

Quick-Marsch "The Duke of York's favourite."

Radecke, A. M. R.
  Festmarsch, op. 34.

Raff, J. J.
  Festmarsch, op. 139.
  Zwei märsche zu "Bernhard von Weimar."

Ramsoë, W.
  Krönungs-marsch.

Reinecke, K. H. C.
  Deutscher triumph-marsch, op. 110.
  Trauermarsch auf den tod des kaisers Wilhelm I, op. 200.
  Hochzeitszug, op. 202.

Reyer, L. É. E.
  Marche tzigane.

Rheinberger, J.
  Elegischer marsch, op. 167b.

Ritter, J. P.
  Türkisch.

Saint-Saëns, C. C.
  Orient et Occident, op. 25.
  Marche héroïque, op. 34.
  Coronation march, op. 117.

Scherff, L.
  Triumph-marsch auf deutschlands erhebung, op. 10.

Schlottmann, L.
  Trauermarsch, recitativ und finale, op. 43.

Schubert, F. P.
  Franz Schubert's märsche, No. 1-4. (Liszt.)

Marches.

SCHUBERT, F. P.—Contd.
Grosser heroischer marsch. (Op. 66, A moll, ed. by O. Bach.)

SCHUMACHER, P.
Trauer-marsch, op. 10.

SEISS, I.
Feierliche scene und marsch, op. 17.

Short troop of the 1st regiment of the guards.

SELMER, J.
Nordischer festzug (National-fest-marsch), op. 11.

SENGER, H. v.
Militärischer trauer-marsch,op.5.

SIBELIUS, J.
In memoriam. Trauermarsch, op. 59.

SPOHR, L.
Festmarsch.

SPORCK, G.
Marche normande.

STORACE, S.
Marsch aus der oper "The siege of Belgrad."

STRAUSS, R.
Festmarsch, op. 1.
Zwei militärmärsche, op. 57.
Feierlicher einzug.
Königsmarsch.
Parade-marsch.

SVENDSEN, J. S.
Krönungs-marsch, op. 13.

TANEIEV, A. S.
Festlicher marsch, op. 12.

TAUBERT, W.
Geburtstags-marsch, op. 146.
Sieges- und festmarsch, op. 166.

THUILLE, L.
Symphonischer festmarsch, op. 38.

TINEL, E.
Marsch uit de cantate "De klokke Roeland," op. 17, No.1.

TSCHAIKOWSKY, P. I.
Slavischer marsch, op. 31.
Koronatsionnyi marsh.
Marche solennelle.

Marches—Continued.

TURNBULL, E. L.
Processional march, op. 6.

VAN DER STUCKEN, F.
Festzug, op. 12.

WAGNER, W. R.
Grosser festmarsch (Centennial).
Huldigungs-marsch.
Kaiser-marsch.

WALCH, J. H.
Marsch aus den befreiungskriegen 1813–1815.

WALLERSTEIN, A.
Triumph-marsch, op. 273.

ZELLNER, J.
Hochzeitsmarsch, op. 31.

Zwei altenglische militärmärsche.

Zwei altenglische short-troops.

Zwei altpreussische kriegsmärsche.

Military music. *See* **Wind instruments.**

Miscellaneous pieces for orchestra (Morceau, Stück, Sketch, Elegy, Rondo, Ballad, Rhapsody, Rêverie, Nocturne, etc. *But see also* **Symphonic poems** *and* **String orchestra** *and consult* **Title index).**

ABERT, J. J.
Choral.

ALDER, E.
Les almées. Mélopée orientale.

ALFVÉN, H.
Midsommarvaka. Svensk rhapsodi, op. 19.

AMBROSIO, A. D'.
Quatre pièces, op. 3.

ANTIPOV, C.
Allegro symphonique, op. 7.

ARENSKY, A. S.
Intermetso, op. 13.

BACH, J. S.
Siciliano. (August Wilhelmj.)
Toccata (Esser).

Miscellaneous pieces for orchestra—
Continued.

BAILLE, G.
Prélude-fugue, op. 96.

BARGIEL, W.
Intermezzo, op. 46.

BASS, R.
Ballade symfonique.

BENDEL, F.
Sechs deutsche märchenbilder, op. 135 (Müller-Berghaus).

BENDL, K.
Südslavische rhapsodie, op. 60.

BERLIOZ, H.
Aufforderung zum tanz (Weber).

BIRD, A.
Eine carneval scene, op. 5.

BLECH, L.
Waldwanderung. Stimmungsbild, op. 8.

BLOCH, J.
Ungarische rhapsodie, op. 31.

BLUMER, T.
Karnevals-episode, op. 22.

BOEKELMANN, B.
Ballabile, op. 3.

BOISDEFFRE, C. H. R. DE.
Au bord d'un ruisseau, op. 52.

BOLZONI, G.
Dafne e Cloe. Bozzetto campestre, op. 99.
Melanconia campestre. Bozzetto.

BONVIN, L.
Drei tonbilder, op. 12.
Zwei symphonische Sätze, op. 71.
Ballade, op. 25.
Erinnerungen. Reminiscences. Souvenirs, op. 31.

BORDIER, J.
Hora Rumanesca. Air valque.

BOSSI, M. E.
Ultimo canto. Pensée musicale. Tiré de l' op. 109.

BRAHMS, J.
Intermezzo, op. 117, No. 1.

BREWER, A. H.
Spring-time. Idyl.

BRÜLL, I.
Drei intermezzi, op. 99.

Miscellaneous pieces for orchestra—
Continued.

BÜLOW, H. VON.
Vier charakterstücke, op. 23.

BURCK, H.
Muttersegen. Wiegenlied. Mother's blessing. Lullaby.

BUSI, A.
Elegia funebre.

BUSONI, F. B.
Berceuse élégiaque.

CAETANI, R.
Intermezzo sinfonico, op. 2.

CHABRIER, A. E.
España. Rapsodie.

CHAUVET, C. A.
Deux pièces.

CHEVILLARD, C.
Fantaisie symphonique, op. 10.

CHOPIN, F. F.
Andante und polonaise, Es dur, op. 22.

CONSOLO, F.
Fantasia orientale.

COWEN, F. H.
Indian rhapsody.
Reverie.
[Two pieces . . .]. Childhood. No. 1. (Lullaby.) Girlhood. No. 2.

CUI, C. A.
Premier scherzo, op. 1.
Scherzo, no. 2, op. 2.
Trois scherzos, op. 82, no. 2.

DARGOMIJSKY, A. S.
Cosatschoque. Fantaisie sur une danse cosaque.
Fantaisie sur des airs finlandais.
Fantaisie-scherzo.

DEHAAN, W.
Zwei symphonische sätze, op. 14.

DELIUS, F.
A dance rhapsody.

DITTERSDORF, C. D. VON.
Divertimento: "Il combattimento dell' umane passione," D dur.

DUBOIS, T.
Intermède symphonique de Notre Dame de la Mer.

Miscellaneous pieces for orchestra—
Continued.

DUBOIS, F. C. T.
Méditation-Prière.

DUPARC, H. F.
Aux étoiles. (Entracte pour un drame inédit.)

DUPONT, A.
Rondes ardennaises, op. 59.

DUVERNOY, V. A.
Pièces orchestrales.

DVOŘÁK, A.
Legenden, op. 59.
Scherzo capriccioso, op. 66.
Slavische rhapsodien, op. 45.

ELGAR, E. W.
Intermezzo . . . from the variations on an original theme, op. 36.
Sursum corda (Elévation), op. 11.
Canto popolare. (In moonlight.)
Chanson de nuit, op. 15, No. 1.
Chanson de matin, op. 15, No. 2.

ERICHS, H.
Rhapsodie hongroise, op. 241.

FERRANTE, V.
Fantasia una sera d'Aprile 1906 a New York.

FERRONI, V.
Rapsodie espagnole, op. 8.

FIBICH, Z.
V podvecer (Am abend), op. 39.

FIELITZ, A. VON.
Vier stimmungsbilder, op. 37.

FILLMORE, J. C.
Indian fantasia, No. 1.

FISCHER, K. A.
Symphonisches tonstück, op. 32.

FCURNIER, P.
Toccata. Etude symphonique, op. 20.

FRANCK, C.
Nocturnes (Ropartz).

FRANCK, E.
Fantaisie, op. 16.

FRANCK, R.
Symphonische fantasie, op. 31.

FRISCHEN, J.
Herbstnacht, op. 12.
Ein rheinisches scherzo, op. 14.

Miscellaneous pieces for orchestra—
Continued.

FUMI, V.
La siesta de la señorita.

GAUBERT, P.
Rhapsodie sur des thèmes populaires.

GERMAN, E.
Welsh rhapsody.

GEVAERT, F. A.
Fantaisie sur des motifs espagnols.

GILBERT, H. F.
Two episodes, op. 22.

GILLET, E.
Trois pièces.

GILSON, P.
Fanfare inaugurale.
Trois pièces.

GLAZOUNOV, A.
Deux morceaux, op. 14.
Une fête slave. Tirée du Quatuor slave, op. 26.
Fantasie, op. 53.
Intermezzo romantico, op. 69.
Ballade, op. 78.
Scène dansante, op. 81.

GLINKA, M. I.
Caprice brillant sur le thème de la Jota.
Kamarinskaïa. Fantaisie sur deux airs russes.
Souvenir d'une nuit d'été à Madrid. Fantaisie sur des thèmes espagnols.

GODARD, B. L. P.
Adagio pathétique, op. 128, No. 3.
Solitude, op. 27.
Scenes poétiques, op. 46.
Kermesse, op. 51.
2e. scherzetto, op. 108.

GOLDMARK, K.
Scherzo, op. 19.
Scherzo, op. 45.

GOODHART, A. M.
Elegy in memory of "John Oliver Hobbes."

GOTTHELF, F.
Ein frühlingsfest, op. 7.

GRÄDENER, H. T. O.
Capriccio, op. 4.

Miscellaneous pieces for orchestra—Continued.

GRAMMANN, K.
Romanze und Scherzo, op. 17.

GROSSMANN, L.
Werke für orchester. (Andante symphonique — "Tenebroso" ballade—Pas serpentine.)

GRÜTERS, A.
Feenmährchen.

HADLEY, H. K.
Symphonie fantasia, op. 46.

HALLÉN, A.
Rhapsodie (No. 1), op. 17.
Rhapsodie No. 2 (Schwedische rhapsodie), op. 23.

HAMERIK, A.
Concert romanze, op. 27.

HANSSENS, C. L.
Fantaisie. Airs Russes.
Fantaisie. (Intermède) La Romanesca, Danse du XVIe. siècle.
Fantaisie sur des airs nationaux de tous pays.
Fantaisie sur des airs populaires.
Fantaisie sur Le Doudou.
1re. fantaisie sur Le carnival de Venise.

HARCOURT, E. D'.
Aubade à ma fiancée.

HARTOG, E. DE.
Esquisses caractéristiques, op. 51.
Villanelle, op. 59.
Momento capriccioso, op. 67.

HEIMENDAHL, W. E.
Intermezzo, op. 9.

HENRIQUES, R.
Aquarellen, op. 2.

HERBERT, V.
Irish rhapsody.

HERVEY, A.
Two tone pictures.

HOFMANN, H. K. J.
Drei characterstücke, op. 15.
Zwiegespräch und Karnevalscene, op. 19.
Irrlichter und kobolde, op. 94.
Bilder aus norden.

HOL, R.
Erklärung, op. 51.

Miscellaneous pieces for orchestra—Continued.

HÜE, G. A.
Reverie.

HÜLLWECK, F.
Vier stücke, op. 22.

HUMPERDINCK, E.
Humoreske (In E dur).

HURÉ, J.
Nocturne.

JÄRNEFELT, A.
Berceuse.

JENSEN, G.
3 charakterstücke, op. 33.

JUNGMANN, A.
Waldmärchen, op. 224, no. 3.
"Im elfenhain," op. 334, no. 2.

JUON, P.
Vægtervise (Wächterweise). Fantasie nach dänischen volksliedern, op. 31.

KAJANUS, R.
Rhapsodie (No. 1. D moll), op. 5.
Rhapsodie No. 2, F dur, op. 8.

KALINNIKOV, W. S.
Deux intermezzo.

KAROWICZ, M.
Rapsodja litewska (Litauische rapsodie), op. 11.

KASKEL, K. V.
Hutmoreske, op. 15.
Ballade, op. 17.

KAUN, H.
Drei einfache stücke, op. 76.

KIENZL, W.
Zwei stücke, op. 15, No. 2. (Op. 15, No. 22.)

KISTLER, C.
Treueschwur. Festkänge, op. 62.

KLEIN, B. O.
Im amerikanischen volkston (Farewell to my Georgia home). Intermezzo, op. 88. No. 2.

KLOSE, F.
Elfenreigen.

KLUGHARDT, A. F. M.
Drei stücke, op. 87.

KOCH, F. E.
Sinfonische fuge (in C moll), op. 8.

Miscellaneous pieces for orchestra—
Continued.

KÖHLER, B.
Scherzo.

KOERNER, H. T.
Ein traumbild (a reverie), op. 18.

KOPYLOV, A. A.
Scherzo en La majeur, op. 10.

KRAMM, G.
Fest bei Herodes. Salome tanzt, op. 23.

KRETSCHMER, E.
Melodie. Concertstück, op. 28.

KÜCKEN, F. W.
"Russisch." Fantasie, op. 108.
Heimkehr der soldaten.

LACOMBE, L. T.
Lassan et Friss. Fantasietta, op. 51.

LACOMBE, P.
Aubade printanière, op. 37.
Ronde languedocienne, op. 44.
Aubade aux mariés, op. 56.
Rapsodie sur des airs du Pays D'Oc, op. 128.
Dernière aubade.

LALO, E. V. A.
Allegro appassionato, op. 27.
Arlequin. Esquisse humoristique.
Aubade.
Divertissement.
Rapsodie.
Scherzo.

LANGEY, O.
"Arabische serenade," op. 24.

LASSEN, E.
Grosse polonaise, op. 63.

LAUBER, J.
Humoresque, op. 36.

LAVAINE, F.
Fantaisie tarantelle.

LEFEBVRE, C. E.
Romance, op. 43.

LEKEU, G.
Fantaisie sur deux airs populaires angevins.

LIADOV, A. K.
Intermezzo, op. 16.
Huit chants populaires russes, op. 58.

Miscellaneous pieces for orchestra—
Continued.

LIAPOUNOV, S. M.
Ballade, op. 2.

LISZT, F.
Ungarische rhapsodien.
Erste Ungarische rhapsodie.
Zweite ungarische rhapsodie (Müller-Berghaus).

LUMBYE, H. C.
Traumbilder-fantasie.

L'VOV, A.
"Bozhe, Tsaria Khrani." Russkii narodnyi gimn.

MAAS, L. P. O.
Nachtgesang, op. 2, no. 3.

MACKENZIE, A. C.
Rhapsodie Écossaise, op. 21.
From the North (Three Scottish pieces). (From Opus 53.)
Canadische rhapsodie (Canadian rhapsody), op. 67.

MAGNARD, A.
Chant funèbre, op. 9.

MARTUCCI, G.
Andante (Si), (dall' op. 69, No. 2).
Novelletta, op. 82.

MASCHERONI, A.
Dans les fleurs. Among the flowers. Spring serenade.

MASSENET, J. E. F.
Parade militaire. Morceau de genre.
Pièces pour petit orchestre.
Les rosati. Divertissement.

MAUPEOU, L. DE.
Madrigal.

MENDELSSOHN - BARTHOLDY, J. L. F.
Scherzo (No. 2 de l'op. 16). (Dubois.)
Spinnerlied. (Müller-Berghaus.)

METZDORFF, R.
Reverie, op. 6.

MEYER-HELMUND, E.
Sérénade, op. 62.

MIHALOVICH, E. VON.
Trauerklänge.

MIRÒ, A. L.
Fantasia.

Miscellaneous pieces for orchestra—
Continued.

MONIUSZKO, S.
Soldatenlied. (Noskowski.)

MOÓR, E.
Improvisationen über ein eigenes. thema. op. 63.

MOSZKOWSKI, M.
Melodie, op. 18, no. 1. (Strauss.)

MOUSSORGSKY, M. P.
Intermezzo.
Scherzo.

MOZART, J. Ch. W. A.
Kleinere orchesterstücke. (Br. & H., Werke.)
Laudate dominum. (Kaempfert.)

MOZART, L.
Die bauernhochzeit.

NAPRAVNIK, E. F.
2 pieces espagnoles, op. 51.
Deux pièces russes, op. 74.

NEDBAL, O.
Scherzo-caprice, op. 5.

NEUMANN, F.
Waldmärchen - Woodland lore, op. 72.

NICODÉ, J. L.
Introduction und Scherzo, op. 11. Originally known under the title: Die jagd nach dem glück.
Deutsches gebet. Ein volksgesang. Werk 35.

OLLONE, M. D'.
Lamento.

PÉRILHOU, A.
Deux carillons flamands.
Scènes d'après le folklore des provinces de France.

PESSARD, É. L. F.
Pièce en La mineur, op. 18.
Berceuse. (Extraite de l'oeuv. 22.)

PFEIFFER, G. J.
Légende. Fantaisie symphonique, op. 58.

PFITZNER, H. E.
Scherzo, op. 1.

PFOHL, F.
Eine balletszene, op. 12.

Miscellaneous pieces for orchestra—
Continued.

PIERNÉ, H. C. G.
Intermezzo.
Pantomime, op. 24.

PIRANI, E.
Ballade, op. 47.
Airs bohémiens, op. 53.

PITT, P.
Cinderella. A musical fairy tale, op. 26.

POLIGNAC, E. DE.
Robin m'aime. Rondel pastoral.

PRIVANO, G.
Rêverie, op. 5.

PUGET, P.
Lorenzaccio. Airs de ballet.

RABAUD, H.
Divertissement sur des chansons russes, op. 2.

RACHMANINOV, S.
Fantaisie, op. 7.
Capriccio bohémien, op. 12

RADECKE, A. M. R.
Zwei scherzi, op. 52.
Nachtstück, op. 55.

RAFF, J. J.
Au soir. Rhapsodie, op. 163.

RANDEGGER, E.
Berceuse.

RAVEL, M.
Rapsodie espagnole.
Pavane pour une infante défunte.

REBIKOV, V. I.
Intermezzo.

REDERN, F. W. VON.
Ballabile.
Opernscene.

REINECKE, C. H. C.
Biblische bilder, op. 220. Heft I. Bilder aus dem altem testament. Heft II. Bilder aus dem neuen testament.

REINHOLD, H.
Intermezzo scherzoso, op. 29.

RHEINBERGER, J. G.
Fantasie (Präludium, Intermezzo und Fuge), op. 79.

Miscellaneous pieces for orchestra—
Continued.

RIEMENSCHNEIDER, G.
"Mondnacht," op. 57.

RIMSKY-KORSAKOV, N. A.
Fantaisie sur des thêmes serbes,
op. 6.
Capriccio espagnol, op. 34.
Chanson russe, op. 62.

RITTER, J. P.
Entre actes.

RÖNTGEN, J.
Ballade über eine norwegische
volksmelodie, op. 36.
Ein liedchen von der see [Een
liedje van de zee], op. 45.

RÖSCH, W. E.
Zwei tonskizzen.

ROPARTZ, J. G.
Cinq pièces brèves.
La cloche des morts.
Fantaisie en ré majeur.
Les landes.

ROSTAND, A.
Pastel.

RUBINSTEIN, A. G.
Doumka. Andante con moto,
op. 93, Cah. 3.
Eroica. Fantaisie, op. 110.

RUDORFF, E. F. K.
Ballade, op. 15.

SAINT-SAËNS, C. C.
Rapsodie bretonne, op. 7bis.
Une nuit à Lisbonne. Barca-
rolle, op. 63.

SAMMARTINI, G.
Pastorale.

SCHÄFER, D.
Rhapsodie javanaise, op. 7.

SCHARF, M.
Fantasie, op. 40.

SCHARRER, A.
Sinfonisches adagio.

SCHARWENKA, L. P.
Wald- und berggeister. Ein intermezzo, op. 37.
Liebesnacht. Fantasiestück, op.
40.

SCHJELDERUP, G.
Sommernacht auf dem fiord.

Miscellaneous pieces for orchestra—
Continued.

SCHLESINGER, S. B.
Impromptu-caprice.

SCHMITT, F.
Rapsodie viennoise.

SCHOENE, A.
Humoreske, op. 37.

SCHUETKÝ, R.
Melodie und scherzino.

SCHUMANN, R. A.
Deux pièces en forme de canon.
Deux nouvelles pièces en forme
de canon, Nos. 3 et 4.
Ouverture, scherzo und finale.
Gespenstermärchen — A b e n d -
lied — Am springbrunnen (Aus
op. 85).

SCOTT, C.
Aubade, op. 77.

SCRIABIN, A. N.
Rêverie, op. 24.

SELMER, J.
Finnländische festklänge, op. 31.
Karneval in Flandern (Carnaval
flamand), op. 32.

SGAMBATI, G.
Berceuse-rêverie, op. 42, No. 2.

SIBELIUS, J.
Varsång. (La tristesse du printemps. Frühlingslied), op. 16.

SILVER, C.
Cydalise. Madrigal.

SINDING, C.
Rondo infinito, op. 42.

SÖDERMAN, J. A.
Schwedische volkslieder und
volkstänze.

SOKOLOV, N. A.
Elegie, op. 4.

SPENDIAROV, A. A.
Deux morceaux, op. 3.
Esquisses de Crimée, op. 9.

STANFORD, C. V.
Irish rhapsody No. 1, op. 78.

STANGE, M.
Nachtstück, op. 36.

STCHERBACHEV, N. V.
Deux idylles.

Miscellaneous pieces for orchestra—Continued.

STRAUSS, J.
Romanze, op. 243.

STRAWINSKY, I.
Scherzo fantastique, op. 3.
Feuerwerk.

SUK, J.
Scherzo fantastique, op. 25.

SVENDSEN, J. S.
Carneval in Paris, op. 9.
Fest-polonaise, op. 12.
Norwegischer künstler-carneval, op. 14.
Rapsodie norvégienne, No. 1, op. 17.
Rapsodie norvégienne, No. 2, op. 19.
Rapsodie norvégienne (No. 3), op. 21.
Rapsodie norvégienne (No. 4), op. 22.
Andante funèbre.

TAUBERT, E. E.
Ballade (C moll), op. 54.

TAYLOR, S. COLERIDGE.
Ballade in A minor, op. 33.

THOMÉ, F. L. J.
Clair de lune.

THOOFT, W. F.
In leid und freud.

TRIEST, H.
Orchester-concert.

TSCHAIKOWSKY, P. I.
Capriccio italien, op. 45.

VAN DER STUCKEN, F.
"Pagina d'amore," op. 10.

VOLKMANN, F. R.
Magyar zene vázlat 24. müböl szerze.

WAGNER, W. R.
Ein albumblatt.

WEBER, C. M.F.E., FREIHERR VON.
Aufforderung zum tanz (Invitation à la valse), op. 65.

WERMANN, F. O.
Scherzo, op. 25.

WEIDIG, A.
Drei episoden, op. 38.

Miscellaneous pieces for orchestra—Continued.

WEISSMANN, J.
Tanz-fantasie, op. 35a.

WESTERHOUT, N. VAN.
Badinerie.
Ma belle qui danse.
Ronde d'amour.

WIHTOL, J. T.
Fantaisie sur des chants populaires lettons, op. 42.

WINDERSTEIN, H.
Ständchen, op. 11.

YOUFEROFF, S.
Fantaisie funèbre, op. 42.

YSAŸE, T.
Fantasie sur un thème populaire wallon.

ZANELLA, A.
Festa campestre (Landfest).

ZELEŃSKI, L.
Trauersklänge. Elegisches andante, op. 36.

Overtures, preludes, postludes, etc. (Including early overtures called "Sinfonia.")

ABERT, J. J.
Concert-ouverture (E dur).

ALBERT, E. d'.
Esther, op. 8.
Gernot.
Ghismonda.
Kain.
Der rubin.

ANDRÉ, J. A.
"Die Hussiten vor Naumburg," op. 36.

ANGER, L.
Concert-ouverture, op. 5.

ARENSKY, A. S.
Nal und Damajenti.
Un songe sur le Volga.

ARMSTRONG, W. D.
From the old world.

ARNOLD, Y. VON.
"Boris Godunow."

BACH, J. S.
Overtures. (Bachgesellschaft.)
Ouverture in D dur.

Overtures, etc.

BACH, J. S.—Continued.

Ouverture ou suite en Ré majeur (Roitzsch).

Präludium (Scholz).

Präludium und fuge (Abert).

BACH, W. F.

Sinfonia. (Zur geburtsfeier Friedrichs des Grossen.)

BALAKIREV, M. [A.]

Ouverture sur un thème de marche espagnole.

Ouverture sur trois thèmes russes.

BANTOCK, G.

The Pierrot of the minute.

Sappho.

BARGIEL, W.

Prometheus, op. 16.

Ouverture zu einem trauerspiel, op. 18.

Medea, op. 22.

BASSERMANN, E.

Ouverture.

BATES, W.

Jovial crew or Merry beggars.

BAUSSNERN, W. von.

Champagner.

BAZZINI, A.

Re Lear.

Saul.

BEETHOVEN, L. van.

Overtures. (Br. & H., Werke.)

Leonore.

Grosse ouverture in C dur, op. 115.

König Stephan. 117tes. Werk.

BENEDICT, Sir J.

The tempest, op. 77.

BENNETT, W. S.

Parisina, op. 3.

Die Najaden, op. 15.

Die waldnymphe, op. 20.

Paradies und Peri, op. 42.

BERLIOZ, H.

Ouverturen. (Br. H., Werke.)

Benvenuto Cellini.

Le carnaval romain.

Corsaire, œuvre 21.

Les Francs Juges, op. 3.

Roi Lear, op. 4.

Waverley, op. 1er.

Overtures, etc.—Continued.

BERNARD, E.

Beatrice, op. 25.

BITTNER, J.

Der musikant.

BIZET, G.

Patrie, op. 19.

BLÄTTERMANN. H.

Ouverture über niederländische volksweisen.

BLAIR, H.

Adoramus te.

BLOCH, J.

Ouverture solennelle en Fa-majeur, œuvre 57.

BOEHE, E.

Symphonischer epilog zu einer tragödie, op. 11.

BÖHME, F.

Dramatische ouverture (No. 9), op. 40.

BÖLSCHE, F.

Judith, op. 14.

BOLCK, O.

Gudrun, op. 50.

BRADSKY, W. T.

Medea.

BRAHMS, J.

Akademische fest-ouverture, op. 80.

Tragische ouvertüre, op. 81.

BRAMBACH, K. J.

Tasso, op. 30.

Ariadne.

BRANCACCIO, C.

Preludio, op. 1.

BRANTS, BUYS J.

Karneval-Ouverture, op. 12.

BROEKHOVEN, J. A.

Columbia.

BROUTIN, C.

Ouverture triomphale, op. 13.

BRÜLL, I.

Im walde, op. 25.

Macbeth, op. 46.

Ouverture pathétique, op. 96.

BÜLOW, H.

Paris und Helena von Chr. Gluck.

Overtures, etc.—Continued.

BUNGERT, A.
Torquato Tasso, op. 14.

BURGMÜLLER, N.
Ouverture, op. 5. (Dionys.)
4 entr'actes, op. 17.

BUSCH, C.
Prolog zu Tennyson's "The passing of Arthur."

BUSI, A.
Preludio sinfonico.

BUSONI, F. BRANDTS.
Lustspiel-ouverture, op. 38.
Zwei heitere ouvertüren.

CAETANI, R.
Préludes symphoniques, op. 8, 11.

CANNABICH, C.
Ouvertüre a 15 C dur.

CHADWICK, G. W.
Euterpe.
Melpomene.

CHERUBINI, M. L.
Ouverturen.
Concert - ouverture (Grützmacher).

CONVERSE, C. C.
Fest-ouverture.
Hail Columbia.

CORDER, F.
Prospero.

CORNELIUS, P.
Der barbier von Bagdad.

COWEN, F. H.
The butterfly's ball (Le bal des papillons).

CUSINS, W. G.
Two concert overtures.

DAMROSCH, L.
Fest-Ouverture, op. 15.

DANCLA, Ch.
Ouverture dramatique.

DEBUSSY, C. A.
Prélude à "L'après-midi d'un faune."

DELDEVEZ, E. M. E.
Ouverture de concert, op. 1.
Robert Bruce, op. 3.
Le violon enchanté, op. 20.

Overtures, etc.—Continued.

DELIBES, L.
Le roi l'a dit.

DEPPE, L.
Zriny, op. 4.

DIETRICH, A. H.
Normannenfahrt, op. 26.
Ouverture (C-Dur), op. 35.

DITTERSDORF, C. D. von.
Esther.

DORN, H. L. E.
Die Nibelungen.

DRAESEKE, F. A. B.
Calderon's "Das leben ein traum," op. 45.
Penthesilea, op. 50.
Jubel-Ouverture, op. 65.

DUBOIS, F. C. T.
Frithiof, No. 2.
Ouverture symphonique, No. 3.

DUKAS, P.
Polyeucte.

DVOŘÁK, A.
Wanda, op. 25.
Mein heim, op. 62.
Husitska, op. 67.
In der natur. "Vpřrodě," op. 91.
Carneval, op. 92.
Otello, op. 93.

EDWARDS, J.
King René's daughter.

EHLERT, L.
Hafis-ouverture, op. 21.

ELGAR, Sir E. W.
Froissart, op. 19.
Cockaigne, op. 40.
In the South, op. 50.

ENNA, A.
H. C. Andersen.
Cleopatra.
Heisse liebe.
Das streichholzmädel.

ERDMANNSDÖRFER, M.
Narziss, op. 17.
Prinzessin Ilse.

ERKEL, F.
Hunyady László.

Overtures, etc.—Continued.

ERNST II, duke of Saxe-
Coburg-Gotha.
Santa-Chiara.

FALCHI, S.
Giulio Cesare.

FEHNENBERGER, J.
Bergpsalmen, op. 2.

FERRONI, V.
Ariosto, op. 7.

FÉTIS, F. J.
Ouverture de concert.

FIBICH, Z.
Une nuit à Carlstein, op. 26.

FISCHEL, A.
Fest-ouverture.

FLOTOW, F.
Rübezahl.

FLÜGEL, G.
Concert-OuvertureNo.1. Cmoll,
op. 26.

FOOTE, A. W.
Francesca da Rimini, op. 24.

FORONI, J.
Tre ouvertures.

FRANCK, E.
Der Römische carneval, op. 21.

FRANCK, R.
Wellen des meeres und der liebe,
op. 21.
Dramatische ouverture (C dur),
op. 37.

FRANK, L.
Fest-ouverture.

FREUDENBERG, W.
Romeo und Julia, op. 3.
Die nebenbuhler.

FUCHS, R.
Des meeres und der liebe wellen,
op. 59.

GADE, N. W.
Nachklänge von Ossian, op. 1.
Im hochland, op. 7.
Dritte ouverture, op. 14.
Hamlet, op. 37.
Zwei lustspiel-ouverturen.
Michel Angelo, op. 39.

Overtures, etc.—Continued.

GENDT, W. M. van.
Concert-ouverture, op. 48.
Oranien 1584.

GERNSHEIM, F.
Waldmeisters brautfahrt, op. 13.

GERMAN, E.
Romeo and Juliet.
Richard III.

GEORGES, A.
Axel.

GLAZOUNOV, A.
Première ouverture sur trois
thèmes grecs, op. 3.
Deuxième ouverture sur des
thèmes grecs, op. 6.
Carnaval ouverture, op. 45.
Ouverture solennelle, op. 73.
Le chant du destin, op. 84.

GLINKA, M. I.
Ouverture Rousslane et Ludmila.

GLUCK, C. W.
Alceste. (Weingartner).
Iphigénie en Aulide. (Mozart.)
Iphigenia in Aulis. (R. Wagner.)
Paris und Helena. (von Bülow.)

GOEDICKE, A. F.
Ouverture dramatique, op. 7.

GOETZ, H.
Frühlings-Ouverture, op. 15.
Francesca (oper).

GOLDMARK, K.
Sakuntala, op. 13.
Penthesilea, op. 31.
Im frühling, op. 36.
Der gefesselte Prometheus des
Aeschylos, op. 38.
Das heimchen am herd.
Sappho.

GOLTERMANN, G. E.
Waldmeisters brautfahrt, op. 37.
Festspiel-Ouverture, op. 94.

GOTTHARD, J. P.
Concert ouverture in D moll.

GRÄDENER, C. G. P.
Fiesco, op. 30.

GRÄDENER, H. T. O.
Eine lustspiel-ouverture, op. 28.

Overtures, etc.—Continued.

JOACHIM, J.
Hamlet, op. 4.
Ouvertüre, op. 13.
Ouverture zu einem Gozzi'schen lustspiel.

JOACHIM, A., Prinz von Preussen.
Die frau vom meer.

KALAFATI, B.
Ouverture-Fantaisie, op. 8.

KALLIWODA, J. W.
Ouverture C dur, op. 55.
Ouverture (No. XVI.), op. 238.
Concert-Ouverture No. XVII, op. 242.

KASKEL, K. v.
Lustspiel-ouverture, op. 14.

KAUFFMANN, F.
Dramatische ouverture, op. 23.

KAUN, H.
Maria Magdalena, op. 44.

KING, O. A.
Among the pines, op. 36.

KLEINMICHEL, R.
Fantasie-ouverture (A dur), op. 25.

KLUGHARDT, A. F. M.
Jm frühling, op. 30.
Concert-ouverture, op. 45.
Fest-ouverture, op. 54.
Fest-ouverture, op. 78.

KOLBE, O.
Wallenstein's tod.

KÖNNEMANN, A.
Der herbst, op. 4.

KOPYLOV, A. A.
Konzert-ouverture, op. 31.

KRAMM, G.
Johannes ouverture, op. 22.

KREHL, S.
"Hannele," op. 15.

KRETSCHMER, E.
Der flüchtling.

KRUG, A.
Othello, op. 27.

KÜCKEN, F. W.
Waldleben, op. 79.
Erinnerung an Stuttgart, op. 116.

Overtures, etc.—Continued.

KÜFFNER, J.
Overtura, op. 172.

KÜNNEKE, E.
Robins ende.

LACHNER, I.
Loreley, op. 49.

LACHNER, V. .
Fest-ouvertüre, op. 30.
Turandot, op. 33, No. 1.
Demetrius, op. 44.

LACOMBE, L. T.
Ouverture de concert en Si mineur, op. 91.

LACOMBE, P.
Ouverture symphonique, op. 22.

LALO, E. V. A.
Fiesque.
Le Roi d'Ys.

LAMBERT, L.
Brocéliande.

LAMOND, F.
Aus dem schottischen hochlande, op. 4.

LARGO, H.
Abschied, kampf, sieg, op. 42

LASSEN, E.
Festouverture, op. 51.
"Ueber allen zauber liebe," op. 77.
Beethoven-ouverture.

LAZZARI, S.
Armor.

LEHÁR, F.
Eine vision.

LEROUX, X. H. N.
Harald.

LIAPOUNOV, S.
Ouverture solennelle, op. 7.

LINDPAINTNER, P. J. von.
Ouverture zur oper: Der vampyr. Op. 70.
Faust, op. 80.
Kriegerische jubel-ouverture, op. 109.

LISZT, F.
Fest-vorspiel.

LITOLFF, H. C.
Maximilian Robespierre, op. 55.
Die Girondisten, op. 80.

Overtures, etc.

LITOLFF, H. C.—Continued.
Chant des Belges, op. 101.
König Lear.

LUDWIG, A.
Märzwind, op. 41.

LUND, E.
Concert-ouverture (Es dur), op. 4.

LUX, F.
Rosamunde, op. 76.
Fest-ouverture, op. 82.

L'VOV, A.
Ouverture de l'opéra Ondine
(Balakirew).

MacCUNN, H.
The land of the mountain and
the flood, op. 3.
The downie dens o' Yarrow,
op. 6.

MacFARREN, G. A.
St. John the Baptist.

MACKENZIE, A. C.
Colomba, op. 28.
Twelfth Night, op. 40.
Britannia, op. 52.

MAGNARD, A.
Ouverture, op. 10.

MANCINELLI, L.
Romantic overture.

MANDL, R.
Ouverture zu einem Gaskognischen ritterspiele.

MARSCHALK, M.
Und Pippa tanzt, op. 30.

MARTY, G. E.
Daria.

MASCAGNI, P.
Die Rantzau.
Vorspiel und siciliana aus der
oper: Cavalleria rusticana.

MASSENET, J. E. F.
Brumaire.
Hérodiade.
Phèdre.

MATERN, G.
Concert ouverture. Victoria.
Op. 14.

MAUPEOU, L. de
Jeanne d'Arc.

Overtures, etc.—Continued.

MAYER, E.
Faust-ouverture, op. 46.

**MENDELSSOHN - BARTHOLDY,
J. L. F.**
Overtures. (Br. & H., Werke.)
Der sommernachtstraum, op. 21.
Die Fingals-höhle, op. 26.
Meeresstille und glückliche fahrt,
op. 27.
Melusine, op. 32.
Athalia, op. 74.
Ruy Blas, op. 95.
Ouverture in C dur (Trompeten-
ouverture), op. 101.
Drei concert- ouverturen.

MEYER-OLBERSLEBEN, M.
Feierklänge, op. 18.
Fest-ouverture, op. 30.
Clare Dettin: Vorspiel zum drit-
ten aufzuge.

MEYERBEER, G.
Ouverture en forme de marche.

MIELCK, E.
Dramatische ouverture, op. 6.

MOESER, K.
Ouverture pathétique.

MONIUSZKO, S.
Bajka.
Flis.
Halka.

MONTI, V.
Noël de Pierrot.

MOODY, M.
Concert-ouverture in E moll.
Concert ouverture in Fis moll.
König Lear.
Der sterbende krieger.

MORLACCHI, F.
Francesca da Rimini.

MOSEL, I. F., E. von.
Cyrus und Astyages.

MOUQUET, J.
Diane et Endymion, op. 2.

MOUSSORGSKY, M. P.
Introduction de l'opera Chowantchina.

MOZART, J. C. W. A.
Don Juan.
Don Giovanni (ergänzt von Fer-
ruccio Busoni).

Overtures, etc.

MOZART, J. C. W. A.—Cont'd.
Die entführung aus dem serail.
(Busoni.)
Die zauberflöte. (André).

MUCK, J.
Festouvertüre, op. 49.

NAUMANN, E.
Loreley, op. 25.

NICOLAI, O.
Kirchliche fest-ouverture, op. 31.
Die lustigen weiber von Windsor.

NIELSEN, C.
Helios, op. 17.

NOSKOWSKI, S.
Das meerauge, op. 19.

NOWOWIEJSKI, F.
Swaty Polskie.

NYEVELT, J. J. van Z. van-.
Maria Stuart.

OBERTHÜR, K.
Rübezahl, op. 82.
Shakespeare, op. 210.

OLSEN, O.
König Erich.

ORLAMÜNDER.
Ouverture, no. 1.

PAINE, J. K.
Was ihr wollt (As you like it),
op. 28.
Œdipus Tyrannus, op. 35.

PALADILHE, E.
Suzanne.

PEDROTTI, C.
Ouverture.

PÉNAVAIRE, J. G.
Torquato Tasso.

PEPUSCH, J. C.
Apollo and Daphne.
The beggar's opera.

PERGOLESI, G. B.
Sinfonia G-dur (Pergolesi-gesellschaft).

PIERSON, H. H.
Die jungfrau von Orleans, op.
101.
Romeo und Julie.

PROCH, H.
1re ouverture, op. 120.

Overtures, etc.—Continued.

PUCHAT, M.
Ouverture über ein nordisches
thema, op. 22.

RADECKE, A. M. R.
König Johann, op. 25.
Am strande, op. 40.

RAEBEL, M.
Die schlacht des heiligen Olav
bei Stiklestad, op. 17.

RAFF, J. J.
Jubelouverture, op. 103.
Fest-ouverture, op. 117.
Concert-ouverture, op. 123.
Eine feste burg ist unser gott,
op. 127.
Dame Kobold, op. 154.
Shakespeare ouverturen.

REBER, N. H.
Naïm ou Les Maures en
Espagne, op. 32.

REDERN, F. W., graf von.
Concertouverture, C major.
Concertouvertüre, E flat major.
Concert-ouverture (1856).
Ouverture, D major.
Ouverture, E major.
Ouverture, E flat major.
Der sturm.

REGER, M.
Symphonischer prolog. zu einer
tragödie, op. 108.

REICHARDT, J. F.
Andromeda.

REINECKE, C. H. C.
Dame Kobold, op. 51.
Alladin, op. 70.
Ein abenteuer Händels oder Die
macht des liedes, op. 104.
In memoriam. Introduction mit
choral, op. 128.
Fest-ouverture, op. 148.
Zur jubelfeier, op. 166.
Zenobia, op. 193.
An die künstler, op. 218.
Prologus solemnis, op. 223. ,

REINTHALER, K. M.
Edda.

REISSIGER, K. G.
Die felsenmühle.
Nero.

Overtures, etc.—Continued.

REUSS, A.
Der thor und der tod, op. 10.

REZNIČEK, E. N. von.
Eine lustspiel-ouverture.

RHEINBERGER, J. G.
Die zähmung der widerspänstigen, op. 18.
Demetrius, op. 110.
Akademische ouverture, op. 195.
Die sieben raben.

RIES, F.
Dramatische ouverture, op. 30.
Grande ouverture.

RIETZ, J.
Concert-ouverture, op. 7.
Hero und Leander, op. 11.

RIMSKY-KORSAKOV, N. A.
Ouverture sur des thèmes russes, op. 28.
La grande pâque Russe, op. 36.
Nad Mogiloi, op. 61.
La fiancée du tzar.

RITTER, J. P.
Ouverture und tanz zu "Wilhelm Tell."

ROGER-DUCASSE.
Prélude d'un ballet.

RONALD, L.
A birthday.

ROSENFELD, I.
Braut von Messina, op. 25.

ROSENHAIN, J.
Le démon de la nuit.

RUBINSTEIN, A. G.
Ouverture-Triomphale, op. 43.
Ouverture de concert (B dur), op. 60.
Antonius et Cléopatra, op. 116.
Ouverture solennelle, op. 120.
Dimitri Donskoi.

RUDORFF, E. F. K.
Otto der Schütz, op. 12.
Romantische ouverture, op. 45.

RÜBNER, K.
Fest-ouverture, op. 27.

RÜFER, P. B.
Ouverture de concert, op. 5.

SAINT-SAËNS, C. C.
Princesse jaune, op. 30.

Overtures, etc.

SAINT-SAËNS, C. C—Con.
Ouverture de fête, op. 133.
Proserpine.

SANDBERGER, A.
Riccio, op. 16.

SCHALE, C. F.
Ouverture.

SCHARWENKA, L. P.
Fest-ouverture, op. 43.

SCHEINPFLUG, P.
Ouverture zu einem lustspiel von Shakespeare, op. 15.

SCHILLINGS, M.
König Oedipus, op. 11.

SCHJELDERUP, G.
Norwegische hochzeit.

SCHLOTTMANN, L.
Romeo und Julia, op. 18.
Wallenstein's lager, op. 23.

SCHOLZ, B. E.
Jphigenia auf Tauris, op. 15.
Jm freien, op. 21.
Zieten'sche husaren, op. 30.

SCHUBERT, F. P.
Overtures. (Br. & H., Werke.)
Rosamunde, op. 26.
Alphonso und Estrella, op. 69.
Fierrabras, op. 76.

SCHULZ-SCHWERIN, C.
Torquato Tasso.
Braut von Messina.

SCHUMANN, G. A.
Liebesfrühling, op. 28.
Ouverture, op. 45.

SCHUMANN, R. A.
Overtures. (Br. & H., Werke.)
Genoveva, op. 81.
Manfred, op. 115.
Rheinweinlied, op. 123.
Julius Cäsar, op. 128.
Hermann u. Dorothea, op. 136.

SHELLEY, H. R.
Santa Claus.

SIBELIUS, J.
Karelia-Ouverture, op. 10.

SINIGAGLIA, L.
Le baruffe chiozzotte, op. 32.

SITT, H.
Don Juan d'Austria, op. 20

Overtures, etc.—Continued.

SMAREGLIA, A.
> Cornill Schut.
> Nozze istriane.

SMETANA, F.
> Libuša.
> Die verkaufte braut.

SMYTH, E. M.
> The wreckers. (On the cliffs of
> Cornwall.)

SÖDERMANN, A. J.
> Jungfrau von Orleans.

SPEER, W. H.
> Festival overture, op. 9.

SPEIDEL, W.
> König Helge, op. 50a.

SPENDIAROV, A. A.
> Ouverture de concert (D-dur),
> op. 4.

SPOHR, L.
> Concert-ouverture im ernsten
> styl, op. 126.

SPORCK, G.
> Prélude symphonique.

STANFORD, C. V.
> Oedipus Rex, op. 29.

STANGE, M.
> An die heimat, op. 40.

STECK, P.
> L'accordée de village, op. 16.

STEINBERG, M.
> Prélude symphonique, op. 7.

STERN, J.
> Geistliche ouverture.

STIEHL, H. F. D.
> Ouverture triomphale, op. 46.

STRÄSSER, E.
> Eine tragödien-ouverture, op. 4.

STRAUSS, R.
> Guntram, op. 25.

STREET, J.
> Die beiden Veroneser, op. 8.

STRUBE, G.
> Puck.

SULLIVAN, A. S.
> Overture di ballo.
> Overture in C.

SUPPÉ, F. von.
> Die irrfahrt um's glück.

Overtures, etc.

SUPPÉ, F. VON—Continued.
> Die frau meisterin.
> Leicht cavallerie.
> Banditenstreiche.
> Pique Dame.
> Franz Schubert.

TANEIEV, A. S.
> Hamlet, op. 31.

TAUBERT, K. G. W.
> Der sturm von Shakespeare, op.
> 134.
> Tausend und eine nacht, op. 139.

TCHEREPNIN, N.
> Princesse Lointaine, op. 4.

THIERIOT, F.
> Turandot, op. 43.

THOMAS, C. L. A.
> Mignon.
> Le panier fleuri.
> La Tonelli.

THUILLE, L.
> Romantische ouverture, op. 16.

TINEL, E.
> Godoleva, op. 43.
> Katharina, op. 44.

TÖLLE, G.
> Triumph den deutschen waffen.

TRÉTROP, H. J. A.
> Ouverture.

TSCHAIKOWSKY, P. I.
> Le Voyévode, op. 3.
> Ouverture triomphale sur
> l'hymne danois, op. 15.
> 1812. Ouverture solennelle, op.
> 49.
> Hamlet, op. 67.
> L'orage, op. 76.
> Romeó et Juliette.

TSCHIRCH, F. W.
> Am Niagara, op. 78.

ULRICH, H.
> Fest-ouverture, op. 15.

URBAN, H.
> Fiesko, op. 6.
> Scheherazade, op. 14.
> Ouverture zu einem fastnachts-
> spiel, op. 20.

VAN DER STUCKEN, F.
> William Ratcliff, op. 6.
> Vlasda, op. 9.

Overtures, etc.—Continued.

VIERLING, G.
Sturm, op. 6.
Maria Stuart, op. 14.
Jm frühling, op. 24.
Die hermannschlacht, op. 31.
Die hexe, op. 61.

VOLKMANN, F. R.
Fest-ouverture, op. 50.
Richard III, op. 68.
Concert-ouverture.

WAGENAER, J.
Cyrano de Bergerac, op. 23.

WAGNER, S.
Herzog Wildfang.

WAGNER, W. R.
Ouverturen und vorspiele.
Christoph Columbus.
Eine Faust-ouverture.
König Enzio.
Lohengrin.
Polonia.
Rule Britannia.
Tristan und Isolde.

WALLACE, W. V.
Lorelei ou La fille du Rhin.

WALTER, A.
Concert ouverture, op. 16.

WEBER, K. M. F. E. freiherr von.
Ouverturen. (Peters.)
Abu Hassan.
Der beherrscher der geister (Rübezahl), op. 27.
Euryanthe.
Der freyschütz.
Jubel-ouverture.
Oberon.
Peter Schmoll.
Preciosa.
Silvana.

WETZ, R.
Kleist-ouverture, op. 16.

WICKEDE, F. von.
Per aspera ad astra, op. 121.

WIDOR, C. M.
Ouverture espagnole.

WIENIAWSKI, J.
Guillaume le taciturne, op. 43.

Overtures, etc.—Continued.

WIHTOL, J. I.
Ouverture dramatique, op. 21.
Spriditis, op. 37.

WILLIAMS, A.
1ère. ouverture de concert, op. 15.
2ème. ouverture de concert, op. 18.

WINDING, A. H.
Nordische ouverture, op. 7.

WINKLER, A. A.
En Bretagne, op. 13.

ZENGER, M.
Tragische ouverture, op..42.

ZÖLLNER, H.
Unter dem sternbanner, op. 88.

ZOLOTAREFF, B.
Fête villageoise, op. 4.
Ouverture-fantaisie, op. 22.

ZOPFF, H.
Deutsche festouverture, op. 33.

Partitas. *See* **Suites.**

Potpourris, "Selections," "Fantaisies," etc. *See also* **Band music.**

BRAHMS, J.
Grosse fantasie über weisen von J. Brahms. (W. Weide.)

CILEA, F.
Adrienne   Lecouvreur.   (A. Schmid.)

ENNA, A.
Cleopatra. (Gustave Sandré.)

HERBERT, VICTOR.
Natoma.

HÉROLD, L. J. F.
Fantaisie sur Le Pré aux Clercs.

LEONCAVALLO, R.
Der bajazzo.
Pagliacci. (Joh. Doebber.)

STRAUSS, R.
Salome von Richard Strauss. (Joh. Doebber.)

Serenades. *See also* **Miscellaneous pieces, String orchestra,** *and* **Early music.**

BAERENFELS, K. von.
Serenade.

Serenades—Continued.

BITTNER, J.
　Der musikant. (Serenade.)
BOLZONI, G.
　Al castello medievale.
BRAHMS, J.
　Serenade (D dur), op. 11.
　Serenade, op. 16.
BRAUNFELS, W.
　Serenade, op. 20.
BRÜLL, I.
　Serenade, op. 29.
　Serenade E dur, op. 36.
　Dritte serenade, op. 67.
DEGNER, E. W.
　Serenade.
DRAESEKE, F. A. B.
　Serenade (D dur), op. 49.
ELGAR, *Sir* E. W.
　Serenade mauresque, op. 10, No. 2.
　Sérénade lyrique.
FUCHS, R.
　Serenade (No. 5, D dur), op. 53.
GLAZOUNOV, A. K.
　Sérénade, op. 7.
　2me sérénade, op. 11.
GRILL, L.
　Serenade in fünf sätzen, op. 3.
HEROLD, G.
　Aennchens geburtstag, op. 249.
HUBER, H.
　Sommernächte, op. 86.
　IIte serenade (Winternächte).
HÜE, G.
　Sérénade.
INDY, P. M. T. V. D'.
　Sérénade et valse, op. 16 et 17.
JADASSOHN, S.
　Serenade in 4 canons, op. 42.
　Serenade (No. 2, D dur), op. 46.
　Serenade (No. 3, A dur), op. 47.
　Serenade (No. 4, F dur), op. 73.
JONCIÈRES, V.
　Sérénade hongroise.
JUON, P.
　Eine serenademusik, op. 40.
LACOMBE, P.
　Sérénade catalana, op. 39.

Serenades—Continued.

LANGE, S. DE.
　Serenade, op. 80.
LEFEBVRE, C. E.
　Une sérénade, op. 65.
LOEWENGARD, M.
　Serenata.
LUIGINI, A.
　Sérénade romantique, op. 27.
MACBETH, A.
　Serenata "Love in idleness."
MANNHEIMER, J.
　Zweite serenade (D moll), op. 6.
MOSZKOWSKI, M.
　Serenata, op. 15, no. 1. (Rehfeld.)
MOZART, W. A.
　Serenade No. 7, D dur.
PIERNÉ, H. C. G.
　Sérénade à Columbine, op. 32.
PITTRICH, G.
　Serenade, op. 21.
RANDEGGER, E.
　Serenade venitienne.
REGER, M.
　Serenade, op. 95.
ROESCH, W. E.
　Serenade, op. 35.
RUBINSTEIN, A. G.
　Deux sérénades russes, op. 93, Cah. 6.
RUDORFF, E. F. K.
　Serenade, op. 20.
　Serenade (No. 2, G dur), op. 21.
SAINT-SAËNS, C. C.
　Sérénade, op. 15.
SANNEMANN, M.
　La fête des grands. (Menuet à l'antique), op. 26.
SCHARWENKA, L. P.
　Serenade, op. 19.
SCHOECK, O.
　Serenade, op. 1.
SCHULZ-SCHWERIN, K.
　Serenata giocosa.
SCHUMANN, G. A.
　Eine serenade, op. 34.
STCHERBACHEV, N. V.
　Sérénade, op. 33.

Serenades—Continued.

VALLE DE PAZ, E. DEL.
Serenade italienne, op. 28, No. 1.

VOLBACH, F.
Serenade, op. 34.

WEINER, L.
Serenade (F-moll), op. 3.

WIDOR, C. M.
Sérénade, op. 10.

WÜERST, R. F.
Serenade, op. 55.

ZIERAU, F.
Serenade.

Sinfoniettas. *See* Symphonies *and* String orchestra.

Sonatas. (Early symponies called Sonatas, *see* Symphonies.)

String orchestra. (*For* Concertos, etc., with string orchestra accompaniment, *see* Concertos, concert-pieces, etc.)

ALLEN, P. H.
Piccola suite.

AMBROSIO, A. D'.
En badinant. (Spass!) Scherzino.
Rêve. Traum!

ARENSEN, A.
Menuett und Habanera.

AUSTIN, E.
The vicar of Bray, op. 35.

BACH, J. S.
Fugue in D major.

BANTOCK, G.
Old English suite.

BARNEKOW, C.
Idyllen, op. 29.

BARNETT, J. F.
Zwei stücke.

BEER, M. J.
Abendmusik (Serenade), op. 54.

BELICZAY, J. V.
Sérénade, op. 36.

BERGÉ, I.
Nocturne.

BEUGER, O.
Souvenir du bal. Intermezzo.

String orchestra—Continued.

BIRD, A.
Gavotte (aus op. 7).
Valse menuet, op. 39, No. 2.

BLOCH, J.
Suite, op. 6.
II. suite, op. 10.

BLON, F. VON.
Darf ich bitten? Kleines ball-intermezzo, op. 105.

BOCCHERINI, L.
Menuet du quintette, no. 11.

BOEKELMANN.
In der einsamkeit, op. 7.

BOHM, K.
Petite bijouterie. Valse, op. 337

BOSSI, M. E.
Intermezzi Goldoniani, op. 127.

BRAGA, F.
Marionnettes. Gavotte.

BRANDTS, BUYS J.
Suite, op. 7.

BRAUER, M.
Suite (E moll), op. 14.

BREE, J. B. VAN.
Allegro.

BRYSON, E.
Daila. Fantasie.

BURGER, M.
Sinfonietta, op. 65.

BUSCH, C.
Amerikanisches volkslied "Old folks at home."
Amerikanisches volkslied No. 2 "My old Kentucky home."
Elegie, op. 30.

CAMONDO, I. DE.
Vers la montagne (Tyrol). Tableau symphonique.

CASTRO, R.
Menuet, op. 23.

CERQUETELLI, G.
Minuetto.

CLAASEN, A.
"Sanssouci," op. 1.

CLEUVER, J.
Suite G moll.

CORDER, F.
Elegy for twenty-four violins and organ.

String orchestra—Continued.

CURSCH-BÜHREN, F. T.
Valse mignonne. Intermezzo.

DAVIS, J.
Song of evening, op. 42.

DELUNE, L.
Variationen und fuge in altem
style über ein thema von G. F.
Händel, op. 7.

DUBOIS, F. C. T.
Deux petites pièces.
Entr'acte-Rigaudon de Xavière.
Petits rêves d'enfants.

DU BOIS, L.
Aspiration. Adagio.

DVOŘÁK, A.
Serenade (E dur), op. 22.
Notturno, op. 40.

ELGAR, E. W.
Serenade, op. 20.
Introduction and allegro, op. 47.
Elegy, op. 58.

ELSENHEIMER, N. J.
Scherz und Ernst.

FANCHETTI, G.
Pizzicato-arabeske, op. 6.

FISCHER, J. K. F.
Präludium, aria und fuga.

FLOERSHEIM, O.
Consolation. Symphonischer
satz.

FOOTE, A. W.
Serenade in E dur, op. 25.
Suite in E dur, op. 63.

FRANKE, H.
Zwiegesang. Liebes-lied, op. 29,
No. 3.

FRANKO, S.
Lullaby. Wiegenlied, op. 3,
No. 1.
Valse gracieuse, op. 5.

FRIED, O.
Praeludium und doppelfuge, op.
10.

FRONTINI, F. P.
Minuetto.

FUCHS, R.
Serenade (D-dur), op. 9.
Andante grazioso and capriccio,
op. 63.

String orchestra.

FUCHS, R.—Continued.
Serenade (No. 2, C dur), op. 14.
Serenade No. 3 (E moll), op. 21.
Serenade No. IV, op. 51.

FÜLLERKRUSS, E.
Ein abend in Bellaggio. Walzer-
idylle, op. 95.

GADE, N. W.
Noveletten, op. 53.
Noveletten (E dur, No. 2), op. 58.

GANDOLFO, E.
Marche héroïque de Don Qui-
chotte.

GERLACH, T.
Eine serenade, op. 3.

GILLET, E.
Dans la forêt (Im walde).
Douce caresse.
En chevauchant (Spazier-ritt).
Gracieuse. Gavotte.
Mes chers souvenirs.
Patrouille enfantine (Die kinder-
patrouille).
Sommeil d'enfant.
La toupie.

GILSON, P.
Mélodies populaires.

GLAZOUNOV, A. C.
Les vendredis.

GOETZE, H.
Zwei abendlieder, op. 9.
Serenade No. 1 in D moll, op. 22.
Serenade No. 2 in G dur, op. 23.

GOUND, R.
Suite (A dur), op. 20.

GRAENER, P.
Symphonietta, op. 27.

GREEF, A. DE.
Ballade in form von variationen
über ein flämisches volkslied.

GRIEG, E. H.
Zwei elegische melodien, op. 34.
Aus Holberg's zeit, op. 40.
Zwei melodien (nach eigenen
liedern), op. 53.
Zwei nordische weisen, op. 63.
Zwei lyrische stücke (aus op. 68).

GRIMM, J. O.
Träumerei, op. 2, No. 3.
Suite in canonform, op. 10.
Suite (Nr. 3 in G moll), op. 25.

String orchestra—Continued.

LOMBARD, L.
Les lacs lombards, op. 37.

LÖSCHHORN, A.
Menuet, op. 199, No. 1.

LORENZ, J.
Adagio (aus dem D moll streich-
quartett), op. 21.

LUND, J.
Im garten.

LYNEN, W.
Nocturno.

MAJOR, J. J.
Serenade, op. 24.

MASSENET, J. E. F.
Berceuse de Don César de Bazan.
The last dream of the Virgin.
Prelude.

MOÓR, E.
Serenade, op. 16.
Barcarole.

MOUQUET, J.
Deux petites pièces, op. 25.

MUFFAT, G.
Florilegium primum.
Florilegium secundum.

NICODÉ, J. L.
Zwei stücke, op. 32.

NIELSEN, C.
Kleine suite, op. 1.

OELSCHLÄGEL, A.
Renaissance, Humoreske, op. 109.

OHLSEN, E.
Valse d'amour. Intermezzo, op.
122.

OLSEN, O.
Suite, op. 60. "Svein Uraed."
Miniaturen. Suite.

PACHULSKY, G. A.
Méditation, op. 25.

PALADILHE, E.
Mandolinata. Souvenir de Rome.

PARRY, C. H. H.
Suite in F "Lady Radnor's
suite."

PITT, P.
Air de ballet, op. 1, No. 1.

PITTRICH, G.
Abendlied, op. 42.
Berceuse, op. 52.

String orchestra—Continued.

PIZZI, E.
Coquetterie.
Gavotte poudrée.

PRATT, S. G.
Serenade.

PURCELL, H.
Suite in C major.

REBIKOV, V. I.
Rêveries d'automne, op. 8. Les
Nos. 4, 5, 7, 8, 14 et 16.
Melomimiques. Trois scènes
tirées du conte "Mila et
Nolli," op. 11.

REHBAUM, T.
Aria (F-dur), op. 26.

REINECKE, K. H. C.
Serenade (G moll), op. 242.
Zwölf tonbilder.

REINHOLD, H.
Praeludium, menuett und fuge,
op. 10.

RICE, N. H.
Serenade (A-dur), op. 3.

RIEDEL, C.
Nachtgesang. Tonstück.

RIES, F.
Nachtstück (Notturno), op. 32.

ROHDE, W.
Serenade, op. 14.

ROPARTZ, J. G.
Sérénade.

ROSENMÜLLER, J.
Sonate da camera.

SALVAYRE, G. B.
Air de danse varié.

SANDRÉ, G.
Serenade, op. 24.

SCHARWENKA, L. P.
Für die jugend, op. 71, Nr. 1,
3 u. 4.

SCHMIDT-BERKA.
Paradies-Reigen. Intermezzo,
op. 64.

SCHNÉGANS, J.
Sérénade et Rêverie.

SCHOENE, A.
Suite (Es dur), op. 41.

SCHOENEFELD, H.
Characteristic-suite, op. 15.

String orchestra—Continued.

ZEDTWITZ, K. VON.
Serenade, op. 6.

ZÖLLNER, K. H.
Sommerfahrt. Episode, op. 15.

ZOPFF, H.
Drei idyllen, op. 35, No. 1.

Suites. *See also* **String orchestra.**
(*For* early overtures of
suite character, *see* Overtures.)

ALBENIZ, I.
Catalonia.

ALFANO, F.
Suite romantica.

AMBROSIO, A. D'.
Feuilles éparses, op. 33.
Hersilia.

ARENDS, H.
Suite du ballet "Salammbô,"
op. 7.

ARENSKY, A. S.
Suite, op. 7.
Silhouettes (2me suite), op. 23.
3me suite (variations), op. 33.
Suite, op. 50a. Tirée du ballet
"Nuit d'Egypte."

AULIN, T.
Meister Olof (Mäster Olod), op.
22.

BACH, J. S.
Suite aus den orchesterwerken
von Joh. Seb. Bach. (Gustav
Mahler.)
Suite in C dur. (Weingartner.)
Suite in D dur. Neue ausgabe.
(David.)

BANTOCK, G.
English scenes.

BEER-WALBRUNN, A.
Deutsche suite, op. 22.

BIRD, A.
Dritte kleine suite, op. 32.

BIZET, A. C. L. G.
Jeux d'enfants, op. 22.
L'Arlésienne. 2me suite.
Roma. 3me suite.

BLASSER, G.
Suite, op. 76.

Suites—Continued.

BLEICHMANN, I. I.
2me suite, op. 38.

BLOCH, J.
Suite idyllique, op. 35.

BOLJEN, O. B. VAN DER.
Myrtale.

BONIS, M.
Suite en forme de valses.

BORCH, G.
Suite norvégienne. A day in
the mountains, op. 22.

BORODIN, A. P.
Petite suite.

BOSSI, M. E.
Suite, op. 126.

BRASE, F.
Suite (C moll) Aus meiner heimath, op. 11.

BRINK, J. TEN.
1ère. suite d'orchestre (en sol).

BROCKWAY, H. A.
Sylvan suite, op. 19.

BROUSTET, É.
Scènes fantaisistes, op. 65.

BROUTIN, C.
1ère. suite, op. 9.
Suite familière.

BRUCH, M.
Suite, op. 79b.

BRÜLL, I.
Tanz-suite aus der balletmusik:
Ein märchen aus der Cham-
pagne, op. 54.

BÜSSER, H. [P.].
À la Villa Médicis, op. 4.
Suite funambulesque, extraite de
"Blanc et noir," op. 20.
Suite brève, op. 26.
Petite suite.

BUNNING, H.
Suite villageoise, op. 45.

BUSONI, F. B.
Symphonische suite, op. 25.
Zweite orchestersuite (Gehar-
nischte suite), op. 34A.
Orchester-suite aus der musik zu
Gozzis märchendrama Turan-
dot, op. 41.

CAETANI, R.
Suite (en Si mineur), op. 10.

Suites—Continued.

GERMAN, E.
Gipsy suite.
Suite from the music to The
Tempter.

GLASS, L.
Sommerleben (Sommerliv), op.
27.

GLAZOUNOV, A. K.
Suite caracteristique, op. 9.
Rhapsodie orientale, op. 29.
Chopiniana, op. 46.
Scènes de ballet, op. 52.
Suite tirée du ballet "Ray-
monda," op. 57a.
Moyen-age, op. 79.

GLINKA, M. I.
Glinkiana.

GLUCK, C. W.
Ballet-suite. Balletstücke aus
opern. (Felix Mottl.)
Ballet-musik aus "Paris und
Helena."
Suite 1–2 (Gevaert).

GODARD, B. L. P.
Symphonie légendaire, op. 99.
Suites d'orchestre.
Impressions de campagne au
printemps. Trois suites, op.
123.
Scènes italiennes, op. 126.
Scènes écossaises, op. 138.

GRIEG, E. H.
Drei orchesterstücke aus Sigurd
Jorsalfar, op. 56.
Erste orchestersuite aus der
musik zu "Peer Gynt," op. 46.
Zweite orchestersuite aus der
musik zu "Peer Gynt," op. 55.

GRIMM, J. O.
Zweite suite in canonform, op.
16.

GUIRAUD, E.
Suite.
2e suite.

HALLÉN, A.
Gustaf Wasas Saga.

HALVORSEN, J.
Dramatische suiten, op. 17, 18,
19, 21.
Vasantasena.

Suites—Continued.

HAMERIK, A.
Nordische suite, C dur, op. 22.
2te Nordische suite, op. 23.
3te Nordische suite, op. 24.
Vierte Nordische suite D dur,
op. 25.
5te Nordische suite A dur, op. 26.
Oper ohne worte, op. 30.

HARTMANN, E.
En karnevalsfest, op. 32.

HENRIQUES, F. V.
Vølund.

HEPWORTH, W.
Suite in 4 sätzen, op. 18.

HERBECK, J.
Tanz-momente, op. 14.

HERBERT, V.
Suite romantique, op. 31.

HOFMANN, H. K. J.
Ungarische suite, op. 16.
Im schlosshof, op. 78.

HOLMÈS, A. M. A.
Au pays bleu.

HOLTER, I.
Suite "Götz von Berlichingen,"
op. 10.

HUMPERDINCK, E.
Maurische rhapsodie.
Shakespeare-suiten.

ILYNSKY, A. A.
Suite, op. 4.
Noure et Anitra, op. 13.

INDY, P. M. T. V. D'.
Karadec, op. 34.
Médée, op. 47.

IVANOV-IPPOLITOV, M. M.
Esquisses caucasiennes, op. 10.
Première suite du ballet "La
Vestale," op. 20.
Suite orientale, op. 20.
Iveria (2me série d "Esquisses
caucasiennes"), op. 42.

JOACHIM, A., PRINZ VON
PREUSSEN.
Suite No. 2, op. 50.

KÄMPF, K.
Aus baltischen landen, op. 24.
Hiawatha, op. 27.

Suites—Continued.

KALINNIKOV, V. S.
Suite.

KARG-ELERT, S.
Suite en la mineur d'après
Georges Bizet, op. 21.

KAUN, H.
Ein karnevalsfest, op. 28.

KIENZL, W.
Aus alten mährchen, op. 12.
Drei suiten in tanzform, op. 21c.

KLUGHARDT, A. F. M.
Suite für orchester (A-moll),
op. 40.
Auf der wanderschaft, op. 67.

KNORR, I.
Symphonische phantasie, op. 12.

KÖHLER, O.
Suite (D dur) in vier sätzen,
op. 189.

KORESTCHENKO, A. N.
Suite arménienne, op. 20.

KRETSCHMER, E.
Musikalische dorfgeschichten,
op. 26.
Hochzeits-musik. Suite in 3
sätzen, op. 54.

KRETSCHMER, F.
Suite (D-dur) in vier sätzen.

KRIENS, C.
Suite. In Holland.

KRUG, A.
Aus der wanderzeit, op. 42.

LACHNER, F.
Suiten für grosses orchester,
I—VII.
Ball-suite, op. 170.

LACOMBE, P.
Suite pastorale, op. 31.

LACOME, P. J. J.
Clair de lune.
Suite ancienne.
La verbena (Fête populaire).

LALO, E. V. A.
Namouna. Suites d'orchestre.

LANGE-MÜLLER, P. E.
Alhambra, op. 3.

LE BORNE, F.
L'absent. Suite symphonique.
Poëme pour orchestre. 2ème.
suite.

Suites—Continued.

LEFEBVRE, C. E.
Dalila, op. 40.

LEROUX, X. H. N.
Les Perses.

LULLY, J. B.
Suite aus "Roland."

MACCUNN, H.
Highland memories, op. 30.

MACDOWELL, E. A.
Suite, op. 42.
Im october. Supplement zur
ersten suite, op. 42.
Zweite(Indianische)suite, op. 48.

MACKENZIE, Sir A. C.
Suite dramatique (Coriolanus)
[op. 61].

MAGNARD, A.
Suite . . . dans le style ancien.

MANAS, J.
Zigeunerfahrt.

MANCINELLI, L.
Riflessi e Paesaggi.

MARÉCHAL, H. C.
Esquisses vénitiennes.

MARINUZZI, G.
Suite siciliana.

MARTI, E.
Nuit napolitaine.

MASSENET, J. É. F.
Cigale.
Esclarmonde.
Première suite, op. 13.
Scènes hongroises. 2me suite.
Scènes dramatiques. 3me suite.
Scènes pittoresques. 4eme suite.
Scènes napolitaines. 5e suite.
Scènes de féerie. 6e suite.
Scènes alsaciennes. (Souvenirs.)
Le roman d'Arlequin.

MAURICE, P.
Der islandfischer, op. 8.

MERTKE, E.
Minnesang, op. 10.

MESSAGER, A. C. P.
Hélène.

MIELCK, E.
Finnische suite, op. 10.

MONN, G. M.
Sonata in Adur (Partita).

Suites—Continued.

MOOR, E.
Pensées symphoniques, op. 75.

MOSZKOWSKI, M.
Aus aller herren länder, op. 23.
Première suite, oeuv. 39.
Deuxième suite, oeuv. 47.
Troisième suite, op. 79.

MOUSSORGSKY, M. P.
Tableaux musicales. Suite.

MOZART, W. A.
"Mozartiana." Suite (Tschaikowsky, op. 61).

MÜHLDORFER, W. K.
Bilder aus dem orient, op. 40.

NAPRAVNIK, E. F.
Suite . . . aus der musik Don Juan, op. 54.

NEDBAL, O.
Ballet suite. Der faule Hans, op. 18.

NICODÉ, J. L.
Symphonische suite (H. moll), op. 17.
Faschingsbilder, op. 24.
Bilder aus dem süden, op. 29.

PACHULSKY, G. A.
Suite, op. 13.

PALMGREN, S.
Aus Finnland, op. 24.

PARÈS, G.
Suite provençale.

PÉRILHOU, A.
Une fête patronale en Vélay.
Scènes gothiques (Impressions d'église).
Suite française.

PESSARD, E. L. F.
Les folies amoureuses . . . Suite.
Tabarin.

PIERNÉ, H. C. G.
Le collier de saphirs.
Suite . . . sur Izeÿl.
Trois pièces formant suite.

POPPER, D.
Im walde, op. 50.

PROUT, E.
Suite de ballet, op. 28.

PUGNO, R.
Suite . . . Izeÿl.

Suites—Continued.

RAFF, J. J.
Suite, op. 101.
Suite No. 2 in F in ungarischer weise. Op. 194.
Aus Thüringen.
Italienische suite.

RAVEL, M.
Daphnis et Chloé.

REBIKOV, V. I.
Deuxième suite miniature, op. 2.
Suite "Der christbaum," op. 21.
Suite miniature.

REED, W. H.
Suite vénitienne.

REINECKE, C. H. C.
Von der wiege bis zum grabe, op. 202.

REUTTER, A. K. G. (D. J.).
Servizio di tavola, 1757.

REZNICEK, E. N. VON.
Symphonische suite.

RICORDI, G. (BURGMEIN, J.)
Pulcinella innamorato.

RIMSKY-KORSAKOV, N. A.
Scheherazade d'après "Mille et une nuits," op. 35.
Musikalische bilder zum Mährchen von dem Zaren Saltan, op. 57.
Pan Voyevoda, op. 59.
Quatre tableaux musicals de l'opéra "Le coq d'or."

ROGER-DUCASSE.
Petite suite.
Suite française en Ré majeur.

ROPARTZ, J. G.
Scènes bretonnes, op. 24.

RUBINSTEIN, A. G.
Suite, op. 93, cah. 9.
Bal costumé, op. 103.
Suite, op. 119.

RÜZEK, J.
Suite böhmischer Tänze.

SAAR, L. V.
Suite, op. 27.

SAINT-SAËNS, C. C.
Suite, op. 49.
Suite algérienne, op. 60.

Suites—Continued.

SALVAYRE, G. B.
Suite espagnole.
Suites orientales.

SCHÄFER, D.
Suite pastorale, op. 8.

SCHARWENKA, L. P.
Arkadische suite, op. 76.
Dramatische phantasie, op. 108.

SCHJELDERUP, G.
Weihnacht - suite, aus einem
weihnachtspiel.

SCHLÖGER, M.
Partita in Bdur.

SCHMICORER, J. A.
Zodiacus musicus.

SCHMITT, F.
Reflets d'Allemagne.

SCHOLZ, B. C.
Wanderung, op. 74.

SCHVARTZ, E.
Airs de ballet.

SCHULZ-BEUTHEN, H.
Neger-lieder und tänze, op. 26.

SCHUMACHER, P. P. H.
Bilder vom Rhein, op. 48.

SCHUMANN, G. A.
Zur carnevalszeit, op. 22.

SELMER, J.
In den bergen-Mellem fjeldene,
op. 35.

SHAPLEIGH, B.
Ramayana, op. 45.

SIBELIUS, J.
Karelia-suite, op. 11.
"König Kristian II," op. 27.
Pelleas und Melisande, op. 46.
Swahnevit (Schwanenweiss), op.
54.

SIKLÓS, A.
Troisième suite, op. 37.

SILVER, C.
Le ballet de la reine.

SINDING, C.
Episodes chevaleresques, op. 35.

SOKOLOV, N. A.
Suite tirée du ballet "Les Cygnes
sauvages," op. 40a.

STOJOWSKI, S.
Suite en Mi, op. 9.

Suites—Continued.

STRAUSS, R.
Aus Italien. Sinfonische fantasie (G dur), op. 16.

SUK, J.
Ein märchen. Pohádka, op. 16.

TANEÍEV, A. S.
Zweite suite in F dur, op. 14.

TCHEREPNIN, N.
Suite tirée du ballet "Le pavillon d'Armide," op. 29.

TSCHAIKOWSKY, P. I.
Suite, op. 43.
Mozartiana, op. 61. Suite.
Suite No. 2 (Caracteristique),
op. 53.
Suite No. 3, op. 55.

Vingt suites . . . du XVIIe
siècle français.

WAGNER-LÖBERSCHÜTZ, T.
Frühlingszeit, op. 19.

WIDOR, C. M.
Maître Ambros, op. 56.
La Korrigane.

WIENIAWSKI, J.
Suite romantique, op. 41.

WIHTOL, J. I.
Sept chants populaires lettons,
op. 29a.

WÖBER, O.
Japanische kriegsbilder (Japanese
war pictures) aus "Shogaku
shoka."

WOODS, F. C.
Suite in F.

YOUFEROFF, S.
Suite de ballet, op. 49.

ZARZYCKI, A.
Suite polonaise, op. 37.

ZILCHER, H.
Suite (G. dur), op. 4.

Symphonic poems. *See also* **Miscellaneous pieces, Sympho-
nies, and Suites.**

AKIMENKO, F. S.
Poème lyrique, op. 20.

ANROOIJ, P. G. VAN.
Piet Hein. Hollandsche rhapsodie . . .

Symphonic poems—Continued.

ARLBERG, F.
I Skogen, op. 10.

AVERKAMP, A.
Elaine und Lancelot, op. 7.

BAGRINOFFSKY, M.
Aus russischen märchen.

BALAKIREV, M.
- Russia.
Thamar.

BANTOCK, G.
Dante and Beatrice.
The witch of Atlas.

BAZZINI, A.
Francesca da Rimini, op. 77.

BERNN, A.
Le massacre de Wassy (1562),
op. 46.

BLECH, L.
Die nonne, op. 6.

BLEYLE, K.
Flagellantenzug, op. 9.

BLOCKX, J.
Triptyque symphonique.

BLUMER, T.
Erlösung, op. 24.

BOEHE, E.
Aus Odysseus fahrten, op. 6.
Taormina, op. 9.

BOEHM, A. P.
Haschisch, op. 25.

BOHLMANN, T. H. F.
Lyrisches tongedicht.

BORDIER, J.
Adieu suprême, op. 34.

BORODIN, A. P.
Eine steppenskizze aus Mittel-
Asien.

BOURGAULT-DUCOUDRAY, L.
A.
L'enterrement d'Ophélie.
Rapsodie cambodgienne.

BRANDTS, BUYS J.
Meeresang. De zang der Zee,
op. 4.

BRECHER, G.
Aus unserer zeit, op. 2.

BREWER, A. H.
Age and youth.

Symphonic poems—Continued.

BRONSART VON SCHELLEN-
DORF, H.
Frühlings-fantasie, op. 11.

BRUNEAU, A.
La belle au bois dormant.

BRUNEL, E.
En orient. Impressions de voyage.

BRYSON, E.
Voices.

BÜLOW, H. VON.
Ballade . . . Nach Uhland's dich-
tung: Des sängers fluch, op. 16.
Nirwana, op. 20.

BÜSSER, H. [P.].
Hercule au jardin des Hespérides, op. 18.

BUNGERT, A.
Auf der Wartburg, op. 29.

BURMEISTER, R.
Die jagd nach dem glück.

BUSONI, F. B.
Symphonisches tongedicht, op.
32A.

CANOBY, G.
Les violons au camp. Retraite
(1646).

CHAUSSON, E.
Viviane, op. 5.

CONSOLO, F.
Aux bords du Nil.

CONUS, G. E.
La forêt bruisse, 1909, op. 30.

CONVERSE, F. S.
Festival of Pan, op. 9.
Endymion's narrative, op. 10.
The mystic trumpeter, op. 19.

COWEN, F. H.
A phantasy of life and love.

DAVIDOV, K. J.
Die gaben des Terek, op. 21.

DEBUSSY, C. A.
Iberia, "Images," no. 2.
Rondes de printemps. "Im-
ages," no. 3.
La mer.

DELIUS, F.
Brigg Fair.
Paris. Ein nachtstück (The
song of a great city).

Symphonic poems—Continued.

DUBOIS, T.
Adonis.

DUKAS, P.
L'apprenti sorcier.

DUPARC, H.
Lenore.

DUPONT, G.
Le chant de la destinée.

DVOŘÁK, A.
Das goldene spinnrad (Zlaty kolovrat), op. 109.
Die mittagshexe (Polednice), op. 108.
Heldenlied (Heroic song), op. 111.
Der wassermann (Vodnik), op. 107.
Die waldtaube (The wild dove), op. 110.

ELGAR, Sir E. W.
Dream children, op. 43.

ENESCO, G.
Poème roumain, op. 1.

ENNA, A.
Märchen.

ERTEL, J. P.
Die tragödie des menschen, op. 9.
Belsazar, op. 12.

ERTEL, P.
Die nächtliche heerschau, op. 16.
Hero und Leander. Des meeres und der liebe Wellen, op. 20.

FAIRCHILD, B.
East and West.

FIBICH, Z.
Othello, op. 6.

FITELBERG, G.
Das lied vom falken, op. 18.

FOERSTER, J. B.
Meine jugend, op. 44.

FOERSTER, A. M.
Thusnelda, op. 10.

FÖRSTER, A.
Zigeuners haide-lied, op. 151.

FRANCHETTI, A.
Nella foresta nera.

FRANCK, C. A.
Le chasseur maudit.
Les eolides.
Psyche.

Symphonic poems—Continued.

FUMI, V.
Il sogno di Gretchen.

GABRIEL-MARIE.
En rêve! Esquisse symphonique.

GADSBY; H. R.
The forest of Arden.

GEISLER, P.
Der rattenfänger von Hameln.
Till Eulenspiegel.

GENDT, W. M. v.
Einsamkeit, op. 41.
Begegnen der schiffe, op. 44.
Die jagd nach dem glück, op. 58.

GERNSHEIM, F.
Zu einen drama, op. 82.

GILSON, P.
La mer.

GLAZOUNOV, A.
À la mémoire d'un héros, op. 8.
Poème lyrique, op. 12.
La forêt, op. 19.
La mer, op. 28.
Le Kremlin, op. 30.
Le printemps, op. 34.
Stenka Razine, op. 13.
L'hiver, op. 67a.

GLEITZ, K.
Venus und Bellona, op. 10.
Joss Fritz, op. 13.
Pietà, op. 16, no. 3.

GODARD, B.
Fragments poétiques.

GOLDSCHMIDT, A. VON.
Eine symphonische dichtung.

GOUVY, T.
Symphonische paraphrasen (Paraphrases symphoniques), op. 89.

GUIRAUD, E.
Chasse fantastique.

HADLEY, H. K.
Salome, op. 55.
The culprit fay, op. 62.

HAESCHE, W. E.
Forest idyl.

HALLÉN, A.
Die todteninsel, op. 45.
Sphärenklänge.

HAMERIK, A.
Jüdische trilogie, op. 19.

Symphonic poems—Continued.

HARTMANN, E.
Hakon Jarl, op. 40.

HARTOG, E. DE.
Ein mährchen (Conte d'autrefois), op. 62.

HAUSEGGER, S. VON.
Barbarossa.
Dionysische phantasie.
Wieland der schmied.

HEIDINGSFELD, L.
Der todtentanz, op. 9.

HENRY, J. H.
Poème lyrique (Romance).

HESS, L.
Hans Memling's "Himmelskönig mit musicierenden engeln," op. 16.

HILLER, F.
Dramatische fantasie (Sinfonischer prolog), op. 166.

HOLBROOKE, J.
Ulalume, op. 35.
Queen Mab, op. 45. Shakespeare poem No. 7.

HOLMÈS, A. M. A.
Andromède.
Irlande.

HUBER, H.
Römischer carneval.

ILYNSKY, A. A.
Psyche, op. 14.

INDY, V. D'.
La forèt enchantée, op. 8.
Wallenstein, op. 12.
Jour d'été à la Montagne.
Saugefleurie, op. 21.
Souvenirs, op. 62.

INGENHOVEN, J.
Symphonisches tonstück Nr. 1 (Lyrisch).
Symphonisches tonstück Nr. 2 (Dramatisch).
Symphonisches tonstück Nr. 3 (Romantisch).

JÄRNEFELT, A.
Korsholm.

JENSEN, A.
Der gang nach Emmahus, op. 27.

Symphonic poems—Continued.

JOACHIM ALBRECHT, PRINZ VON PREUSSEN.
Raskolnikow-phantasie.
Traumbilder aus der ahnengruft der Romanovs.

KALINNIKOW, W. S.
Le cèdre et le palmier. (Fichte und palme).

KARŁOWICZ, M.
Wiederkehrende wellen (Powracające fale), op. 9.
Odwieczne pieśni. (Uralte lieder.) Op. 10.

KAUN, H.
Vineta, op. 16.
Zwei symphonische dichtungen nach Longfellow's "Lied von Hiawatha," op. 43, No. 1, Minnehaha, No. 2. Hiawatha.
Sir John Falstaff, op. 60.

KIENZL, W.
Don Quixote's phantastischer ausritt und seine traurige heimkehr, op. 50.

KLOSE, F.
Das leben ein traum.

KLUGHARDT, A. F. M.
Leonore, op. 27.

KOCZALSKI, R. E. G.
Symphonische legende.

KOPTIAEV, A. P.
Poème élégiaque, op. 11.
Cortège de la vie, op. 20.

KRETSCHMER, E.
Dramatisches tongedicht, op. 32.

KRUG-WALDSEE, J. [W.]
"Des meeres und der liebe wellen." (Hero und Leander), op. 4.

LAMPE, W.
Tragisches Tongedicht (C moll), op. 6.

LÁNYI, E.
"Mese" nagy zenekarra, op. 113a.

LIADOV, A. K.
Baba-Yaga, op. 56.
Kikimora, op. 63.

LIAPOUNOV, S. M.
Jelasova Vola, op. 37.

Symphonic poems—Continued.

LISZT, F

Symphonische Dichtungen, No. 1. Ce qu'on entend sur la montagne (nach V. Hugo). No. 2. Tasso. Lamento e Trionfo. No. 3. Les Préludes. (nach Lamartine.) No. 4. Orphée. No. 5. Prométhée. No. 6. Mazeppa. (nach V. Hugo.) No. 7. Fest Klänge. No. 8. Héroide funébre. Dritter Band— No. 9. Hungaria. No. 10. Hamlet. No. 11. Hunnen Schlacht. (nach Kaulbach.) No. 12. Die Ideale. (nach Schiller.)

Le triomphe funèbre du Tasse.

Von der wiege bis zum grabe.

Zwei episoden aus Lenau's Faust.

LITOLFF, H. C.

Le dernier jour de la terreur, op. 55.

Das welfenlied, op. 99.

LORENZ, K. A.

In der dämmerung und frühlingsjubel. Zwei tonbilder, op. 19.

LUBOMIRSKI, PRINCE L.

Poème symphonique.

LOEFFLER, C. M. T.

A pagan poem (after Virgil) op. 14.

La mort de Tintagiles.

La villanelle du diable, op. 9.

LUMBŸE, H. C.

Nebelbilder.

Der traum des Savoyarden.

MAC CUNN, H.

The ship o' the fiend, op. 5.

MACDOWELL, E. A.

Hamlet [und] Ophelia, op. 22.

Lancelot und Elaine, op. 25.

Lamia, op. 29.

Die sarazenen, op. 30.

McEWEN, J. B.

Grey Galloway.

MACKENZIE, A. C.

Burns, op. 24.

La belle dame sans merci, op. 29.

Symphonic poems—Continued.

MAGNARD, A.

Hymne à la Justice, op. 14.

Hymne à Vénus.

MAGNUS, G. W.

Frithjofs heimkehr, op. 5.

MAJOR, J. J.

Balaton, op. 55.

MANCINELLI, L.

Cleopatra.

Messalina.

MANDL, R.

Griselidis.

MARÉCHAL, H.-C.

Antar.

MASSENET, J.

Devant la Madone. . . Souvenir de la campagne de Rome (nuit de Noel 1864).

METZL, W.

Traumgebilde, op. 11.

Die versunkene glocke, op. 12.

MEYER-OLBERSLEBEN, M.

Sonnenhymnus, op. 90.

MIGUÉZ, L.

Parisina, op. 15.

Ave, Libertas, op. 18.

Prométhée, op. 21.

MIHALOVICH, E. VON.

Das geisterschiff.

Eine Faust-phantasie.

Hero und Leander.

Die nixe.

La ronde du Sabbat.

MOSZKOWSKI, M.

Johanna d'Arc, nach Schiller's Jungfrau von Orleans, op. 19.

MOUQUET, J.

Au village, op. 11.

Le sommeil du patriarche, op. 7.

MOUSSORGSKY, M. P.

Une nuit sur le mont chauve,

NAUMANN, O.

Junker Übermut, op. 2.

NICHOLL, H. W.

Hamlet, op. 14.

NICODÉ, J. L.

Maria Stuart, op. 4.

Symphonic poems—Continued.

NIELSEN, C.
Die vier temperamente, op.
XVI.

NODNAGEL, E. O.
L'adultera, op. 30.

NOSKOWSKI, Z.
Step, op. 66.

NOVÁK, V.
In der Tatra, op. 26.
Von ewiger sehnsucht. O věčné
touze, op. 33.

OLSEN, O.
Asgaardsreien, op. 10.

PAINE, J. K.
Lincoln.
Poseidon und Amphitrite.
Symphonische dichtung nach
Shakespeares Sturm (Tem-
pest).

PÉNAVAIRE, J. G.
La vision des croisés.

PIERSON, H. H.
Macbeth, op. 54.

PIRANI, E.
Fête au château de Heidelberg.
(Im Heidelberger schlosse),
op. 43.

PITT, P.
Paolo and Francesca, op. 35.

POHLIG, C.
Per aspera ad astra (Helden-tod
und-apotheose).

PROTHEROE, D.
In the Cambrian hills, op. 59.

PUCHAT, M.
Euphorion, op. 14.
Leben und Ideal, op. 24.

RABAUD, H.
La procession nocturne, op. 6.
Eglogue, op. 7.

RACHMANINOV, S.
Die Toteninsel, op. 29.

REIFNER, V.
Frühling, op. 12.

REUSS, A.
Johannisnacht, op. 19.
Judith, op. 20.

RHEINBERGER, J.
Wallenstein, op. 10.

Symphonic poems—Continued.

RICORDI, G.
Pulcinella innamorato.

RIMSKY-KORSAKOV, N.
Conte féerique, op. 29.
Sadko, op. 5.

RITTER, A.
Sursum corda, op. 23.

ROGER-DUCASSE.
Sarabande.

RÓŻYCKI, L.
Boleslas le hardi, op. 8.
Anhelli, op. 22.

RUBINSTEIN, A.
Faust, op. 68.
Iwan IV [Der grausame], op. 79.
Don Quixote, op. 87.

RUBINSTEIN, A. G.
La Russie.

RÜBNER, C.
Friede, kampf und sieg, op. 20.

SAINT-SAËNS, C. C.
Le rouet d'Omphale, op. 31.
Phaeton, op. 39.
Danse macabre, op. 40.
La jeunesse d'Hercule, op. 50.
Trois tableaux symphoniques La
Foi, op. 130.

SAMAZEUILH, G.
La nef.

SAMUEL-ROUSSEAU, M.
Noël berrichon.

SCHARWENKA, L. P.
Frühlingswogen, op. 87.
Traum und wirklichkeit, op. 92.

SCHEINPFLUG, P.
Frühling, op. 8.

SCHELLING, E.
Légende symphonique.

SCHILLINGS, M.
Meergruss (Thalatta) Seemorgen.
Ein zwiegespräch.

SCHMITT, F.
Etude pour Le palais hanté.

SCHULTZE-BIESANTZ, C.
Symphonische tongedichte (Poèmes symphoniques).

SCHULZ-BEUTHEN, H.
Die toteninsel.

Symphonic poems—Continued.

SCRIABIN, A. N.
Le poème de l'extase, op. 54.
Prométhée, op. 60.

SELMER, J.
"L'année terrible 1870-1871,"
op. 4.
La captive, op. 6
Prometheus, op. 50.

SHAPLEIGH, B.
Gur amir, op. 51.
Mirage, op. 57.

SIBELIUS, J.
En saga (Eine sage), op. 9.
Lemminkäinen zieht heimwärts,
op. 22.
Der schwan von Tuonela, op. 22.
Finlandia, op. 26.7.
Die Dryade, op. 45, Nr. 1.
Pohjola's tochter. Pohjolan ty-
tär, op. 49.
Belsazar's gastmahl, aus op. 51.
Nächtlicher ritt und sonnenauf-
gang, op. 55.

SIGNORINI, A. R.
Giuda di Kerioth.

SIMON, A.
La revue de nuit, op. 36.

SJÖGREN, E.
Wüstenwanderung der heiligen
drei könige.

SMETANA, F.
Hakon Jarl.
Má vlasť. (Mein vaterland.)
Richard III.
Wallenstein's lager. Valdštynův
tálor.

SPENDIAROV, A. A.
Les trois palmiers, op. 10.

SPORCK, G.
Boabdil.

STÖR, K.
Tonbilder zu Schiller's Lied von
der glocke, op. 20.

STRAUSS, R.
Don Juan, op. 20.
Macbeth, op. 23.
Tod und verklärung, op. 24.
Till Eulenspiegels lustige strei-
che, op. 28.
Also sprach Zarathustra, op. 30.

Symphonic poems.

STRAUSS, R.—Continued.
Don Quixote, fantastische varia-
tionen, op. 35.
Ein heldenleben, op. 40.

STRONY, C.
Rapsodie héroïque.

SUK, J.
Ein sommermärchen, op. 29.

SUPPÉ, F. v.
Sieg der oesterreichischen volkshymne, op. 45.

SVENDSEN, J. S.
Zorahayda, op. 11.
Romeo und Julia, op. 18.

TANEIEV, A. S.
Ballade (Aliocha Popowitch) du
Cte. A. Tolstoy, op. 11.

TARNOWSKI, L.
Joanna Gray.

THADEWALDT, H.
Das rätsel der Sphinx.

TCHEREPNIN, N.
Fantaisie dramatique . . . d'après
un poèmè de Tiutscheff, op. 17.

THIERIOT, F.
Loch Lomond (Schottischer see),
op. 13.
Leben und Sterben des vergnügten Schulmeisterlein Wuz
(nach Jean Paul), op. 72.

TINEL, E.
Feier im tempel Jupiters, op. 21.
Trois tableaux symphoniques . . .
"Polyeucte," op. 21.

TOLDY, L., jr.
Kain, op. 14.

TRÉMISOT, E.
La halte divine.

TSCHAIKOWSKY, P. I.
La tempête, op. 18.
Francesca da Rimini, op. 32.
Fatum, op. 77.
Le Voyvode, op. 78.

URBAN, H.
Der rattenfänger von Hameln.
op. 25.

VOLBACH, F.
Ostern, op. 16.
Es waren zwei königskinder, op.
21.

Symphonic poems.

    VOLBACH, F.—Continued.

      Alt Heidelberg, du feine. · Ein frühlingsgedicht, op. 29.

    VREULS, V.

      Jour de fête.

    WAGNER, M.

      Von der Schauenburg.

    WAGNER, W. R.

      Siegfried-Idyll.

    WALLACE, W.

      Villon.

    WASSILENKO, S. N.

      Poème épique, op. 4.

      Le jardin de la mort, op. 12.

      Hyrcus nocturnus, op. 15.

    WEINGARTNER, P. F.

      König Lear, op. 20.

      Das gefilde der seligen, op. 21.

    WIDOR, C. M.

      La nuit de Walpurgis.

      Walpurgisnacht. Nuit de sabbat, op. 60.

    WIEMANN, R.

      Bergwanderung, op. 33.

    WIHTOL, J. I.

      Lihgo, op. 4.

    WOLF, H.

      Penthesilea.

    WOYRSCH, F.

      Drei Böcklin-phantasien, op. 53.

    WÜERST, R. F.

      Ein mährchen (Conte des fées), op. 44.

    YSAŸE, T.

      Le cygne, op. 15.

    ZELENSKI, L.

      Im Tatra-gebirge, op. 27.

    ZELLNER, J.

      Melusine, op. 10.

    ZÖLLNER, H.

      Waldphantasie, op. 83.

    ZOLOTAREFF, B.

      Rhapsodie hébraïque, op. 7.

Symphonies, Sinfoniettas. (*See also* Early music. *For* early Overtures *or* Suites *called* "Sinfonia," *see also* Overtures *or* Suites.)

Symphonies, etc.—Continued.

    ABERT, J. J.

      Columbus, op. 31.

      Frühlings-sinfonie.

      Sinfonie in C moll.

    ADELBURG, A., RITTER VON.

      Aux bords du Bosphore, neuv. 9.

    ALBERT, E. D'.

      Symphonie (F dur), op. 4.

    ALBRECHTSBERGER, J. G.

      Sinfonia, 1768.

      Sinfonia concertino in D.

    ALFANO, F.

      Sinfonia in mi.

    ALFVÉN, H.

      Zweite symphonie (in D-dur), op. 11.

    ANSORGE, C.

      Orpheus.

    ARENSKY, A. S.

      Symphonie No. 1 en si mineur, oeuvre 4.

    ASSMAYR, I.

      Sinfonie (in B).

    BACH, C. P. E.

      Sinfonie, D dur.

      Symphonie in E-moll.

      4 orchester-sinfonien.

    BALAKIREV, M.

      2ème symphonie (en ré mineur).

      Simfoniia C dur.

    BARGIEL, W.

      Symphonie in G, op. 30. Neue revidirte ausgabe.

    BAUMANN, P.

      Symphonie.

    BEACH, MRS. H. H. A.

      Symphonie (Gaelic) in E moll, op. 32.

    BECK, F.

      Sinfonia a 8 op. 4^I (1733) Ddur.

    BECKER, R.

      Sinfonie C dur, op. 140.

    BEETHOVEN, L. VAN.

      Symphonies. (Br. & H., Werke.)

      Collection complète des symphonies. (Launer.)

      Symphonien. (Ricordi.)

      Siebente grosse sinfonie, op. 92.

Symphonies, etc.

BEETHOVEN, L. VAN—Con.

Sinfonie mit schluss-chor, op. 125.

Symphonie nach dem Cis-moll-quartett, op. 131. (Müller-Berghaus.)

BENDIX, V. E.

Fjeldstigning-Zur höbe, op. 16.

Sommerklänge aus süd russland, op. 20.

Symphonie Nr. 3 (A-moll), op. 25.

BENEDICT, J.

Sinfonie, op. 101.

BENNETT, W. S.

Sinfonie G moll, op. 43.

BERGER, W.

Symphonie in B dur, op. 71.

BERLIOZ, H.

Symphonien. (Br. & H., Werke.) Episode de la vie d'un artiste, op. 14. Symphonie fantastique.

Harold en Italie, op. 16.

BERWALD, F.

Symphonie G moll ("Symphonie sérieuse").

BIRD, A.

Sinfonie, op. 8.

BISCHOFF, H.

Symphonie in E dur, op. 16.

BLEYLE, K.

Symphonie. F dur, op. 6.

BLUMENFELD, F.

"A la mémoire des chers défunts." Symphonie (en ut), op. 39.

BOËLLMANN, L.

Symphonie en fa majeur, op. 24.

BONVIN, L.

Symphonie in G moll, op. 67.

BORODIN, A. P.

Deux sinfonies. 1. en mi b majeur.

Deuxième symphonie (Si mineur). Edition redigée par N. Rimsky-Korsakoff et A. Glazounoff.

73914°—12——37

Symphonies, etc.

BORODIN, A. P.—Continued.

Deux parties de la 3me symphonie inachevée en La mineur.

BOSSI, R.

Sinfonia in la minore, op. 11.

BRAHMS, J.

Zweite symphonie (D dur), op. 73.

Symphonie (C moll), op. 83.

Dritte symphonie (F dur), op. 90.

Vierte symphonie (E moll), op. 98.

Symphonien. Mit einführungen von Arthur Smolian.

BRUCH, M.

Sinfonie (Es-dur), op. 28.

Zweite sinfonie (F moll), op. 36.

Symphonie No. 3 (E dur), op. 51.

BRUCKNER, A.

Erste symphonie (C moll).

Zweite symphonie (C moll).

III. symphonie in D-moll.

Vierte (romantische) symphonie (Es dur).

Fünfte symphonie (B dur).

Sechste symphonie A dur.

Siebente symphonie (E dur).

Achte symphonie (C-moll).

Neunte symphonie.

BRÜLL, I.

Sinfonie (E-moll), op. 31.

BRYSON, E.

Symphony No. 1 in D.

BURGMÜLLER, N.

Sinfonie No. 1 (C moll), op. 2.

Sinfonie No. 2 (D-dur), op. 11.

CANNABICH, C.

Sinfonia a 12. B dur No. 5.

CASELLA, A.

Symphonie en Si mineur, op. 5.

CHADWICK, G. W.

Sinfonietta in D major.

Symphony No. 2 (in B flat), op. 21.

Symphony in F (No. 3).

CHAUSSON, E.

Symphonie en Si bemol majeur, op. 20.

Symphonies, etc.—Continued.

CHERUBINI, M. L. Z. C. S.
Symphonie (D major).

CLIFFE, F.
Symphony in C minor (No. 1).

COOLS, E.
Symphonie en Ut mineur, op. 59.

COWEN, F. H.
Idyllische symphonie No. 6 in E dur.
Symphonie C-moll (Scandinavische).
Symphony No. 4 (The Welsh) in B flat minor.
Symphony in F (No. 5).

CZERNY, C.
Première grande sinfonie en Ut mineur, oeuvre 780.
Seconde grande sinfonie en Re majeur, oeuvre 781.

DALLIER, H.
1re symphonie en Fa, op. 50.

DAVID, F. C.
Symphonie en Mi bemol.

DELDEVEZ, E. M. E.
1ère. symphonie, op. 2.
2e. symphonie in stile maestoso, op. 8.
Symphonie héroi-comique, op. 15.

DENTE, J.
Symfoni D moll.

DIETRICH, A. H.
Sinfonie (in D-moll), op. 20.

DITTERSDORF, C. D. VON.
Ausgewählte orchesterwerke.
Sinfonie in C dur. (Hermann Kretzschmar.)

DOHNÁNYI, E. VON.
Symphonie in D-moll, op. 9.

DRAESEKE, F. A. B.
Symphonie in G dur, op. 12.
Symphonie (No. 2 F dur), op. 25.
Symphonia tragica, op. 40.

DRESSER, A. W.
Erste symphonie, op. 3.

DUBOIS, F. C. T.
Symphonie française.

DUKAS, P.
Symphonie en Ut majeur.

Symphonies, etc.—Continued.

DUPRATO, J. L.
Symphonie en Si bémol majeur.

DVOŘÁK, A.
Symphonie (D dur), op. 60.
Symphonie (No. 2, D moll), op. 70.
Symphonie (No. 3, F dur), op. 76.
Symphony No. 4 in G major, op. 88.
Aus der neuen welt, Symphonie (No. 5, E moll), op. 95.

EICHNER, E.
Sinfonia a 8 (1771), op. 7 (op. 8).

ELGAR, E. W.
Symphony, op. 55.
Symphony, no. 2, op. 63.

ELLERTON, J. L.
Wald-symphonie in D moll, No. 3, op. 120.

ESSER, H.
Sinfonie in D moll, 44tes werk.
Sinfonie (H moll), op. 79.

FILTZ, A.
Sinfonia a 8, op. 2. v.
Sinfonia a 8, op. 2. vi.
Sinfonia a 8. Sinfonie périodique No. 2.
Sinfonia a 11. Sinf. périodique No. 10 [D dur].

FACCIO, F.
Sinfonia in Fa.

FÉTIS, F. J.
1re symphonie.

FIBICH, Z.
II. symphonie, Es-dur, op. 38.

FISCHER, J. C. F.
Le journal du printems, oeuvre première.

FISCHER, K. A.
In memoriam, op. 28.
Symphonie, op. 30.

FITELBERG, G.
Symphonie en Mi mineur, op. 16.

FÖRSTER, A.
Erste symphonie (E-dur),

FRANCHETTI, A. B.
Sinfonia in Mi minore.

FRANCK, C. A.
Symphonie [en Re mineur].

Symphonies, etc.

HAMERIK, A.—Continued.

Symphonie sérieuse Nr. 5 in G moll, op. 36.

Chor-symphonie (Choral symphony), No. 7, opus 40.

HARCOURT, E. D'.

Symphonie néo-classique.

HARTMANN, E.

Symphonie (Es dur), op. 29.

Fra riddertiden. Symfoni No. 2 (A moll), op. 34.

"Aus der Ritterzeit," op. 34.

Symphonie No. 3 (D-dur), op. 42.

HAYDN, F. J.

Symphonies. (Br. & H., Werke and V. A.)

Sinfonie, op. 66; no. 1.

HAYDN, J. M.

Symphonie in C dur.

Symphonie (in C dur), op. 1, Nr. 3.

Symphonie in Es dur.

HEIDINGSFELD, L.

King Lear.

HEINRICH, XXIV, PRINZ REUSS.

Symphonie C moll, op. 10.

Dritte sinfonie (E-moll), op. 28.

Vierte sinfonie in A dur, op. 30.

Fünfte sinfonie in F moll, op. 34.

Sechste sinfonie in Es dur, op. 36.

HERMANN, R.

Symphonie in C dur No. 1, op. 7.

HERZOGENBERG, H. VON.

Odysseus, op. 16.

Symphonie (C moll), op. 50.

Symphonie (No. 2 in B dur) op. 70.

HILLER, F. VON.

Sinfonie (in E moll), op. 67.

HOCHBERG, H. H. BOLKO, GRAF VON.

Sinfonie C-dur, op. 26.

Symphonie (E dur), op. 28.

HOFMANN, H. K. J.

Frithjof, sinfonie, op. 22.

HOL, R.

Symphonie in D moll, op. 44.

Symphonie No. 3, B dur, op. 101.

HOLBROOKE, J.

Les hommages, op. 40.

Symphonies, etc.—Continued.

HOLMÈS, A.

Liberté, op. 44.

HOLZBAUER, I. J.

Sinfonia a 10, op. 4. [Es dur.]

HORN, K.

Erste sinfonie in F moll, 40. werk.

HUBER, H.

Eine Tell-Symphonie, op. 63.

Symphonie E moll, op. 115.

Heroische symphonie, op. 118.

HUBER, J.

Erste sinfonie.

Zweite sinfonie.

Durch dunkel zum licht. Sinfonie, No. 3, op. 10.

Gegen den strom. Sinfonie No. 4, op. 12.

HUMMEL, F.

Sinfonie in D-dur, op. 105.

INDY, P. M. T. V. D'.

Symphonie sur un chant montagnard français, op. 25.

Deuxième symphonie en Si b, op. 57.

JADASSOHN, S.

Sinfonie, op. 24.

Sinfonie (No. 2 A dur), op. 28.

Sinfonie No. 3, op. 50.

Symphonie No. 4 (in C moll), werk 101.

JASPAR, A.

Le barde eburon. Symphonie.

Folie du Tasse. Symphonie.

Le retour des champs. Simphonie.

JENSEN, G.

Symphonie, op. 35.

JONCIÈRES, F. L. R. (i. e. VICTORIN).

Symphonie romantique.

JUON, P.

Sinfonie, op. 23.

Kammersinfonie (B dur), op. 27.

KALINNIKOV, W. S.

Symphonie No. 1, G-moll.

Symphonie No. 2 (A-dur).

KAUFFMANN, F.

Sinfonie in A-moll, op. 18.

Symphonies, etc.—Continued.

KAUN, H.

Symphonie in D (An mein vaterland), op. 22.

Zweite symphonie (C moll), op.
85.

KEFER, L.

Symphonie.

KING, O. A.

Night. Symphony in F, op. 22.

KLEEMANN, C.

Symphonie No. 2, D dur, op. 14.

KLEINMICHEL, R.

Sinfonie (B dur), op. 52.

KLUGHARDT, A. F. M.

Symphonie F moll, op. 34.

Sinfonie No. 3 (D-dur), op. 37.

Symphonie (C moll), op. 57.

5. Symphonie (C-moll), op. 71.

KOCH, F. E.

Von der Nordsee. Sinfonie (D
moll, Nr. 1), op. 4.

Sinfonie No. 2 G-dur, op. 10.

KOPYLOV, A. A.

Symphonie Ut mineur, op. 14.

KREUTZER, C. L. F.

Symphonie en Fa Mineur.

Symphonie en Si Bemol.

KRUG, A.

Symphonie (G dur), op. 9.

LACHNER, F.

Dritte sinfonie (in D-moll),
41tes. werk.

Sinfonia passionata (in C moll),
52tes werk.

Sixième symphonie (en Ré majeur), oeuvre 56.

Sinfonie in C moll, op. 100.

LACOMBE, P.

2me symphonie (en Ré majeur),
op. 34.

LALO, E. V. A.

Symphonie en sol mineur.

LAMOND, F.

Symphonie A dur, op. 3.

LANGE, D. DE.

Symphonie en Ut mineur, op. 4

LARGO, H.

Sinfonie, op. 43.

Symphonies, etc.—Continued.

LASSEN, E.

Symphonie in D dur.

Zweite symphonie in C dur, op.
78.

LIAPOUNOV, S. M.

Simfonïia H. moll, soch. 12.

LIEBESKIND, J.

Symphonie (No. 1 A moll), op. 4.

LISZT, F.

Eine Faust-symphonie.

Symphonie zu Dante's Divina
Commedia.

LORENZ, K. A.

Symphonie (Es dur), op. 74.

LUX, F.

Durch nacht zum licht, op. 80.

MAGNARD, A.

3e symphonie.

MAHLER, G.

Symphonie No. 1 in D-dur.

Symphonie in C-moll No. 2.

3. symphonie.

Symphonie in G dur No. 4.

Symphonie No. 5.

Sechste symphonie.

Siebente sinfonie.

MALICHEVSKY, W.

Première symphonie en sol, op. 8.

MARTUCCI, G.

Symphonie (D moll), op. 75.

MÉHUL, E. N.

Simphonie no. 1.

Symphonie No. 2 in D. Bearbeitet u. herausgegeben von
Fritz Steinbach.

MENDELSSOHN - BARTHOLDY,
F. J. L.

Symphonies. (Br. & H., Werke.)

Scherzo in G minor from the
octet, op. 20.

Symphonie, no. 3, op. 56.

Symphonie, no. 4, op. 90.

Reformations-sinfonie, no. 5, op.
107.

MERCADANTE, G. S. R.

Gran sinfonia sopra motivi dello
Stabat Mater del celebre Rossini.

Sinfonia fantastica.

Symphonies, etc.—Continued.

Metzdorff, R.
  Symphonie no. 1, op. 16.
Mielck, E.
  Symphonie No. 1 F moll, op. 4.
Mihalovich, E. von.
  Symphonie (D moll).
Möller, A.
  Sinfonie in G moll.
Monn, G. M.
  Sonata in A dur.
  Symphonie in D dur.
  Symphonie in Es dur.
  Symphonie in H dur.
Moór, E.
  Symphonie in D moll, op. 45.
• Symphonie E-moll, op. 65.
  Symphonie (C dur).
Mozart, J. C. W. A.
  Symphonies. (Br.& H.,Werke.)
Mozart, L.
  Sinfonia di camera, D dur.
  Sinfonia di caccia, G dur.
  Sinfonia burlesca, G dur.
  Divertimento militare sive sin-
    fonia.
Müller-Berghaus, K.
  Symphonie nach dem Cis-moll-
    quartett, op. 131, von Ludwig
    van Beethoven.
Nápravník, E. F.
  Demon.   IIIème symphonie,
    op. 18.
Nicodé, J. L.
  Gloria. Werk 34.
Nielsen, C.
  Symfoni G-moll, op. 7.
Norman, L.   •
  Sinfonie (No. 2 es dur), op. 40.
  Symfoni No. 3 D moll, op. 58.
Olsen, O.
  Symphonie [No. 1] (G-dur). op. 5.
Pacini, G.
  Sinfonia Dante.
Paine, J. K.
  Symphonie No. 1, op. 23.
  Im frühling. Symphonie (No.
    2 in A), op. 34.
Parry, C. H. H.
  Symphony in C (The English).
  Symphony in F (Cambridge).

Symphonies, etc.—Continued.

Pauer, E.
  Symphonie (No. 1) in C moll, op.
    50.
Paur, E.
  • Sinfonie A dur. In der natur.
Pergolesi, G. B.:
  Sinfonia G-dur (Pergolesi-gesell-
    schaft).
Pixis, F. P.
  • Sinfonie, oeuv. 5, No. 1.
Platania, P.
  Sinfonia.
Pleyel, I. J.
  Sinfonie in D dur, 27tes werk.
Preyer, G.
  Erste sinfonie (in D moll), op. 16.
Prout, E.
  Symphony No. 3 (in F major),
    op. 22.
Rabaud, H.
  2ème symphonie en Mi mineur,
    op. 5.
Rabl, W.
  Symphonie (D moll), op. 8.
Rachmaninov, S.
  Symphonie E moll, op. 27.
Radecke, A. M. R.
  Sinfonie (F dur), op. 50.
Raff, J. J.
  An das vaterland, 96tes werk.
  Symphonie (No. ii, C-dur), op.
    140.
  Im walde. Sinfonie (No. 3, F-
    dur), op. 153.
  Symphonie No. iv in G moll,
    op. 167.
  Lenore. Symphonie (No. 5 in
    E dur), op. 177.
  Sinfonie (No. 6, D moll), op. 189.
  In den alpen. Symphonie (No.
    7 in B dur), op. 201.
  Frühlingsklänge.   Symphonie
    (No. 8 in A dur), op. 205.
  Im sommer. Symphonie (No. 9
    in E moll), op. 208.
  Zur herbstzeit. Symphonie (No.
    10 in F moll), op. 213.
  Der winter. Symphonie No. 11
    in A moll (nachgelassenes
    werk), op. 214.

Symphonies, etc.—Continued.

SCHUBERT, F. P.
Symphonies. (Br. & H., Werke.)
Symphonie C dur (1850).
Zwei sätze der unvollendeten
sinfonie (1867).

SCHUMACHER, P. P. H.
Symphonie (Serenade) (In D
moll), op. 8.

SCHUMANN, G. A.
Symphonie in F moll, op. 42.

SCHUMANN, R. A.
Symphonies. (Br. & H., Werke.)
Symphonie, no. 1, op. 38.
Zweite sinfonie, op. 61.
Dritte symphonie, op. 97.
Symphonie no. IV, op. 120.

SCONTRINO, A.
Sinfonia marinaresca.

SCRIABIN, A. N.
Symphonie en Mi, op. 26.
Deuxième symphonie en ut, op.
29.
Le divin poème. Troisième
symphonie (Ut), op. 43.

SGAMBATI, G.
Sinfonia in re, op. 16.

SIBELIUS, J.
Symphonie No. 1, op. 39.
Symphonie No. 2 D dur, op. 43.
3. symphonie in C dur, op. 52.

SILAS, E.
1ere. symphonie, op. 19.

SINDING, C.
Symphonie D moll, opus 21.
Symphonie (No. 2. D dur), op.
85.

Sinfonien der pfalzbayerischen schule (Mannheimer
symphoniker).

SPINDLER, F.
Zweite sinfonie (C moll), 150tes
werk.

SPOHR, L.
1e. sinfonie, op. 20.
Sinfonie, no. 3, op. 78.
Die weihe der töne, 86tes. werk.
Vierte sinfonie.
Fünfte sinfonie (in C moll),
[102]tes werk.

Symphonies, etc.

SPOHR, L.—Continued.
Historische symphonie, 116tes.
werk, No. 6, der symphonien.
Jrdisches und Göttliches im
menschenleben. Doppel-sym-
phonie, op. 121.
Sinfonie No. 8, op. 137.
Die jahreszeiten, 143stes werk
(Die 9te. der sinfonien).

STAMITZ, J. W. A.
Sechs orchestertrios, op. I.
Orchester-trio Cdur, op. 1¹.
Orchester-trio in Edur, op. 5.
Sinfonia a 8, op. 3, No. 1.
Sinfonia a 11 (a 8), op. 3. II.
Sinfonia a 8, op. 4ᵛ¹. [Es dur.]
Sinfonia a 12 (8), op. V. No. 2.
[D dur.]
Sinfonia a 6, op. 8ᵛ.
Sinfonia a 8. (La melodia ger-
manica No. 1).
Sinfonia a 8. La melodia ger-
manica No. III.

STAMITZ, K.
Sinfonia a 8 op. 13¹ (London),
op. 16¹ (Paris) Es dur.
Sinfonia a 8 op. 13ᵛ (16ᵛ) G dur.

STANFORD, C. V.
Symphony [No. 3] in F minor.
(The Irish.) (Op. 28.)
Symphony No. 4 in F major, op.
31.

STEINBERG, M.
Première symphonie, op. 3.

STÖHR, R.
Symphonie, op. 18.

STOJOWSKI, S.
Symphonie D moll, opus 21.

STRÄSSER, E.
Sinfonie G-dur, op. 22.

STRAUSS, R.
Symphonie (F moll), op. 12.
Symphonia domestica, op. 53.

STREET, J.
Symphonie (No. 1, Es dur), op. 4.
Symphonie (No. 2, D dur), op. 14.

STRIEGLER, K.
Sinfonie (A-moll), opus 12.

STRONG, G. T.
Sintram. [Symphonie No. II in
G moll].

Symphonies, etc.—Continued.

STRUBE, G.
Symphony in B minor.

SUK, J.
Symphonie (E dur), op. 14.
Symphonie Asrael, op. 27.

SVENDSEN, J. S.
Sinfonie (D-dur), op. 4.
Symphonie (No. 2, B dur), op. 15.

TAEGLICHSBECK, T.
Sinfonie, No. 2, op. 48.

TANEIEV, A. S.
Première symphonie (en ut), op. 12.
Zweite symphonie B moll, op. 21.
3me. symphonie, op. 36.

TAUBERT, G. W.
Sinfonie (F dur), op. 69.
Symphonie H-moll, op. 80.

THIERIOT, F.
Sinfonietta (in C dur), op. 55.

TOESCHI, C. G.
Sinfonia a 8, op. 3. III. [B dur.]

TRAETTA, T.
Sinfonia.

TSCHAIKOWSKY, P. I.
Symphonie No. 1 (Rêverie d' hiver), op. 13. Nouvelle édition, revue et corrigée par l'auteur.
2me symphonie (en Do min), op. 17.
Tret'ia simfonia, soch. 29.
Vierte symphonie, op. 36.
Fünfte symphonie, op. 64.
Symphonie pathétique No. 6, op. 74.
Manfred. Symphonie, op. 58.

ULRICH, H.
Symphonie H moll, op. 6.
Symphonie triomphale, op. 9.

URBAN, H.
Frühling, Sinfonie, op. 16.

URSPRUCH, A.
Symphonie (Es dur), op. 14.

VEIT, W. H.
Symphonie, op. 49.

VERHULST, J. J. H.
Sinfonie, op. 46.

Symphonies, etc.—Continued.

VIERLING, G.
Sinfonie (C dur), op. 33.

VOLBACH, F.
Symphonie (H moll), op. 33.

VOLKMANN, F. R.
1te symphonie (D moll), op. 44.
2te symphonie (B dur), op. 53.

WAGENSEIL, G. C.
Symphonie in D dur.
Symphonie in D dur, 1746.

WAGNER, W. R.
Symphonie (C dur).

WALTER, A.
Sinfonie (No. 1, Es dur), op. 9.

WASSILENKO, S. N.
Symphonie No. 1 (G moll), op. 10.

WEBER, C. M. F. E., FREIHERR VON.
Grande symphonie No. 1, C dur.
Sinfonie No. 2.

WEIGL, K.
Erste symphonie E dur, op. 5.

WEINGARTNER, P. F.
Symphonie in G dur, op. 23.
Symphonie No. 2 in Es dur, op. 29.
Symphonie, no. 3, op. 49.

WIDOR, C. M.
1ère symphonie en fa, op. 16.
2e symphonie en la, op. 54.

WITKOWSKI, G. M.
Symphonie en ré mineur.

WOLF, L. C.
Symphonie F dur, op. 8.

WOYRSCH, F.
Symphonie (c moll), op. 52.

WÜERST, R. F.
Preis-symphonie in F dur, op. 21.
Symphonie D moll, op. 54.

WULF, J. L.
Sinfonie A dur, op. 9.

YOUFEROFF, S.
Symphoniette, op. 29.

YSAŸE, T.
Symphonie en Fa majeur, op. 14.

ZELLNER, J.
Sinfonie (F dur), op. 7.
Sinfonietta (A dur), op. 26.

Symphonies, etc.—Continued.

ZÖLLNER, H.
Symphonie, op. 20.

ZOLOTAREV, V.
Première symphonie, op. 8.

ZWEERS, B.
3e symphonie Aan mijn vaderland.

Variations. *See also* **Concertos,
concert-pieces, etc.**

ALNAES, E.
Variations symphoniques sur un
thème original, op. 8.

ARENSKY, A. S.
Variations sur un thème de P.
Tschaikowsky (op. 54, no. 5).

ARTCIBOUCHEV, N. V.
. . . Variations sur un thème
russe.

BACH, J. S.
Choral-variation "Wachet auf."

BANTOCK, G.
Helena. Variationen.

BERGER, W.
Variationen und fuge, op. 97.

BOSSI, M. E.
Tema e variazioni, op. 131.

BRAHMS, J.
Variationen über ein thema von
Jos. Haydn, op. 56a.

BRAUNFELS, W.
Symphonische variationen über
ein altfranzösisches kinderlied,
op. 15.

DELIUS, F.
Appalachia. Variationen.

DVOŘÁK, A.
Symphonische variationen, op.
78.

ELGAR, E. W.
Variations on an original theme,
op. 36.

FOUQUE, P. O.
Variations symphoniques sur un
air Béarnais.

GILSE, J. VAN.
Variaties over een St. Nicolaasliedje.

GLAZOUNOV, A. C.
Variations sur un thème russe.

Variations—Continued.

HEIDRICH, M.
Variationen über ein kleines
thema, op. 1.

HERBECK, J.
Sinfonische variationen.

HEUBERGER, R. F. J.
Variationen über ein thema von
Franz Schubert, op. 11.

HOLBROOKE, J.
Three blind mice, op. 37, no. 1.

INDY, P. M. T. V. D'.
Istar. Variations symphoniques,
op. 42.

KESSEL, F.
Symphonische variationen.

KNORR, I.
Variationen über ein Ukrainisches volkslied, op. 7.

KOESSLER, H.
Symphonische variationen.

LIMBERT, F. L.
Variationen über ein theme von
Händel, op. 16.

MASSENET, J.
Mélodie hindoue variée (Le roi
de Lahore).

NICODÉ, J. L.
Symphonische variationen, op.
27.

PARRY, C. H. H.
Symphonic variations.

PEROSI, L.
Tema variato.

PROCHÁZKA, R. VON.
Harfner-variationen über ein
thema von W. A. Mozart, op.
16.

REDERN, F. W., GRAF VON.
Thema mit variationen.

REGER, M.
Variationen und fuge über ein
lustiges thema, op. 100.

REINECKE, C. H. C.
Zur reformationsfeier. Variationen, op. 191.

RIMSKY-KORSAKOV, N. A.
Variations sur un thème russe.

SCHUBERT, F. P.
Variationen, op. 35. (Gouvy.)

Variations—Continued.

SCHUMANN, G. A.

Symphonische variationen über:
"Wer nur den lieben Gott lässt
walten," op. 24.

Variationen und doppelfuge über
ein lustiges thema, op. 30.

SOKOLOV, N. A.

Variations sur un thème russe.

STIEBITZ, R.

Variationen, op. 9.

STOCK, F. A.

Symphonische variationen über
ein originalthema, op. 7.

TAUBERT, G. W.

25 variationen über ein original-
thema, op. 161a.

TSCHAIKOWSKY, P. I.

Variations (op. 54, no. 5)
(Arensky).

WIHTOL, J. I.

Variations sur un thème russe.

Wind instruments, Band and Military music.

ACHINELI, A.

Pasionaria.

ALFANO, F.

Il Principe Zilah. Sunto dell'
atto II.

Risurrezione. Fantasia. (Atto
I . . . Atto II.)

ARNOLD, G.

L'Armée belge. Marche militaire, op. 12, No. 9.

ASCOLESE, R.

Ricordo della banda del 4°. fanteria. Marcia.

BARTHÉLEMY, R.

Fantasia. Marcia.
Tarentelle napolitaine.

BAZZINI, A.

Saul. Overtura d'introduzione
alla tragedia d'Alfieri.

BEETHOVEN, L. VAN.

Mars funebru.

Polonaise und Ecossaise für mil-
itärmusik. (Br. & H., Werke.)
Zwei märsche für militärmusik.
(Br. & H., Werke.)

BERNARD, E.

Divertissement, op. 36.

Wind instruments, etc.—Cont'd.

BILLI, V.

Fête au village. Morceau, op.
201.

Nymphes et faunes. Danse
champêtre, op. 190.

Lilas blancs. Valse lente, op.
202.

BLUM, K. L.

Grosser Tusch und fanfaren aus
"Der zauber der weissen rose."

BOLZONI, G.

Les petits musiciens. Marcietta.

BERLIOZ, H. (-L.).

Trauer- und triumph-symphonie,
op. 15.

BRÜGGEMANN, A.

La trilogia del Faust.

CAVOS, C.

Preussischer armeemarsch nr. 20
(im langsamen schritt).

CHOPIN, F. F.

Mars funebru.

CLARK, F. S.

Marche aux flambeaux.

DONAUDY, S.

Sperduti nel buio. Fantasia.

DONIZETTI, G.

Mars funebru din opera Don Sebastian.

DOUGLAS, S.

Grand selection "Scotland for
ever!"

DUBOIS, F. C. T.

Première suite.
Deuxième suite.

FECHNER, A. M.

Marcia Savoia.

FLORIDIA (-NAPOLINO), P.

La colonia libera. Intermezzo.

FRANCHETTI, A. B.

Cristoforo Colombo. Preludio
dell' epilogo.
La Figlia di Iorio. Fantasia.
Atto 1.
La figlia di Iorio. Fantasia.
Atto 2.
Germania. Epilogo.
Germania. Fantasia.
Germania. Intermezzo sinfo-
nico.

Wind instruments, etc.

FRANCHETTI, A. B.—Cont'd.
Germania. Quadro II.
Nella foresta nera.
II Signor di Pourceaugnac. Fantasia.

FRIED, O.
Adagio und scherzo, op. 2.

GALEOTTI, C.
Anton. Fantasia.

GALLI, A.
Manuale del capo-musica.

GANNE, L. G.
Hans, il suonatore di flauto. Overtura.
Hans, il Suonatore di Flauto. Fantasia.
Nel Giappone. Gran ballabiie giapponese.
Nel Giappone. Gran marcia giapponese.

GAUWIN, A.
Le vieux galant. Fantaisie-gavotte.

GILLET, E.
Chanson du printemps.
La réponse du berger à la bergère. Gavotta.
Séduction. Valse lente.
Sous la coudraie (Nella boscaglia). Scène champêtre.

GRAWERT, T.
Wilhelmus von Nassauen.

HARTMANN, J. P. E.
Fest-klänge.
Sørgemarsch. Trauermarsch.

HÜBSCH, E. A.
Himnul national, op. 68.

HUME, J. O.
Grand fantasia (Hibernian melodies).
Manx national songs, Grand selection.

IVANOVICI, I.
Marsuri funebre.

KIEL, M.
Militair-màrsche.

KRETSCHMER, E.
Fabrice màrsch - Feierlicher marsch, op. 44.

Wind instruments, etc.—Cont'd.

KÜCKEN, F. W.
Heimkehr der soldaten, op. 92, no. 2.

LACHNER, V.
Marsch-ouverture über das motiv des Conradin Kreutzer "Das ist der tag des Herrn," op. 54 (Schmittroth).

LAMPE, W.
Serenade für 15 blasinstrumente, op. 7.

LE BORNE, F.
Temps de guerre, op. 25.

LISZT, F.
Erste Ungarische rhapsodie.
Zweite polonaise.

LOSSAU, F. C. VON.
Ouverture für trompeten.

MÄRSCHE DER FULDAER BÜRGERGARDENMUSIK.

MARTIN, J.
Dance of the gypsies. Characteristic dance.

MASCAGNI, P.
Intermezzo sinfonico aus Cavalleria rusticana. (Brinkmann.)
Iris. Atto primo. Inno al Sole.
Iris. Fantasia.
Iris. Fantasia (Atto I).
Iris. Introduzione: Il Sole.

MASCHERONI, E.
Lorenza. Fantasia.
La Perugina. Atto II.

MENDELSSOHN - BARTHOLDY, J. L. F.
Ouverture für harmoniemusik, op. 24.
Trauer-marsch, op. 103.

MILITARY BAND MUSIC. Vol. 1.

MONTANARI, A.
"Esposizione internazionale 1906" Marcia.

MONTEMEZZI, I.
Giovanni Gallurese. Fantasia. (Atto I, Atto III.)

MOODY, M.
Themistokles. Ouvertüre.

Wind instruments, etc.—Cont'd.

VERDI, G.

Fallstaff. Atto I, parte II.

WAGNER, W. R.

Glocken u. gralscene [aus Parsifal].

Huldigungsmarsch.

Trauersinfonie (Marsch über motive aus Euryanthe).

Wind instruments, etc.—Cont'd.

WIEPRECHT, W. F.

Hymnus und siegesmarsch [1866]

ZANDONAI, R.

Il grillo del focolare. Fantasia.

ZOPFF, H.

Drei idyllen, op. 35.

TITLE INDEX

No title entries have been made for titles (1) which appear in the class index as headings—for instance, Sérénade, Symphonie—unless such titles have qualifying adjectives; for instance, Sérénade mélancolique, Symphonie sérieuse; (2) like Allegro or Andante cantabile, unless these are the titles of pieces separately published under such a title.

A.

A la chapelle. Cui, C. A., op. 40.

A la fontaine. Charpentier, G.

A la mémoire des chers défunts. Blumenfeld, F., op. 39.

A la memoire d'un héros. Glazounov, A. C., op. 8.

A la Schumann. Cui, C., op. 2.

A la villa Médicis. Büsser, H. P. [op. 4].

A l'église. Périlhou, A.

A l'ombre, Godard, B. L. P., op. 145.

A Mules. Charpentier, G.

A San Gaetano. Büsser, H. P. [op. 4].

Aan het strand en op zee. Zweers, B.

Aan mijn vaderland. Zweers, B.

Die Abencerragen. Cherubini, M. L. Z. C. S.

Abend im hochgebirge. Grieg, E. H. (op. 68).

Ein abend in Bellaggio. Füllerkruss, E., op. 95.

Abendfrieden. Scholz, B. C., op. 74.

Abendlied. Nachèz, T., op. 18.

Abendlied. Pittrich, G., op. 42.

Abendlied. Schumann, R. A. (op. 85).

Abendlieder. Goetze, H., op. 9.

Abendmusik. Beer, M. J., op. 54.

Abendreigen. Lassen, E. von, op. 48.

Abendruhe. Kretschmer, E., op. 26.

Abendsonne. Reinecke, C. H. C., op. 202.

Abendstimmungen. Kienzl, W., op. 53.

Ein abenteuer Händels. Reinecke, C. H. C., op. 104.

Abschied, kampf, sieg. Largo, H., op. 42.

Abschiedssymphonie. Haydn, F. J.

Abschiedswalzer. Strauss, J.

L'absent. Le Borne, F.

Abu Hassan, Weber, K. M. F. E. von.

Abu Kaabs heimkehr. Freudenberg, W.

L'accordée de village. Steck, P., op. 16.

Ad astra. Reinecke, C. H. C., op. 202.

Adagietto-fuge. Foote, A. W., op. 63.

Adagio appassionato. Bruch, M., op. 57.

Adagio concertante. Zenger, M., op. 65.

Adagio nach keltischen melodien. Bruch, M., op. 56.

Adagio pathétique. Godard, B. L. P.

Adagio religioso. Bull, O.

Adieu suprême. Bordier, J. (Op. 34).

Adieux à la fiancée. Massenet, J. E. F.

Adonis. Dubois, F. C. T.

Adoramus te. Blair, H.

Adoration. Guilmant, F. A., op. 44.

Adrienne Lecouvreur. Cilea, F.

L'adultera. Nodnagel, E. O., op. 30.

Aennchens geburtstag. Herold, G., op. 249.

Africa. Saint-Saëns, C. C., op. 89.

African suite. Taylor, S. Coleridge, op. 35.

Aftenlandskab. Halvorsen, J., op. 17.

Age and youth. Brewer, A. H.

Ahnung und hoffnung. Wagner-Löberschütz, T., op. 19.

Air. Bach, J. S.

Air dans le style ancien. Gillet, E.

Air de ballet. Duvernoy, V. A.

Air de ballet. Pitt, P., (op. 1).

Air de danse. Chausson, E., op. 18, no. 2.

Air de danse. Debussy, C. A.

Air de danse. Salvayre, G. B.

Air de danse et boléro. Dancla, Ch.

Air d'église. Bordier, J., op. 40. (See his Suite fantaisiste.)

Air Valque. Bordier, J.

Airs bohémiens. Pirani, E., op. 53.

Airs de ballet. Schvartz, E.

Airs du Pays d'Oc. Lacombe, P., (op. 128).

Airs écossais. Sarasate, P. de.

Airs hongrois. Bloch, J., op. 49.

Airs russes. Hanssens, C. L.

Akademische fest - ouverture. Brahms, J., op. 80.

Akademische ouverture. Rheinberger, J. G., op. 195.

Al castello medioevale. Bolzoni, G.

Al chiostro abbandonato. Alfano, F.

Aladdin. Hornemann, C. F. E.

Alassio. Elgar, Sir E. W. (op. 50).

Ali Baba. Cherubini, M. L.

Alborada. Rimsky - Korsakov. N. A., op. 34.

Albumblatt. Kaun, H., op. 70.

Ein albumblatt. Wagner, W. R.

Alceste. Gluck, C. W.

Alfedans. Henriques, F. W.

Alfred. Prout, E.

Alhambra. Lange-Müller, P. E., op. 3.

Ali Baba. Cherubini, M. L. Z. C. S.

Aliocha Popowitch. Taneiev, A. S., op. 11.

Alladin. Reinecke, C. H. C., op. 70.

Alla polacca. Hüllweck, F., op. 22.

All 'ungherese. Wilhelmj, A.

Allégresse. Gabriel-Marie.

Allegretto grazioso. Esser, H., op. 70.

Allegretto rustico. Boijen, O. Bouwens van der.

L'allegro. Hinton, J., op. 5.

Allegro appassionato. Lalo, E. V. A., op. 27.

Allegro appassionato. Saint-Saëns, C. C., op. 43.

Allegro appassionato. Schumann, R. A., op. 92.

Allegro collerico. Nielsen, O., op. 16.

Allegro comodo e flemmatico. Nielsen, C., op. 16.

Andante malincolico. Nielsen, C., op. 16.

Andante pensieroso. Esser, H., op. 70.

Andante religioso. Halvorsen, J.

Andante symphonique. Erlanger, F. d', op. 18.

Andante symphonique. Grossmann, L.

Andantino pizzicato. Fouque, P. O.

Andersen, H. C. Enna, A.

Andromède. Holmès, A. M. A.

Angelina. Campos, A. M.

"Angelo" (Pavane). Hahn, R.

Angelus. Massenet, J. E. F.

Anhelli. Rózycki, L., [op. 22].

L'année terrible 1870–1871. Selmer, J., op. 4.

Anno 1099. Gregoir, E. G. J., op. 50.

Ansturm. Busoni, F., op. 34A.

Antar. Maréchal, H. C.

Antar. Rimsky-Korsakov, N. A., [op. 9].

Anton. Galeotti, C.

Antonius et Cléopatra. Rubinstein, A. G., op. 116.

Anvers. Périlhou, A.

Anyoransa. Manén, J., op. 13.

Apléch. Manén, J., op. 20.

Appalachia. Delius, F.

Apparition. Massenet, J. E. F.

Apollo and Daphne. Pepusch, J. C.

L'apprenti sorcier. Dukas, P.

L'après-midi. Périlhou, A.

L'après-midi d'un faune. Debussy, C. A.

Aquarellen. Henriques, R., op. 2.

"Arabische serenade." Langey, O., op. 24.

Aria. Ambrosio, A. d', op. 22.

Aria. Rehbaum, T., op. 26.

Ariadne, Ouverture zu. Brambach, C. J.

Ariosto. Ferroni, V., op. 7.

Arkadische suite. Scharwenka, L. P., op. 76.

L'Arlésienne. Bizet, A. C. L. G.

Arlequin. Lalo, E. V. A.

L'armée Belge. Arnold, G., [op. 12, no. 9].

Armonico tributo. Muffat, G.

Armor. Lazzari, S.

L'arrivée du Duc de Guise. Bernn, A., (op. 46).

Artaserse. Hasse, J. A.

Arteveld. Guiraud, E., op. 10.

As you like it. German, J. E.

As you like it. Paine, J. K., op. 28.

Aschenbrödel. Bendel, F., op. 135, no. 3.

Asgaardsreien. Olsen, O., op. 10.

Aspiration. Du Bois, L.

Asrael. Suk, J., op. 27.

Assarpal. Hummel, F., op. 65.

Assemblée. Samuel-Rousseau, M.

Athalia. (Overture.) Mendelssohn-Bartholdy, F., op. 74.

Au berceau. Mouquet, J., op. 25.

Au bord d'un ruisseau. Boisdeffre, C. H. R. de. (op. 52.)

Au cabaret. Massenet, J. E. F.

Au convent. Borodin, A. P. (See his Petite suite.)

Au harême. Ivanov-Ippolitov, M. M., op. 20.

Au manoir. Godard, B. L. P. [op. 99].

Au pays bleu. Holmès, A. M. A.

Au ruisseau. Koreschenko, A. N., op. 20.

Au soir. Raff, J. J., [op. 163].

Au tombeau d'un héros. Lacombe-Trouillon, L.

Au village. Godard, B. L. P., op. 46.

Au village. Le Borne, F., op. 25.

Au village. Mouquet, J., (op 11).

Aubade. Herbert, V., op. 31.

Aubade. Lacombe, P., [op. 31].

Aubade. Lalo, E. V. A.

Aubade. Scott, C., op. 77.

Aubade à ma fiancée. Harcourt, E. d'.

Aubade aux mariés. Lacombe, P., (op. 56).

Aubade printanière. Lacombe, P., op. 37.

Auf dem ball. Floersheim, O.

Auf der Campagna. Strauss, R., op. 16.

Auf der puszta. Raff, J. J., op. 194.

Auf der wanderschaft. Klughardt, A. F. M., op. 67.

Auf der Wartburg. Bungert, A., op. 29.

Auf der wiese. Kretschmer, E., op. 26.

Auf freiem fuss. Strauss, J., op. 345.

Auf grüner wiese. Wagner-Löberschütz, T., op. 19.

Aufforderung zum tanz. Weber, K. M. F. E. von, op. 65.

Aufforderung zum tanz. (Weber-)Berlioz, H.

Aufruf zur wehr. Hallén, A.

Aufzug der hirten. Humperdinck, E.

Aurore. Schvartz, E.

Aus aller herren länder. Moszkowski, M., op. 23.

Aus alten mährchen. Kienzl, W. op. 12.

Aus baltischen landen. Kämpf, K., op. 24.

Aus dem schottischen hochlande. Lamond, F., op. 4.

Aus der jugendzeit. Hofmann, R., (op. 60).

Aus der neuen welt. Dvořák, A., op. 95.

Aus der ritterzeit. Hartmann, E., op. 34.

Aus der wanderzeit. Krug, A., op. 42.

Aus Finnland. Palmgren, S., op. 24.

Aus Holberg's zeit. Grieg, E. H., op. 40.

Aus Italien. Straus, R., op. 16.

Aus Odysseus fahrten. Boehe, E., op. 6.

Aus russischen märchen. Bagrinoffsky, M.

Aus Thüringen. Raff, J. J.

Aus unserer zeit. Brecher, G., op. 2.

Auserlesene mit ernst und lust gemengte instrumental-music. Muffat, G.

Ausfahrt und schiffbruch. Boehe, E., op. 6.

Automobile galop. Ricordi, G.

Aux bords du Bosphore. Adelburg, A. von, op. 9.

Aux bords du Nil. Consola, F.

Aux étoiles. Duparc, H. F.

Avant le pardon. Ropartz, J. G., op. 24.

Ave im kloster. Kienzl, W., op. 53.

Ave Libertas: Migués, L., op. 18.

Ave Maria. Bruch, M., op. 61.

Aventure, Gramann, C., op. 31.

Aventurier. Schultze - Biesantz, C.

B.

Baba-Yaga. Liadov, A. C., op. 56.

Bacchanale. Ganne, L. G.

Bacchanale. Massenet, J. E. F.

Bacchanale. Widor, C. M., op. 60

Bacchanale aux Flambeaux. Deldevez, E. M. E. (See his Suite de ballets, op. 27.)

Bacchanalian dance. (The tempter.) German, E.

Bacchus et les bacchantes. Tcherepnin, N. N., op. 29.

Backhof-kürassier. (*See* Altpreussischer kavalleriemarsch.)

Badinerie. Westerhout, N. van.

Baïle Coréado. Lacome [d'Estalenx], P. J. J.

Bajaderentanz. Rubinstein, A. G.

Der bajazzo. Leoncavallo, R.

Bajka. Moniuszko, S.

Bal champêtre. Strauss, J., op. 303.

Bal costumé. Rubinstein, A. G., [op. 103].

Le bal des papillons. Cowen, F. H.

Balaton. Major, J. J., op. 55.

Ball-suite. Lachner, F., op. 170.

Ballabile. Bonis, M.

Ballabile. Boekelmann, B., op. 3.

Ballabile. Redern, F. W. von.

Ballade. Alberstoetter, C.

Ballade. Blasser, G., op. 76.

Ballade. Bonvin, L., op. 25.

Ballade. Cole, R. G. (op. 25).

Ballade. Davidov, K. J. (op. 25).

Ballade. Fauré, G. U., op. 19.

Ballade. Glazounov, A. C., op. 78.

Ballade. Greef, A. de.

Ballade. Henschel, G., op. 39.

Ballade. Kaskel, K. von, op. 17.

Ballade. Klughardt, A. F. M., op. 40.

Ballade. Pirani, E., op. 47.

Ballade. Pitt, P. (op. 17).

Ballade. Rensburg, J. E., op. 5.

Ballade. Rudorff, E. F. K., op. 15.

Ballade. Sibelius, J. [op. 27].

Ballade. Taneiev, A. S., op. 11.

Ballade. Taubert, E. E., op. 54.

Ballade. Taylor, S. Coleridge (op. 33).

Ballade für grosses orchester. Mihalovich, E. von.

Ballade symfonique. Bass, R.

Ballade symphonique. Tschaikowsky, P. I., op. 78.

Ballade über eine norwegische volksmelodie. Röntgen, J., op. 36.

Ballata. Cui, C. A., op. 38.

Ballet de cour. Pierné, H. C. G.

Le ballet de la reine. Silver, C.

Balletmusik. Reinecke, C. F. C.

Eine balletszene. Pfohl, F., op. 12.

Banditenstreiche. Suppé, F. von.

Banquet dance. ("The Tempest.") Sullivan, A. S.

Barbarossa. Hausegger, S. von.

Der barbier von Bagdad. Cornelius, P.

Barcarole. Moór, E.

Le barde éburon. Jaspar, A.

Le baruffe chiozzotte. Sinigaglia, L., op. 32.

Basso ostinato. Arensky, A. S., op. 7.

La battaglia. Burgmein, J.

Battaglia d'Azio. Mancinelli, L.

The battle of Vittoria. (Symphony.) Beethoven, L. van.

Die bauernhochzeit. Mozart, L.

Bauerntanz aus Numa. Hasse, J. A.

Beatrice. Bernard, E., op. 25.

Béatrice et Bénédict. (Overture.) Berlioz, H.

Beethoven-ouverture. Lassen, E. von.

Begegnen der schiffe. Gendt, W. M. van., op. 44.

The beggars opera. Pepusch, J. C.

Beherrscher der geister. Weber, K. M. F. E. von, op. 27.

Bei der fontaine. Nápravník, E. F., op. 54.

Bei einem aufzug der honved. Raff, J. J., op. 194.

Bei sonnenuntergang. Henriques, R., op. 2.

Die beiden Veroneser. Street, J., op. 8.

Beim einschlummern. Hofmann, R., (op. 60).

Beim tanz. Klughardt, A. F. M., op. 67.

Bekränzt mit laub. Schumann, R., op. 123.

La belle au Bois dormant. Bruneau, A.

La belle dame sans merci. Mackenzie, Sir A. C., op. 29.

The belle of Brittany. Talbot, H. and Horne, Marie.

Belsazar. Ertel, J. P., op. 12.

Belsazar's gastmahl. Sibelius, J., op. 51.

Bénédiction nuptiale. Massenet, J. E. F.

Benedictus. Bantock, G.

Benvenuto Cellini. Berlioz, H.

Berceuse. Bizet, A. C. L. G., op. 22.

Berceuse. Conus, G. E., [op. 1].

Berceuse. Cui, C. A., op. 20.

Berceuse. Fauré, G. U., op. 16.

Berceuse. (The tempter.) German, E.

Berceuse. Ilynsky, A. A., op. 13.

Berceuse. Järnefeldt, A.

Berceuse. Pessard, E. L. F., (op. 22).

Berceuse. Pittrich, G., op. 52.

Berceuse. Randegger, E.

Berceuse. Rebikov, V. I.

Berceuse. Rubinstein, A. G., op. 93.

Berceuse élégiaque. Busoni, F. B.

Berceuse gasconne. Lacombe, P., op. 102.

Berceuse-rêverie. Sgambati, G., op. 42.

Berceuse slave. Neruda, F., op. 11.

Berger et bergère. Rubinstein, A. G., [op. 103].

Bergwanderung. Wiemann, R., op. 33.

Bernhard von Weimar. Raff, J. J.

Un beso por el cielo. Lagio, P.

Biblische bilder. Reinecke, C. H. C., op. 220.

Bilder aus dem alten testament. Reinecke, C. H. C., op. 220.

Bilder aus dem neuen testament. Reinecke, C. H. C., op. 220.

Bilder aus dem Orient. Mühldorfer, W. K., op. 40.

Bilder aus dem Süden. Nicodé, J. L., [op. 29].

Bilder aus Norden. Hofmann, H. K. J.

Bilder vom Rhein. Schumacher, P. P. H., op. 48.

A birthday. Ronald, L.

Blanc et noir. Büsser, H. P., op. 20.

Blanik. Smetana, B.

The blue bird. O'Neill, N.

Boabdil. Sporck, G.

Böcklin-phantasien. Woyrsch, F., op. 53.

Böcklin symphonie. Huber, H.

Böhmische Tänze. Rüzek. J.

La Bohème. Puccini, G.

La bohème. (Fantasia.) Puccini, G.

Boîte à musique. Conus, G. E. [op. 1].

Bolero. Cui, C. A.

Bolero. Moszkowski, M., op. 12.

Bolero. Nicodé, J. L. [op. 29].

Boleslas le hardi. (Bolesław Śmiały.) Rózycki, L., op. 8.

Et Bondebröllop. Söderman, A. J., op. 13.

Boris Godunow. Arnold, Y. von.

Bourée. Bach, J. S.

Bourrée. German, J. E.

Bourrée adagio. Ries, Franz, op. 34.

Bourrée en La mineur. Bach, J. S.

Bourrée et musette. Périlhou, A.

Bourrée fantastique. Chabrier, A. E.

Bozhe, Tsaria Khrani. L'Vov, A.

Bozzetto. Zanella, A.

De brandenburgsche mars. Strauss, R.

Brandenburgische concerte. Bach, J. S.

Die braut von Messina. Fibich, Z., op. 18.

Braut von Messina. Rosenfeld, I., op. 25.

Braut von Messina. Schulz-Schwerin, K.

Die braut von Messina. (Overture.) Schumann, R. A.

Brautgruss-reigen. Kretschmer, E., op. 54.

Brautzug. Floersheim, O.

Bridal procession. Reinecke, C. H. C., op. 202.

Brigg Fair. Delius, F.

Britannia. Mackenzie, Sir A. C., op. 52.

Brocéliande. Lambert, L.

Bruderover. Schjelderup, G.

Burges. Périlhou, A.

Brumaire. Massenet, J. E. F.

Bruremarsch. Halvorsen, J., op. 21.

Bulharské tance. Sebek, G., op. 7.

Buntes treiben. Kretschmer, E., op. 26.

Burlesca. Bossi, M. E., op. 127.

Burleske. Strauss, R.

Burns. Mackenzie, A. C., op. 24.

The butterfly's ball. Cowen, F. H.

By the burnside. MacCunn, H., op. 30.

C.

Cain. Samuel, A. A.

Callirhoë. Chaminade, C. L. S.

Calm sea and prosperous voyage. (Overture.) Mendelssohn-Bartholdy, F.

Le calme de la mer. Widor, C.

Calme du soir. Brun, G., op. 43.

Cambridge (Symphony). Parry, Sir C. H. H.

Le camp de Wallenstein. Indy, P. M. T. V. d', op. 12.

Canadian rhapsody. Mackenzie, Sir A. C., op. 67.

Canadische rhapsodie. Mackenzie, Sir A. C., op. 67.

La canarie. Pierné, H. C. G.

Cantabile. Goens, D. van (op. 34).

Cantilene. Glaesz, A. von, op. 6.

Cantique. Massenet, J. E. F.

Canto popolare. Elgar, Sir E. W. (op. 50).

Canzona. Jensen, G., op. 33.

Canzone. Bruch, M., op. 55.

Canzone. Erb, M. J., op. 29.

La canzone dell'emigrante. Marinuzzi, G.

Canzonetta. Ambrosio, A. d', op. 6.

Canzonetta. Dubois, F. C. T.

Capriccio. Fuchs, R., op. 63.

Capriccio. Grädener, H. T. O., op. 4.

Capriccio. Hüllweck, F., op. 22.

Capriccio. Klughardt, A. F. M., op. 87.

Chanson de matin. Elgar, Sir E. W. (op. 15, no. 2).

Chanson de nuit. Elgar, Sir E. W., op. 15, no. 1.

Chanson du printemps. Gillet, E.

Chanson élégiaque. Spendiarov, A. A., op. 9.

Chanson lesbienne. Dubois, F. C. T.

Chanson russe. Rimsky-Korsakov, N. A., op. 62.

Chansons russes. Sarasate, P. de, op. 49.

Le chant de la destinée. Dupont, G.

Chant de la Veslemy. Halvorsen, J.

Chant des Belges. Litolff, H. C., op. 101.

Chant des fileuses. Sitt, H., (op. 95, no. 11).

Le chant du calcaire. Lefebvre, C. E., op. 40.

Chant du cygne, op. 43, no. 1, Youferoff, S.

Le chant du destin. Glazounov, A. C., op. 84.

Chant du ménestrel. Glazounov, A. C., op. 71.

Chant funèbre. Magnard, A., [op. 9].

Chant montagnard. Indy, P. M. T. V. d', op. 25.

Characteristic. Schoenefeld, H., op. 15.

Characteristic pieces. Sinigaglia, L., op. 35.

Characteristic waltzes. Taylor, S. Coleridge-, op. 22.

Charakterskizze. Hartog, E. de, op. 62.

Characterstück. Foerster, A. M., op. 10.

Characterstücke. Hofmann, H. K. J., op. 15.

Charakterstücke. Jensen, G., op. 33.

Charakterstücke. Sinigaglia, L., op. 35.

Charmeuse des serpents. Arensky, A. S., op. 50a.

The chase after fortune. Burmeister, R.

La chasse. (Symphony.) Haydn, F. J.

La chasse. Sarasate, P. de, op. 44.

Chasse fantastique. Guiraud, E.

Le chasseur maudit. Franck, C. A.

Le château mystérieux. Ilynsky, A. A., op. 13.

Chevalier et payse. Rubinstein, A. G., op. 93.

Childhood. Cowen, F. H.

Children's corner. Debussy, C.

Children's dance. German, J. E.

Chinoiserie. Godard, B. L. P. (op. 84).

Chopiniana. Glazounov, A., op. 46.

Chor-symphonie no. 7. Hamerik, A., op. 40.

Choral. Abert, J. J. (See his Präludium und Fuge.)

Choral varié. Indy, P. M. T. V. d', (op. 55).

Choral de l'armée. Le Borne, F., op. 25.

Choral et variations. Widor, C. M.

Chowantchina. Moussorgsky, M. P.

Der christbaum. Rebikov, V. I., [op. 21].

Christoph Columbus. Wagner, W. R.

Cigale. Massenet, J. E. F.

Cinderella. Pitt, P., op. 26.

Concert ouverture. Walter, A., op. 16.

Concert-ouverture im ernstenstyl. Spohr, L., op. 126.

Concert-ouverture No. XVII. Kalliwoda, J. W., op. 242.

Concert-ouverture, Victoria. Matern, G., op. 14.

Concert-ouverture zu könig Lear. Moody, M.

Concert overtures. Cusins, W.G.

Concert romanze. Hamerik, A., op. 27.

Concert symphonique. Major, J. J., op. 12.

Concerto all' antica. Hubay, J., op. 101.

Concerto eroico. Nováçek, O., op. 8.

Concerto espagnol. Manén, J., op. 18.

Concerto romantique. Godard, B. L. P., op. 35.

Concerto symphonie. Nápravník, E. F., op. 27.

Concertstueck. Alberstoetter, C.

Concert-stück. Diemer, L., op. 33.

Concertstück. Goedicke, A. F., op. 11.

Conchita. Campos, A. M.

Consolidation. Floersheim, O.

Conte. Nápravník, E. F., op. 74.

Conte d'autrefois. Hartog, E. de, op. 62.

Conte des fées. Wüerst, R. F., op. 44.

Conte féerique. Rimsky-Korsakov, N. A., op. 29.

Conte russe. Conus, G. E. [op. 1].

Contrasts. Elgar, Sir E. W., op. 10, no. 3.

Contredanse françaises. Deldevez, E. M. E (*See* his Suite de ballets, op. 27.)

Coprifuoco. Bossi, M. E., op. 127.

Le coq d'or. Rimsky-Korsakov, N. A.

Coquetterie. Pizzi, E.

Coquetterie. Schvartz, E.

Corale. Ilynsky, A. A., [op. 4].

Cordelia. Heidingsfeld, L.·

Coriolan. (Overture.) Beethoven, L. van.

Coriolanus. (Suite dramatique.) Mackenzie, Sir A. C., op. 61.

Cornill Schut. Smareglia, A.

Coronation march. Cowen, F. H.

Coronation march. Mackenzie, C. A., op 63.

Coronation march. Pitt, P., (op. 21).

Coronation march. Saint-Saëns, C. C., op. 117.

Le Corsaire. Berlioz, H., op.21.

Cortège. Debussy, C. A.

Cortège. Massenet, J. E. F.

Cortège. Schvartz, E.

Cortège. Tinel, E., op. 21.

Cortège byzantin. Ganne, L. G.

Cortège de Bacchus. Delibes, C. P. L.

Cortège de fête. Bonvin, L., op. 27.

Cortège de la vie. Koptiaev, A. P., op. 2.

Cortège de noces. Rimsky-Korsakov, N. A.

Cortège du Serdare. Ivanov-Ippolitov, M. M., op. 10.

Cortège festival. Van der Stucken, F., op. 12.

Cortège héroique. Bleichmann, I. I.

Cortège solennel. Glazounov, A C.

Corteggio nuziale. Burgmein, J.

Cosaque et Petite-Russienne. Rubinstein, A. G., op. 103.

Danse caractéristique. Rebikov, V. I., [op.

Danse champêtre. Billi, V., op.

Danse chinoise. Tschaikowsky, P. , op.

Danse crizole. Morley, O.

Danse d'Arsinoé et des esclaves. Arensky, A. S., op. 50a.

Danse de bayadères. Simon, A. op.

Danse de concert. Spendiarov, A. A., op.

Danse de l'amazone. Liadov, A. K., op.

Danse de la fée Dragée. Tschaikowsky, P. op.

Danse de la tristesse. Arends,

Danse de Salammbô au voile de Tanite. Arends,

Danse des athlètes. Gluck, Chr. W. 1re suite (Gevaert).

Danse des esclaves. Gluck, Chr. W. 2e suite (Gevaert).

Danse des bouffons. Tcherepnin, N. N., op.

Danse des filles de l'Yémen. Maréchal, C.

Danse des gamins. Tcherepnin, N. N., op.

Danse des Ghazies. Arensky, A. S., op. 50a.

Danse des guerriers gaulois. Arends,

Danse des heures. Tcherepnin, N. N., op.

Danse des juives. Arensky, A. S., [op. 50a.

Danse des Kabires. Arends,

Danse des mirlitons. Tschaikowsky, P. op.

Danse des naiades. Ambrosio, A. d'.

Danse des odalisques. Rebikov, V. I., [op. 2].

Danse des papillons. Rung, F.

Danse des paysans. Bunning, op.

Danse des prêtresses divines. Arends,

Danse des sabots. Blockx, J.

Danse des serpents. Arends,

La danse du faune et du satyr. Bernn, A., (op.

Danse du XVIe siècle. Hanssens, C. L.

Danse écossaise. Gilson, P.

Danse égyptienne. Ganne, L. G.

Danse féerique. Ilynsky, A. A., op.

Danse guerrière. Ravel, M.

Danse israélite. Broutin, C., [op.

Danse léaghine. Ivanov-Ippolitov, M. M., op.

Danse libyenne. Arends,

Danse macabre. Saint-Saëns, C. C., op.

Danse moravienne. Joncières,V.

Danse nègre. Taylor, S. Coleridge, op.

Danse orientale. Ivanov-Ippolitov, M. M., op.

Danse orientale. Lubormirsky,G.

Danse orientale. Rebikov, V. [op.

Danse persane. Ganne, L. G.

Danse persane. Guiraud, E.

Danse persane. Moussorgsky, M. P.

Danse profane. Debussy, C. A.

Danse russe. Bleichmann, op.

Danse russe. Nápravník, E. F., op.

Danse rustique. Chausson, E., op. no.

Danse rustique. Fouque, P. O.

Danse rustique. Godard, B. L. P., op. 145.

Deutsche rhapsodie. Koch, Fr. E., op.

Deutsche suite. Beer-Walbrunn, A., op.

Deutsche tänze. Urspruch, A., op.

Deutsche weltliche gesäng vnnd täntze. Franck, M., and Hausmann, V.

Deutscher triumph-marsch. Reinecke, K. C., op.

Deutsches gebet. Nicodé, J. L., op.

Deux intermezzo. Kalinnikov, W. S.

Devánt la Madonne. Massenet, J. E. F.

Dévise noble. Saar, L. V., op.

Dialogue du vent et de la mer. Debussy, C. A.

Dialogue. Arensky, A. S., op.

Diane et Endymion. Mouquet, J., op.

Dies irae. Liszt, F.

Dimanche matin. Massenet, J. E. F.

Dimanche soir. Massenet, J. E. F.

Dimitri Donskoi. Rubinstein, A. G.

Dionysische phantasie. Hausegger, S. von.

Il distrato. (Symphony.) Haydn, F. J.

Divertimento militare sive sinfonia. Mozart, L.

Divertissement. Lalo, E. V. A.

Divertissement. Stern, J., op.

Divertissement sur des chansons russes. Rabaud, op.

Le divin poème. Scriabin, A. N., op.

Divina Commedia. Liszt, F.

Les Djinns. Franck, C. A.

Dolce far niente. Zopff, op.

Dolly. Fauré, G. U., op.

Don César de Bazan. Massenet, J. E. F.

Don Giovanni. (Mozart)–Busoni, F. B.

Don Giovanni. Mozart, J. C. W. A.

Don Juan. Mozart, J. C. W. A.

Don Juan. Nápravník, E. F., op.

Don Juan. Strauss, R., op.

Don Juan d'Austria. Sitt, op.

Don Quixote. Rubinstein, A. G., op.

Don Quixote. Strauss, R.,

Don Quichotte, marche héroique de. Gandolfo, E.

Don Quixote's phantastischer ausritt und seine traurige heimkehr. Kienzl, W., op.

Don Sebastian. Donizetti, G.

Dorfspielmann. Olsen, O.

Dormeuse. Lenepveu, C. F.

Das dornenschloss. Humperdinck, E.

Dornröschen. Humperdinck, E.

Douce caresse. Gillet, E.

Douce réunion. Broutin, C.

Doumka. Rubinstein, A. G., op.

Doux réveil. Sediwy, J.

The downie dens o'Yarrow. MacCunn, op.

Dramatische fantasie. Hiller, F., op.

Dramatische ouverture. Kauffmann, F., op.

Dramatische ouverture (No. Böhme, F., op.

Dramatische ouverture. Chadwick, G. W.

Elégie. Tschaikowsky, P. , op.

Elegie. Witte, G. op.
Elegie. Zöllner, op.
Elegische gesangs-scene. Noren, G., op.
Elegische melodien. Grieg, E. op.
Elegischer marsch. Rheinberger, J., op. 167b.
Elegy. Corder, F.
Elegy. Goodhart, A. M.
Elegy. Miersch, P. T., [op.
Das elend der welt. Schjelderup, G.
Elévation. Elgar, Sir E. W., op.

Elevation. Bonvin, L., op.
Elfenreigen. Klose, F.
Elfenreigen. Roesch, W. E.
Elfentanz. Henriques, F. W.
Elfentanz. Popper, D., op.
Elise. Cherubini, M. L. Z. C. S.
Elle est jeune et rieuse. Godard, B. L. P.
Elohenu. Gernsheim, F.
Elysium. Dehaan, W., op.
Emperor concerto. (For pfte.) Beethoven, L. van.
En badinant. Ambrosio, A. d'.
En Bretagne. Winkler, A. A., op.
En chevauchant. Gillet, E.
En Orient. Brunel, E.
En passant l'eau. Stcherbachev, N. V.
En plein air. Godard, B. L. P., op.
En regardant le ciel. Godard, B. L. P., op.
En rêve. Conus, G. E. [op.
En rêve! Gabriel-Marie.
Endlicher sieg des göttlichen. Spohr, L., op.

Endymion's narrative. Converse, F. S., op.
L'enfant prodigue. Debussy, C. A.
L'enfant prodigue. Wormser, A. A. T.
Enfin seuls. Tesorone, A.
Engelreigen. Wolf - Ferrari, E. op.
The English (Symphony). Parry Sir C.
English scenes. Bantock, G.
L'enharmonique. Rameau, J. P
L'enterrement de Mila. Rebikov V. I., op.
L'enterrement d'Ophélie. Bourgault-Ducoudray, L. A.
Die entführung aus dem serail. Mozart, W. A., ed. Busoni, F.
Entr'acte. Cui, C. A.
Entr'acte. Contredanse françaises. Deldevez, E. M. E. (See his Suite de ballets, op.

Entr'acte-Rigaudon. Dubois, F. C. T.
En'tracte Sevillana. Massenet.
Entr'acte symphonique. Jaqu Dalcroze, E.
Entrata di Arlecchino. Mancinelli, L.
Entrée. Massenet, J. E. F.
Entrée des magiciens et danse d ombres. Tcherepnin, N. N. op
Entrée des rhétoriciens. Blockx J.
Entrée des Zingaris. Blockx, J.
Entrée en forme de danse. M senet, J. E. F.
Entrée solennelle d'Antoine. Arensky, A. S., op. 50a.
Les Eolides. Franck, C. A.
Epigraphe. Dupont, G.

Epilog. Krug, A., op. no.

Episode de la vie d'un artiste. Berlioz, op.

Episoden. Weidig, A., op.

Episodes. Gilbert, F. [op.

Episodes chevaleresques. Sinding, C., op.

L'épreuve villageoise. Grétry, A. E. M.

Der erbe von Morlay. Holstein, F. F. von, op.

Der eremit. Woyrsch, F., op.

Erinnern und träumen. Scholz, B. C., op.

Erinnerung an Stuttgart. Kücken, F. W., op.

Erinnerungen. Bonvin, L., op.

Erinnyes. Massenet, J. E. F.

Erklärung. Hol, R., op.

Die erlenmädchen und die jäger. Hartmann, E., op. 6a.

Erlösung. Blumer, T., op.

Ernste klänge. Heim, M., op.

Eröffnung der hundertjährigen gedenkfeier der unabhängigkeits-erklärung der Vereinigten Staaten von Nordamerika. Wagner, W. R.

Eroica. Rubinstein, A. G., op.

Eroica symphony. Beethoven, L. van.

Erste begegnung. Krug, A., op. no.

Erwachen und kämpfen. Scheinpflug, P., op.

Es waren zwei königskinder. Volbach, F., op.

Esclarmonde. Massenet, J. E. F.

España. Chabrier, A. E.

Esposizione internazionale 1906. (March). Montanari, A.

L'esprit follet. Sarasate, P. de, op.

Esquisse. Dubois, F. C. T.

Esquisse caractéristique. Hartog, E. de, op.

Esquisse humoristique. Lalo, E. V. A.

Esquisse symphonique. Mouquet, J., (op.

Esquisses caractéristiques. Hartog, E. de, op.

Esquisses caucasiennes. Ivanov-Ippolitov, M. M., op.

Esquisses de Crimée. Spendiarov, A. A., op.

Esquisses symphoniques. Gilson, P.

Esquisses vénitiennes. Maréchal, C.

Esther. Albert, E. d', op.

Esther, ouverture zu. Dittersdorf, C. Ditters von.

Et Nolli pense. Rebikov, V. I., op.11.

L'étoile du berger. Stcherbachev, N. V.

Etoile du soir. Rubinstein, A. G., [op.

Etude. Sinigaglia, L., op.

Etude symphonique. Fournier, P., (op.

Eucharis. (Ballet.) Deldevez, E. M. E. (See his Suite de ballets, op.

Euphorion. Puchat, M., op.

Euryanthe. Weber, K. M. F. E. von.

Euterpe. Chadwick, G. W.

Evening sounds. Kriens, C.

Evocation. Massenet, J. E. F.

Evocation. Wieniawski, J., op.

F.

Fabrice - marsch.   Kretschmer, E., op.

Fackeltanz. Redern, F. W. von.

Der fahrende schüler. Istel, E.

Fahrt zum Hades. Dehaan, W., op.

Fairy tale. Kranich, A., op.

Falstaff. Verdi, G.

Fandango. Nápravník, E. F., op.

Fandango. Nápravník, E. F., op.

Fandango asturiano. Rimsky-Korsakov, N. A., op.

Fanfare. Gregoir, E. G. J., op.

Fanfare inaugurale. Gilson, P.

Faniska. Cherubini, M. L. Z. C. S.

Fanitullen. Halvorsen, J., op.

Fantaisie. Duvernoy, W. A.

Fantaisie. Hanssens, C. L.

Fantaisie. Indy, P. M. T. V. d'.,

Fantaisie. Nápravník, E. F., op.

Fantaisie. Rachmaninov, S., op.

Fantaisie. Rubinstein, A. G., op.

Fantaisie. Widor, C. M., op.

Fantaisie-caprice. Sporck, G.

Fantaisie de concert. Tschaikowsky, P. I., op.

Fantaisie de concert, op. Youferoff, S.

Fantaisie dialoguée. Boëllmann, L., op.

Fantaisie dramatique. Tcherepnin, N. N., op.

Fantaisie espagnole. Villa, R.

Fantaisie funèbre, op. Youferoff, S.

Fantaisie orientale. Balakirev, M. A.

Fantaisie russe. Nápravník, E. F., op.

Fantaisie sur des airs finlandais. Dargomijsky, A. S.

Fantaisie sur des chants populaires lettons. Wihtol, J. T., op.

Fantaisie sur des motifs espagnols. Gevaert, F. A.

Fantaisie sur des thèmes russes. Nápravník, E. F., op.

Fantaisie sur des thèmes serbes. Rimsky-Korsakov, N. A., op.

Fantaisie sur les chants épiques russes. Arensky, A. S., op.

Fantaisie tarentelle. Lavainne, F.

Fantaisie triomphale. Dubois, F. C. T.

Fantasia. Barthelemy, R.

Fantasia appassionata. Vieuxtemps, op.

Fantasia e grande fugato sinfonico. Zanella, A., (op.

Fantasia espanola. Villa, R.

Fantasia militare. Ponchielli, A.

Fantasia orientale. Consolo, F.

Fantasia romantica. Funi, V.

Fantasia una sera d'Aprile 1906 a New York. Ferrante, V.

Fantasie. Franck, E., op.

Fantasie. Huber, W., op. op.

Fantasie. Rheinberger, J. G., op.

Fantasie. Ropartz, J. G.

Fantasie. Scharf, M., op.

Fantasie de concert. Rimsky-Korsakov, N. A., op.

Fantasie - ouverture (A dur). Kleinmichel, R., op.

Fantasie sur un thème populaire wallon. Ysaye, T.

Fantasiestück. Hiller, F., op. 152 B.

Fantasiestück. Kaun, op.

Fantasiestück. Wilhelmj, A.
Fantasietta dans le genre hongrois. Lacombe, L. T., op.
La farandole. Dubois, F. C. T.
Farandole. Pierné, C. G., op.

Farandole. Pugno, R.
Farandole fantastique. Dubois, F. C. T.
The farewell symphony. Haydn, F. J.
Farewell to my Georgia home. Klein, B. O., op. , no.
Farfadets scherzo. Lacome [d'Estalenx], P. J. J.
Farfalla. Sauret, E.
Faschingsbilder. Nicodé, J. L., op.
Fasciculus quodlibeticus. Franck, M. *and* Hausmann, V.
Fatum. Bossi, M. E., op.
Fatum. Tschaikowsky, P. op.

Der faule Hans. Nedbal, O., op.

Faunes et dryades. Roussel, A., (op.
fauni e le driadi. Valle de Paz, E. del, op.
Faust. Lindpaintner, P. J., op.

Faust. Liszt, F.
Faust. Rubinstein, A. G., op.
Faust-ouverture. Mayer, E., op.

Faust. (Scenen aus Goethes Faust.) (Overture.) Schumann, R. A.
Eine Faust-ouverture. Wagner, W. R.
Eine Faust-phantasie. Mihalovich, E. von.
Eine Faust-symphonie. Liszt, F.

La fée d'amour. Raff, J.
La fée du hallier. Godard, B. L. P., op.
Feenmährchen. Grüters, A.
Feierklänge. Meyer-Olbersleben, M., op.
Feierliche heldenmusik zum tode des königs. Heidingsfeld, L.
Feierliche scene und marsch. Seiss, , op. .
Feierlicher einzug. Strauss, R.
Feierlicher marsch. Kretschmer, E., op.
Die felsenmühle. Reissiger, K. G.
Feramors. Rubinstein, A. G.
Ferdinand und Miranda. Humperdinck, E.
Fervaal. Indy, P. M. T. V. d'.
Das fest am Norreport. Aulin, T., op.
Fest bei Herodes. Kramm, G., op.
Festa campestre. Zanella, A.
Festa popolare. Burgmein, J.
Ein feste burg. Reinecke, , op. .
Ein feste burg ist unser gott. Nicolai, O., op.
Eine feste burg ist unser gott. Raff, J. J., op.
Festiva. Holbrooke, J., op.
Festival march. Harris, C.
Festival march. Van der Stucken, F., op.
Festival of Pan. Converse, F. S., op.
Festival overture. Speer, W. (op.
Festival procession. Bonvin, L., op.
Fest-klänge. Hartmann, J. P. E.
Festklänge. Humperdinck, E.
Fest-klänge. Liszt, F.
Festlicher marsch. Taneiev, A. S., op. 12.

Festmarsch. David, F., op.
Festmarsch. Förster, A.
Festmarsch. Grammann,C.,op.
Festmarsch. Kistler, C., op.
Festmarsch. (Es dur). Klein-
    michel, R., op.
Festmarsch. Lassen, E., op.
Festmarsch. Liszt, F.
Festmarsch. Naumann, E.
Fest-marsch. Proksch, R.L.,op.

Festmarsch. Radecke,R.,op.
Festmarsch. Raff, J. J., op.
Festmarsch. Spohr, L.
Festmarsch. Strauss, R., op.
Festmarsch (symphonischer).
    Thuille, L. op.
Festmarsch. Turnbull, E. L., op.

Festmarsch mit benutzung der
    amerik. freiheitshymne "Star-
    spangled banner." Kaun,
    (op.
Fest-marsch zu Schiller's
    jähriger Geburtstagsfeier.
    Meyerbeer, G.
Fest-ouverture. Converse, C. C.
Fest-ouverture. Damrosch, L.,
    op.
Eine festouvertüre. Enna, A.
Fest-ouverture. Fischel, A.
Fest-ouverture. Frank, L.
Fest-ouverture. Hegar, Fr., op.

Fest-ouverture. Hohnstock, K.,
    op.
Fest-ouverture. Klughardt,A.F.
    M., op.
Fest-ouverture. Klughardt,A.F.
    M., op.
Festouverture. Lassen, E. von,
    op.
Fest-ouverture. Lux, F., op.
Fest-ouverture. Meyer-Olbersle-
    ben, M., op. 30.

Festouverture. Muck, J., op.
Fest-ouverture. Raff, J. J., op.
Fest-ouverture. Reinecke,
    op.
Fest-ouverture. Rübner, C., op.
Fest-ouverture.   Scharwenka,
    L. P., op.
Festouverture. Schumann,R.A.
Fest-ouverture. Ulrich,   op.
Fest-ouverture. Volkmann,F.R.,
    op.
Fest-ouverture mit schlusschor
    "An die künstler." Reinecke,
    C. C., op.
Fest-overture über das rhein-
    weinlied. Schumann, R., op.

Fest-polonaise. Svendsen, J. S.,
    op.
Fest-praeludium. Hess, K., op.

Festspiel-ouverture. Goltermann,
    G. E., op.
Fest-vorspiel. Liszt, F.
Festzug. Bonvin, L., op.
Festzug. Kretschmer, E.,op.
Festzug. Van der Stucken, F.,
    op.
Fête. Gaubert, P.
La fête. Lacome [d'Estalenx],P.
    J. J.
Fête au château de Heidelberg.
    Pirani, E., op.
Fête au village. Billi, V., op.

Fête bohême. Massenet, J. E. F.
Fête campagnarde catalane. Ma-
    nén, J., op.
Fête dans le temple de Jupiter.
    Tinel, E., op.
Fête de village. Bunning,
    op. 45.

La fête des grands. Sannemann, M., op.

Fête foraine. Lalo, E. V. A.

Fête nuptiale. Herbert, V., op.

Une fête patronale en Vélay. Périlhou, A.

Fête populaire. Le Borne, F.

Une fête slave. Glazounov, A. C., op. no.

Fête villageoise. Zolotareff, B., op.

Fêtes. Debussy, C. A.

Fêtes d'Hébé. Rameau, J. P.

Feuelleton [!] walzer. Strauss, J. [op.],

Feuersnot. Strauss, R., [op.

Feuersymphonie. Haydn, F. J.

Feuerwerk. Strawinsky,

Feuilles éparses. Ambrosio, A. d', op.

La fiancée du tzar. Rimsky-Korsakov, N. A.,

Fichte und palme. Kalinnikov, W. S.

Fidelio. (Overture.) Beethoven, L. van.

The fields of Heaven. Weingartner, P. F., op.

Fierrabras. Schubert, F. P., op.

Fiesco. Grädener, C. G. P., op.

Fiesko. Urban, op.

Fiesque. Lalo, E. V. A.

Figaro polka. Strauss, J., [op.]

La figlia di Iorio. Franchetti, A. Baron.

Fileuse. Fauré, G. U., op.

Les fileuses. Hubay, J., op.

La fille du Rhin. Wallace, W. V.

Final alla Schumann. Guilmant, F. A., op. 83.

Finale à la Zingara. Wieniaski, op.

Fingal's cave. (Overture.) Mendelssohn-Bartholdy, F.

Die Fingalshöhle. (Overture Mendelssohn-Bartholdy, F. o

Finlandia. Sibelius, J., [op.

Finnische suite. Mielck, E., o

Finnländische festklänge. Se mer, J., op.

Finstre nacht. Rebikov, V. [op.

Firework-music. Händel, G. F

Fjoldstigning. Bendix, V. op.

Flagellantenzug. Bleyle, op.

Fleurs de champs. Schvartz,

Der fliegende Holländer. W ner, R.

Flis. Moniuszko, S.

Flitterwochen. Stix, K., op.

Flores musicales. Franck, N and Hausmann, V.

Florilegium primum. Muffat,

Florilegium secundum. Muffa G.

Der Flüchtling. Kretschmer,

La flûte enchantée. Sarasa P. de, op.

Det förste möde. Grieg, E. op.

Første møde. Halvorsen, J., o

La foi. Saint-Saëns, C. C. (o

Folie du Tasse. Jaspar, A.

Les folies amoureuses. Pessar E. L. F.

Folies d'Espagne et Jota arrag nesa. Liszt, F. (Rhapsod espagnole.)

La fontaine de jouvence. La-come [d'Estalenx], P. J. J.

Forest idyl. Haesche, W. E.

The forest of Arden. Gadsby, R.

La forêt. Glazounov, A. C., op.

La forêt bruisse. Conus, G. E., [op.

Forêt d'hiver. Roussel, A. (op.

La forêt enchantée. Indy, P. M. T. V. d', op.

Forêt d'hiver. Roussel, A.

Fossegrimen. Halvorsen, J., op.

The four seasons. Hadley, K., op.

Fra riddertiden. Hartmann, E., op.

Fragment symphonique. Ilyn-sky, A. A., op.

Fragments poétiques. Godard, B. L. P.

Fragments symphoniques. Cui, C. A.

Fragments symphoniques. Wi-dor, C. M.

Francesca. (Ouverture.) Goetz,

Francesca da Rimini. Bazzini, A., op.

Francesca da Rimini. Foote, A. W., op.

Francesca da Rimini. Morlacchi, F.

Francesca da Rimini. Tschai-kowsky, P. I., op.

Les francs juges. Berlioz, op.

Franz Schubert. Suppé, F. von.

Frau Aventiure. Holstein, F. F. von, op.

Frau Holle. Bendel, F., op.

Die frau meisterin. Suppé, F. von.

Die frau vom meer. Joachim Albrecht, Prinz von Preussen.

Der freyschütz. Weber, K. M. F. E. von.

Friede, kampf und sieg. Rübner, C., op.

Frieden der nacht. Reinecke, C. F. C.

Friedensmarsch. Kistler, C., op.

Friedensrausch. Reinecke, C. F. C.

Frithjof. Hofmann, K. J., op.

Frithiof. Dubois, F. C. T.

Frithjofs heimkehr. Magnus, G. W., op.

Fröhliche gesellen. Klughardt, A. F. M., op.

Fröhliches wandern. Kaun, H., op.

Froissart. Elgar, Sir E. W. (op.

From the cradle to the grave. Reinecke, C. C., op.

From the new world. (Symphony v). Dvořák, A.

From the North. Mackenzie, Sir A. C. (op.

From the old world. Armstrong, W. D.

Frühling. Reifner, V., op.

Frühling. Scheinpflug, P., op.

Frühling. Spohr, L., op.

Frühling. Urban, op.

Frühlings-fantasie. Bronsart von Schellendorf, op.

Frülings-ouverture. Goetz, op.

Frühlings sieg. Abert, J. J.

Frühlings-sinfonie. Abert, J. J.

Frühlings-sinfonie. Reichel, F., op.

Frühlings-träume. Palmgren, S., op. 24.

Frühlings-und werdenächte. Scheinpflug, P., op.

Frühlingserwachen. Abert, J. J.

Ein frühlingsfest. Gotthelf, F.

Frühlingsklänge. Raff, J. J., op.

Frühlingsland. Scheinpflug, P., op.

Frühlingslied. Glass, L., op.

Frühlingslied. Sibelius, J., [op.

Ein frühlingstraum. Scheinpflug, P., op.

Frühlingswogen. Scharwenka, L. P., op.

Frühlingszauber. Stix, O., op.

Frühlingszeit. Wagner-Löberschütz, T., op.

Für die jugend. Scharwenka, L. P., op.

Fuga. Ilynsky, A. A., [op.

La fuite en Égypte. (Overture.) Berlioz,

G.

Die gaben des Terek. Davidov, K. J., op.

Gaelic symphony. Beach, Mrs. A., op.

Die gärten der Circe. Herzogenberg, von, op.

Gaillarde. Delibes, C. P. L.

Gagliarda. Bossi, M. E., op.

Gallimathias musicum. Mozart, J. Ch. W. A.

Galop des fous. (La dansonamnie a Bedlam.) Deldevez, E. M. E. (See his Suite de ballets, op.

Der gang nach Emmaus. Jensen, A., op.

Gaskognisches ritterspiel, ouverture. Mandl, R.

Das gastmahl der freier. Herzogenberg, von, op.

Gavotte. Bach, J. S.

Gavotte. Bird, A. (aus op.

Gavotte. Blasser, G., op.

Gavotte. Boëllmann, L.

Gavotte. Godard, B. L. P., op.

Gavotte. Hofman, K. J., op. 67a.

Gavotte. Klughardt, A. F. M., op.

Gavotte. Ilynsky, A. A., [op.

Gavotte. Saint-Saëns, C. C., op.

Gavotte. Tcherepnin, N. N.

Gavotte. Tschaikowsky, P. I., op.

Gavotte d'amour. Langer, C.

Gavotte en Ré mineur. Bach, J. S.

Gavotte en Ut mineur. Saint-Saëns, C. G., op.

Gavotte et Musette. Ambrosio, A. d', op.

Gavotte madrigal. Thomé, F. L. J.

Gavotte poudrée. Pizzi, E.

La gazza ladra. Rossini, G. A.

Gebirgsgruss. Scholz, B. C., op.

Geburtstagsmarsch. Reinecke, C. C., op.

Geburtstags - marsch. Taubert, W., op.

Gedenkblatt. Förster, A., op.

Der gefesselte Prometheus. Goldmark, K.,

Das gefilde der seligen. Weingartner, P. F., op.

Gegen den strom. Huber, J., op.

Geharnischte suite. Busoni, F., op. 34A.

Geistliche ouverture. Stern, J.

Geistliches lied ohne worte. Fitzenhagen, W., op.

Das geisterschiff. Mihalovich, E. von.

Genesis. Samuel, A. A.

Genoveva. Schumann, R., A., op.

Genre slave-hongrois. Glazounov, A. C., op.

Germania. Franchetti, A. Baron.

Gernot. Albert, E. d'.

Gesang der nachtigall. Nápravník, E. F., op.

Gesangscene. Kaun, op.

Die geschöpfe des Prometheus. (Overture.) Beethoven, L. van.

Geschwind marsch. Redern, F. W. graf von.

Gespenstermärchen. Schumann, R. (op.

Geständnis. Floersheim, O.

Geständnis. Schulz-Schwerin, K., op.

Geständniss. Krug, A., op. no.

Gestrebt-Gewonnen-Gescheitert. Strong, C. T., op.

Ghismonda. Albert, E. d'.

Gigue. Bach, J. S.

Gigue. German, J. E.

Gigue. Magnard, A.

Gigue. Mozart, J. C. W. A.

Gigue. Tschaikowsky, P. op.

Gigue. Wormser, A. A. T., op.

Giovanni Gallurese. Montemezzi,

Gipsy suite. German, J. E.

Girlhood. Cowen, F.

Giuda di Kerioth. Signorini, A.

Giulio Cesare. Falchi, S.

Le glas. Périlhou, A.

Glinkiana. Glinka, M.

Glocken u. gralsscene. Wagner, W. R.

Gloria. Nicodé, J. L., op.

Glücksrausch. Floersheim, O.

Glücksritter. Schultze-Biesantz, C.

Gnomentanz. Henriques, R., op.

Gnomentanz. Bleyle, K., op.

Gnomentanz. Popper, D., op.

Gnomes. Ilynsky, A. A., op.

The goblins went a-wooing. Hagenbauer, C. A.

Godoleva. Tinel, F., op.

Goethe festmarsch. Liszt, F.

Götz von Berlichingen. Holter, I., op.

Das goldene spinnrad. Dvořák, A., op.

Gouttes de rosée. Schvartz, E.

Grabdenkmal. Busoni, F., op. 34A.

Graceful dance. Cowen, F.

Gracieuse. Gillet, E.

Gralsrittermarsch. Wagner, W. R.

Gran ballabile giapponese. Ganne, L. G.

Gran sinfonia in forma di marcia. Meyerbeer, G.

Gran sinfonia sopra motivi dello Stabat Mater del celebre Rossini. Mercadante, G. S. R.

Grand concerto. Weber, K. M. F. E. von, op.

Grand overture in C, called "Die namensfeier." Beethoven, L. van.

Grande marche. Alvars, E. P.

Grande marche festivale. Rübner, C., op.

La grande pâque russe. Rimsky-Korsakov, N. A., op.

Grande valse noble. Tcherepnin, N. N., op.

Gretchen. Liszt, F.
Gretna-Green. Guiraud, E.
Grey Galloway. McEwen, J. B.
Il grillo del focolare. Zandonai, R.
Griselidis. Mandl, R.
Grosse ouverture in C dur. Beethoven, L. van, op.
Grosse phantasie über weisen von Johannes Brahms. Weise, W.
Grosse polonaise. Lassen, E., op.
Grosse polonaise aus Struensee. Meyerbeer, G.
Grosser conzertwalzer. Seidel, A.
Grosser festmarsch. Wagner, W. R.
Grosser heroischer marsch, op. Schubert, F. P. (Bach.)
Grosser janitscharenmarsch. Mühldorfer, W. K., op.
Grosser religioeser fest-marsch über Psalm Naue, J. F. (Motte-Fouqué.)
Grosser sieges- und festmarsch. Spontini, G. L. P.
Grosser tusch und fanfaren beim vorzeigen der schilde. Blum, K. L.
Gudrun. Bolck, O., op.
Les guêpes. Schvartz, E.
Guillaume le Taciturne. Wieniawski, J., op.
Guitarre. Maréchal, C. (See his Esquisses vénitiennes.)
Guntram. Strauss, R., op.
Guramir. Shapleigh, B., op.
Gurre. Halvorsen, J., op.
Gustaf Wasas saga. Hallén, A.
Gute nacht. Klughardt, A. F. M., op.

H.

_. C. Andersen. Enna, A.
Habanera. Arensen, Adolf.

Habanera. Chabrier, A. E.
Habanera. Broustet, E., op.
Habanera. Moszkowski, M., o
Habanera. Stix, K., op.
Haffnerserenade. Mozart, J. C W. A.
Hafis-ouverture. Ehlert, L., o
Hail Columbia. Converse, C.
Hail Columbia. Hohnstock, K op.
Hakon Jarl. Hartmann, E., o
Hakon Jarl. Smetana, B.
Halka. Moniuszko, S.
Halling und menuet aus op. Hartmann, E.
Hallucinations. Dupont, G.
La halte divine. Trémisot, E.
Hamlet. Gade, N. W., op.
Hamlet. Joachim, J., (op.
Hamlet. Krehl, S., op.
Hamlet. Liszt, F.
Hamlet. MacDowell, E. A., o
Hamlet. Nicholl, W., op
Hamlet. Pierson,
Hamlet. Taneiev, A. S., op.
Hamlet. Tschaikowsky, P.
Hans, il suonatore di flau Ganne, L. G
Hans im glück. Bendel, F., o no.
Harald. Leroux, X. N.
Harfner-variationen. Procházk R. von., op.
Harfners abendlied. Kienzl, op.
Harold en Italie. Berlioz, o
A harsak alatt. Volkmann, F.
Harvest dance. MacCunn, op. 30.

Haschisch. Boehm, A. P. (op.

Des hauses weihe. Reinecke, C. C., op.

Hautboy concertos. Händel, G. F.

Havanaise. Saint-Saëns, C. C., op.

Die Hebriden oder Die Fingalshöhle. (Overture.) Mendelssohn-Bartholdy, F.

The Hebrides or Fingal's cave. (Overture.) Mendelssohn-Bartholdy, F.

Heilige nacht. Mayerhoff, F., op.

Das heimchen am herd. Goldmark, K.

Heimkehr. Popper, D., op.

Die heimkehr aus der fremde. (Overture.) Mendelssohn-Bartholdy, F.

Heimkehr des soldaten. Kücken F. W., op.

Heimweg. Scholz, B. C., op.

Heinzelmännchen's brautfahrt. Hagelbauer, C. A.

Die heirat wider willen. Humperdinck, E.

Heisse liebe. Enna, A.

Heitere ouvertüren. Busoni, F. B., op.

Heldenleben. H o r n e m a n n, C. F. E.

Heldenklage (Héroide funèbre). Liszt, F.

Ein heldenleben. Strauss, R., op

Heldenlied. Dvořák, A., op.

Helden-tod und-apotheose. Pohlig, C.

Helena. Bantock, G.

Hélène. Messager, A. C. P.

Helianthus. Goldschmidt, A.von.

Helios. Nielsen, C., [op.

Henry VIII. German, J. E.

Herbergprincess. Blockx, J.

Der herbst. Könnemann, A., op.

Der herbst. Spohr, L., op.

Herbstblume. Popper, D., op.

Herbstnacht. Frischen, J., op.

Hercule au jardin des Hespérides. Büsser,   P., [op.

Hermann u. Dorothea. Schumann, R., op.

Die Hermannschlacht. Vierling, G., op.

L'hermite. Périlhou, A.

Hero und Leander. Ertel, J. P. (op.

Hero und Leander. Krug-Waldsee, J. P., op.

Hero und Leander. Mihalovich, E. von.

Hero und Leander. Rietz, J., op.

Hérodiade. Massenet, J. E. F.

Heroic song. Dvořák, A., op.

Héroide funèbre. Liszt, F.

Heroische symphonie. Huber,   , op.

Hersilia. Ambrosio, A. d'.

Herzliebchen. Witteborn, O., op.

Herzliebster Jesu, was hast du verbrochen. (Passions-präludium.) Klanert, K., op.

Herzog Wildfang. Wagner, S.

Herzwunden. Grieg, E.   op.

Les heures dolentes. Dupont, G.

Die hexe. Vierling, G., op.

Hiawatha. Kämpf, K., op.

Hiawatha. Kaun,   op.

Highland. Langey, O., op.   no.

Himmelskönig mit musicierenden engeln. Hess, L., op.

Die himmelsleiter. Rebikov, V. I., [op.

Himnul national. Hübsch, E. A., op.

Hinaus in die welt. Reinecke, C. C., op.

Hirtenmusik aus dem "Weihnachts-oratorium." Bach, J. S.

Hirtenmusik und wanderung nach Bethlehem. Reinecke, C. C., op.

Historische symphonie. Spohr, L., op.

L'hiver. Glazounov, A. C., op. 67a.

Hjertesår. Grieg, E. op.

Hobgoblin. Chadwick, G. W.

Die hochzeit des Camacho. (Overture.) Mendelssohn-Bartholdy, F.

Die hochzeit zu Kana. Reinecke, C. C., op.

Hochzeits-marsch. Bossi, M. E., op. no.

Hochzeitsmarsch. Zellner, J., op.

Hochzeits - musik. Kretschmer, E., op.

Hochzeitswalzer. Dohnányi, E. von., op.

Hochzeitszug. Reinecke, C. C., op.

Hochzeitszug. Rubinstein, A. G.

Holbergiana. Gade, N. W., op.

Les hommages. Holbrooke, J., op.

Hora rumanesca. Bordier, J.

Hornpipe. Bantock, G.

Huldigungsmarsch. Grieg, op.

Huldigungsmarsch. Hofmann, H. K. J., op. 128.

Huldigungsmarsch. Hummel, F.

Huldigungsmarsch. Kretschmer, E., op.

Huldigungs-marsch. Liszt, F.

Huldigungsmarsch. Wagner, W. R.

Huldremóyarnes dans. Halvorsen, J., op.

Humoreske. Kaskel, K. von, op.

Humoreske. Nicodé, J. L., op.

Humoreske. Schoene, A., op.

Humoreske. Sinigaglia, L., (op.

Humoreske. Humperdinck, E.

Humoresque. Lauber, J., op.

Hungaria. Liszt, F.

Hungarian rhapsodies. Liszt, F.

Hunnenschlacht. Liszt, F.

Hunyady László. Erkel, F.

Hurtig in's feld. Wagner-Löberschütz, T., op.

Husitska. Dvořák, A., op.

Die Hussiten vor Naumburg. André, J. A., [op.

Hydrepigernes dans. Halvorsen, J., op.

Hymn of praise. (Symphonycantata.) Mendelssohn-Bartholdy, F.

Hyménée. Massenet, J. E. F.

Hymne à la justice. Magnard, A., [op.

Hymne à Venus. Magnard, A., [op.

Hymnus und siegesmarsch. Wieprecht, W. F.

Hyrcus nocturnus. Wassilenko, S. N., op.

I.

Skogen. Arlberg, G. E. F., op.

Iberia. Debussy, C. A.

Die ideale. Liszt, F.

Idyll. Kaun, op.

Idylle. Floersheim, O.

Idylle. Wieniawski, J., op.

Idyllen. Barnekow, C., op.

Idyllen. Zopff, op.

Idylles. Stcherbachev, N. V.

The idyllic (Symphony). Cowen, F.

Idyllische symphonie no. Cowen, F.

Ihr hirten erwacht. Reinecke, C. F. C.

L'île magique. Massenet, J.E.F.

Illys. Ganne, L.

Im amerikanischen volkston. Klein, B. O., op. no.

"Im elfenhain." Jungmann, A., op. no.

Im freien. Scholz, B. E., op.

Im freien. Weidig, A., op.

Im frühling. Goldmark, K., op.

Imfrühling. Klughardt, A. F. M., op.

Im frühling. Paine, J. K., op.

Im frühling. Vierling, G., op.

Im garten. Lund, J.

Im hamak. Godard, B. L. P. (op.

Im Heidelberger schlosse. Pirani, E., op.

Im herbst. Grieg, E. op.

Im hochland. Gade, N. W.,

Im October. MacDowell, E. A., op.

Im rosengarten. Poggi, E. A.

Im schlosshof. Hofmann, K. J., op.

Im silberkranze. Reinecke, C. C., op.

Im sommer. Raff, J. J., op.

Im sonnenschein. Hofmann, K. J., op.

Im spiel der wellen. Woyrsch., F., op.

Im Tatra-gebirge. Zelenski, L., op.

Im volkston. Grieg, E. op.

Im walde. Brüll, op.

Im walde. Gillet, E.

Im walde. Popper, D., op.

Im walde. Raff, J. J., op.

Images. Debussy, C. A.

Imperial march. Elgar, Sir E. W. (op.

L'impériale. (Symphony.) Haydn, F. J.

Impressions de campagne au printemps. Godard, B. L. P., op.

Impressions d'église. Périlhou, A.

Impressions d'Italie. Charpentier, G.

Impressions de la puszta. Hubay, J., op.

Impressions de voyage. Brunel, E.

Impromptu. Bizet, A. C. L. G., op.

Impromptu. Cui, C. A., op.

Impromptu - caprice. Schlesinger, S. B.

Improvisationen über ein eigenes thema. Moór, E., op.

In allen meinen taten. Riemenschneider, G., op.

In den alpen. Raff, J. J., op.,

In den bergen. Selmer, J., op.

In der dämmerung und frühlings jubel. Lorenz, K. A., op.

In der einsamkeit. Boekelmann, B., op.

In der kirche. Reinecke, C. C., op.

In der natur. Dvořák, A., op.

Intermezzo. Rebikov, V.

Intermezzo. Wüerst, R. F., (op.

Intermezzo arábo. Romano, L.

Intermezzo der nacht. Nápravník, E. F.

Intermezzo romantico. Glazounov, A. C., op.

Intermezzo scherzoso. Reinhold, op.

Intermezzo sinfonico. Caetani, R., op.

Intermezzo sinfonico (Cavalleria rusticana.) Mascagni, P.

Intrada e notturno. Jadassohn, S., op.

Introduction. Rubinstein, A. G., op.

Introduction and Russian dance. Holbrooke, J., op.

Introduction et Cracovienne. Zarzycki, A., op.

Introduction et scène des fiancés. Flon, P.

Invitation à la valse. Weber, K. M. F. E. von, op.

Invocation. Gregoir, E. G. J., op.

Invocation. Lacome [d'Estalenx], P. J. J.

Invocation. Leroux, X. N.

Ione. Petrella, E.

Iphigenia auf Tauris. Scholz, B. E., op.

Iphigenia in Aulis. Gluck, C. W.

Iphigénie en Aulide. Gluck, C. W.

Irdisches und göttliches im menschenleben. Spohr, L., op.

Iris. Mascagni, P.

Irish rhapsody. Herbert, V.

Irish rhapsody. Stanford, Sir C. V., op.

The Irish (Symphony). Stanford, Sir C. V., (op.

Irlande. Holmès, A. M. A.

Die irrfahrt um's glück. Suppé, F. von.

Irrfahrten. Humperdinck, E.

Die irrfahrten des Odysseus. Herzogenberg, von, op.

Irrlichter. Gleitz, K., op.

Irrlichter und kobolde. Hofmann, K. J., op.

Irruption soudaine de Polyeucte et de Néarque. Tinel, E., op.

Ischler-walzer. Strauss, J.

Isländische melodien. Svendsen, J. S.

Der islandfischer. Maurice, P., op.

Istar. Indy, P. M. T. V. d', [op.

Istrianische hochzeit. Smareglia, A.

The Italian symphony. Mendelssohn-Bartholdy, F.

Italienische liebesnovelle. Hofmann, K. J., op.

Italienische serenade. Wolf,

Italienische symphonie. Mendelssohn-Bartholdy, F.

Italienische suite. Raff, J. J.

Italienische suite. Wilhelmj, A.

Italienische volkstänze und lieder. Nicodé, J. L., op.

Iveria. Ivanov-Ippolitov, M. M., op.

Iwan IV. Rubinstein, A. G., op.

Izeÿl. Pierné, C. G.

J.

Der jäger. Klughardt, A. F. M., op.

Die jagd nach dem glück. Burmeister, R.

Die jagd nach dem glück. Gendt, W. M. van, op.

Jumeaux de Bergame. Jaques-Dalcroze, E., op.

Jung frühling. Abert, J. J.

Die jungfrau von Orléans. Pierson, op.

Jungfrau von Orléans. Söderman, A. J.

Junker Übermut. Naumann, O., op.

Junker Wohlgemuth. Klughardt, A. F. M., op. no.

Jupitersymphonie. Mozart, J. Ch. W. A.

Juristen-ball. Strauss, J., op.

K.

Kaempevisa. Reinecke, C. F. C.

Kahnfahrt. Olsen, O.

Kain. Albert, E. d'.

Kain. Heuberger, R. F. J., op.

Kain. Toldy, L. jr., op.

Kaiser Friedrich der 1ste. (Triumphmarsch.) Redern, F. W.

Kaiser-marsch. Wagner, W. R.

Kaiser Wilhelm sieges-marsch. Piefke, G.

Kaltarma. Spendiarov, A. A., op.

Kalevala. Sibelius, J., [op.

Kamarinskaïa. Glinka, M.

Kammersinfonie. Juon, P., op.

Kampf und tod. Goldmark, K., op.

Karelia. Sibelius, J., op.

Karneval in Flandern. Selmer, J., op.

Karneval-ouverture. Brandts, Buys J., op.

Karnevals-episode. Blumer, T., op.

En karnevalsfest. Hartmann, E., op. 32.

Ein karnevalsfest. Kaun, op.

Kartinka. Moussorgsky, M. P.

Kassya. Delibes, C. P. L.

Katharina. Tinel, E., op.

Kaufmann von Venedig. Humperdinck, E.

Kaufmann von Venedig. Mühldorfer, W. K., op.

Kermesse. Blockx, J.

Kermesse. Bossi, M. E., op.

Kermesse. Gillet, E.

Kermesse. Godard, B., op.

Kermesse. Périlhou, A.

Kermesse. Widor, C. M., [op

Kermesse flamande. Blockx, J.

Khovanshchina. Moussorgsky, M. P.

Kikimora. Liadov, A. K., op.

Die kinderpatrouille. Gillet, E.

Kinderträume. Reinecke, C. C., op.

Kinderwelt. Spohr, L., op.

King Lear. Heidingsfeld, L.

King Lear. Weingartner, F. von

King Stephen. (Overture. Beethoven, L. van.

King René's daughter. Edwards J.

Kirchensonaten. Fux, J. J.

Kirchliche fest-ouverture. Nicolai, O., op.

Kirmess walzer. Wagner, S.

Kitty-valse. Fauré, G. U., op

Die klage der Nausikaa. Boehe E., op.

Klein Kirsten. Hartmann, J. P. E., op.

Kleine ballade. Juon, P., op.

Kleine erzählung. Hofmann, R. (op.

Kleiner trotzkopf. Hofmann, R. (op. 60).

Lady Henriette. (Ballet.) Deldevez, E. M. E. (*See his* Suite de ballets, op.

Lady Radnor's suite. Parry, Sir C.

Ländliche hochzeit. Goldmark, K.; op.

Ländliche serenade. Jensen, G., op.

Lakmé. Delibes, C. P. L.

Lamentation. Le Borne, F.

Lamentation de la princesse Kétévana. Ivanov-Ippolitov, M. M., op.

Lamentations. (Symphony.) Haydn, F. J.

Lamento. Margaritescu, C.

Lamento. Ollone, M. d'.

Lamento d'Ariane. Massenet, J. E. F.

Lamento e Trionfo. Liszt, F.

Lamia. MacDowell, E. A., op.

Lance. Lachner, F., op.

Lancelot und Elaine. MacDowell, E. A., op.

The land of the mountain and the flood. MacCunn,   (op.

Les landes. Ropartz, J. G.

Lassan et Friss. Lacombe, L. T., op.

The last dream of the virgin. Massenet, J. E. F.

The last greeting. Levi,

Laudate Dominum. Mozart, J. C. W. A.

Laudon. (Symphony.) Haydn, F. J.

Das leben ein traum. Draeseke, F. A. B., op.

Das leben ein traum. Klose, F.

Leben und ideal. Puchat, M., op.

Leben und sterben des vergnügten schulmeisterlein Wuz. Thieriot, F., op.

Lebenstraum. Henriques, F. W.

La leçon de danse. Deldevez, E. M. E. *See his* Suite de ballets, op.

Legend. Gilbert,   F. [op.

Légende. Pfeiffer, G. J., op.

Légende. Sinding, C., op.

Légende. Stix, K., op.

Legende. Wieniawski,   (op.

Légende pastorale. Godard, B. L. P., op.

Légende-symphonie. Indy, P. M. T. V. d', op.

Légende symphonique. Hüe, G. A.

Légende symphonique. Schelling, E.

Leggenda di Natale. Marinuzzi, G.

Legenden. Dvorak, A., op.

Leichte cavallerie. Suppé, F. von.

Lemminkäinen palaa kotitienoille. Sibelius, J., [op.

Lemminkäinen zieht heimwärts. Sibelius, J., [op.

Lenore. Duparc,   F.

Lenz und liebe. Abert, J. J.

Leonore. (Overtures I–III.) Beethoven, L. van.

Leonore. Klughardt, A. F. M., op.

Leonore. Raff, J. J., op.

Lesquercarde. Delibes, C. P. L.

Der letzte gruss. Levi,

Letzter frühling. Grieg, E. op.

Libelle und wasserfei. Scholz, B. C., op.

Liberté. Holmès, A., op.

Libussa. Smetana, B.

Lichtertanz der bräute von Kaschmir. Rubinstein, A. G.

Lustspiel-ouverturen. Gade, N.
W.

Lustspiel overture. Harty,
op.

Lux luceat. Samuel, A. A.

Lyrische stücke. Grieg, E.
(op.

Lyrisches tongedicht. Bohlmann, T. F.

M.

MM. les étudiants s'en vont à la
Chaumière. Hanssens, C. L.

Ma belle qui danse. Westerhout,
N. van.

Má vlasi. Smetana, B.

Macbeth. Brüll, op.

Macbeth. Heinefetter, W., op.

Macbeth. Pierson, op.

Macbeth. Raff, J. J.

Macbeth. Strauss, R., op.

Macbeth. Tcherepnin, N. N., op.

Die macht des liedes. Reinecke,
C. C., op.

Madama Butterfly. Puccini, G.

Madrigal. Delibes, C. P. L.

Madrigal. Maupeou, L. de.

Das mädchen von Treppi. Freudenberg, W.

Ein mährchen. Hartog, E. de,
op.

Ein mährchen. Wüerst, R. F.,
op.

Mährchen-ouverture (Aladdin).
Hornemann, C. F. E.

Mährchen von dem zaren Saltan.
imsky-Korsakov, N. A., op.

Märchen. Enna, A.

Märchen. Kranich, A., op.

Märchen. Roesch, W. E.

Ein märchen. Suk, J., op.

Ein märchen aus der Champagne.
Brüll, I., op. 54.

Das märchen von der schönen
Melusine. (Overture.) Mendelssohn-Bartholdy, F.

Märchen-vorspiel. Reinecke, C.
F. C.

Märsche der Fuldaer bürgergardemusik.

Märzwind. Ludwig, A., op.

Mäster Olod. Aulin, T., op.

Magyar zene. Volkmann, F. R.

Maître Ambros. Widor, C. M.,
[op.

Mandolinata. Paladilhe, E.

Manfred. Schumann, R., op.

Manfred. Tschaikowsky, P.
[op.

Des mannes wiegenlied am sarge
seiner mutter. Busoni, F.

Manon Lescaut. Puccini, G.

Marche au désert. Maréchal,
C.

Marche aux flambeaux. Clark,
F. S.

Marche de couronnement. Saint-
Saëns, C. C., op.

Marche de emir. Luigini, A., op.

Marche de noces. Glazounov, A.
C., op.

Marche de noël. Widor, C. M.

Marche des batteurs. Dubois,
F. C. T.

Marche des Highlanders. Godard, B. L. P., op.

Marche des petits soldats de
plomb. op.

Marche élégiaque. Guilmant, F.
A., op.

Marche élégiaque. Lacombe, P.,
op.

Marche et stretta. Massenet, J.
E. F., op.

Marche-fantaisie sur deux chants
d'église. Guilmant, F. A., op.
44.

Marsch aus den befreiungskriegen 1813–1815. Walch, J.

Marsch des regiments von Schönfeld.

Marsch-ouverture. Lachner, V., op.

Marsch über motive aus Euryanthe. Wagner, W. R.

Marsh Petra Velikago. Nápravník, E. F., op.

Marsuri funebre. Ivanovici,

Maskenzug. Nicodé, J. L., op.

Masque. German, J. E.

Masque. ("The tempest.") Sullivan, A. S.

Le massacre de Wassy. Bernn, A. (op.

Mataswintha. Scharwenka, F. X.

Le matin. (Symphony.) Haydn, F. J.

Le matin. Périlhou, A.

Matinée dans les bois. Lacombe, P., [op.

Matrosenlied. Rensburg, J. E., op.

Les Maures en Espagne. Reber, N. op.

Maurische rhapsodie. Humperdinck, E.

Maurisches tanzlied. Nicodé, J. L., [op.

Max et Thécla. Indy, P. M. T. V. d', op.

Maximilian Robespierre. Litolff, C., op.

May have the pleasure. Blon, F. von, op.

Maypole dance. Cowen, F.

Mazeppa. Liszt, F.

Mazourka villageoise. Wieniawski, J., op.

Mazurek. Dvořák, A., op.

Mazurka. Chopin, F. C., op.

Mazurka brillante. Liszt, F.

Mazurka-fantasie. Liszt, F.

Mazurka rustique. Borodin, A. P. (See his Petite suite.)

Medea. Cherubini, M. L. Z. C. S.

Medea. Bargiel, W., op.

Medea. Bradsky, W. T.

Médée. Indy P. M. T. V. d', (op.

Méditation. Gigout, E.

Méditation. Gounod, C. F.

Meditation. Huber, W., op.

Méditation. Pachulsky, G. A., op.

Méditation-Prière. Dubois, F. C. T.

Méditation sur le Stabat Mater. Guilmant, F. A., op.

Das meerauge. Noskowski, S., op.

Des meeres und der liebe wellen. Fuchs, R., op.

Des meeres und der liebe wellen. Krug-Waldsee, J., op.

Meeressang. Brandts, Buys J. op.

Meeresstille und glückliche fahrt. (Overture.) Mendelssohn-Bartholdy, F., op.

Meergruss. Schillings, M.

Eine meerphantasie. Paine, J. K.

Mein heim. Dvořák, A., op.

Mein liebchen, schlaf wohl. Liftl, F., op.

Mein vaterland. Smetana, B.

Meine jugend. Foerster, J. B., op.

Meine jugend. Lehár, F.

Meister Olof. Aulin, T., op.

Die Meistersinger von Nürnberg. Wagner, R.

Melancolie. Youferoff, S., op. no.

Melanconia campestre. Bolzoni, G.

Mellem fjeldene. Selmer, J., op. 35.

Miniatures. Rubinstein, A. G., op.

Minnehaha. Kaun, op.

Minnesang. Mertke, E., op.

Minuet à l'antique. Sannemann, M., op.

Minuet d'amour. Cowen, F.

Minuetto. Ilynsky, A. A., [op.

Minuetto. Jensen, C., op.

Minuetto. Reinecke, C. F. C.

Mirage. Shapleigh, B., op.

Miramar. Sarasate, P. de, op.

Mit Anstand und Grazie. Klughardt, A. F. M., op.   no.

Die mittagshexe. Dvořák, A., op.

Mlada. Rimsky-Korsakov, N. A.

Mohadet. Consolo, F.

Moloch. Arends,

Moment musical. Duvernoy, V. A.

Moment triste. Rebikov, V.

Momento capriccioso. Hartog, E. de, op.

Mondaufgang aus Marino Faliero. Freudenberg, W.

Mondnacht. Riemenschneider, G., op.

Morceau de concert. Saint-Saëns, C. C., op.

Morceau romantique, op. Delaborde, E. M.

Morgenaufgang und prozession. Freudenberg, W.

Morgengruss. Kretschmer, E., op.

Das morgenroth der freiheit. Hallén, A.

Morning on the Zuider Zee. Kriens, C.

Morphée. Schvartz, E.

La mort d'Adonis. Dubois, F. C. T.

La mort de Mila. Rebikov, V. op. 11.

La mort de Tintagiles. Loeffler, C. M. T.

La mort de Wallenstein. Indy, P. M. T. V. d', op.

La mort rode. Dupont, G.

La morte. Perosi, L.

Mother's blessing. Burck,

Moyen-âge. Glazounov, A. C., op.

Mozartiana. Tschaikowsky, P. I., op.

Muineira. Sarasate, P. de, op.

Munich. Schmitt, F.

La muse et le poète. Saint-Saëns, C. C., (op.

Musette. Rameau, J. P.

Musette. Sibelius, J., [op.

Musikalische bilder. Rimsky-Korsakov, N. A., op.

Musikalische dorfgeschichten. Kretschmer, E., op.

Musikalisches märchen. Enna, A.

Musikalisches seegemaelde. Abert, J. J., op.

Der musikant. Bittner, J.

Muttersegen. Burck,

My old Kentucky home. Busch, C.

Myrtale. Boijen, O. Bouwens van der.

Myrthen. Selmer, J., op.

The mystic trumpeter. Converse, F. S., op.

N.

Die nachbarn. Horn, A.

Nachklänge von Ossian. Gade, N. W., op.

Nachtgesang. Damrosch, L.

Nachtgesang. Maas, L., op. no.

Nachtgesang. Riedel, C.

Nachtlied. Ehrenberg, C., op.

Nachtmusik. Heuberger, R. F. J., op. 7.

Nocturne. Dubois, F. C. T.

Nocturne. Glazounov, A. C.

Nocturne. Huré, J.

Nocturne. Hutschenruijter, W., op.

Nocturne. Rensburg, J. E., op.

Nocturne. Sibelius, J., [op.

Nocturne-sérénade. Sarasate, P. de, op.

Noël. Blockx, J.

Noël. Broustet, E., op.

Noël, Chadwick, G. W.

Noël. Perilhou, A.

Noël berrichon. Samuel - Rousseau, M.

Noël de Pierrot. Monti, V.

Die nonne. Blech, L., op.

Nordische heerfahrt. Hartmann, E., op.

Nordische ouverture. Winding, A. op.

Nordische romanze. Reinecke, K. F. C.

Nordische sennfahrt. Gade, N. W.

Nordische suite, C dur. Hamerik, A., op.

Nordische volkstaenze. Hartmann, E.

Nordische weisen. Grieg, E. op.

Nordischer festzug. Selmer, J., op.

Nordisches thema. Kronke, E., op.

Normannenfahrt. Dietrich, A. op.

Norsk. Grieg, E. op.

Norwegische hochzeit. Schjelderup, G.

Norwegische tänze. Grieg, E. op. (Sitt.)

Norwegischer hochsommerabend. Holter, op.

Norwegischer künstler-carneval. Svendsen, J. S., op. 14.

Notte adriatica. Alfano, F.

Notturno. Dvořák, A., op.

Notturno. Joachim, J., op.

Notturno. Spohr, L., op.

Noure et Anitra. Ilynsky, A. A., op.

Nouvelles pièces en forme de canon. Schumann, R.

Novelletta. Martucci, G., op.

Noveletten. Gade, N. W., op.

Novelletten. Gendt, W. Merkes van, op.

Novelletten. Taylor, S. Coleridge-, (op.

Nozze istriane. Smareglia, A.

Nuages. Debussy, C. A.

Une nuit à Carlstein. Fibich, Z., op.

Une nuit à Lisbonne. Saint-Saëns, C. C., op.

Nuit blanche. Dupont, G.

Nuit d'Egypte. Arensky, A. S., op. 50a.

Nuit de sabbat. Widor, C. M., op.

La nuit de Walpurgis. Widor, C. M.

Nuit napolitaine. Marti, E.

Une nuit sur le mont chauve. Moussorgsky, M. P.

Nuit sur le Mont Triglav. Rimsky-Korsakov, N. A.

Nuremberg. Schmitt, F.

Nussknacker und mausekönig. Reinecke, C. F. C.

Nymphes et faunes. Billi, V., op.

O.

O vecné touze. Novák, V., op.

Oberon. Weber, K. M. F. E. von.

Ouverture-fantaisie. Tschaikowsky, P.

Ouverture-fantaisie. Zolotareff, B., op.

Ouverture héroique. Hornemann, C. F. E.

Ouverture im italienischen stile. Schubert, F.

Ouverture pathétique. Brüll, [op.

Ouverture pathétique. Moeser, K.

Ouverture romantica. Mancinelli, L.

Ouverture, Scherzo, Finale. Schumann, R. A.

Ouverture solennelle. Bloch, J., op.

Ouverture solennelle. Glazounov, A. C., op.

Ouverture solennelle. Liapounov, S. M. [op.

Ouverture solennelle. Rubinstein, A. G., op.

Ouverture solennelle. Tschaikowsky, P. I., op.

Ouverture sur des thèmes de l'église russe. Rimsky-Korsakov, N. A., op.

Ouverture sur des thèmes grecs. Glazounov, A. C., op.

Ouverture symphonique. Dubois, F. C. T.

Ouverture symphonique. Lacombe, P., op.

Ouverture tragique. Hartmann, E., op.

Ouverture triomphale. Broutin, C., op.

Ouverture-triomphale. Rubinstein, A. G., op.

Ouverture triomphale. Stiehl, F. D., op.

Ouverture triomphale sur l'hymne danois. Tschaikowsky, P. op. 15.

Ouverture über ein nordisches thema. Puchat, M., op.

Ouverture zu einem drama. Schumann, G. A., op.

Ouverture zu einem drama aus dem jährigen kriege. Raff, J. J., op.

Ouverture zu einem fastnachtsspiel. Urban, op.

Ouverture zu einem Gozzi'schen lustspiel. Joachim, J.

Ouverture zu einem lustspiel von Shakespeare. Scheinpflug, P., op.

Ouverture zu einem trauerspiel. Bargiel, W., op.

Ouverture zu Esther. Dittersdorf, C. Ditters von.

Ouverture zu Die Nibelungen. Dorn, L. E.

Ouverture zu Zriny. Deppe, L., op.

Overtura. Küffner, J.

Overture di ballo. Sullivan, Sir A. S.

Oxfordsymphonie. Haydn, F. J.

P.

Pacha et almée. Rubinstein, A. G., op.

A pagan poem. Loeffler, C. M. T., op.

Page d'amour. Ropartz, J. G.

Pagina d'amore. Van der Stucken, F., op.

Pagliacci. Leoncavallo, R.

Le paladin à cheval. Ilynsky, A. A., op.

Le palais hanté. Schmitt, F.

Pan Voyevoda. Rimsky-Korsakov, N. A., op.

Le panier fleuri. Thomas, C. L. A.

Pantomime. Pierné, C. G., op. 24.

Pavane. Fauré, G. U., op.

Pavane. Puget, P.

Pavane. Silver, C.

Pavane et saltarello. Pierné, C. G.

Pavane pour une infante défunte. Ravel, M.

Le pavillon d'Armide. Tcherepnin, N. N., op.

Paysage breton. Ropartz, J. G.

Paysanne. Ambrosio, A. d', op.

Peasants' dance. Cowen, F.

Pêcheur napolitain et napolitaine. Rubinstein, A. G., [op.

Pêcheur napolitain et Napolitaine. Rubinstein, A. G., op.

Pêcheurs de Saint Jean. Widor, C. M.

Pélerin et fantaisie. Rubinstein, A. G., op.

Pelleas et Mélisande. Fauré, G. U., op.

Pelleas und Melisande. Sibelius, J., (op.

Penelope. Herzogenberg, op.

Pensée mélodique. Barnett, J. F.

Pensées symphoniques. Moór, E., (op.

Penthesilea. Draeseke, F. A. B., op.

Penthesilea. Goldmark, K., op.

Penthesilea. Wolf,

Penthesilea und Achilles. Goldmark, K., op.

Per aspera ad astra. Hallén, A.

Per aspera ad astra. Pohlig, C.

Perpetuum mobile. Nováček, O.

Perpetuum mobile. Ries, Franz, op.

Les Perses. Leroux, X. N.

La Persugina. Mascheroni, E.

Peteneras. Sarasate, P. de, op.

Peter Schmoll. Weber, K. M. F. E. v.

Petit menuet dans le vieux style. Lack, T., op.

Petite bijouterie. Bohm, K., op.

Petite gavotte. Pierné, C. G., op.

La petite guerre. Cui, C. A., op.

Petite marche. Cui, C. A., op.

Petite marche. Ropartz, J. G.

Petite mazurka. Dubois, F. C. T.

Petite romance. Davidov, K. J., op.

Petite suite. Borodin, A. P.

Petite suite. Büsser, P.

Petite suite. Debussy, C. A.

Petite valse. Dubois, F. C. T.

Une petite valse. Van der Stucken, F.

Les petits musiciens. Bolzoni, G.

Petits rêves d'enfants. Dubois, Th.

Les petits riens. Mozart, J. C. W. A.

Petra Velikago. (March.) Nápravník, E. F., op.

Pezzo capriccioso. Tschaikowsky, P. op.

Die pfahlbauer, idylle aus. Freudenberg, W.

Phaeton. Saint-Saëns, C. C., op.

Phantasie über polnische weisen. Chopin, F. F., op.

Phantasie über ungarische volksmelodien. Liszt, F.

Phantasiestücke. Lassen, E. von op.

Polonaise. Chopin, F. F., op.

Polonaise. Weber, K. M., op.
(Parmentier.)

Polonaise brillante. Liszt. F.,

Polonaise brillante. Weber, K.
M. F. E. von, op.

Polonaise de concert. Bass, R.

Polonaise pour l'inauguration de
la statue d'Antoine Rubinstein. Liadov, A. C., op.

Polonia. Wagner, W. R.

Polyeucte. Dukas, P.

Polyeucte. Tinel, E., op.

Pomp and circumstance. Elgar,
Sir E. W. (op.

Portia und Nerissa. Mühldorfer,
W. K., op.

Der portugiesische gasthof.
Cherubini, M. L. Z. C. S.

Poseidon und Amphitrite.
Paine, J. K.

La poule. (Symphony.) Haydn,
F. J.

La poule. Rameau, J. P.

Pour éveiller Colombine. Steck,
P., op.

Präludium, aria und fuga.
Fischer, J. C. F.

Praeludium-pizzicato. Foote, A.
W., op.

Praeludium und doppelfuge.
Fried, O., op.

Präludium und fuge. Bach, J. S.

Le Pré aux Clerc. Hérold, L.
J. F.

Preciosa. Weber, K. M. F. E.
von.

Preghiera. Mozart, J. C. W. A.

Preghiera. Tschaikowsky, P. I.,
op.

Preisgekrönte f e s t-ouverture.
Lachner, V., op.

Prélude d'Axel. Georges, A.

Prélude d'un ballet. Roger-Ducasse.

Prélude du rêve d'amour. Flor
P.

Prélude-fugue. Baille, G., o

Prélude réligieux. Levadé, C.

Prélude symphonique. Sporc
G.

Prélude symphonique. Ste
berg, M., op.

Prelude to King René's daughte.
Edwards, J.

Les Préludes. Liszt, F.

Preludio sinfonico. Busi, A.

Preludio sinfonico. Mancine
L.

Près du Vesuve. Marti, E.

Preussischer armeemarsch, nr.
Cavos, C.

Prière de la fiancée. Le Born
F., op.

La princesse au sabbat, suite
byzantine sur. Ganne, L.G.

Princesse d'auberge. Blockx,

La princesse enchantée. Ilynsk
A. A., op.

La princesse jaune. Sain
Saëns, C. G., op.

Princesse lointaine. Tcherep
N. N., op.

Princesses d'Amour. Lauren
E.

Il principe Zilah. Alfano, F.

Le printemps. Glazounov, A. C
op.

Prinz von Coburg. (See Alte
reitermarsch "Prinz von
burg.")

Prinzessin Glückskind. Rein
ecke, K. F. C.

Prinzessin Ilse. (Ouverture.
Erdmannsdörfer, M.

Prise de Jerusalem par Godefroi
de Bouillon. Gregoir, E. G. J
op.

Procession. Périlhou, A.

Procession et bénédiction de la mer. Blockx, J.

La procession nocturne. Rabaud, ..., (op. ...

Processional march. Turnbull, E. L., op.

Prodana nevesta. Smetana, B.

Prolog. Busch, C.

Prologus solemnis in form einer ouverture. Reinecke, C. C., op. ...

Promenade. Broutin, C.

Prométhée. Liszt, F.

Prométhée. Miguéz, L., op.

Prométhée. Scriabin, A. N., op.

Prometheus. Bargiel, W., op.

Prometheus. Selmer, J., op.

Les promis. Samuel-Rousseau, M.

Der prophet. (Krönungsmarsch.) Meyerbeer, G.

Proserpine. Saint-Saëns, C. C.

Prospero. Corder, F.

La Provençale. Dubois, F. C. T.

Provencalisches märchen. Nicodé, J. L., [op.

Provocation - dispute - massacre. Bernn, A., [op. ...

Psyche. Franck, C. A.

Psyche. Ilynsky, A. A., op. ...

A psychic sketch. Nicholl, W., op. ...

Puck. Strube, G.

Pulcinella. Pugno, R.

Pulcinella innamorato. Ricordi, G. (Burgmein, J.)

Il purgatorio. Pacini, G.

Q.

Quasi valse. Davidov, K. J., op.

Quasi variazioni. Estez, E. P., [op. ...

Quatre marches aux flambea Meyerbeer, C.

Queen Mab. Holbrooke, J., o

Quick-marsch.

R.

Rabnabryllup uti Kraakjalun Halvorsen, J.

Radúz und Mahulena. Suk, J op. ...

Das räthsel der sphinx. Thad waldt, ...

Raimonds wanderung. Hen schel, Th.

Rakòczy marsch. Liszt, F.

Ramayana. Shapleigh, B., o

Die Rantzau. Mascagni, P.

Rapsodia asturiana. Villa, R.

Rapsodie. Lalo, E. V. A.

Rapsodie bretonne. Saint-Saë C. G., [op. 7bis].

Rapsodie cambodgienne. Bo gault-Ducoudray, L. A.

Rapsodie espagnole. Ferroni, V op. ...

Rapsodie espagnole. Ravel,

Rapsodie norvégienne. Sver sen, J. S., op.

Rapsodie piemontese. S' glia, L., (op. ...

Rapsodie sur des airs du Pa d'Oc. Lacombe, P., (op.

Rapsodie sur des thèmes de l' kraïne. Liapounov, S. M., o

Rapsodja litewska. Karowic M., op.

Raskolnikow-phantasie. Joac Albrecht, Prinz von Preussen

Der rattenfänger von Hamel Geisler, P.

Der rattenfänger von Hamel Urban, ... op. ...

Recreationes musicae. Franck, M. and Hausmann, V.

Re Lear. Bazzini, A.

Reflets d'Allemagne. Schmitt, F.

The reformation symphony. Mendelssohn-Bartholdy, F. J. L., op.

Reformations-sinfonie. Mendelssohn-Bartholdy, F. J. L., op.

Der reformator. Aulin, T., op.

Refrain de Noceux. Samuel-Rousseau, M.

Regenlied. Sinigaglia, L., op.

Reigen. Beer-Walbrunn, A., op.

Reigen. Franck, R., op.

Reigen. Popper, D., op.

La reine. (Symphony.) Haydn, F. J.

Reminiscences. Bonvin, L., op.

Renaissance. Oelschlägel, A., (op.

Renouveau. Roussel, A., (op.

La réponse du berger à la bergère. Gillet, E.

Requiem. Popper, D., op.

Resignation. Fitzenhagen, W., op.

Rest von polnischen und anderen täntzen. Franck, M. and Hausmann, V.

Le retour. Gregoir, E. G. J., op.

Le retour de Lemminkaïnen. Sibelius, J., [op.

Le retour des champs. Jaspar, A.

Die rettung der Andromeda durch Perseus. Dittersdorf, C. Ditters von.

Rêve. Ambrosio, A. d'.

Le rêve. Sarasate, P. de, op.

Réveil d'Adonis. Dubois, F. C. T.

The revel. German, J. E.

Rêverie. Boisdeffre, C. R. de, op.

Reverie. Cowen, F.

Rêverie. Guiraud, E.

Reverie. Hüe, G.

Reverie. Ivanov-Ippolitov, M. M., op.

A reverie. Koerner, T., op.

Reverie. Metzdorff, R., op.

Rêverie. Privano, G., op.

Rêverie. Scriabin, A. N., op.

Rêverie. Taneiev, A. S., op.

Rêverie & caprice. Berlioz, op.

Rêverie d'hiver. Tschaikowsky, P. I., op.

Rêverie du soir. Saint-Saëns, C. C., op.

Rêverie mélancolique. Philipp, E.

Rêverie orientale. Glazounov, A. C., op.

Rêveries. Ilynsky, A. A., op.

Rêveries d'automme. Rebikov, V. I., op.

Rêveries Dinnanaises. Deldevez, E. M. E., op. 26bis. (See his Suite de pièces caractéristiques, op. 26bis.)

Rêves d'enfant. Tschaikowsky, P. I., op.

La revue. Rebikov, V.

La revue de nuit. Simon, A. I., op.

Rhapsodie, [op. Bartók, B.

Rhapsodie. Hallén, A., op.

Rhapsodie. Kajanus, R., op.

Rhapsodie. Kajanus, R., op.

Rhapsodie. Moór, E., op.

Rhapsodie asturienne. Villa, R.

Romance. Saint-Quentin, G. de.

Romance. Saint-Saëns, C. C., op.

Romance. Saint-Saëns, C. C., op.

Romance. Saint-Saëns, C. C., op.

Romance. Saint-Saëns, C. C., op.

Romance. Sinigaglia, L. (op.).

Romance. Wieniawski,   , op.

Romance. Zarcycki, A., op.

Romance et pastoral. Lacome [d'Estalenx], P. J. J.

Romance sans paroles. Fauré, G. U., op.

Romance sans paroles. Lenepveu, C. F.

Romance-sérénade. Lalo, E. V. A.

La Romanesca. Hanssens, C. L.

Romanische tänze. Krug, A., op.

Romantic overture. Mancinelli, L.

Romantische ouverture. Rudorff, E. F. K., op.

Romantische ouverture. Thuille, L., op.

Romantische symphonie. Bruckner, A.

Romanze. Attrup, K., op.

Romanze. Dietrich, A. , op.

Romanze. Dvořák, A., op.

Romanze. Hallén, A., op.

Romanze. Krug, A., op.

Romanze. Reinecke, C. . C., op.

Romanze. Rudorff, E. F. K., op.

Romanze. Sibelius, J., op.

Romanze. Sinding, C., op.

Romanze. Sinigaglia, L., op.

Romanze. Stojowski, S., op.

Romanze. Strauss, J., op.

Romanze. Svendsen, J. S., op.

Romanze. Uhl, E., op.

Romanze. Wilhelmj, A.

Romanze und scherzo. Grammann, C., op.

Romanzen. Reger, M.

Romanzen. Stange, M., op.

Romeo and Juliet. (Pavane.) German, E.

Romeo and Juliet. (Prelude). German, J. E.

Romeo et Juliette. (Overture.) Berlioz,

Roméo et Juliette. Tschaikowsky, P.

Romeo und Julia. Freudenberg, W., op.

Romeo und Julia. Schlottmann, L., op.

Romeo und Julia. Svendsen, S., op.

Romeo und Julie. Pierson,

Romeo und Julie. Raff, J. J.

Ronde d'amour. Westerhout, N. van.

Ronde de nuit. Widor, C. M. [op.

Ronde des archers. Dubois, F. C. T.

Ronde des cigales. Massenet, J. E. F.

Ronde des lutins. Ambrosio, A. d', op.

La ronde des moines. Hanssens, C. L.

La ronde des ribaudes. Bernn, A., (op.

La ronde du Sabbat. Mihalovich, E. von.

Ronde fantasque. Ambrosio, A. d'.

R o n d e languedocienne. Lacombe, P., op.

Rondeau. L a c o m e [d'Esta-
lenx], P. J. J.

Rondes ardennaises. Dupont,
A., op.

Rondes de printemps. Debussy,
A. C.

Rondo brilliant. (For pfte. and
orch.) Mendelssohn-Bartholdy, F.

Rondo infinito. Sinding, C., op.

Rondo polacca. Ries, Ferdinand,
[op.

Rosamunde. Lux, F., op.

Rosamunde. Schubert, F. P., op

Les rosati. Massenet, J. E. F.

Das rosenfest. Goldmark, K.,
op.

Rosmarin am wege. Kretschmer, E., op.

Rothkäppchen. Bendel, F., op.
no.

Le rouet d'Omphale. Saint-
Saëns, C. C., op.

Rouslane et Ludmila. Glinka,
M.

La Roxelane. (Symphony.)
Haydn, F. J.

Royal tambour et vivandière.
Rubinstein, A. G., [op.

Rubezahl. Hüe, G. A.

Der rubin. Albert, E. d'.

Rübezahl. (Ouverture.) Flotow, F.

Rübezahl. Oberthür, K., op.

Rübezahl. Weber, K. M. F. E.
von, op.

Rüstiges schaffen. Reinecke,
C. C., op.

Die ruhe der heiligen familie.
Reinecke, C. C., op.

Ruhe im schatten einer ruine.
Hofmann, K. J., op.

Die ruinen von Athen. (Overture.) Beethoven, L. van.

Ruinen von Athen. (Beethoven,
L. van) Liszt, F.

The ruins of Athens. (Overture.)
Beethoven, L. van.

Rule Britannia. Wagner, W. R.

Runenzauber. Hartmann, E.

Russia. Balakirev, M. A.

La Russie. Rubinstein, A. G.

Russisch. Kücken, F. W., op.

Russische suite. Wüerst, R. F.,
op.

Rustans traum. Mraczek, J. G.

Rustic dance. Cowen, F.

Rustic dance. German, J. E.

Rustic march. Mackenzie, Sir
A. C., op.

Ruth und Boas. Reinecke,
C. C., op.

Ruy Blas. Mendelssohn-Bartholdy, F. J. L., op.

S.

Sacrifice d'Isaac. Mouquet, J.,
op.

Sadko. Rimsky-Korsakov, N. A.,
[op.

Des sängers fluch. Bülow, v.,
op.

En saga. Sibelius, J., [op.

Sage. Maurice, A., op.

Sage. Olsen, O.

Eine sage. Sibelius, J., [op.

St. Hans Kveld.

St. John the Baptist. MacFarren, G. A.

Sakuntala. Goldmark, K., op.

Salammbô. Arends,

Salome. Hadley, K., op.

Salome. Strauss, R., [op.

Salome tanzt. Kramm, G., op.

Salomes tanz. Strauss, R., [op.

Salomon. (Symphony.) Haydn, F. J.

Saltarello. Dubois, F. C. T.

Saltarello. Goens, D. van, op.

Der Sankt Katarinentag in Palermo. Freudenberg, W.

Sans littérature, ni peinture. Gedalge, A.

Sanssouci. (Menuet.) Claassen, A., op.

Santa-Chiara. Ernst II, duke of Saxe-Coburg-Gotha.

Santa Claus. Shelley, R.

Sapphic poem. Bantock, G.

Sappho. Bantock, G.

Sappho. Goldmark, K.

Saraband. Hurlstone, W.

Sarabande. Bach, J. S.

Sarabande. Magnard, A.

Sarabande. Mouquet, J., op.

Sarabande. Roger-Ducasse.

Sarabande. Saint-Saëns, C. C., op.

Sarabande. Saint-Saëns, C. C., op.

Sarabande. Silver, C.

Sarabande espagnole du XVIe siècle. Massenet, J. E. F.

Die Sarazenen. MacDowell, E. A., op.

Sárka. Smetana, B.

Satyrtanz. Humperdinck, E.

Saugefleurie. Indy, P. M. T. V. d', op.

Saul. Bazzini, A.

Scandinavische symphonie. Cowen, F.

Scena. Cohen, J. W., op. 3.

Scena a canto gitano. Rimsky-Korsakov, N. A., op.

Scene auf der haide. Heidingsfeld, L.

Scène champêtre. Gillet, E.

Scène dansante. Glazounov, A. C., op.

Scène d'amour. Arends,

Scène d'amour. Saar, L. V., op.

La scène d'animation du gobelin. Tcherepnin, N. N., op.

Scène du bouquet. Delibes, C. P. L.

Scène et valse du rêve. Flon, P.

Scène funèbre. Selmer, J., op.

Scène romantique. Wagner-Löberschütz, T., op.

Scène rustique. Davidov, K. J., op.

Scène rustique près de la guinguette. Liadov, A. C., op.

Scene veneziane. Pirani, E., op.

Scenen aus Göthes Faust. (Overture.) Schumann, R. A.

Scènes alsaciennes. Massenet, J. E. F.

Scènes bohémiennes de La jolie fille de Perth. Bizet, A. C. L. G.

Scènes bretonnes. Ropartz, J. G., op.

Scènes d'après le folklore des provinces de France. Périlhou, A.

Scènes de ballet. Glazounov, A. C., op.

Scènes de féerie. Massenet, J. E. F.

Scènes de la Csárda. Hubay, J., op.

Scènes de la Csárda. Hubay, J., op. 83.

Scènes dramatiques. Massenet, J. E. F.

Scènes écossaises. Godard, B. L. P., op.

Scènes enfantines. Conus, G. E., [op.

Scènes fantaisistes. Broustet, E., op.

Scènes gothiques. Périlhou, A.

Scènes hongroises. Massenet, J. E. F.

Scènes italiennes. Godard, B. L. P., op.

Scènes napolitaines. Massenet, J. E. F.

Scènes pittoresques. Massenet, J. E. F.

Scènes poétiques. Godard, B. L. P., op.

Schäfertanz. Humperdinck, E.

Eine schauspiel-ouverture. Hofmann, K. J., op.

Scheherazade. Urban, op.

Scheherazade d'après "Mille et une nuite." Rimsky-Korsakov, N. A., op.

Scherz und Ernst. Elsenheimer, N. J.

Scherzando. Widor, C. M.

Scherzettino. Chaminade, C. L. S.

Scherzettino. Duvernoy, V. A.

Scherzetto. Godard, B. L. P., op.

Scherzino. Karg-Elert, S., op.

Scherzino. Schuetky, R.

Scherzo. Cui, C. A., op.

Scherzo. Goldmark, C., op.

Scherzo. Ilynsky, A. A., [op.

Scherzo. Köhler, B.

Scherzo. Lalo, E. V. A.

Scherzo. Mendelssohn-Bartholdy, J. L. F., op. 20.

Scherzo. Tschaikowsky, P. op.

Scherzo. Wermann, F. O., op.

Scherzo. Wieniawski, J., op.

Scherzo a capriccio. Jadassohn, S., op.

Scherzo-caprice. Nedbal, O., op.

Scherzo capriccioso. Dvorak, A., op.

Scherzo fantastique. Strawinsky, I., [op.

Scherzo humoristique. Tschaikowsky, P. I., op.

Scherzo-orgia. Mancinelli, L.

Scherzo oriental. Bordier, J.

Scherzo rustique. Cui, C. A., op.

Scherzo symphonique. Duvernoy, V. A.

Scherzo valse. Bonis, M.

Scherzoso. Hüllweck, F., op.

Die schlacht bei Vittoria. (Symphony.) Beethoven, L. van.

Die schlacht des heiligen Olav bei Stiklestad. Raebel, M., op.

Schlangentanz. Grossmann, L.

Der schleier der Pierrette. Dohnányi, E. von, op.

Schlummerlied. Juon, P., op.

Schmetterlingstanz. Rung, F.

Schneewittchen. Bendel, F., op. , no.

Schnittertanz. Humperdinck, E.

Die schnurre. Gillet, E.

Die schöne Aldâ. MacDowell, E. A., op.

Schöne maiennacht, wo die liebe wacht. Reinecke, C. C., op.

Die schöne Melusine. Hentschel, Th.

Die schöne Melusine. Mendelssohn-Bartholdy, F. J. L., [op. 32].

The schoolmaster. (Symphony.) Haydn, F. J.

Schottische symphonie. Mendelssohn-Bartholdy, F.

Schottische ouverture. Gade, N. W., op.

Schottisches concert. Mackenzie, Sir A. C., op.

Der schulmeister. (Symphony.) Haydn, F. J.

Der schwan von Tuonela. Sibelius, J., [op.

Schwanenweiss. Sibelius, J., op.

Schwarzwälder zwischenklänge. Harder, K.

Schwedische rhapsodie. Hallén, A., op.

Schwedische volkslieder und volkstänze. Söderman, A. J.

Schwedische volksmelodien. Svendsen, J. S.

Schwedischer tanz. Gouvy, L. T., op.

The Scotch symphony. Mendelssohn-Bartholdy, F.

Scotland for ever. Douglas, S.

La secchia rapita. Ricordi, G.

Sechs deutsche märchenbilder. Bendel, F., op.

Séduction. Gillet, E.

Seelenstudie. Nicholl, W., op.

Seemorgen. Schillings, M.

Seigneur et dame. Rubinstein, A. G., op.

Sein weib und kind. Aulin, T., op.

Le séjour des bienheureux. Weingartner, P. F., op.

Seliges waldesgeheimniss. Kienzl, W. (op. no.

Seltsamer traum. Nicodé, J. L., op. 24.

Sept chants populairs lettons. Wihtol, J. I., op. 29a.

Sérénade à Colombine. Pierné, C. G., op.

Sérénade à Mabel. Godard, B. L. P., op.

Sérénade catalane. Lacombe, P., op.

Sérénade champêtre. Boisdeffre, C. R. de, op.

Sérénade espagnole. A. C. (op.

Sérénade et le couvre-feu. Bernn, A. (op.

Sérénade et rêverie. Schnégans, J.

Sérénade florentine. Godard, B. L. P., op.

Serenade für streich-orchester. Moór, E., [op.

Sérénade hongroise. Joncières, V.

Sérénade humoristique. Philipp, E.

Sérénade italienne. Valle de Paz, E. del, op.

Sérénade lyrique. Elgar, Sir E. W.

Sérénade mauresque. Elgar, Sir E. W., op. no.

Sérénade mélancolique. Maréchal, C. (see his Esquisses vénitiennes.)

Sérénade mélancolique. Tschaikowsky, P. op.

Sérénade orientale. Popper, D., op.

Sérénade romantiqne. Luigini, A., op.

Serenade und Allegro giojoso. (For pfte. and orch.) Mendelssohn-Bartholdy, F.

Sérénade venitienne. Randegger, E.

Eine serenadenmusik. Juon, P.,
op.

Sérénades russes. Rubinstein, A.
G., op.

Serenata. Moszkowski, M., op.
, no.

Serenata giocosa. Schulz-Schwerin, K.

Serenatina. Bossi, M. E., op.

Sérénité. Broutin, C.

Servizio di tavola. Reutter, A.
K. G.

Sevilliana. Hartog, E. de, op.

Shakespeare. Oberthür, K., op.

Shakespeare ouverturen. Raff,
J. J.

Shakespeare - suite. Humperdinck, E.

The ship o' the friend. MacCunn,
, op.

Shogaku shoka. Wöber, O.

Short troop.

Sicilianisches stimmungsbild.
Freudenberg, W.

Siciliano. Bach, J. S.

Siciliano. Wilhelmj, A. (Bach)

Sicilienne. Bach, J. S.

Sicilienne. Godard, B. L. P., op.

Die sieben raben. Rheinberger,
J. G.

Sieg der oesterreichischen volkshymne. Suppé, F. V., op.

The siege of Belgrad. Storace, S.

Der sieger. Scheinpflug, P., op.

Sieges- und festmarsch. Taubert, W., op.

Siegfried-idyll. Wagner, W. R.

La siesta de la señorita. Fumi,
V.

La sieste. Lalo, E. V. A.

Il signor di Pourceaugnac. Franchetti, A. Baron.

Sigurd Jorsalfar. Grieg, E.
op.

Silhouettes. Arensky, A. S., op.

Silvana. Weber, K. M. F. E.
von.

Simple phrase. Massenet, J. E. F.

Der Simplicius. Huber,

Sinfonia fantastica. Mercadante,
G. S. R.

Sinfonia alla turca. Romberg,
A. J., [op.

Sinfonia burlesca. Mozart, L.

Sinfonia Dante. Pacini, G.

Sinfonia di caccia. Mozart, L.

Sinfonia di camera. Mozart, L.

Sinfonia marinaresca. Scontrino, A.

Sinfonia passionata. Lachner,
F., op.

Sinfonia romantica. Fumi, V.

Sinfonietta. Estez, E. P., [op.

Sinfonietta. Reger, M., op.

Sinfonietta. Zellner, J., op.

Sinfonische fuge (C moll). Koch,
F. E., op.

Eine singspielouverture. Istel, E.,
op.

Sinfonische variationen. Herbeck, J.

Sinfonischer prolog. Hiller, F.,
op.

Sinfonisches adagio. Scharrer,
A., op.

Sintram. Strong, G. T.

Sir John Falstaff. Kaun,
op.

Sirènes. Debussy, C. A.

Skaldische rhapsodie. Woyrsch,
F., op.

Skandinavischer marsch. Hartog, E. de, op. 51.

Slavische rhapsodie. Dvořák, A., op.

Slavische tänze. Dvořák, A., op. , op.

Slavischer marsch. Tschaikowsky, P. op.

Slavisches märchen. Laub, V., op.

The sleeping beauty. Cowen, F.

Smutecni pochod. Fibich, Z., op.

Sørgemarsch. Halvorsen, J., op.

Sørgemarsch. Hartmann, J.P.E.

Il sogno di Gretchen. Fumi, V.

Le soir. (Symphony.) Haydn, F. J.

Soir d'été. Roussel, A., (op.

Soir d'été dans les forêts. Hamerik, A., op.

Un soir de mai au bois. Büsser, P. [op.

Un soir nous étions seuls. Godard, B. L. P.

Soldatenlied. Moniuszko, S.

Il Sole. Mascagni, P.

Solemn melody. Davies, W.

Solitude. Godard, B. L. P., op.

Somernatsbryllup. Halvorsen, J., op.

Ein sommernachtstraum. (Overture.) Mendelssohn-Bartholdy, F.

Sommeil d'enfant. Gillet, E.

Le sommeil du patriarche. Mouquet, J., op.

Der sommer. Spohr, L., op.

Sommerfahrt. Zöllner, op.

Sommerklänge aus Süd Russland. Bendix, V. E., op.

Sommerleben. Glass, L., op.

Sommerliv. Glass, L., op.

Ein sommermärchen. Suk, J., op.

Sommernacht auf dem fiord. Schjelderup, G.

Sommernächte. Huber, op.

Die sommernachtstraum. Mendelsshon-Bartholdy. J. L. F., op.

Sommertag auf dem lande. Gade, N. W., op.

Son and stranger. (Overture.) Mendelssohn-Bartholdy, F.

The song of Gwyn ap Nudd. Holbrooke, J.

Song of the evening. Davis, J. D., op.

The song of a great city. Delius, F.

Le songe d'Antar. Maréchal, C.

Songe de Pauline. Tinel, E., op.

Un songe sur le Volga. Arensky, A. S.

Der sonne entgegen. Scheinpflug, P., op.

Sonnenaufgang über Himalaja. Schjelderup, G..

Sonnenhymnus. Meyer-Olbersleben, M., op.

Sortie de l'église. Massenet, J. E. F.

La source aux pervenches. Godard, B. L. P., op.

Sous bois. Chabrier, A. E.

Sous la charmille. Godard, B. L. P., op.

Sous la coudraie. Gillet, E.

Sous le balcon. Wüerst, R. F., op.

Sous les étoiles. Lacombe, P., op.

Sous les tilleuls. Massenet, J. E. F.

Symphonische v a r i a t i o n e n.
Kronke, E., op.

Symphonische variationen. Nicodé, J. L., op.

Symphonische variationen. Schumann, G. A., op.

Symphonische variationen.
Stock, F. A., op.

Symphonischer epilog zu einer
tragödie. Boehe, E., op.

Symphonischer festmarsch. Thuille, L., op.

Symphonischer prolog. Foote,
A. W., op.

Symphonischer prolog. Reuss,
A., op.

Symphonischer prolog zu einer
tragödie. Reger, M., op.

Symphonischer walzer. Ritter,
A., op.

Symphonisches stimmungsbild.
Foerster, J. B., op.

Symphonisches tonstück no.
(Lyrisch.) Ingenhoven, J.

Symphonisches tonstück no.
(Dramatisch.) Ingenhoven, J.

Symphonisches tonstück no.
(Romantisch.) Ingenhoven, J.

Symphonisches vorspiel. Draeseke, F. A. B., op.

Symphonisches zwischenspiel.
Lassen, E., op.

Symphonisk intermezzo. Halvorsen, J., op.

T.

Tabarin. Pessard, E. L. F.

Tableau musical. Glazounov,
A. C., op.

Tableau musical. Koptiaev,
A. P., op.

Tableau symphonique. Gla-
zounov, A. C., op.

Tableaux musicales. Moussorgsky, M. P.

Tableaux symphoniques. Tinel,
E., op.

Tabor. Smetana, B.

Tambourin. Blasser, G., op

Tambourin. Lalo, E. V. A.

Tambourin. Rameau, J. P.

Les tambourinaires. Dubois,
F. C. T.

Tango. Lacome, [d'Estalenx],
P. J. J.

Tannhäuser und der sängerkrieg
auf Wartburg. Wagner, R.

Tanz. Juon, P., op.

Tanz. Scholz, B. C., op.

Tanz der almeh's. Freudenberg,
W.

Tanz der armen kinder um den
weihnachtsbaum. Schjelde-
rup, G.

Tanz der bajazzo. Rebikov, V.
[op.

Tanz der chinesischen puppen.
Rebikov, V. [op.

Tanz der fallenden blätter. Palmgren, S., op.

Tanz der irrlichter. Berlioz,
op.

Tanz der lichtelfen. Schjelderup, G.

Tanz der luft- und meergeister.
Humperdinck, E.

Tanz der mücken, fliegen und
käfer. Wüerst, R. F., op.

Tanz im lager. Scholz, B. E., op.

Der tanz in der dorfschenke.
Liszt, F.

Tanz-fantasie. Weismann, J., op.
35a.

Tanz - intermezzo. Sibelius, J.,
op.

Tanz-momente. Herbeck, J., op.

Tanzreigen. Molbe, op.

Tanzweisen. Molbe, H., op. 26.

Tanzweisen.

Taormina. Boehe, E., op.

Tarantella. Vieuxtemps,

Tarantella napoletana. Rossini, G. A.

Taras Bul'ba. Serov, A. N.

Tarentelle. Glazounov, A. C.

Tarentelle. Henriques, R.,op.

Tarentelle. Klughardt, A. F. M., op.

Tarentelle. Popper, D., op.

Tarentelle. Saint-Saëns, C. C., op.

Tarantelle. Chopin, F. F., op.

Tarantelle aus " Die nebenbuh-ler." Freudenberg, W.

Tarantelle aus Venezia e Napoli. Liszt, F.

Tarentelle napolitaine. Barthé-lemy, R.

Tarpeja, Marsch aus. Beethoven L. van.

Le Tasse. Godard, B. L. P.

Tasso. Brambach, K. J., op.

Tasso. Liszt, F.

Tausend und eine nacht. Rei-necke, C. F. C.

Tausend und eine nacht. Tau-bert, G. W., op.

Te Deum laudamus. Sgambati, G., op.

Eine Tell-symphonie. Huber, op.

Wilhelm Tell. (Ouverture und tanz.) J. P. Ritter.

Tema con variazioni. Tschaikow-sky, P. op.

Tema variato. Perosi, L.

The tempest. (Overture.) Bene-dict, Sir J., op.

Tempest. Paine, J. K.

The tempest. Sullivan, A. S.

La tempête. Chausson, E., op. 18.

La tempête. Tschaikowsky, P. I., op.

Temps de guerre. Le Borne, F., op.

The tempter. (Suite.) German, E.

Tendresse. Fauré, G. U., op.

Le tenebre. Perosi, L.

"Tenebroso" ballade. Gross-mann, L.

Tengerszem-morskie oko. Nos-kowki, S., op.

Ter hoofdstad. Zweers, B.

Terzen - intermezzo. Juon, P., op.

Der teufel als hydraulicus. (Over-ture.) Schubert, F. P.

Thaïs. Massenet, J. E. F.

Thalatta. Schillings, M.

Thamar. Balakirev, M. A.

Thema con variazioni. Esser, op.

Thema mit variationen. Redern, F. W. graf von.

Thème avec variations. Mozart, J. C. W. A.

Thème varié. Lalo, E. V. A.

Thèmes populaires. Périlhou, A.

Themistokles. Moody, M.

Der thor und der tod. Reuss, A., op.

Three blind mice. Holbrooke, J., op.

Thusnelda. Foerster, A. M., op.

Till Eulenspiegel. Geisler, P.

Till Eulenspiegels lustige streiche. Strauss, R., op.

Toccata. Fournier, P. (op.

Toccata für die orgel. (Esser.) Bach, J. S.

Tod und verklärung. Strauss, R., op. 24.

Die todteninsel. Hallén, A., op.

Der todtentanz. Heidingsfeld, L., op.

Todtentanz. Liszt, F.

Tonbilder. Reinecke, C. C.

Tonbilder. Stör, K., op.

Tone pictures. Hervey, A.

La Tonelli. Thomas, C. L. A.

Tonskizzen. Roesch, W. E.

Tordenskjold. Halvorsen, J., op.

Der Toreador. Adam, A. C.

Toréadore et Andalouse. Rubinstein, A. G., [op.

Torquato Tasso. Bungert, A., op.

Torquato Tasso. Pénavaire, J. G.

Torquato Tasso. Schulz-Schwerin, K.

Torzhestvennyĭ marsh. Nápravník, E. F., op.

Tosca. Puccini, G.

Die toteninsel. Rachmaninov, S., op.

Die toteninsel. Schulz-Beuthen,

Die toteninsel. Woyrsch, F., op.

La toupie. Gillet, E.

Tovelille. Hamerik, A., op.

Träumerei. Grimm, J. O., op.

Tragische ouvertüre. Brahms, J. op.

Tragische ouverture. Vierling, G., op.

Tragische overture. Zenger, M., op.

Tragische symphonie. Schubert, F. P.

Tragisches tongedicht. Lampe, W., op.

Die tragödie des menschen. Ertel, J. P.

Eine tragödien-ouverture. Strässer, E., op.

Trauer. Weidig, A., op.

Trauer und triumph-symphonie. Berlioz, op.

Traumgebilde. Metzl, W., op.

Trauerklänge. Mihalovich, E. von.

Trauerklänge. Zelenski, L., op.

Trauer-marsch. Draeseke, F. A. B., op.

Trauermarsch. Fibich, Z., op.

Trauermarsch. Hofmann, K. J., op.

Trauermarsch. Kücken, F. W., op.

Trauermarsch. Kullak, F.

Trauer-marsch. Mendelssohn-Bartholdy, F. J. L., op.

Trauer-marsch. Schumacher, P. P., op.

Trauermarsch auf den tod des kaisers Wilhelm. Reinecke, C. C., op.

Trauermarsch aus Kleopatra. Freudenberg, W.

Trauermarsch, recitativ und finale. Schlottmann, L., op.

Trauermarsch zum andenken an Rikard Nordraak. Grieg, E.

Trauermusik. Reinecke, K. F. C.

Trauersinfonie. Wagner, W. R.

Ouverture zu einem trauerspiel. Bargiel, W., op.

Trauerspielouverture. Hartmann, E., op.

Trauersymphonie. Haydn, F. J.

Traum. Ambrosio, A. d'.

Der traum der Nikia. Godard, B. L. P. (op. 84).

Verlangen. Bonvin, L., op.

Vers la montagne. Camondo, ?, de.

Vers la ville. Marti, E.

Die versteinerung des Phineus und seiner freunde. Dittersdorf, C. Ditters von.

Die versunkene glocke. Metzl, W., op.

Die versunkene glocke. Zöllner, op.

Vert-vert. (Ballet.) Deldevez, E. M. E. (*See his* Suite de ballets, op.

Verwandlung Actaeons in einen hirsch. Dittersdorf, C. Ditters von.

Verwandlung der lykischen bauern in frösche. Dittersdorf, C. Ditters von.

Veslemy. Halvorsen, J.

La Vestale. Ivanov-Ippolitov, M. M., op.

The vicar of Bray. Austin, E., (op.

Victoria. (Concert - ouverture.) Matern, G., op.

Victoria-ouverture. Gurlitt, C., op.

La vielle bonne. Conus, G. E., [op.

Die vier jahreszeiten. Hadley, K., op.

Die vier temperamente. Nielsen, C., op.

Die vier weltalter. Dittersdorf, C. Ditters von.

Le vieux galant. Gauwin, A.

Vieux Noël. Massenet, J. E. F.

Vieux Noël et ronde des cigales. Massenet, J. E. F.

Les Vikings. Hartmann, E., op.

La villa et les jardins. Büsser, H. P., [op. 4].

Villanelle. Hartog, E. de, op.

Villanelle. Puget, P.

La villanelle du diable. Loeffler, C. M. T., op.

Villon. Wallace, W.

Vineta. Kaun, op.

Vingt suites d'orchestre du XVIIe siècle français.

Le violon enchanté. (Ouverture.) Deldevez, E. M. E., op.

Les violons au camp. Canoby, G.

Virginia. Anzures, J. B.

Die vision. Hallén, A.

Eine vision. Lehár, F.

La vision des croisés. Pénavaire, J. G.

Visions. Herbert, V., op.

Vito. Popper, D., op.

Viva Sevilla. Sarasate, P. de, op.

Viviane. Chausson, E., op.

Vlaamsche dansen. Blockx, J., op.

Vlasda. Van der Stucken, F., op.

Vltava. Smetana, B.

Vodnik. Dvořák, A., op.

Vølund. Henriques, F. W.

Vølunds klage. Henriques, F. W.

Le voeu des croisés. Gregoir, E. G. J., op.

Voices. Bryson, E.

Les voix de Paris. Kastner, J. G.

Volkslied mit variationen. Raff, J. J., op.

Volundsklage. Henriques, F. W.

Vom abschiednehmen. Mertke, E., op.

Vom fels zum meer. Liszt, F.

Von den wogen der liebe. Mertke, E., op.

Von der jugendzeit. Mertke, E., op. 10.

The wedding of Camacho. (Overture.) Mendelssohn - Bartholdy, F.

Die weihe der töne. Spohr, L., op.

Die weihe des hauses. (Overture. Beethoven, L. van.

Weihnacht-suite. Schjelderup, G.

Weihnachtsabend. Reinecke, C. F. C.

Weihnachts oratorium. (Hirtenmusik.) Bach, J. S.

Weihnachtslied. Reinecke, C. F. C.

Weinachtssymphonie. Haydn, F. J.

Das Welfenlied. Litolff, C., op.

Wellen des meeres und der liebe. Franck, R., op.

Wellington's sieg oder die schlacht bei Vittoria. (Symphony.) Beethoven, L. van.

Wellington's victory or the battle of Vittoria. (Symphony.) Beethoven, L. van.

Welsh rhapsody. German, J. E.

The Welsh symphony. Cowen, F.

Wer nur den lieben gott lässt walten. Schumann, G. A., op.

Werder. Schmidt, F.

Wiederkehrende wellen. Karlowicz, M., op.

Wiegenlied. Burck,

Wiegenlied. Franko, S., op. no.

Wiegenlied. Hillmann, K., op.

Wiegenlied. Weinreis, op.

Wiegenliedchen. Kleffel, A.

Wieland der schmied. Hausegger, S. von.

Wiener instrumentalmusik vor und um 1750.

The wild dove. Dvořák, A., op. 110.

Wilhelmus von Nassauen. Grawert, Th.

William Ratcliff. Van der Stucken, F., op.

Der winter. Raff, J. J., op.

Der winter. Spohr, L., op.

Wintermärchen. Humperdinck, E.

Winterwelt, ihre sehnsucht, ihre not. Scheinpflug, P., op.

The witch of Atlas. Bantock, G.

Wooden shoe dance. Kriens, C.

Woodland dance. German, J. E.

Woodland lore. Neumann, F., op.

Worlds Columbian exposition in Chicago (triumphal march). Glazounov, A. C., op.

The wreckers. Smyth, E. M.

Wüstenbild. Godard, B. L. P. (op.

Wüstenwanderung der heiligen drei könige. Sjögren, E.

X.

Xavière. Dubois, F. C. T.

Y.

Youth. Hervey, A.

Z.

Z nového sveta. Dvořák, A., op.

Die zähmung der widerspänstigen. Rheinberger, J. G., op.

Der zauber der weissen rose. Blum, K. L.

Die zauberflöte. (Ouverture.) Mozart, W. A. (André.)

O